DIREITO CONSTITUCIONAL

SÔNIA YURIKO KANASHIRO TANAKA
(coordenadora)

•

ANTÔNIO CECÍLIO MOREIRA PIRES
CHRISTINA DE ALMEIDA PEDREIRA
CLÁUDIO SALVADOR LEMBO
EDUARDO MARCIAL FERREIRA JARDIM
FABIANO DEL MASSO • FÚLVIA HELENA DE GIOIA
HÉLCIO DE ABREU DALLARI JR. • HÉLCIO RIBEIRO
JORGE STAMATOPOULOS • JOSÉ CARLOS FRANCISCO
JOSÉ FRANCISCO SIQUEIRA NETO • MARIA GARCIA
MONICA HERMAN CAGGIANO • NEYDE FALCO PIRES CORREA
PATRÍCIA TUMA MARTINS BERTOLIN
TATIANA PENHARRUBIA FAGUNDES • ZÉLIA LUIZA PIERDONÁ

MALHEIROS EDITORES

DIRETO CONSTITUCIONAL

ISBN 978-85-7420-954-8

Direitos reservados desta edição por
MALHEIROS EDITORES LTDA.
Rua Paes de Araújo, 29, conjunto 171
CEP 04531-940 — São Paulo — SP
Tel.: (11) 3078-7205 Fax: (11) 3168-5495
URL: www.malheiroseditores.com.br
e-mail: malheiroseditores@terra.com.br

Composição
PC Editorial Ltda.

Capa:
Criação: Vânia Lúcia Amato
Arte: PC Editorial Ltda.

Impresso no Brasil
Printed in Brazil
04.2009

SUMÁRIO

Apresentação – Ives Gandra da Silva Martins 21

Capítulo 1 – ***DIREITO CONSTITUCIONAL***

Neyde Falco Pires Correa

1.1 Conceito e natureza 23

1.2 O direito constitucional como ramo do direito público 24

1.3 A noção de "direito constitucional" 25

1.4 O direito constitucional positivo 26

Capítulo 2 – ***DA CONSTITUIÇÃO***

Neyde Falco Pires Correa

2.1 Conceito e concepções 28

2.2 Classificação 30

2.2.1 Quanto ao conteúdo 31

2.2.2 Quanto à forma 31

2.2.3 Quanto ao modo de elaboração 31

2.2.4 Quanto à origem 32

2.2.5 Quanto à estabilidade 32

2.3 A Constituição Federal de 1988 32

2.4 Objeto e conteúdo 33

2.5 Aplicabilidade das normas constitucionais 33

Capítulo 3 – ***EVOLUÇÃO POLÍTICA E CONSTITUCIONAL DO BRASIL***

Hélcio Ribeiro

3.1 O Brasil monárquico 35

3.2 A Constituição de 1824: Poder Moderador e Conselho de Estado . 39

3.3 Fim do Império e a Constituição da República dos Estados Unidos do Brasil 41

3.4 A Constituição de 1934 44

3.5 A Constituição de 1937 46

3.6 A redemocratização e a Constituição de 1946 47
3.7 A Constituição de 1967 50
3.8 O fim do regime militar e a Constituição de 1988 51

Capítulo 4 – ***TEORIA DA INCONSTITUCIONALIDADE E RECEPÇÃO***
José Carlos Francisco
4.1 Validade e vigência 60
4.2 Critérios fornecidos pelo ordenamento constitucional e por normas infraconstitucionais 60
4.3 Validade e vigência de preceitos constitucionais 61
4.3.1 Validade e vigência da Constituição originária e das emendas: revogação e nulidade 61
4.3.1.1 *Revogação: valoração política da norma e classificação quanto à forma (expressa ou tácita) e quanto à extensão (total ou parcial)* 62
4.3.1.2 *Nulidade: vício jurídico originário (formal e material) e impossibilidade de convalidação (nulidade absoluta e relativa e ato inexistente)* 63
4.3.2 Ab-rogação da Constituição anterior pela nova Constituição: retroatividade por ordem do poder originário 63
4.3.3 Derrogação e ampliação do ordenamento por emendas 64
4.3.4 Desconstitucionalização: ampla (total ou parcial) e específica (expressa e implícita) 64
4.3.5 Natureza das normas e atos inconstitucionais: nulidade absoluta, vício originário e inexistência de perecimento pelo decurso do tempo 66
4.3.5.1 *Efeitos da declaração de inconstitucionalidade: quanto ao sujeito e quanto ao tempo* 67
4.3.5.2 *Modulação de efeitos. Exceções quanto ao efeito na inconstitucionalidade: liminar, controle difuso e concentrado, Leis 9.868/1999 e 9.882/1999 e a preservação dos "efeitos" da norma inconstitucional* 68
4.3.5.3 *Declaração de inconstitucionalidade com redução do texto e sem redução do texto: legislador negativo, inconstitucionalidade do texto ou da interpretação* . 69
4.3.5.4 *Declaração de inconstitucionalidade e repristinação* . 71
4.3.6 Novo ordenamento constitucional e normas infraconstitucionais 73
4.3.6.1 *Recepção constitucional* 73
4.3.6.1.1 Requisitos: validade formal e material na edição, vigência e compatibilidade material com o novo ordenamento 74

4.3.6.1.2 "Status" normativo dos temas e preceitos recepcionados: sujeição total e parcial 75
4.3.6.1.3 Recepção convencional e recepção material 77
4.3.6.1.4 Inocorrência de recepção e de repristinação pelo ordenamento constitucional superveniente 78
4.3.6.2 *Inconstitucionalidade superveniente: inocorrência de recepção e mudança informal da Constituição* 78
4.3.6.3 *Norma ainda constitucional ou inconstitucionalidade progressiva: preceitos infraconstitucionais e normas constitucionais não-aplicáveis* 80
4.3.6.4 *Constitucionalidade superveniente: expressa e implícita, efeitos no tempo e ofensa ao processo legislativo* 81

*Capítulo 5 – **CONTROLE DE CONSTITUCIONALIDADE***
JOSÉ CARLOS FRANCISCO
5.1 Razões de existência: supremacia da Constituição, preservação de direitos e segurança jurídica 86
5.2 Origem histórica: controle judicial e demais Poderes 87
5.2.1 Surgimento no Direito estrangeiro: "Marbury versus *Madison" e a Constituição da Áustria* 87
5.2.2 Surgimento no Direito Brasileiro: Constituições de 1891 e de 1934 e Emenda 16/1965 88
5.3 Conceito: verificação da adequação de ato jurídico à Constituição 88
5.3.1 Violação direta à Constituição: controle de constitucionalidade e controle de legalidade 89
5.3.2 "Verificação da adequação": aspecto formal e aspecto material 89
5.3.3 "Ato jurídico": atos normativos, políticos, administrativos e privados 89
5.3.4 Controle de constitucionalidade de tratados e atos jurídicos estrangeiros: em face da Constituição brasileira e da Constituição estrangeira 91
5.3.5 Parâmetro para o controle: Constituição total, rígida ou flexível 92
5.3.6 Decadência e prescrição 93
5.4 Espécies de controle e função institucional: quanto ao tempo, quanto ao sujeito, quanto à competência e quanto ao conteúdo 93
5.4.1 Controle quanto ao tempo: preventivo e repressivo 94
5.4.2 Controle quanto ao sujeito: Judiciário (difuso e concentrado), Legislativo e Executivo (político) 94

5.4.3 Controle quanto à competência: exclusivo e partilhado, modelo francês e modelo americano ... 95
5.4.4 Controle quanto ao conteúdo: jurídico e político ... 96
5.4.5 Sistema adequado, modelos mistos e justiça constitucional ... 97
5.5 Controle de constitucionalidade de 1988: partilhado, misto e concomitante ... 99
5.6 Controle preventivo na Constituição de 1988: ordinário (Legislativo e Executivo) e extraordinário (Judiciário) ... 99
5.6.1 Controle ordinário pelo Legislativo: Comissão de Constituição e Justiça, Comissão Mista das Medidas Provisórias e Comissão Mista do Orçamento ... 100
5.6.2 Controle ordinário pelo Executivo: veto jurídico ... 101
5.6.3 Controle extraordinário pelo Judiciário: vício material e formal no processo legislativo ... 102
5.7 Controle repressivo na Constituição de 1988: Legislativo, Executivo e Judiciário ... 103
5.7.1 Controle repressivo pelo Legislativo: art. 49, V, e art. 52, X, da CF e Tribunal de Contas ... 103
5.7.1.1 *Congresso Nacional: decreto legislativo de contenção dos atos normativos do Executivo* ... 104
5.7.1.2 *Senado Federal: resolução para a defesa dos hipossuficientes* ... 106
5.7.1.3 *Tribunal de Contas e controle interno: controle de atos administrativos e atos normativos* ... 108
5.7.2 Controle repressivo pelo Executivo: determinação expressa e processo administrativo ... 109
5.7.2.1 *Determinação expressa do chefe do Executivo, do chefe do Ministério Público e do superior hierárquico: autotutela, hierarquia e princípios da Administração Pública* ... 109
5.7.2.1.1 Atos legislativos e demais atos normativos e administrativos: chefe do Executivo, direção superior da Administração Pública e chefe do Ministério Público ... 110
5.7.2.1.2 Atos normativos-administrativos e atos administrativos ... 111
5.7.2.2 *Temas consolidados no Judiciário: determinação e delegações* ... 111
5.7.2.3 *Processo administrativo: atos normativos e atos administrativos* ... 112
5.7.2.4 *Decadência e prescrição* ... 113
5.7.3 Controle repressivo pelo Judiciário: difuso e concentrado ... 114

5.7.3.1 *Características do controle difuso* ... 114
5.7.3.1.1 Feito por todo juiz: cláusula de reserva do pleno ... 114
5.7.3.1.2 Qualquer matéria ... 114
5.7.3.1.3 Todos os meios processuais ... 115
5.7.3.1.4 Efeitos e modulações ... 115
5.7.3.1.5 Declaração incidental e a transcendência dos motivos determinantes ... 116
5.7.3.2 *Características do controle concentrado* ... 116
5.7.3.2.1 Competência concentrada ... 116
5.7.3.2.2 Matérias específicas ... 117
5.7.3.2.3 Medidas judiciais exclusivas ... 117
5.7.3.2.4 Efeitos e modulações ... 117
5.7.3.2.5 Apreciação em tese ... 117
5.8 Controle quanto ao sujeito na Constituição de 1988 ... 118
5.9 Controle concentrado de constitucionalidade ... 118
5.9.1 Ação interventiva federal e estadual ... 119
5.9.1.1 *Competência, objetivo e objeto* ... 119
5.9.1.2 *Legitimação ativa e legitimação passiva* ... 119
5.9.1.3 *Liminar, processamento e julgamento* ... 120
5.9.2 Ação direta de inconstitucionalidade federal/ADIn ou ADI federal genérica ... 120
5.9.2.1 *Competência, objetivo e objeto* ... 120
5.9.2.2 *Legitimados da ação direta de inconstitucionalidade* 122
5.9.2.2.1 Legitimados ativos: universais e restritos 122
5.9.2.2.2 Legitimados passivos ... 123
5.9.2.2.3 Procurador-Geral da República e "amicus curiae" ... 123
5.9.2.3 *Liminar: tutela antecipada* ... 124
5.9.2.4 *Processamento da ação direta de inconstitucionalidade* ... 125
5.9.2.5 *Julgamento definitivo da ação direta de inconstitucionalidade* ... 126
5.9.2.6 *Confronto entre a decisão da ação direta de inconstitucionalidade e as coisas julgadas decorrentes de controle difuso: relativização da coisa julgada "inconstitucional"* ... 127
5.9.3 Ação direta de inconstitucionalidade estadual ... 128
5.9.3.1 *Competência, objetivo e objeto* ... 129
5.9.3.2 *Legitimados ativos e passivos, Ministério Público e "amicus curiae"* ... 130
5.9.3.3 *Liminar, processamento, julgamento e efeitos* ... 131

5.9.4 Ação declaratória de constitucionalidade/ADC 131

5.9.4.1 *Competência, objetivo e objeto* 132

5.9.4.2 *Legitimados ativos, inexistência de legitimado passivo e de "amicus curiae" e parecer ministerial* 132

5.9.4.3 *Liminar e processamento da ação declaratória de constitucionalidade* 133

5.9.4.4 *Julgamento definitivo da ação declaratória de constitucionalidade* 134

5.9.5 Argüição de descumprimento de preceito fundamental/ADPF 134

5.9.5.1 *Competência, objetivo, objeto subsidiário ou residual e espécies de argüição de descumprimento de preceito fundamental* 134

5.9.5.2 *Legitimados ativos, legitimados passivos, "amicus curiae" e parecer ministerial* 136

5.9.5.3 *Liminar e processamento da argüição de descumprimento de preceito fundamental* 136

5.9.5.4 *Julgamento definitivo da argüição de descumprimento de preceito fundamental* 138

5.9.6 Ação direta de inconstitucionalidade por omissão 138

5.9.6.1 *Competência, objetivo e objeto* 139

5.9.6.2 *Legitimados ativos, legitimados passivos e parecer ministerial* 140

5.9.6.3 *Liminar e processamento* 140

5.9.6.4 *Julgamento definitivo e efeitos* 140

Capítulo 6 – ***DIREITOS FUNDAMENTAIS E SUAS GARANTIAS***

Hélcio de Abreu Dallari Jr.

6.1 Aspectos introdutórios 143

6.2 Direitos fundamentais específicos 144

6.3 Garantias constitucionais 150

6.4 Considerações finais 151

Capítulo 7 – ***DIREITOS SOCIAIS***

PARTE I – Seguridade Social (arts. 193 a 204)

Zélia Luiza Pierdoná

7.1 A base e os objetivos da ordem social 153

7.2 Definição constitucional de "seguridade social" 154

7.3 Responsabilidade pelas ações de seguridade social 154

7.4 Princípios específicos de seguridade social 155

7.4.1 Princípio da universalidade da cobertura e do atendimento .. 155

7.4.2 Princípio da uniformidade e equivalência das prestações às populações urbanas e rurais 156

7.4.3 Princípio da seletividade e distributividade na prestação dos benefícios e serviços 156
7.4.4 Princípio da irredutibilidade do valor dos benefícios 157
7.4.5 Princípio da eqüidade na forma de participação no custeio 157
7.4.6 Princípio da diversidade da base de financiamento 158
7.4.7 Princípio da gestão da seguridade social 159
7.4.8 Princípio do custeio prévio 159
7.4.9 Princípio da solidariedade 160
7.5 Financiamento da seguridade social 160
7.6 Áreas da seguridade social 168
7.6.1 Saúde 169
7.6.2 Previdência social 171
7.6.3 Assistência social 174

PARTE II – EDUCAÇÃO, CULTURA E DESPORTO (arts. 205 a 217)
MARIA GARCIA
7.7 Da educação 178
7.7.1 O conceito de "educação" 180
7.7.2 O sistema educacional na Constituição de 1988 182
7.7.3 Fontes de financiamento da educação 185
7.7.4 O direito à educação 186
7.8 Da cultura 187
7.9 Do desporto 190

PARTE III – CIÊNCIA E TECNOLOGIA – COMUNICAÇÃO SOCIAL – MEIO AMBIENTE – FAMÍLIA, CRIANÇA, ADOLESCENTE E IDOSO – ÍNDIOS (arts. 218 a 232)
TATIANA PENHARRUBIA FAGUNDES
7.10 A classificação dos direitos fundamentais 193
7.11 A Ordem Social brasileira e os direitos sociais: fundamentos constitucionais 197
7.12 Da ciência e tecnologia 200
7.13 Da comunicação social
7.13.1 Considerações iniciais 202
7.13.2 As características da liberdade de comunicação social 203
7.13.3 Os aspectos constitutivos das emissoras de rádio e de televisão 206
7.14 Do meio ambiente
7.14.1 A tutela do meio ambiente no cenário internacional 207
7.14.2 A proteção do meio ambiente no ordenamento pátrio
7.14.2.1 *O conceito e os elementos do meio ambiente* 209
7.14.2.2 *As modalidades de meio ambiente* 211
7.14.2.3 *Os princípios constitucionais do meio ambiente* 212
7.14.2.4 *As competências ambientais* 215

7.15 Da família, da criança, do adolescente e do idoso
7.15.1 A proteção da entidade familiar na Constituição Federal de 1988: tutela de novos núcleos familiares 216
7.15.1.1 *A união estável* 217
7.15.1.2 *A entidade familiar monoparental* 219
7.15.2 A igualdade dos cônjuges na condução da entidade familiar . 219
7.15.3 A filiação 219
7.15.4 A dissolução do casamento 220
7.15.5 O planejamento familiar 221
7.15.6 A tutela da criança e do adolescente 221
7.15.7 O amparo aos idosos: preceitos constitucionais e do Estatuto do Idoso 224
7.16 Dos índios 226

Capítulo 8 – ***OS DIREITOS SOCIAIS DOS TRABALHADORES***
PATRÍCIA TUMA MARTINS BERTOLIN
8.1 As Constituições e os direitos sociais dos trabalhadores 232
8.2 O constitucionalismo social 234
8.3 Os direitos sociais na Constituição brasileira de 1988 238
8.4 O trabalho como direito social 240
8.5 Os direitos individuais dos trabalhadores 242
8.5.1 A garantia do emprego (ou a falta dela)
8.5.1.1 *A ratificação da Convenção 158/1982 da OIT* 243
8.5.1.2 *O seguro-desemprego* 244
8.5.1.3 *O FGTS* 245
8.5.2 A matéria salarial 246
8.5.3 A participação nos lucros ou resultados 248
8.5.4 O descanso do empregado
8.5.4.1 *A limitação da jornada de trabalho* 250
8.5.4.2 *O descanso semanal remunerado* 250
8.5.4.3 *As férias anuais remuneradas* 251
8.5.5 A redução dos riscos inerentes ao trabalho 251
8.5.6 A idade mínima para ingresso no mercado de trabalho 253
8.5.7 As medidas antidiscriminatórias 254
8.5.8 O trabalho da mulher
8.5.8.1 *As medidas antidiscriminatórias* 255
8.5.8.2 *A proteção à maternidade* 258
8.5.9 A licença-paternidade 259
8.5.10 O aviso prévio 259
8.5.11 A proteção em face da automação 260
8.5.12 A prescrição 260
8.5.13 As prestações previdenciárias constantes do art. 7º 261
8.5.14 Os direitos trabalhistas dos empregados domésticos 261

8.6 A organização sindical e os direitos coletivos ... 262
8.6.1 A autonomia do sindicato ... 263
8.6.2 A unicidade sindical ... 264
8.6.3 A contribuição compulsória ... 265
8.6.4 A negociação coletiva ... 266
8.6.5 O direito de greve ... 267
8.6.6 A participação dos trabalhadores ... 267
8.7 Conclusões ... 268

*Capítulo 9 – **DIREITO DE NACIONALIDADE***
Sônia Yuriko Kanashiro Tanaka
9.1 Noções fundamentais ... 272
9.1.1 Polipátrida e "heimatlos" ... 274
9.2 Tipos de nacionalidade ... 275
9.2.1 Nacionalidade primária ... 275
9.2.2 Nacionalidade secundária ... 275
9.3 Previsão constitucional da nacionalidade ... 276
9.4 Brasileiros natos ... 277
9.4.1 Critério territorial ... 277
9.4.2 Critério sangüíneo ... 278
9.4.3 Critério misto ... 278
9.5 Brasileiros naturalizados ... 281
9.5.1 Naturalização ordinária ... 282
9.5.2 Naturalização extraordinária ... 283
9.6 Distinções entre brasileiros natos e naturalizados ... 283
9.6.1 Cargos e funções privativos ... 283
9.6.2 Extradição ... 284
9.6.3 Empresa jornalística, de sons e de sons e imagens ... 286
9.7 Perda da nacionalidade brasileira ... 287
9.7.1 Atividade nociva ao interesse nacional ... 287
9.7.2 Aquisição voluntária de outra nacionalidade ... 287

*Capítulo 10 – **DOS DIREITOS POLÍTICOS***
Monica Herman Caggiano e Cláudio Salvador Lembo
10.1 Evolução histórica. O "homem político". As duas visões da liberdade ... 290
10.1.1 O "homem político" ... 292
10.2 Natureza. Conteúdo. A distinção entre direitos civis e políticos e direitos econômicos e sociais ... 293
10.3 Do direito de sufrágio. Da representação política. Da operação eleitoral e o direito de sufrágio. A força do voto. Os princípios ... 299
10.3.1 Da operação eleitoral e o direito de sufrágio. A força do voto. Os princípios ... 303

10.4 O cidadão-eleitor brasileiro. O direito de sufrágio ativo. O corpo eleitoral. Trajetória histórica ... 306
10.4.1 Tratamento constitucional. A Constituição de 1988 ... 308
10.5 O candidato. O direito de sufrágio passivo. A candidatura e seus princípios conformadores ... 313
10.5.1 Regime jurídico da candidatura. O estatuto do candidato. Da inelegibilidade. Hipóteses. A irreelegibilidade ... 314
10.5.2 Candidaturas partidárias. Candidaturas independentes. Listas abertas ou bloqueadas. Composição das listas: as quotas ... 321
10.6 Dos partidos políticos. Conceito. Trajetória histórica. Tratamento constitucional. O sistema de partidos e seu poder de influência .. 326
10.6.1 Monopólio das candidaturas. A questão da fidelidade partidária ... 337
10.7 Dos sistemas eleitorais. O sistema eleitoral brasileiro ... 343
10.7.1 Conceito, natureza, importância e função das eleições ... 344
10.7.2 Sistemas eleitorais ... 346

Capítulo 11 – ***A ADMINISTRAÇÃO PÚBLICA***
ANTÔNIO CECÍLIO MOREIRA PIRES
11.1 Disposições gerais ... 357
11.2 Conceito de "Administração Pública" ... 358
11.3 Administração Pública no Estado Federal Brasileiro ... 358
11.3.1 A Administração Pública direta ... 359
11.3.2 A Administração Pública indireta ... 360
11.3.2.1 *Autarquias* ... 360
11.3.2.2 *Empresas estatais* ... 361
11.3.2.2.1 Sociedades de economia mista ... 362
11.3.2.2.2 Empresas públicas ... 363
11.3.2.2.3 Traços comuns entre a sociedade de economia mista e a empresa pública .. 363
11.3.2.3 *Fundações* ... 364
11.3.2.4 *Agências* ... 366
11.3.2.4.1 Agências executivas ... 366
11.3.2.4.2 Agências reguladoras ... 367
11.3.2.5 *As entidades paraestatais* ... 368
11.4 Breves considerações acerca dos princípios gerais de Direito ... 368
11.4.1 Princípios constitucionais da Administração Pública ... 369
11.4.1.1 *Princípio da legalidade* ... 369
11.4.1.2 *Princípio da impessoalidade* ... 371
11.4.1.3 *Princípio da moralidade* ... 372
11.4.1.4 *Princípio da publicidade* ... 373

11.4.1.5 *Princípio da eficiência* 374
11.5 Os agentes públicos 375
11.5.1 Agentes políticos 375
11.5.2 Servidores públicos 376
11.5.3 Agentes honoríficos 376
11.5.4 Agentes delegados 376
11.5.5 O regime jurídico dos servidores públicos 377
11.5.5.1 *Cargo público* 377
11.5.5.2 *Emprego público* 378
11.5.5.3 *Função pública* 378
11.5.5.4 *O regime jurídico único* 379
11.5.6 O acesso aos cargos, empregos e funções públicas 380
11.5.7 O concurso público como condição de ingresso no serviço público 380
11.5.8 Estágio probatório, estabilidade e perda do cargo 381
11.5.9 Vitaliciedade 382
11.5.10 Os direitos decorrentes da estabilidade previstos na Constituição Federal 382
11.5.11 Vencimentos 382
11.5.12 Acumulação de cargos públicos 384
11.5.13 Direito de greve e de livre associação sindical 385
11.5.14 Aposentadoria 385
11.6 Regiões 386
11.7 Militares dos Estados, Distrito Federal e dos Municípios 387

*Capítulo 12 – **PODER LEGISLATIVO***
SÔNIA YURIKO KANASHIRO TANAKA
12.1 Organização e legislatura do Congresso Nacional 389
12.2 Reuniões do Congresso Nacional 391
12.3 Comissões parlamentares 392
12.4 Atribuições do Congresso Nacional 393
12.5 Atribuições da Câmara dos Deputados 395
12.6 Atribuições do Senado Federal 395
12.7 Deputados e senadores 396
12.8 Processo legislativo 398
12.8.1 Emendas à Constituição 398
12.8.2 Leis complementares e ordinárias 399
12.8.2.1 *Tramitação dos projetos de lei* 400
12.8.3 Leis delegadas 402
12.8.4 Medidas provisórias 403
12.8.5 Decretos legislativos e resoluções 405

Capítulo 13 – ***PODER EXECUTIVO***
CHRISTINA DE ALMEIDA PEDREIRA
13.1 Noções – Chefe de Estado e de governo 406
13.2 Presidente da República 407
13.2.1 Atribuições 407
13.2.2 Substitutos 409
13.2.3 Responsabilidade 410
13.3 Ministros de Estado 412
13.4 Conselho da República 413
13.5 Conselho de Defesa Nacional 414

Capítulo 14 – ***PODER JUDICIÁRIO***
SÔNIA YURIKO KANASHIRO TANAKA
14.1 Organização do Poder Judiciário 415
14.2 Supremo Tribunal Federal 416
14.2.1 Súmulas vinculantes 418
14.3 Superior Tribunal de Justiça 418
14.4 Tribunais Regionais Federais e juízes federais 420
14.5 Tribunais e juízes do trabalho 422
14.6 Tribunais e juízes eleitorais 424
14.7 Tribunais e juízes militares 425
14.8 Tribunais e juízes dos Estados 425
14.9 Juizados especiais e justiça de paz 427
14.10 Autonomia administrativa 427
14.10.1 Autonomia financeira 429
14.11 Controle do Poder Judiciário 431
14.12 Estatuto da Magistratura 433
14.12.1 Ingresso, promoção e acesso aos tribunais 434
14.12.2 Subsídios 434
14.12.3 Aposentadoria, remoção e disponibilidade 435
14.12.4 Garantias dos magistrados 435
14.12.5 Vedações dos magistrados 436

Capítulo 15 – ***FUNÇÕES ESSENCIAIS À JUSTIÇA***
FÚLVIA HELENA DE GIOIA
15.1 Considerações gerais 437
15.2 O Ministério Público 438
15.2.1 O Ministério Público nas Constituições brasileiras. Da Constituição Federal de 1824 à Emenda Constitucional 1/1969 . 439
15.2.2 O Ministério Público na Constituição Federal de 1988
15.2.2.1 *Estrutura, organização e investidura* 443
15.2.2.2 *O Ministério Público junto ao Tribunal de Contas* 445

15.2.2.3 *Princípios institucionais* ... 447
15.2.2.4 *Garantias e vedações* ... 449
15.2.2.5 *Competência* ... 449
15.2.2.6 *Conselho Nacional do Ministério Público* ... 450

15.3 Advocacia Pública
15.3.1 Competência ... 452
15.3.2 Estrutura, organização e investidura ... 453
15.3.3 Garantias ... 454

15.4 Advocacia e Defensoria Pública
15.4.1 Advocacia ... 455
15.4.2 Defensoria Pública
15.4.2.1 *Defensoria Pública: competência* ... 456
15.4.2.2 *Defensoria Pública: estrutura e organização* ... 457
15.4.2.3 *Defensoria Pública: investidura e garantias* ... 458

Capítulo 16 – ***DA DEFESA DO ESTADO E DAS INSTITUIÇÕES DEMOCRÁTICAS***
JOSÉ FRANCISCO SIQUEIRA NETO

16.1 Estado de defesa e estado de sítio
16.1.1 Noções preliminares ... 461
16.1.2 Estado de defesa ... 462
16.1.2.1 *Requisitos e limites constitucionais* ... 462
16.1.2.2 *Procedimento* ... 464
16.1.3 Estado de sítio ... 465
16.1.3.1 *Requisitos e limites constitucionais* ... 466
16.1.3.2 *Procedimento* ... 467

16.2 Forças Armadas ... 468
16.2.1 Organização das Forças Armadas ... 469
16.2.2 Membros das Forças Armadas ... 470
16.2.3 Obrigação militar ... 471

16.3 Segurança pública ... 471

Capítulo 17 – ***SISTEMA TRIBUTÁRIO NACIONAL NA CONSTITUIÇÃO DA REPÚBLICA***
EDUARDO MARCIAL FERREIRA JARDIM

17.1 Noção genérica de "sistema" ... 476
17.1.1 Espécies de sistemas ... 476
17.1.2 Componentes nucleares do sistema: macroelementos ou princípios ... 477
17.1.2.1 *Macroelementos ou princípios nos sistemas normativos* ... 477
17.1.2.2 *Individualidade dos sistemas* ... 478

17.2 Sistema Tributário Nacional
17.2.1 Definição 479
17.2.2 Características
17.2.2.1 *Não-instituição de tributos no patamar constitucional* 480
17.2.2.2 *Poderes tributários privativos, exclusivos e indelegáveis, partilhados entre as pessoas constitucionais*
17.2.2.2.1 Privatividade competencial 481
17.2.2.2.2 Exaustividade 483
17.2.2.2.3 Rigidez pétrea 485
17.3 Princípios constitucionais
17.3.1 Comentos introdutórios 487
17.3.2 Princípios constitucionais gerais 487
17.3.3 Princípios constitucionais tributários 488
17.3.3.1 *Princípios expressos*
17.3.3.1.1 Estrita legalidade 489
17.3.3.1.2 Infralegalidade 491
17.3.3.1.3 Estrita igualdade 492
17.3.3.1.4 Anterioridade 493
(a) Anterioridade ano-calendário 493
(b) Anterioridade ano-calendário conjugada com a noventena 494
(c) Anterioridade nonagesimal do IPI 494
(d) Anterioridade nonagesimal das contribuições de seguridade 495
(e) Anterioridade em relação aos tributos objeto de medida provisória ... 495
(f) Exceções à anterioridade 495
17.3.3.1.5 Capacidade contributiva 496
17.3.3.1.6 Uniformidade geográfica 499
17.3.3.1.7 Não discriminação em razão da origem ou destino de bens, serviços ou mercadorias 499
17.3.3.1.8 Imunidade 500
17.3.3.1.9 Vedação à tributação confiscatória 502
17.3.3.1.10 Não-cumulatividade do IPI e do ICMS 503
17.3.3.1.11 Progressividade do imposto sobre a renda 504
17.3.3.1.12 Seletividade do IPI e do ICMS 505
17.3.3.1.13 Seletividade das contribuições de seguridade social 506

17.3.3.2 *Princípios inexpressos*
17.3.3.2.1 Não-cumulatividade ... 506
17.3.3.2.2 Seletividade ... 507
17.3.3.2.3 Territorialidade da tributação ... 507
17.3.3.2.4 Indelegabilidade da competência tributária ... 508
17.3.3.2.5 Tipicidade e vinculabilidade ... 509
17.4 Limitações do poder de tributar ... 510
17.4.1 Desobediência às limitações ... 510
17.5 Tributo e espécies tributárias ao lume do regime jurídico constitucional
17.5.1 Tributo ... 512
17.5.2 Espécies tributárias ... 513
17.5.2.1 *Impostos* ... 514
17.5.2.2 *Taxas* ... 515
17.5.2.3 *Contribuição de melhoria* ... 517
17.5.2.4 *Contribuição de intervenção no domínio econômico/CIDE* ... 518
17.5.2.5 *Contribuições sociais* ... 519
17.5.2.6 *Contribuições profissionais ou corporativas* ... 519
17.6 Tributos federais
17.6.1 Tributos ... 519
17.6.2 Impostos ... 519
17.6.3 Taxas de polícia ... 519
17.6.4 Taxas de serviço ... 520
17.6.5 Taxa de pedágio ... 521
17.6.6 Contribuição de intervenção no domínio econômico/CIDE 521
17.6.7 Contribuições sociais ... 523
17.6.8 Contribuições profissionais ou corporativas ... 524
17.6.9 Contribuições previdenciárias de servidores ... 524
17.7 Tributos estaduais e distritais
17.7.1 Tributos ... 525
17.7.2 Impostos ... 525
17.7.3 Taxas de polícia ... 526
17.7.4 Taxas de serviço ... 526
17.7.5 Taxa de pedágio ... 527
17.7.6 Contribuições previdenciárias de servidores ... 527
17.8 Tributos municipais e distritais ... 528
17.8.1 Impostos ... 528
17.8.2 Taxas de polícia ... 529
17.8.3 Taxa de serviço ... 530

17.8.4 Contribuições previdenciárias de servidores 530

17.9 Partilha de receitas tributárias 531

Capítulo 18 – ***FINANÇAS PÚBLICAS E SISTEMA ORÇAMENTÁRIO***

JORGE STAMATOPOULOS

18.1 Orçamento. Definição 536

18.1.1 Jurídica 537

18.1.2 Política 537

18.1.3 Econômica 537

18.1.4 Técnica 537

18.2 Histórico 537

18.3 O orçamento no Brasil 538

18.4 Natureza jurídica do orçamento 538

18.5 Elaboração do orçamento 539

18.6 Princípios orçamentários 540

Capítulo 19 – ***DA ORDEM ECONÔMICA E FINANCEIRA***

FABIANO DEL MASSO

19.1 Noção jurídica de "ordem econômica" 542

19.1.1 Noção de "atividade econômica" 543

19.1.2 Disciplina jurídica da atividade econômica 543

19.1.3 Disciplina jurídica da atividade financeira 544

19.1.4 Tratamento constitucional 544

19.2 Dos princípios gerais da atividade econômica 544

19.2.1 Fundamentos da ordem econômica 545

19.2.1.1 *Valorização do trabalho humano* 546

19.2.1.2 *Livre iniciativa* 546

19.2.2 Finalidades da ordem econômica 547

19.2.2.1 *Existência digna* 548

19.2.2.2 *Justiça social* 548

19.2.3 Princípios da ordem econômica 549

19.2.3.1 *Soberania nacional* 549

19.2.3.2 *Propriedade privada* 549

19.2.3.3 *Função social da propriedade* 550

19.2.3.4 *Livre concorrência* 550

19.2.3.5 *Defesa do consumidor* 551

19.2.3.6 *Defesa do meio ambiente* 551

19.2.3.7 *Redução das desigualdades regionais e sociais* ... 552

19.2.3.8 *Busca do pleno emprego* 553

19.2.3.9 *Tratamento favorecido para as empresas de pequeno porte* 553

19.2.4 Exploração de atividade econômica e autorização 554

19.2.5 Investimentos de capital estrangeiro, reinvestimentos e remessa de lucros 554
19.2.6 Exploração direta de atividade econômica pelo Estado 555
19.2.6.1 *Empresa pública* 555
19.2.6.2 *Sociedade de economia mista* 555
19.2.6.3 *O estatuto jurídico da empresa pública e da sociedade de economia mista* 556
19.2.6.4 *Privilégios fiscais* 556
19.2.6.5 *Relações da empresa pública com o Estado e a sociedade* 556
19.2.6.6 *Repressão ao abuso de poder econômico* 556
19.2.6.7 *Responsabilidade da pessoa jurídica* 557
19.2.7 O Estado como agente fiscalizador e normativo da atividade econômica 557
19.2.7.1 *Planejamento do desenvolvimento nacional* 558
19.2.7.2 *Cooperativismo e associativismo* 559
19.2.7.3 *A questão dos garimpeiros* 559
19.2.8 A prestação dos serviços públicos 559
19.2.9 Monopólios da União 559
19.2.10 Ordenação dos transportes 560
19.2.11 Turismo e desenvolvimento econômico 560
19.2.12 Requisição de documento ou informação comercial 560
19.3 Da política urbana 561
19.3.1 Política de desenvolvimento urbano 561
19.3.1.1 *Plano diretor* 561
19.3.1.2 *Propriedade urbana e função social* 561
19.3.1.3 *Desapropriação de imóveis urbanos* 561
19.3.1.4 *Aproveitamento do solo urbano* 562
19.3.2 Usucapião 562
19.4 Da política agrícola e fundiária e da reforma agrária 562
19.4.1 Desapropriação para fins de reforma agrária 563
19.4.2 Função social da propriedade rural 563
19.4.3 Política agrícola 564
19.4.4 Distribuição de imóveis rurais pela reforma agrária 564
19.4.5 Usucapião de imóveis rurais 564
19.5 Do Sistema Financeiro Nacional 565
19.5.1 Os órgãos mais importantes do Sistema Financeiro Nacional 565
19.5.2 O texto do art. 192 da CF 566

APRESENTAÇÃO

Sônia Tanaka, eminente professora da Universidade Mackenzie, em comemoração aos 20 anos da Constituição, coordena, com renomados professores e juristas, livro em que o Texto Maior é examinado por variado prisma doutrinário.

Os temas escolhidos cobrem os oitos títulos temáticos da Lei Suprema, com especial preocupação no exame do tratamento jurídico ofertado pelo constituinte aos três Poderes e à Administração Pública, no que diz respeito à organização do Estado.

Os direitos individuais, sociais, políticos e de nacionalidade, basilares na conformação da Carta Máxima, são também cuidados com pertinência e adequação, o mesmo ocorrendo com os elementos que formatam os fundamentos do Estado, as teorias de preservação de seus valores, os mecanismos para controlar os desvios da constitucionalidade e do próprio regime democrático, além de uma especial dedicação às três ordens (sistema tributário, ordem econômica e financeira, assim como a ordem social).

O livro é excelente. Todos os autores ostentam magnífico currículo de contribuição jurídica à história do país e são nacional e internacionalmente reconhecidos.

Tendo participado de audiências públicas no processo constituinte (sistema tributário e ordem econômica) e colaborado com Bernardo Cabral em outras áreas, alegra-me ver uma retrospectiva histórica e jurídica dos oito títulos mais relevantes da Lei Suprema, tão profundamente examinados.

Indiscutivelmente, o equilíbrio de Poderes ao lado dos direitos fundamentais tornaram-se os grandes alicerces do nosso constitucionalismo, pois essas duas vertentes maiores do Texto Supremo permitiram que, embora o país tenha passado por um *impeachment* presidencial, por crises inflacionárias e econômicas profundas, por escândalos como do “mensalão”, por alternância de poder, ninguém pensasse, como no passado, em romper a ordem constitucional.

Ao contrário dos nossos vizinhos (Equador, Bolívia e Venezuela) – que aprovaram textos constitucionais em que os Poderes Legislativos e Judiciários são reduzidos a Poderes acólitos do Poder Executivo –, o texto brasileiro demonstrou, nestes 20 anos, que o equilíbrio dos três Poderes foi extremamente salutar na manutenção da ordem constitucional e do Estado Democrático de Direito.

Cumprimento, pois, todos os autores e a coordenadora pela bela e densa avaliação e pelo excelente livro, que servirá, certamente, para reflexão permanente de todos os operadores do Direito no Brasil.

IVES GANDRA DA SILVA MARTINS
da Academia Paulista de Letras

Capítulo 1
DIREITO CONSTITUCIONAL

NEYDE FALCO PIRES CORREA

1.1 Conceito e natureza. 1.2 O direito constitucional como ramo do direito público. 1.3 A noção de "direito constitucional". 1.4 O direito constitucional positivo.

1.1 Conceito e natureza

Preliminarmente, antes de nos debruçarmos sobre o direito constitucional propriamente dito, impõe-se palmilhar o conceito do vocábulo "Direito", haja vista a possibilidade de suas múltiplas acepções – sem, contudo, adentrarmos os diversos critérios que a doutrina indica para essa difícil tarefa.

Maria Helena Diniz ensina que "a definição essencial do Direito é problema supracientífico, constituindo campo próprio das indagações da Ontologia Jurídica, que deverá encontrar um conceito que o purifique de notas contingentes".[1] Mais à frente, a autora ainda esclarece que "a tarefa de definir, ontologicamente, o Direito resulta sempre frustrada, ante a complexidade do fenômeno jurídico, devido à impossibilidade de se conseguir um conceito universalmente aceito, que abranja de modo satisfatório toda gama de elementos heterogêneos que compõem o Direito".[2]

Com efeito, as lições de Maria Helena Diniz levam-nos a afirmar que a principal razão para essa multiplicidade de conceitos reside na variedade de elementos e características que o Direito apresenta, bem como no fato inarredável de que se aplica às múltiplas realidades.

1. Maria Helena Diniz, *Compêndio de Introdução à Ciência do Direito*, 19ª ed., São Paulo, Saraiva, 2008, p. 241.

2. Idem, p. 242.

Em última análise, o Direito, como realidade jurídica, está intimamente ligado à idéia do homem-ser essencialmente social, tendente a viver sempre em grupos como a família, a escola, as associações e outros. Em outro dizer, o Direito pode ser visto como um conjunto de normas válidas para determinado espaço e tempo que tem por escopo regular determinadas condutas ou estabelecer parâmetros e regras de atuação.

1.2 O direito constitucional como ramo do direito público

A primeira vez que se tem notícia da utilização da terminologia "direito constitucional" remonta ao fim do século XVIII, mais precisamente em 26.9.1791, quando a Assembléia Constituinte Francesa impôs às Faculdades de Direito a obrigatoriedade de ministrarem aula sobre a Constituição da França, disseminando-se, a expressão, posteriormente, para a Itália.[3]

De qualquer sorte, certo também é dizer que desde os tempos de Ulpiano o Direito é dicotômico, dividindo-se em direito público e direito privado, subdividindo-se, cada um desses ramos, em outros campos menores.

Ainda que essa seja a divisão tradicional, não podemos olvidar a constante evolução do Direito, pelo quê – e ainda que sem adentrarmos maiores disceptações doutrinárias – certo é asseverar que hodiernamente temos um outro grande ramo, que se constitui no direito social.

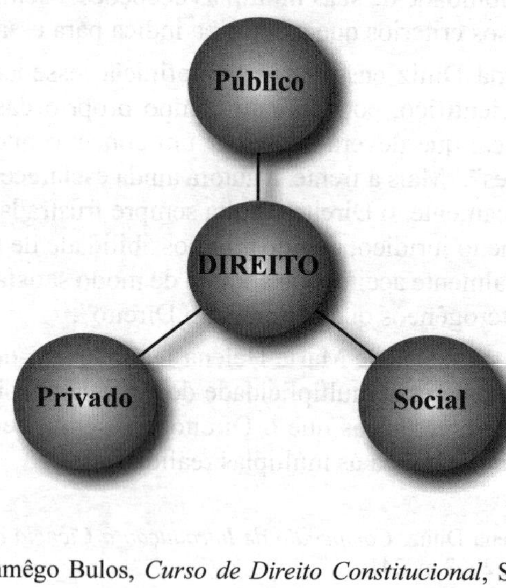

3. Uadi Lammêgo Bulos, *Curso de Direito Constitucional*, São Paulo, Saraiva, 2007, p. 1.

Por essa ótica, o direito público, que abrange as relações em que o Estado é parte, ramifica-se no direito constitucional, direito administrativo, direito urbanístico, direito econômico, direito financeiro, direito tributário, direito processual, direito penal e direito internacional; o direito privado, por sua vez, ramifica-se em direito civil e direito empresarial; e, por fim, temos o denominado direito social, que abrange, para nós, o direito do trabalho e direito previdenciário.

1.3 A noção de "direito constitucional"

Difícil é a tarefa de trazer à baila a noção de "direito constitucional". Entretanto, não podemos nos furtar a essa tarefa – pelo quê, preliminarmente, se faz necessário um breve exame da doutrina.

Alexandre de Moraes conceitua o direito constitucional como: "ramo do direito público, destacado por ser fundamental à organização e funcionamento do Estado, à articulação dos elementos primários do mesmo e ao estabelecimento das bases da estrutura política".[4]

As lições de Alexandre de Moraes parecem não ser contrárias ao entendimento de Paulo Bonavides ao explicar que "o estabelecimento de poderes supremos, a distribuição da competência, a transmissão e o exercício da autoridade, a formulação dos direitos e das garantias fundamentais individuais e sociais são objeto do direito constitucional contemporâneo".[5]

Por sua vez, José Afonso da Silva diz que o direito constitucional é "o ramo do direito público que expõe, interpreta e sistematiza os princípios e normas fundamentais do Estado".[6]

O exame das lições colacionadas prescinde de maiores esforços para se concluir que o direito constitucional tem como objetivo o estudo da Constituição, que se constitui em um sistema normativo, com vistas a estruturar a organização do Estado e da sociedade. Entretanto – e é bom que se diga desde logo –, o direito constitucional, embora tenha condições de ser particularizado e caracterizado em razão de cada Estado, a partir do exame de sua estrutura normativa – direito positivo –, não pode ser reduzido apenas a isso, notadamente enquanto considerado como fenômeno científico, posto que vai muito além da simples análise do texto em vigor.

4. Alexandre de Moraes, *Direito Constitucional*, 17ª ed., São Paulo, Atlas 2005, p. 1.

5. Paulo Bonavides, *Curso de Direito Constitucional*, 23ª ed., São Paulo, Malheiros Editores, 2008, p. 36.

6. José Afonso da Silva, *Curso de Direito Constitucional Positivo*, 32ª ed., São Paulo, Malheiros Editores, 2009, p. 34.

Deveras, se examinarmos as distintas Constituições de cada Estado, associadas às mais diversas concepções doutrinárias, que certamente foram influenciadas por múltiplas questões históricas, fatalmente iremos verificar a existência de uma Teoria Geral acerca do direito constitucional, permitindo a guarida de questões relativas ao constitucionalismo, Estado de Direito e liberdades públicas, dentre outras.

Assim, a Constituição não pode ser vista única e exclusivamente como um limite ao poderio estatal, como em seus primórdios, mas, sim, como o fio condutor supremo que baliza e organiza o Estado, a forma de governo, a estruturação do Poder e das liberdades públicas, o conteúdo dos princípios básicos, os fatores políticos, religiosos, culturais, econômicos e sociais.

Por fim – e sintetizando nosso pensamento –, temos que o direito constitucional se constitui em um ramo do direito público que tem por objetivo o estudo sistemático do ordenamento constitucional, dentro de um panorama histórico e comparado e sob o influxo de princípios fundamentais que devem nortear as modernas Constituições.

1.4 O direito constitucional positivo

Uma vez examinada a noção de "direito constitucional" de forma ampla, há que se verificar, ainda, uma noção um pouco mais restrita, mais precisamente sob o aspecto do direito positivo.

Santi Romano diz que o direito constitucional positivo "é uma ciência prática, que consiste na verificação, na definição, no desenvolvimento, na coordenação e sistematização dos conceitos e princípios, das normas de todos os institutos que, a despeito de abstratos, são sempre 'positivos', no sentido de que estão, efetivamente, contidos numa determinada Constituição estatal".[7]

Verifique-se, por oportuno, que a base do direito constitucional positivo, notadamente o brasileiro, se constitui na Carta Magna, onde se encontram as normas que regem de maneira particularizante o Estado Brasileiro.

Ainda que assim seja, cumpre-nos deixar claro que, para efeito de interpretação do dispositivo, nada impede que o intérprete se socorra de textos doutrinários, históricos e jurisprudenciais com vistas a chegar a uma conclusão quanto à mensagem contida na legislação, partindo sempre das palavras contidas no texto e depois no contexto, tendo como norte os princípios vetoriais protegidos pelo ordenamento jurídico.

7. Santi Romano, *Princípios de Direito Constitucional Geral*, São Paulo, Ed. RT, 1977, p. 14.

Em última análise, o objeto do direito constitucional positivo é a Constituição de cada Estado.

Bibliografia

BONAVIDES, Paulo. *Curso de Direito Constitucional*. 24ª ed. São Paulo, Malheiros Editores, 2009.

BRITTO, Carlos Ayres. *Teoria da Constituição*. Rio de Janeiro, Forense, 2003.

BULOS, Uadi Lammêgo. *Curso de Direito Constitucional*. São Paulo, Saraiva, 2007.

CENEVIVA, Walter. *Direito Constitucional Brasileiro*. 3ª ed. São Paulo, Saraiva.

DINIZ, Maria Helena. *Compêndio de Introdução à Ciência do Direito*. 19ª ed. São Paulo, Saraiva, 2008.

MORAES, Alexandre de. *Direito Constitucional*. 17ª ed. São Paulo, Atlas, 2005.

ROMANO, Santi. *Princípios de Direito Constitucional Geral*. São Paulo, Ed. RT, 1977.

SILVA, José Afonso da. *Curso de Direito Constitucional Positivo*. 32ª ed. São Paulo, Malheiros Editores, 2009.

Capítulo 2

DA CONSTITUIÇÃO

NEYDE FALCO PIRES CORREA

2.1 Conceito e concepções. 2.2 Classificação: 2.2.1 Quanto ao conteúdo – 2.2.2 Quanto à forma – 2.2.3 Quanto ao modo de elaboração – 2.2.4 Quanto à origem – 2.2.5 Quanto à estabilidade. 2.3 A Constituição Federal de 1988. 2.4 Objeto e conteúdo. 2.5 Aplicabilidade das normas constitucionais.

2.1 Conceito e concepções

Mais uma vez nos propomos realizar a difícil tarefa de estabelecer contornos conceituais – no caso, da palavra "Constituição". Fácil é inferir que tal vocábulo tem múltiplos significados, inclusive dentro de nosso ordenamento jurídico.

A origem da palavra "Constituição" encontra-se no verbo latino *constituire*, que dá a idéia de "constituir", "estabelecer", "firmar", "formar", "organizar" e "delimitar".

Daí o entendimento expressado por Uadi Lammêgo Bulos quanto ser a "Constituição o 'organismo vivo' delimitador da organização estrutural do Estado, da forma de governo, da garantia das liberdades públicas, do modo de aquisição e exercício do poder".[1]

Não é o caso, aqui, de trazer à discussão os diversos enfoques possíveis para o termo "Constituição", mas tão-somente aquele que diz respeito à instituição do Estado – ou, melhor dizendo, aquele que diz respeito à Constituição do Estado, considerada esta enquanto a sua Lei Fundamental.

Para melhor compreensão da matéria, e até para tomada de posição, necessário se faz trazer à colação doutrina mais abalizada. José Afonso da

1. Uadi Lammêgo Bulos, *Curso de Direito Constitucional*, São Paulo, Saraiva, 2007.

Silva ensina: "A *Constituição do Estado*, considerada sua Lei Fundamental seria, então, a organização dos seus elementos essenciais: *um sistema de normas jurídicas, escritas ou costumeiras, que regula a forma do Estado, a forma de seu governo, o modo de aquisição e o exercício do Poder, o estabelecimento de seus órgãos, os limites de sua ação, os direitos fundamentais do homem e as respectivas garantias. Em síntese, a Constituição é o conjunto de normas que organiza os elementos constitutivos do Estado*".[2]

Para Carlos Ayres Britto a Teoria da Constituição, como conhecimento ordenado e sistematizado, "é saber especulativo que opera no interior do próprio Direito, para separar o direito constitucional de qualquer outro setor ou província jurídica; melhor dizendo, para evidenciar em que a Constituição: a) é diploma jurídico-positivo diferente dos demais; b) é a parte central de um ramo jurídico também diferenciado de outras porções que se entroncam na grande árvore do Direito".[3]

Por sua vez, Luiz Alberto David Araujo e Vidal Serrano Nunes Jr., após o estudo do termo "Constituição" em razão das mais diversas óticas, terminam por conceituá-la como "a organização sistemática dos elementos constitutivos do Estado, através da qual se definem a forma e a estrutura deste, o sistema de governo, a divisão e o funcionamento dos Poderes, o modelo econômico e os direitos, deveres e garantias fundamentais, sendo que qualquer outra matéria que for agregada a ela será considerada formalmente constitucional".[4]

Manoel Gonçalves Ferreira Filho observa que "à acepção jurídica da Constituição corresponde o conceito de direito constitucional. Como ciência, este é o conhecimento sistematizado da organização jurídica fundamental do Estado, isto é, conhecimento das regras jurídicas relativas à forma do governo, ao modo de aquisição e exercício do Poder, ao estabelecimento de seus órgãos e aos limites de sua acepção".[5]

Nesse contexto, não podemos deixar ainda de trazer à baila a "Constituição Dirigente", defendida por J. J. Gomes Canotilho. Com efeito, o autor, sob essa concepção, defende uma Constituição capaz de dirigir a ação governamental do Estado, propondo a adoção de um programa de conformação da sociedade com vistas ao estabelecimento de uma direção

2. José Afonso da Silva, *Curso de Direito Constitucional Positivo*, 32ª ed., São Paulo, Malheiros Editores, 2009, pp. 37-38.

3. Carlos Ayres Britto, *Teoria da Constituição*, Rio de Janeiro, Forense, 2003.

4. Luiz Alberto David Araujo e Vidal Serrano Nunes Jr., *Curso de Direito Constitucional*, 8ª ed., São Paulo, Saraiva, 2004, p. 3.

5. Manoel Gonçalves Ferreira Filho, *Curso de Direito Constitucional*, São Paulo, Saraiva, 2001, p. 16.

política permanente. Em outras palavras, o texto constitucional nada mais é que uma lei material ordenadora de programas a serem realizados, objetivos e princípios transformadores da economia e da sociedade.[6]

Examinados os conceitos trazidos a exame, parece-nos certo dizer que se encontra jungida ao conceito de "Constituição" a idéia de *lei fundamental* do Estado, que traz em seu bojo a estrutura do Estado bem como os aspectos atinentes ao Poder e os princípios e valores protegidos e almejados por uma sociedade.

Nessa linha – e para final tomada de posição –, temos que a Constituição é Lei Fundamental, estrutural e organizadora do Estado, mediante a qual organiza-se o exercício do Poder estatal, com vistas à concretização dos valores e princípios consagrados em determinada sociedade.

2.2 Classificação

Para fins didáticos, e objetivando um maior e melhor conhecimento das Constituições, importante se faz classificá-las, advertindo ao leitor, desde logo, que não há uniformidade na doutrina quanto às diversas classificações possíveis. Tudo dependerá do critério adotado por esse ou aquele autor.

Sem qualquer pretensão de inovar a questão das classificações, preferimos adotar aquela elaborada por José Afonso da Silva, que tem uma abordagem bastante ampla, em razão do corte adotado.[7]

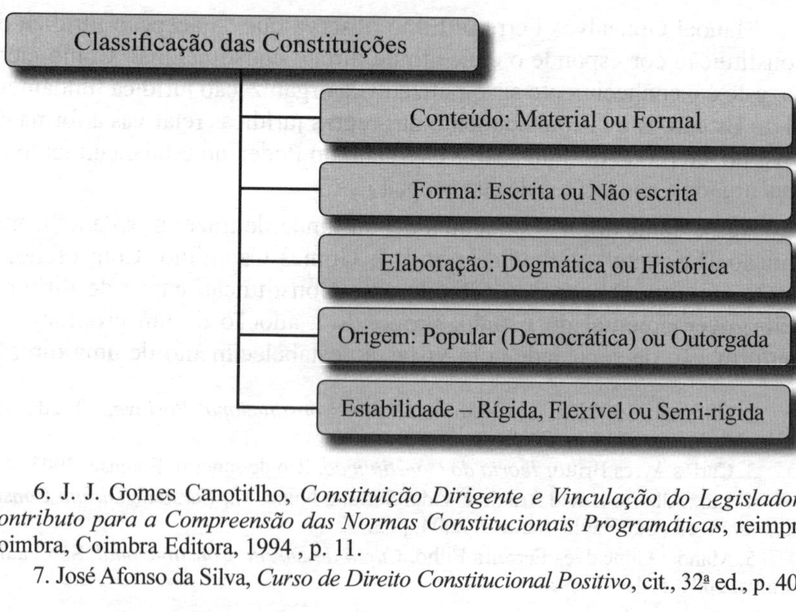

6. J. J. Gomes Canotitlho, *Constituição Dirigente e Vinculação do Legislador: Contributo para a Compreensão das Normas Constitucionais Programáticas*, reimpr., Coimbra, Coimbra Editora, 1994 , p. 11.

7. José Afonso da Silva, *Curso de Direito Constitucional Positivo*, cit., 32ª ed., p. 40.

2.2.1 *Quanto ao conteúdo*

Com efeito, a classificação quanto ao conteúdo comporta duas espécies de Constituição: a material e a formal. José Afonso da Silva aponta que a Constituição material é concebida em sentido amplo e restrito. Em sentindo amplo, identifica-se com a organização do Estado, com regime político. Em sentido restrito, refere-se às normas constitucionais escritas ou costumeiras que regulam os aspectos estruturais do Estado, a organização de seus órgãos, bem como os direitos fundamentais.[8]

De outra parte, não remanescem maiores dúvidas quanto à classificação da Constituição sob o aspecto formal, posto que consistente em um conjunto de dispositivos jurídicos elaborados de modo solene, relativos ao modo de existir do Estado, e somente modificável por processo especiais nela contidos.

2.2.2 *Quanto à forma*

Quanto à forma, a Constituição pode ser escrita, enquanto texto escrito e positivado. Nesse sentido, ensina André Ramos Tavares que "Constituições escritas são fruto do processo de codificação do direito público, ocorrendo onde o direito constitucional se encontra sistematizado em um único corpo textual".[9]

Nessa mesma classificação encontramos também a constituição não-escrita, cujas normas não constam de um documento solene. Sua principal característica é a informalidade, baseando-se, precipuamente, nos costumes e na jurisprudência – como é o caso da Constituição inglesa.

2.2.3 *Quanto ao modo de elaboração*

No que diz respeito ao modo de elaboração, encontramos duas espécies possíveis, a saber: Constituição dogmática e Constituição histórica. A Constituição dogmática será sempre apresentada por escrito e elaborada por um órgão constituinte.[10]

Por sua vez, quanto à Constituição histórica, é aquela não-escrita ou, ainda, formada por textos esparsos, resultante da História e do evoluir das tradições e costumes.

8. Idem, ibidem.

9. André Ramos Tavares, *Curso de Direito Constitucional*, 5ª ed., São Paulo, Saraiva, 2007, p. 67.

10. José Afonso da Silva, *Curso de Direito Constitucional Positivo*, cit., 32ª ed., p. 41.

2.2.4 Quanto à origem

Quanto à origem, a classificação cinge-se às Constituições populares e outorgadas. Serão Constituições populares, também denominadas de democráticas, as que se originam de um órgão representativo do povo, como foram as Constituições brasileiras de 1891, 1934, 1946 e 1988.

De sua vez, as Constituições outorgadas são aquelas fruto do autoritarismo, impostas, geralmente, por um grupo ou pelo próprio governante, como foram as Constituições de 1824, 1937 e 1967.

2.2.5 Quanto à estabilidade

A Constituição pode ser rígida, flexível ou semi-rígida.

Será rígida aquela que exige para sua mudança um critério mais solene, pontuado por solenidades e exigências formais especiais, diferentes daquelas adotadas para a formação ou alteração de leis ordinárias ou complementares.

Quanto à Constituição flexível não haverá qualquer critério mais solene, podendo ser modificada pelo mesmo processo de elaboração de leis ordinárias.

2.3 A Constituição Federal de 1988

Diante de das considerações precedentes, fica cristalino que a atual Constituição da República Federativa do Brasil é democrática, escrita, formal, dogmática e rígida.

É democrática posto que decorrente de intensa participação popular, consistente em vasto número de propostas de emendas, além de milhões de pessoas circulando pelo Congresso Nacional à guisa de participação no processo democrático de elaboração da Carta Magna de 1988.

Quanto à forma, revela-se em um texto único, escrito e solene. No que diz respeito ao conteúdo, é formal, na medida em que traz em seu bojo procedimentos expressos para sua reforma.

Por sua vez, quanto ao modo de elaboração é dogmática, tendo em vista encontrar-se escrita, ter sido elaborada por uma Assembléia Constituinte e sistematizada em idéias fundamentais do Direito dominante.

Por derradeiro, quanto à sua estabilidade a Constituição de 1988 é rígida. Para se chegar a essa conclusão basta um rápido perpassar de olhos nas disposições do art. 60, que prevê um rígido e solene critério para sua reforma, diferentemente do processo destinado à criação de leis ordinárias, disciplinado pelos art. 61 e ss.

2.4 *Objeto e conteúdo*

Como já dissemos anteriormente, a Constituição tem por objetivo estabelecer a estrutura e organização do Estado, inclusive no que diz respeito ao exercício do Poder, com vistas à concretização dos valores e princípios consagrados em determinada sociedade. Em ultima análise, este o objeto e conteúdo genérico das Constituições.

Assim é que a Constituição da República Federativa do Brasil, promulgada em 5.10.1988, além de estabelecer a estrutura e a organização do Estado bem como a forma de exercício do poder, trouxe também uma série de instrumentos novos, dentre os quais vale destacar os mecanismos de controle da constitucionalidade por omissão.

Releva notar o "Preâmbulo" da Constituição, que, apesar de não fazer parte do texto constitucional propriamente dito e não conter "normas constitucionais de valor jurídico autônomo", é relevante, por ser utilizado como elemento de "interpretação e integração" dos artigos nela contidos.

2.5 *Aplicabilidade das normas constitucionais*

Novamente nos servimos dos ensinamentos do ilustre professor José Afonso da Silva para classificarmos as normas constitucionais em normas de *eficácia plena* (remédios constitucionais), *contida* (p.ex., art. 5º, XIII, da CF) e limitada (p.ex., art. 37 ,VII, da CF).

Bibliografia

ARAUJO, Luiz Alberto David, e NUNES JR., Vidal Serrano. *Curso de Direito Constitucional*. 8ª ed. São Paulo, Saraiva, 2004.

BRITTO, Carlos Ayres. *Teoria da Constituição*. Rio de Janeiro, Forense, 2003.

BULOS, Uadi Lammêgo. *Curso de Direito Constitucional*. São Paulo, Saraiva, 2007.

CANOTILHO, J. J. Gomes. *Constituição Dirigente e Vinculação do Legislador: Contributo para a Compreensão das Normas Constitucionais Programáticas*. reimpr. Coimbra, Coimbra Editora, 1994.

__________. *Direito Constitucional e Teoria da Constituição*. 4ª ed. Coimbra, Livraria Almedina.

CARVALHO, Kildare Gonçalves. *Direito Constitucional – Teoria do Estado e da Constituição – Direito Constitucional Positivo*. Belo Horizonte, Del Rey, 2007.

FERREIRA FILHO, Manoel Gonçalves. *Curso de Direito Constitucional*. São Paulo, Saraiva, 2001.

LENZA, Pedro. *Direito Constitucional Esquematizado*. 12ª ed. São Paulo, Saraiva.

NUNES JR., Vidal Serrano, e ARAUJO, Luiz Alberto David. *Curso de Direito Constitucional*. 8ª ed. São Paulo, Saraiva, 2004.

SILVA, José Afonso da. *Curso de Direito Constitucional Positivo*. 32ª ed. São Paulo, Malheiros Editores, 2009.

TAVARES, André Ramos. *Curso de Direito Constitucional*. 5ª ed. São Paulo, Saraiva, 2007.

Capítulo 3
EVOLUÇÃO POLÍTICA E CONSTITUCIONAL DO BRASIL

HÉLCIO RIBEIRO

3.1 O Brasil monárquico. 3.2 A Constituição de 1824: Poder Moderador e Conselho de Estado. 3.3 Fim do Império e a Constituição da República dos Estados Unidos do Brasil. 3.4 A Constituição de 1934. 3.5 A Constituição de 1937. 3.6 A redemocratização e a Constituição de 1946. 3.7 A Constituição de 1967. 3.8 O fim do regime militar e a Constituição de 1988.

"A sociedade civil brasileira não foi civilizada." (Florestan Fernandes)

"Se consultado sobre a melhor maneira de eliminar dos costumes políticos brasileiros o intervencionismo militar, o Conselheiro Acácio certamente sugeriria que se inscrevesse na Constituição um artigo estipulando ficarem terminantemente proibidos os golpes de Estado." (João Quartim de Moraes e outros, *A Tutela Militar*, Vértice/Ed. RT, 1987, p. 9)

3.1 O Brasil monárquico

As Constituições podem ser consideradas como parte da narração de um mito: o mito da construção de um Estado e de uma Nação. Como observou Demétrio Magnoli, o mito não é uma mentira ou uma falsificação, mas uma leitura ou interpretação que se apresenta como narrativa histórica **[Magnoli, 1997:290]**. Deste modo, contar um pouco da evolução histórica e política das nossas Constituições não é o mesmo que contar a história do Estado e da Nação propriamente ditos, mas uma parte da história das contradições, conflitos, projetos e utopias das elites e do povo que a mitologia narra. É contar uma dimensão importante da construção da mitologia de uma Nação e sua transformação. Fazer a crítica do mito não significa contar a história verdadeira, mas contar a história desta narrativa **[Magnoli, 1997:291]**, uma história crítica das Constituições brasileiras deve tentar esboçar de que forma a mitologia constitucional brasileira foi narrada até aqui.

O Brasil tem sete Constituições elaboradas ao longo de sua História como país independente, desde 1822. Este número inicia-se com a Constituição de 1824 e vai até a atual Constituição Federal, promulgada em 1988. Alguns autores incluem a Emenda Constitucional 1/1969 entre as Constituições do Brasil – o que elevaria o número para oito –, dada a profunda reformulação realizada em nosso sistema político durante o período da ditadura militar **[Silva, 2009:87]**. Mas a tendência majoritária da doutrina é considerar que a Constituição de 1967 foi mantida mesmo após a Emenda 1/1969 **[Bonavides e Andrade, 1991]**.

Em cada etapa da nossa história as Constituições foram elaboradas tendo em vista tanto os problemas políticos internos e a correlação de forças no seio da sociedade brasileira como também as influências das idéias políticas e constitucionais oriundas das transformações em outros países. Os diversos modelos de organização política assim como a forma de proteção dos direitos fundamentais sofreram influências das mais diversas e importantes correntes intelectuais da Europa e dos Estados Unidos.

A idéia de Constituição como um documento jurídico que estabelece a organização básica do Estado e os direitos mais importantes dos cidadãos é relativamente recente e fruto das revoluções liberais burguesas que deram origem à Europa Moderna. Os exemplos mais importantes são, certamente, a Inglaterra, os Estados Unidos e a França. A partir de um longo processo de evolução, desde a *Magna Charta* de João-sem-Terra até o *Bill of Rights*, a Inglaterra foi a primeira Nação a desenvolver a idéia de que o Estado deve agir dentro de limites precisos estabelecidos, neste caso, por uma longa tradição de lutas contra abusos do rei, que começa com a nobreza e encontra continuidade no processo de ascensão da burguesia, especialmente no que diz respeito à criação de tributos.

O processo de independência norte-americano também contribuiu de forma marcante para o desenvolvimento do movimento constitucionalista. A Declaração da Virgínia é um dos primeiros documentos escritos na forma de uma Constituição moderna, uma vez que a Constituição inglesa é consuetudinária. Este documento servirá como inspiração tanto para a futura Constituição norte-americana como também para a primeira Constituição francesa, elaborada após a Revolução de 1789. A partir destes importantes eventos históricos, o ideal de organizar o Estado e os direitos fundamentais do cidadão em uma Constituição difunde-se pela Europa e pelo mundo, dando origem ao movimento constitucionalista.

Desta pequena digressão histórica podemos perceber um primeiro aspecto importante. O movimento constitucionalista é fruto de um processo revolucionário que leva a uma ruptura quase completa com o antigo regime (*ancién régime*), considerado como despótico. A inspiração principal da burguesia revolucionária nestes casos é buscada em concepções filosóficas dos enciclopedistas e dos teóricos do direito natural racional, que defendem a liberdade individual, a separação entre Estado e Igreja e a idéia de que entre governantes e governados existe um pacto ou contrato social.

É deste processo que surge a moderna concepção de democracia. Inspirada na democracia grega, a democracia dos modernos será baseada na representação, ou seja, os cidadãos (burgueses, num primeiro momento) elegem seus representantes mas não governam diretamente. No decorrer dos séculos XIX e XX a ampliação da cidadania e o surgimento do sufrágio universal estenderão, lentamente, os direitos políticos às demais classes sociais.

Destas observações surge o primeiro contraste com o desenvolvimento constitucional e político do Brasil. As Constituições brasileiras não surgem de um ímpeto de ruptura com o passado, mas de processos de transição entre períodos de democracia controlada e ditadura aberta, sempre negociados entre os diversos setores das classes dominantes que buscam manter seus privilégios e colocar sob controle a participação popular. Em suma, o Brasil nunca conheceu um movimento constitucionalista autêntico, uma vez que, aqui, a revolução burguesa não apenas se desenvolve tardiamente como, principalmente, jamais teve um caráter liberal ou, menos ainda, democrático. A revolução burguesa no Brasil tomou a forma de um processo de modernização conservadora, a partir do qual certas estruturas econômicas e políticas são alteradas sem que a participação política democrática seja ampliada e a distribuição da propriedade e da riqueza seja alterada. Ao contrário, na medida em que a modernização conservadora avança, tendem a aumentar as disparidades de rendas e a violência política como forma de conter as reivindicações **[Fernandes, 1991]**.

O que não quer dizer que o discurso liberal democrático não tenha tido, aqui e ali, seus adeptos sinceros ao longo da nossa história. Mas nunca se consolidou em um movimento político e social amplo e forte o suficiente para romper com as formas tradicionais de organização política e jurídica. Na maioria das vezes tratou-se apenas de discurso que servia como mecanismo de legitimação dos interesses das elites, que quase sempre conseguiram manter sob controle as transformações que implicassem verdadeiras rupturas. Ressaltem-se principalmente as mudanças que poderiam afetar os direitos de propriedade e a distribuição da riqueza, mas também se pode dizer o mesmo das liberdades civis. Estas últimas, tão caras às revoluções liberais da Europa e Estados Unidos, permanecerão, como ainda hoje permanecem, no caso brasileiro, muito distantes da sua aplicação efetiva. Tome-se como exemplo a questão da tortura, ainda hoje uma mancha difícil de ser extraída da prática das autoridades brasileiras.

Como se verá adiante, este processo de mudança negociada intra-elites – ou "pelo alto", como alguns analistas acentuam – será um traço fundamental de todas as mudanças de regime político que tivemos desde a Independência, afetando diretamente a elaboração e, principalmente, a aplicação das Constituições brasileiras.

Deste processo podemos extrair uma primeira observação feita por muitos historiadores e estudiosos da nossa tradição política e constitucional. No Brasil sempre existiu uma distância muito grande entre a ordem jurídica, sempre modernizadora, democrática e até generosa, e a realidade social e política, marcada pela desigualdade e a violência contra as "classes perigosas". Oliveira Vianna se referiu a este processo como um divórcio entre o país real e o país formal **[Vianna, 1987]**.

A adoção de idéias e instituições européias pelas elites nacionais sempre teve um caráter ornamental e fantasioso bem característico das "idéias fora do lugar" a que se referiu Schwarz **[2008]** em artigo seminal. Como seria possível conciliar instituições liberais com a escravidão? Este é talvez um dos aspectos centrais da distância entre as instituições e a realidade social e econômica do país até hoje. Adotam-se idéias e instituições avançadas, discutem-se teses e doutrinas sofisticadas, como se estivéssemos nos Parlamentos e Universidades européias, mas sem muita preocupação em entender as razões reais que levam as Constituições à ineficácia.

A superação deste fosso entre os direitos estabelecidos nos Códigos e Constituições, de um lado, e os fatores reais de poder dominantes na sociedade brasileira, de outro lado, talvez se configure em um dos principais desafios do Brasil no século XXI. Trata-se de superar o problema crônico da ineficácia dos textos constitucionais. Não restam dúvidas de que os interesses da população e da cidadania já estão incorporados ao texto constitucional promulgado em 1988 e que será objeto de análise deste livro. O que nos falta é fazer com que os donos do poder, a minoria que detém a maior parte da riqueza e do poder nacional, aceitem e passem a respeitar a Constituição. Esta é uma tarefa crucial para o cidadão brasileiro: decidir entre o caminho do progresso com justiça social e democracia, de um lado, ou seguir no caminho da barbárie, mantendo as estruturas econômicas e políticas que sustentam a desigualdade, a violência e a mercantilização da vida, de outro. Mas também caberá ao profissional do Direito, através de uma nova cultura jurídica, seja qual for sua esfera de atuação, contribuir para que a Constituição seja um instrumento de fortalecimento da democracia e da civilidade.

3.2 A Constituição de 1824: Poder Moderador e Conselho de Estado

A primeira Constituição brasileira é fruto de um movimento contraditório e conflitivo que desembocou na Independência do país. O primeiro fato inusitado, que diferencia nosso processo de independência das demais Nações latino-americanas, é o papel central de D. Pedro I neste processo. Sua identificação com setores importantes da sociedade brasileira em formação – especialmente aqueles que, assim como ele próprio, D. Pedro, nascidos em Portugal, acabaram criando uma série de raízes em solo brasileiro –, será um fator importante para convencê-los de que a volta de D. João e de toda a Corte a Portugal implicaria uma série de perdas econômicas e políticas. Em resumo, após ter sido alçado à condição de Reino Unido de Portugal e Algarves, tornava-se difícil para muitos setores da sociedade brasileira aceitar o retorno puro e simples à condição de Colônia. O carisma pessoal de D. Pedro contribuiu terminantemente para que ele fosse levado ao centro das mudanças que estavam por vir.

Por outro lado, como filho de D. João VI, D. Pedro nunca conseguirá livrar-se de certa ambigüidade, que o leva, mesmo após ser declarado Imperador perpétuo do Brasil, a se preocupar com os acontecimentos políticos em Portugal. Certas hesitações trazem à tona desconfianças que terão conseqüências não apenas no processo de independência, mas em todos os episódios seguintes que se desenrolam até sua volta a Portugal, em uma situação de desgaste perante boa parte da sociedade brasileira.

A primeira destas situações inicia-se no processo que dá origem à Constituição do Império, pois, apesar dos ideais liberais que sopraram da Europa, ainda mais estimulados pela Revolução do Porto em Portugal (1820), o Imperador precisava conciliar estas tendências com os interesses dos membros do *estamento burocrático tradicional*,[1] que ainda sonhavam com o restabelecimento de um Estado absolutista. D. Pedro tenta a conciliação com a ajuda não muito eficaz da corrente liderada por José Bonifácio:

"Flutuando entre todas, o Príncipe, aclamado e coroado Imperador (1º de dezembro), com a autoridade preexistente ao pacto constitucional. A dispersa, desarticulada e fluida Nação encontra, instalado no Rio de Janeiro, um arcabouço fechado, disposto a exercer uma vigilante ditadura

1. A expressão é central na análise do desenvolvimento político brasileiro feita por Raymundo Faoro **[1995]**.

sobre o país. O banho liberal, irradiado dos acontecimentos portugueses e brasileiros dos dois últimos anos, não permitia, entretanto, a passiva adoção do sistema absolutista. Não consentiam as circunstâncias, de outro lado, potencialmente desagregadoras, a cópia do modelo teórico do liberalismo europeu ou da democracia norte-americana" **[Faoro, 1995:vol. 1/279]**.

Somem-se a isto os conflitos entre Províncias e o desafio de manter a unidade do país apesar das diferenças geográficas e interesses regionais pouco homogêneos. O medo da desagregação política leva D. Pedro I e José Bonifácio a convocarem uma Constituinte sob reserva de dissolução e limitar os esforços das tendências democráticas através de uma doutrina que iria marcar todo o processo constitucional: "*o Imperador e Defensor Perpétuo precede ao pacto social*", e na abertura da Constituinte D. Pedro promete "*guardar a Constituição, se fosse digna do Brasil e dele*" **[Faoro, 1995:vol. 1/282]** (grifos do autor).

Convocada por decreto, em 3.6.1822, a partir de proposta do Conselho de Procuradores-Gerais das Províncias, a Constituinte não se mostrará capaz de refrear o ânimo dos "radicais" e será dissolvida em 12.11.1823, pois estavam em jogo os poderes do Executivo e do Imperador e o próprio modelo de Estado Nacional a ser adotado **[Lopes, 2002:282]**.

Afastados os perigos liberais e democráticos, será outorgada a primeira Constituição brasileira em 11.12.1823 e jurada pelo Imperador apenas em 25.3.1824 **[Lopes, 2002:282]**. Inspirado parcialmente no projeto elaborado pela Assembléia Constituinte, o novo texto trazia também a influência das idéias de Benjamin Constant, ao estabelecer, em seus arts. 98 a 102, o Poder Moderador. Este seria exercido pelo Imperador, que também era titular do Executivo. A concentração de poderes no Imperador era incompatível com qualquer veleidade liberal ou democrática.

Deste modo, a Constituição de 1824 inaugura o processo de conciliação de ideais constitucionais e liberais com concentração e centralização dos poderes. Os primeiros adotados quase sempre como fachada modernizadora com a qual a elite nacional tende a imitar os avanços das sociedades européias, sem, contudo, levá-los muito a sério, principalmente quando os interesses políticos e econômicos dos detentores reais dos poderes e privilégios possam ser colocados em xeque por alguma reivindicação.

O Poder Moderador deu ao Imperador a possibilidade de distribuir títulos de nobreza, interferir no funcionamento do Legislativo, nomeando senadores vitalícios **[Lopes, 2002:284]**, e ficar totalmente isento de qualquer responsabilidade no exercício da administração **[Lopes, 2002:284]**. Em suma, o Imperador estava acima da lei e da Constituição – o que não impediu seu declínio, após anos de desgaste, por não saber como lidar com as diversas correntes que disputavam sempre uma fatia maior do poder e também por confiar na relação afetiva que possuía com a população, em virtude do seu carisma. Porém, como salienta Faoro, D. Pedro I cultivou a relação com a população mas em momento algum admitiu submeter-se a ela **[Faoro, 1995:286]**.

A volta de D. Pedro I a Portugal renova as expectativas dos críticos da centralização, e o Ato Adicional de 1834 responde a estas expectativas, dando maior autonomia às Províncias, logo em seguida frustradas pela interpretação restritiva trazida pela Lei de 1840.

Daí para frente o Império se estabiliza razoavelmente, uma vez consolidadas as forças conservadoras no poder, a partir da base estabelecida pela Constituição de 1824 e seus principais alicerces acima citados: o Poder Moderador e o Conselho de Estado. O Conselho era peça fundamental da organização política brasileira do Império. Auxiliava o Poder Moderador em tudo o que lhe dissesse respeito, interferia em conflitos de jurisdição – na verdade, conflitos entre autoridades administrativas – e em situações que envolvessem abusos das autoridades eclesiásticas **[v. Lopes, 2002:323]**.

3.3 Fim do Império e a Constituição da República dos Estados Unidos do Brasil

O Império termina muito mais em função das suas contradições internas do que pela robustez do movimento republicano. O próprio Partido Republicano, uma das principais forças políticas de oposição ao Imperador, era composto de forças bastante heterogêneas. Algumas das quais entendiam como República apenas um processo de descentralização, sem qualquer referência à abolição da escravatura. Como se vê, a questão da centralização e da autonomia dos governos locais é um tema recorrente desde a Independência. Naquele caso, como ainda hoje provavelmente acontece, os governos locais apenas se interessavam pelo fortalecimento dos interesses provinciais para obter maior liberdade no manejo dos recursos e dos cargos.

A Abolição levou uma parte dos ex-proprietários de escravos a se engajar na luta republicana, muito mais por ressentimento que, obviamente, por convicções autênticas. A sustentação do Imperador ficou ainda mais difícil após a Guerra do Paraguai. Segundo Faoro, os conflitos entre o Exército e o Imperador antecediam o fim da guerra, mas a volta dos militares vitoriosos acentuou antigos descontentamentos. Especialmente daqueles que, vindos de camadas menos privilegiadas da população, viam na carreira militar uma forma de ascensão social, uma vez que a maioria dos postos importantes sempre estava reservada aos filhos das famílias tradicionais, que tinham acesso privilegiado ao ensino jurídico dentro e fora do país. Para uma parte dos soldados a escola militar, considerada de boa qualidade, era uma oportunidade de estudo **[Costa, Moraes e Oliveira, 1987:26]**.

Com medo do fortalecimento dos militares, o Imperador e seus aliados não medem esforços para diminuir o contingente e desarmar boa parte do setor. Do ponto de vista dos militares, a falta de reconhecimento e até as dificuldades financeiras indicavam uma desvalorização inaceitável da corporação. Desta forma, o conflito desemboca no golpe de Estado que dá início à República no Brasil. Mais uma vez sem qualquer participação popular expressiva, sendo que o povo apenas assistiu ao evento "bestializado", conforme expressão de um dos incentivadores do movimento, perplexo diante da passividade popular **[Carvalho, 1987]**.

Sob o comando do Marechal Deodoro da Fonseca instala-se o Governo Provisório, que se encarrega de tomar duas medidas. A primeira atitude foi o estabelecimento do sistema federalista, antiga reivindicação de importantes setores da sociedade brasileira, através do Decreto 1, de 15.11.1889. A segunda foi nomear uma comissão, composta de antigos republicanos, encarregada de elaborar o projeto da nova Constituição brasileira, logo aprovada pelo Poder Executivo e que serviria de base para as discussões da futura Assembléia-Geral Constituinte, que era na verdade, como observa José Afonso da Silva, um Congresso Constituinte **[Silva, 2009:79]**.

Em 24.2.1891 veio a lume a primeira Constituição republicana e federativa do Brasil: a Constituição da República dos Estados Unidos do Brasil, a partir de evidente inspiração norte-americana. Esta influência estendia-se à adoção do regime presidencialista e a um sistema de tripartição dos Poderes, abandonando definitivamente a instituição do Poder Moderador.

Importante notar também que o exemplo da Constituição da República Federativa da Argentina se fez notar em vários dispositivos constitucionais. A adoção do federalismo, por sua vez, levou o constituinte, entre outras coisas, a atribuir aos Estados a competência para a elaboração do direito processual.

A nova Constituição inovou ao separar Igreja e Estado, reconhecendo apenas o casamento civil, passando a administração dos cemitérios aos Municípios. Sua nítida inspiração liberal manifestou-se em vários dos seus dispositivos, limitando o Estado à manutenção da ordem. Como exemplo, José Reinaldo Lima Lopes **[Lopes, 2002:367]** cita a previsão, no caso da Constituição do Império, do direito à educação no ensino fundamental garantido pelo Governo, enquanto a nova Constituição republicana silenciava sobre o assunto.

A inspiração liberal traduziu-se também na luta de Rui Barbosa para ampliar a aplicação do *habeas corpus* no caso de qualquer ameaça à liberdade civil, sustentando que a Constituição não restringia este remédio à liberdade de ir e vir: "Dar-se-há o *habeas corpus* sempre que o indivíduo soffrer ou se achar em imminente perigo de soffrer violência, ou coacção, por illegalidade, ou abuso do poder".[2] A despeito da influência do jurista, acabou prevalecendo interpretação de inspiração francesa **[Lopes, 2002:368-369]**.

Importante novidade da Constituição de 1891 foi a criação do controle difuso de constitucionalidade das leis, a partir, mais uma vez, da influência norte-americana. Deste modo, qualquer juiz poderia deixar de aplicar lei que fosse considerada incompatível com a Constituição **[Lopes, 2002:376]**.

Apesar dos avanços da nova Constituição, ela estava longe da realidade brasileira. Mais uma vez havia prevalecido o idealismo daqueles que consideravam que com um texto constitucional bem elaborado transformariam uma realidade complexa e atravessada por clivagens de toda ordem. Segundo as palavras de José Afonso da Silva, à Constituição, apesar da sua perfeição formal, faltaraà Constituição, porém, "vinculação com a realidade do país. Por isso, não teve eficácia social, não regeu os fatos que previra, não fora cumprida" **[Silva, 2009:79]**. Da mesma forma expressam-se Bonavides e Andrade ao ressaltar que a Constituição era fruto muito mais da cabeça dos juristas que da realidade efetiva do país: "As elites fizeram então da sociedade um laboratório constitucional. Promulgou-se a Lei Maior, mas não diminuiu (*sic*) a distância entre as regras fundamentais e o meio político e social constitutivo do país real, aquele regido por impulsos autônomos exteriores ao espaço abstrato dos mandamentos constitucionais (...). Numa débil iniciação, elas principiavam a tomar consciência de um fosso que separava a Nação-símbolo, objeto de plataformas presidenciais, daquela outra Nação, mais verdadeira, mais genuína, mais palpável e real, onde as leis, quase ignoradas, tinham por contraste o poder efetivo dos coronéis, decretado na ampliação de nosso universo feudal" **[Bonavides e Andrade, 1991:8]**.

Nascida de um golpe de Estado **[Carvalho, 1987]**, a Constituição já se mostrava incapaz de resolver impasses políticos graves logo que promulgada. Em face dos conflitos entre apoiadores de Deodoro, eleito Presidente da República pela Constituinte, e setores que apoiavam Floriano Peixoto, Deodoro renuncia à presidência após tentativas de lhe impor o *impeachment*.

2. Este era o texto do § 22 do art. 72 da Constituição de 1891. Sobre a evolução do *habeas corpus*, v. Leda Boechat Rodriges **[1991]**, e sobre o papel político da instituição na República Velha v. Andrei Koerner **[1998]**.

Por sua vez, a tão esperada descentralização trazida pelo sistema federalista abriu as portas para as disputas regionais e o enfraquecimento do poder central. Deste momento em diante nenhum presidente conseguiria estabilidade sem o apoio dos governos estaduais. Campos Sales dá início à conhecida política dos governadores, única fórmula capaz de estabilizar o sistema político real. Este poder real estava, evidentemente, calcado nas oligarquias e no coronelismo. Mas o pacto que estabilizou o sistema, passando ao largo do texto constitucional, traria consigo o veneno que seria, mais tarde, responsável também pela queda da República Velha e da Constituição de 1891 **[Lessa, 1988]**. Uma reforma constitucional realizada em 1926 não foi suficiente para evitar o colapso da primeira experiência republicana brasileira. Como observaram Bonavides e Andrade, a reforma veio tarde. Os conflitos entre as diversas correntes políticas no plano interno, acirrados pela crise da bolsa de Nova York em 1929, decretaram o fim do liberalismo da República Velha.

3.4 A Constituição de 1934

A terceira Constituição brasileira marca uma transformação profunda da sociedade e do Estado, iniciada com o movimento de 1930. Movimentos operários incipientes, inspirados pelas lideranças anarquistas vindas da Europa, fundação do Partido Comunista em 1922 e o movimento tenentista são apenas alguns dos mais importantes eventos que agitaram e influenciaram, pelo menos em parte, o fim da República Velha e a Revolução de 1930.

Dois temas importantes estiveram na base da Constituição de 1934: a questão social, agora já não mais entendida apenas como questão de polícia **[Bonavides e Andrade, 1991]**, e a reconstrução do Estado Nacional. A questão social como resultado não apenas das pressões internas, mas da evolução dos conflitos internacionais e do fortalecimento do movimento operário em todo o mundo. No plano internacional devem ser destacados o papel da Organização Internacional do Trabalho, a Revolução Russa de 1917, assim como, no plano jurídico, a Constituição do México de 1917 e a Constituição da República de Weimar de 1919, consideradas as primeiras a incorporarem a questão social e a proteção do trabalhador.

A reconstrução do Estado passou pela crítica demolidora do liberalismo feita por significativa parte da intelectualidade conservadora da época. Oliveira Viana, Alberto Torres e Azevedo Amaral, entre outros, responsabilizaram o liberalismo da primeira Constituição republicana pela falta de rumo da Nação e abandono dos trabalhadores. A superação das mazelas sociais e do atraso econômico da Nação deveria estar sob a responsabilidade de um

Estado forte, capaz de unificar a Nação. Este projeto se consolidaria, como se verá à frente, no golpe que pôs fim à Constituição de 1934 **[Gomes, 2005]**.

A convocação da Constituinte é fruto do descontentamento dos setores alijados do poder pelo movimento liderado por Getúlio Vargas, mas também preocupados com a tendência centralizadora do líder do movimento de 1930. Em especial deve-se destacar a Revolução Constitucionalista de 1932 em São Paulo. Movimento liderado pela oligarquia do café e derrotado militarmente, o movimento de 1932 obteve uma vitória política ao forçar Getúlio a convocar a Assembléia Constituinte.

Desta forma, a Constituinte encontrou maior entusiasmo e participação popular se comparada com o processo que levou à Constituição de 1891, apesar dos protestos daqueles que alegaram que o Governo Provisório restringiu a liberdade de imprensa e dos próprios constituintes **[Bonavides e Andrade, 1991:281]**.

A Constituição de 1934, promulgada a 16.7.1934, estruturou um modelo de organização corporativa, expediente utilizado pelas forças conservadoras em vários países para barrar o desenvolvimento dos movimentos socialistas e comunistas. Metade dos representantes era eleita por sufrágio universal e a outra metade escolhida entre representantes profissionais **[Lopes, 2002:386-387]**. A Constituição estabeleceu pela primeira vez, e antes de muitos países desenvolvidos, o voto feminino.

Na parte referente à proteção do trabalhador a Constituição garantiu a autonomia sindical, a jornada de trabalho de oito horas, previdência social e regras para o dissídio coletivo. A dimensão social estendeu-se à proteção da família e um capítulo sobre a educação, o que significava também aceitar maior intervenção do Estado na economia e um abandono da concepção tradicional de direito de propriedade como direito absoluto e intocável **[Bonavides e Andrade, 1991; Miranda, 2005]**.

Outra novidade importante ficou por conta da criação da Justiça Eleitoral **[Silva, 2009:82]**, que teria papel importante no desenvolvimento político posterior do país, na luta contra as fraudes eleitorais, tão comuns no período do coronelismo, e que somente alcançou sucesso efetivo e quase total a partir da redemocratização do Brasil após 1985. A obrigatoriedade do concurso público para as carreiras da Administração, Judiciário e Ministério Público é outra inovação importante de 1934, responsável pela crescente profissionalização da Administração e do Poder Judiciário iniciada neste período da nossa história **[Lopes, 2002]**.

Cabe, finalmente, ressaltar a criação do mandado de segurança, criado para a "defesa de direito, certo e incontestável, ameaçado ou violado por acto manifestamente inconstitucional ou illegal de qualquer autoridade" – art. 113, 33 **[Campanhole, 1981]**.

Apesar de todos estes avanços, muitos dos quais serão mantidos e ampliados nas Constituições posteriores, a Constituição de 1934 teve vida curta, dada a heterogeneidade das forças políticas que apoiaram o movimento de 1930 e a ambigüidade com que o texto tentou conciliar aspectos do liberalismo com as tendências centralizadoras e intervencionistas do novo Governo. Segundo Bonavides e Andrade **[1991:320]**, é esta ambigüidade que leva a Constituição ao seu fim, e não sua inaplicabilidade, depois de passados apenas três anos de sua vigência.

3.5 A Constituição de 1937

A crise de poder no Estado Brasileiro tinha aspectos internos, mas certamente refletia também uma crise maior e mais profunda, encontrada também nos países desenvolvidos. Tratou-se, de fato, de uma crise da democracia liberal diante da radicalização ideológica que marcou o período, fruto da ascensão dos movimentos socialistas, de um lado, e da reação ultraconservadora do nazifacismo, de outro. A crise econômica contribuiu para demonstrar os limites do Estado de Direito burguês para resolver tantos impasses sociais e políticos.

No plano interno o desejo de centralizar o poder estava provavelmente latente no governo de Getúlio Vargas, e o Presidente irá sustentar a necessidade de "proteger a democracia" das correntes radicais através da centralização. Deste modo, em 10.11.1937 promulga a nova Constituição e decreta o início do Estado Novo, após dissolver a Câmara e o Senado **[Silva, 2009:82]**.

Elaborada por Francisco Campos, a Constituição de 1937 foi apelidada de "Polaca", por ter sido inspirada na Constituição polonesa. Fortaleceu os poderes do Executivo, inclusive no que diz respeito à iniciativa legislativa, e diminuiu a autonomia dos Estados **[Miranda, 2005:148]**. A Constituição de 1937 deveria ter sido submetida a um plebiscito, o qual nunca aconteceu. Como observa Silva **[2009:83]**, Getúlio praticamente governou através de decretos-leis até sua deposição em 1945. A maioria dos analistas é unânime em afirmar, deste modo, que a Constituição praticamente não foi aplicada. No entanto, um enorme arcabouço legal foi desenvolvido durante o período, com base nos decretos-leis e decretos presidenciais que não foram revogados após a redemocratização, incorporando-se ao sistema jurídico brasileiro nas décadas seguintes **[Lopes, 2002:388]**.

3.6 *A redemocratização e a Constituição de 1946*

A insatisfação com o Estado Novo exacerbou-se a partir do momento em que a participação do Brasil na luta contra o totalitarismo na Europa entrava em contradição direta com a manutenção da ditadura no plano interno. Em uma célebre entrevista ao mais importante jornal brasileiro da época – o *Correio da Manhã* –, José Américo de Almeida denunciava o regime e resumia o sentimento generalizado na sociedade brasileira. Em 28.2.1945 Getúlio Vargas decreta a Lei Constitucional 9, modificando a Constituição de 1937 e preparando a liberalização do regime e estabelecendo a eleição direta do Presidente da República e do Parlamento **[Bonavides e Andrade, 1991:349; e Silva, 2009:84]**.

Não havia, contudo, expressa intenção de convocar uma nova Assembléia Constituinte, e as forças de oposição temiam que Getúlio Vargas estivesse preparando sua manutenção no poder. Em outubro do mesmo ano os militares derrubam Getúlio Vargas, mas mesmo assim, após campanha política disputada, o general Eurico Gaspar Dutra, ex-Ministro da Guerra de Getúlio, e com o apoio deste, vence as eleições, e a Assembléia Constituinte instala-se em 2.2.1946 **[Silva, 2009:84]**.

A Constituinte teve pela primeira vez no Brasil a participação de deputados comunistas. Foi também a primeira Constituição a ser elaborada sem que houvesse um anteprojeto que orientasse as discussões **[Bonavides e Andrade, 1991]**.

A Constituição dos Estados Unidos do Brasil foi promulgada em 18.9.1946, com forte inspiração liberal e tomando como base importantes conquistas das Constituições de 1891 e de 1934. O liberalismo da nova Constituição não era, porém, simplesmente uma reprodução da Constituição de 1891, mas uma reação vigorosa contra o regime ditatorial imposto por Getúlio Vargas. Mas, tal como nas Constituições anteriores, o liberalismo e a democracia mais uma vez tinham limites. Apesar de reconhecer juridicamente o Partido Comunista, dois anos depois de promulgada a Constituição os comunistas são novamente colocados na ilegalidade.

Uma das primeiras características da nova Constituição foi a restauração do federalismo, dando aos Estados e aos Municípios a autonomia perdida durante o regime de Vargas. No tocante aos direitos sociais a Constituição se inspirou diretamente no texto de 1934, incorporando a maior parte do que este texto estabelecera, mas introduzindo e alargando outros direitos sociais. Bonavides e Andrade **[1991]** salientam a introdução da participação do trabalhador nos lucros da empresa, a instituição do repouso semanal remunerado, o reconhecimento do direito de greve, desde que autorizado pela

Justiça do Trabalho **[Carvalho, 2001:127]** e a inserção da Justiça do Trabalho no âmbito do Poder Judiciário **[Bonavides e Andrade, 1991:412]**.

O equilíbrio entre liberalismo e intervencionismo existente na Constituição de 1946 mostrou-se contraditório e incapaz de conciliar as forças políticas existentes. A eleição de Getúlio Vargas em 1950, desta vez em eleições limpas e transparentes, não foi absorvida pelos setores que temiam as mudanças sociais, sempre ambíguas, mas que Getúlio encarnava de alguma forma para ampla parte da população brasileira e o velho líder, agora como Presidente eleito, de certa forma aperfeiçoava. Prometia ampliar os direitos dos trabalhadores e encampava um discurso nacionalista que mobilizava e dividia o país e também os militares.

O período de vigência da Constituição de 1946 foi marcado por conspiração e tentativas de golpes de Estado, até o suicídio de Getúlio Vargas. Após um processo eleitoral confuso e presidido pelo Vice-Presidente Café Filho, que adoece e é impedido de retornar à presidência pelos militares, Juscelino Kubitschek de Oliveira toma posse sob a presidência do senador Nereu Ramos, Presidente do Senado Federal. Também o Governo Juscelino seria objeto de constante conspiração política, todas incapazes de fazer com que o Presidente terminasse seu mandato e passasse o cargo ao candidato eleito em 1959, Jânio Quadros **[Skidmore, 1988]**.

Em 1961 Jânio renuncia, abrindo novo período de crise, uma vez que seu Vice-Presidente, João Goulart, ligado a Getúlio e aos movimentos sindicais, não era bem visto pelos setores conservadores. Eis aí um dos principais problemas do sistema eleitoral do período, que permitia que o candidato classificado em segundo lugar na eleição tomasse posse como vice-presidente ainda que fosse de outro partido. Fórmula esdrúxula que afetou dramaticamente o regime instaurado em 1946.

Os militares e os oposicionistas de Goulart, especialmente orquestrados pela UDN, principal partido conservador da época, empenharam-se na aprovação do parlamentarismo como forma de diminuir os poderes do Presidente. Apesar de aprovada pelo Congresso, a medida tinha evidente caráter golpista, pois alterava a "regra do jogo" com o claro intuito de barrar as reformas prometidas por Goulart. Submetido a plebiscito, o parlamentarismo foi rejeitado e o Presidente recuperou seus poderes.

Apesar disso, as vacilações de Goulart, a radicalização ideológica do período, fortemente marcado pelo clima de Guerra Fria, e a firme disposição dos setores conservadores de impedir as mudanças sociais, especialmente a reforma agrária, levaram ao fim do regime democrático inaugurado pela Constituição de 1946. Em 31.3.1964 os militares desfecham o golpe responsável pela deposição do Presidente, inaugurando mais um período ditatorial em nossa história republicana.

Observe-se, porém, que o período é marcado pela industrialização do país e pela tentativa, de alguns setores, de incorporar um número cada vez maior da população nos benefícios do desenvolvimento econômico. O populismo deste período pode ser visto como resultado de uma crescente e contraditória participação popular nos processos políticos do país e base do recrudescimento do antigo medo dos donos do poder em relação às "classes perigosas". Este aspecto está presente no populismo e nas ditaduras que marcaram toda nossa história republicana. Tratou-se, na verdade, da exacerbação das contradições da própria revolução burguesa, sempre modernizando a sociedade em várias dimensões econômicas e sociais, mas obstando à participação popular e ao reconhecimento efetivo dos direitos de cidadania que caracterizam a democracia **[Ianni, 1989]**.

O mais surpreendente foi a facilidade com que os militares depuseram Goulart, apesar de algumas tímidas resistências, que foram logo superadas pela repressão. Com o apoio de importantes setores da imprensa, do empresariado e latifundiários, da Igreja Católica e da OAB, os militares não tiveram dificuldades em assustar a população, em especial a classe média, com o "perigo do comunismo", subterfúgio que já havia dado resultado no golpe desferido por Getúlio contra a Constituição de 1934. O historiador norte-americano Thomas Skidmore narra estes fatos de forma detalhada e bem documentada **[Skidmore, 1988]**. No ano de 2007 o Departamento de Estado dos Estados Unidos liberou documentos que comprovam a participação daquele país na conspiração que pôs fim ao Governo Goulart e à Constituição de 1946. Élio Gaspari, num dos maiores e mais bem documentados relatos sobre o desenvolvimento do regime inaugurado em 1964, faz uma descrição detalhada da participação de todos os atores nacionais e internacionais no desfecho do golpe **[Gaspari, 2002]**.

O golpe de 1964 inaugura um período de atos institucionais que vão, pouco a pouco, desfigurando a Constituição, que estava sendo mantida apenas como fachada legal para um regime de força. Suspensão de direitos políticos, prisões ilegais e repressão a qualquer forma de oposição ao regime fizeram os militares endurecer à medida que a crise política se aprofundava. O Ato Institucional 4 regulou o procedimento pelo qual o Congresso Nacional votaria nova Constituição. Com o quadro partidário reformulado completamente e a Oposição enfraquecida, o Congresso aprovou o projeto de Constituição elaborado pelo Governo, que acabou sendo promulgada em 24.1.1967 **[Silva, 2009:86]**.

3.7 *A Constituição de 1967*

Inspirada principalmente na Constituição de 1937, a nova Constituição instituiu um modelo político com base na idéia de *segurança nacional*. Esta doutrina desenvolveu-se na Escola Superior de Guerra e contou com o apoio de assessores norte-americanos. Esta colaboração antecedeu o golpe de março/1964, pois remontava ao período da II Guerra Mundial, quando a Escola foi montada sob o comando dos setores mais conservadores e pró-norte-americanos das Forças Armadas. Esta doutrina será progressivamente responsável pelo desenvolvimento de um amplo sistema legal e de um aparato de repressão que, aos poucos, acabou por escapar da própria legalidade montada pelos militares.

A Constituição de 1967 reestruturou o sistema tributário nacional e o federalismo, acentuando a centralização, bem como alterou a técnica orçamentária, criando a técnica do orçamento-programa, estabelecendo programas plurianuais de investimento **[Silva, 2009:87]**.

No plano dos direitos sociais a principal novidade foi a extinção da estabilidade no emprego após 10 anos de serviço do trabalhador em uma empresa e sua substituição pela indenização do Fundo de Garantia do Tempo de Serviço/FGTS – o que, na prática, facilitou a demissão dos trabalhadores.

No plano dos direitos individuais manteve-se praticamente o texto das Constituições anteriores, mas claramente o regime não o respeitou, uma vez que a censura e a perseguição política dos críticos da ditadura só poderiam estar associadas à forte pressão sobre o Poder Judiciário. Sob um governo de atos institucionais nenhuma liberdade pública ou privada poderia prosperar, e nos casos em que o STF tentou bloquear a aplicação de algumas aberrações obteve como contrapartida a demissão de alguns de seus ministros. Foi o caso dos Mins. Hermes Lima, Víctor Nunes Leal e Evandro Lins e Silva, que tentaram resistir ao avanço da barbárie mas foram obrigados a se demitir em janeiro/1969, após a edição do Ato Institucional 5, no final de 1968. O Presidente do STF, Gonçalves Oliveira, renunciou, como forma de protesto à interferência dos militares na mais alta Corte de Justiça do país, que teve, inclusive, sua composição alterada **[Skidmore, 1988:167]**.

O AI-5 colocou o Congresso em recesso por tempo indeterminado e resultou de um conflito entre os militares e o Parlamento, no qual até mesmo alguns deputados da base aliada – ARENA – se mostraram rebeldes. O Governo tinha interesse em suspender as imunidades parlamentares, o que significaria praticamente anular qualquer resquício de independência que o Legislativo porventura ainda tivesse **[Skidmore, 1988:165-166]**. Ao perder a votação no Congresso, os militares decretam o AI-5, abandonando definitivamente a fachada legal que mantinham até então, e, deste modo, definiram o perfil abertamente autoritário que o regime teria até o seu final, em 1985.

Apesar do endurecimento, as crises políticas não cessaram, e após o afastamento do Presidente Costa e Silva a Junta Militar que o substituiu elaborou a Emenda Constitucional 1, outorgada em outubro/1969, alterando substancialmente o texto de 1967. A Emenda alterou a redação dos dispositivos que regulavam a eleição indireta do Presidente da República e fortaleceu ainda mais o Poder Executivo **[Bonavides e Andrade, 1991:443]**. Este fortalecimento expressou-se em vários de seus artigos, mas o de mais triste memória foi, sem dúvida, o uso e abuso dos decretos-leis, expediente já utilizado por Getúlio Vargas anteriormente. O art. 49, V, previa em seu processo legislativo os decretos-leis, e através deste instrumento constitucional o Poder Executivo praticamente anulou o Poder Legislativo, transformando-o em um homologador dos projetos governamentais.

Uma vez emitidos pelo Presidente da República e publicados, os decretos-leis entravam em vigor e eram aprovados pelo simples decurso do prazo de 60 dias. Ou seja, ao Congresso Nacional cabia a tarefa de rejeitar ou aprovar o decreto-lei, sem o direito de emendá-lo. O detalhe mais importante ficou por conta do decurso do prazo, pois se dentro dos 60 dias não houvesse deliberação do Legislativo o decreto-lei se transformaria em lei. Isto significava, na prática, que o Governo precisava somente esvaziar o Congresso, retirando seus aliados, e aguardar o decurso do prazo para obter aprovação de seu projeto.

O regime utilizou-se deste mecanismo autoritário até sua extinção pela Constituição de 1988, quando surgem as medidas provisórias, que têm natureza um pouco distinta mas que também causam problemas na relação entre Executivo e Legislativo, como se verá no capítulo referente ao processo legislativo deste livro.

3.8 O fim do regime militar e a Constituição de 1988

Após 20 anos de regime de exceção, no qual as garantias constitucionais do cidadão ficaram totalmente suspensas, o poder retorna a um governante civil, José Sarney, depois de intensas movimentações da sociedade brasileira, cada vez mais movida pelo desejo de restauração da ordem democrática e reconstitucionalização do país. Muitos foram os fatores que contribuíram para o declínio do regime militar, cabendo, aqui, apenas citar alguns deles. Fatores econômicos decorrentes do esgotamento do modelo econômico adotado pelo regime militar, principalmente após as duas crises do petróleo em 1973 e 1979. Inflação fora de controle, que teve como conseqüência uma explosão de movimentos grevistas que colocaram em xeque o aparelho repressivo do Estado autoritário montado a partir do golpe de 1964. O destaque foi, sem dúvida, o movimento operário no ABC Paulista, liderado por Luís Inácio Lula da Silva, então Presidente do Sindicato dos Metalúrgicos de São Bernardo do Campo, a partir do qual surge um novo movimento operário, disposto a desafiar não apenas o regime militar, mas todo o sistema legal corporativista montado por Getúlio e mantido por décadas.

Naquele período também importantes setores da classe média e profissionais liberais se sindicalizam e se mobilizam contra o regime e em defesa dos seus direitos. Novos movimentos sociais, feministas, negros e a proliferação de todo tipo de associação vão aos poucos tomando conta do país e ganhando expressão política. No final da década de 80, a OAB, sob a presidência de Raymundo Faoro, começa a questionar a legitimidade do regime e lança as primeiras manifestações em prol da reconstitucionalização do Brasil. Em regra geral, eram movimentos que resultaram não apenas do descontentamento com o regime, mas fruto de uma transformação social muito mais profunda e que, apesar de eclodir neste período, resultou de um processo de amadurecimento ao longo de décadas de industrialização e urbanização do Brasil a partir de 1930 **[Wanderley Guilherme dos Santos, 1985]**.

O regime militar, por sua vez, acabou sendo engolido pela própria incapacidade de controlar o comportamento de diversos atores importantes, dentro e fora do governo, que se aproveitaram da ausência de qualquer controle social ou legal para se apoderar de vastos recursos públicos que desembocaram em inúmeros escândalos de corrupção, num "aperfeiçoamento" da lógica predatória que sempre foi a marca das elites que comandaram a Nação.

A repressão, o exílio e a morte de inúmeros adversários foram colocando o regime sob forte pressão interna e externa. Um importante relato detalhado e bem documentado sobre os mecanismos de repressão e intimidação está no livro *Brasil Nunca Mais*, organizado pela Arquidiocese de São Paulo e prefaciado por D. Paulo Evaristo Arns. Como Arcebispo de São Paulo, Evaristo Arns teve papel ativo no processo de abertura política e na denúncia da violência praticada durante os 20 anos de ditadura militar. Um dos casos mais conhecidos foi a morte do jornalista Wladimir Herzog nas dependências do DOPS (polícia política do regime militar) no Rio de Janeiro.

É a partir deste espírito de descontentamento e protesto que começa a renascer a esperança de transformação. A campanha pelas eleições diretas em 1985 movimentou toda a sociedade brasileira, e, embora a emenda que restabelecia a eleição direta do Presidente da República tivesse sido derrotada no Congresso Nacional, deu impulso definitivo para a redemocratização.

Promulgada em 27.11.1985, depois de enviada pelo Presidente José Sarney ao Congresso Nacional e por este aprovada, a Emenda Constitucional 26 convocou o Congresso Constituinte, que iria elaborar a Constituição de 1988. O Presidente também convocou uma Comissão, presidida pelo senador Afonso Arinos de Melo Franco, para elaborar um anteprojeto que serviria de base para a discussão do Congresso. Além deste anteprojeto, outros foram elaborados por conhecidos juristas, OAB, partidos políticos.

Iniciando os trabalhos em 1.1.1987, em sessão presidida pelo Presidente do STF, o Congresso Constituinte passou por inúmeras dificuldades, desde a elaboração do seu Regimento Interno até campanhas de desmoralização [**v. Bonavides e Andrade, 1991**]. O texto final foi promulgado em uma sessão histórica no dia 5.10.1988 pelo Presidente do Congresso Constituinte, deputado Ulisses Guimarães, que se referiu à nova Constituição brasileira como a "Constituição-cidadã". Apesar das deficiências, a Constituição pode ser considerada um grande avanço, em vários aspectos. Em primeiro lugar, não tentou repetir qualquer das experiências constitucionais anteriores. Em segundo, mas não menos importante, foi a Constituinte com o maior grau de participação popular de toda a nossa história constitucional.

A sociedade brasileira não apenas discutiu, de forma livre, importantes aspectos gerais do texto como teve, também pela primeira vez na história, a possibilidade de participação direta, apresentando emendas populares através de associações que nomearam representantes para, em Plenário, defender seus projetos a respeito dos mais diferentes temas [**Whitaker, 1989**].

A análise detalhada de cada aspecto da Constituição de 1988 será feita ao longo deste livro pelos demais autores. Aqui, para encerrar este pequeno resumo da nossa história constitucional, cabe apenas fazer referência a alguns aspectos gerais mais importantes que estão na base na nova ordem constitucional.

Os constituintes tiveram, nitidamente, duas preocupações fundamentais. Proteger de forma ampla e detalhada os direitos individuais, tão vilipendiados ao longo da nossa história e principalmente no período da ditadura militar. Em segundo lugar, consolidar um Estado de Bem-Estar Social através da consagração dos direitos sociais, tanto aqueles referentes ao trabalhador como os direitos à saúde, à educação, à cultura e ao lazer, numa fórmula universalista que se assemelha ao Estado Social ou Providência das Nações mais desenvolvidas. A fórmula do Estado Democrático de Direito, adotada no "Preâmbulo" e no art. 1º, é o indicador inequívoco das intenções do constituinte de garantir tanto as liberdades quanto os direitos sociais em um ambiente pautado pelo respeito às regras democráticas.

Na definição do art. 1º, o Estado Democrático de Direito tem como fundamentos a soberania, a cidadania, a dignidade da pessoa humana, os valores sociais do trabalho e da livre iniciativa e o pluralismo político, e o art. 3º estabeleceu como objetivos fundamentais a construção de uma sociedade livre justa e solidária, a garantia do desenvolvimento nacional, a erradicação da pobreza, entre outros.

Um aspecto importante no que diz respeito à organização do Estado Democrático de Direito diz respeito à inovação do parágrafo único do art. 1º ao estabelecer que o poder "emana do povo, que o exerce por meio de representantes eleitos ou diretamente, nos termos desta Constituição". Tratou-se de inédita adoção da democracia participativa em nosso país, que se difunde por todo texto constitucional. No art. 14 a CF estabelece entre os direitos políticos a participação popular através de referendo, plebiscito e iniciativa popular.

Atento à nossa tradicional dificuldade em dar eficácia às normas constitucionais, cuidou o constituinte de inovar também neste aspecto. O mandado de injunção e a ação de inconstitucionalidade por omissão são peças-chaves no arcabouço constitucional de 1988. O primeiro estrutura a possibilidade de o cidadão buscar judicialmente a efetivação de seu direito constitucional, mesmo não tendo sido elaborada norma regulamentadora, quando a Constituição a exige. A inconstitucionalidade por omissão foi pensada como forma de pressionar o Legislativo a elaborar norma regulamentadora, caso o Legislativo não tenha cuidado da regulamentação. Estes dispositivos são essenciais, uma vez que a Constituição deixou ao legislador a tarefa de elaborar e complementar inúmeros artigos. A interpretação restritiva destes institutos jurídicos, especialmente do mandado de injunção, nos primeiros tempos da Constituição, pelo STF limitou bastante sua eficácia **[Vieira, 2002]**. Esta tendência conservadora do Tribunal, supremo intérprete da Constituição, somente tem sido parcialmente revertida nos últimos anos, na primeira década do milênio que se inicia.

Outra novidade importante foi a extensão da legitimidade para propositura de ação direta de inconstitucionalidade e ação declaratória de constitucionalidade. Esta última foi inserida posteriormente na Constituição, mas, pelo disposto no art. 103 e incisos, podem propor ambas as ações o Presidente da República, a Mesa do Senado Federal, a Mesa da Câmara dos Deputados, a Mesa de Assembléia Legislativa ou da Câmara Legislativa do Distrito Federal, governador de Estado ou do Distrito Federal, o Procurador-Geral da República, o Conselho Federal da OAB, partido político com representação nacional, confederação sindical ou entidade de classe de âmbito nacional.

Apesar das inúmeras inovações da Constituição de 1988, vários foram os momentos em que o Congresso Constituinte entrou em impasses políticos, tendo que apelar muitas vezes para o estabelecimento de normas com excessivo grau de indeterminação ou, mesmo, deixando diversos temas para regulamentação posterior, deixando alguns confrontos políticos para o futuro **[Faria, 1989]**.

O texto sofreu ataques constantes dos setores mais conservadores, que consideravam a nova Constituição excessivamente protecionista, estatista e nacionalista. Ainda no decorrer do Congresso Constituinte uma reação conservadora tentou alterar significativos avanços relativos à reforma agrária e à democracia participativa, entre outros aspectos, através da formação de um bloco suprapartidário que na época ficou conhecido como "Centrão" – eufemismo que escondia o caráter retrógrado de diversas de suas propostas. Posteriormente, no momento da votação em primeiro turno, o grupo conservador se mostrou menos forte do que se previa **[Bonavides e Andrade, 1991]**, e o texto final acabou por se mostrar bastante arrojado no que diz respeito a diversas inovações, em especial no que diz respeito ao aspecto social da nova Constituição.

Mas também no que diz respeito às liberdades individuais o texto inovou, bastando salientar, por ora, o estabelecimento da tortura e do racismo como crimes inafiançáveis.

A reação conservadora viria com mais força à medida que os governos posteriormente eleitos iniciaram uma série de reformas que desfiguraram importantes aspectos da Constituição. Sob inspiração do Consenso de Washington – reunião de empresários e representantes dos países industrializados realizada no início da década de 90 do século XX – , reformas constitucionais voltadas para o mercado colocaram em xeque o projeto de desenvolvimento nacional expresso na Constituição.

O alvo principal das reformas foi o Estado Brasileiro, que, no diagnóstico conservador, seria o principal obstáculo ao desenvolvimento e à estabilidade econômica. Concepção bastante simplista, que deixa sempre de lado a complexidade das relações de dependência existentes entre os países centrais e os periféricos do sistema capitalista mundial e os efeitos deletérios do processo de mundialização do capital sobre a soberania dos Estados **[Chesnais 1996; Boaventura de Souza Santos, 2006; Faria, 1999]**, contribuindo para frustrar inúmeras expectativas em relação à Constituição de 1988 e ao próprio processo de redemocratização do Brasil.

As crises do capitalismo global a partir da segunda metade da década de 90 têm demonstrado claramente os limites da hegemonia neoliberal no que diz respeito ao desenvolvimento social e à distribuição da renda, dois aspectos centrais do espírito da Constituição de 1988. É a partir da crise do projeto conservador expresso pelo neoliberalismo que se poderá recuperar o sentido democrático e social da Constituição brasileira.

Esta mudança não vai se operar apenas a partir dos impulsos e decisões do Estado, e principalmente do Judiciário, ainda que tenham que passar por eles. Ela depende da organização do cidadão brasileiro em movimentos sociais e associações capazes de ampliar a esfera pública e a atuação da sociedade civil. Esta sociedade civil brasileira já existe e não está disposta a repetir o passado de Constituições ineficazes, golpes de Estado, violência e desigualdades sociais. Mas este movimento precisa redescobrir a Constituição, e aos novos e futuros profissionais do Direito cabe a tarefa de redefinir o papel da Constituição neste processo de mudança que está em curso, sem repetir os velhos dogmas de um positivismo ultrapassado e idealista, longe da realidade social e política da Nação. A Constituição deve ser entendida como dimensão e parte de um processo político maior e mais profundo.

Desta forma, a Constituição de 1988, que ainda tem um espírito de mudança e utopia – traço que sempre está presente no Direito quando pensado como instrumento da justiça [Lopes, 1988] se resgatado por uma sociedade civil ativa –, poderá recolocar o Brasil no caminho do respeito à dignidade da pessoa humana e da civilização.

Bibliografia

ADORNO, Sérgio **[1988]**. *Os Aprendizes do Poder*. Rio de Janeiro, Paz e Terra.

AMBROSINI, Diego Rafael, CACCIA, Natasha Schmitt, FERREIRA, Gabriela Nunes, e MOTA, Carlos Guilherme **[2006]**. "Os juristas na formação do Estado-Nação Brasileiro: século XVI a 1850".In: MOTA, Carlos Guilherme (org.). *Coleção Juristas Brasileiros*. São Paulo, Quartier Latin.

ANDRADE, Paes, e BONAVIDES, Paulo **[1991]**. *História Constitucional do Brasil*. Rio de Janeiro.

ARQUIDIOCESE DE SÃO PAULO **[2003]**. *Brasil Nunca Mais: um Relato para a História*. Petrópolis, Vozes.

BONAVIDES, Paulo, e ANDRADE, Paes **[1991]**. *História Constitucional do Brasil*. Rio de Janeiro.

CACCIA, Natasha Schmitt, AMBROSINI, Diego Rafael, FERREIRA, Gabriela Nunes, e MOTA, Carlos Guilherme **[2006]**. "Os juristas na formação do Estado-Nação Brasileiro: século XVI a 1850".In: MOTA, Carlos Guilherme (org.). *Coleção Juristas Brasileiros*. São Paulo, Quartier Latin.

CAMPANHOLE, Adriano, e CAMPANHOLE, Hilton Lobo **[1981]**.*Constituições do Brasil*. São Paulo, Atlas.

CARVALHO, José Murilo de **[1987]**. *Os Bestializados: o Rio de Janeiro e a República que Não Foi*. São Paulo, Cia. das Letras.

________ **[2001]**. *Cidadania no Brasil: o Longo Caminho*. Rio de Janeiro, Civilização Brasileira.

CHESNAIS, François **[1996]**. *A Mundialização do Capital*. São Paulo, Xamã.

COSTA, Wilma Peres, MORAES, João Quartim de, e OLIVEIRA, Eliézer Rizzo **[1987]**. *A Tutela Militar*. São Paulo, Vértice/Ed. RT.

FAORO, Raymundo **[1995]**. *Os Donos do Poder: Formação do Patronato Político Brasileiro*. 10ª ed., 2 vols. São Paulo, Globo.

FARIA, José Eduardo **[1989]**. *O Brasil Pós-Constituinte*. Rio de Janeiro, Graal.

________ **[2007]**. *O Direito na Economia Globalizada*. 1ª ed., 4ª tir. São Paulo, Malheiros Editores.

FAUSTO, Boris **[2006]**. *Getúlio Vargas*. São Paulo, Cia. das Letras.

FERNANDES, Florestan **[1991]**. "A concretização da revolução burguesa". In: IANNI, Octávio (org.). *Florestan Fernandes, Coleção Grandes Cientistas Sociais*. São Paulo, Ática.

FERREIRA, Gabriela Nunes, AMBROSINI, Diego Rafael, CACCIA, Natasha Schmitt, e MOTA, Carlos Guilherme **[2006]**. "Os juristas na formação do Estado-Nação Brasileiro: século XVI a 1850".In: MOTA, Carlos Guilherme (org.). *Coleção Juristas Brasileiros*. São Paulo, Quartier Latin.

GASPARI, Élio **[2002]**. *A Ditadura Envergonhada*. São Paulo, Cia. das Letras.

GOMES, Ângela de Castro **[2005]**. *A Invenção do Trabalhismo*. Rio de Janeiro, FGV.

IANNI, Octávio **[1989]**. *A Formação do Estado Populista na América Latina*. São Paulo, Ática.

KOERNER, Andrei **[1998]**. *Judiciário e Cidadania na Constituição da República Brasileira*. São Paulo, HUCITEC/USP.

LESSA, Renato **[1988]**. *A Invenção Republicana: Campos Sales, as Bases e a Decadência da Primeira República Brasileira*. São Paulo, Vértice/Ed. RT, Rio de Janeiro/IUPERJ.

LOPES, José Reinaldo Lima **[1988]**. "Direito, justiça e utopia". In: FARIA, José Eduardo (org.). *A Crise do Direito numa Sociedade em Mudança*. Brasília, UnB.

________ **[2002]**. *O Direito na História: Lições Introdutórias*. São Paulo, Max Limonad.

MAGNOLI, Demétrio **[1997]**. *O Corpo da Pátria: Imaginação Geográfica e Política Externa no Brasil (1808-1912)*. São Paulo, Universidade Estadual Paulista/ Moderna.

MIRANDA, Jorge **[2005]**. *Teoria do Estado e da Constituição*. Rio de Janeiro, Forense.

MORAES, João Quartim de, COSTA, Wilma Peres, e OLIVEIRA, Eliézer Rizzo **[1987]**. *A Tutela Militar*. São Paulo, Vértice/Ed. RT.

MOTA, Carlos Guilherme, AMBROSINI, Diego Rafael, CACCIA, Natasha Schmitt, e FERREIRA, Gabriela Nunes **[2006]**. "Os juristas na formação do Estado-Nação Brasileiro: século XVI a 1850".In: MOTA, Carlos Guilherme (org.). *Coleção Juristas Brasileiros*. São Paulo, Quartier Latin.

OLIVEIRA, Eliézer Rizzo, COSTA, Wilma Peres, e MORAES, João Quartim de **[1987]**. *A Tutela Militar*. São Paulo, Vértice/Ed. RT.

RODRIGUES, Leda Boechat **[1991]**. *História do Supremo Tribunal Federal: Doutrina Brasileira do "Habeas Corpus"*. t. III, 1910-1926. Rio de Janeiro, Civilização Brasileira.

SANTOS, Boaventura de Souza **[2006]**. "A crítica da governação neoliberal: o *Fórum Social Mundial* como política e legalidade cosmopolita subalterna". In: *A Gramática do Tempo*. São Paulo, Cortez.

SANTOS, Wanderley Guilherme dos **[1985]**. "A pós-revolução brasileira". In: JAGUARIBE, Hélio, e outros. *Brasil: Sociedade Democrática*. Rio de Janeiro, José Olympio.

________ **[1994]**. *Cidadania e Justiça: a Política Social na Ordem Brasileira*. 3ª ed. Rio de Janeiro, Campus.

SCHWARZ, Roberto **[2008]**. "As idéias fora do lugar". Disponível em *http:/anativalor.vilabol.uol.com.br/textos/Schwarz* (acesso em 18.3.2008).

SILVA, José Afonso da **[2009]**. *Curso de Direito Constitucional Positivo*. 32ª ed. São Paulo, Malheiros Editores.

SKIDMORE, Thomas **[1988]**. *Brasil de Castelo a Tancredo*. Rio de Janeiro, Paz e Terra.

VIANNA, Oliveira **[1987]**. *Instituições Políticas Brasileiras*. 2 vols. São Paulo/EDUSP, Niterói/Universidade Federal Fluminense.

VIEIRA, Oscar Vilhena **[2002]**. *Supremo Tribunal Federal: Jurisprudência Política*. São Paulo, Malheiros Editores.

WHITAKER, Francisco **[1989]**. *Cidadão Constituinte: a Saga das Emendas Populares*. Rio de Janeiro, Paz e Terra.

Capítulo 4

TEORIA DA INCONSTITUCIONALIDADE E RECEPÇÃO

José Carlos Francisco

4.1 Validade e vigência. 4.2 Critérios fornecidos pelo ordenamento constitucional e por normas infraconstitucionais. 4.3 Validade e vigência de preceitos constitucionais: 4.3.1 Validade e vigência da Constituição originária e das emendas: revogação e nulidade: 4.3.1.1 Revogação: valoração política da norma e classificação quanto à forma (expressa ou tácita) e quanto à extensão (total ou parcial) – 4.3.1.2 Nulidade: vício jurídico originário (formal e material) e impossibilidade de convalidação (nulidade absoluta e relativa e ato inexistente) – 4.3.2 Ab-rogação da Constituição anterior pela nova Constituição: retroatividade por ordem do poder originário – 4.3.3 Derrogação e ampliação do ordenamento por emendas – 4.3.4 Desconstitucionalização: ampla (total ou parcial) e específica (expressa e implícita) – 4.3.5 Natureza das normas e atos inconstitucionais: nulidade absoluta, vício originário e inexistência de perecimento pelo decurso do tempo: 4.3.5.1 Efeitos da declaração de inconstitucionalidade: quanto ao sujeito e quanto ao tempo – 4.3.5.2 Modulação de efeitos. Exceções quanto ao efeito na inconstitucionalidade: liminar, controle difuso e concentrado, Leis 9.868/1999 e 9.882/1999 e a preservação dos "efeitos" da norma inconstitucional – 4.3.5.3 Declaração de inconstitucionalidade com redução do texto e sem redução do texto: legislador negativo, inconstitucionalidade do texto ou da interpretação – 4.3.5.4 Declaração de inconstitucionalidade e repristinação – 4.3.6 Novo ordenamento constitucional e normas infraconstitucionais: 4.3.6.1 Recepção constitucional: 4.3.6.1.1 Requisitos: validade formal e material na edição, vigência e compatibilidade material com o novo ordenamento – 4.3.6.1.2 "Status" normativo dos temas e preceitos recepcionados: sujeição total e parcial – 4.3.6.1.3 Recepção convencional e recepção material – 4.3.6.1.4 Inocorrência de recepção e de repristinação pelo ordenamento constitucional superveniente – 4.3.6.2 Inconstitucionalidade superveniente: inocorrência de recepção e mudança informal da Constituição – 4.3.6.3 Norma ainda constitucional ou inconstitucionalidade progressiva: preceitos infraconstitucionais e normas constitucionais não-aplicáveis – 4.3.6.4 Constitucionalidade superveniente: expressa e implícita, efeitos no tempo e ofensa ao processo legislativo.

Dentre as diversas maneiras de analisar o ato jurídico estão a existência (agente, objeto e forma para sua produção), a validade (capacidade ou competência, licitude e possibilidade e forma adequada), a eficácia jurídica (possibilidade de a norma produzir efeitos) e eficácia social (ou efetividade, atinente aos resultados concretos que a norma produz). Apresentaremos os conceitos de "validade" e de "vigência" contextualizados com a teoria da inconstitucionalidade e a recepção de atos normativos.

4.1 Validade e vigência

"Validade" de um preceito normativo diz respeito à regularidade formal e material de sua elaboração, enquanto "vigência" pressupõe a validade e relaciona-se com a existência jurídica ou permanência desse mesmo preceito no sistema normativo – ambos, requisitos imprescindíveis para que a norma positivada seja juridicamente aplicável à realidade. Assim, enquanto *validade* diz respeito ao surgimento do preceito normativo de modo coerente com o sistema jurídico, *vigência* pressupõe a válida existência, estando associada à continuidade da compatibilidade da regra com o ordenamento. Somente com a verificação prévia da validade e da vigência é que se justifica a interpretação (ou seja, essa parte do pressuposto da validade e da vigência da norma positivada).

Esses aspectos da hermenêutica obviamente não são exclusivos do direito constitucional, mas há particularidades no campo da validade e da vigência – o que nos propomos a expor separadamente.

4.2 Critérios fornecidos pelo ordenamento constitucional e por normas infraconstitucionais

Em razão da supremacia da Constituição, os critérios que ela própria estabelecer para sua validade e vigência deverão ser rigorosamente observados (por exemplo, o art. 5º, § 1º, do ordenamento de 1988, prevendo que as normas definidoras dos direitos e garantias fundamentais têm aplicação imediata). Porém, os textos constitucionais raramente dispõem sobre métodos de hermenêutica, o que nos faz recorrer a outras fontes, especialmente à Teoria Geral do Direito.

Note-se que as normas infraconstitucionais (especialmente as leis) desdobram ou detalham os preceitos constitucionais, dando-lhes plena vigência e eficácia, pois essa é a tarefa natural das normas inferiores em face do decrescente nível de abstração que encontramos do preceito constitucional até o ato jurídico individual (ou norma individual), produzido para o caso concreto (em outras palavras, os preceitos constitucionais são explicitados pelos atos primários, os quais, por sua vez, são explicitados pelos atos secundários, e assim sucessivamente, até o ato individual e concreto).

Surge, porém, divergência em relação à possibilidade de normas infraconstitucionais fixarem critérios para que seja feita a hermenêutica de preceitos da própria Constituição (inclusive a aferição de sua validade e de sua vigência). O ponto que ora tratamos procura saber se são aplicáveis às Constituições os métodos previstos na Lei de Introdução ao Código Civil bem como na Lei Complementar 95/1998 (e suas alterações), e até mesmo para redação de novas disposições normativas (por exemplo, novos artigos introduzidos por emendas podem ter letras adicionadas aos tradicionais algarismos, como o art. 29-A, acrescentado pela Emenda 25/2000). Sobre essa questão, parece-nos inviável que normas inferiores imponham métodos para a validade e a vigência do ordenamento constitucional (exceto se o próprio ordenamento confiar à legislação infraconstitucional tal tarefa), mas acreditamos que essa discussão acaba perdendo sentido prático, porque geralmente as disposições infraconstitucionais sobre validade e vigência (em particular as previstas na Lei de Introdução ao Código Civil ou na Lei Complementar 95/1998) coincidem com princípios gerais de Direito (até porque esses são princípios gerais de direito constitucional), o que justifica a utilização dos mesmos independentemente de previsão legal. Igualmente secundária é a discussão sobre o emprego de letras junto aos algarismos de preceito constitucional, pois trata-se de tema pertinente à técnica de redação e exposição das normas, confiado ao juízo discricionário do constituinte reformador e sujeito à compreensão razoável do Regimento Interno do Congresso Nacional.

4.3 *Validade e vigência de preceitos constitucionais*

Dividiremos a análise da validade dos preceitos constitucionais quanto ao surgimento das normas positivas e à natureza da norma inconstitucional, enquanto a vigência será tratada apenas com relação aos efeitos que o novo ordenamento constitucional provoca em relação à Constituição anterior e às legislações infraconstitucionais.

4.3.1 *Validade e vigência da Constituição originária e das emendas: revogação e nulidade*

Como se sabe, o poder originário é o ponto de partida do ordenamento, caracterizando-se como inicial, ilimitado quanto à matéria e incondicionado quanto à forma, razão pela qual todos os dispositivos que elabora são válidos sob o aspecto material e o formal (não obstante parcela considerável da doutrina contestar tal afirmação em razão do Direito Natural, do monismo internacionalista, dos direitos humanos e também da força social e normativa dos princípios constitucionais fundamentais). Por sua vez, o poder derivado (reformador e decorrente) pode produzir tanto normas válidas quanto regras inconstitucionais (com vício formal ou material), bastando que viole alguma das limitações que lhe são impostas. Portanto, é necessário separarmos os dispositivos constitucionais validamente editados pelo constituinte originário ou pelo constituinte reformador daqueles produzidos por emendas que violem as limitações fixadas, resultando na inconstitucionalidade do preceito.

Antes de prosseguirmos, é necessário distinguir "revogação" e "nulidade", para depois verificarmos as relações entre os preceitos constitucionais validamente editados e a natureza da norma inconstitucional. O ponto em comum entre revogação e nulidade é que ambos importam a impossibilidade de aplicação válida de preceitos normativos, mas seus efeitos são significativamente distintos.

4.3.1.1 *Revogação: valoração política da norma e classificação quanto à forma (expressa ou tácita) e quanto à extensão (total ou parcial)*

Ao revogar determinada norma jurídica, o poder competente assim procede por motivos de interesse público, utilidade, conveniência e oportunidade de esse preceito continuar vigendo no ordenamento jurídico. Assim, ao falarmos em "revogação" temos como pressuposto que a norma é válida e vigente, mas um ou mais motivos de conteúdo político fazem com que a autoridade competente entenda pela desnecessidade ou inadequação da continuidade da vigência desse preceito.

A revogação pode ser dividida quanto à forma de se processar ou quanto à extensão. Quanto à forma, a revogação subdivide-se em *expressa* (mediante a indicação precisa dos preceitos revogados) ou *tácita* (também denominada *implícita*, pela qual novos dispositivos tratam de tema versado em preceito anterior, sem fazer referência direta à sua revogação).[1] Por sua vez, quanto à extensão, a revogação pode ser *total* (também chamada de *ab-rogação*, pela qual todo um diploma normativo é revogado) ou parcial (denominada *derrogação*, que se dá nas situações nas quais parte do diploma ou de preceito normativo é revogada).

1. Vale lembrar que a Lei Complementar 95/1998 proibiu cláusulas genéricas de revogação desacompanhadas da indicação expressa dos preceitos alterados (como a comum frase "revogam-se as disposições em contrário").

4.3.1.2 *Nulidade: vício jurídico originário (formal e material) e impossibilidade de convalidação (nulidade absoluta e relativa e ato inexistente)*

Diferentemente da revogação (que pressupõe a validade da norma e o desinteresse pela continuidade de sua vigência), a nulidade importa vício jurídico originário da norma positivada (vale dizer, a norma é produzida em desconformidade com o ordenamento jurídico), motivo pelo qual, independentemente de sua utilidade, conveniência ou oportunidade, o preceito não terá validade. Esse vício poderá ser *formal* (relativo a aspectos de competência e processamento, por exemplo) ou *material* (violando limites de conteúdo ou tema permitido), de maneira que a regra é produzida de modo diverso daquele admitido pelo sistema jurídico.

A linguagem tradicionalmente empregada pela doutrina aponta para a existência de duas espécies de nulidade: a *absoluta* (ou *nulidade de pleno direito*, cujo vício não pode ser convalidado, em razão de sua gravidade) e a *relativa* (ou *ato anulável*, o qual admite a convalidação do vício, ratificando o ato). Há também o *ato inexistente*, cujo vício é tão grosseiro que sequer é admitida a possibilidade real de esse ato produzir efeitos.

Com base nesses esclarecimentos, agora podemos verificar o que ocorre com a ordem constitucional e com as normas infraconstitucionais vigentes quando uma nova Constituição é produzida e promulgada. Também estaremos em condição de estudar a natureza da norma inconstitucional e os efeitos da declaração de inconstitucionalidade.

4.3.2 Ab-rogação da Constituição anterior pela nova Constituição: retroatividade por ordem do poder originário

Ao ser editada uma nova Constituição ocorre a revogação total ou ab-rogação da ordem constitucional anterior, que deixa de ser aplicável desde então. Essa ab-rogação tem sido geralmente feita de modo tácito, pois não é admissível a existência concomitante de duas ordens constitucionais de igual hierarquia (ao menos sem previsão constitucional expressa).

Todavia, como a revogação é feita por motivos de conveniência, interesse e oportunidade (e não por vício jurídico), permanecem válidos os atos praticados durante a vigência do ordenamento revogado. Assim, em condições normais, a Constituição anterior é aplicável a todos os fatos e atos ocorridos ao longo de sua vigência, motivo pelo qual a nova Constituição somente produzirá efeitos após o início de sua aplicação, em face do princípio *tempus regit actum*. Essa afirmação ganha importância para o direito constitucional, tendo em vista que, em face do princípio da supremacia da Constituição, a validade de uma norma legal deve ser verificada em face do ordenamento que vigia quando a mesma foi editada, somente após o quê deve ser verificada a recepção perante ordenamentos constitucionais posteriores.[2]

Sabemos que o efeito intertemporal do novo ordenamento constitucional em face da Constituição anterior normalmente é produzido com respeito às exigências dos princípios gerais de Direito (por exemplo, as situações de trato sucessivo sujeitam-se às novas normas desde sua edição). Todavia, é necessário lembrar que a soberania exercida pelo poder constituinte originário permite que ele possa dar as soluções que entender adequadas, tanto que poderá até mesmo determinar a retroatividade do novo ordenamento em prejuízo do direito adquirido (tal como fez o art. 17 do ADCT do ordenamento de 1988).

4.3.3 Derrogação e ampliação do ordenamento por emendas

De um lado, a nova Constituição ab-roga o ordenamento constitucional anterior, mas, de outro, as emendas derrogam o diploma constitucional em face do qual são editadas. Sabemos que a derrogação consiste na revogação parcial do ordenamento vigente, podendo ser feita em relação a partes maiores ou menores da Constituição, inclusive suprimindo uma única palavra presente em dispositivo constitucional.

É importante lembrar que o poder reformador também pode acrescentar preceitos ao ordenamento, inserindo novas disposições no corpo permanente ou no "Ato das Disposições Constitucionais Transitórias", ou ainda prevendo comandos que ficam expressos apenas nas emendas (ou seja, que não são inseridos na sistematização do corpo permanente ou do corpo transitório).

4.3.4 Desconstitucionalização: ampla (total ou parcial) e específica (expressa e implícita)

O prefixo "des" é empregado pela Língua Portuguesa para identificar negativa, retirada ou modificação, dentre outros sentidos. Por isso, a expressão "desconstitucionalização" transmite a idéia de algo que era inicialmente

2. Exemplificando, se uma lei ordinária foi editada em 1960 e ainda está vigendo, a apreciação de sua recepção para aplicação em face do ordenamento de 1988 depende da análise da validade do ato infraconstitucional perante a Constituição de 1946 (com suas alterações até 1960) bem como da compatibilidade desse ato em relação a todas as normas superiores editadas posteriormente (atos institucionais e Constituições).

norma constitucional, mas que ulteriormente perde essa qualidade. Nesse sentido, encontramos dois sentidos para "desconstitucionalização": o *amplo* (também denominado *lato*, *geral* ou *impróprio*, subdivida em total ou parcial) e o *específico* (*estrito* ou *próprio*).

Em sentido amplo, lato, geral ou impróprio, a desconstitucionalização representa a supressão, por emenda, de tema tratado no ordenamento constitucional, para ser normatizado ulteriormente por atos infraconstitucionais (leis e até mesmo decretos) – providência motivada pela flexibilidade buscada em determinados assuntos inicialmente inseridos na Constituição. A desconstitucionalização em sentido geral é perfeitamente possível em face de temas que não sejam abrigados por limitações materiais expressas ou implícitas. Essa desconstitucionalização pode ser feita de forma total (suprimindo todas as normas previstas no ordenamento constitucional sobre determinado tema) ou parcial (situação na qual permaneceriam, na Constituição, princípios, conceitos jurídicos indeterminados ou conceitos gerais, transferindo-se para os atos infraconstitucionais a operacionalização desses critérios gerais).[3]

Por sua vez, a desconstitucionalização em sentido estrito, específico ou próprio representa a possibilidade de preceitos da ordem constitucional anterior serem aplicáveis a fatos ocorridos e atos praticados na vigência da nova Constituição. Todavia, nesse caso a ordem constitucional anterior seria aplicável com força normativa infraconstitucional aos fatos e atos ocorridos após a edição da nova Constituição, daí caracterizando a desconstitucionalização (inclusive porque a nova ordem submeteria a antiga à sua superioridade).

Essa modalidade específica pode ser dividida em *desconstitucionalização expressa* (prevista pela própria ordem constitucional posterior, indicando quais temas na Constituição anterior permaneceriam aplicáveis) e *desconstitucionalização implícita* (obviamente, aplicada no silêncio dos ordenamentos constitucionais). A desconstitucionalização expressa é admitida (embora incomum – por exemplo, o art. 147 da Constituição Estadual de São Paulo, de 1967), mas acompanhamos a doutrina dominante, que recusa a desconstitucionalização implícita, tendo em vista a lógica ab-rogação da Constituição anterior pela nova Constituição.

3. A desconstitucionalização em sentido amplo encontra paralelo nas normas infraconstitucionais, pois a busca por maior eficiência e tecnicismo na produção normativa deu origem à deslegalização vivida em vários países (Itália, França e até mesmo o Brasil), mediante a qual às leis caberia a fixação apenas da estrutura de certas matérias relevantes, sendo atribuída aos regulamentos do Executivo e das agências reguladoras a normatização de situações conjunturais técnicas e cambiantes.

Contudo, é fácil imaginar uma situação de efetiva lacuna do ordenamento, na qual o único preceito que esclarece a solução para determinado problema é o de Constituição ab-rogada (vale dizer, sequer há norma infraconstitucional para regulamentá-lo). Tratando-se de desconstitucionalização implícita não é possível empregar o preceito constitucional que não mais está vigendo, embora potencialmente seja possível integrar a lacuna valendo-se de analogia amparada na isonomia da situação passada em relação à presente.

4.3.5 Natureza das normas e atos inconstitucionais: nulidade absoluta, vício originário e inexistência de perecimento pelo decurso do tempo

Tendo em vista a gravidade que representa violar as normas constantes da Constituição, a posição dominante no constitucionalismo brasileiro indica que os preceitos normativos bem como os demais atos jurídicos que violam diretamente a Constituição têm vícios irremediáveis, revelando-se nulos de pleno direito (nulidade absoluta), razão pela qual não podem ser convalidados, cabendo apenas refazê-los corretamente (se possível).[4]

Um exemplo do rigor da inconstitucionalidade está no projeto de lei cuja iniciativa é exclusiva do Presidente da República mas que se inicia em uma das Casas Legislativas por proposta parlamentar. Nesse caso, sequer a sanção presidencial regulariza o vício de iniciativa, razão pela qual cabe ao chefe do Executivo se opor ao projeto (mediante o denominado veto jurídico, baseado na inconstitucionalidade do projeto), enviando nova proposta de lei por ele assinada (sendo o caso, nos mesmos termos daquele que vetou) ou editando uma medida provisória (se possível).[5]

O preceito pode ser inconstitucional por motivo de forma ou de conteúdo, o que é indiferente para a nulidade do preceito; mas é importante

4. Ao tratamos deste tema diferenciamos a *inconstitucionalidade* (caracterizada pela violação direta ao ordenamento constitucional) da *ilegalidade* (marcada pela violação direta a atos legislativos primários, como lei complementar ou ordinária). Certamente, ao incorrer em ilegalidade a norma também estará violando indiretamente (de modo reflexo ou oblíquo) o ordenamento constitucional, mas há efeitos para essa diferenciação, de que trataremos mais adiante, quando cuidarmos de controle de constitucionalidade.

5. Nossa inclinação seria por reconhecer a possibilidade de regularização de vícios em certos casos, especialmente se pensamos em otimização do processo legislativo e até mesmo na eficiência da Administração Pública (princípio geral, conforme previsto no art. 37 da CF de 1988), mas admitimos que a posição dominante é pela nulidade insanável (nesse sentido é o entendimento do STF desde o cancelamento da Súmula 5, que admitia a sanção como suficiente para sanar a falta de iniciativa do Poder Executivo).

lembrar que se trata de vício que já surge com a norma (vale dizer, desde sua origem). Portanto, se o preceito é produzido de modo regular, tornando-se incompatível com o ordenamento constitucional posterior (seja em decorrência de emenda ou de nova Constituição), não estaremos diante de inconstitucionalidade, mas de inocorrência de recepção (o que trataremos adiante).

O direito à declaração de inconstitucionalidade não perece pelo decurso do tempo, razão pela qual se uma norma jurídica foi editada décadas atrás ainda assim ela não se convalida, de modo que o titular de prerrogativas lesadas pode se valer dos instrumentos cabíveis para a defesa de seus interesses. Porém, o que pode perecer são as eventuais prestações pecuniárias relativas ao direito lesado pela norma inconstitucional, mas não a possibilidade de questionar a inconstitucionalidade de preceitos vigentes há anos, ainda que editados em face de Constituições anteriores à atual.

Os atos ou normas inconstitucionais podem ter sido processadas com aparente regularidade, bem como estar inseridos em instrumentos publicados em *Diários Oficiais* com outros atributos que lhes emprestem imagem de perfeição, mas ainda assim podem ser inválidos, motivo pelo qual seus efeitos devem ser recusados pelo sistema jurídico.

4.3.5.1 *Efeitos da declaração de inconstitucionalidade: quanto ao sujeito e quanto ao tempo*

Tendo em vista que atos jurídicos e dispositivos normativos declarados inconstitucionais são nulos de pleno direito, os efeitos deles decorrentes devem ser integralmente corrigidos (salvo situações patrimoniais de prescrição ou decadência), o que nos coloca perante os efeitos da inconstitucionalidade quanto ao sujeito e quanto ao tempo.

Quanto ao sujeito os efeitos da declaração de inconstitucionalidade dependem das características do ato jurídico ou do preceito normativo considerado inválido, bem como do instrumento jurídico-processual pelo qual a nulidade é declarada. Obviamente o efeito da inconstitucionalidade será individual e se resumirá ao caso decidido tratando-se de ato específico questionado por ação judicial individual. Mas tratando-se de atos administrativos gerais, ou de normas jurídicas (preceitos abstratos, genéricos, impessoais, imperativos e inovadores), os efeitos poderão ser *interpartes* (no caso de questionamento por ações individuais, ainda que em litisconsórcio) ou *erga omnes* (valendo para todos os lesados, sendo utilizada ação de controle concentrado de constitucionalidade – tema de que trataremos no próximo capítulo). Vale ainda registrar o efeito produzido nas denominadas ações coletivas (como o mandado de segurança coletivo, por exemplo), que fica a meio-caminho entre o *interpartes* e o *erga omnes*, pois o julgamento coletivo alcança todas as pessoas que estão sendo substituídas pela autoria coletiva.

Por sua vez, quanto ao tempo, em caso de concessão de liminar em ação judicial intentada contra ato jurídico ou norma, em regra, a declaração de inconstitucionalidade terá efeito a partir de sua formalização (*ex nunc*), pois trata-se de decisão precária, que pode ser alterada até o julgamento final do processo. Se negada a liminar, o resultado prático é que a decisão judicial mantém os efeitos naturais do ato ou norma desde a edição (*ex tunc*), ainda que na decisão final possa ser declarada sua invalidade. Porém, tratando-se de decisão judicial definitiva pela inconstitucionalidade ou pela constitucionalidade, em condições normais os efeitos serão retroativos à edição da norma ou do ato (*ex tunc*), já que o vício é originário ou congênito, o que exige o desfazimento de tudo que tiver sido realizado pelo ato ou norma inválida.

4.3.5.2 *Modulação de efeitos. Exceções quanto ao efeito na inconstitucionalidade: liminar, controle difuso e concentrado, Leis 9.868/1999 e 9.882/1999 e a preservação dos "efeitos" da norma inconstitucional*

Se, de um lado, a declaração de constitucionalidade sempre opera efeitos *ex tunc* quando ao tempo, a declaração da inconstitucionalidade apresenta várias exceções, seja na decisão liminar, seja na decisão definitiva. Por exemplo, embora o efeito conferido às decisões liminares normalmente seja *ex nunc*, em controle concentrado há vários precedentes nos quais o STF concedeu liminar para declarar a inconstitucionalidade de normas excepcionalmente com efeito *ex tunc* (o que faz sempre de modo claro e expresso), tendo em vista as graves lesões que o efeito natural (*ex nunc*) poderia provocar. Essa mesma lógica pode ser perfeitamente aplicável às decisões liminares em controle difuso de constitucionalidade, sempre que as situações concretas recomendarem.

Embora a declaração de inconstitucionalidade pelos tribunais dependa da maioria absoluta dos membros do órgão pleno ou do órgão especial (a denominada cláusula de reserva de plenário, imposta pelo art. 97 da CF), ao tratarem de julgamentos definitivos em ações de controle concentrado de constitucionalidade, a Lei 9.868/1999 (art. 27) e a Lei 9.882/1999 (art. 11) previram que 2/3 dos membros do STF, motivados por razões de segurança jurídica ou de excepcional interesse social, podem restringir os efeitos da declaração de inconstitucionalidade de lei ou ato normativo quanto ao espaço, sujeito ou tempo, ou decidir que ela só tenha eficácia a partir do trânsito em julgado ou outro momento que venha a ser fixado, ou ainda em relação a situações específicas. Essas exceções na modificação dos efeitos decorrentes da inconstitucionalidade de normas vêm sendo chamadas de "modulações de efeitos", cuja validade decorre da razoabilidade, da proporcionalidade, da segurança e de demais imperativos do Estado Democrático de Direito.

Ainda que essas Leis 9.868/1999 e 9.882/1999 cuidem apenas de controle concentrado de constitucionalidade, acreditamos que as previsões contidas respectivamente nos arts. 27 e 11 podem ser aplicadas mesmo para casos de controle difuso.

No entanto, a possibilidade de manutenção dos efeitos da norma inconstitucional provoca questionamentos no sentido de a norma inconstitucional ainda ter natureza de nulidade absoluta. Acreditamos que a norma inconstitucional continua sendo nula de pleno direito, a despeito da competência confiada ao STF pelas Leis 9.868/1999 e 9.882/1999, pois em hipótese alguma os preceitos inconstitucionais poderão ser convalidados. O que essas leis permitem é a restrição ou manutenção dos "efeitos" das normas irremediavelmente inconstitucionais, e até mesmo dos efeitos posteriores à declaração de inconstitucionalidade (por curto período, o que dependerá do caso *sub judice*), cuja decisão fica a critério do prudente arbítrio de razoabilidade e de proporcionalidade do STF, certamente para casos nos quais a aplicação da decisão na forma *ex tunc* e geral provocaria transtornos maiores que os apresentados para manutenção daquilo que foi feito com base nos dispositivos inconstitucionais.

Encontramos outra exceção ao efeito *ex tunc* na declaração de inconstitucionalidade nos casos de edição de resolução, pelo Senado Federal, que suspende a execução, no todo ou em parte, de lei declarada inconstitucional por decisão definitiva do STF. Segundo posição que parece dominante (da qual guardamos reservas), essa resolução opera efeitos *ex nunc*, em decorrência da discricionariedade do Senado para editá-la, além da dicção constitucional ao mencionar "suspender" (assunto ao qual retornaremos quando cuidarmos do controle de constitucionalidade).

4.3.5.3 *Declaração de inconstitucionalidade com redução do texto e sem redução do texto: legislador negativo, inconstitucionalidade do texto ou da interpretação*

As diferentes modalidades de controle de validade de normas em face da Constituição permitem classificar a declaração de constitucionalidade de várias maneiras, dentre elas a realizada com redução do texto e a efetivada sem redução do texto.

A declaração de inconstitucionalidade com redução do texto é caracterizada pela afirmação de que a norma viola diretamente a Constituição, inexistindo meio viável de interpretá-la de maneira compatível com o ordenamento constitucional. Trata-se de modalidade comum de declaração de inconstitucionalidade, pela qual o preceito normativo perde eficácia jurídica (*ex tunc* ou *ex nunc*, ou em outro momento, como vimos acima). A declaração feita nesses termos poderá ser de todo o diploma legal, de artigos, incisos, parágrafos e até de palavras (no que se diferencia do veto jurídico, que somente poderá ser da integralidade da menor parte, ainda que fundado na inconstitucionalidade, pois não se admite veto de palavra). Porém, quando empregamos a expressão "com redução do texto" isso não significa que será republicado o ato normativo no qual a regra inconstitucional está inserida, motivo pelo qual o operador menos atento poderá se servir de diplomas normativos sem notar que determinado dispositivo foi declarado inconstitucional por decisão judicial definitiva do STF (às vezes, até mesmo com eficácia *erga omnes*).[6]

Por sua vez, a declaração de inconstitucionalidade sem redução do texto reconhece que determinada interpretação dada à norma jurídica viola a Constituição, motivo pelo qual não é o ato normativo que estará sendo declarado inconstitucional. Assim, é a interpretação que foi dada a determinado preceito normativo (por exemplo, pelo Poder Executivo na aplicação de lei) que estará sendo declarada inconstitucional, mas não o preceito normativo (desde que seja possível interpretá-lo em conformidade com o ordenamento constitucional).

Porque o Judiciário pode declarar a inconstitucionalidade de preceitos normativos (especialmente quando há redução do texto), é comum dizer que ele atua como "legislador negativo", o que encontra razão no fato de a norma inconstitucional estar sendo suprimida do ordenamento jurídico (note-se, não há revogação, mas nulidade). De outro lado, é certo dizer que o Poder Judiciário não atua como "legislador positivo", pois não produz normas jurídicas (já que as decisões judiciais são normas individuais, e o mandado de injunção e a inconstitucionalidade por omissão são normalmente empregados para declarar a mora do titular da competência normativa,

6. O ideal seria que as revistas especializadas e os *sites* de busca de legislação fizessem a cuidadosa anotação da declaração de inconstitucionalidade de preceitos normativos levada a efeito pelo STF (tratando-se de Constituição Federal) ou pelo Tribunal de Justiça (no caso de Constituição Estadual), ampliando a segurança na aplicação do ordenamento.

bem como para determinar que o preceito correspondente seja elaborado). Acompanhamos esse entendimento tradicional com algumas reservas, pois o Judiciário produz normas gerais, abstratas, impessoais, imperativas e inovadoras em decisões coletivas na área trabalhista, em decisões de controle concentrado de constitucionalidade (como ação direta de inconstitucionalidade, ação declaratória de constitucionalidade e argüição de descumprimento de preceito fundamental, nas quais são produzidas decisões vinculantes ou imperativas, e *erga omnes* ou impessoais), nas súmulas vinculantes, e sendo ainda possível integrar o ordenamento (suprindo suas lacunas), além de seus regimentos internos (em face dos quais surgem até mesmo recursos, como o agravo regimental).

4.3.5.4 *Declaração de inconstitucionalidade e repristinação*

Sobre a natureza das normas inconstitucionais e seus efeitos, cabe ainda abordar uma circunstância muitas vezes indevidamente confundida com repristinação. Para tanto, acima afirmamos que um preceito inconstitucional tem vício congênito, motivo pelo qual deve ser extraído do mundo jurídico, impondo a desconsideração dos efeitos que produziu. Mas é importante lembrar que os atos normativos, quando são editados, produzem dois efeitos elementares, o primeiro concernente à revogação da norma jurídica que vigia até a edição do novo ato normativo e o segundo atinente ao efeito concreto decorrente de sua aplicação futura. Ao ser declarada a inconstitucionalidade da nova lei, seus dois efeitos elementares devem ser desfeitos, é óbvio.

Para ser mais claro, tomemos como exemplo a Lei 100 (dispondo sobre os assuntos “a” e “b”), que vigia até a edição da Lei 200 (tratando de modo diverso sobre os mesmos assuntos e revogando expressamente a Lei 100). Tratando-se de revogação, em condições normais a Lei 100 produzirá efeitos até o início da eficácia da Lei 200, que será aplicável desde então. Porém, se ulteriormente a Lei 200 vier a ser declarada inconstitucional, seus efeitos devem desaparecer do ordenamento jurídico – quais sejam: tanto a revogação da Lei 100 quanto aqueles pertinentes aos atos concretos para os quais essa Lei 200 serviu de base; vale dizer, a Lei 200 é extraída do mundo jurídico, como se não tivesse existido, o que impõe sua substituição pela Lei 100. Considerando que a Lei 100 voltará a valer, servindo de base para refazer tudo que foi praticado com base na inválida Lei 200, e tendo em vista que essa Lei 100 é aplicada também para os fatos posteriores à declaração de inconstitucionalidade da Lei 200, algumas vezes fala-se em “repristinação” ou em “efeito de repristinação”.

Porém, acreditamos que não se deve confundir a declaração de inconstitucionalidade (vinculada à nulidade da norma, juízo de validade) com a repristinação (ligada à revogação, juízo político). A repristinação caracteriza-se pelo fato de uma norma voltar a ser aplicável caso a norma que a revogue também venha a ser revogada por ato normativo superveniente. Usando os mesmos parâmetros do exemplo anterior, imaginemos uma Lei 100 (dispondo sobre os assuntos "a" e "b"), posteriormente revogada pela Lei 200 (que trata de modo diverso sobre os mesmos assuntos, revogando expressamente a Lei 100). Agora, devemos imaginar uma Lei 300, que se resume a revogar expressamente a Lei 200, sem cuidar dos assuntos "a" e "b", abrindo uma lacuna normativa em relação a eles, em face do quê haverá repristinação caso se aceite que a Lei 100 volta a ser aplicável (pois a Lei 200, que a revogou, também foi revogada pela Lei 300, que nada dispôs sobre o assunto tratado). Em face do que dispõe o art. 2º, § 3º, da LICC (ainda vigente), o sistema jurídico brasileiro admite apenas a repristinação expressa (por exemplo, caso a Lei 300 faça expressa referência ao retorno da Lei 100), mas não é aceita a modalidade implícita (ou seja, no silêncio da Lei 300, que se resume a revogar a Lei 200).

À luz do que vimos, a declaração de inconstitucionalidade produz efeitos distintos daqueles aferidos na repristinação. Ao ser declarada a inconstitucionalidade da Lei 200, a Lei 100 será aplicada em todo o período (durante o lapso em que foi vigente, bem como em substituição à inválida Lei 200, e ainda após a declaração de inconstitucionalidade dessa), ao passo que na repristinação a Lei 100 produz efeitos durante o tempo de sua vigência, tanto quanto a válida Lei 200, sendo que somente após revogada essa Lei 200 é que a Lei 100 (vale dizer, Lei 300 ordenando a aplicação da Lei 100) volta a ser aplicável a partir de então. Assim, pois, os efeitos produzidos na repristinação não são os mesmos verificados na declaração de inconstitucionalidade.

Por fim, imaginemos a edição de uma Lei 200 cujos arts. 1º a 5º disponham integralmente sobre determinada matéria, ao passo em que o art. 6º revoga expressamente a Lei 100, que anteriormente tratava desse mesmo tema. Se os arts. 1º a 5º da Lei 200 vierem a ser declarados materialmente inconstitucionais, subsistiria a revogação da Lei 100 ordenada pelo art. 6º da Lei 200? Em nosso entendimento, acreditamos que a revogação expressa contida no art. 6º da Lei 200 somente ocorreu em razão da nova redação normativa dada para o assunto pelos arts. 1º a 5º, e, sendo eles declarados inconstitucionais, não podemos admitir a independência de vontades entre os preceitos dos arts. 1º a 5º e o art. 6º. Admitimos que se trata de tema polêmico, mas nos parece que há prejudicialidade lógica entre esses preceitos da Lei 200, de maneira que não subsiste a revogação da Lei 100.

4.3.6 Novo ordenamento constitucional e normas infraconstitucionais

Tratando da vigência, vimos que o novo ordenamento constitucional ab-roga a Constituição até então vigente e que as emendas derrogam o diploma normativo em face do qual são editadas – efeitos decorrentes das relações entre normas constitucionais; ao passo que analisamos a validade constitucional das normas (emendas e demais atos infraconstitucionais) quando são produzidas. Mas quais os efeitos de novas edições e das modificações formais e informais dos ordenamentos constitucionais em face dos preceitos infraconstitucionais até então vigentes? Essa questão é relevante e complexa, pois devemos nos lembrar que os atos infraconstitucionais devem estar amparados nas Constituições aplicáveis ao tempo em que são elaborados, e a continuidade da vigência desses atos subordinados aos ordenamentos constitucionais depende da permanente subordinação ao princípio da supremacia da Constituição.

Assim, a partir de agora passamos a enfrentar os efeitos decorrentes da dependência jurídica das normas inferiores em relação às novas normas superiores.

4.3.6.1 *Recepção constitucional*

Sabemos que a edição de uma nova Constituição ab-roga a ordem constitucional anterior, ao passo em que as emendas derrogam o ordenamento em face do qual são produzidas. Também é verdade que o princípio da supremacia da Constituição subordina todas os leis e atos infraconstitucionais (especialmente pela força irradiante dos princípios constitucionais), os quais são elaborados como desdobramento dos critérios gerais estabelecidos no ordenamento constitucional. À evidência, as normas infraconstitucionais somente são válidas e mantêm sua vigência na medida da compatibilidade com o ordenamento constitucional.

Mas o que ocorre com a norma infraconstitucional que foi elaborada na vigência da Constituição ab-rogada pelo surgimento de uma nova Constituição, ou derrogada pela edição de uma emenda? Porque desaparece o fundamento de existência do preceito infraconstitucional, poderíamos pensar que imediatamente cessa sua vigência, impondo que novas normas infraconstitucionais sejam elaboradas, agora alicerçadas nos novos ordenamentos constitucionais. Admitimos que a situação ideal seria a reedição de todos os códigos, leis, regulamentos e demais atos infraconstitucionais toda vez que fossem editadas novas Constituições ou emendas constitucionais que afetassem a estrutura dessas áreas normatizadas por atos inferiores aos ordenamentos constitucionais, pois assim seria "passado a limpo" todo o sistema jurídico, à luz das novas normas superiores. Todavia, é claro que essa tarefa é demasiadamente onerosa, motivo pelo qual não é razoável exigir que todas as normas infraconstitucionais sejam refeitas, desde que possível aproveitá-las em face dos novos ordenamentos constitucionais.

Assim, a recepção representa mecanismo jurídico pelo qual normas infraconstitucionais produzidas em face de ordenamentos constitucionais anteriores mantêm sua vigência para serem aplicadas às situações ocorridas em face das novas previsões constitucionais. A recepção ocorre tanto na edição de atos do constituinte originário quanto do constituinte reformador.

Não fosse a superioridade dos preceitos constitucionais em face do ordenamento infraconstitucional, poderíamos também falar em "não-recepção" como sinônimo de revogação (porém, essa pressupõe a equivalência de competências ou "hierarquia" entre os ordenamentos). A recepção também não pode ser confundida com a inconstitucionalidade, pois essa última pressupõe vício jurídico originário em relação ao ato normativo analisado em face da Constituição, ao passo em que a primeira pressupõe o surgimento válido da norma infraconstitucional.

A aplicação da recepção é amplamente aceita, tratando-se de construção doutrinária e jurisprudencial que independe de previsão expressa, embora por vezes ordenamentos a estabeleçam (por exemplo, a recepção é amplamente aceita em face da Constituição de 1988, que não dispõe sobre o assunto como regra geral, mas apenas de modo eventual, como em relação à matéria tributária, no art. 34, § 5º, do ADCT).

4.3.6.1.1 Requisitos: validade formal e material na edição, vigência e compatibilidade material com o novo ordenamento – Para que ocorra a recepção exige-se, cumulativamente, compatibilidade do ato jurídico com o ordenamento anterior, vigência ao tempo do surgimento do novo ordenamento constitucional e conformidade material com o novo diploma constitucional. Melhor dizendo, somente há recepção de preceito infraconstitucional que tenha sido editado validamente em face do ordenamento constitucional vigente à época de sua elaboração, pois caso contrário a norma infraconstitucional será nula de pleno direito em sua origem (quando muito, seria possível falarmos em constitucionalidade superveniente, de que trataremos a seguir). Vale lembrar que a validade de normas infraconstitucionais depende da obediência aos critérios formais e materiais exigidos pelo ordenamento constitucional vigente ao tempo da elaboração das regras jurídicas (atendendo ao princípio *tempus regit actum*).

Se editado validamente sob os aspectos formais e materiais, o preceito normativo infraconstitucional ainda deve estar vigendo ao tempo do novo ordenamento constitucional, com o qual deve ser materialmente compatível, pois é inamissível a recepção de comando normativo que disponha sobre assunto com conteúdo diverso daquele permitido pela nova Constituição. Todavia, para que a recepção se aperfeiçoe não é exigida a compatibilidade formal do preceito infraconstitucional com o novo ordenamento constitucional – vale dizer, o instrumento normativo a ser recepcionado pode ser diverso daquele exigido pela nova Constituição (por exemplo, se a ordem constitucional permitia que determinado assunto fosse tratado por lei ordinária, e sendo essa regularmente produzida, haverá recepção perante a nova ordem constitucional originária ou reformadora desde que exista compatibilidade material, independentemente de agora ser exigida lei complementar para cuidar do tema). A incompatibilidade formal da norma infraconstitucional perante o novo ordenamento não impede a recepção, pois a exigência pertinente à elaboração de normas infraconstitucionais diz respeito ao tempo em que há efetiva produção desses preceitos inferiores (vale dizer, impõe-se a conformidade perante a Constituição vigente ao tempo da geração da norma infraconstitucional), e não perante a nova ordem constitucional (cuja plena eficácia e efetividade dependem do acolhimento de normas infraconstitucionais válidas e compatíveis materialmente).

Em síntese, haverá recepção se o diploma infraconstitucional tiver sido validamente elaborado em face da Constituição anterior (observando-se aspectos formais e materiais), se estiver vigendo e se ele for compatível materialmente com a nova ordem constitucional (produzida pelo poder originário ou reformador), desconsiderando-se o aspecto formal para a continuidade da vigência.

4.3.6.1.2 "Status" normativo dos temas e preceitos recepcionados: sujeição total e parcial – Como sabemos, em face do princípio *tempus regit actum*, um ato normativo infraconstitucional deve ser compatível com o ordenamento constitucional vigente ao tempo de sua elaboração – aspecto que pode ser visto sob dois ângulos ao cuidarmos da recepção. O primeiro ângulo já foi explorado, qual seja, somente haverá recepção se o preceito infraconstitucional tiver sido elaborado em conformidade formal e material com a Constituição vigente àquele tempo. Mas o segundo ângulo diz respeito à alteração desses temas recepcionados pelo novo ordenamento, situação na qual o mesmo princípio *tempus regit actum* exige compatibilidade formal e material com o novo ordenamento constitucional. Esse quadro leva-nos a um dos efeitos mais intrigantes da recepção, ou seja, o *status* normativo dos temas e instrumentos recepcionados. Como a recepção pressupõe compatibilidade material entre os dois ordenamentos constitucionais, as divergências ocorrem no que concerne ao aspecto formal.

Para ser mais claro, tomemos como exemplo tema validamente tratado por lei ordinária por exigência do ordenamento constitucional anterior, para o qual a nova Constituição prevê a edição de lei complementar. Admitindo que nessas circunstâncias ocorrerá a recepção, qual a forma normativa a ser usada em caso de alteração válida dessa matéria em face do novo ordenamento constitucional? A resposta é categórica, pois, à luz do princípio *tempus regit actum*, a normatização do tema em face da nova Constituição exige a edição de lei complementar, motivo pelo qual muitas vezes impropriamente se afirma que a lei ordinária anterior foi recepcionada com força de lei ordinária. É importante destacar que a norma recepcionada permanece sendo mencionada como lei ordinária (com o número que lhe foi atribuído ao tempo da edição), motivo pelo qual rigorosamente não há alteração de seu *status* instrumental ou hierárquico, mas sim do tema do qual trata (esse, sim, agora sujeito à edição de lei complementar). No entanto, comumente se fala que a recepção altera o *status* da norma recepcionada, certamente para simplificar a idéia.[7]

É importante destacar que essa alteração de *status* pode ocorrer em diversos sentidos, vale dizer, o tema tratado por lei ordinária pode ficar subordinado à lei complementar (por exemplo, a Lei 5.172/1966, ao editar o Código Tributário Nacional, obedeceu à exigência de lei ordinária prevista pelo sistema constitucional então vigente, mas as normas gerais sobre matéria tributária hoje devem ser veiculadas por lei complementar, em decorrência do que dispõe o art. 146, III, da CF de 1988). Outro exemplo é matéria sujeita a decreto normativo do Executivo que passa para a atribuição de lei ordinária (por exemplo, o Decreto 70.235/1972 cuidou de regras relativas a processo administrativo tributário federal amparado em diplomas excepcionais que vigiam no regime militar da época, mas hoje o tema deve necessariamente ser disciplinado por lei ordinária). Há ainda temas sujeitos à lei ordinária que podem passar para a seara do decreto normativo do Executivo (por exemplo, a introdução do regulamento autônomo, feita pelo art. 84, VI, da CF, transferiu exclusivamente para o Executivo Federal matéria outrora dependente de lei ordinária). Assim, a verificação do instrumento normativo necessário para cuidar do tema depende da competência estabelecida pela nova ordem constitucional, e não pura e simplesmente da espécie normativa a ser modificada.

Outro aspecto relevante em relação à recepção é que ela pode ocorrer quanto a todo um diploma normativo ou apenas parte dele, ou, ainda, com

7. Esse é o caso da Lei 5.172/1966, que foi editada formalmente como lei ordinária, embora hoje somente possa ser alterada por lei complementar, em razão das disposições do art. 146, III, da CF.

variações de *status* normativo para os dispositivos recepcionados. Por exemplo, é certo que o art. 14 do CTN foi recepcionado, mas há divergências quanto ao fato de a matéria nele tratado ser reservada à lei complementar ou à lei ordinária.[8] Portanto, devemos verificar quais a competência e o instrumento normativo exigidos pelo novo ordenamento para tratar da matéria recepcionada, o que deve ser feito de modo cuidadoso em relação a cada assunto da norma recepcionada.

4.3.6.1.3 Recepção convencional e recepção material – Estudando a recepção, podemos notar que o ordenamento infraconstitucional validamente editado em face de uma Constituição anterior é aproveitado pelo ordenamento constitucional posterior se com este for compatível materialmente. Nesse mecanismo, o ordenamento recepcionado era de natureza infraconstitucional em face da Constituição anterior e permanece com *status* infraconstitucional (embora seja possível que os preceitos recepcionados migrem de uma espécie para outra).

Por outro lado, antes estudamos a desconstitucionalização, pela qual notamos que regra constitucional de ordenamento anterior pode ser empregada ainda na vigência de Constituição posterior caso exista previsão expressa nesse sentido. Pela desconstitucionalização, o preceito de ordenamento constitucional anterior recebe força normativa de regra infraconstitucional para ter vigência e eficácia em face de fatos e atos ocorridos posteriormente à edição da nova Constituição.

No entanto, também é possível que um preceito de Constituição anterior venha a ter vigência e eficácia, ainda com força de Constituição, para ser aplicado em face de atos e fatos ocorridos no curso do novo ordenamento constitucional, Na verdade, trata-se de um fenômeno muito parecido com a desconstitucionalização, mas desse se diferencia, pois o ordenamento constitucional anterior permanece com hierarquia constitucional, e não com *status* de norma infraconstitucional (tal como ocorre na desconstitucionalização). Acreditamos que somente será admitida a recepção material expressa, pois, no silêncio do novo ordenamento constitucional, cremos que esse ab-roga o ordenamento constitucional (daí, quando muito, seria possível falar em desconstitucionalização implícita).[9]

8. Acreditamos que o art. 14 do CTN foi recepcionado com "força normativa" de lei ordinária, ante o que dispõe o art. 150, VI, "c", da CF de 1988, cuja especificidade predominaria em relação à exigência geral feita pelo art. 146, II, do mesmo ordenamento constitucional.

9. Estabelecendo caso de recepção material expressa temos o art. 34, *caput*, do ADCT, fixando que "o Sistema Tributário Nacional entrará em vigor a partir do primei-

4.3.6.1.4 Inocorrência de recepção e de repristinação pelo ordenamento constitucional superveniente – Finalizamos este tema com a discussão sobre problema relevante, pertinente à possibilidade de repristinação de norma infraconstitucional inicialmente não recepcionada mas que se torna compatível com novo ordenamento constitucional superveniente. Em outras palavras, tendo em vista norma infraconstitucional 100, validamente editada em face de uma Constituição "A" mas não recepcionada em face da Constituição "B", haverá recepção caso essa norma 100 seja materialmente compatível com a superveniente Constituição "C"?

A questão posta parece-nos que depende da espécie de repristinação de que se tratar, pois sabemos que a modalidade implícita não é admitida pelo sistema jurídico brasileiro (não só porque está na Lei de Introdução ao Código Civil, mas também porque se trata de princípio geral de Direito, e os princípios gerais de Direito são também princípios gerais de direito constitucional). Assim, essa norma infraconstitucional 100 não será implicitamente recepcionada pela ordem constitucional "C", mas poderá ser perfeitamente admitida em caso de repristinação expressa.

4.3.6.2 *Inconstitucionalidade superveniente: inocorrência de recepção e mudança informal da Constituição*

A inconstitucionalidade superveniente ocorre quando um entendimento ou um ato normativo é tido como constitucional em face de uma Constituição e posteriormente se torna inconstitucional em razão da dinâmica da sociedade e sem que tenha ocorrido alteração formal dessa mesma Constituição.[10] Note-se que a inconstitucionalidade superveniente pressupõe a mutação constitucional (vale dizer, uma nova maneira de conceber o mesmo preceito normativo em razão de transformações de idéias e de valores), e não a mera mudança das pessoas que fazem a interpretação (por exemplo, troca de Ministros do STF).

Em outro sentido, também fala-se em inconstitucionalidade superveniente na impossibilidade de recepção de preceito infraconstitucional por

ro dia do quinto mês seguinte ao da promulgação da Constituição, mantido, até então, o da Constituição de 1967, com a redação dada pela Emenda n. 1, de 1969, e pelas posteriores".

10. Exemplo de inconstitucionalidade superveniente decorre da mudança de entendimento jurisprudencial no sentido da manutenção do foro por prerrogativa de função após findo o mandato parlamentar, pois durante muito tempo na vigência da Constituição de 1988 foi aplicada a Súmula 394 do egrégio STF, que, todavia, foi cancelada pelo mesmo egrégio Tribunal, cujos motivos serviram também para a declaração de inconstitucionalidade do art. 84 do CPP, inserido pelo art. 1º da Lei 10.628/2002 (ADI 2.860).

novo texto constitucional. Porém, parece-nos que, em sentido estrito, a inocorrência de recepção (por vezes também chamada de revogação) é distinta da inconstitucionalidade superveniente, pois no primeiro caso o preceito normativo infraconstitucional é validamente elaborado mas se torna incompatível materialmente com o novo ordenamento constitucional (editado por ato originário ou reformador). Na inconstitucionalidade superveniente o preceito infraconstitucional nasce válido mas posteriormente se torna incompatível em relação ao mesmo ordenamento constitucional (que passa a ser compreendido de outra maneira em decorrência das modificações fáticas da vida social).[11]

No sentido que apresentamos, a inconstitucionalidade superveniente decorre de processos informais de alteração da Constituição. Para tanto, devemos lembrar que a mudança da Constituição pode ser feita de maneira formal (por emendas, por exemplo) e de maneira informal (pela mutação constitucional decorrente da evolução dos costumes e da evolução da interpretação, por exemplo), razão pela qual a inconstitucionalidade superveniente depende da alteração informal do ordenamento constitucional, de maneira que ao tempo da edição do preceito infraconstitucional o mesmo correspondia ao entendimento constitucional dominante sobre a matéria, mas pela seqüência do tempo desaparece tal compatibilidade.

Note-se que a mera mudança de entendimento da jurisprudência não caracteriza a inconstitucionalidade superveniente (por exemplo, porque os membros dos tribunais foram substituídos), pois a mutação constitucional exige que essa mudança de entendimento seja motivada pela evolução dos valores e dos fatos. Essas alterações de entendimento sobre o conteúdo normativo da Constituição são naturais no processo de concretização das normas jurídicas no tempo e no espaço, motivo pela qual a inconstitucionalidade superveniente não proporciona instabilidade institucional, pois estará sendo determinada pela prudência e razoabilidade dos operadores da Constituição, especialmente o STF. Ou seja, a mutação constitucional se dá justamente para que exista conformidade do ordenamento constitucional formal com a realidade concreta.

Contudo, um grave problema que afeta a inconstitucionalidade superveniente é o efeito quanto ao tempo no caso da declaração de invalidade da norma jurídica. Enquanto na declaração de inconstitucionalidade convencional o vício é originário (vale dizer, desde sua edição a norma viola o ordenamento constitucional, de modo que o efeito da declaração de in-

11. No entanto, é comum falar-se em inconstitucionalidade superveniente no sentido de impossibilidade de recepção (ou revogação), tal como observado pelo STF na ADI/MC 2.501-MG, rel. Min. Moreira Alves.

constitucionalidade é *ex tunc*), ao mesmo tempo em que na inocorrência de recepção há momento definido no qual a norma se torna incompatível com o novo ordenamento (qual seja, a mudança formal por ato do constituinte originário ou do constituinte reformador, operando efeito *ex nunc*), na inconstitucionalidade superveniente por mutação constitucional (mudança informal) normalmente não é possível definir o exato momento no qual houve essa transformação, motivo pelo qual é recomendável a modulação dos efeitos com aplicação *ex nunc* dos novos entendimentos esposados em decisões judiciais (vale dizer, da data da publicação desse novo entendimento) ou outro instante ao prudente juízo do operador do Direito (particularmente do STF).

4.3.6.3 *Norma ainda constitucional ou inconstitucionalidade progressiva: preceitos infraconstitucionais e normas constitucionais não-aplicáveis*

Outra questão correlata à recepção e à inconstitucionalidade superveniente é a que envolve as normas infraconstitucionais incompatíveis com o ordenamento constitucional vigente mas que ainda assim devem ser aplicadas (que doutrina e jurisprudência denominam por "norma ainda constitucional", "inconstitucionalidade progressiva" ou "norma em trânsito para a inconstitucionalidade"). Trata-se de situação temporária, pela qual preceito legal ainda pode ser aplicado, até que seja dada plena eficácia a comando constitucional sujeito ao adimplemento de lei (norma não auto-executável ou de eficácia limitada) ou ocorra a circunstância prevista em disposição transitória (por exemplo, contida no ADCT).

No caso em questão, preceito do novo ordenamento constitucional (originário ou reformador) não admite a continuidade da vigência de norma infraconstitucional anteriormente editada, mas esse preceito constitucional não é aplicável até que seja implementada situação por ele prevista, o que permite a continuidade temporária da norma infraconstitucional como única maneira de "não causar mal maior". Desse modo, a norma legal ainda constitucional é transitoriamente compatível com o novo ordenamento, motivo pelo qual não se confunde com a recepção (que pressupõe a plena compatibilidade material da norma infraconstitucional com o novo ordenamento).

Um pouco mais delicada é a distinção da norma ainda constitucional em relação à inconstitucionalidade superveniente, pois nesse último caso acreditamos que o ordenamento constitucional não depende de procedimento formal ou do adimplemento de condição para alteração de seu conteúdo, pois a modificação se faz de modo informal. Todavia, no caso da norma ainda constitucional é exigida providência formal por parte do agente normativo infraconstitucional (por exemplo, edição de lei em relação às normas não-auto-aplicáveis ou de eficácia limitada) ou a ocorrência de condição prevista em norma constitucional transitória.

As questões relativas às normas ainda constitucionais aparecem em volume considerável na jurisprudência, especialmente do STF, demonstrando o padrão de complexidade que o ordenamento constitucional proporciona.[12]

4.3.6.4 *Constitucionalidade superveniente: expressa e implícita, efeitos no tempo e ofensa ao processo legislativo*

Situação diversa de todas as vistas é a constitucionalidade superveniente, segundo a qual atos normativos inconstitucionais ao tempo de sua edição (sob o aspecto formal ou material) posteriormente se tornam compatíveis com o ordenamento constitucional (seja em razão de modificação promovida por emenda, seja pela promulgação de nova Constituição). Nesse ponto a constitucionalidade superveniente diferencia-se da recepção, da inconstitucionalidade superveniente e da norma ainda constitucional (pois essas pressupõem a validade originária da norma), embora todas as situações ocorram com relação a atos normativos infraconstitucionais, pois somente esses podem subsistir às modificações constitucionais (já que a antiga ordem constitucional é ab-rogada pela nova Constituição, assim como as emendas derrogam temas até então tratados pelo ordenamento constitucional).

Considerando que o entendimento predominante afirma a impossibilidade de convalidação da norma inconstitucional (pois se trata de nulidade absoluta), há considerável resistência da doutrina e da jurisprudência para admitir a superveniente constitucionalidade de preceito normativo que ori-

12. Como exemplo de precedentes do STF cuidando do assunto citamos o RE 341.717 (rel. Min. Celso de Mello, cujo voto foi transcrito no *Informativo STF* 272), o RE/AgR 196.857-SP (rela. Min. Ellen Gracie), o RE 208.798-SP (rel. Min. Sydney Sanches), o RE 213.514-SP (rel. Min. Moreira Alves), o RE 229.810-SP (rel. Min. Néri da Silveira) e os RE 147.776-SP e 295.740-SP (rel. Min. Sepúlveda Pertence, *RTJ* 175/309-310), afirmando que a norma ainda constitucional configura um transitório estágio intermediário, situado "entre os estados de plena constitucionalidade ou de absoluta inconstitucionalidade". Assim, pelo entendimento exarado pelo STF, a implementação de uma nova ordem constitucional não é um fato instantâneo, mas um processo, no qual a possibilidade de realização da norma da Constituição (ainda quando teoricamente não cuide de preceito de eficácia limitada) subordina-se muitas vezes a alterações da realidade fática que a viabilizem. Devemos reconhecer que essa posição do STF pode assemelhar a norma ainda constitucional com a inconstitucionalidade superveniente, ao mesmo tempo em que resvala na idéia da aplicação do ordenamento dentro do possível ("reserva do possível").

ginalmente é inconstitucional mas que se torna válido porque é compatível com o novo diploma constitucional (resultante do poder originário ou do poder reformador). Porém, é possível verificar a existência de duas modalidades de constitucionalidade superveniente: a expressa e a implícita.

A constitucionalidade superveniente expressa caracteriza-se pelo fato de o novo ordenamento constitucional (originário ou reformador) fazer expressa referência à norma infraconstitucional sobre a qual se discute a inconstitucionalidade (por exemplo, o art. 239 do corpo permanente e o art. 34, § 12, do ADCT fazem referências, respectivamente, à Lei Complementar 7/1970 e à Lei 4.156/1962). Assim ocorrendo, e tendo em vista o princípio da supremacia da Constituição, acreditamos que ficam sanados eventuais vícios da norma infraconstitucional, motivo pelo qual se verifica a constitucionalidade superveniente expressa.

Por outro lado, a constitucionalidade superveniente implícita ou tácita se dá pela compatibilidade do preceito infraconstitucional com o novo ordenamento (originário ou reformador), que silencia em relação aos atos normativos que passariam a ser válidos desde então. Essa é a situação mais comum, pois normalmente o ordenamento constitucional não faz referência expressa a preceitos infraconstitucionais. Mas a doutrina e a jurisprudência rejeitam veementemente a constitucionalidade superveniente implícita, sob o argumento da nulidade absoluta do preceito constitucional. Assim, a única solução para dar validade aos mandamentos da norma originalmente inconstitucional é refazê-la sob o fundamento do novo ordenamento constitucional, posição que reconhecemos como sendo a predominante, mas da qual temos reservas sob o ponto de vista da otimização dos trabalhos legislativos e da eficiência da Administração Pública.

Convém observar que a constitucionalidade superveniente expressa determinada pelo constituinte originário pode até mesmo produzir efeitos retroativos em prejuízo de direito adquirido, do ato jurídico perfeito e da coisa julgada. Embora essa determinação seja odiosa, devemos admitir que a soberania reconhecida ao poder constituinte originário pode gerar tal situação indesejável. Porém, se a constitucionalidade superveniente expressa for ordenada pelo poder constituinte reformador, então, seus efeitos somente podem ser para o futuro, pois as emendas não podem tender a abolir direitos e garantias individuais (dentre os quais está a segurança jurídica, que abriga o direito adquirido, o ato jurídico perfeito e a coisa julgada).

A constitucionalidade superveniente expressa ainda é contestada porque ela seria incompatível com o devido processo legislativo, segundo o qual ato normativo infraconstitucional seria validado sem a manifestação exigida pela Constituição (por exemplo, emenda validaria lei originalmente inconstitucional sem que ela passasse pelo processo legislativo previsto nos arts. 61 e ss. do ordenamento de 1988, inclusive com a participação do Executivo na sanção ou no veto). Esse argumento de violação ao devido processo legislativo não nos sensibiliza, tendo em vista a superioridade que o poder constituinte reformador tem em relação ao Legislativo e ao Executivo (Poderes constituídos).[13]

Bibliografia

BRANCO, Paulo Gustavo Gonet, COELHO, Inocêncio Mártires, e MENDES, Gilmar Ferreira. *Curso de Direito Constitucional*. São Paulo, Saraiva, 2007.

COELHO, Inocêncio Mártires, BRANCO, Paulo Gustavo Gonet, e MENDES, Gilmar Ferreira. *Curso de Direito Constitucional*. São Paulo, Saraiva, 2007.

DINIZ, Maria Helena. *Norma Constitucional e seus Efeitos*. 2ª ed. São Paulo, Saraiva, 1992.

FERRARI, Regina Maria Macedo Nery. *Efeitos da Declaração de Inconstitucionalidade*. São Paulo, Ed. RT, 1992.

FERREIRA FILHO, Manoel Gonçalves. *Curso de Direito Constitucional*. 29ª ed. São Paulo, Saraiva, 2002.

HÄBERLE, Peter. *Hermenêutica Constitucional: a Sociedade Aberta dos Intérpretes da Constituição. Contribuição para a Interpretação Pluralista e "Procedimental" da Constituição*. Trad. de Gilmar Ferreira Mendes. Porto Alegre, Sérgio Antônio Fabris Editor, 1997.

HESSE, Konrad. *Elementos de Direito Constitucional da República Federal da Alemanha*. Trad. da 20ª ed. alemã por Luís Afonso Heck. Porto Alegre, Sérgio Antônio Fabris Editor, 1998.

MENDES, Gilmar Ferreira, BRANCO, Paulo Gustavo Gonet, e COELHO, Inocêncio Mártires. *Curso de Direito Constitucional*. São Paulo, Saraiva, 2007.

NEVES, Marcelo. *Teoria da Inconstitucionalidade das Leis*. São Paulo, Saraiva, 1988.

POLETTI, Ronaldo. *Controle da Constitucionalidade das Leis*. Rio de Janeiro, Forense, 1995.

TAVARES, André Ramos. *Curso de Direito Constitucional*. 6ª ed. São Paulo, Saraiva, 2008.

13. Tem sido a aceita a possibilidade de emenda renovar a validade de lei transitória exaurida, sem violação ao devido processo legislativo, o que se deu com a Emenda Constitucional 21/1999, que "prorrogou" as leis que cuidavam da CPMF, após ter se esgotado o prazo por elas definido.

Capítulo 5
CONTROLE DE CONSTITUCIONALIDADE

José Carlos Francisco

5.1 Razões de existência: supremacia da Constituição, preservação de direitos e segurança jurídica. 5.2 Origem histórica: controle judicial e demais Poderes: 5.2.1 Surgimento no Direito estrangeiro: "Marbury versus *Madison" e a Constituição da Áustria – 5.2.2 Surgimento no Direito Brasileiro: Constituições de 1891 e de 1934 e Emenda 16/1965. 5.3 Conceito: verificação da adequação de ato jurídico à Constituição: 5.3.1 Violação direta à Constituição: controle de constitucionalidade e controle de legalidade – 5.3.2 "Verificação da adequação": aspecto formal e aspecto material – 5.3.3 "Ato jurídico": atos normativos, políticos, administrativos e privados – 5.3.4 Controle de constitucionalidade de tratados e atos jurídicos estrangeiros: em face da Constituição brasileira e da Constituição estrangeira – 5.3.5 Parâmetro para o controle: Constituição total, rígida ou flexível – 5.3.6 Decadência e prescrição. 5.4 Espécies de controle e função institucional: quanto ao tempo, quanto ao sujeito, quanto à competência e quanto ao conteúdo: 5.4.1 Controle quanto ao tempo: preventivo e repressivo – 5.4.2 Controle quanto ao sujeito: Judiciário (difuso e concentrado), Legislativo e Executivo (político) – 5.4.3 Controle quanto à competência: exclusivo e partilhado, modelo francês e modelo americano – 5.4.4 Controle quanto ao conteúdo: jurídico e político – 5.4.5 Sistema adequado, modelos mistos e justiça constitucional. 5.5 Controle de constitucionalidade de 1988: partilhado, misto e concomitante. 5.6 Controle preventivo na Constituição de 1988: ordinário (Legislativo e Executivo) e extraordinário (Judiciário): 5.6.1 Controle ordinário pelo Legislativo: Comissão de Constituição e Justiça, Comissão Mista das Medidas Provisórias e Comissão Mista do Orçamento – 5.6.2 Controle ordinário pelo Executivo: veto jurídico – 5.6.3 Controle extraordinário pelo Judiciário: vício material e formal no processo legislativo. 5.7 Controle repressivo na Constituição de 1988: Legislativo, Executivo e Judiciário: 5.7.1 Controle repressivo pelo Legislativo: art. 49, V, e art. 52, X, da CF e Tribunal de Contas: 5.7.1.1 Congresso Nacional: decreto legislativo de contenção dos atos normativos do Executivo – 5.7.1.2 Senado Federal: resolução para a defesa dos hipossuficientes – 5.7.1.3 Tribunal de Contas e controle interno: controle de atos administrativos e atos normativos – 5.7.2 Controle repressivo pelo Executivo: determinação expressa e processo administrativo: 5.7.2.1 Determinação expressa do chefe do Executivo, do chefe do Ministério Público e do superior hierárquico: autotutela, hierarquia e princípios da Administração Pública: 5.7.2.1.1 Atos legislativos e demais atos normativos e administrativos: chefe do Executivo, direção superior da Administração Pública e chefe do Ministério Público – 5.7.2.1.2 Atos normativos-administrativos e atos administrativos – 5.7.2.2 Temas consolidados no Judiciário: determinação e delegações – 5.7.2.3 Processo administrativo: atos normativos e atos administrativos – 5.7.2.4 Decadência e prescrição – 5.7.3 Controle repressivo pelo Judiciário: difuso e concentrado: 5.7.3.1 Características do controle difuso: 5.7.3.1.1 Feito por todo juiz: cláusula de reserva do pleno – 5.7.3.1.2 Qualquer matéria – 5.7.3.1.3 Todos os meios processuais – 5.7.3.1.4 Efeitos e modulações – 5.7.3.1.5 Declaração incidental e a transcendência dos motivos determinantes – 5.7.3.2 Características do controle concentrado: 5.7.3.2.1 Competência concentrada – 5.7.3.2.2 Matérias específicas – 5.7.3.2.3 Medidas judiciais exclusivas – 5.7.3.2.4 Efeitos e modulações – 5.7.3.2.5 Apreciação em tese. 5.8 Controle quanto ao sujeito na Constituição de 1988. 5.9 Controle concentrado de constitucionalidade: 5.9.1 Ação interventiva federal e estadual: 5.9.1.1 Competência, objetivo e objeto – 5.9.1.2 Legitimação ativa e legitimação passiva – 5.9.1.3 Liminar, processamento e julgamento – 5.9.2 Ação direta de inconstitucionalidade federal/ADIn ou ADI federal genérica: 5.9.2.1 Competência, objetivo e objeto – 5.9.2.2 Legitimados da ação direta de inconstitucionalidade: 5.9.2.2.1 Legitimados ativos: universais e restritos – 5.9.2.2.2 Legitimados passivos – 5.9.2.2.3 Procurador-Geral da República e "amicus curiae" – 5.9.2.3 Liminar: tutela antecipada – 5.9.2.4 Processamento da ação direta de inconstitucionalidade – 5.9.2.5 Julgamento definitivo da ação direta de inconstitucionalidade – 5.9.2.6 Confronto entre a decisão da ação direta de inconstitucionalidade e as coisas julgadas decorrentes de controle difuso: relativização da coisa julgada "inconstitucional" – 5.9.3 Ação direta de inconstitucionalidade estadual: 5.9.3.1 Competência, objetivo e objeto – 5.9.3.2 Legitimados ativos e passivos, Ministério Público e "amicus curiae" – 5.9.3.3 Liminar, processamento, julgamento e efeitos – 5.9.4 Ação declaratória de constitucionalidade/ADC: 5.9.4.1 Competência, objetivo e objeto – 5.9.4.2 Legitimados ativos, inexistência de legitimado passivo e de "amicus curiae" e parecer ministerial – 5.9.4.3 Liminar e processamento da ação declaratória de constitucionalidade – 5.9.4.4 Julgamento definitivo da ação declaratória de constitucionalidade – 5.9.5 Argüição de descumprimento de preceito fundamental/ADPF: 5.9.5.1 Competência, objetivo, objeto subsidiário ou residual e espécies de argüição de descumprimento de preceito fundamental – 5.9.5.2 Legitimados ativos, legitimados passivos, "amicus curiae" e parecer ministerial – 5.9.5.3 Liminar e processamento da argüição de descumprimento de preceito fundamental – 5.9.5.4 Julgamento definitivo da argüição de descumprimento de preceito fundamental – 5.9.6 Ação direta de inconstitucionalidade por omissão: 5.9.6.1 Competência, objetivo e objeto – 5.9.6.2 Legitimados ativos, legitimados passivos e parecer ministerial – 5.9.6.3 Liminar e processamento – 5.9.6.4 Julgamento definitivo e efeitos.*

O controle de constitucionalidade é um dos principais mecanismos de garantia da supremacia da Constituição e da preservação dos direitos fundamentais, o que justifica análise atenta quanto ao seu surgimento, sua evolução histórica e de algumas das principais modalidades apresentadas pelo direito constitucional positivo contemporâneo.

5.1 Razões de existência: supremacia da Constituição, preservação de direitos e segurança jurídica

Num conceito elementar, o controle de constitucionalidade representa a verificação da adequação de atos jurídicos em face da Constituição, tarefa que se ampara em vários aspectos que se relacionam entre si, tais como a supremacia da Constituição, distinção entre poder constituinte originário e derivado (e entre esses e os poderes constituídos), rigidez constitucional, preservação dos direitos fundamentais e afirmação da segurança jurídica.

A distinção poder constituinte originário e derivado dá sustentação ao controle de constitucionalidade feito em relação às emendas (ato do poder reformador) e às Constituições Estaduais e à parte estadual da Lei Orgânica Distrital (produzidas pelo poder decorrente), tanto quanto a subordinação dos poderes constituídos ao poder constituinte ampara o controle de constitucionalidade de atos normativos e atos administrativos. Também a rigidez e a super-rigidez constitucional (decorrente das cláusulas pétreas) justificam o controle de constitucionalidade, preservando a estabilidade e legitimidade do processo de alteração formal dos ordenamentos constitucionais.

Mas é a supremacia da Constituição (especialmente fortalecida pelo efeito irradiante de seus princípios fundamentais) o fundamento normalmente invocado para o controle de constitucionalidade, pois a legitimidade e a autoridade superior do poder constituinte emprestam ao ordenamento constitucional capacidade de se impor a todos os atos jurídicos produzidos no contexto social (fáticos ou negociais) ou estatal (normativos, administrativos e judiciais, inclusive leis orgânicas municipais). O controle de constitucionalidade também se ampara na relevância de sua atuação na preservação dos direitos fundamentais, servindo como instrumento para frear abusos de poder, abrigando, assim, elementos indispensáveis à realização da natureza humana.[1]

1. O sistema constitucional apresenta várias garantias aos direitos fundamentais, classificadas em garantias gerais (Constituições rígidas, separação dos Poderes, cortes constitucionais e controle de constitucionalidade, dentre outros), garantias específicas (vedação à pena de morte, irretroatividade etc.) e remédios constitucionais (instrumentos processuais previstos no ordenamento constitucional para assegurar direitos fundamentais, como *habeas corpus* e mandado de segurança).

Assegurando a autoridade do ordenamento constitucional e rejeitando os atos jurídicos que violam o ordenamento constitucional (os quais devem ser expelidos do sistema jurídico) estaremos dando segurança jurídica às relações institucionais e preservando os elementos estruturais básicos indicados pelo constituinte como essenciais à sociedade e ao Estado.

5.2 Origem histórica: controle judicial e demais Poderes

Embora o controle de constitucionalidade, na atualidade, seja feito por todos os Poderes constituídos, seu surgimento está associado à atividade jurisdicional, o que é facilmente compreendido em razão da aptidão natural dos integrantes do Poder Judiciário para lidar tecnicamente com o sistema normativo.

No entanto, convém anotar que após o surgimento dos instrumentos judiciais de controle de constitucionalidade foram criadas novas formas para a preservação da autoridade da Constituição – aspecto que exigiria a anotação de vários outros fatos históricos, num estudo mais profundo sobre o tema.

5.2.1 Surgimento no Direito estrangeiro: "Marbury versus *Madison" e a Constituição da Áustria*

O Direito Norte-Americano apresenta o primeiro registro de controle de constitucionalidade realizado pela Suprema Corte, logo no limiar do Constitucionalismo, em 1803, no caso "Marbury *versus* Madison". Naquela oportunidade, pugnando pela posse em cargo público, Marbury ingressa com ação judicial em face de Madison (que negara a nomeação), sendo o caso levado para julgamento perante a Suprema Corte americana, no qual o Juiz Marshall afirma que a Constituição se baseia em direitos imutáveis por meios ordinários, motivo pelo qual são nulos os atos que a violem (argumentação que serviu para inviabilizar o pleito de Marbury). Marshall ampara a supremacia da Constituição no art. 6º, § 2º, do ordenamento americano de 1787, ao mesmo tempo em que afirma ser o Judiciário o Poder competente para realizar o controle de constitucionalidade, já que é ele que "diz" o Direito.

O caso "Marbury *versus* Madison" é o marco da criação do controle de constitucionalidade em sua modalidade difusa (que analisaremos mais adiante), ainda hoje aplicada no Direito Norte-Americano, valendo lembrar que as decisões da Suprema Corte têm efeito vinculante pelo sistema do *Judicial Review* e do *Stare Decisis*.

Por outro lado, o modelo concentrado de constitucionalidade apareceu primeiramente na Constituição da Áustria, de 1920, sob inspiração de Hans

Kelsen, desdobrando-se desde então em várias modalidades apresentadas em diplomas constitucionais (especialmente europeus).

5.2.2 Surgimento no Direito Brasileiro: Constituições de 1891 e de 1934 e Emenda 16/1965

Embora o ordenamento constitucional semi-rígido de 1824 tenha sido dotado de supremacia em relação aos demais diplomas normativos e atos que compunham o sistema jurídico, é predominante o entendimento acerca da inexistência de controle de constitucionalidade durante a vigência da Constituição do Império, tendo em vista que o Poder Moderador (confiado ao Imperador, juntamente com o Poder Executivo) servia para solucionar as controvérsias entre os demais Poderes constituídos.[2]

Assim, a primeira Constituição brasileira a comportar controle de constitucionalidade foi a de 1891, pela qual admitiu-se o mecanismo difuso – entendimento mantido em todos os ordenamentos constitucionais posteriores (inclusive o atual), reforçado com o princípio do livro acesso ao Judiciário (ou inafastabilidade da apreciação jurisdicional, do art. 5º, XXXV, do ordenamento de 1988). Embora formalmente previstos, esses instrumentos de controle de constitucionalidade tiveram precária efetividade durante regimes autocráticos e arbitrários vividos no Brasil (como na vigência do Estado Novo, estabelecido a partir de 1937, e no Regime Militar, decorrente do golpe de 1964).

Por sua vez, o controle concentrado de constitucionalidade aparece pela primeira vez na curta vigência da Constituição de 1934, na modalidade denominada "ação interventiva", útil para a preservação do sistema federativo (como também trataremos mais adiante). No entanto, os modelos mais usuais de controle concentrado (antecedentes da atual ação direta de inconstitucionalidade, por exemplo) aparecem somente no final da vigência da Constituição de 1946, por força da Emenda Constitucional 16/1965.

5.3 Conceito: verificação da adequação de ato jurídico à Constituição

O controle de constitucionalidade consiste na verificação da adequação de ato jurídico em face da Constituição. Para a compreensão desse conceito, convém desdobrarmos cada uma das idéias que o integram.

2. Embora tenha sido possível o controle de constitucionalidade de atos de efeito concreto (tais como atos administrativos ou contratos), essa circunstância não é acusada pela doutrina como suficiente para reconhecer a existência de controle de constitucionalidade durante a vigência da Constituição de 1824, pois normalmente pensa-se em controle de constitucionalidade como sinônimo de controle de atos normativos.

5.3.1 Violação direta à Constituição: controle de constitucionalidade e controle de legalidade

Segundo a visão convencional, o princípio da supremacia da Constituição decorre de sistema jurídico hierarquizado no qual os ordenamentos constitucionais são colocados no ápice da denominada "pirâmide normativa" (quando muito, juntamente com tratados internacionais que ostentam força constitucional). Por isso, é certo dizer que todos os demais atos normativos desdobram ou detalham os preceitos constitucionais, de modo que a eles são subordinados. Daí por que qualquer violação a uma norma hierarquicamente superior acaba por representar violação à própria Constituição (por exemplo, instrução normativa do secretário que viola portaria ministerial repercute no decreto presidencial que amparou a portaria e, por conseqüência, na lei ordinária que sustenta o decreto e na Constituição que respalda a lei). Contudo, violações dessa espécie são classificadas como ilegalidade, configurando inconstitucionalidade em sentido amplo (indireta, reflexa ou oblíqua).

A inconstitucionalidade em sentido estrito caracteriza-se pela violação direta ao texto constitucional, vale dizer, quando a lei, o decreto, a portaria, a instrução normativa ou qualquer outro ato jurídico atinjam o ordenamento constitucional sem antes atingirem qualquer outro ato normativo. Portanto, qualquer ato jurídico pode incidir em inconstitucionalidade, desde que não incorra, antes, em ilegalidade – o que restringe o sentido do controle de constitucionalidade apenas aos casos de violação direta à Constituição.

5.3.2 "Verificação da adequação": aspecto formal e aspecto material

A verificação da adequação do ato jurídico ao ordenamento constitucional é feita sob o aspecto formal e também sob o material, pois ambos devem ser rigorosamente observados para conferir validade ao ato em face da Constituição. Por "aspecto formal" devemos compreender os elementos vinculados à produção do ato jurídico, vale dizer, aspectos de competência (também chamados de "subjetivos") e de processamento (rito, *quorum* etc.), que se relacionam com sua produção e exteriorização. De outro lado, os aspectos materiais dizem respeito ao conteúdo do ato normativo, ao seu sentido intrínseco ou sua substância, ou seja, aquilo que efetivamente o ato jurídico está pretendendo.

5.3.3 "Ato jurídico": atos normativos, políticos, administrativos e privados

Em princípio todos os atos jurídicos estão sujeitos ao controle de constitucionalidade, sejam eles normativos, políticos, administrativos ou privados, razão pela qual nenhum comportamento (público ou privado) deve ser excluído da supremacia da Constituição. Porém, muitas vezes o pensamento doutrinário parece restringir o controle de constitucionalidade apenas aos atos normativos, o que representa uma limitação indevida, já que até mesmo os atos administrativos de efeito concreto comportam verificação por instrumentos concentrados (como é o caso da argüição de descumprimento de preceito fundamental, de que trata a Lei 9.882/1999).

Segundo orientação dominante do Direito Brasileiro, apenas os atos normativos oriundos do poder constituinte originário estão imunes ao controle de constitucionalidade, que serão sempre válidos em face das características superiores desse poder soberano – o que se reflete no princípio da unidade da Constituição. Ocasionalmente, outros atos podem não se sujeitar ao controle de constitucionalidade, dependendo do instrumento utilizado (por exemplo, não cabe ação direta de inconstitucionalidade no egrégio STF para combater lei municipal que viola o ordenamento federal).

Assim, com exceção do ato do constituinte originário, potencialmente todos os preceitos normativos podem ser objeto de controle de constitucionalidade, sejam atos constituintes reformadores ou decorrentes (emendas constitucionais, Constituições Estaduais e leis orgânicas), atos primários (leis complementares, leis ordinárias, medidas provisórias, regimentos internos do Legislativo e do Judiciário, regulamentos autônomos, normas do Conselho Nacional de Justiça etc.) e até mesmo atos secundários e terciários (como regulamentos de execução, portarias e instruções normativas, desde que importem violação direta à Constituição).

Enfatizamos que os atos da Administração Pública que não tenham conteúdo normativo (tais como atos administrativos de efeito concreto) também se sujeitam a controle de constitucionalidade, tanto os vinculados quanto os discricionários (embora o mérito desses atos discricionários tenha limites maiores para o controle judicial, que pode ser feito em casos excepcionais, marcados pela violação objetiva ou manifesta da Constituição, geralmente aferida com base em razoabilidade e proporcionalidade). Em situações igualmente excepcionais o controle de constitucionalidade judicial pode ser feito em face de atos tipicamente políticos (como a decretação de estado sítio, já que o ordenamento constitucional delimita os meios para combate de crises).

Por fim, obviamente os atos privados sujeitam-se a controle de constitucionalidade (especialmente os que violam direitos e garantias fundamentais), dada a amplitude do ato jurídico sujeito à imposição da supremacia da Constituição. Contudo, há grande discussão quanto aos limites para a imposição de disposições pertinentes a direitos e garantais fundamentais às relações entre entes exclusivamente privados, ensejando a denominada "horizontalização dos direitos e garantias fundamentais" (por exemplo, no dever de associações recreativas assegurarem ampla defesa e contraditório nas decisões de admissão ou de exclusão de associado).

5.3.4 Controle de constitucionalidade de tratados e atos jurídicos estrangeiros: em face da Constituição brasileira e da Constituição estrangeira

Os tratados internacionais e os atos jurídicos estrangeiros também estão sujeitos ao controle de constitucionalidade visando à sua aplicação em território brasileiro, o que pode ser feito tendo como parâmetro tanto a Constituição brasileira quanto a estrangeira, dependendo do caso.

Primeiramente, esclarecemos que os tratados internacionais celebrados pela República Federativa do Brasil, bilaterais ou multilaterais (nesse caso, pactuados perante organismos internacionais), subordinam-se ao comando constitucional brasileiro. Os tratados internacionais que disponham sobre direitos e garantias fundamentais ostentam força normativa constitucional de emendas, em razão do art. 5º, § 3º, do ordenamento de 1988, ao passo em que os demais tratados agregam-se ao ordenamento jurídico interno com força de lei ordinária (salvo os tratados tributários, que assumem força superior ao ordenamento infraconstitucional interno em razão do art. 98 do CTN).[3]

Note-se que a celebração de tratados internacionais pelo Presidente da República (quando tragam ônus para o Brasil) não importa aplicação imediata dos mesmos (a despeito do que dispõe o art. 5º, § 1º, da CF), pois dependem de processo de ratificação mediante aprovação pelo Congresso Nacional, sejam equivalentes às emendas (art. 5º, § 3º, da CF), sejam equivalentes às leis (mediante decreto legislativo com complementação pelo Presidente da República mediante decreto). Somente após a ratificação é que esses tratados internacionais podem ser aplicados à ordem interna, quando, então, já foram expostos ao controle de constitucionalidade na sua fase de elaboração, sujeitando-se posteriormente, também, a eventual apreciação

3. Acreditamos que os tratados sobre direitos humanos anteriores à Emenda 45/2004 devem ser "recepcionados" com força constitucional, conforme José Carlos Francisco, "Bloco de constitucionalidade e recepção dos tratados internacionais", in André Ramos Tavares, Pedro Lenza e Pietro de Jesús Lora Alarcon (orgs.), *Reforma do Judiciário Analisada e Comentada*, São Paulo, Método, 2005. Contudo, admitimos que a tendência da jurisprudência é afirmar que tais tratados não devem ser considerados como normas constitucionais, embora devam ser respeitados pela legislação infraconstitucional (a exemplo do que se dá nos moldes do art. 98 do CTN).

formal e material pelo Judiciário (tanto a difusa quanto a concentrada).[4] No caso de declaração de inconstitucionalidade de regras de tratados as autoridades brasileiras deverão comunicar os entes internacionais competentes, em respeito à lealdade inerente a esses acordos.

Além disso, os atos normativos estrangeiros sujeitam-se ao controle de constitucionalidade brasileiro, tendo como base o ordenamento constitucional nacional, pois há lógica subordinação jurídica de todas as medidas praticadas em território brasileiro aos comandos contidos na Constituição elaborada pelo povo brasileiro. A LICC, em seu art. 17, prevê verdadeiro princípio geral de direito constitucional ao afirmar que as leis, atos e sentenças de outro país, bem como quaisquer declarações de vontade, não terão eficácia no Brasil quando ofenderem a soberania nacional, a ordem pública e os bons costumes, evidenciando a subordinação das medidas estrangeiras ao ordenamento constitucional brasileiro (norma de ordem pública por excelência). Desse modo, nas soluções de controvérsias internacionais processadas por autoridades brasileiras nas quais torna-se necessária a aplicação de normas, atos e sentenças estrangeiras (em razão dos elementos norteadores do direito internacional) é possível a declaração de inconstitucionalidade desses atos normativos em face do que preceitua o ordenamento constitucional brasileiro vigente.

Finalmente, ao aplicar, no Brasil, normas e medidas estrangeiras, as autoridades brasileiras em princípio podem apreciar a constitucionalidade desses atos com base na Constituição do país de origem, já que os princípios jurídicos vigentes na ordem internacional abrigam a segurança jurídica e o respeito aos ordenamentos constitucionais – aspecto que pode ser conhecido pelo Estado Nacional que se sujeita à aplicação de preceito normativo de outro país. Todavia, nesse caso as autoridades brasileiras devem realizar o controle de constitucionalidade se e nos termos em que previsto no país de origem, mas sempre para o caso concreto.

5.3.5 Parâmetro para o controle: Constituição total, rígida ou flexível

O parâmetro para a aferição de validade ou adequação desses atos jurídicos é a "Constituição total" – vale dizer: para que seja feito o controle de constitucionalidade, devemos compreender a Constituição em sua tota-

4. O art. 102, III, "b", da CF de 1988 prevê a competência do egrégio STF para "julgar, mediante recurso extraordinário, as causas decididas em única ou última instância, quando a decisão recorrida: (...) b) declarar a inconstitucionalidade de tratado ou lei federal". Pelo mesmo motivo, cabe controle concentrado de constitucionalidade dos tratados internacionais com conteúdo normativo.

lidade, revelada em processo de evolução, abrangendo normas expressas e implícitas, refletindo as modificações decorrentes de sua aplicação contínua no tempo e no espaço, concretizando a vontade dos múltiplos segmentos de interesse dos sujeitos de direito (sociais, políticos, econômicos, científicos e culturais, especialmente), todos eles abrigados pelo pluralismo do Estado Democrático de Direito.

A posição dominante na doutrina é no sentido de que o controle de constitucionalidade depende da rigidez do ordenamento constitucional, motivo pelo qual somente existiria em face de Constituições super-rígidas, rígidas e semi-rígidas, excluindo esse mecanismo tratando-se de Constituições flexíveis. Essa afirmação é verdadeira se estivermos pensando exclusivamente em controle de constitucionalidade de atos normativos, pois o preceito normativo superveniente modificará a regra constitucional flexível anterior. Todavia, mesmo em Constituições flexíveis é possível o controle de constitucionalidade de atos administrativos, de atos políticos e de atos privados.[5]

5.3.6 Decadência e prescrição

Por fim, tratando-se de ato normativo, convém lembrar que não há prazo decadencial ou prescricional para o controle de constitucionalidade, embora os efeitos patrimoniais decorrentes da norma inconstitucional possam perecer, de modo que não mais seja possível recuperar algumas perdas. Assim, embora determinado ato normativo possa estar vigendo há décadas, o decurso do prazo não o convalida, de maneira que é possível questioná-lo em face do ordenamento constitucional de origem, embora certos efeitos patrimoniais possam ter decaído ou prescrito.

5.4 Espécies de controle e função institucional: quanto ao tempo, quanto ao sujeito, quanto à competência e quanto ao conteúdo

As experiências internacionais e brasileiras apresentam um razoável número de exemplos de controle de constitucionalidade, permitindo classificá-lo em relação ao tempo (momento no qual é feito), quanto ao sujeito (ou titularidade), quanto ao conteúdo (fundamento ou parâmetro

5. Devemos lembrar que o ordenamento flexível pode ser alterado por procedimento ordinário, por costumes e pela jurisprudência, mas isso, obviamente, não significa que os Poderes Públicos e a sociedade estejam desprendidos de cumprir os preceitos constitucionais expressos; daí por que esses servem ao controle de constitucionalidade dos atos jurídicos de efeito concreto, como atos administrativos etc.

para o controle) e até mesmo quanto ao ente federativo competente (federal ou estadual).

É importante observar que a classificação das hipóteses de controle de constitucionalidade depende da existência de função institucional atribuída expressa ou implicitamente pelo ordenamento para que seja feita a verificação da validade de ato jurídico em face da Constituição. Na verdade, todas as pessoas, em quaisquer decisões que tomem, consciente ou inconscientemente levam em consideração os padrões constitucionais previstos para as atitudes que pretendem tomar, mas o controle de constitucionalidade em sentido estrito ocorrerá nos casos em que o ordenamento atribuir função para a realização da verificação de validade do ato perante a Constituição.

5.4.1 Controle quanto ao tempo: preventivo e repressivo

Classificado quanto ao tempo (geralmente considerados os atos normativos produzidos pelo Legislativo), o controle de constitucionalidade pode ser preventivo ou repressivo. Como a própria denominação sugere, o *controle preventivo* corresponde àquele feito enquanto o ato jurídico está sendo elaborado, vale dizer, antes de ele ter sido finalizado e publicado para que produza seus efeitos jurídicos. No caso do controle de atos legislativos o controle preventivo é feito enquanto tramita o projeto, motivo pelo qual, ao ser convertido em lei pela sanção, promulgado e publicado pelo Executivo, esgota-se a fase preventiva. Dessa maneira, será preventivo o controle de constitucionalidade realizado em face do projeto de lei, ao passo que será repressivo o controle que tiver como objeto lei já publicada.

Desse modo, o *controle repressivo* parte do pressuposto de que o ato jurídico já está pronto e acabado, razão pela qual existe no mundo jurídico, sendo apto a causar lesão a direitos. Mesmo que o ato jurídico não tenha causado lesão concreta a direitos dos cidadãos (por exemplo, porque está na fase de vacância), ainda assim o controle deverá ser classificado como repressivo, pois a ordem constitucional já foi violada com a produção e vigência do ato inconstitucional.

5.4.2 Controle quanto ao sujeito: Judiciário (difuso e concentrado), Legislativo e Executivo (político)

Quanto ao sujeito ou titular para realizar o controle de constitucionalidade, encontramos modalidades realizadas pelo Judiciário, pelo Legislativo e também pelo Executivo, independentemente de o sistema de governo ser parlamentarista ou presidencialista.

O *Poder Judiciário* é tradicionalmente responsável pelo controle de constitucionalidade após a edição dos atos normativos (embora seja possível o controle ainda na fase de tramitação dos projetos de lei), já que a formação jurídica dos integrantes do sistema judicial (advogados, procurados, promotores e juízes) confere a esse ente a qualificação natural para a verificação da validade de atos jurídicos em relação ao ordenamento constitucional. O controle pelo Judiciário é normalmente dividido em *difuso* (realizado por qualquer instância judicial, inclusive a monocrática, uniformizando os entendimentos em tribunais) e *concentrado* (cuja competência originária para o controle é confiada a tribunais constitucionais de instância máxima).

Por sua vez, o *Poder Executivo* e o *Poder Legislativo* também fazem controle de constitucionalidade, pois se, de um lado, não é necessário que seus membros tenham formação jurídica, de outro lado, eles estão plenamente legitimados para expressar a vontade constitucional, em razão dos métodos democráticos pelos quais normalmente são escolhidos.

Registramos que o controle de constitucionalidade feito pelo Executivo e pelo Legislativo pode ser denominado como "político", justamente pelos modos de escolha de seus membros e pelas maneiras de seus funcionamentos (especialmente pela eleição popular que serve para escolha dos membros desses Poderes). Porém, é preciso, de um lado, reconhecer o aspecto político vinculado à escolha do titular pelo controle mas, de outro lado, afirmar que em princípio não deveria haver critério político empregado na decisão sobre a constitucionalidade de atos jurídicos (já que o controle deve essencialmente ser feito sob o ângulo jurídico, como adiante verificaremos).

É ainda possível que a competência para a realização do controle de constitucionalidade seja atribuída a ente independente dos três Poderes convencionais, o que cabe ao constituinte estabelecer, segundo os aspectos concretos da realidade perante a qual atua (por exemplo, uma Corte Constitucional que não integre o Poder Judiciário).

5.4.3 Controle quanto à competência: exclusivo e partilhado, modelo francês e modelo americano

Os ordenamentos constitucionais estrangeiros apresentam modos diversificados de controle de constitucionalidade, permitindo classificá-los também com relação à competência para realizá-lo – em razão do quê notamos a existência do controle exclusivo e do controle partilhado (classificação correlata ao concentrado e ao difuso).

O *controle exclusivo ou unificado* identifica a situação na qual apenas um ente está autorizado a realizar a verificação da validade do ato jurídico à

Constituição, tal como prevê a atual Constituição francesa da 5ª República, de 1958, confiando a verificação da constitucionalidade de leis exclusivamente ao Conselho Constitucional, cujo exercício é feito preventivamente em face de projetos de lei, razão pela qual, em regra, a constitucionalidade do ato normativo não pode ser atacada após sua publicação. Vale destacar que o Conselho Constitucional não é integrante dos órgãos judiciais de governo, sendo que seus membros vitalícios são escolhidos por nomeação (ex-Presidentes da República também têm vagas nesse Conselho). Há raros casos de controle repressivo na França, tais como aquele feito em razão da recepção constitucional e o procedimento previsto no art. 37, alínea 2ª, da Constituição de 1958 (perante o qual o Governo provoca o Conselho Constitucional posteriormente à edição de leis que possam ter invadido o domínio dos regulamentos autônomos).[6]

Por sua vez, o controle partilhado distribui a competência para a realização do controle de constitucionalidade para vários entes, necessariamente prevendo um órgão de cúpula para a unificação do Direito e pacificação dos litígios. Com essas características encontramos o sistema constitucional americano, garantindo o controle de constitucionalidade para diversos integrantes do Judiciário, embora os recursos cabíveis pelo sistema do *Judicial Review* e do *Stare Decisis* levem à uniformização dos entendimentos mediante decisões vinculantes da Suprema Corte americana. A necessidade da padronização acerca do conteúdo da Constituição americana é ampliada em razão do sistema federativo adotado nos Estados Unidos, sob pena de distinções violadoras da igualdade.

5.4.4 Controle quanto ao conteúdo: jurídico e político

Acreditamos que a verificação da validade de atos jurídicos frente à Constituição somente pode ser feita sob o ângulo jurídico (vale dizer, recusamos que o responsável pelo controle de constitucionalidade possa ter discricionariedade para dizer se um ato jurídico ofende ou não ofende o ordenamento constitucional). No entanto, até mesmo para focalizarmos o problema, convém classificar o controle de constitucionalidade em jurídico e político.

O *controle jurídico* corresponde àquele feito exclusivamente sob critérios normativos, considerando a validade do ato jurídico em face da Constituição segundo os padrões da Ciência do Direito. De outro lado, *controle*

6. Georges Burdeau, Francis Hamon e Michel Troper (*Droit Constitutionnel*, 26ª ed., Paris, Librairie Générale de Droit et de Jurisprudence/LGDJ, 1999, p. 660), nesse particular, observam a distinção entre norma *anteconstitucional* (sujeita ao controle preventivo) e *postconstitucional* (analisada por esse raro caso de controle repressivo).

político seria aquele feito sob premissas de conveniência e oportunidade acerca da conformação do ato jurídico ao ordenamento constitucional, ainda que ao arrepio dos critérios normativos de verificação de validade jurídica do objeto controlado.

Negamos a possibilidade válida do controle político quanto ao conteúdo (embora exista o controle político quanto ao titular, qual seja, aquele feito pelo Executivo e pelo Legislativo), embora reconheçamos que o entendimento dominante aponta no sentido de o Senado Federal ter discricionariedade para a edição da resolução de que trata o art. 52, X, da CF (adiante analisada). Também admitidos a necessidade de o ordenamento constitucional ser compatibilizado com o processo histórico, interagindo com a realidade concreta, compreendendo todos os valores (políticos, culturais, econômicos etc.) que coexistem no contexto social – razão pela qual é visível a dificuldade de dissociar o elemento político do elemento jurídico na realização do controle de constitucionalidade, ainda mais se considerarmos que os preceitos constitucionais são muitas vezes produzidos em forma de princípios e de conceitos jurídicos indeterminados (os quais, de um lado, servem à elasticidade constitucional mas, de outro, também podem proporcionar o indevido uso dos comandos do constituinte).

Porém, mesmo que os Poderes instituídos sejam responsáveis pela governabilidade (inclusive o Poder Judiciário), recusamos a validade do controle de conteúdo eminentemente político – conclusão que amparamos nos princípios do Estado Democrático de Direito. Quando se realiza o controle de constitucionalidade com os olhos na conveniência e oportunidade das decisões, negamos todas as virtudes da Constituição como expressão da vontade geral e abandonamos o Estado Democrático de Direito, pois estaremos desprezando o sistema normativo e permitindo que o ordenamento constitucional seja "acomodado" às necessidades ou interesses dos grupos que transitoriamente ocupam o poder.

Enfatizamos que não estamos tratando do controle político quanto ao sujeito (associado ao modo de escolha do titular pelo controle no Executivo e no Legislativo), mas do controle político quanto ao conteúdo (feito por qualquer dos Poderes). Se na prática os critérios de decisão podem sofrer demasiada influência política, esse fato não pode ser compreendido como validação da anomalia, pois devemos permanentemente combatê-la (ainda que possa ser difícil extirpá-la).

5.4.5 Sistema adequado, modelos mistos e justiça constitucional

A escolha pelo modelo adequado de controle de constitucionalidade é um grande desafio para o constituinte, pois nem sempre os mecanismos empregados de modo satisfatório em determinados países resultam no mesmo desempenho em outros sistemas constitucionais. Na verdade, além das particularidades dos ordenamentos jurídicos, o desempenho eficiente e legítimo dos mecanismos de controle de constitucionalidade depende de aspectos relacionados à Sociologia Jurídica, e especialmente da confiabilidade das instituições sociais e estatais – razão pela qual a importação de modelos estrangeiros deve ser feita com a perspicaz observação da realidade na qual esses mecanismos serão empregados.

É claro que o mecanismo de controle exclusivo ou concentrado (seja preventivo ou repressivo) traz a conveniência de decisões uniformes e diretas, favorecendo a segurança jurídica e a estabilidade das instituições estatais, mas obviamente sujeita os órgãos julgadores a maior pressão política, arriscando a solução das questões e a própria credibilidade do sistema de verificação da validade constitucional sem a possibilidade de recursos. Por outro lado, enquanto o sistema partilhado e difuso de controle de constitucionalidade oferece maior discussão e democratização na solução das lides constitucionais, permitindo a visão pluralista das questões até sua depuração final pelas instâncias superiores, é indiscutível que as decisões divergentes causam distorções nem sempre remediáveis de modo eficaz, além do quê as múltiplas discussões e recursos ampliam a crise de sobrecarga do sistema judicial, causando excessiva lentidão.

A combinação dos modelos num grande sistema misto, dependendo do caso, concentrando ou descentralizando o controle, confiado com exclusividade ou partilhado em certas situações, pode reunir o melhor dos dois sistemas, mas também agregar o pior de cada um deles e até mesmo criar problemas diferentes.

No que concerne à realidade brasileira atual, o controle de constitucionalidade realizado pelo Poder Legislativo (em geral pela Comissão de Constituição e Justiça) e pelo Executivo (com o veto jurídico) representa o grande filtro dos atos normativos inconstitucionais. Mas é também de grande valia o controle de constitucionalidade feito pelo Judiciário, combinando mecanismos de controle difuso (que preferencialmente deve ser finalizado com decisões vinculantes do STF) com o sistema concentrado apenas para casos nos quais houver controvérsia relevante (demonstrada pela freqüente discussão do tema em instâncias judiciais inferiores, visando a favorecer a agilidade na solução da lide). Acreditamos que o prematuro controle concentrado (antes de verificada a controvérsia judicial relevante) pode abortar a democratização das decisões e as virtudes do debate realizado por várias partes em várias instâncias (quando se torna possível o aparecimento de todos os aspectos necessários à compreensão de questões jurídicas na pluralista sociedade brasileira).

A atuação do Judiciário no controle de constitucionalidade é identificada pela expressão "justiça constitucional", ou "jurisdição constitucional", empregada em sentido específico (pois em sentido amplo abrange a atuação de partidos políticos, plebiscitos, eleições, mandatos eletivos etc.).

5.5 Controle de constitucionalidade de 1988: partilhado, misto e concomitante

Pela classificação de modalidades de controle que vimos, podemos afirmar que a ordem constitucional de 1988 prevê sistema misto de verificação da constitucionalidade de atos jurídicos. Com efeito, a Constituição vigente estabelece modalidades de controle partilhado entre Judiciário, Legislativo e Executivo, realizados de modo preventivo e de modo repressivo, de maneira difusa e concentrada, porém sempre com fundamento jurídico.

É interessante observar que as modalidades do sistema partilhado e misto do ordenamento de 1988 não são necessariamente excludentes, pois podem ser sucessivos e até mesmo concomitantes. Por exemplo, um projeto de lei pode ser aprovado pela Comissão de Constituição e Justiça e ser vetado pelo Presidente da República sob argumento de inconstitucionalidade (veto jurídico), evidenciando o sistema partilhado, misto e sucessivo. Nesse mesmo exemplo, se o veto for derrubado, a lei então promulgada pode ser atacada perante o Judiciário, por instrumentos de controle difuso ou concentrado, sendo que o princípio da unidade da jurisdição e a imutabilidade da coisa julgada farão prevalecer a decisão judicial em relação a todas as demais modalidades. Em regra o controle judicial é excludente, vale dizer, prevalece em relação a outras modalidades.

Passaremos à análise de cada um dos mecanismos de controle de constitucionalidade na ordem constitucional de 1988, iniciando pelo preventivo para depois verificarmos o controle repressivo (especialmente o difuso e o concentrado, realizados pelo Judiciário). As hipóteses apresentadas quanto ao tempo permitem a reclassificação das mesmas modalidades de controle de constitucionalidade então pelo sujeito.

5.6 Controle preventivo na Constituição de 1988: ordinário (Legislativo e Executivo) e extraordinário (Judiciário)

Na ordem constitucional de 1988 o controle preventivo de constitucionalidade é realizado ordinariamente pelo Legislativo e pelo Executivo, ante o grande volume de projetos de atos normativos processados por esses dois Poderes constituídos. De outro lado, apenas em situações extraordinárias ou eventuais é que se fará o controle judicial de projetos de atos normativos.

Lembramos que estamos classificando as hipóteses de controle de constitucionalidade em razão da existência de função institucional atribuída para que seja feita a verificação da validade de ato jurídico em relação ao ordenamento constitucional. Também é importante frisar que a definitividade do controle de constitucionalidade não é requisito essencial para a classificação das modalidades, pois, se assim fosse, apenas o STF faria a verificação da compatibilidade dos atos jurídicos à Constituição.

5.6.1 Controle ordinário pelo Legislativo: Comissão de Constituição e Justiça, Comissão Mista das Medidas Provisórias e Comissão Mista do Orçamento

Sabemos que durante o processo de elaboração dos atos normativos perante o Poder Legislativo os projetos tramitam por várias comissões, integradas por parlamentares que representem, tanto quanto possível, os partidos ou os blocos parlamentares que participam da respectiva Casa. Encarregadas de avaliar a viabilidade das propostas, dentre essas comissões há necessariamente uma competente para apreciar aspectos jurídicos e constitucionais do projeto normativo (comumente denominada por Comissão de Constituição e Justiça/CCJ). Em caso de o projeto de ato normativo ser considerado incompatível com o ordenamento constitucional, o mesmo deverá ser arquivado, embora as decisões dessas comissões possam ser objeto de recurso apresentado por 1/10 dos membros da Casa, a ser apreciado pelo Plenário (aspecto que não invalida a função institucional da CCJ na verificação do controle de constitucionalidade do projeto de norma).

Há certos projetos de lei que tramitam em ritos especiais, não se submetendo à apreciação da CCJ, o que não impede a realização de controle de constitucionalidade pelas comissões mistas que são encarregadas de apreciar todos os temas concernentes ao projeto, substituindo todas as comissões temáticas. Nesse sentido encontramos a Comissão Mista que aprecia os projetos concernentes à matéria orçamentária e a Comissão Mista que avalia o projeto de lei de conversão das medidas provisórias (encarregada de apreciar aspectos formais e materiais desses atos excepcionais editados pelo chefe do Executivo). Tendo em vista que a avaliação de aspectos formais e materiais do projeto de lei de conversão das medidas provisórias encontra expressa exigência na Constituição (art. 62, § 5º), em casos de extrema urgência na apreciação do projeto a apreciação por essa Comissão Mista pode ser dispensada, mas não a aferição da constitucionalidade do projeto, a qual será feita diretamente pelo Plenário das Casas do Congresso Nacional.[7]

5.6.2 Controle ordinário pelo Executivo: veto jurídico

Em consonância com a separação de Poderes, o Executivo interage com o Legislativo no processo de elaboração de leis, para o quê tem a prerrogativa de vetar projetos já aprovados pelos parlamentares. Nos termos do art. 66, § 1º, da CF de 1988, o Presidente da República deverá vetar o projeto que considerar inconstitucional (veto jurídico) ou contrário ao interesse público (veto político).

Desse modo, o fundamento do veto jurídico é o entendimento do chefe do Executivo no sentido da inconstitucionalidade do projeto que lhe é apresentado, configurando mecanismo de controle preventivo de constitucionalidade confiado ao Poder Executivo. Não desqualifica o controle a possibilidade de o veto ser derrubado pelo Legislativo, pois vimos que a definitividade no controle não é requisito para classificá-lo.

Note-se que o veto pela inconstitucionalidade do projeto poderá ser integral (atingindo todo o projeto de lei) ou parcial (aplicando-se ao todo da parte, ou seja, alcançado toda unidade de redação de um preceito normativo, tais como todo um artigo, ou todo um parágrafo, inciso, alínea, número ou outra unidade inteira).

Como o sistema jurídico brasileiro não admite o denominado veto de palavras isoladas, é possível que para vetar uma parte inconstitucional de determinado preceito normativo o chefe do Executivo seja forçado a também vetar partes do mesmo dispositivo que são constitucionais e até mesmo de interesse público. Esse desconfortável conflito poderá ser solucionado tanto com o veto parcial, acompanhado do envio de um novo projeto de lei da parte que não deveria ser vetada, quanto com a sanção do preceito (incluindo a parte inconstitucional) acompanhada da propositura de uma ação judicial para excluir a parte inconstitucional. Convém advertir que,

7. A Comissão Mista que aprecia o projeto de lei de conversão das medidas provisórias gera alguma divergência quanto à sua classificação, pois pode ser entendida como modalidade de controle repressivo (pois a medida provisóriajá foi editada) ou como modalidade de controle preventivo, pois o que efetivamente está sendo analisado é o projeto de lei de conversão. Acreditamos que se trata de controle preventivo, já que a edição da medida provisória produz efeitos imediatos para a sociedade, ao mesmo tempo em que instaura um processo legislativo especial e de urgência perante o Congresso Nacional, formalizado mediante projeto de lei de conversão – vale dizer, a Comissão Mista em questão aprecia o projeto de lei de conversão (incluindo propostas de emendas à medida provisória editada, apresentadas pelos parlamentares).

diferentemente do veto confiado ao Executivo, o Judiciário pode declarar a inconstitucionalidade de palavras e até mesmo de sentidos interpretativos aplicados a preceitos normativos (na declaração de inconstitucionalidade com ou sem redução do texto, respectivamente).

5.6.3 Controle extraordinário pelo Judiciário: vício material e formal no processo legislativo

Os projetos de emenda constitucional sujeitam-se ao controle de constitucionalidade ordinário realizado pela CCJ, mas não estão sujeitos a veto do chefe do Executivo. No caso de projetos de emenda constitucional o Judiciário realiza o controle de forma e de mérito em eventuais ações ajuizadas, pois o art. 60, § 4º, da CF de 1988 enfatiza que: "Não será objeto de deliberação a proposta de emenda" tendente a abolir as limitações materiais expressas ou implícitas, o que permite que sejam apreciados aspectos formais e materiais dessa proposta.

Porém, essa ação judicial somente pode ser proposta por parlamentar (acreditamos que o partido político também tem essa legitimação), porque o projeto constitui o objeto de trabalho dos parlamentares, justificando ações pelo mecanismo difuso, questionando vício de forma e mérito do processo de elaboração de emendas (devido processo legislativo). Note-se que os cidadãos não podem ajuizar essas ações combatendo projetos de emenda constitucional porque ainda não há ato normativo completo gerando efetiva ameaça de lesão a direito (art. 5º, XXXV, da CF).

Esse mesmo mecanismo pelo qual o Judiciário pode excepcionalmente realizar o controle difuso do vício de projetos de emenda também serve para o controle eventual de projeto de norma infraconstitucional elaborado no âmbito do Poder Legislativo. Todavia, no caso dos projetos de atos infraconstitucionais é certa a possibilidade de os mandados de segurança impetrados pelos parlamentares servirem para atacar vício formal dos projetos, mas há divergências quanto ao cabimento no que tange aos vícios materiais dos projetos de lei (mesmo porque o tema ainda está na alçada interna dos Poderes responsáveis pela produção do ato normativo).

Portanto, enquanto tramita o projeto de lei, o tema de mérito da proposta de ato normativo em princípio está submetido exclusivamente à legítima responsabilidade do Legislativo ou do Executivo (na fase de sanção ou veto), de maneira que a intempestiva atuação do Judiciário ofenderia a separação dos Poderes. No entanto, tratando-se de vício de forma que venha a atingir interesses legítimos de parlamentares, restringindo sua atuação no processo de elaboração de normas, é possível o acesso ao Judiciário, que então poderá realizar o controle formal do projeto de emenda ou lei. Nesse caso, a lesão ao devido processo não é ameaça remota, mas sim emergente ou já concretizada (pois o projeto está tramitando).

Realçamos que esse controle preventivo normalmente é feito mediante a impetração de mandado de segurança pelo parlamentar ou pelo diretório nacional contra ato coator da Mesa Diretora da Casa Legislativa – o que enseja a competência do STF. Todavia, embora seja incomum, nada impede o ajuizamento de ação ordinária ou meramente declaratória para combater essa mesma violação. No entanto, acreditamos ser inviável o ajuizamento de ação de controle concentrado, tendo em vista que a inexistência de lei ou ato normativo impede a propositura de ação direta de inconstitucionalidade/ADI ou de argüição de descumprimento de preceito fundamental/ADPF (embora exista ato do Poder Público lesivo à Constituição, mas sanável por outro meio eficaz). Obviamente, não caberá ajuizar ação direta de inconstitucionalidade por omissão, justamente porque há projeto de norma tramitando.

5.7 Controle repressivo na Constituição de 1988: Legislativo, Executivo e Judiciário

Se o controle preventivo de constitucionalidade é preponderantemente realizado pelo Legislativo e pelo Executivo, certamente o controle repressivo é feito freqüentemente pelo Judiciário, especificamente pelos mecanismos difuso e concentrado, aos quais nos dedicaremos detidamente. Mas é interessante notar que o Legislativo e o Executivo detêm instrumentos variados de controle repressivo de constitucionalidade de atos jurídicos, ilustrando a natureza mista do sistema brasileiro adotado pela ordem constitucional de 1988.

5.7.1 Controle repressivo pelo Legislativo: art. 49, V, e art. 52, X, da CF e Tribunal de Contas

Após editado o ato jurídico subordinado à Constituição, acreditamos que o Poder Legislativo tem pelo menos três possibilidades de realizar controle de constitucionalidade – quais sejam: pelo Congresso Nacional, nos moldes do art. 49, V, da CF de 1988; pelo Senado Federal, por força do art. 52, X, do mesmo ordenamento; e ainda pelo Tribunal de Contas, na forma da Súmula 347 do STF.

5.7.1.1 *Congresso Nacional: decreto legislativo de contenção dos atos normativos do Executivo*

Servindo como instrumento de controle do Poder Executivo pelo Legislativo, o art. 49, V, da CF de 1988 confiou exclusivamente ao Congresso Nacional a prerrogativa de editar decreto legislativo pelo qual pode sustar os atos normativos do Executivo que exorbitem do poder regulamentar ou dos limites de delegação legislativa.[8]

Portanto, a competência para esse controle de constitucionalidade é do Congresso Nacional (Câmara e Senado, juntos), cujo instrumento empregado é o decreto legislativo (já que se trata de matéria do art. 49 da CF). Podem ser controlados por esse mecanismo os atos normativos do Poder Executivo pertinentes ao poder regulamentar (regulamentos de execução, delegados, independentes e autônomos, tanto editados pela Administração Central quanto pela Administração descentralizada) ou aos limites de delegação legislativa (vale dizer, leis delegadas de que trata o art. 68 da CF), mas não as medidas provisórias, cujo controle é feito no curso do processo legislativo especial de conversão de que trata o art. 62 do ordenamento constitucional (ou seja, nesse caso o controle de constitucionalidade caberá à Comissão Mista que apreciará o projeto de lei de conversão).[9]

Trata-se de um dever do Congresso Nacional processar o controle jurídico dos atos do Executivo, que poderia ser intensificado com a criação de comissões regimentais. Conforme expresso no art. 49 da CF, a competência do Congresso Nacional é apenas para sustar os atos normativos do Poder Executivo que "exorbitem" seus "limites", vale dizer, apenas a parte excedente – motivo pelo qual acreditamos que, em condições normais, o Congresso não pode dispor sobre a parte do ato normativo controlado que estiver dentro dos limites do poder regulamentar e da delegação legislativa. Sustar integralmente os atos normativos (mesmo na parte que observa os

8. Nem sempre esse controle foi exercido pelo Congresso Nacional, pois na vigência da Constituição de 1934 o art. 91, II a IV, estabelecia competência do Senado para suspender a execução dos regulamentos ilegais, propor a revogação de atos administrativos ilegais ou abusivos e suspender a execução de regulamentos declarados inconstitucionais pelo Judiciário.

9. O art. 49, V, da CF permite o controle dos regulamentos de execução e delegados e também dos regulamentos autônomos, primeiro porque a Constituição de 1988 não restringiu apenas as modalidades controladas, segundo porque a separação dos Poderes favorece a partilha e o controle das funções entre os Poderes e terceiro porque se trata de controle jurídico, e não político. É também possível (e ao mesmo tempo curiosa) a realização desse controle em relação ao regulamento independente, pois o Congresso estaria fazendo a análise de ato do Executivo editado justamente em matéria que caracteriza omissão da lei.

limites) não só é improdutivo, mas também ofende a separação dos Poderes.[10] Acreditamos que "sustar" significa "invalidar", já que há vício jurídico em razão do excesso dos atos normativos do Poder Executivo, motivo pelo qual os atos eventualmente praticados com base na parte da norma sustada devem ser desconstituídos.

Mas o grande desafio desse preceito é efetivamente caracterizá-lo como controle de constitucionalidade. Sendo mais claro, em condições normais, os regulamentos são editados em face de leis, daí por que a inobservância de limites importaria exorbitar primeiro as barreiras da lei, configurando ilegalidade. O mesmo ocorre com as leis delegadas, pois sua edição é feita dentro de limites estabelecidos em resolução do Congresso Nacional, conforme o art. 68 da CF, razão pela qual o excesso no exercício da função delegada atingiria primeiro essa resolução legislativa. Tanto no caso do poder regulamentar quanto no da lei delegada haveria ilegalidade, de modo que a inconstitucionalidade seria alcançada apenas de modo indireto ou reflexo (o que não enseja a classificação como modalidade de controle de constitucionalidade).

Em nosso entendimento, essa previsão do art. 49, V, da CF permite o controle tanto da legalidade quanto da constitucionalidade. Obviamente, havendo lei a ser regulamentada (daí, estaremos cuidando de regulamentos de execução e de regulamentos delegados) e resolução autorizando a edição de lei delegada, a eventual inobservância de limites configurará ilegalidade. Porém, haverá violação direta à Constituição – vale dizer, inconstitucionalidade – se a lei ou a resolução não tiverem sido editadas, situação na qual os regulamentos de execução e os delegados bem como as leis delegadas não podem ser expedidos. Também haverá inconstitucionalidade no caso de regulamentes autônomos (cabíveis em matéria de reserva exclusiva do regulamento) e independentes (editados na ausência de lei, tratando-se de preceitos constitucionais de eficácia plena e de eficácia contida), permitindo a ação do Congresso Nacional para controle dos atos do Poder Executivo.

Note-se que a previsão do art. 49, V, da CF decorre da separação de Poderes, representando instrumento pelo qual o Legislativo controla os atos normativos do Poder Executivo – o que justifica a máxima efetividade desse preceito para alcançar o controle dos regulamentos de entes descentralizados e até mesmo dos regulamentos autônomos (que são definidos por matérias exclusivamente confiadas ao Executivo, mas não excluídas do controle pelos demais Poderes).

10. O STF impõe o respeito a eventual discricionariedade deixada pela Constituição ou pela lei ao titular da função regulamentar, como se constata na ADI/MC 748-RS, Pleno, rel. Min. Celso de Mello, *RTJ* 143/510.

5.7.1.2 *Senado Federal: resolução para a defesa dos hipossuficientes*

Quando o STF declara a inconstitucionalidade de ato normativo em julgamento definitivo, realizado por mecanismo difuso de controle de constitucionalidade (normalmente mediante recurso extraordinário), os efeitos da coisa julgada alcançam apenas as partes que compuseram a relação jurídica processual, bastando que seja dado cumprimento à coisa julgada na forma processual cabível. Porém, reconhecendo que em muitos casos os lesados pelo preceito inconstitucional são hipossuficientes (especialmente em temas técnicos e complexos), o constituinte fixou mecanismo pelo qual o Senado Federal pode determinar que a norma lesiva à Constituição deixe de produzir efeitos em relação a todos os lesados. Para tanto, ao julgar definitivamente a inconstitucionalidade de ato normativo (não em casos de apreciação liminar), o STF informa o Senado Federal para os fins previstos no art. 52, X, da CF – providência tomada apenas nos casos de controle difuso de constitucionalidade (já que as ações de controle concentrado produzem eficácia *erga omnes* sem a necessidade de manifestação do Senado).

Assim, o art. 52, X, da CF confia ao Senado atribuição para realizar o controle de constitucionalidade de ato normativo já publicado (daí por que se trata de controle repressivo), o que fará com a edição de resolução, porém condicionada à prévia declaração de inconstitucionalidade pelo STF, que dá a extensão do que pode ser feito pelo Legislativo (vale dizer, se o STF afirmar a inconstitucionalidade de todo ato normativo o Senado não poderá suspender a execução de parte da norma inválida, da mesma maneira que não será possível suspender a execução de tema declarado constitucional ou não apreciado pelo Supremo).

Note-se que não é a decisão incidental do STF que estará sendo estendida para todos (ganhando efeitos *erga omnes*), mas, sim, a resolução do Senado que suspenderá a execução do ato normativo declarado inconstitucional. E o Senado Federal está habilitado a suspender a execução de qualquer ato normativo (leis, decretos etc.) declarado inconstitucional pelo STF em face da Constituição Federal, seja o ato normativo da União, dos Estados-membros, do Distrito Federal ou dos Municípios – o que dá a grande abrangência dessa competência confiada ao Senado.

Mas há duas grandes polêmicas pertinentes a essa competência do Senado, a primeira relacionada à obrigatoriedade de edição da resolução para a suspensão de eficácia do ato inconstitucional e a segunda relativa aos efeitos dessa resolução.

No que à primeira polêmica, a posição dominante na doutrina e na jurisprudência é no sentido da facultatividade de o Senado editar a resolução que suspenderá a eficácia de norma declarada inconstitucional por decisão definitiva do STF, pois estaria no âmbito discricionário do Senado o exercício dessa competência que lhe foi confiada pelo constituinte (tanto que sequer cabe mandado de injunção ou inconstitucionalidade por omissão nesses casos).[11] Em nosso entendimento (reconhecidamente minoritário), acreditamos que o Senado está vinculado à edição dessa resolução, pois, se há ato normativo inconstitucional produzindo efeitos, pressupõe-se que esse ato está violando direitos e prerrogativas abrigadas pelo ordenamento, razão pela qual é inadmissível pensar que o constituinte tenha confiado discricionariedade aos senadores para escolher se paralisam, ou não, a violação aos direitos e prerrogativas dos hipossuficientes e à própria Constituição. Admitir discricionariedade do Senado nesse caso não só viola os fundamentos do Estado Democrático de Direito (propriamente a cidadania), mas também importa reconhecer discricionariedade na declaração de inconstitucionalidade (nos moldes do controle político de conteúdo) e torna o entendimento jurídico do Senado (acerca da conveniência e oportunidade da edição dessa resolução) superior à afirmação jurídica feita pelo STF na declaração de inconstitucionalidade do ato normativo em questão. Ademais, se o Senado editasse regularmente tal resolução, seria minimizada a necessidade da súmula vinculante do egrégio STF.

Coerente com a solução dada à primeira polêmica, aqueles que entendem pela discricionariedade na edição da resolução pelo Senado vão afirmar que sua publicação provoca eficácia apenas para o futuro (*ex nunc*), tendo como reforço o argumento da própria expressão "suspender a execução", empregada pelo art. 52, X, da CF. No entanto, pelas mesmas razões que se voltam à proteção do hipossuficiente, filiamo-nos à corrente minoritária, que entende pelo efeito retroativo da resolução do Senado (*ex tunc*), pois, se a norma já vinha produzindo efeitos em desfavor a direitos e prerrogativas abrigados pela Constituição, o sentido lógico nos obriga a reparar as lesões desde seu surgimento (respeitadas as regras de prescrição e decadência). Ademais, em condições normais a decisão definitiva do STF (que serve de paradigma para a edição da resolução do Senado) tem efeito *ex tunc*.

Reforçando nossa posição quanto ao efeito *ex tunc* da resolução do Senado, observamos que o Decreto 2.346/1997 prevê, em seu art. 1º, que as decisões do egrégio STF que fixem, de forma inequívoca e definitiva, interpretação do texto constitucional deverão ser uniformemente observadas pela Administração Pública Federal direta e indireta, obedecidos os procedimentos estabelecidos nesse decreto. Transitada em julgado decisão do egrégio

11. Sobre a discricionariedade em editar essa resolução, não cabendo sequer mandado de injunção para forçá-la, cf. o MI 460-9-RJ, rel.Min. Celso de Mello.

STF que declare a inconstitucionalidade de lei ou ato normativo, em ação direta, a decisão, dotada de eficácia *ex tunc*, produzirá efeitos desde a entrada em vigor da norma declarada inconstitucional, salvo se o ato praticado com base na lei ou ato normativo inconstitucional não mais for suscetível de revisão administrativa ou judicial. O art. 1º, § 2º, desse decreto estabelece que o efeito *ex tunc* se aplica, igualmente, à lei ou ao ato normativo que tenha sua inconstitucionalidade proferida, incidentalmente, pelo egrégio STF, após a suspensão de sua execução pelo Senado Federal.

Enfim, se a resolução do Senado não foi editada, ou se foi editada apenas com efeito *ex nunc*, os hipossuficientes estão sendo lesados de forma total ou parcial, sendo que os poucos que vierem se socorrer do Judiciário poderão levar suas lides repetitivas (mas não menos trabalhosas) até o STF, para – aí, sim – verem reconhecida a inconstitucionalidade do ato normativo combatido, com efeito *ex tunc*.

Há corrente minoritária no sentido de considerar que essa resolução do Senado tem apenas efeito declaratório, de modo que bastaria a publicação do acórdão para que a decisão do egrégio STF alcançasse transcendência para outros casos (ainda que em controle difuso e sem súmula vinculante) – tema de que trataremos mais adiante.

5.7.1.3 *Tribunal de Contas e controle interno: controle de atos administrativos e atos normativos*

A inclusão do Tribunal de Contas em um dos três Poderes clássicos é tarefa ainda hoje cercada de polêmica, mas seguimos a orientação tradicional, que o insere formalmente no Poder Legislativo (que auxilia no controle externo das contas públicas). Todavia, lembramos que o mais importante não é a classificação do ente estatal (exigência formal decorrente do fato de o art. 2º da CF de 1988 ter previsto apenas três Poderes), mas sim o fato de o Tribunal de Contas ser dotado de autonomia funcional.

Superado esse aspecto, e visto como integrante do Legislativo, o Tribunal de Contas realiza controle repressivo de constitucionalidade, seja de atos administrativos, seja de atos normativos. No que concerne a atos administrativos o Tribunal de Contas tem competência para fazer minucioso controle do emprego do dinheiro público, tarefa que exerce à luz de princípios constitucionais específicos, previstos no art. 70 da CF, realizando a fiscalização contábil, financeira, orçamentária, operacional e patrimonial da União e das entidades da Administração direta e indireta quanto à legalidade, legitimidade, economicidade, aplicação das subvenções e renúncia de receitas. Essa mesma verificação deverá ser feita pelo sistema de controle interno de cada um dos Poderes, que também realizarão controle de constitucionalidade de atos administrativos.

Porém, o Tribunal de Contas também poderá realizar o controle de constitucionalidade de leis, nos termos da Súmula 347 do STF, segundo a qual "o Tribunal de Contas, no exercício de suas atribuições, pode apreciar a constitucionalidade das leis e dos atos do Poder Público", quando será possível negar incidentalmente a aplicação do dispositivo normativo por violação de preceito constitucional. Nos termos da Súmula 347 do STF, o Tribunal de Contas, no exercício de suas atribuições, pode apreciar a constitucionalidade de leis e dos demais atos do Poder Público, desde que relacionados com os princípios pertinentes aos gastos públicos e à aplicação de verbas pelos Poderes estatais ou por qualquer pessoa física ou jurídica do setor privado. Esse controle pelo Tribunal de Contas somente pode ser feito incidentalmente, restringindo-se às providências necessárias aos temas levados à sua apreciação institucional.

5.7.2 *Controle repressivo pelo Executivo: determinação expressa e processo administrativo*

A Administração Pública não só tem o direito mas o dever de expurgar normas ilícitas do ordenamento, seja aquelas que ela própria produz, seja aquelas elaborada pelo Legislativo (situação na qual devem ser tomadas as providências pertinentes para a eliminação da norma inválida do sistema normativo). Esse dever do Poder Público assenta-se na obrigatoriedade de cumprimento da ordem constitucional e legal, aspecto que dá sustentação à presunção de legalidade e legitimidade de seus atos (ainda que relativa). Portanto, em face de ato normativo contrário ao ordenamento constitucional surge o dever de a autoridade competente anular a regra produzida, e não meramente revogá-la (providência compatível com juízo político).

5.7.2.1 *Determinação expressa do chefe do Executivo, do chefe do Ministério Público e do superior hierárquico: autotutela, hierarquia e princípios da Administração Pública*

O Executivo deve sempre rever os atos inválidos por ele editados, sejam eles administrativos-normativos (regulamentos, portarias etc.) ou administrativos (de efeito concreto), providência que lhe compete em razão da autotutela e em todos os princípios que orientam a lisura das ações do Poder Público. O Executivo deve combater até mesmo o ato legislativo que considerar inconstitucional, pois, antes de se pautar pela legalidade (princípio norteador das ações estatais), a Administração Pública deve se orientar pelo ordenamento constitucional.

Porém, mesmo admitindo que o Executivo deva promover o controle de constitucionalidade de atos normativos e atos administrativos, a questão ganha complexidade ao necessariamente pensarmos no princípio hierárquico que norteia o funcionamento da Administração Pública, segundo o qual o superior na hierarquia tem poderes de coordenação e de subordinação (incluindo o poder disciplinar) em relação à área que comanda. Excluídos os raros casos de inconstitucionalidade manifesta, não é possível que agente público subordinado deixe de cumprir determinação de seu superior hierárquico. Por exemplo, como o agente tributário poderá deixar de cumprir uma instrução normativa do Secretário da Receita Federal, ainda mais tendo em vista o art. 142, parágrafo único, do CTN (segundo o qual o lançamento tributário é vinculado, "sob pena de responsabilidade funcional")?[12] Portanto, é necessário estabelecer em quais situações a Administração Pública poderá realizar o controle de constitucionalidade, e especialmente qual a autoridade competente para assim proceder.

5.7.2.1.1 Atos legislativos e demais atos normativos e administrativos: chefe do Executivo, direção superior da Administração Pública e chefe do Ministério Público – Nos termos do art. 84, II, da CF, o Presidente da República exerce a direção superior da Administração Pública Federal (regra que se estende simetricamente para os âmbitos estadual, distrital e municipal), o que permite a ele realizar o controle de constitucionalidade em relação a todos os atos administrativos-normativos e atos administrativos produzidos no âmbito do Executivo Federal. Tratando-se de controle de constitucionalidade atinente a atos normativos não é necessário observar contraditório e ampla defesa, medida exigida apenas para a alteração de atos de efeito concreto se implicarem restrição a direitos de particulares. Assim, por ordem expressa do chefe do Executivo (preferencialmente escrita), na qual deve ser indicada a fundamentação de sua decisão, é possível o controle de constitucionalidade de atos administrativos-normativos e atos administrativos, desonerando toda a Administração Pública do seu cumprimento.

Pelas mesmas razões, e também de modo expresso e fundamentado, o chefe do Executivo (nunca uma autoridade a ele subordinada) poderá determinar que a Administração Pública deixe de cumprir ato legislativo que entende inconstitucional. Porém, nesse caso o conflito entre a vontade do

12. Se o agente fiscal indevidamente deixar de lançar o tributo, ficará exposto a sanções administrativas e penais (prevaricação, corrupção ou concussão) e a improbidade administrativa.

Congresso Nacional e a do Executivo exige o ajuizamento de ação judicial para a solução da divergência, tendo em vista que o Judiciário é o Poder instituído com a atribuição natural para essa tarefa (providência imprescindível, até porque o chefe do Executivo está obrigado ao cumprimento da Constituição e das leis do país, sob pena de crime de responsabilidade – o que enseja a busca pelos meios institucionais de solução de conflitos, ao invés de simplesmente ignorar a existência de preceitos normativos).

Em princípio as mesmas atribuições administrativas conferidas ao Presidente da República também são asseguradas ao chefe do Ministério Público (da União, dos Estados e dos Tribunais de Contas), tendo em vista a independência funcional dessa Instituição, embora formalmente inserida no Poder Executivo, por exigência da previsão de apenas três Poderes públicos (prevista no art. 2º da CF de 1988). Estamos, aqui, tratando das matérias funcionais do Ministério Público, e não de matérias confiadas ao chefe do Executivo.[13]

5.7.2.1.2 Atos normativos-administrativos e atos administrativos – O que dissemos acima sobre o chefe do Executivo é aplicável ao controle de constitucionalidade de atos administrativos-normativos e atos administrativos, observada a estrutura hierárquica do Executivo. Assim, o controle poderá ser feito pela mesma autoridade que editou o ato ou, ainda, por seu superior hierárquico, observados os critérios de competência fixados pela Constituição e pelas leis.

5.7.2.2 *Temas consolidados no Judiciário: determinação e delegações*

As ordens expressas do Executivo para que a Administração Pública deixe de cumprir atos normativos entendidos como inconstitucionais podem ser raras enquanto o Judiciário não se posiciona sobre as questões controvertidas, mas são bastante freqüentes em casos nos quais a jurisprudência fica consolidada, sem que seja editada a resolução do Senado de que trata o art. 52, X, da CF.

Principalmente em matéria tributária, as denominadas "lides de massa" (especialmente aquelas cujos fatos geradores periodicamente repetem a divergência, denominadas por "situações de trato sucessivo") geram expres-

13. Por exemplo, o Presidente da República poderá anular ato regulamentar produzido pelo Procurador-Geral da República quando se tratar de competência delegada na forma do art. 84, parágrafo único, da CF, mas não quando se relacionar com matéria *interna corporis* do Ministério Público da União, cuja prerrogativa de organização é do chefe dessa Instituição dotada de autonomia funcional.

sivo volume de trabalho para o Judiciário e também para o Executivo, que sistematicamente é chamado a se defender em ações judiciais muitas vezes cuidando de assuntos já decididos desfavoravelmente ao Fisco. Os custos da defesa inglória do Erário multiplicam-se se considerada a sucumbência aplicada em grande parte das ações judiciais, o que tem feito o Executivo determinar à Administração Pública o descumprimento do preceito legal tido por inconstitucional pelo STF.

É verdade que por vezes o Executivo edita medidas provisórias para ordenar que a Administração não mais cumpra a regra legal inconstitucional, mas também há casos nos quais o próprio chefe do Executivo ordena diretamente tal providência ou confia a autoridades subordinadas essa tarefa. Nos termos do art. 2º do Decreto 2.346/1997, firmada jurisprudência pelos Tribunais Superiores, a Advocacia-Geral da União expedirá súmula a respeito da matéria, cujo enunciado deve ser publicado no *Diário Oficial da União*, em conformidade com o disposto no art. 43 da Lei Complementar 73/1993, que servirá para dispensar a propositura de ações ou a interposição de recursos judiciais. Esse mesmo Decreto 2.346/1997 prevê, em seu art. 4º, que o Secretário da Receita Federal e o Procurador-Geral da Fazenda Nacional, relativamente aos créditos tributários, ficam autorizados a determinar, no âmbito de suas competências e com base em decisão definitiva do STF que declare a inconstitucionalidade de lei, tratado ou ato normativo, que não sejam constituídos ou que sejam retificados ou cancelados; não sejam efetivadas inscrições de débitos em dívida ativa da União; sejam revistos os valores já inscritos, para retificação ou cancelamento da respectiva inscrição; sejam formuladas desistências de ações de execução fiscal. O Presidente da República, mediante proposta de ministro de Estado, dirigente de órgão integrante da Presidência da República ou do Advogado-Geral da União, poderá autorizar a extensão dos efeitos jurídicos de decisão proferida em caso concreto.

No mesmo sentido, o Decreto 2.194/1997 dispõe sobre adoção de providências a fim de que órgãos do Ministério da Fazenda se abstenham de cobrar créditos tributários baseados em lei, tratado ou ato normativo federal declarado inconstitucional por decisão definitiva do STF.

5.7.2.3 *Processo administrativo: atos normativos e atos administrativos*

Afinal, o Poder Executivo também pode realizar o controle de constitucionalidade de atos normativos e de atos administrativos nos processos administrativos, especialmente perante os denominados tribunais administrativos, cuja formação normalmente paritária (com membros oriundos da iniciativa privada e também do serviço público) dá maior liberdade e desvinculação da estrutura hierárquica do Executivo (particularmente do poder disciplinar).

Esses tribunais administrativos normalmente reconhecem a inconstitucionalidade de normas jurídicas apenas em situações nas quais o Judiciário já pacificou a questão, com resultados apenas entre as partes (vale dizer, sem eficácia *erga omnes*), sem que o Senado tenha promovido a suspensão da execução, confiada ao seu juízo discricionário (na forma prevista no art. 52, X, da CF). Nesse sentido os mencionados Decretos 2.346/1997 e 2.194/1997, do Presidente da República.

Todavia, há precedentes nos quais esses tribunais administrativos paritários declaram a inconstitucionalidade de normas jurídicas ainda que sem precedentes do Judiciário, embora tal comportamento dos julgadores administrativos possa gerar desconforto se os membros servidores não forem protegidos com certas garantias assemelhadas às dos magistrados.

Vale lembrar que no âmbito do Ministério da Fazenda funcionam três tribunais administrativos tributários, denominados de Conselhos de Contribuintes, que realizam controle de constitucionalidade normalmente em casos já pacificados pelo Judiciário. Já a Lei 2.315/2001 do Estado de Mato Grosso do Sul, normatizando o processo tributário administrativo estadual, em seu art. 102 previu que o Tribunal Administrativo Tributário pode analisar a inconstitucionalidade ou ilegalidade de regulamentos ainda que o tema não esteja pacificado perante o Judiciário. Por fim, o Tribunal de Impostos e Taxas do Estado de São Paulo/TIT, por seu órgão plenário, firmou posição sobre a possibilidade de controlar a constitucionalidade de leis no Processo SF-2.713/1995.

5.7.2.4 *Decadência e prescrição*

Tratando-se de ato normativo, convém lembrar que não há prazo decadencial ou prescricional para que o Executivo faça o controle de constitucionalidade, razão pela qual o art. 54 da Lei 9.784/1998 atinge apenas os atos administrativos (de efeito concreto), sendo inaplicável tratando-se de preceitos normativos. Assim, as Súmulas 346 e 473, ambas do STF, são extensíveis aos atos normativos inconstitucionais, que devem ser extraídos do mundo jurídico.[14]

14. A Súmula 346 do STF prevê que “a administração pública pode declarar a nulidade de seus próprios atos”, enquanto a Súmula 473 do mesmo Tribunal estabelece que “a Administração pode anular seus próprios atos, quando eivados de vícios que os tornem ilegais, porque deles não se originam direitos, ou revogá-los, por motivo de con-

5.7.3 Controle repressivo pelo Judiciário: difuso e concentrado

O controle de constitucionalidade pelo Poder Judiciário pode ser feito basicamente de duas maneiras – quais sejam: o controle concentrado e o controle difuso.

5.7.3.1 *Características do controle difuso*

O controle difuso é feito em larga escala, sendo da tradição do sistema jurídico brasileiro desde a Constituição de 1891 (inclusive). Tem como sinônimos "controle por exceção", "indireto", "incidental", "em concreto", "por meio de defesa", "por meio de exceção", "aberto" e "modelo americano", dentre outros.

5.7.3.1.1 Feito por todo juiz: cláusula de reserva do pleno – Todo juiz pode fazer o controle difuso, mas há recurso para instâncias superiores. Contudo, nos tribunais a declaração de inconstitucionalidade está sujeita à cláusula de reserva do pleno (normalmente denominada "clausula de reserva do plenário"), prevista no art. 97 da CF, de maneira que somente poderá ser declarada pela maioria absoluta do tribunal (pleno) ou do órgão especial. Trata-se de competência material, motivo pelo qual importa nulidade da decisão, caso não observada. Mas essa cláusula de reserva do pleno somente é aplicada na declaração de inconstitucionalidade de atos normativos (excluídos os atos administrativos), daí por que câmaras e turmas (chamados de órgãos fracionários) podem declarar a constitucionalidade de atos normativos, ainda que mediante interpretação conforme a Constituição ou declaração de inconstitucionalidade sem redução de texto. Somente se houver anterior manifestação do STF ou do tribunal pleno ou órgão especial do tribunal de origem (*leading case*) as turmas ou câmaras podem declarar a inconstitucionalidade de atos normativos.

Acreditamos que a maioria absoluta dos membros do tribunal pleno ou do órgão especial deve ser extraída do dispositivo dos votos dos membros, mas há alguns entendimentos no sentido de que tal maioria absoluta deve ser obtida quanto aos fundamentos da decisão. Normalmente os tribunais consideram a maioria absoluta pelo dispositivo dos votos.

5.7.3.1.2 Qualquer matéria – Excluídos apenas os atos do constituinte originário, todas as matérias e espécies normativas potencialmente estão

veniência ou oportunidade, respeitados os direitos adquiridos e ressalvada, em todos os casos, a apreciação judicial". Entendemos que, a despeito de essas Súmulas empregarem verbos sugerindo faculdade ("pode"), trata-se de providência plenamente vinculada.

sujeitas ao controle difuso (quanto à forma e conteúdo, incluindo resoluções do Senado e da Câmara, ainda que nas regras gerais como a prevista no art. 47 da CF), mesmo as anteriores ao ordenamento constitucional vigente, pois nele é feito o controle para fins de efeitos concretos.

5.7.3.1.3 Todos os meios processuais – O controle difuso pode ser feito em praticamente todos os meios processuais (com exceção do recurso especial, por exemplo), embora existam veículos processuais que somente sirvam para esse fim (como recurso extraordinário, mandado de injunção e o incidente de inconstitucionalidade instaurado nos tribunais). Embora o mandado de segurança caiba em casos de ilegalidade ou de abuso de poder, a expressão "ilegalidade" deve ser compreendida em sentido amplo, de maneira que esse remédio (individual ou coletivo) assegura o controle de legalidade e também o controle de constitucionalidade.

O controle de constitucionalidade é possível até mesmo em ação civil pública ajuizada por membro do Ministério Público, ainda que proporcione efeitos *erga omnes*. Contudo, nesses casos o pedido formulado deve ser claramente para fins concretos, de maneira que a decisão pela inconstitucionalidade deve ser incidental, não podendo assumir contornos de decisão em abstrato, sob pena de usurpação da competência do egrégio STF para o controle concentrado.

5.7.3.1.4 Efeitos e modulações – Quanto ao tempo, os efeitos da decisão judicial são em regra *ex tunc* na decisão definitiva e *ex nunc* na decisão liminar (em razão de sua precariedade), embora seja possível fazer exceção com base em razoabilidade. Quanto ao sujeito, o efeito é *inter partes* (apenas aquelas que compuseram a relação jurídica processual, mesmo em casos de litisconsórcio), embora possa alcançar efeito coletivo em ações coletivas (propostas por sindicatos e associações, por exemplo) e até mesmo *erga omnes* (por exemplo, na ação civil pública ajuizada por membro do Ministério Público, sempre visando aos efeitos concretos da inconstitucionalidade).

Embora não exista legislação específica prevendo a modulação dos efeitos no caso de decisões em controle difuso, acreditamos que a razoabilidade e a proporcionalidade permitem que os efeitos quanto ao tempo ou até mesmo quanto ao alcance pessoal possam ser modificados em decisões proferidas pelo egrégio STF (por exemplo, fixando eficácia *ex nunc* na decisão definitiva pela inconstitucionalidade de ato normativo), sustentadas por relevante interesse público e social e pelos princípios orientadores do Estado Democrático de Direito.

5.7.3.1.5 Declaração incidental e a transcendência dos motivos determinantes – A apreciação da validade do ato normativo é incidental, pois na ação judicial busca-se um bem da vida em concreto, para o quê a declaração da inconstitucionalidade é um obstáculo para a satisfação do direito pugnado. Daí por que os efeitos da coisa julgada pertinente à inconstitucionalidade ficam restritos ao processo no qual é declarada (por exemplo, se Lei 100 é declarada inconstitucional para ação ajuizada pela Empresa "A" em face da União Federal para determinado caso "X", se ulteriormente surgir caso "Y", não compreendido no pedido formulado na ação já julgada, a Empresa "A" terá de ingressar com nova ação).

Contudo, há tendência no sentido da expansão dos efeitos das decisões dadas pelo egrégio STF em determinados casos, independentemente da edição de súmula vinculante ou da edição de resolução pelo Senado Federal. Denominada como "transcendência dos motivos determinantes", se o egrégio STF declarou a inconstitucionalidade da Lei 100 ao julgar o caso "X" na ação proposta pela Empresa "A", esses mesmos motivos justificam a extensão dessa decisão para a Empresa "A" (em eventual caso "Y") e para todas as demais pessoas que estivem sofrendo injustificadas violações em razão dessa Lei 100.

5.7.3.2 *Características do controle concentrado*

O controle concentrado de constitucionalidade surgiu inicialmente na Constituição de 1934 com a ação interventiva e ampliou-se pela Emenda 16/1965, com a criação da representação de inconstitucionalidade (hoje, ADI). A Constituição de 1988 trouxe ampliação nas modalidades de ação, nos seus efeitos e, especialmente, nos legitimados ativos, o que proporcionou larga utilização dos mecanismos de controle concentrado, desde então. Esse controle tem como sinônimos "controle abstrato", "em tese", "por ação" ou "por omissão", "fechado", "objetivo", "direto" e "modelo austríaco ou alemão", dentre outros.

5.7.3.2.1 Competência concentrada – Apenas o Pleno do STF e o Órgão Especial Tribunal de Justiça podem fazer controle concentrado (respectivamente em face da Constituição Federal e da Constituição Estadual ou da Lei Orgânica Distrital em temas estaduais). Da decisão definitiva no controle concentrado não cabe recurso (com exceção de embargos de declaração ou questão de ordem ou, ainda, recurso extraordinário na ação direta de inconstitucionalidade estadual proposta em face de norma da Constituição Estadual que repete obrigatoriamente a norma da Constituição

Federal). O julgamento é pela maioria absoluta dos membros, motivo pelo qual fala-se em cláusula de reserva do pleno (embora a competência para declarar a constitucionalidade ou inconstitucionalidade seja do pleno ou órgão especial).

5.7.3.2.2 Matérias específicas – As matéria cabíveis dependem da modalidade de controle. Em princípio todas as matérias podem ser objeto de controle (sempre que ocorrer violação direta à Constituição), mas o cabimento depende da via processual escolhida.

5.7.3.2.3 Medidas judiciais exclusivas – Há espécies específicas para discutir a constitucionalidade pela via concentrada, como as ações que buscam a inconstitucionalidade – vale dizer: ação interventiva (federal ou estadual), ação direta de inconstitucionalidade/ADI (federal ou estadual), ação direta de inconstitucionalidade por omissão (na Constituição Federal, apenas no âmbito federal, embora algumas Constituições Estaduais a prevejam, como a do Estado de São Paulo, e ainda a Lei federal 8.185/1991, para o Distrito Federal) e argüição de descumprimento de preceito fundamental/ADPF. Há ainda a ação declaratória de constitucionalidade/ADC ou ADeCon, que busca a validade da norma.

5.7.3.2.4 Efeitos e modulações – Os efeitos quanto ao tempo são em regra *ex tunc* na decisão definitiva e *ex nunc* na liminar. Quanto ao sujeito, a eficácia é *erga omnes* (pois atinge a todos) e vinculante (pois o Executivo e o Judiciário estão obrigados ao cumprimento, sob pena da reclamação de que trata o art. 102, I, "l", da CF, e também o Legislativo, quando atua administrativamente).

A Lei 9.868/1999 e a Lei 9.882/1999 prevêem casos de modulações dos efeitos das decisões do egrégio STF em casos de declaração de inconstitucionalidade de atos normativos por mecanismos de controle concentrado (que acreditamos serem aplicáveis até em casos de inconstitucionalidade por omissão). O STF pode modificar o efeito na declaração de inconstitucionalidade quanto ao tempo ou restringir os efeitos da decisão, por 2/3 dos membros em casos de relevante interesse, de maneira que, então, o efeito poderá ser *ex nunc* ou outro para o futuro, ou até mesmo restrito quanto à pessoa ou região, por exemplo.

5.7.3.2.5 Apreciação em tese – A apreciação é em tese, pois não há um bem da vida sendo buscado, mas a apenas a análise abstrata da validade da norma. Isso não converte o Judiciário em órgão de consulta, mas em guardião da constitucionalidade do sistema jurídico.

Por conta dessa análise abstrata, desprendida de circunstâncias litigiosas concretas, afirma-se que o egrégio STF não está preso à causa de pedir apresentada na ação de controle concentrado, podendo declarar a inconstitucionalidade por fundamento diverso (mesmo porque a inconstitucionalidade é nulidade absoluta, podendo ser conhecida de ofício, ao menos nesses mecanismos de controle abstrato). Também com esse motivo afirma-se que não há lide nas ações de controle concentrado, de maneira que não seria necessário assegurar contraditório e ampla defesa (exigidos para feitos litigiosos, conforme o art. 5º, LV, da CF), tal como ocorre no caso da ação declaratória de constitucionalidade, adiante analisada (muito embora na ação direta de inconstitucionalidade seja clara a exigência da defesa do ato normativo impugnado por parte do Advogado-Geral da União).

5.8 Controle quanto ao sujeito na Constituição de 1988

Após verificamos as modalidades de controle de constitucionalidade quanto ao tempo, admitidas pelo ordenamento de 1988, a apresentação dos mecanismos de controle quanto ao sujeito representa a mera reclassificação dos controles até aqui vistos.

Daí, sumariamente consolidado o que vimos, a razão pela qual o controle pelo Legislativo é feito pela Comissão de Constituição e Justiça, Comissão Mista de Apreciação das Medidas Provisórias, Comissão Mista das Matérias Orçamentárias, pelo decreto legislativo do Congresso Nacional de que trata o art. 49, V, da CF e pela resolução do Senado prevista no art. 52, X, do ordenamento constitucional de 1988.

Por sua vez, o Executivo realiza o controle de constitucionalidade pelo veto jurídico, pelas determinações expressas do chefe do Executivo e do Ministério, bem como das autoridades competentes (observado o nível hierárquico), bem como pelos julgamentos feitos no âmbito administrativo, tendo ou não a matéria sido pacificada no Judiciário.

Finalmente, o Judiciário realiza o controle pelos mecanismos difuso e concentrado, sendo, inclusive, possível a apreciação de projetos de atos legislativos ou de emenda (todavia, apenas em relação a vício pertinente ao devido processo de elaboração).

5.9 Controle concentrado de constitucionalidade

Resta, agora, a análise detida dos instrumentos de controle concentrado de constitucionalidade, especialmente em razão da valorização que lhe foi dada pelo ordenamento de 1988 e pela prática vivida nos últimos anos.

5.9.1 *Ação interventiva federal e estadual*

Para a proteção do sistema federativo, a Constituição prevê, em último caso, a medida extrema da intervenção, que poderá ser *federal* (União intervém nos Estados-membros, no Distrito Federal e nos Municípios localizados nos Territórios) ou *estadual* (Estado-membro intervém nos Municípios localizados em sua área). Não há que se falar em intervenção promovida pelo Distrito Federal, pois as denominadas cidades-satélites não tem *status* de Municípios, revelando-se como descentralizações administrativas.

Essas intervenções podem ser feitas espontaneamente pelo chefe do Executivo ou mediante provocação desse por solicitação ou requisição. A decretação será discricionária se espontânea ou provocada por solicitação, mas será vinculada em caso de requisição, porque essa cabe apenas ao Judiciário (tanto que nesses casos não há possibilidade de o Congresso Nacional controlar ou cessar a medida por sua vontade). Dentre as hipóteses de o Judiciário ordenar ao chefe do Executivo que faça a intervenção está a *ação interventiva.*

5.9.1.1 *Competência, objetivo e objeto*

Nas ações interventivas somente o Pleno do STF ou o Órgão Especial ou Pleno do Tribunal de Justiça podem determinar ao chefe do Executivo (respectivamente Federal ou Estadual) que promova, obrigatoriamente, a intervenção. Assim, o objetivo imediato é o reconhecimento judicial da violação do bem jurídico tutelado por essas ações, para que seja expedida ordem para o chefe do Executivo competente, buscando o objetivo mediato – qual seja, a intervenção da União nos Estados-membros, no Distrito Federal e nos Municípios localizados nos Territórios, e a dos Estados-membros nos Municípios localizados em sua área.

O objeto da ação interventiva federal é a violação dos princípios constitucionais sensíveis previstos no art. 34, VII, da CF, ao passo em que o objeto da ação interventiva estadual deverá constar simetricamente das Constituições Estaduais.

5.9.1.2 *Legitimação ativa e legitimação passiva*

A ação interventiva federal pode ser proposta apenas pelo Procurador-Geral da República, ao passo que a ação interventiva estadual será ajuizada apenas pelo Procurador-Geral de Justiça do Estado-membro. No pólo passivo dessas ações deverá constar o Poder da unidade federativa que viola o bem jurídico tutelado, representado por suas Procuradorias.

5.9.1.3 *Liminar, processamento e julgamento*

Em condições normais não será concedida liminar nessas ações, embora seja eventualmente possível. O processamento dá-se com a propositura da ação, oitiva do Poder que consta do pólo passivo e, ainda, com produção de provas, caso necessárias.

Quanto às medidas que podem ser tomadas o constituinte preferiu silenciar, deixando a critério do chefe do Executivo a providência que for necessária. Em condições normais, será editado decreto suspendendo o ato impugnado na ação interventiva; mas, se essa providência não bastar para restaurar a normalidade, outras medidas podem ser ordenadas (como a nomeação de interventor, por exemplo). Vale ainda lembrar a existência de outra modalidade de ação interventiva federal, essa questionando o descumprimento de lei federal, também proposta pelo Procurador-Geral da República no STF.

5.9.2 Ação direta de inconstitucionalidade federal/ADIn ou ADI federal genérica

Criada inicialmente pela Emenda 16/1965 com o nome de "representação de inconstitucionalidade", a ação direta de inconstitucionalidade federal é o mecanismo mais usado de controle concentrado de constitucionalidade e servirá de parâmetro básico de nossos estudos (já que suas regras geralmente se refletem nas demais ações).

5.9.2.1 *Competência, objetivo e objeto*

A competência para processar e julgar a ação direta de inconstitucionalidade federal é do Pleno do STF, ao passo que seu objetivo é a declaração de inconstitucionalidade de ato normativo, para a preservação da supremacia da Constituição.

O constituinte empregou a expressão "lei ou ato normativo", mas seria melhor dizer apenas "ato normativo" (gênero do qual leis são espécies). Os atos normativos são preceitos abstratos (cuidam de situações hipotéticas), impessoais (valem para todos), genéricos (cuidam de todos os temas, embora admitamos que essa expressão é usada ora no sentido de abstração, ora no sentido de impessoalidade), imperativos (determinam ações ou omissões, sob pena de sanção estatal) e inovadores (todo ato inova, sendo que a diferença está no limite que cada um tem para inovar, valendo lembrar que o único ato que inova sem limites é do constituinte originário). O poder originário não está sujeito ao controle de constitucionalidade, porque ele é ilimitado, além do quê o entendimento dominante é no sentido de o egrégio STF não decretar a inconstitucionalidade de ato normativo que o cria. Os demais atos normativos estão sujeitos ao controle de constitucionalidade (portarias ministeriais, emenda constitucional etc.).

A partir desse conceito de ato normativo, solucionamos vários problemas concretos. Por exemplo, atos administrativos sem conteúdo normativo não estão sujeitos ao controle de constitucionalidade por ação direta de inconstitucionalidade, pois não são abstratos (mas, sim, atos de efeito concreto). Edital de licitação é ato administrativo (não normativo), pois não é abstrato, já que serve só para o fim específico da licitação que propõe, o mesmo ocorrendo com decretos que fazem desapropriações. As súmulas convencionais também não são atos normativos, pois lhes falta a imperatividade, salvo as súmulas vinculantes (que têm imperatividade, devendo ser consideradas atos normativos, todavia sem a possibilidade de servirem de controle de constitucionalidade ante a presunção absoluta de seu conteúdo, quando muito podendo ser revistas pelo STF). Afinal, em condições normais, lei orçamentária é apenas lei em sentido formal, mas não material (não tem abstração e impessoalidade, pois prevê gastos específicos), embora eventualmente possa trazer normas impessoais e abstratas.

Para cabimento da ação direta de inconstitucionalidade federal é necessário demonstrar, cumulativamente, a violação direta à Constituição Federal, que a norma combatida foi produzida após a promulgação da Constituição Federal de 1988 (ou seja, não há ação direta de inconstitucionalidade em relação a norma anterior ao ordenamento constitucional de 1988) e que a lei ou ato normativo ainda está vigendo (se a lei ou ato normativo já foi revogado ou exaurido – como os atos transitórios –, não necessita da análise em tese, pois lhe restam somente os efeitos concretos do ato). Os comandos constitucionais que servem como parâmetro para o controle de constitucionalidade são apenas os da Constituição Federal de 1988 (originário, emendas e tratado internacional sobre direitos humanos, expressos ou implícitos, do corpo permanente ou transitório), mas devem estar vigendo (não podem ter sido revogados ou exauridos pelo decurso de suas transitoriedades). Assim, é possível propor ação direta de inconstitucionalidade tendo como parâmetro um artigo do "Ato das Disposições Constitucionais Transitórias" se esse ainda produz efeitos, mas se esse artigo se exaurir após a propositura da ação direta de inconstitucionalidade perde sentido a continuidade da ação, havendo carência de ação superveniente (nesse caso, só caberá o controle difuso para os efeitos concretos).

O objeto da ação direta de inconstitucionalidade federal é a lei ou ato normativo federal, estadual ou distrital nos temas estaduais. Estas normas são confrontadas com a Constituição Federal de 1988. Lei municipal não está sujeita a controle por ação direta de inconstitucionalidade federal (no silêncio eloqüente, entende-se vedado o cabimento).

5.9.2.2 *Legitimados da ação direta de inconstitucionalidade*

Embora a doutrina e a jurisprudência afirmem inexistir lide no controle concentrado de constitucionalidade (por ser controle em tese ou em abstrato), os legitimados na ação direta de inconstitucionalidade podem ser divididos em ativos e passivos.

5.9.2.2.1 Legitimados ativos: universais e restritos – O rol dos legitimados ativos da ação direta de inconstitucionalidade está previsto no art. 103 da CF, sendo o mesmo para todas as demais ações de controle concentrado de competência do STF (com exceção da ação interventiva, de atribuição apenas do Procurador-Geral da República). Esse rol de legitimados pode ser dividido em dois grupos: os legitimados universais e os legitimados restritos.

Os *legitimados universais*, também chamados de *neutros*, podem propor ação direta de inconstitucionalidade sobre quaisquer assuntos, por representam toda a coletividade, sem se prender a um interesse específico (não precisam provar pertinência temática). São eles, individualmente ou em litisconsórcio: Presidente da República, Procurador-Geral da República, Mesa da Câmara Federal, Mesa do Senado Federal, Conselho Federal da OAB (função essencial da Justiça) e partido político com representação no Congresso Nacional (diretório nacional, bastando um único representante na Câmara ou Senado ao tempo do ajuizamento da ação, que terá prosseguimento caso o partido fique sem parlamentar, em razão do interesse público).

Já os *legitimados restritos* ou *interessados* precisam provar pertinência temática (relação entre o tema da ação direta de inconstitucionalidade e sua função institucional, embora esse interesse não precise ser exclusivo do legitimado da ação direta de inconstitucionalidade). São eles, individualmente ou em litisconsórcio: governador de Estado ou do Distrito Federal, Mesa da Assembléia Estadual ou da Câmara Legislativa Distrital, confederação sindical (que tenha pelo menos três Federações vinculadas) ou entidade de classe de âmbito nacional. Por “entidade de classe” entende-se pessoa jurídica vinculada a profissão (mesmo que não regulamentada, sendo que “cidadão” ou “estudante” não constituem profissões), podendo ser associação de associações (mas não sindicatos ou centrais sindicais, que estão relacionadas às confederações), e entendendo-se por "âmbito nacional" a representação em pelo menos nove Estados da Federação (conceito extraído das regras constitucionais e legais partidárias, já que os partidos também devem ter âmbito nacional).

5.9.2.2.2 Legitimados passivos – No pólo passivo da ação direta de inconstitucionalidade estará o ente estatal federal, estadual ou distrital, do Executivo, do Legislativo ou do Judiciário, que tenha produzido o ato normativo atacado. Sendo lei, deverão figurar na ação tanto a Casa Legislativa responsável quanto o Executivo que sancionou o projeto. Nesse caso as autoridades públicas prestam informações acerca do ato normativo produzido, aduzindo os motivos que levaram a considerar a constitucionalidade do ato combatido na ação direta de inconstitucionalidade.

Em qualquer circunstância, por força do art. 103, § 3º, da CF, quando o STF apreciar a inconstitucionalidade, em tese, de norma legal ou ato normativo, o Advogado-Geral da União/AGU deverá ser citado para defender o ato ou texto impugnado. Em condições normais essa defesa é obrigatória ou vinculada por dever funcional, mas o AGU estará dispensado de fazer a defesa do ato combatido se houver robusta jurisprudência do STF indicando sua inconstitucionalidade.

O AGU fará a defesa independentemente de o ato normativo combatido ser federal, estadual ou distrital, de quaisquer dos Poderes, já que a Constituição não fez ressalvas. Essa situação causa paradoxos, pois se a ação direta de inconstitucionalidade for ajuizada pelo Presidente da República (superior hierárquico do AGU) ainda assim a defesa será feita pelo AGU, sem qualquer impedimento ou suspeição. Nessa situação, o Estado-membro ou o Distrito Federal não serão admitidos no feito, até porque o art. 7º da Lei 9.868/1999 prevê que não se admitirá intervenção de terceiros no processo de ação direta de inconstitucionalidade.

5.9.2.2.3 Procurador-Geral da República e "amicus curiae" – O Procurador-Geral da República deverá ser previamente ouvido nas ações de inconstitucionalidade e em todos os processos de competência do STF, motivo pelo qual dá parecer na ação direta de inconstitucionalidade federal, atuando como fiscal da constitucionalidade. Caso o Procurador-Geral da República tenha ajuizado a ação direta de inconstitucionalidade, o parecer será dado por Subprocurador-Geral da República que atua perante o STF.

Embora não se admita intervenção de terceiros na ação direta de inconstitucionalidade, o art. 7º, § 2º, da Lei 9.868/1999 prevê que o ministro relator, considerando a relevância da matéria e a representatividade dos postulantes, poderá, por despacho irrecorrível, admitir a manifestação de outros órgãos ou entidades. Trata-se da figura do *amicus curiae* ("amigo da Corte"), originária do Direito Alemão e do Direito Americano, que se manifestará pela constitucionalidade ou pela inconstitucionalidade do ato normativo combatido.

Sobre a possibilidade de sustentação oral pelo *amicus curiae* há divergências no STF, pois na Questão de Ordem na Pet 2.223 essa prerrogativa foi negada sob o argumento de que a Lei 9.868/1999 não a permitia, mas no HC 83.020 a sustentação foi admitida sob o argumento de que a questão não é legal, mas sim regimental (cabendo àquela Corte a modificação do Regimento nesse particular).

5.9.2.3 *Liminar: tutela antecipada*

Após a reforma processual civil de 1994 ficou clara a existência de duas espécies de liminar: aquela de efeito acautelatório (visa a preservar o objeto litigioso) e aquela de cunho satisfativo (que antecipa o resultado final do processo). É possível o deferimento de uma liminar de cunho satisfativo, desde que seja reversível.

A consistência das alegações para a concessão de liminares de cunho cautelar e a das alegações para a concessão de liminares com provimento de tutela antecipada são diferentes. Para a concessão da liminar de conteúdo cautelar basta a necessidade de preservação do bem litigioso, que não é repassado a qualquer das partes para satisfação de seus interesses (daí, bastam a aparência do direito e o perigo da demora). Já na concessão de liminar satisfativa a antecipação do resultado útil do processo exige prova inequívoca (se for o caso), verossimilhança (evidência do pleito) e manifesto intento protelatório do réu, dentre outros requisitos.

Dito isso, a liminar concedida em ação direta de inconstitucionalidade tem natureza de tutela antecipada, motivo pelo qual, se concedida, os efeitos da decisão definitiva são antecipados (eficácia *erga omnes* e efeito vinculante, mas quanto ao tempo o efeito é geralmente *ex nunc*, em razão de a decisão liminar poder ser modificada até o final da ação). Excepcionalmente a liminar pode ter efeitos *ex tunc*, mas no silêncio terá efeitos *ex nunc*.

Reconhecida a inconstitucionalidade pelo julgamento liminar, restaura-se a aplicação da legislação anterior ao ato normativo declarado inconstitucional (caso existente), salvo expressa manifestação em sentido contrário por parte do STF (já que os efeitos do ato inconstitucional devem ser desconstituídos, dentre eles a revogação do ato normativo então vigente). Afinal, se a liminar for indeferida não há os efeitos *erga omnes* e vinculante, ou porque há falta de urgência, ou porque subsiste dúvida quanto ao direito alegado.

A competência para apreciar a liminar na ação direta de inconstitucionalidade (chamada de medida liminar, mas formulada nos próprios autos da ação direta de inconstitucionalidade) em regra é do Pleno do STF (com no mínimo oito ministros), que deverá decidir por maioria absoluta para a concessão (cláusula de reserva do plenário). Excepcionalmente a liminar pode ser deferida pelo ministro que trabalha no recesso forense, ou pelo ministro relator, no caso de extrema urgência (nos dois casos a liminar é levada ao referendo do Plenário).

A liminar pode perfeitamente ser postergada para após a vinda de manifestação da parte ré (providência recomendável, sempre que possível, conforme o art. 10 da Lei 9.868/1999) ou pode ser apreciada sem ouvir a parte contrária (*inaudita altera parte*). Formulado o pedido de liminar, não cabe desistência, pela indisponibilidade do interesse público envolvido na ação direta de inconstitucionalidade. No julgamento da liminar será facultado sustentação oral aos representantes judiciais do requerente e das autoridades ou órgãos responsáveis pela expedição do ato, na forma estabelecida no Regimento do Tribunal.

Para dar publicidade e permitir o cumprimento dos efeitos da liminar concedida em ação direta de inconstitucionalidade, o STF fará publicar, em seção especial do *Diário Oficial da União* e do *Diário da Justiça da União*, a parte dispositiva da decisão, no prazo de 10 dias (proclamação do resultado).

5.9.2.4 *Processamento da ação direta de inconstitucionalidade*

O processamento da ação direta de inconstitucionalidade está previsto na Lei 9.868/1999. A inicial deve descrever de forma suficiente a violação à Constituição Federal feita pelo ato normativo, motivo pelo qual a petição deve indicar o dispositivo da lei ou do ato normativo impugnado e os fundamentos jurídicos do pedido em relação a cada uma das impugnações, bem como apresentar o pedido (com suas especificações). Ainda que o STF não esteja preso à causa de pedir, isto não significa que a inicial possa fazer alusões genéricas.

A petição inicial deverá ser acompanhada de instrumento de procuração, quando subscrita por advogado (por exemplo, quando ajuizada por confederação sindical ou entidade de classe de âmbito nacional), devendo conter cópias da lei ou do ato normativo impugnado e dos documentos necessários para comprovar a impugnação. A petição inicial será considerada inepta se não fundamentada ou manifestamente improcedente, podendo ser liminarmente indeferida pelo ministro relator (decisão da qual cabe agravo de competência ao Pleno do STF).

Proposta a ação direta de inconstitucionalidade, não cabe desistência (art. 5º da Lei 9.868/99). Após, aprecia-se a liminar (caso não postergada para após a vinda das informações das autoridades que produziram a norma atacada e após a defesa do AGU). As informações serão prestadas no prazo de 30 dias, contado do recebimento do pedido, e após colhe-se a defesa do AGU (no prazo de 15 dias).

Cabe fase probatória na ação direta de inconstitucionalidade, situação na qual o ministro relator poderá requisitar informações adicionais, designar perito ou comissão de peritos para que emita parecer sobre a questão ou fixar data para, em audiência pública, ouvir depoimentos de pessoas com experiência e autoridade na matéria, todos prestados em 30 dias. No mesmo prazo o ministro relator poderá, ainda, solicitar informações aos Tribunais Superiores, aos Tribunais Federais e aos Tribunais Estaduais acerca da aplicação da norma impugnada no âmbito de sua jurisdição.

Afinal, produzidas, ou não, provas, são apresentadas as alegações finais da parte-autora e do AGU (muitas vezes por sustentação oral). Em qualquer circunstância, depois da manifestação ou defesa do AGU há o parecer do Procurador-Geral da República, no prazo de 15 dias, como fiscal da Constituição Federal, e, eventualmente, do *amicus curiae*.

5.9.2.5 *Julgamento definitivo da ação direta de inconstitucionalidade*

A competência para julgamento final da ação direta de inconstitucionalidade é do Tribunal Pleno, presentes na sessão pelo menos oito ministros. A declaração da constitucionalidade ou da inconstitucionalidade da disposição ou da norma impugnada depende de pelo menos seis ministros. Se não for alcançada a maioria necessária à declaração de constitucionalidade ou de inconstitucionalidade, estando ausentes ministros em número que possa influir no julgamento, este será suspenso, a fim de se aguardar o comparecimento dos ministros ausentes, até que se atinja o número necessário para a prolação da decisão num ou noutro sentido.

A os efeitos da decisão definitiva proferida na ação direta de inconstitucionalidade, seja pela procedência ou pela improcedência do pedido, são *erga omnes*, e vinculante em relação ao Executivo, Judiciário (na função jurisdicional ou administrativa) e Legislativo (nas funções administrativas), inclusive a interpretação conforme a Constituição e a declaração parcial de inconstitucionalidade sem redução de texto.

Em regra, a decisão definitiva opera efeitos *ex tunc* (tendo em vista a natureza declaratória produzida no controle abstrato), mas ao declarar a inconstitucionalidade, e tendo em vista razões de segurança jurídica ou de excepcional interesse social, por maioria de dois terços dos membros do Tribunal Pleno, poderão ser restringidos os efeitos daquela declaração ou se decidir que ela só tenha eficácia a partir de seu trânsito em julgado ou de outro momento que venha a ser fixado. A restrição dos efeitos pode ser quanto a um grupo de pessoas, faixa de renda ou determinado período, por exemplo, ou pode ser fixado o efeito *ex nunc* ou para o futuro. A alteração dos efeitos só se pode dar na declaração de inconstitucionalidade, pois se o ato normativo for declarado constitucional a decisão somente poderá ter eficácia *ex tunc*.

Teoricamente, os efeitos da decisão definitiva da ação direta de inconstitucionalidade ocorreriam após a publicação do acórdão, mas, ante a possibilidade de demora nesse procedimento, dentro do prazo de 10 dias após o trânsito em julgado da decisão o STF fará publicar a parte dispositiva do acórdão (proclamação do resultado, a exemplo do que ocorre com a decisão liminar). Não é necessário resolução do Senado Federal (art. 52, X, da CF) para que a decisão na ação direta de inconstitucionalidade produza seus efeitos.

Descumprida a decisão vinculante do STF, cabe reclamação (art. 102, I, "l", da CF). O STF não está sujeito ao efeito vinculante da decisão em ação direta de inconstitucionalidade, pois ele pode rever seu entendimento; mas em condições normais os recursos extraordinários e demais decisões de competência do Tribunal acompanham o entendimento do Pleno proferido na ação direta de inconstitucionalidade.

Da decisão definitiva da ação direta de inconstitucionalidade não cabe recurso, com exceção de embargos de declaração. Conforme o art. 26 da Lei 9.868/1999, a decisão que declara a constitucionalidade ou a inconstitucionalidade da lei ou do ato normativo não pode ser objeto de ação rescisória. Em casos de manifesta irregularidade no julgamento é possível apreciar questão de ordem.

5.9.2.6 *Confronto entre a decisão da ação direta de inconstitucionalidade e as coisas julgadas decorrentes de controle difuso: relativização da coisa julgada "inconstitucional"*

Um dos problemas mais graves deste tema é o confronto da decisão da ação direta de inconstitucionalidade com a coisa julgada na ação *inter partes* produzida no controle difuso de constitucionalidade. É um problema aberto, que diz respeito à relativização da coisa julgada, com a colisão de dois direitos fundamentais: de um lado, fazendo prevalecer a coisa julgada individual existe o princípio da segurança jurídica, zelando pela imutabilidade da decisão judicial transitada em julgado; de outro lado, procurando a prevalência da decisão *erga omnes* proferida na ação direta de inconstitucionalidade, há o princípio da igualdade, igualmente fundamental.

No caso de confronto de direitos e garantias de igual grandeza, sempre que possível devemos harmonizá-los (cedência recíproca ou justaposição), sem negar vigência a preceitos constitucionais, e apenas em último caso devemos hierarquizar, fazendo com que uma prerrogativa prevaleça. Nesses casos de hierarquização cabe rescisória para fazer valer a decisão do STF, pois não se aplica, nesse caso, a Súmula 343 desse Tribunal ("não cabe ação rescisória, quando o motivo for interpretação divergente nos tribunais"). O STF admite a exceção à Súmula 343 quando se tratar de matéria constitucional, havendo confronto com a decisão por ele proferida em face de coisa julgada de outros tribunais em ação individual ou coletiva, pois entendimento em sentido inverso resultaria em renúncia do egrégio STF ao seu papel de guardião da Constituição Federal. Nesse caso a rescisória é proposta no tribunal onde transitou em julgado a decisão (em regra sendo julgada pela seção, e não pela câmara ou turma), no prazo de dois anos da decisão do egrégio STF na ação direta de inconstitucionalidade.

Por sua vez, os arts. 475 e 741 do CPC permitem embargos à execução de julgado com a finalidade de desconstituir a coisa julgada contrária à jurisprudência do STF. Nesse caso, esses embargos poderão ser interpostos se e quando proposta a ação de execução do julgado. Mas essa solução é parcial e limitada, pois não resolve a questão quando a divergência independe de execução judicial do julgado.

A despeito de nosso entendimento pessoal acerca da necessidade de ação judicial para desconstituir a coisa julgada contrária ao entendimento vinculante do egrégio STF, acreditamos que a posição dominante, fundada no pragmatismo, se firmará no sentido da desnecessidade de ação judicial, de modo que bastará a publicação da decisão vinculante para que os efeitos da coisa julgada automaticamente cessem (aliás, assim como ocorre com a publicação de novas leis que alteram a situação jurídica que foi consolidada na coisa julgada).

5.9.3 Ação direta de inconstitucionalidade estadual

As linhas gerais da ação direta de inconstitucionalidade estadual estão previstas no art. 125, § 2º, da CF de 1988, com o nome de "representação de inconstitucionalidade". No entanto, por previsão expressa deste mesmo dispositivo, ele deve ser complementado pela Constituição Estadual.

5.9.3.1 *Competência, objetivo e objeto*

A competência para processar e julgar a ação direta de inconstitucionalidade estadual é do Tribunal de Justiça (pleno ou órgão especial, conforme o Regimento) do Estado-membro ou do Município que tiver produzido o ato normativo atacado (ou ainda do TJDF, tratando-se de normas distritais). O objetivo da ação direta de inconstitucionalidade é a declaração de inconstitucionalidade de ato normativo para a preservação da supremacia da Constituição Estadual (ou da parte estadual da Lei Orgânica do Distrito Federal).

O objeto da ação direta de inconstitucionalidade estadual é lei ou ato normativo estadual, municipal ou distrital (em temas estaduais ou municipais) confrontado em face da Constituição Estadual ou da parte estadual da Lei Orgânica Distrital. O Tribunal de Justiça também pode fazer o controle de constitucionalidade da própria Constituição Estadual como matéria prejudicial da ação direta de inconstitucionalidade estadual, pois antes de se subordinar à Constituição Estadual esse Tribunal está submetido à Constituição Federal (nesse caso, o julgamento da lei estadual, municipal ou distrital fica prejudicado).

Mas o objeto da ação direta de inconstitucionalidade estadual traz complexidades, pois na Constituição Estadual há pelo menos duas partes, uma delas limitada à Constituição Estadual (preceitos de reprodução obrigatória, necessariamente coincidindo com os princípios constitucionais estabelecidos, extensíveis e sensíveis) e a parte de disposição livre (na qual o constituinte estadual pode normatizar livremente, embora possa copiar, por liberalidade, a Constituição Federal – denominadas "normas de imitação").

Quando um ato normativo estadual, distrital ou municipal é confrontado em face da parte de disposição livre da Constituição Estadual, cabe ação direta de inconstitucionalidade estadual somente perante o Tribunal de Justiça, sem recurso ao STF. Mas se a lei estadual, distrital ou municipal violar a parte de repetição obrigatória da Constituição Estadual, embora caiba ajuizar ação direta de inconstitucionalidade estadual no Tribunal de Justiça, do julgamento dessa ação caberá recurso extraordinário para o egrégio STF, pois, em última análise, o preceito constitucional que está sendo violado é o da Constituição Federal.

Tratando-se de norma estadual ou distrital (em temas estaduais) que ofenda norma de repetição obrigatória prevista na Constituição Estadual também é possível ajuizar ação direta de inconstitucionalidade federal no STF, ainda que exista ação direta de inconstitucionalidade estadual perante o Tribunal de Justiça. Nesse caso, o Tribunal de Justiça deve suspender o julgamento da ação direta de inconstitucionalidade estadual, porque ao final deverá prevalecer a decisão do egrégio STF (guardião da Constituição Federal).

O recurso extraordinário cabível tratando-se de norma de repetição obrigatória produzirá efeito vinculante. É discutível, porém, se esse recurso extraordinário será obrigatório (reexame necessário) ou voluntário, sobre o quê nos inclinamos pela obrigatoriedade, pela importância e extensão da decisão em controle concentrado para a harmonização de todas as leis estaduais ao entendimento do STF, fortalecendo a unidade federativa (embora devemos reconhecer que, em regra, não há remessa oficial e sequer efeito suspensivo nesse recurso, bem como que há ações diretas de inconstitucionalidade estaduais que não foram remetidas para o STF).

Convém observar que o entendimento dominante é no sentido de que a Fazenda Pública não desfruta de prazos favorecidos (art. 188 do CPC) tratando-se de recursos em controle concentrado; daí por que o prazo para a interposição desse recurso extraordinário é de 15 dias.

5.9.3.2 *Legitimados ativos e passivos, Ministério Público e "amicus curiae"*

A Constituição Federal não prevê os legitimados ativos da ação direta de inconstitucionalidade estadual, mas exige que a legitimação ativa seja atribuída a mais de um órgão, marcando a tendência de ampliação das ações de tutela coletiva (conforme se verifica pelos arts. 5º, XXI e LXX, e 129 do ordenamento de 1988, dentre outros). A Constituição do Estado de São Paulo estabelece lista semelhante à do art. 103 da CF, mas pela redação do art. 125 do ordenamento de 1988 a Constituição Estadual pode criar lista assimétrica (ou seja, há liberdade).

No pólo passivo da ação direta de inconstitucionalidade estadual deverão constar o Poder Público que produziu a norma atacada (estadual, distrital ou municipal, que prestará informações) e o Procurador-Geral do Estado (que deverá ser citado para defender o ato impugnado, seja estadual, distrital ou municipal, simetricamente ao que se dá com o AGU na ação direta de inconstitucionalidade federal).

O Procurador-Geral de Justiça (chefe do Ministério Público Estadual) dará parecer como fiscal da Constituição Estadual, enquanto a admissibilidade do *amicus curiae* dependerá do entendimento do desembargador estadual relator.

5.9.3.3 *Liminar, processamento, julgamento e efeitos*

Simetricamente à ação direta de inconstitucionalidade federal, na ação direta de inconstitucionalidade estadual cabem liminar, dilação probatória e julgamento perante o Pleno ou Órgão Especial do Tribunal de Justiça. Os efeitos *erga omnes*, *ex nunc* (em regra, na liminar), *ex tunc* (em regra, na decisão definitiva) e vinculante, contidos na Lei 9.868/1999, são previsões aplicáveis expressamente apenas à ação direta de inconstitucionalidade federal, mas acreditamos que os Tribunais de Justiça devem seguir a mesma orientação, por analogia ou simetria (independentemente de previsão em seus regimentos).

Para a eficácia da ação direta de inconstitucionalidade estadual não é necessário ato normativo da Assembléia Legislativa (equivalente ao art. 52, X, da CF) – entendimento afirmado em face da Constituição Estadual de São Paulo (que inicialmente o exigia).

Afinal, a Lei 8.185/1991 cuida da ação direta de inconstitucionalidade estadual (melhor é dizer "distrital"), proposta perante o Tribunal de Justiça do Distrito Federal e dos Territórios/TJDF, em termos simétricos à ação direta de inconstitucionalidade federal. Por exemplo, o objeto é lei ou ato normativo do Distrito Federal em face da sua Lei Orgânica, enquanto os legitimados ativos são o Governador do Distrito Federal, a Mesa da Câmara Legislativa, o Procurador-Geral de Justiça, a OAB (Seção do Distrito Federal), as entidades sindicais ou de classe de atuação no Distrito Federal (demonstrando que a pretensão por elas deduzida guarda relação de pertinência direta com seus objetivos institucionais) e os partidos políticos com representação na Câmara Legislativa.O Procurador-Geral de Justiça será sempre ouvido nas ações de constitucionalidade ou de inconstitucionalidade, sendo que somente pelo voto da maioria absoluta de seus membros ou de seu Órgão Especial poderá o Tribunal de Justiça declarar a inconstitucionalidade de lei ou de ato normativo do Distrito Federal ou suspender sua vigência em decisão de medida cautelar.

5.9.4 *Ação declaratória de constitucionalidade/ADC*

Esta ação foi criada pelo § 4º do art. 103 da CF, introduzido pela Emenda Constitucional 3/1993. Esse parágrafo foi revogado pela Emenda Constitucional 45/2004, que visivelmente unificou a ação declaratória de constitucionalidade à ação direta de inconstitucionalidade federal, com objetivos inversos, pois na ação direta de inconstitucionalidade busca-se a inconstitucionalidade do ato normativo, enquanto a ação declaratória de constitucionalidade busca a constitucionalidade também de ato normativo.

A ação declaratória de constitucionalidade foi regulamentada pela Lei 9.868/1999, que também cuida da ação direta de inconstitucionalidade em termos similares. Com efeito, a diferença essencial entre a ação direta de inconstitucionalidade e a ação declaratória de constitucionalidade consiste no objeto (na ação direta de inconstitucionalidade combate-se lei federal, estadual e distrital nos temas estaduais, enquanto na ação declaratória de constitucionalidade cuida-se apenas de lei federal), na inexistência de legitimado passivo na ação declaratória de constitucionalidade (que existe na ação direta de inconstitucionalidade) e na condição especial de ação na ação direta de inconstitucionalidade (interesse de agir na modalidade adequação, consistente na demonstração de controvérsia judicial relevante, o que é inexigível na ação direta de inconstitucionalidade).

5.9.4.1 *Competência, objetivo e objeto*

A competência para julgamento da ação declaratória de constitucionalidade é do Pleno do STF, cuja finalidade de proposição é a declaração de constitucionalidade do ato normativo com efeito vinculante (vale dizer, com presunção objetiva de validade, já que todo ato normativo frui de presunção relativa de validade).

O objeto da ação declaratória de constitucionalidade é lei ou ato normativo federal confrontado em face da Constituição Federal. O sentido de "lei ou ato normativo", para cabimento da ação declaratória de constitucionalidade, é o mesmo empregado para a ação direta de inconstitucionalidade federal, acima analisada.

5.9.4.2 *Legitimados ativos, inexistência de legitimado passivo e de "amicus curiae" e parecer ministerial*

Originalmente a Emenda 3/1993 estabelecia que a ação declaratória de constitucionalidade poderia ser ajuizada pelo Procurador-Geral da República, pelo Presidente da República, pela Mesa do Senado e pela Mesa da Câmara (todos legitimados universais ou neutros). Com a Emenda Constitucional 45/2004 unificou-se a legitimação ativa da ação declaratória de constitucionalidade e da ação direta de inconstitucionalidade – qual seja, o rol do art. 103 da CF, com legitimados universais e restritos.

Todavia, não há pólo passivo na ação declaratória de constitucionalidade, pois, segundo entendimento do egrégio STF (manifestado no julgamento da ADC 1), não há lide nessa modalidade de controle abstrato. Considera-se que não há lide na análise abstrata de lei ou ato normativo em face da Constituição, motivo pelo qual é inaplicável o art. 5º, LV, do ordenamento constitucional de 1988 (cuja natureza pétrea levaria à inconstitucionalidade desse entendimento). Na verdade, a inexistência de contraditório e ampla defesa (cuja finalidade é revelar os diversos aspectos da controvérsia, racionalizando a decisão, bem como democratizando a prestação jurisdicional, com a participação direta dos interessados na atividade do Judiciário) em princípio é suprida com a exigência de controvérsia judicial relevante sobre o tema da ação declaratória de constitucionalidade. Isso porque as divergências e a participação de segmentos da sociedade ocorrem em juízos singulares e em outros tribunais, de modo que essas controvérsias já chegam maduras ao STF (pode-se dizer que já houve contraditório reflexo por via oblíqua).

Não há previsão de *amicus curiae* na ação declaratória de constitucionalidade, mas nada impede que ele seja admitido, em favor do interesse público que permeia o controle concentrado de constitucionalidade. Por sua vez, o Procurador-Geral da República oferece parecer como fiscal da Constituição.

5.9.4.3 *Liminar e processamento da ação declaratória de constitucionalidade*

O STF, por decisão da maioria absoluta de seus membros, poderá deferir pedido de liminar (chamado de medida cautelar) formulado nos próprios autos da ação declaratória de constitucionalidade. Como na ação direta de inconstitucionalidade, a liminar, se concedida, terá eficácia *erga omnes*, efeito *ex nunc* (em regra) e efeito vinculante, restando sem esses efeitos se indeferida (por ausência de urgência ou de fundamento jurídico).

A liminar da ação declaratória de constitucionalidade geralmente tem natureza de tutela antecipada, podendo ser deferida para que os juízes e os tribunais suspendam o julgamento dos processos que envolvam a aplicação da lei ou do ato normativo objeto da ação até seu julgamento definitivo. Concedida a liminar, o STF fará publicar o dispositivo da decisão, no prazo de 10 dias, devendo julgar definitivamente a ação declaratória de constitucionalidade em 180 dias, sob pena de perda de eficácia da liminar.

Proposta a ação declaratória de constitucionalidade ou formulado o pedido liminar, não se admitirá desistência, descabendo intervenção de terceiros no processo. O processamento da ação declaratória de constitucionalidade é semelhante ao da ação direta de inconstitucionalidade federal, com exceção da condição especial da ação para propositura (interesse de agir com demonstração da controvérsia judicial relevante) e da inexistência de pólo passivo. Assim, a petição inicial indicará o dispositivo da lei ou ato normativo questionado e os fundamentos jurídicos do pedido, o pedido (com suas especificações) e a existência de controvérsia judicial relevante sobre a aplicação da disposição objeto da ação declaratória de constitucionalidade. A petição inicial, acompanhada de instrumento de procuração (quando necessário), deve conter cópias do ato normativo questionado e dos documentos necessários para comprovar a procedência do pedido de declaração de constitucionalidade. Se inepta (não fundamentada ou com pedido manifestamente improcedente), a inicial será liminarmente indeferida pelo ministro relator, cabendo agravo dessa decisão para o Pleno.

Em caso de necessidade de esclarecimento de matéria ou circunstância de fato ou de notória insuficiência das informações existentes nos autos, o ministro relator poderá requisitar informações adicionais, designar perito ou comissão de peritos para que emita parecer sobre a questão ou fixar data para, em audiência pública, ouvir depoimentos de pessoas com experiência e autoridade na matéria, ou solicitar informações aos Tribunais Superiores, aos Tribunais Federais e aos Tribunais Estaduais acerca da aplicação da norma questionada no âmbito de sua jurisdição.

5.9.4.4 *Julgamento definitivo da ação declaratória de constitucionalidade*

A Lei 9.868/1999 trata dos efeitos da decisão na ação direta de inconstitucionalidade e da ação declaratória de constitucionalidade no mesmo artigo (motivo pelo qual são os mesmos), sugerindo falar-se em bipolaridade ou ambivalência dessas ações.

5.9.5 Argüição de descumprimento de preceito fundamental/ADPF

A argüição de descumprimento de preceito fundamental tem inspiração na "queixa de constitucionalidade" do Direito Alemão e no "recurso de amparo" espanhol. Consta do texto originário da CF de 1988, inicialmente no art. 102, parágrafo único, renumerado para § 1º pela Emenda Constitucional 3/1993; mas esse dispositivo era uma norma de eficácia limitada, cuja eficácia plena só foi possível com a edição da Lei 9.882/1999.

5.9.5.1 *Competência, objetivo, objeto subsidiário ou residual e espécies de argüição de descumprimento de preceito fundamental*

A competência para processar e julgar a argüição de descumprimento de preceito fundamental é do Pleno do STF, pois trata-se de modalidade de controle concentrado, com característica de ação (similar à ação direta de inconstitucionalidade federal). O objetivo da argüição de descumprimento de preceito fundamental é a declaração de inconstitucionalidade de ato do

Poder Público. A marca da argüição de descumprimento de preceito fundamental é que ela é modalidade de controle de constitucionalidade residual ou subsidiário, pois ela só caberá quando não houver outro meio eficaz para sanar a lesividade – vale dizer: se couber outro meio judicial, mas se ele for ineficaz, será admitida a argüição de descumprimento de preceito fundamental. Assim, se viáveis ação direta de inconstitucionalidade federal, mandado de segurança, *habeas corpus*, ação popular, ação civil pública etc., e estes meios forem eficazes para sanar a lesividade, então, não caberá a argüição de descumprimento de preceito fundamental.

O objeto da argüição de descumprimento de preceito fundamental é ato do Poder Público de natureza administrativa ou normativa, incluindo os anteriores à Constituição Federal vigente (como na ação direta de inconstitucionalidade genérica). Portanto, há dois objetos na argüição de descumprimento de preceito fundamental, motivo pelo qual pode ser chamada de autônoma (ou preventiva e reparatória) e incidental (ou por equiparação). A argüição de descumprimento de preceito fundamental autônoma, preventiva ou repressiva é proposta contra ato do Poder Público de natureza administrativa produzido por qualquer pessoa jurídica de direito público (União, Estados, Distrito Federal e Municípios, de quaisquer dos Poderes). A expressão "autônoma" justifica-se na medida que nesta modalidade de argüição de descumprimento de preceito fundamental não é necessária a comprovação de controvérsia judicial relevante a respeito do ato administrativo. Por exemplo, delegado de Polícia Estadual que determina a prisão inválida de uma pessoa poderia contrariar preceito fundamental que assegura a liberdade de locomoção; mas, como tal ato dá margem a eficaz *habeas corpus*, aqui não cabe argüição de descumprimento de preceito fundamental. Como o objeto é muito amplo, visivelmente justifica-se o caráter subsidiário da argüição de descumprimento de preceito fundamental, pois é possível ajuizá-la em face de ato administrativo de efeito concreto.

A argüição de descumprimento de preceito fundamental por equiparação ou incidental combate ato de natureza normativa. É incidental porque, tal qual como a ação declaratória de constitucionalidade, essa argüição de descumprimento de preceito fundamental exige controvérsia judicial relevante para seu ajuizamento, sendo chamada de "por equiparação" pelo motivo de se processar de modo semelhante à ação direta de inconstitucionalidade. O ato normativo combatido pode ser federal, estadual, distrital ou municipal, inclusive os anteriores à Constituição Federal vigente, motivo pelo qual permite a análise da recepção constitucional (que não é possível na ação direta de inconstitucionalidade).

Há divergência na doutrina sobre o conceito de "preceito fundamental", pois todo dispositivo constitucional expresso ou implícito pode ser considerado preceito fundamental. De outro lado, é possível entender que "preceito fundamental" é apenas aquele que cuida de temas materialmente constitucionais inseridos na Constituição (o dispositivo teria de ser material e formalmente constitucional, como direitos fundamentais, soberania, cidadania etc.) – posição para qual nos inclinamos.

5.9.5.2 *Legitimados ativos, legitimados passivos, "amicus curiae" e parecer ministerial*

Os legitimados ativos da argüição de descumprimento de preceito fundamental são os mesmos da ação direta de inconstitucionalidade federal – vale dizer, aqueles constantes do rol do art. 103 da CF, com os legitimados universais e restritos. O cidadão não pode propor argüição de descumprimento de preceito fundamental, mas poderá solicitar ao Procurador-Geral da República que assim o faça, com fundamento no art. 2º, § 1º, da Lei 9.882/1999 e também com amparo no art. 5º, XXXIV, "a", da CF (direito de petição). O § 1º do art. 2º da Lei 9882/99 faz referência ao inciso II do mesmo artigo, que foi vetado. Todavia, não há dependência lógica do § 1º com o inciso II (vetado); portanto, o cidadão pode requerer ao Procurador-Geral da República, o qual terá discricionariedade para propor, ou não, a argüição de descumprimento de preceito fundamental.

O legitimado passivo da argüição de descumprimento de preceito fundamental é o Poder Público ou órgão administrativo federal, estadual, distrital e municipal, de quaisquer dos Poderes, que produziu o ato jurídico impugnado (administrativo ou normativo). O Advogado-Geral da União figurará no pólo passivo, seguramente, se o ato jurídico combatido for normativo, com fundamento no art. 103, § 3º, da CF; mas se o ato jurídico combatido for administrativo não há previsão para sua participação como legitimado passivo.

Como na ação direta de inconstitucionalidade federal, o Procurador-Geral da República dá parecer como fiscal da Constituição; e, embora inexista previsão expressa de *amicus curiae*, ele pode ser admitido por despacho do ministro relator.

5.9.5.3 *Liminar e processamento da argüição de descumprimento de preceito fundamental*

O STF, por decisão da maioria absoluta de seus membros, poderá deferir pedido de liminar formulada nos próprios autos da argüição de descumprimento de preceito fundamental, e em caso de extrema urgência ou perigo de lesão grave ou, ainda, em período de recesso o ministro relator poderá conceder a liminar, *ad referendum* do Tribunal Pleno.

A liminar poderá consistir na determinação de que juízes e tribunais suspendam o andamento de processo ou os efeitos de decisões judiciais ou de qualquer outra medida que apresente relação com a matéria objeto da argüição de descumprimento de preceito fundamental, salvo se decorrentes da coisa julgada. Se na argüição de descumprimento de preceito fundamental estiver sendo combatido ato normativo, a apreciação e os efeitos da liminar são iguais aos da ação direta de inconstitucionalidade federal. Porém, se na argüição de descumprimento de preceito fundamental estiver sendo atacado administrativo comissivo (praticado) ou omissivo (não praticado), a liminar poderá impor obrigação de fazer ou de não fazer, inclusive com *astreintes* (multa periódica pelo não-cumprimento). Em princípio não é possível impor *astreintes* na ação direta de inconstitucionalidade. Afinal, na argüição de descumprimento de preceito fundamental a liminar poderá determinar a suspensão do andamento do processo e do efeito das decisões nos processos que cuidem do tema dessa argüição, com exceção da coisa julgada. Porém, diversamente da ação declaratória de constitucionalidade, na argüição de descumprimento de preceito fundamental não há a previsão do prazo de 180 dias para validade da liminar.

Quanto ao seu processamento a argüição de descumprimento de preceito fundamental é igual à ação direta de inconstitucionalidade federal, com a ressalva da comprovação da controvérsia judicial relevante na argüição de descumprimento de preceito fundamental incidental e de não ser necessária a presença obrigatória do Advogado-Geral da União no pólo passivo da argüição de descumprimento de preceito fundamental autônoma. A petição inicial deverá conter a indicação do preceito fundamental que se considera violado, a indicação do ato questionado, a prova da violação do preceito fundamental, o pedido (com suas especificações) e, se for o caso, a comprovação da existência de controvérsia judicial relevante sobre a aplicação do preceito fundamental que se considera violado. Essa petição deverá ser acompanhada de instrumento de mandato, se for o caso, devendo conter cópias do ato questionado e dos documentos necessários para comprovar a impugnação, sendo possível indeferi-la liminarmente (por decisão do ministro relator, cabendo agravo para o Pleno) quando não for o caso de argüição de descumprimento de preceito fundamental, faltar algum dos requisitos legais ou for o caso de inépcia.

Se necessário, poderá haver fase probatória, com perícia e audiência pública com pessoas experientes na matéria. Pode haver, a critério do relator, sustentação oral e juntada de memoriais, por requerimento dos interessados no processo.

5.9.5.4 *Julgamento definitivo da argüição de descumprimento de preceito fundamental*

O julgamento e a decisão definitiva na argüição de descumprimento de preceito fundamental são iguais àqueles proferidos na ação direta de inconstitucionalidade federal, com exceção do fato de na argüição de descumprimento de preceito fundamental ser possível determinar o cumprimento de obrigação de fazer ou de não fazer. A decisão somente será tomada se presentes na sessão pelo menos dois terços dos ministros.

Julgada a ação, as autoridades ou órgãos responsáveis pela prática dos atos questionados serão comunicados, fixando-se as condições e o modo de interpretação e aplicação do preceito fundamental. Quanto aos efeitos, a decisão também é dúplice ou ambivalente, com eficácia erga *omnes*, efeito *ex tunc* (em regra) e efeito vinculante relativamente aos demais órgãos do Poder Público (sob pena de reclamação), desde a proclamação do resultado, independentemente da lavratura do acórdão ou de resolução do Senado Federal.

Como na ação direta de inconstitucionalidade federal com pedido procedente, em caso de inconstitucionalidade de lei ou ato normativo, por motivo de por segurança jurídica ou excepcional interesse social, 2/3 dos membros do STF poderão restringir os efeitos daquela declaração ou decidir que ela só tenha eficácia a partir de seu trânsito em julgado ou de outro momento que venha a ser fixado.

A decisão que julgar procedente ou improcedente o pedido em argüição de descumprimento de preceito fundamental é irrecorrível, não podendo ser objeto de ação rescisória, mas apenas de embargos de declaração ou eventual questão de ordem.

Há uma ação direta de inconstitucionalidade proposta contra a Lei 9.882/1999, em razão do alargamento do cabimento da argüição de descumprimento de preceito fundamental, que já teve o voto do Ministro Relator pela sua inconstitucionalidade, mas a liminar não chegou a ser deferida, por conta de pedido de vista, e desde então o julgamento está suspenso.

5.9.6 Ação direta de inconstitucionalidade por omissão

A ação direta de inconstitucionalidade por omissão tem inspiração no Direito Português, que a previu na Constituição de 1976. Ela aparece no Brasil pela primeira vez na Constituição Federal de 1988, combatendo um dos graves problemas dos textos constitucionais modernos, qual seja, dispositivos que demandam complementação normativa, o que nos leva às normas de eficácia limitada (de aplicação mínima) e de eficácia contida (de aplicação abrangente até que venha a lei que as regulamente). O ordenamento constitucional prevê três instrumentos para solucionar este problema: iniciativa popular, mandado de injunção e ação direta de inconstitucionalidade por omissão.

Em linhas gerais, no mandado de injunção ocorre controle difuso da omissão e na ação direta de inconstitucionalidade por omissão dá-se controle concentrado, do que decorrem diferenças (como competência, legitimados ativos, efeitos etc.), sendo que a Lei 8.038/1990 determina que as normas do mandado de segurança se aplicam ao mandado de injunção. Há divergências quanto à identidade de objetos do mandado de injunção e da ação direta de inconstitucionalidade por omissão, pois pode-se entender que ambos cabem em qualquer caso de omissão de regulamentação de preceito constitucional. Porém, é possível restringir o objeto do mandado de injunção a direitos e liberdades referentes à nacionalidade, cidadania e soberania. Seguramente a ação direta de inconstitucionalidade por omissão cabe em relação a qualquer preceito constitucional, seja ou não pertinente a direito ou garantia fundamental.

5.9.6.1 *Competência, objetivo e objeto*

A competência para processar e julgar a ação direta de inconstitucionalidade por omissão é do Pleno do STF. A ação direta de inconstitucionalidade por omissão tem por objetivo que o Judiciário reconheça a omissão do Poder ou órgão competente e determine, a quem de direito, que seja produzida a norma jurídica indispensável à eficácia do preceito constitucional.

O objeto da ação direta de inconstitucionalidade por omissão é a ausência de ato normativo necessário à eficácia plena de preceito constitucional (qualquer preceito constitucional, seja ele relativo a direito fundamental ou não), embora o texto constitucional fale em "medida" necessária para dar aplicação a preceito constitucional – o que poderia sugerir a idéia de que a omissão ensejaria essa ação. Na verdade, se a omissão for de ato administrativo de efeito concreto cabem mandado de segurança, ação popular, ação civil pública ou outro instrumento, mas não ação direta de inconstitucionalidade por omissão. Também caracteriza-se omissão caso seja produzida norma regulamentadora incompleta ou insuficiente, importando omissão por via oblíqua, pois a normatização insuficiente equivale à ausência de legislação.

Predomina o entendimento de que a ação direta de inconstitucionalidade por omissão cabe em caso de normas de eficácia limitada. Todavia, acreditamos que também é cabível nas hipóteses de normas de eficácia contida, pois legitimados ativos universais (como o Procurador-Geral da República, por exemplo) podem pleitear a complementação da Constituição para cumprimento da vontade do constituinte e eficácia plena da Constituição.

A mera ausência de norma, por si só, não define a omissão. Havendo prazo expressamente estipulado no preceito constitucional, a omissão se verifica no seu decurso (por exemplo, como o reajuste anual dos servidores públicos). Se o texto constitucional não prevê prazo, a omissão verifica-se pelo decurso de prazo razoável, que depende do caso concreto e das circunstâncias que envolvem a omissão. Porém, passados vários anos da promulgação e publicação da Constituição, houve prazo razoável para a produção de diversos dispositivos.

5.9.6.2 *Legitimados ativos, legitimados passivos e parecer ministerial*

Os legitimados ativos para a ação direta de inconstitucionalidade por omissão são os mesmos da ação direta de inconstitucionalidade federal genérica, previstos no art. 103 da CF, com legitimação universal e restrita. Figuram no pólo passivo as chefias de entidades federais, estaduais, distritais e municipais dos Poderes Executivo, Legislativo e Judiciário, ou mesmo órgãos desses Poderes, quando omissos na produção de ato normativo que regulamenta preceito constitucional. Há casos de competência privativa de iniciativa, situação na qual será competente o legitimado passivo privativo.

O Advogado-Geral da União não compõe o pólo passivo da ação direta de inconstitucionalidade por omissão, embora possa ser ouvido. O Ministério Público dará parecer como fiscal da Constituição.

5.9.6.3 *Liminar e processamento*

Não cabe liminar na ação direta de inconstitucionalidade por omissão (segundo posição dominante, embora particularmente acreditemos na possibilidade de certas circunstâncias imperativas exigirem tal provimento liminar), cujo processamento se fará da mesma maneira que a ação direta de inconstitucionalidade Federal, incluindo a possibilidade de dilação probatória, se necessária.

5.9.6.4 *Julgamento definitivo e efeitos*

O Judiciário não produz a norma jurídica por razão constitucional (separação dos Poderes) e também por uma razão metajurídica ou política (há preceitos normativos que cuidam de assuntos técnicos – a chamada legislação governamental –, que escapam à capacidade do Poder Judiciário de produzi-los). Há divergência na doutrina quanto aos limites do Judiciário na ação direta de inconstitucionalidade por omissão (inclusive com entendimentos no sentido de que o Judiciário deve produzir a norma), mas o entendimento dominante é que, ao julgar procedente o pedido, o egrégio STF reconhece a ausência indevida de produção normativa infraconstitucional e determina sua produção.

Todavia, é possível que em certas circunstâncias o STF aplique a teoria concretista (geral ou individual) adotada excepcionalmente para o mandado de injunção, permitindo, já com o julgamento da ação direta de inconstitucionalidade por omissão, que os cidadãos usufruam da prerrogativa constitucionalmente assegurada por norma de eficácia limitada, a despeito da inércia do Poder Legislativo ou do Poder Executivo na produção da norma infraconstitucional necessária à execução do mandamento constitucional.

Quando o legitimado passivo for a chefia do Poder, o STF determina a produção da norma sem fixar prazo (mas é certo que deve ser observado prazo razoável); mas quando a omissão for de um órgão administrativo ou do administrador o STF fixará um prazo de 30 dias para que a norma seja produzida. Como todas as decisões judiciais são de obrigatório cumprimento, se vencido o prazo razoável ou o de 30 dias e a norma não for produzida, poderá haver responsabilidade do ente estatal, além de sanções políticas, administrativas e penais cabíveis (incluindo crime de responsabilidade, conforme o art. 85, VII, da CF). Qualquer pessoa pode reclamar a reparação de dano por conta da omissão, pois a eficácia da decisão proferida na ação direta de inconstitucionalidade por omissão é *erga omnes*.

Sobre sanções patrimoniais vale lembrar que há responsabilidade subjetiva (quando o agente tem culpa ou dolo na ação ou omissão que causou o prejuízo) e responsabilidade objetiva (quando se analisa somente o nexo de causalidade entre a ação ou omissão e o efeito ou prejuízo causado, sem se preocupar com a culpa ou com o dolo). No caso da não-produção da norma no prazo fixado há a responsabilidade subjetiva, pois há omissão do Poder competente ou do órgão administrativo, reconhecida por decisão do STF.

Ainda que o projeto de lei seja apresentado, a omissão somente é sanada com a produção normativa suficiente para dar eficácia plena a preceitos constitucionais. Mas, se apresentado e concluído o projeto de norma, obviamente a lei ou ato normativo decorrente da ação direta de inconstitucionalidade por omissão é aplicável a todos, com efeito *ex nunc* (embora seja possível efeito *ex tunc*, pois a lei pode prever providências retroativas em caso de produção de norma prevista no prazo determinado pelo constituinte).

Bibliografia

AGRA, Walber de Moura. *Aspectos Controvertidos do Controle de Constitucionalidade*. Salvador, Ius Podivm, 2008.

BURDEAU, Georges, HAMON, Francis, e TROPER, Michel. *Droit Constitutionnel*. 26ª ed. Paris, Librairie Générale de Droit et de Jurisprudence/LGDJ, 1999.

FERRARI, Regina Maria Macedo Nery. *Efeitos da Declaração de Inconstitucionalidade*. São Paulo, Ed. RT, 1992.

FRANCISCO, José Carlos. "Bloco de constitucionalidade e recepção dos tratados internacionais". In: LENZA, Pedro, LORA ALARCON, Pietro de Jesús, e TAVARES, André Ramos (orgs.). *Reforma do Judiciário Analisada e Comentada*. São Paulo, Método, 2005.

HAMON, Francis, BURDEAU, Georges, e TROPER, Michel. *Droit Constitutionnel*. 26ª ed. Paris, Librairie Générale de Droit et de Jurisprudence/LGDJ, 1999.

LENZA, Pedro, LORA ALARCON, Pietro de Jesús, e TAVARES, André Ramos (orgs.). *Reforma do Judiciário Analisada e Comentada*. São Paulo, Método, 2005.

LORA ALARCON, Pietro de Jesús, LENZA, Pedro, e TAVARES, André Ramos (orgs.). *Reforma do Judiciário Analisada e Comentada*. São Paulo, Método, 2005.

MENDES, Gilmar Ferreira. *Jurisdição Constitucional*. 4ª ed. São Paulo, Saraiva, 2004.

MORAES, Alexandre de. *Direito Constitucional*. 13ª ed. São Paulo, Atlas, 2003.

POLETTI, Ronaldo. *Controle da Constitucionalidade das Leis*. Rio de Janeiro, Forense, 1995.

STRECK, Lenio Luiz. *Jurisdição Constitucional e Hermenêutica: uma Nova Crítica do Direito*. 2ª ed. Rio de Janeiro, Forense, 2004.

TAVARES, André Ramos, *Argüição de Descumprimento de Preceito Fundamental*. São Paulo, Saraiva, 2001.

__________. *Teoria da Justiça Constitucional*. São Paulo, Saraiva, 2005.

__________, LENZA, Pedro, e LORA ALARCON, Pietro de Jesús (orgs.). *Reforma do Judiciário Analisada e Comentada*. São Paulo, Método, 2005.

TROPER, Michel, BURDEAU, Georges, e HAMON, Francis. *Droit Constitutionnel*. 26ª ed. Paris, Librairie Générale de Droit et de Jurisprudence/LGDJ, 1999.

VELOSO, Zeno. *Controle Jurisdicional de Constitucionalidade*. 3ª ed. Belo Horizonte, Del Rey, 2003.

Capítulo 6

DIREITOS FUNDAMENTAIS E SUAS GARANTIAS

HÉLCIO DE ABREU DALLARI JR.

6.1 Aspectos introdutórios. 6.2 Direitos fundamentais específicos. 6.3 Garantias constitucionais. 6.4 Considerações finais.

6.1 Aspectos introdutórios

Partindo do fato de que uma Constituição preceitua toda a base de fundamentação de um Estado, identificando inclusive os principais direitos nele vigentes, nossa Constituição Federal de 1988 tratou de fazer o mesmo. Ao observarmos nosso texto constitucional em vigor, podemos constatar a intensa previsão de direitos, com destaque para a concentração dos mesmos nos incisos do art. 5º.

Uma questão preliminar de grande importância deve ser destacada inicialmente, qual seja, a denominação desses direitos. Na área jurídica encontramos múltiplas expressões doutrinárias empregadas como sinônimas: "direitos fundamentais", "direitos humanos", "direitos naturais", "direitos do homem", "direitos individuais", "direitos públicos subjetivos", "liberdades públicas", "liberdades fundamentais" e "direitos fundamentais do homem". De modo geral, nossa Constituição Federal de 1988 privilegiou a utilização da expressão "direitos fundamentais". Assim, este será a denominação que aqui iremos adotar.

Sinteticamente, podemos afirmar que os direitos fundamentais são todos aqueles intrínsecos aos seres humanos, exatamente por sua condição humana. Consoante com tal afirmação, podemos expor uma concisa classificação destes direitos: *direitos civis* (de liberdade pessoal, de pensamento e de reunião), *direitos políticos* (de votar e de ser votado, de liberdade de associação a partidos políticos e de manifestação das nossas vontades, de nossos anseios) e *direitos sociais* (relacionados ao trabalho, à assistência, aos estudos, à saúde, à previdência, e tantos outros relacionados à nossa ordem social).

Formalmente, os direitos fundamentais são todos aqueles especificados na Constituição, recebendo um grau mais elevado de garantia, considerados imutáveis ou alteráveis por um procedimento mais dificultoso. No tocante ao critério material, direitos fundamentais existem conforme a ideologia do povo, a estruturação do Estado e os princípios constitucionais a ele consagrados.

Politicamente, a Constituição Federal de 1988 determina, de maneira interligada a estes direitos, quais as regras e as competências a serem consideradas e respeitadas pelo povo e por seus representantes, no exercício de suas funções.

Podemos asseverar que os direitos fundamentais independem de qualquer título legal ou ato aquisitivo, ao contrário dos direitos adquiridos. Seus limites encontram-se no respeito à igualdade de direitos entre semelhantes e no respeito às condições estabelecidas pela sociedade devidamente organizada. Neste último reafirmamos a força coercitiva do Estado vigoroso de soberania, para assegurar os direitos fundamentais, tão suscetíveis ao abuso de poder e à ilegalidade.

A proteção dos direitos fundamentais depende da imposição de limites à atuação social e de quem exerce o poder. Somente desta maneira é possível resguardar tais direitos frente aos atos abusivos ou ilegais.

Assim, o juízo dos doutrinadores e dos constituintes vislumbrou a necessidade de inclusão dos direitos fundamentais na ordem jurídica positiva de cada Estado, mais precisamente na forma de preceitos constitucionais. Vale lembrar que, adotando esta forma, tais direitos tornam-se irrevogáveis por lei ordinária, o que assegura maior firmeza e estabilidade aos mesmos.

6.2 Direitos fundamentais específicos

Feitas estas considerações abrangentes sobre direitos fundamentais, cabe identificarmos o conteúdo específico de nossa CF de 1988, destacadamente o estabelecido em seu art. 5º, caput e incisos.

O *caput* do art. 5º apresenta aspectos muito importantes. Primeiramente, seu mandamento está direcionado aos brasileiros (sejam eles natos ou naturalizados) e aos estrangeiros residentes em nosso país. Vale ressaltar que os estrangeiros de passagem por nosso território nacional não encontrarão proteção neste art. 5º, mas sim na cidadania e na dignidade da pessoa humana, previstas no art. 1º, nos incisos II e III, bem como no art. 4º, II, ao tratar da predominância dos direitos humanos nas relações internacionais do Estado Brasileiro.

Ainda tratando do *caput* do art. 5º, encontramos a afirmação da igualdade de todos perante a lei, sem qualquer forma de discriminação, não podendo haver desrespeito aos direitos à vida, liberdade, igualdade, segurança e propriedade.

A questão da igualdade é reafirmada no inciso I, ao determinar a igualdade entre homens e mulheres em direitos e deveres, de acordo com todo o teor constitucional. Destaque-se que a Constituição Federal de 1988 foi inovadora do nosso ordenamento jurídico ao prever a igualdade entre os sexos. Antes da promulgação do texto constitucional de 1988 a condição jurídica feminina era muitas vezes de inferioridade.

Em seguimento, encontramos preocupação voltada ao princípio da legalidade. O inciso II afirma que ninguém será obrigado a fazer algo ou deixar de fazer alguma coisa se não houver lei impondo certa obrigação. Relacionado a este princípio, devemos verificar também o inciso XXXIX, que determina não existir consideração de prática criminosa sem sua previsão legal anteriormente definida, como também não existe punição sem a correspondente respectiva previsão.

Em consonância com suas circunstâncias históricas de redemocratização e com seu momento político de elaboração, a Constituição Federal de 1988 valoriza a preocupação abrangente com o ser humano, preservando-o em sua totalidade. O inciso II veda práticas de tortura, de tratamento desumano ou aviltante. Os problemas de maus-tratos aos seres humanos ocorridos no período da ditadura militar no Brasil, entre as décadas de 1960 e 1980, deram o tom de cautela com a preservação das pessoas em sua totalidade.

Outro ponto seguidamente cuidado em nossa Constituição Federal é a questão do princípio da liberdade. A abrangência para este princípio é das mais amplas: liberdade de locomoção, liberdade de reunião e de associação, liberdade de consciência, liberdade de manifestação do pensamento, liberdade de crença e de culto religioso, liberdade artística, liberdade de informação jornalística e liberdade de exercício profissional, dentre tantas. Vejamos estas liberdades com atenção.

Primeiramente, sobre liberdade de locomoção – prevista no inciso XV do art. 5º –, precisamos descrevê-la como relacionada ao direito de ir, vir e permanecer; direito, este, assegurado normalmente em períodos de paz. Em eventual momento de guerra que poderá ser vivido pelo Estado Brasileiro, este direito poderá vir a sofrer restrições, de acordo com o que ainda será tratado adiante.

Por sua vez, as liberdades de reunião e de associação aparecem previstas nos incisos XVI a XXI. Nos referidos incisos verificamos um cuidado em preceituar a liberdade de reunião, desde que com finalidade pacífica e sem armas, podendo ocorrer em áreas abertas de utilização pública, independendo de qualquer forma de autorização. Entretanto, no exercício desta liberdade, os responsáveis pela reunião pública devem informar ao Poder Público sobre a realização de tal evento, para que não ocorra uma situação de haver dois eventos, às vezes conflitantes entre si, o que poderia acarretar algum tipo de tumulto público. Destaque-se que a prestação de tal informação ao Poder Público faz-se necessária para que este adote todas as providências importantes de apoio ao evento, tais como destacamento de efetivo policial, serviço médico de emergência em estado de prontidão, ajustes voltados à preservação de circulação adequada ao trânsito de pedestres e de veículos na localidade e no seu entorno. Na hipótese de não ter havido tal informe e de ocorrer alguma perturbação da ordem pública, os responsáveis pela realização de tal reunião poderão e deverão ser responsabilizados, na exata medida dos problemas havidos. Com relação à liberdade de associação, esta compreende diversos pontos: somos livres para nos associarmos, desde que a finalidade seja lícita e não tenha um caráter militar paralelo ao das nossas Forças Armadas; podemos criar associações livremente, independendo de qualquer autorização ou interferência estatal em seu funcionamento; podemos nos associar e nos desassociar conforme nossa própria vontade; as associações poderão representar seus associados, nos limites de seus atos de criação; excepcionalmente, as associações poderão ser dissolvidas ou ter suas atividades suspensas por decisão judicial, sendo que para a dissolução é exigido o trânsito em julgado.

Liberdade de consciência surge no texto constitucional em seu art. 5º, VI. Esta se relaciona ao nosso foro íntimo, tratando de nossa relação de interação no mundo em que vivemos, abrangendo nossa percepção do que é socialmente tido como certo e errado, direcionando nossos cuidados com nossos deveres, nossas responsabilidades e nossa honradez.

Outra liberdade já citada é a liberdade de manifestação do pensamento. Esta aparece no texto constitucional no inciso IV do art. 5º. Cabe dar ênfase ao fato de que o pensamento é livre por natureza, ou seja, podemos pensar o que bem quisermos, não sendo possível qualquer restrição a esse pensamento. O objeto aqui protegido é outro, qual seja, a liberdade de manifestarmos nosso pensamento. Tal liberdade existe, todavia não sendo admitido o anonimato. Quem manifesta seu pensamento deve se identificar. Na hipótese de esta manifestação do pensamento ameaçar ou violar algum direito de outrem, terá cabimento eventual responsabilização. Relacionado intimamente a esta liberdade temos o direito de resposta – inscrito no art. 5º, V. Este será exercido sempre que for configurada ofensa pessoal, cabendo ao ofendido o direito de responder à respectiva ofensa na mesma medida, objetivando, em primeiro lugar, a restauração da verdade dos fatos e, secundariamente, indenização por danos morais, materiais e à imagem.

Liberdade de crença e de culto religioso é outra liberdade abordada cuidadosamente em nossa Constituição Federal presente. O inciso VI – já abordado parcialmente quando tratamos da liberdade de consciência – cuida dessa liberdade, consolidando que somos livres para abraçarmos a crença religiosa que nos for mais intimamente próxima, garantindo os cultos, os ritos e os locais de prática religiosa. Some-se a esta questão o que prevê o inciso seguinte, assegurando atendimento religioso nos locais de internação coletiva, tais como quartéis, presídios, internatos. A crença religiosa é amplamente assegurada, com um detalhe muito importante: ninguém poderá sofrer qualquer espécie de privação de direitos em virtude de sua crença religiosa – inciso VIII. Todavia, também cabe dizer que ninguém poderá fugir das responsabilidades normalmente impostas a todos sob pretexto de estar havendo privação de direito por motivo religioso. Um exemplo elucidativo: ninguém poderá alegar que sua crença religiosa impossibilita o pagamento de imposto de renda. O pagamento de imposto de renda é dever de todos os cidadãos, de acordo com a legislação pátria, não cabendo tal alegação.

Mais um aspecto do princípio da liberdade: liberdade de expressão da atividade intelectual, artística, científica e de comunicação – de acordo com o inciso IX do art. 5º. O desenvolvimento da inteligência, das artes, das ciências em geral e a capacidade de trocarmos idéias e informações são aqui protegidos. Tratou-se de resguardar os pontos mais elevados do desenvolvimento humano.

Ligadas à liberdade, estão preservadas nossa intimidade, nossa vida privada, nossa honra e imagem – inciso X. Não poderá ocorrer violação aos pontos mencionados, sob pena de indenização por dano moral e material relacionado à violação. Esta preservação diz respeito a quem somos em nossa vida particular, o que nela fazemos e à visão que outras pessoas têm a nosso respeito – inciso XI.

Conforme afirmado anteriormente, nosso contato com outras pessoas deve ser livre. O inciso XII do art. 5º assegura a inviolabilidade do segredo de nossas comunicações (por correspondência, por telegrafia, por via telefônica e de dados). Vale realçar que as comunicações telefônicas poderão ter seu sigilo quebrado apenas por ordem judicial, no estrito limite estabelecido por nossa legislação, nos casos em que houver necessidade para fins de investigação criminal ou instrução processual penal. Esta quebra de sigilo telefônico não poderá ultrapassar a exata determinação judicial.

A liberdade profissional é outro ponto importante. Diz o inciso XIII que somos livres para trabalharmos no que quisermos, para exercermos o ofício que bem entendermos, desde que respeitemos as possibilidades legais para tanto e as imposições normativas referentes às qualificações profissionais.

O acesso à informação aparece no inciso XIV, sendo preservado o sigilo de sua fonte quando este for essencial ao adequado exercício profissional. O sigilo profissional evidencia-se como algo importante ao bom desenvolvimento da atividade profissional livre.

Na seqüência da observação dos direitos fundamentais previstos no art. 5º da CF encontramos o direito de propriedade, com os demais aspectos – incisos XXII a XXVI.

A Constituição Federal assegura o direito de propriedade, desde que atenda ao interesse de toda a sociedade, e não apenas de seu proprietário. A visão dos constituintes foi no sentido de procurar evitar especulações imobiliárias, historicamente tão comuns em nosso país. A propriedade deverá ter algum tipo de aproveitamento voltado a todos, tendo, por exemplo, utilização de caráter econômico ou de preservação ambiental.

O mecanismo de desapropriação também aparece afirmado, porém com inovações constitucionais extremamente importantes. Havendo necessidade ou utilidade pública ou interesse social, poderá ocorrer desapropriação, todavia respeitadas as condições específicas: caberá indenização justa, prévia e em dinheiro. Antes desta atenção constitucional as desapropriações se caracterizavam geralmente por desamparar os proprietários por elas afetados, ficando estes sujeitos ao pagamento de indenização que só aconteceria futuramente, por um valor abaixo do que a propriedade efetivamente valia no mercado e paga com títulos da dívida pública, de baixa aceitação no mercado financeiro.

Ademais, o Poder Público pode fazer uso da propriedade privada sempre que se fizer necessário nos casos de iminente perigo público. Neste caso, se houver algum dano ao particular relacionado a esta utilização feita pelo Poder Público, caberá posterior indenização ou correspondente reparação do respectivo dano.

Por fim, sobre a propriedade, preocupou-se o constituinte também com o pequeno produtor rural de caráter familiar, impedindo que sua pequena propriedade seja objeto de penhora por motivo de pagamento de dívidas relacionadas à sua atividade produtiva.

Ademais, o texto constitucional, nos demais incisos do art. 5º, trata de estabelecer bases gerais a diversos direitos: direito autoral (incisos XXVII a XXIX), direito de herança (incisos XXX e XXXI), direito de defesa do consumidor (inciso XXXII), direitos relacionados ao contato do cidadão com o Poder Público (incisos XXXIII a XXXVII), direitos ligados ao âmbito penal e prisional (incisos XXXVIII a LXVII), remédios constitucionais garantidores de direitos (incisos LXVIII a LXXIII), direito à assistência jurídica integral e gratuita (inciso LXXIV), direito à indenização em casos de erro judiciário (inciso LXXV), direito ao registro civil de nascimento e à certidão de óbito, ambos gratuitos aos reconhecidamente pobres (inciso LXXVI), direito à gratuidade das ações de *habeas corpus* e *habeas data*, essenciais ao funcionamento da cidadania (inciso LXXVII), e segurança em relação à duração razoável de tramitação dos processos (inciso LXXVIII). Desses direitos cabe estabelecermos alguns destaques em especial.

Na questão autoral a Constituição Federal de 1988 cuida de direitos de utilização, publicação ou reprodução das obras, com garantia dos direitos sendo transmitidos aos herdeiros, na limitação de tempo dada pela legislação. Quanto aos direitos sobre inventos industriais, são assegurados privilégios temporários em relação ao uso. Com referência às criações industriais, propriedade de marcas, nomes de empresas e símbolos distintivos, igualmente existe proteção específica. O interesse social e o desenvolvimento tecnológico e econômico de nosso país são os pontos de justificativa para tal temporariedade de vantagens ligadas aos direitos.

Sobre o direito à herança a ênfase recai sobre a questão da sucessão de bens de estrangeiros localizados no Brasil, sendo aplicável a legislação brasileira, salvo se mais favorável a legislação estrangeira do país de origem da pessoa falecida.

Em relação à defesa do consumidor, o texto constitucional impõe ao Poder Público o dever de sua promoção, de seu desenvolvimento.

De acordo com o que já foi mencionado anteriormente, a Constituição Federal de 1988 também trata dos direitos relacionados ao contato do cidadão com o Poder Público. Em especial, temos afirmado o direito de obter informações dos órgãos do Poder Público, todas as informações de nosso peculiar interesse e também de interesse coletivo ou geral, excetuando-SE aspectos indispensáveis à segurança de toda A sociedade e do nosso país. Além disso, sem qualquer ônus financeiro, temos o direito de peticionar ao Poder Público em defesa de nossos direitos ameaçados ou violados por ilegalidade ou abuso de poder e de obter certidões públicas necessárias à defesa desses mesmos direitos. O texto constitucional avança, garantindo a todos o direito de acionar o Poder Judiciário em defesa dos direitos que nos envolvem, não sendo admitido qualquer julgamento judicial fora da estrutura prevista na própria Constituição Federal. No mais, a lei não poderá contrariar direitos que já tenhamos adquirido, atos jurídicos que já tenham chegado à sua conclusão e decisões judiciais das quais não sejam cabíveis eventuais recursos.

Na abrangência penal e prisional, a Constituição Federal de 1988 estabelece as bases de aplicação do Tribunal do Júri, o benefício de retroação da lei mais benéfica em favor do réu, a punição de situações discriminatórias atentatórias aos direitos fundamentais, a fixação do crime de racismo como inafiançável, imprescritível e passível de imputação de pena de reclusão, a impossibilidade de aplicação de benefícios prisionais nos graves casos de cometimento de tortura, tráfico ilícito de entorpecentes e drogas, terrorismo, crimes hediondos, atos contrários à preservação da ordem fundada constitucionalmente através do Estado Democrático de Direito, a individualização da pena e seus critérios admissíveis e inadmissíveis de adoção, os princípios de contraditório e da ampla defesa nos processos judiciais e administrativos, a inadmissibilidade de provas obtidas de modo ilícito, a presunção de inocência, a possibilidade de ajuizamento de ação privada nos casos em que a ação pública cabível não tenha sido empreendida, a publicidade dos atos processuais como pressuposto geral a ser seguido pela lei, a delimitação da prisão em flagrante, as regras para o estabelecimento da prisão e os direitos do preso e suas particularidades.

6.3 Garantias constitucionais

Até o presente momento vimos previsões constitucionais de direitos fundamentais. Importa advertir que tais previsões, por si sós, não asseguram o respeito e o cumprimento desses direitos. Para efetivá-los, por vezes, são necessários mecanismos jurídicos próprios, batizados genericamente como "remédios constitucionais" ou "ações constitucionais".

Localizados no art. 5º, são eles: *habeas corpus* (inciso LXVIII), *habeas data* (inciso LXXII), mandado de injunção (inciso LXXI), ação popular (inciso LXXIII) e mandado de segurança – individual e coletivo (incisos LXIX e LXX).

O *habeas corpus* tem a finalidade específica de assegurar a liberdade de locomoção.

O *habeas data* visa a assegurar a intimidade individual e o direito às informações relativas à sua própria personalidade em bancos de dados públicos, com possibilidade de retificação dos mesmos.

O *mandado de injunção* tem funcionamento nos casos em que não existir norma regulamentadora de determinado direito constitucionalmente previsto; direito, este, que precisa ser assegurado.

Já a *ação popular* objetiva proteger o patrimônio público de quaisquer atos lesivos.

E, finalmente, o *mandado de segurança*, cabível nos casos em que identificarmos ameaça (impetrado com caráter preventivo) ou lesão (impetrado com caráter repressivo) a direito que seja líquido (que possa ter limites nitidamente fixados) e certo (que possa ser exercido inquestionavelmente na ocasião da impetração), sempre que não amparável por *habeas corpus* ou *habeas data* e sempre que o responsável for autoridade pública ou agente de pessoa jurídica em exercício de atribuições do Poder Público. Cabe lembrarmos, ainda, que este remédio constitucional, além de ser admitido individualmente, também pode ser impetrado coletivamente, visando a dar atenção às demandas de cunho social. Tratando-se de mandado de segurança coletivo, sua legitimidade ativa restringe-se às regras das alíneas "a" e "b" do inciso LXX: partido político com representação no Congresso Nacional e organização sindical, ou entidade de classe, ou associação, constituída há pelo menos um ano, tratando de defender os interesses de seus membros.

6.4 Considerações finais

Por último, a CF de 1988, ao final do art. 5º, cuida de questões pontuais em quatro parágrafos específicos. Resumidamente, podemos expor seus conteúdos da seguinte forma: as normas que definirem direitos e garantias fundamentais são aplicáveis imediatamente; direitos e garantias previstos no texto constitucional não excluem outros acordados internacionalmente por nosso país, recebendo igual consideração de validade e de importância; os tratados e convenções internacionais que cuidem de questões relacionadas aos direitos humanos serão equivalentes às emendas constitucionais, desde que aprovados em cada Casa do Congresso Nacional, em dois turnos, por no mínimo 3/5 dos votos dos respectivos membros; e a submissão do nosso país à jurisdição do Tribunal Penal Internacional.

Em síntese, os direitos fundamentais e suas garantias encontram proteção constitucional, que para ser efetivada depende em boa parte de seu conhecimento expresso, bem como de uma visão de sistema jurídico, relacionando a um mesmo caso os vários direitos envolvidos. Somente após conhecidos os direitos e suas relações é que podemos fazer o uso adequado da garantia constitucional correspondente.

Capítulo 7
DIREITOS SOCIAIS

ZÉLIA LUIZA PIERDONÁ
MARIA GARCIA
TATIANA PENHARRUBIA FAGUNDES

PARTE I
SEGURIDADE SOCIAL (arts. 194 a 204)

ZÉLIA LUIZA PIERDONÁ

7.1 A base e os objetivos da ordem social. 7.2 Definição constitucional de "seguridade social". 7.3 Responsabilidade pelas ações de seguridade social. 7.4 Princípios específicos de seguridade social: 7.4.1 Princípio da universalidade da cobertura e do atendimento – 7.4.2 Princípio da uniformidade e equivalência das prestações às populações urbanas e rurais – 7.4.3 Princípio da seletividade e distributividade na prestação dos benefícios e serviços – 7.4.4 Princípio da irredutibilidade do valor dos benefícios – 7.4.5 Princípio da eqüidade na forma de participação no custeio – 7.4.6 Princípio da diversidade da base de financiamento – 7.4.7 Princípio da gestão da seguridade social – 7.4.8 Princípio do custeio prévio – 7.4.9 Princípio da solidariedade. 7.5 Financiamento da seguridade social. 7.6 Áreas da seguridade social: 7.6.1 Saúde – 7.6.2 Previdência social – 7.6.3 Assistência social.

A seguridade social, assim como as demais áreas da "Ordem Social" – Título VIII da Constituição Federal –, têm como base o primado do trabalho e como objetivo o bem-estar e a justiça sociais (art. 193 da CF).

O art. 194 da CF define a seguridade social e estabelece sua diretrizes fundamentais, bem como as áreas que a compõem: saúde (arts. 196-200), assistência social (arts. 203 e 204) e previdência social (arts. 201, 202 e 40). Seu financiamento está previsto no art. 195.

Esses são os enunciados constitucionais específicos que tratam da seguridade social, mas eles devem ser analisados em conjunto com os demais preceitos constitucionais, especialmente os arts. 1º, 3º, 5º, 6º, 7º, 10, 22, 23, 24, 30, I, II e VII, 149, 165, § 5º, e 170.

7.1 A base e os objetivos da ordem social

O art. 193 tem estrita relação com os fundamentos e os objetivos do Estado Brasileiro. O fundamento "valor social do trabalho", expresso no inciso IV do art. 1º, aparece como base da "Ordem Social" – "o primado do trabalho" – e como fundamento da ordem econômica.

A previdência social, uma das áreas componentes da seguridade social, tem como pressuposto o trabalho. Sua remuneração é utilizada como base de cálculo da contribuição previdenciária, constituindo uma das modalidades de financiamento direto da seguridade social, nos termos do art. 195 da CF. Além disso, a ausência da capacidade de trabalho é requisito para a concessão das prestações previdenciárias (benefícios e serviços), o que demonstra que a própria Constituição conferiu tratamento peculiar aos trabalhadores, na medida em que destinou uma das áreas componentes da seguridade social para proteger o trabalhador quando diante de uma necessidade causada por riscos sociais.

O art. 205, também da CF, estabelece como um dos objetivos da educação a qualificação para o trabalho, o que nos permite afirmar que o valor social do trabalho segue toda a vida do cidadão. Durante sua fase de formação, a qual se dá pela educação, estará se qualificando para o trabalho. Na fase considerada "adulta", por meio do trabalho, não só garantirá sua subsistência e de sua família, como planejará e contribuirá para quando já não possuir a capacidade de trabalho – velhice.

Poderia ser contraposto à afirmação acima o argumento de que nem sempre isso é possível. Entretanto, o ordenamento, no art. 170, VIII, da CF, busca o pleno emprego, e quando isso não ocorrer (desemprego involuntário) o sistema prevê a cobertura da necessidade advinda do referido risco social (art. 201, III, também da CF).

O bem-estar e a justiça sociais são objetivos da ordem social (art. 193). Para o implemento de tais objetivos, o constituinte estabeleceu, entre outros direitos sociais, os direitos de seguridade social, a qual é financiada pela solidariedade de toda a sociedade (art. 195).

O art. 193, além de estar diretamente relacionado aos fundamentos e aos objetivos do Estado Brasileiro (arts. 1º e 3º da CF), tem relação com a ordem econômica, já que esta "tem por fim assegurar a todos existência digna, conforme os ditames da justiça social" (art. 170).

Não podemos falar em justiça social sem que todos tenham garantidas as condições necessárias a uma vida digna, as quais estão previstas na Declaração Universal dos Direitos Humanos, art. 25: "Todo homem tem direito a um padrão de vida capaz de assegurar a si e à sua família saúde e bem-estar, inclusive alimentação, vestuário, habitação, cuidados médicos e os serviços sociais indispensáveis e direito à segurança em caso de desemprego, doença, invalidez, velhice ou outros casos de perda dos meios de subsistência em circunstâncias fora de seu controle".

A seguridade social, nos termos previstos na Constituição de 1988, é um dos maiores instrumentos de realização de justiça social, já que busca a universalidade da proteção (art. 194, parágrafo único, I, da CF).

Os arts. 194 a 204 da CF de 1988 estabelecem as normas que deverão ser seguidas pelo legislador infraconstitucional para a construção do sistema de seguridade social.

7.2 Definição constitucional de "seguridade social"

A CF, em seu art. 194, estabelece que "a seguridade social compreende um conjunto integrado de ações de iniciativa dos Poderes Públicos e da sociedade, destinadas a assegurar os direitos relativos à saúde, à previdência e à assistência social".

Entretanto, a proteção social brasileira, assim como a dos demais países, passou por um processo evolutivo para chegar ao estágio descrito acima. Nesse sentido, podemos afirmar, em poucas palavras, que a evolução da seguridade social apresenta quatro fases: assistência privada, assistência pública, seguro social (previdência social) e seguridade social. Isso não significa que a cada nova fase foram extintas a fase ou as fases anteriores. Ao contrário, o processo deu-se de forma cumulativa, uma vez que a seguridade social congrega a assistência pública e privada, o seguro social e a saúde.

7.3 Responsabilidade pelas ações de seguridade social

O art. 194, conforme vimos acima, além de estabelecer as áreas que compõem a seguridade social, menciona que as iniciativas das ações são de responsabilidade tanto dos Poderes Públicos como da sociedade, demonstrando, com isso, que a responsabilidade pela sua efetivação não é exclusiva do Estado. Assim, nosso sistema de seguridade social inclui também a proteção privada, a qual pode se dar nas três áreas: saúde, previdência e assistência.

O art. 194 da CF estabelece os princípios específicos da seguridade social, ao qual devem ser acrescidos os preceitos do *caput* do art. 195, bem como seu § 5º.

7.4 Princípios específicos de seguridade social

Continuando a análise da seguridade social segundo nossa Constituição, neste item abordaremos, sinteticamente, os princípios específicos aplicáveis ao mencionado sistema.

7.4.1 Princípio da universalidade da cobertura e do atendimento

O princípio enunciado no art. 194, parágrafo único, I, da CF revela a adoção de um sistema protetivo amplo, o único capaz de atingir o bem-estar e a justiça sociais, que são objetivos da ordem social, conforme preceitua o art. 193, já comentado. O princípio em apreço está em consonância com o sistema adotado, da seguridade social, uma vez que esta amplia a idéia de seguro social, o qual é dirigido apenas aos trabalhadores.

Conforme vimos, a proteção social passou por diversas fases: assistência privada, assistência pública, previdência social ou seguro social e seguridade social.

A seguridade social, fruto do constitucionalismo social que conferiu dignidade constitucional à questão social, é o instrumento utilizado pelo Estado para realizar o bem-estar e a justiça sociais, o que somente será realidade quando todos tiverem acesso a um padrão mínimo. Por isso, o princípio da universalidade é intrínseco à seguridade, na medida em que cabe ao Estado e à sociedade garantir a todos o mínimo[1] necessário.

O princípio em comento prevê a universalidade da cobertura e do atendimento. A universalidade da cobertura corresponde às situações de riscos (objetos da seguridade social). É o elemento objetivo da universalidade. Constitui um vir-a-ser, uma vez que somente haverá a universalidade propriamente dita quando todas as situações de risco forem atendidas.

1. O *mínimo indispensável* a uma vida digna foi objeto da Convenção 102 da OIT, aprovada na XXXV Conferência Internacional do Trabalho, em 1952, denominada "Norma Mínima de Seguridade Social" – por sua própria denominação revela seu conteúdo: estabelece o mínimo que cumpre aos Estados prestar em matéria de seguridade social.

Já a universalidade do atendimento, que é a dimensão subjetiva do princípio, está ligada aos destinatários das prestações de seguridade social.

A universalidade deve ser entendida no sistema de seguridade social como um todo: em relação à saúde, todos são seus destinatários. Já no que tange aos recursos para a sobrevivência, quando diante da incapacidade de auferi-los por conta própria, temos a previdência, a qual é dirigida aos trabalhadores e seus dependentes, e a assistência, que é destinada aos necessitados. O mencionado princípio relaciona-se às prestações e aos beneficiários da seguridade social.

A universalidade é o primeiro princípio específico. A partir dele, devem ser compreendidos os demais.

7.4.2 Princípio da uniformidade e equivalência das prestações às populações urbanas e rurais

O inciso II do parágrafo único do art. 194 estabelece a uniformidade e equivalência dos benefícios e serviços às populações urbanas e rurais. Historicamente, o tratamento dado ao trabalhador rural foi inferior àquele dispensado ao trabalhador urbano.

O referido princípio também consagra a equivalência dos benefícios e serviços. Isso significa que as regras infraconstitucionais que não atendam ao conteúdo do princípio, tanto no que se refere aos tipos de prestações concedidas quanto aos critérios para apuração do seu valor, não encontram fundamento de validade na Constituição.

No entanto, deve-se observar que a equivalência dos benefícios e serviços deve ser isonômica, ou seja, se o trabalhador rural contribui de forma diversa do urbano, os benefícios deverão ter relação com a sua forma de custeio. A própria CF, no § 8º do art. 195, estabeleceu uma forma diversa de contribuição para o segurado especial.[2]

7.4.3 Princípio da seletividade e distributividade na prestação dos benefícios e serviços

Acima verificamos que a seguridade social tem como objetivo a universalidade, sendo que o princípio da seletividade revela uma contenção provisória. No caminho de sua efetivação, o legislador infraconstitucional, discricionariamente, deverá escolher etapas, selecionando os riscos sociais que serão cobertos por prestações.

2. Pequeno agricultor e pescador artesanal que trabalham em regime de economia familiar, conforme o inciso VII do art. 12 da Lei 8.213/1991.

Porém, a discricionariedade não é total, pois, além de a própria Constituição ter apresentado vetores como doença, velhice, invalidez etc. (no caso da previdência social), o segundo comando do princípio – distributividade – determina que a escolha dos riscos a serem cobertos recaia sobre prestações que concretizem os objetivos da ordem social.

7.4.4 Princípio da irredutibilidade do valor dos benefícios

A irredutibilidade do valor dos benefícios, prevista no art. 194, parágrafo único, IV, está relacionada ao seu valor nominal. Ou seja, um benefício de R$ 1.000,00 não pode ser reduzido a R$ 950,00. Esse princípio também é aplicado à remuneração dos trabalhadores em atividade (art. 7º da CF), salvo acordo ou convenção coletiva de trabalho.

Outra questão é a manutenção do valor real dos benefícios previdenciários, a qual está prevista no § 4º do art. 201 da CF, assegurando "o reajustamento dos benefícios para preservar-lhes, em caráter permanente, o valor real, conforme critérios definidos em lei". Referido dispositivo relaciona-se ao poder aquisitivo que deve ser observado no reajuste dos benefícios de previdência social.

Ressaltamos que os critérios são fixados em leis e não podem afetar a preservação do valor real. Com efeito, não encontrará fundamento de validade na Constituição o indexador fixado pelo legislador que não preservar o valor real do benefício. Mas, por outro lado, na determinação do percentual de reajuste deve ser considerado o enunciado do § 5º do art. 195, o qual contém o princípio da contrapartida.

Importante frisar que a manutenção do valor real é dirigida apenas a uma das áreas da seguridade (previdência social), enquanto a irredutibilidade do valor dos benefícios destina-se a toda a seguridade social.

7.4.5 Princípio da eqüidade na forma de participação no custeio

Os princípios da eqüidade na forma de participação no custeio e da diversidade da base de financiamento referem-se ao custeio da seguridade social.

Na eqüidade deve ser considerada a capacidade contributiva do sujeito passivo da obrigação, uma vez que o art. 193 estabelece como objetivo da ordem social a justiça social.

Mas a eqüidade na forma de participação no custeio não se reduz apenas à apreciação da capacidade contributiva. A ela devem ser acrescentadas as especificidades relacionadas com o sistema de seguridade social.

A primeira especificidade a ser considerada é a observância da relação entre a contribuição e as prestações, devendo ser estabelecidas contribuições segundo o risco[3] apresentado pelo contribuinte. Se maior o risco social, maior a contribuição.

Outra especificidade do princípio em comento é a utilização da mão-de-obra, a qual não deixa de ser um desdobramento da especificidade acima comentada (produção de riscos sociais), uma vez que se a atividade utiliza pouca mão-de-obra estará contribuindo para a produção do risco social, que a CF já determinou, no art. 201, III, que deve ser coberto com benefício previdenciário (proteção ao trabalhador em situação de desemprego involuntário).

O § 9º do art. 195, acrescentado pela Emenda Constitucional 20/1998, e com a redação que lhe foi atribuída pela Emenda Constitucional 47/2005, explicitou o princípio, prevendo a possibilidade de adoção de alíquotas ou bases de cálculo diferenciadas em razão da atividade econômica, da utilização intensiva de mão-de-obra, do porte da empresa ou da condição estrutural do mercado de trabalho. Entendemos que mesmo antes das referidas Emendas era possível a adoção de alíquotas ou bases de cálculo diferenciadas, uma vez que o conteúdo do mencionado parágrafo apenas explicita o princípio da eqüidade na forma de participação no custeio.

7.4.6 Princípio da diversidade da base de financiamento

O princípio da diversidade da base de financiamento deve ser entendido a partir da história do financiamento do sistema protetivo. No modelo alemão de seguro social, concebido por Bismarck, o financiamento estava relacionado à remuneração do trabalho, contribuindo tanto o empregador como o trabalhador.

O Brasil, historicamente, adotou o modelo acima, sendo que a remuneração era o fator de produção que tinha maior expressão econômica. Entretanto, houve alteração desse quadro, decrescendo o fator trabalho em face do aumento do capital, diminuindo proporcionalmente a receita sobre aquele fator. Além disso, o sistema protetivo foi ampliado com a Constituição de 1988, passando de modelos isolados, que visavam a proteger determinados setores da população, para um sistema de seguridade social, o qual objetiva

3. A contribuição prevista no art. 22, II, da Lei 8.212/1991 (Seguro de Acidentes do Trabalho) tem alíquotas que variam de 1% a 3%, conforme o risco apresentado pelo contribuinte. Além delas, o art. 57 da Lei 8.213/1991 e a Lei 10.666/2003 prevêem o acréscimo da alíquota de 20% paga pelas empresas sobre a remuneração dos trabalhadores que fazem jus à aposentadoria especial.

atender a todos os cidadãos nas situações geradoras de necessidades. Para tanto, necessita de outros sinais de riqueza.

Assim, a Constituição determinou a diversificação de bases de financiamento, o que significa utilizar outras fontes além da folha de pagamento, uma vez que somente esta já não é suficiente para custear a totalidade das prestações de seguridade.

A Constituição foi além: ela mesma já diversificou ao estabelecer, nos incisos do art. 195 e no art. 239, diversos pressupostos de contribuições para a seguridade social.

7.4.7 Princípio da gestão da seguridade social

O inciso VII do parágrafo único do art. 194 da CF vigente estabelece o "caráter democrático e descentralizado da administração, mediante gestão quadripartite, com participação dos trabalhadores, dos empregadores, dos aposentados e do Governo nos órgão colegiados". Com isso, a Constituição determinou que a gestão da seguridade social deve ter caráter democrático e descentralizado, o que concretiza no âmbito da seguridade social o Estado Democrático de Direito, instituído no art. 1º da CF, pois exige a participação, nos órgãos de poder, dos destinatários do sistema.

A descentralização deveria abranger a arrecadação das receitas da seguridade e sua aplicação, uma vez que o art. 165, § 5º, da CF determina orçamentos distintos do tesouro e da seguridade. No entanto, o STF, no RE 146.733-9, cujo relator foi o Min. Moreira Alves, estabeleceu que a Constituição não veda – ao contrário, admite – a arrecadação de contribuição social para o financiamento da seguridade social pela Administração direta da União, por intermédio da Receita Federal. Atualmente, com a criação da Receita Federal do Brasil, todas as contribuições de seguridade social são arrecadadas pela mencionada instituição.

7.4.8 Princípio do custeio prévio

O enunciado do § 5º do art. 195 da CF determina que "nenhum benefício ou serviço da seguridade social poderá ser criado, majorado ou estendido sem a correspondente fonte de custeio total".

Constatamos no preceito constitucional em referência que não há saída (prestações de saúde, previdência e assistência) sem que haja entrada (receitas que possibilitem os pagamentos das referidas prestações); ou seja, poderão ser criadas, majoradas ou estendidas prestações de seguridade social somente se houver previsão de recursos para tanto. Isso significa que o sistema protetivo não proporcionará benefícios sem que haja a contrapartida financeira.

O princípio revelará, ao mesmo tempo, a capacidade de financiamento da comunidade no que tange às prestações de seguridade social, bem como sua decisão política, efetivada por meio de seus representantes, para a ampliação do sistema protetivo.

7.4.9 Princípio da solidariedade

Os *caputs* tanto do art. 194 como do art. 195 trazem enunciados que demonstram a existência do princípio da solidariedade.

Aquele artigo afirma que as ações de seguridade social são de responsabilidade tanto dos Poderes Públicos como da sociedade,[4] conforme já vimos anteriormente, revelando, assim, a existência do princípio da solidariedade no que tange à execução do sistema.

O *caput* do art. 195, por sua vez, estabelece que o financiamento da seguridade social é encargo de toda a sociedade, que o efetivará de forma direta[5] e indireta,[6] demonstrando, com isso, a solidariedade do sistema.

O princípio da solidariedade desempenha papel fundamental nas relações de seguridade social, a qual, por ter um caráter universal, proporciona proteção a todos aqueles que estão em situação de risco.

7.5 Financiamento da seguridade social

Conforme vimos, a seguridade social compreende um conjunto integrado de ações, de iniciativa dos Poderes Públicos e da sociedade, destinadas a assegurar os direitos relativos à saúde, à previdência e à assistência social.

Para garantir a proteção social referida acima, a Constituição prevê meios que correspondem ao financiamento da seguridade social, cuja res-

4. A sociedade participa da execução da seguridade social quando promove a saúde e a assistência privada (assistência familiar e caritativa) bem como organiza sua previdência complementar, nos termos do art. 202 da CF.

5. Por meio de contribuições de seguridade social, cuja competência para sua instituição está nos arts. 149, *caput*, 195, I a IV, e 239 da CF. Além delas, durante a vigência das Emendas Constitucionais 12, 21, 37 e 42 tínhamos a CPMF.

6. A forma indireta dá-se através de dotações do orçamento fiscal e da destinação de recursos dos concursos de prognósticos realizados pelo Poder Público.

ponsabilidade, conforme o *caput* do art. 195, é de toda a sociedade, de forma direta e indireta. Mencionada participação revela o princípio da solidariedade, já comentado, aplicável à proteção social.

O art. 195 traz os principais preceitos relativos ao financiamento da seguridade social, o qual é complementado pelos arts. 149,[7] 165, § 5º,[8] III, 167, IV[9] e XI,[10] e 239,[11] uma vez que neles também encontramos enunciados relativos ao custeio ou ao seu controle.

A responsabilidade pelo financiamento da seguridade social é de toda a sociedade, que o faz de forma direta e indireta. Esta é efetivada pelos recursos destinados à seguridade social dos orçamentos (as suas receitas são provenientes da tributação que é suportada pela sociedade; por isso, diz-se forma indireta de financiamento) das pessoas políticas de Direito interno – União, Estados, Distrito Federal e Municípios –, incluindo-se nesta destinação, também, parcela dos recursos dos concursos de prognósticos promovidos pelo Poder Público.[12]

No caso da saúde, a própria CF, no art. 198, § 2º, com a redação atribuída pela Emenda Constitucional 29/2000, estabeleceu que os Estados, o

7. O *caput* do art. 149 atribui competência à União para instituir, entre outras, as contribuições sociais, nas quais estão incluídas as de seguridade social. Além disso, seu § 1º estabelece a competência dos Estados, dos Municípios e do Distrito Federal para instituir contribuições dos servidores públicos titulares de cargos efetivos, para o custeio dos respectivos regimes próprios de previdência. A competência para a União instituir contribuição de seus servidores está também no *caput*, uma vez que ela detém competência para instituir contribuições de seguridade, incluindo-se as previdenciárias de seus servidores.

8. O § 5º do art. 165 da CF pátria estabelece que a Lei Orçamentária Anual compreende: o orçamento fiscal, o orçamento de investimento das empresas em que a União tenha a maioria do capital social e o orçamento da seguridade social. Com isso, o orçamento da seguridade social deve ser distinto do fiscal. A Constituição assim estabeleceu porque a seguridade social é um sistema autônomo em relação ao arcabouço estatal.

9. O inciso IV do art. 167 da CF ressalva da proibição que estabelece em relação à vinculação da receita de impostos a destinação de recursos para as ações e serviços públicos de saúde.

10. O inciso XI do art. 167 da CF proíbe a utilização dos recursos das contribuições da empresa sobre folha de salário e demais rendimentos do trabalho pagos a pessoa física mesmo que sem vínculo empregatício e do trabalhador para realização de despesas distintas do pagamento de benefícios do regime geral de previdência social.

11. O art. 239 da CF recepciona e dá nova destinação às contribuições do PIS e do PASEP, estabelecendo que elas também financiarão o programa do seguro-desemprego (benefício que atende ao evento – risco – "desemprego involuntário", o qual está selecionado no art. 201, III, da CF para ter atendimento pela previdência social).

12. Cf. o livro de nossa autoria *Contribuições para a Seguridade Social*, São Paulo, LTr, 2003, p. 62.

Distrito Federal e os Municípios deverão destinar recursos do orçamento fiscal para a saúde. A União, por sua vez, vai destinar recursos para a mencionada área conforme definição de lei complementar (art. 198, § 2º, I).

Já na forma direta de financiamento, a participação da sociedade efetua-se por meio das contribuições sociais, as quais estão arroladas nos arts. 195 e 239 da CF, além de outras fontes, que poderão ser instituídas via competência residual, prevista no § 4º do art. 195, e por meio de previsão decorrente do poder constituinte reformador. Ressalta-se que o sistema de seguridade exige a previsão de custeio prévio (art. 195, § 5º, da CF), o qual já foi comentado quando tratamos dos princípios aplicáveis à seguridade.

O *caput* do art. 149 da CF atribui competência à União para instituir as contribuições denominadas especiais ou parafiscais. O referido enunciado constitucional menciona as contribuições sociais, as de intervenção no domínio econômico e as de interesse das categorias profissionais ou econômicas. As contribuições sociais subdividem-se em gerais e para a seguridade social. Estas têm determinações específicas que estão definidas no art. 195.

O citado custeio deve ser compreendido no contexto do modelo de proteção social adotado pela Constituição, a qual, como vimos, é assegurada por meio da seguridade social, compreendendo o tripé: previdência, assistência e saúde. No modelo anterior o custeio tinha como base principal a remuneração do trabalho.

Entretanto, considerando as mudanças econômicas e a ampliação do sistema protetivo, a Constituição estabeleceu o princípio da diversidade de bases de financiamento, o qual impõe a utilização de outras bases de financiamento, além da remuneração do trabalho, uma vez que somente esta já não é suficiente para custear a totalidade dos benefícios de seguridade (no ordenamento anterior tínhamos a previdência social; com a Constituição de 1988 o sistema protetivo foi ampliado para seguridade social, abrangendo, além da previdência, saúde e assistência, sendo que a própria previdência apresentou ampliação, como, por exemplo, a uniformidade de tratamento aos trabalhadores urbanos e rurais).

A própria CF já diversificou ao preceituar, nos incisos do art. 195 e no art. 239, bases de cálculo distintas, bem como diversos contribuintes. Além disso, permitiu a instituição de outras fontes, conforme preceito do § 4º do art. 195. Emendas à Constituição também já foram utilizadas para ampliar as fontes de custeio, como, por exemplo, a que atribuiu competência à União para instituir a CPMF – Emendas Constitucionais 12/1996, 21/1999, 37/2002 e 42/2003 –, diversificando ainda mais as bases de financiamento.

Dessa forma, a CF arrola, no art. 195, diversos pressupostos de fatos geradores de contribuições de seguridade social. No inciso I encontramos como responsável pelas contribuições o empregador, a empresa ou entidade a ela equiparada, cujas bases de cálculo incidirão sobre a folha de salários[13] e demais rendimentos do trabalho, pagos à pessoa física, mesmo que sem vínculo empregatício; a receita ou faturamento;[14] e o lucro.[15]

A Emenda Constitucional 20/1998 acrescentou o § 9º ao art. 195, o qual depois teve nova redação dada pela Emenda Constitucional 47/2005, dispondo que as contribuições previstas no inciso I do *caput* do citado artigo poderão ter alíquotas ou bases de cálculo diferenciadas, em razão da atividade econômica, da utilização intensiva de mão-de-obra, do porte da empresa ou da condição estrutural do mercado de trabalho. Conforme já mencionamos quando tratamos do princípio da eqüidade na forma de participação no custeio, não haveria necessidade de acrescentar referido parágrafo, já que o mencionado princípio comporta as citadas diferenciações.

O art. 195, II, da CF de 1988 arrola os trabalhadores[16] como um dos partícipes[17] do custeio da seguridade social.

Ressaltamos que as contribuições previstas no inciso I, alínea "a" (contribuição da empresa sobre a folha de salários e demais rendimentos), e no inciso II (contribuições dos trabalhadores) são destinadas exclusivamente ao pagamento dos benefícios do regime geral de previdência social, conforme determinação do art. 167, XI, da CF, motivo pelo qual as denominamos de

13. A contribuição que tem como base a letra "a" do inciso I do art. 195 foi instituída pela Lei 8.212/1991, art. 22, sendo que este teve redação alterada pela Lei 9.876/1999.

14. A contribuição que tem como base a letra "b" do inciso I do art. 195 foi instituída pela Lei Complementar 70/1991 e alterada, entre outras leis, pelas Leis 9.718/1998 e 10.833/2003.

15. A contribuição sobre o lucro (letra "c" do inciso I do art. 195) foi instituída pela Lei 7.689/1988.

16. As contribuições das mais diversas espécies de trabalhadores (em termos previdenciários temos cinco espécies: empregado, empregado doméstico, contribuinte individual, avulso e segurado especial, conforme o art. 12 da Lei 8.212/1991, com redação atribuída pela Lei 9.876/1999) foram instituídas pela Lei 8.212/1991.

17. Desde 1923, com a denominada "Lei Eloy Chaves" (Decreto Legislativo 4.682, de 24.1.1923), considerada marco para a previdência social brasileira, os trabalhadores são chamados a contribuir para o sistema protetivo. Em âmbito constitucional, a Carta de 1934 estabeleceu o Poder Público, os empregadores e os empregados como partícipes do custeio da previdência social. Essa forma tríplice de participação no custeio foi reproduzida em todas as Constituições posteriores e tem por fundamento o modelo alemão de seguro social, preconizado por Otto von Bismarck, em 1883, que visava a proteger os trabalhadores em situações de necessidade.

contribuições previdenciárias, e não de seguridade social. As demais contribuições arroladas no art. 195 são destinadas à seguridade social; portanto, também à previdência social.

O termo "trabalhadores", utilizado no inciso II do art. 195 na redação original e reproduzida na Emenda Constitucional 20/1998, abrange todas as formas de prestações de serviços,[18] resultando, com isso, que todos os trabalhadores são sujeitos passivos das contribuições para a seguridade social.

Em razão da característica "contributividade" (expressa tanto no art. 40, que se refere aos regimes próprios de previdência social dos servidores públicos, quanto no art. 201, dirigido ao regime geral), os trabalhadores, independentemente da forma como o serviço é prestado, devem contribuir, pois para se ter acesso aos benefícios previdenciários há a necessidade de contraprestação direta por parte do segurado.

Considerando que todo trabalhador tem direito à previdência (direito fundamental), e considerando que para ter direito aos benefícios previdenciários há a necessidade de contribuição por parte do segurado, deve o legislador infraconstitucional instituir contribuição para todos os trabalhadores.

No entanto, dado o princípio da eqüidade na forma de participação no custeio, previsto no inciso V do parágrafo único do art. 194, a contribuição do trabalhador deve considerar sua condição econômica.

A Emenda Constitucional 41, de 31.12.2003, acrescentou o 12 ao art. 201 da CF, preceituando que "lei disporá sobre sistema especial de inclusão previdenciária para atender a trabalhadores de baixa renda (...)" [*redação da Emenda Constitucional 47, de 5.7.2005*]. Entendemos que, em razão dos princípios constitucionais citados, a inclusão dos trabalhadores de baixa renda já poderia ter sido feita pelo legislador infraconstitucional, por meio de instituição de alíquotas que considerassem sua situação econômica.

A Emenda Constitucional 20/1998 incluiu, além do trabalhador, "os demais segurados da previdência social" (art. 195, II).[19]

Referida Emenda acrescentou também o § 11 ao art. 195, vedando a concessão de remissão ou anistia das contribuições sociais de que tratam os

18. A Lei 8.212/1991, no art. 12, estabelece que em matéria previdenciária os trabalhadores são classificados em cinco grupos (até a edição da Lei 9.876/1999 tínhamos sete grupos): empregado, empregado doméstico, avulso, segurado especial e contribuinte individual (antes da Lei 9.876/1999, em substituição a contribuinte individual tínhamos autônomos, equiparados a autônomos e empresários).

19. Quanto aos segurados facultativos, entendemos que a relação existente entre eles e o órgão previdenciário não é tributária, dada a facultatividade do recolhimento. Como é facultativo, não pode ser compulsório; e essa é uma das características do tributo, conforme o art. 3º do CTN.

incisos I, "a", e II do referido artigo (contribuição da empresa sobre a folha de salários e demais rendimentos e contribuição do trabalhador) para débitos em montante superior ao fixado em lei complementar.

O inciso III do art. 195 estabeleceu a competência para instituir contribuições sobre a receita de "concursos de prognósticos". Com a referida expressão a Constituição de 1988 pretendeu abranger quaisquer concursos de sorteios, loterias e apostas, sendo que o § 1º do art. 26 da Lei 8.212/1991 assim os define: "Consideram-se concursos de prognósticos todos e quaisquer concursos de sorteios de números, loterias, apostas, inclusive as realizadas em reuniões hípicas, nos âmbitos federal, estadual, do Distrito Federal e municipal".

Relativamente aos concursos de prognósticos realizados pelos órgãos do Poder Público, conforme já referimos, entendemos que não se trata de uma contribuição, mas de uma forma indireta de custeio, pois é o Poder Público destinando recursos à seguridade social. Com isso, o preceito do inciso III do art. 195, ao estabelecer que haverá contribuição sobre a receita de concursos de prognósticos, está se referindo aos concursos de prognósticos realizados pela iniciativa privada, quando autorizados legalmente. Pensamos que a própria lei que autoriza sua realização pode instituir a contribuição sobre concurso de prognósticos.

A Emenda Constitucional 42, de 31.12.2003, acrescentou o inciso IV ao art. 195, estabelecendo a competência[20] para a instituição de contribuição do importador de bens ou serviços do exterior, ou quem a lei a ele equiparar.

O art. 239 da CF de 1988 recepcionou as contribuições para o Programa de Integração Social/PIS, instituído pela Lei Complementar 7/1970, e para o Programa de Formação do Patrimônio do Servidor Público/PASEP, instituído pela Lei Complementar 8/1970, e reordenou o Direito anterior, com fundamento e finalidades distintas. O *caput* do art. 239 dispõe que tais contribuições serão destinadas a financiar o programa do seguro-desemprego bem como o abono correspondente ao pagamento de um salário mínimo anual aos empregados que recebem até dois salários mínimos de remuneração mensal.

A destinação das mencionadas contribuições demonstra tratar-se de contribuições para a seguridade social, uma vez que o programa de seguro-desemprego, conforme o art. 201, III, da CF, faz parte da proteção previdenciária. Além disso, o abono é devido aos trabalhadores de baixa

20. A Medida Provisória 164, de 29.1.2004, convertida na Lei 10.865/2004, instituiu as contribuições do PIS/PASEP e da COFINS incidentes na importação de produtos estrangeiros e serviços, devidas pelo importador de bens estrangeiros ou serviços do exterior.

renda; portanto, também é um benefício previdenciário, à semelhança do salário-família, o qual é um benefício previdenciário devido ao empregado e ao trabalhador avulso de baixa renda.

O § 4º do art. 195 da CF[21] preceitua que lei complementar poderá[22] instituir outras fontes destinadas a garantir a manutenção ou expansão da seguridade social.

Além da competência prevista no § 4º do art. 195 da CF, acima comentada, poderá ser autorizada a criação de outras fontes, por meio de emendas à Constituição, já que o Congresso Nacional está investido do denominado "poder constituinte derivado", que lhe autoriza editar emendas à Constituição, desde que observados os requisitos estabelecidos no art. 60 da Carta Magna e não violados os preceitos do § 4º do mesmo artigo, que são as chamadas *cláusulas pétreas*.

A mencionada competência, conforme mencionamos acima, foi exercida pelas Emendas Constitucionais 12/1996, 21/1999, 37/2002 e 42/2003, que atribuíram competência à União para instituir a contribuição provisória sobre movimentação ou transmissão de valores e de créditos e direitos de natureza financeira/CPMF.

A destinação constitucional à saúde, determinada no § 3º do art. 74 do ADCT, especificava a natureza jurídica da contribuição, uma vez que saúde é uma das áreas componentes do sistema de seguridade social, o que demonstra tratar-se de uma contribuição para a seguridade social. A Emenda Constitucional 21/1999, além da saúde, destinou recursos da CPMF também para a previdência; a Emenda Constitucional 37/2002 destinou para as três áreas componentes da seguridade social, uma vez que, além da saúde e previdência, destinou recursos para o Fundo de Combate e Erradicação da Pobreza – portanto, à assistência social; finalmente, a Emenda Constitucional 42/2003 apenas prorrogou a CPMF até 31.12.2007, quando deixou de ser exigida, dada a provisoriedade da referida contribuição.

As contribuições para a seguridade social podem ser exigidas depois de 90 dias da publicação da lei que as instituiu ou as modificou, não lhes sendo aplicado o princípio da anterioridade previsto no art. 150, III, "b", da CF.

21. Art. 195, § 4º, da CF: "A lei poderá instituir outras fontes destinadas a garantir a manutenção ou expansão da seguridade social, obedecido o disposto no art. 154, I".

22. A competência prevista no referido parágrafo já foi exercitada quando da instituição da contribuição da empresa sobre os rendimentos pagos a administradores, trabalhadores autônomos e avulsos – Lei Complementar 84/1996. No entanto, tais contribuições após a edição da Emenda Constitucional 20/1998 passaram a ter como fundamento de validade o inciso I, "a", do art. 195, e não mais seu § 4º – motivo pelo qual a Lei Complementar 84/1996 foi revogada pela Lei 9.876/1999.

O *caput* do art. 195 da CF estabelece que a seguridade social é financiada por toda a sociedade, consagrando, assim, o princípio da solidariedade, o qual já denominamos[23] "princípio da universalidade do custeio".

Do referido financiamento estão excluídas as entidades beneficentes de assistência social (§ 7º do art. 195 da CF); após a edição da Emenda Constitucional 20/1998, os aposentados e pensionistas do Regime Geral de Previdência, na parte final do inciso II do mesmo artigo; e, com Emenda Constitucional 33/2001, as receitas decorrentes de exportação.

Embora a CF utilize, no § 7º do art. 195, a expressão "isenção", trata-se de imunidade, uma vez que está prevista no texto constitucional. A isenção é veiculada por meio da legislação ordinária.

Assim, as entidades beneficentes de assistência social são imunes das contribuições de seguridade social desde que atendam às exigências estabelecidas em lei.

No nosso entendimento,[24] os requisitos podem ser fixados por lei ordinária, pois o constituinte não exigiu a observância de lei complementar, uma vez que o art. 149, *caput*, da CF, ao determinar que as contribuições lá referidas (dentre elas as de seguridade social) devem observar alguns princípios aplicáveis aos demais tributos, não mencionou o inciso II do art. 146, também da CF, o qual exige lei complementar para regular as limitações ao poder de tributar.

O motivo pelo qual o constituinte não incluiu no art. 149 da CF o inciso II do art. 146, também da CF, não exigindo, dessa forma, lei complementar para regular as limitações ao poder de tributar relativamente às contribuições, deve-se ao fato de que não há necessidade de uniformização, como ocorre, por exemplo, com os impostos. A competência para instituir as contribuições previstas no art. 149 da CF é, como regra geral, apenas da União.

Além disso, não é o caso de dificultar a criação de instrumento normativo, utilizando *quorum* qualificado, como, por exemplo, para a instituição de empréstimos compulsórios (art. 148 da CF). A imunidade foi estabelecida pela Constituição, tendo sido deixadas ao legislador infraconstitucional apenas as exigências que deverão ser atendidas pelas entidades beneficentes de assistência social; essas exigências já estão pressupostas na CF, no § 7º do art. 195, que menciona que devem ser beneficentes e de assistência social.

23. No livro de nossa autoria *Contribuições para a Seguridade Social*, cit., 2003.

24. Em diversos artigos de nossa autoria, dentre os quais "Imunidade das contribuições de seguridade dirigida às entidades beneficentes de assistência social: inexigência de lei complementar para fixar os requisitos", publicado no livro *Elementos de Direito Tributário: Homenagem ao Professor Emérito do Mackenzie Dejalma de Campos*, São Paulo, Rideel, 2007, pp. 151-160.

7.6 Áreas da seguridade social

O art. 194 da CF pátria enuncia que a seguridade social compreende um conjunto integrado de ações destinadas a assegurar os direitos relativos à saúde (arts. 196-200), à assistência social (arts. 203 e 204) e à previdência social (arts. 201, 202 e 40).

Visando à proteção de todos, o constituinte uniu os três direitos sociais fundamentais (art. 6º da CF) acima mencionados, os quais, cada um dentro de sua área de atuação, protegem seus destinatários – e, no conjunto, todos serão protegidos.

Para tanto, a seguridade social, conforme referimos acima, apresenta duas faces. Uma delas visa a garantir a saúde para todos. A outra face tem por objetivo a garantia de recursos para a sobrevivência digna das pessoas nas situações de necessidade, os quais não podem ser obtidos pelo esforço próprio.

A segunda face divide-se em previdência social e assistência social, sendo que esta é subsidiária daquela – ou seja, teremos assistência apenas quando o indivíduo não está protegido pela previdência, a qual, em sua essência, visa à garantia de recursos ao trabalhador e seus dependentes quando da ausência de capacidade laboral. Já a assistência objetiva a proteção aos necessitados, ou seja, os que não são nem segurados nem dependentes da previdência e, além disso, não têm a proteção familiar (assistência privada).

Nesse sentido, o art. 196 da CF preceitua que "a saúde é direito de todos e dever do Estado"; o art. 203 estabelece que "a assistência social será prestada a quem dela necessitar, independente de contribuição à seguridade social"; e, no que se refere à previdência, as disposições do art. 201[25] bem como do art. 40,[26] tanto em sua redação original como na redação atribuída pela Emenda Constitucional 20/1998, exigem contribuição para que o segurado e seus dependentes façam jus às prestações previdenciárias, enquanto os direitos relativos à saúde e à assistência independem de contraprestação direta dos beneficiários.

25. Art. 201 da CF: "A previdência social será organizada sob a forma de regime geral, de caráter contributivo e de filiação obrigatória, observados critérios que preservem o equilíbrio financeiro e atuarial, (...)".

26. Art. 40 da CF: "Aos servidores titulares de cargos efetivos da União, dos Estados, do Distrito Federal e dos Municípios, incluídas suas autarquias e fundações, é assegurado regime de previdência de caráter contributivo e solidário, mediante contribuição do respectivo ente público, dos servidores ativos e inativos e dos pensionistas, observados critérios que preservem o equilíbrio financeiro e atuarial (...)".

7.6.1 Saúde

A CF estabelece preceitos relativos à saúde nos arts. 196 a 200.

O direito à saúde é um direito fundamental prestacional, exigindo, com isso, ações positivas dos Poderes Públicos. Por outro lado, reveste-se também do caráter de dever fundamental, na medida em que exige sua promoção por parte de todos os membros da coletividade.

A CF estabeleceu, no art. 196, que "a saúde é direito de todos e dever do Estado, garantido mediante políticas sociais e econômicas que visem à redução do risco de doença e de outros agravos e ao acesso universal e igualitário às ações e serviços para sua promoção, proteção e recuperação".

Ao se referir à promoção, à proteção e à recuperação da saúde a Constituição Federal adota o conceito amplo de "saúde", reconhecendo não só a perspectiva de ausência de doenças, como também condições de vida adequadas para a promoção à saúde. Nesse sentido, o art. 3º da Lei 8.080/1990 dispõe que "a saúde tem como fatores determinantes e condicionantes, entre outros, a alimentação, a moradia, o saneamento básico, o meio ambiente, o trabalho, a renda, a educação, o transporte, o lazer e o acesso aos bens e serviços essenciais; os níveis de saúde da população expressam a organização social e econômica do país".

O direito à saúde rege-se pelos princípios da universalidade (direito de todos) e da igualdade de acesso às ações e serviços de saúde, tanto no que tange à sua promoção quanto à sua proteção e recuperação.

A Constituição brasileira parte do pressuposto "saúde", e não doença, uma vez que tanto no art. 196 ("direito garantido mediante políticas sociais e econômicas que visem à redução do risco de doença...") quanto no art. 198, II ("atendimento integral, com prioridade para as atividades preventivas, sem prejuízo dos serviços assistenciais") objetiva a manutenção da saúde da população brasileira. Quando se reduz o risco de doença tem-se a saúde, a qual também será uma realidade quando se prioriza a prevenção. No entanto, não é apenas a sua prevenção que a Constituição assegura, mas também busca a recuperação quando diante da doença, justamente para garantir a saúde.

Por ser um direito social, o direito à saúde é um direito prestacional, exigindo, portanto, a realização de tarefas pelo Poder Público. No caso da saúde brasileira, será de todas as esferas de governo: Federal, estaduais, distrital e municipais, de forma unificada, haja vista o preceito do art. 198 da CF, o qual estabelece que "as ações e serviços públicos de saúde integram uma rede regionalizada e hierarquizada e constituem um sistema único", organizado de forma descentralizada, com direção única em cada esfera de governo, com atendimento integral, no qual será priorizada a prevenção, sem prejuízo da recuperação e, finalmente, com a participação da comunidade.

Os §§ 1º a 3º do art. 198 da CF trazem preceitos relacionados ao financiamento indireto da saúde, determinando, que além das contribuições de seguridade social, a saúde é custeada também com recursos dos orçamentos dos entes federativos.

As ações e serviços de saúde são de relevância pública, sendo de responsabilidade do Poder Público sua regulamentação, fiscalização e controle. A execução pode ser feita diretamente pelo Poder Público ou por terceiros (art. 197 da CF), admitindo-se, também, a execução por pessoa física ou jurídica de direito privado.

"A assistência à saúde – nos termos do art. 199 da CF – é livre à iniciativa privada", a qual poderá "participar de forma complementar do sistema único de saúde, mediante contrato de direito público ou convênio, tendo preferência as entidades filantrópicas e as sem fins lucrativos".

A Constituição veda a destinação de recursos públicos para as instituições privadas com fins lucrativos bem como a participação direta ou indireta de empresas ou capitais estrangeiros na assistência à saúde, salvo nos casos previstos em lei.

Dessa forma, em razão das disposições do art. 199, podemos afirmar que o sistema protetivo adotado pela Constituição de 1988 também prevê a proteção privada à saúde.

Assim, considerando o princípio da seletividade (art. 194, parágrafo único, III, da CF) e considerando, ainda, o preceito do art. 196 da CF – "acesso universal e igualitário às ações e serviços para sua promoção, proteção e recuperação" – bem como o enunciado do art. 199 da CF, o qual prevê que "a assistência à saúde é livre à iniciativa privada", entendemos que o acesso igualitário de que trata o art. 196 deverá obrigatoriamente ser desigual para dar efetividade ao objetivo do Estado Brasileiro de "reduzir as desigualdades sociais", previsto no inciso III do art. 3º da CF. Nesse sentido, Paulo Bonavides,[27] citando Robert Alexy, afirma que "quem quiser produzir a igualdade fática deve aceitar por inevitável a desigualdade jurídica".

A saúde é regulamentada pela Lei Orgânica da Saúde (Lei 8.080/1990) e pela Lei 9.656/1998, que disciplina os planos privados de assistência à saúde.

27. Paulo Bonavides, em seu livro *Curso de Direito Constitucional*, 23ª ed., São Paulo, Malheiros Editores, 2008, p. 378.

7.6.2 Previdência social

A previdência social é direito fundamental social assegurado a todos os trabalhadores e seus dependentes, o qual visa à garantia de recursos nas situações em que não poderão ser obtidos pelos próprios trabalhadores, em virtude de incapacidade laboral (efetiva ou presumida). No entanto, reveste-se também em dever, uma vez que exige a contraprestação direta do segurado para que ele e/ou seus dependentes possam fazer jus às prestações previdenciárias.

Apresenta proteção obrigatória e facultativa. A proteção obrigatória abrange todos os trabalhadores vinculados ao regime geral (art. 201 da CF) ou aos regimes próprios dos servidores públicos (art. 40 da CF). O regime geral é abrangente e residual e tem por finalidade proteger todos os trabalhadores, excetuando apenas aqueles vinculados aos regimes próprios, os quais são instituídos pelos respectivos entes federativos para dar proteção previdenciária aos seus servidores titulares de cargos efetivos.

Assim, a proteção obrigatória se dá pelo regime geral e pelos regimes próprios dos entes federativos, sendo que os citados regimes excluem-se mutuamente. Por meio dos dois regimes o Estado viabiliza a todos os trabalhadores o acesso à previdência – e, com isso, aqueles que vivem com o fruto do trabalho estarão protegidos nas contingências geradoras de necessidades.

O trabalhador, por meio da previdência social, compulsória e antecipadamente faz seu planejamento para as situações de riscos, geradoras de necessidades, as quais serão cobertas pelas prestações previdenciárias. Dessa forma, por intermédio deste ramo da seguridade social o Estado garante aos cidadãos que as situações de necessidades serão amenizadas pelos benefícios previdenciários. Para isso, o Poder Público exige contribuições, num determinado período de tempo, garantindo ao segurado e/ou a seus dependentes prestações previdenciárias (benefícios e serviços).

A proteção previdenciária acima referida apresenta limites, os quais são diversos no regime geral e nos regimes próprios. Os mencionados limites são fixados pela sociedade, por meio da ordem jurídica positiva.

O art. 201 da CF traz o desenho do regime geral de previdência social, o qual é aplicado, obrigatoriamente, a todos os trabalhadores, excetuando-se, como acentuado acima, os servidores públicos titulares de cargos efetivos[28] da União, dos Estados, do Distrito Federal e dos Municípios, que têm precei-

28. Os servidores públicos da União, dos Estados, do Distrito Federal e dos Municípios, incluídas suas autarquias e fundações, estão excluídos do regime geral, desde que amparados por regimes próprios de previdência social, ou seja, desde que a pessoa pública de direito público interno o tenha criado.

to específico no art. 40, e os militares, que também são excetuados do regime geral, haja vista o inciso X do art. 142 da CF e seu art. 42, §§ 1º e 2º.

Todos os preceitos constitucionais mencionados no parágrafo anterior referem-se à previdência obrigatória, a qual tem como pressupostos o exercício de atividade remunerada e a contraprestação direta do segurado.[29]

Além da proteção previdenciária obrigatória, a CF prevê uma proteção complementar, prevista em seu art. 202. De caráter complementar e organizado, de forma autônoma em relação ao regime geral de previdência social, o regime de previdência privada apresenta como característica a facultatividade. Tem como objetivo possibilitar a continuidade do padrão de vida do trabalhador, complementando a aposentadoria dos regimes obrigatórios. Citado regime é estruturado pelas Leis Complementares 108 e 109/2001.

Segundo o *Relatório Beveridge*,[30] a previdência complementar, que no referido documento é denominada "seguro voluntário", atende às necessidades reais do trabalhador.

Ao estabelecer regras para o regime geral de previdência social, o art. 201 da CF preceituou o caráter contributivo da previdência bem como a obrigatoriedade na filiação e a observância de critérios que preservem o equilíbrio financeiro e atuarial.

Além disso, nos incisos I, II e III do referido artigo foram selecionados alguns eventos (riscos sociais) que deverão ser protegidos pela previdência: doença, invalidez, morte e idade avançada; maternidade; desemprego involuntário.

O inciso IV, de forma diversa dos incisos anteriores, mencionou os benefícios previdenciários, e não os riscos a serem cobertos: salário-família e auxílio-reclusão aos dependentes dos segurados de baixa renda. O referido inciso teve nova redação dada pela Emenda Constitucional 20/1998, a qual acrescentou a expressão "baixa renda".

Em relação ao auxílio-reclusão entendemos que a inovação viola o art. 60, § 4º, da CF – e, portanto, deve o citado benefício ser concedido a todos os dependentes dos segurados, independentemente de quanto o trabalhador recebia antes do encarceramento.

A concessão do auxílio-reclusão apenas aos dependentes do segurados de baixa renda suprime o direito fundamental à previdência social aos de-

29. Tanto o art. 40 como o art. 201, ambos da CF, estabelecem o caráter contributivo da previdência social.

30. William Beveridge, *Seguro Social y Servicios Afines: Informe de Lord Beveridge*, Madri, Centro de Publicaciones del Ministerio de Trabajo y Seguridad Social, 1989, p. 240.

pendentes do segurado que recebiam, antes do encarceramento, rendimento superior ao limite fixado pela Emenda Constitucional 20/1998 e depois atualizado pela legislação ordinária, além de outros princípios constitucionais.

Por fim, o inciso V do art. 201 preceitua que será concedido o benefício de pensão por "morte do segurado, homem ou mulher, ao cônjuge ou companheiro e dependentes". A morte, como risco social, já havia sido mencionada no inciso I do citado artigo. A razão da "repetição" foi por motivos históricos, já que antes da Constituição Federal de 1988 o homem somente poderia ser dependente da mulher se fosse inválido ou tivesse idade avançada. Melhor seria se o conteúdo do mencionado inciso fosse objeto de um parágrafo do art. 201.

O § 1º do art. 201 prevê a possibilidade de aposentadoria especial, ao excepcionar da vedação as "atividades exercidas sob condições especiais que prejudiquem a saúde ou a integridade física e quando se tratar de segurados portadores de deficiência". Desde a Emenda Constitucional 20/1998 a Constituição passou a exigir lei complementar para normatizar a referida aposentadoria. A mencionada Emenda determinou que até a edição da lei complementar os arts. 57 e 58 da Lei 8.213/1991 seriam aplicados na apreciação da aposentadoria especial.

A CF determinou, no § 2º do art. 201, que "nenhum benefício que substitua o salário de contribuição ou o rendimento do trabalho do segurado terá valor mensal inferior ao salário mínimo". Assim, apenas os benefícios complementares (salário-família e auxílio-acidente) podem ter valores inferiores ao salário mínimo.

Para resgatar o problema histórico da defasagem quando da concessão do benefício previdenciário, o texto constitucional estabeleceu que todos os salários de contribuição considerados para o cálculo de benefício deverão ser atualizados. Os índices de atualização são fixados em lei. E, para resgatar a defasagem na manutenção do benefício já concedido, determinou seu reajustamento, visando à preservação, em caráter permanente, do valor real. Os índices do reajustamento também são fixados em lei.

No regime geral foi mantida a aposentadoria por tempo de contribuição, independentemente de idade mínima, aos 35 anos de contribuição, se homem, e 30 anos de contribuição, se mulher. Para o professor que comprove exclusivamente tempo de efetivo exercício das funções de magistério na educação infantil e no ensino fundamental e médio há a redução de cinco anos. Antes da Emenda Constitucional 20/1998 o professor universitário também era destinatário da redução; com a edição da citada Emenda ele se aposenta aos 35 (homem) e 30 anos (mulher).

No regime dos servidores públicos, a partir da Emenda Constitucional 20/1998, além do tempo de 35 anos de contribuição, se homem, e 30, se mulher, os servidores devem ter no mínimo 60 anos de idade, se homem, e 55 anos, se mulher, bem como ter cumprido tempo mínimo de 10 anos de efetivo exercício no serviço público e 5 anos no cargo efetivo em que se dará a aposentadoria (art. 40, § 1º, III, "a"). Os requisitos de idade e de tempo de contribuição serão reduzidos em 5 anos para o professor que comprove exclusivamente tempo de efetivo exercício das funções de magistério na educação infantil e no ensino fundamental e médio.

A aposentadoria por idade, existente nos dois regimes, tem o mesmo limite de idade: 65 anos de idade, se homem, e 60 anos de idade, se mulher. As referidas idades no regime geral são reduzidas em 5 anos para os trabalhadores rurais de ambos os sexos e para os que exerçam suas atividades em regime de economia familiar, nestes incluídos o produtor rural, o garimpeiro e o pescador artesanal.

Considerando a existência dos dois regimes, a CF garantiu, no § 9º do art. 201, a contagem recíproca do tempo de contribuição na Administração Pública e na atividade privada, rural e urbana. Em razão disso, determinou a compensação financeira entre os regimes, segundo critérios estabelecidos em lei.

A Emenda Constitucional 41/2003 acrescentou o § 12 ao art. 201, o qual teve nova redação dada pela Emenda Constitucional 47/2005, preceituando que lei tratará da inclusão previdenciária dos trabalhadores de baixa renda. Conforme já referido, não haveria necessidade de previsão expressa nesse sentido, já que os princípios constitucionais, especialmente o da eqüidade na forma de participação no custeio, garantem a inclusão dos trabalhadores de baixa renda.

No que tange ao preceito incluído pela Emenda Constitucional 47/2005, "trabalhadores sem renda própria que se dediquem exclusivamente ao trabalho doméstico no âmbito de sua residência", entendemos que eles já estão protegidos pelo sistema previdenciário, uma vez que, se não têm renda própria, vivem com a renda de um trabalhador e, na condição de dependentes, já são destinatários da proteção.

7.6.3 Assistência social

Os preceitos constitucionais relativos à assistência social estão nos arts. 203 e 204, sendo ela regulada pela Lei Orgânica da Assistência Social (Lei 8.742/1993) além de outras leis[31] que visam a atingir políticas sociais.

31. Wagner Balera (*Sistema de Seguridade Social*, 2ª ed., São Paulo, LTr, 2002, p. 14) menciona o Estatuto da Criança e do Adolescente (Lei 8.069/1990), a legislação

A Constituição dirige a assistência aos necessitados, o que por, si só, já afastaria a exigência de contraprestação direta por parte dos beneficiários, conforme expressamente prescreve o texto constitucional (*caput* do art. 203).

A assistência social é um importante instrumento da seguridade social no que se refere à efetividade do princípio da universalidade, enunciado no art. 194, parágrafo único, I, uma vez que o Estado, independentemente de qualquer contraprestação, proporciona cobertura às situações de necessidade. A assistência social visa a garantir condições dignas de vida aos necessitados.

Referindo-se à assistência social, o *Relatório Beveridge*,[32] que a denomina de "assistência nacional", dispõe que ela deverá estar disponível para atender a todas as necessidades que não são cobertas pelo seguro (previdência social). Ressalta o referido documento que as necessidades deverão ser atendidas adequadamente, garantindo-se o nível de subsistência. Ressalta, ainda, que deverá ser provada a necessidade. Assim, já em 1942 Beveridge entendia como necessária a comprovação da necessidade.

Nosso ordenamento também exige a prova da necessidade como condição para fazer jus às prestações de assistência social. A mencionada comprovação está expressa na Constituição[33] e na Lei 8.742,[34] de 7.12.1993. Dessa forma, o assistido deverá fazer a comprovação da necessidade, ou seja, ele deve provar que está impossibilitado de prover sua subsistência ou de tê-la provida pela família.

Um dos importantes instrumentos da assistência encontra-se preceituado no inciso V do art. 203 da CF, o qual assegura aos deficientes e aos idosos que não têm meios de prover à própria manutenção, ou de tê-la provida pela sua família, benefício assistencial de prestação continuada. A concessão do mencionado benefício tem como pressuposto a ausência de capacidade

de apoio às pessoas portadoras de deficiência (Lei 7.853/1989), a Lei do Idoso (Lei 8.842/1994), o Programa de Apoio à Garantia de Renda Mínima (Lei 9.533/1997), o Programa da Comunidade Solidária (Lei 9.649/1999) e o Fundo de Combate e Erradicação da Pobreza, instituído por emendas constitucionais.

32. William Beveridge, *Seguro Social y Servicios Afines: Informe de Lord Beveridge*, cit., p. 237.

33. "Art. 203. A assistência social será prestada *a quem dela necessitar*, (...)" (grifos nossos).

34. "Art. 1º. A assistência social, direito do cidadão e dever do Estado, é política de seguridade social não-contributiva, que provê os mínimos sociais, realizada através de um conjunto integrado de ações de iniciativa pública e da sociedade, *para garantir o atendimento às necessidades básicas*" (grifos nossos).

laborativa e, portanto, de recursos provenientes do fruto do trabalho. Aqueles não adquirirão a capacidade para o trabalho, dada a deficiência, e estes já a perderam, em razão da idade avançada.

Vimos no item anterior que o objetivo precípuo da previdência social é a proteção aos trabalhadores nas situações de riscos que geram necessidades. Como a previdência protege o trabalhador e aqueles que dependem do trabalhador e como a seguridade social visa a proteger a todos nas situações de necessidade, verificamos que por meio do benefício previsto no inciso V, acima transcrito, há a universalidade de atendimento quando se está diante de uma situação geradora de necessidade, pois se a pessoa é deficiente, e isso a incapacita para o trabalho, ou já não tem referida capacidade, em razão da idade avançada, o sistema de seguridade social a protege, com a concessão do benefício assistencial mencionado.

Pode-se alegar que a realidade não é essa, uma vez que os trabalhadores não conseguem postos de trabalho mesmo depois de cessar o seguro-desemprego. Mas, quanto a isso, entendemos que as políticas a serem adotadas, principalmente as econômicas e tributárias, deverão buscar a efetivação dos princípios da ordem econômica, preceituados no art. 170 da CF, especialmente o inserto em seu inciso VIII – busca do pleno emprego. Dessa forma, podemos afirmar que no sistema normativo todos os cidadãos brasileiros estão protegidos nas situações de necessidade.

Ressaltamos, por fim, que os incisos do art. 203[35] devem ser interpretados em consonância com o seu *caput*. Assim, embora apenas no inciso II faça menção ao termo "carência" (necessidade), o *caput* determina que a assistência social será prestada aos necessitados. Os incisos referem-se ao *caput*; portanto, todas as hipóteses previstas no citado artigo têm como destinatários os necessitados (carentes).

O art. 204 da CF estabelece que a coordenação e a edição de normas gerais de assistência social são atribuições da União, enquanto a coordenação e execução competem aos Estados e Municípios, em relação aos programas desenvolvidos em seus territórios.

35. "Art. 203. A assistência social será prestada a quem dela necessitar, independentemente de contribuição à seguridade social, e tem por objetivos: I – a proteção à família, à maternidade, à infância, à adolescência e à velhice; II – o amparo às crianças e adolescentes carentes; III – a promoção da integração ao mercado de trabalho; IV – a habilitação e reabilitação das pessoas portadoras de deficiência e a promoção de sua integração à vida comunitária; V – a garantia de um salário mínimo de benefício mensal à pessoa portadora de deficiência e ao idoso que comprovem não possuir meios de prover à própria manutenção ou de tê-la provida por sua família, conforme dispuser a lei."

O referido artigo preceituou, ainda, que as entidades beneficentes de assistência social também participam da execução das ações de assistência social. Justamente, por isso que citadas entidades gozam da imunidade prevista no art. 195, § 7º, da CF. Elas fazem as vezes do Poder Público ao prestar assistência social, e, por essa razão, devem atender aos necessitados, os quais, conforme já referimos, são os destinatários da assistência social.

O *caput* do art. 204 está reafirmando as disposições do art. 195, já comentado. O inciso II, por sua vez, está previsto no inciso VII do parágrafo único do art. 194, o qual dispõe sobre a gestão democrática da seguridade social. Se é da seguridade social, engloba também a assistência social.

Bibliografia

BALERA, Wagner. *Sistema de Seguridade Social*. 2ª ed. São Paulo, LTr, 2002.

BEVERIDGE, William Henri. *Seguro Social y Serviços Afines: Informe de Lord Beveridge* (título original: *Social Insurance and Allied Services*). Madri, Centro de Publicaciones del Ministerio de Trabajo y Seguridad Social, 1989.

BONAVIDES, Paulo. *Curso de Direito Constitucional*. 24ª ed. São Paulo, Malheiros Editores, 2009.

PIERDONÁ, Zélia Luiza. *Contribuições para a Seguridade Social*. São Paulo, Ltr, 2003.

________. "Imunidade das contribuições de seguridade dirigida às entidades beneficentes de assistência social: inexigência de lei complementar para fixar os requisitos". In: *Elementos de Direito Tributário: Homenagem ao Professor Emérito do Mackenzie Dejalma de Campos*. São Paulo, Rideel, 2007 (pp. 151-160).

Parte II
Educação, Cultura e Desporto (arts. 205 a 217)

Maria Garcia

7.7 Da educação: 7.7.1 O conceito de "educação" – 7.7.2 O sistema educacional na Constituição de 1988 – 7.7.3 Fontes de financiamento da educação – 7.7.4 O direito à educação. 7.8 Da cultura. 7.9 Do desporto.

7.7 Da educação

O *direito à educação* encontra-se previsto no art. 6º da CF, entre outros *direitos sociais* como a saúde, o trabalho e a moradia – direitos que decorrem das relações de convivência em grupos humanos, em sociedade.

Todavia, é nos arts. 205 e ss. que a educação *e o ensino* vêm a ser tratados como bens jurídicos estabelecidos e desenvolvidos, nos seus vários aspectos, pela Constituição Federal de 1988.

O "Capítulo V – Da Educação, Da Cultura e do Desporto" integra, por sua vez, o Título VIII, referente à Ordem Social, ou seja, às matérias que têm por finalidade atender aos vários segmentos da organização da sociedade brasileira, tendo "como base o primado do trabalho, e como objetivo o bem-estar e a justiça sociais" – conforme estabelece o art. 193.

José Afonso da Silva **[2009:285]** assinala que a ordem social, assim como a ordem econômica, veio a ser disciplinada juridicamente com a Constituição do México, de 1917, e no Brasil pela Constituição de 1934, a primeira a consagrar um título à ordem econômica e social, sob a influência da Constituição alemã de Weimar, de 1919.

Dispõe o art. 205 da CF: "A educação, direito de todos e dever do Estado e da família, será promovida e incentivada com a colaboração da sociedade, visando ao pleno desenvolvimento da pessoa, seu preparo para o exercício da cidadania e sua qualificação para o trabalho".

Analisando esse dispositivo, verifica-se que, sendo dever da família e do Estado, a educação deve contar, ainda, com a colaboração da sociedade – pelo quê cada um é responsável, juntamente com aqueles agentes educacionais, para que os indivíduos possam ter acesso à educação, e isso mediante impostos, auxílios, bolsas de estudos e participação direta de cada qual.

Da mesma forma são responsáveis as *empresas*, cuja atividade se faz possível pela colaboração da sociedade, devolvendo-lhe parte dos lucros no estímulo e suprimento às pessoas impossibilitadas de acesso ou aperfeiçoamento educacional.

O "pleno desenvolvimento da pessoa" envolve aspectos materiais e imateriais de necessidades próprias de cada um, no caminho dos direitos da igualdade e da liberdade.

"A educação – afirma Antônio Sampaio Dória **[1960:766]** – é o problema básico da democracia". E explica:

"Duas são as formas extremas dos regimes políticos: ou o poder é a vontade dos governantes imposta aos governados, ou o poder é a vontade dos governados delegada aos governantes, para o exercerem em nome deles. Ou autocracia, ou democracia.

"Nas autocracias, quanto mais afundar-se o povo na ignorância, melhor. Quando muito, monopolizar o governo a educação, para fanatizar as massas, e silenciá-las no trabalho.

"Nas democracias, quanto mais educado o povo na escola da liberdade, melhor. Quando muito, intervenha o Estado, para suprir as deficiências individuais em educação.

"Tendo proclamado, no art. 1º da Constituição, para si, o regime democrático, o que cumpre em conseqüência ao país é tudo fazer para que o povo se eduque na escola da liberdade, na consciência do seu destino, na capacidade para o trabalho."

Como se vê dessa proclamação de Sampaio Dória, o disposto no art. 205 corresponde a esse objetivo máximo da educação que é a capacitação do indivíduo para a sua realização profissional e a cidadania.

Florestan Fernandes referia, em 1989: "A sala-de-aula fica na raiz da revolução social democrática. Damos muita importância ao topo: ministros, secretários da educação, conselhos e etc. Devemos dar um giro de 360º e situarmos o foco vital onde ele deverá estar: na sala-de-aula, nas relações entre professores e alunos e no influxo que tal situação provocará sobre a transformação da sociedade pela escola (e vice-versa)".

Adorno **[2000:141]** tem uma concepção de *educação* como a *produção de uma consciência verdadeira*: "Isto seria inclusive da maior importância política, é uma exigência política. Isto é: uma democracia com o dever de não apenas funcionar, mas operar conforme seu conceito, demanda pessoas emancipadas. Uma democracia efetiva só pode ser imaginada enquanto uma sociedade de quem é emancipado" – sendo a *emancipação* entendida como decisão consciente independente, de cada pessoa em particular.

Fábio Konder Comparato **[1987:95]** ressalta que "falar sobre educação e política faz sentido dentro de uma perspectiva histórica: são problemas que se realizam, que se põem, que se resolvem ou não se resolvem, numa seqüência de fatos e situações históricos". E cita especificamente a "igualdade de oportunidades como elemento decisivo para se caracterizar a evolução da nossa política educacional. Na verdade – refere –, a igualdade de oportunidades como aspiração é o elemento fundamental que caracteriza nossa evolução política".

"A *educação* – ensina José Afonso da Silva **[2009:837]** – como processo de reconstrução da experiência é um atributo da pessoa humana, *[Anísio Teixeira]* e, por isso, tem de ser comum a todos. É essa concepção que a Constituição agasalha nos arts. 205 a 214, quando declara que ela é um *direito de todos e dever do Estado.*

"Tal concepção – explica – importa, (...), elevar a educação à categoria de serviço público essencial que ao Poder Público impende possibilitar a todos, daí a preferência constitucional pelo ensino público, pelo quê a iniciativa privada, nesse campo, embora livre, é , no entanto, meramente secundária e condicionada (arts. 209 e 213). É que, como lembra Anísio Teixeira: 'Obrigatória, gratuita e universal, a educação só poderia ser ministrada pelo Estado. (...). A escola pública, comum a todos, não seria, assim, o instrumento de benevolência de uma classe dominante, tomada de generosidade ou de medo, mas um direito do povo, sobretudo das classes trabalhadoras, para que, na ordem capitalista, o trabalho (...) não se conservasse servil, submetido e degradado, mas igual ao capital na consciência das suas reivindicações e dos seus direitos'."

7.7.1 O conceito de "educação"

"Educação" abrange o conjunto de processos pelos quais a pessoa descobre e desenvolve capacidades, vocação e atitudes, como formas de conduta de valor positivo para si mesma e para a sociedade em que vive.

Trata-se de um processo contínuo de informação e de formação, física e psíquica, do ser humano.

"Educação" é palavra que tem raiz no verbo latino *educare* ("instruir", "ensinar"), que pode significar também "conduzir", dado o sentido profundo do termo, lembrando-se que *pedagogia* (teoria e ciência da educação e do ensino) **[conforme o *Dicionário Aurélio*, 1995:490]** vincula-se a *pedagogo*, o acompanhante, o condutor do jovem grego a caminho da escola.

Desde logo, uma distinção necessária. A Constituição utiliza ora uma palavra – "educação" –, ora outra – "ensino" – nas suas disposições, dando a impressão de se tratar de sinônimos.

Contudo, deve-se distinguir, mais precisamente.

Ensino, segundo o *Dicionário Aurélio* **[1995]**, é a transmissão de conhecimentos, informações ou esclarecimentos úteis ou indispensáveis à educação.

Educação vem a significar o processo de desenvolvimento da capacidade física, intelectual e moral da criança e do ser humano em geral, visando à sua melhor integração individual e social.

Ensina José Celso de Mello Filho **[1984:418]** que "o conceito de educação é mais compreensivo e abrangente que o da mera instrução. A educação objetiva propiciar a formação necessária ao desenvolvimento das aptidões, das potencialidades e da personalidade. A educação, processo contínuo e complexo que é, deve ser vista e analisada como um exercício de liberdade, na medida em que, desenvolvendo e ampliando a capacidade do educando, qualifica-o a compreender e a avaliar, criticamente, as experiências ministradas pela realidade social".

Refere, ainda, a *liberdade de cátedra*, o direito que assiste ao professor de exteriorizar e de comunicar seus conhecimentos no exercício do magistério. A liberdade de cátedra passou a integrar o sistema constitucional brasileiro pela Constituição de 1934 (art. 155). Suprimida em 1937 e restaurada pela Constituição de 1946, a Carta de 1967 a manteve (art. 168, VI) e a de 1969 restringiu-a profundamente (v. arts. 176, § 3º, VII, e 154).

Conforme esclarece Walter Ceneviva **[2003:408]**, "o acesso à educação é direito público subjetivo, inalienável (art. 208, § 1º) enquanto poder atribuído pela Constituição a todas as pessoas que, querendo receber educação proporcionada pelo Estado, exijam deste as medidas próprias para sua satisfação".

Cidadania, "o direito a ter direitos", conforme refere Celso Lafer **[1988:161]**, citando Hannah Arendt, aparece no art. 205 como objetivo do processo educacional, juntamente com a qualificação para o trabalho – pelo qual o indivíduo poderá prover a própria subsistência, mantendo-se, portanto, em sua plenitude como ser autônomo, em consonância com o princípio da dignidade da pessoa humana, que fundamenta o Estado Brasileiro (CF, art. 1º, III).

Todo esse conjunto de direitos, funções e atividades deverá desenvolver-se por intermédio de *leis*: Segundo a CF, art. 22, XXIV, compete à União legislar sobre "diretrizes e bases da educação nacional", juntamente com os Estados federados e o Distrito Federal (art. 24, IX), nos termos do art. 211: "A União, os Estados, o Distrito Federal e os Municípios organizarão em regime de colaboração seus sistemas de ensino".

Daí a Lei de Diretrizes e Bases da Educação Nacional/LDB, Lei 9.394, de 20.12.1996, cujo art. 1º dispõe: "A educação abrange os processos formativos que se desenvolvem na vida familiar, na convivência humana, no trabalho, nas instituições de ensino e pesquisa, nos movimentos sociais e organizações da sociedade civil e nas manifestações culturais".

Estabelecendo o § 1º: "Esta Lei disciplina a educação escolar, que se desenvolve, predominantemente, por meio do ensino, em instituições próprias".

E o § 2º: "A educação escolar deverá vincular-se ao mundo do trabalho e à prática social".

Encontram-se nesse quadro legal os parâmetros básicos da educação nacional, a partir do sistema estabelecido na própria Constituição.

7.7.2 O sistema educacional na Constituição de 1988

A Constituição estabelece um conjunto de *princípios* (art. 206) e *objetivos* (art. 214) da educação, abrangendo, no seu amplo âmbito, desde o ensino fundamental ao ensino superior, dentro das suas peculiaridades.

Estabelece o art. 206: "O ensino será ministrado com base nos seguintes princípios: I – igualdade de condições para o acesso e permanência na escola; II – liberdade de aprender, ensinar, pesquisar e divulgar o pensamento, a arte e o saber; III – pluralismo de idéias e de concepções pedagógicas e coexistência de instituições públicas e privadas de ensino; IV – gratuidade do ensino público em estabelecimentos oficiais; V – valorização dos profissionais da educação escolar, garantidos, na forma da lei, planos de carreira com ingresso exclusivamente por concurso público de provas e títulos, aos das redes públicas; VI – gestão democrática do ensino público, na forma da lei; VII – garantia de padrão de qualidade; VIII – piso salarial profissional nacional para os profissionais de educação escolar pública, nos termos de lei federal".

Conforme decorre do texto, predomina nessas disposições constitucionais o *princípio da isonomia*, conforme ensina Celso Bastos **[1999:180]**, uma das idéias principais do constitucionalismo moderno, objetivando impedir que os homens sejam diferenciados pelas leis, isto é, que estas venham a estabelecer distinções prejudiciais entre as pessoas. "É por isso que o princípio da isonomia é dos mais importantes da Constituição: ele incide no exercício de todos os demais direitos. É como se disséssemos: é garantido o direito de propriedade, de liberdade, de comunicação, respeitado o princípio da igualdade. Toda vez que o critério adotado perde legitimação, isto é, não se afigura mais aos olhos da sociedade como razão para diferenciar as pessoas, esse elemento tem de ser expurgado do sistema."

Manoel Gonçalves Ferreira Filho **[2005:280]** entende a igualdade "indissoluvelmente ligada à democracia", desde a Antigüidade: no célebre discurso de Péricles, é a "isonomia", a igualdade perante a lei, apontada como uma característica da democracia ateniense, e da mesma forma assim se caracteriza modernamente a democracia.

Aspectos novos na Constituição de 1988 com respeito à educação figuram na "gestão democrática do ensino público" – quando devem participar do poder de decisão todos os que tenham responsabilidade no processo educacional, na medida da sua habilitação pessoal – e na "garantia de padrão de qualidade", e não apenas de quantidade, como princípio orientador da educação nacional.

O art. 207 cuida do princípio fundamental da *autonomia universitária*: "As universidades gozam de autonomia didático-científica, administrativa e de gestão financeira e patrimonial, e obedecerão ao princípio de indissociabilidade entre ensino, pesquisa e extensão".

A *autonomia*, o poder de autodeterminação, estabelecendo-se normas próprias, decorre do reconhecimento não somente da importância da universidade – repositório de recursos materiais e humanos para o culto do conhecimento –, mas também do seu entranhamento na sociedade humana, como o caso da universidade de Paris, desde o século XI; a de Bolonha, desde 1158; da a Alemanha, desde 1348; a de Lisboa, desde 1290.

A respeito, a decisão do STF: "Autonomia universitária – Transferência obrigatória de aluno – Homogeneidade das instituições envolvidas. A constitucionalidade da Lei n. 9.536, de 11.12.1997, art. 1º, viabilizador da transferência de alunos, pressupõe a natureza jurídica do estabelecimento educacional de origem, a congeneridade das instituições envolvidas – de privada para privada, de pública para pública –, mostrando-se inconstitucional interpretação que resulte na mesclagem – de privada para pública. O STF julgou procedente o pedido para, sem redução do texto da Lei n. 9.536/1997, art. 1º, assentar a inconstitucionalidade no que se lhe empreste o alcance de permitir a mudança, nele disciplinada, de instituição particular para pública, encerrando a cláusula 'entre instituições vinculadas a qualquer sistema de ensino' a observância da natureza privada ou pública daquela de origem, viabilizada a matrícula na congênere. Em síntese: dar-se-á a matrícula, segundo a Lei n. 9.536/1997, art. 1º, em instituição privada se assim o for a de origem e em pública se o servidor ou o dependente for egresso de instituição pública" (STF, Pleno, ADI 3.324-DF, rel. Min. Marco Aurélio, j. 16.12.2004, v.u., *DJU* 5.8.2005, p. 5) **[Nery Jr. e Nery, 2006:372]**.

Registra-se, ainda, expressiva decisão do STF sobre a autonomia universitária, que, considerando "plausível a tese de que ofende a autonomia universitária a implantação de *campus* por lei cuja iniciativa não partiu do próprio estabelecimento de ensino, deferiu liminar para suspender a Lei do Estado de São Paulo n. 10.545, de 27.4.2000" (STF, ADI/MC 2.367-SP, rel. Min. Maurício Corrêa, *DJU* 5.3.2004, *Ementário* 2.142-2) **[Tavares, 2007:408]**.

Cabe assinalar que "o princípio da autonomia das universidades (CF, art. 207) não é irrestrito, mesmo porque não cuida de soberania ou independência, de forma que as universidades devem ser submetidas a diversas outras normas gerais previstas na Constituição, como as que regem o orçamento (art. 165, § 5º, I), a despesa com pessoal (art. 169), a submissão dos seus servidores ao regime jurídico único (art. 39), bem como às que tratam do controle e da fiscalização" (STF, ADI/MC 1.599-UF, rel. Min. Maurício Corrêa, *DJU* 18.5.2001, *Ementário* 2.031-3) **[Tavares, 2007:408]**.

"As universidades propõem-se a ser um microcosmo da cultura da época – refere Celso Antônio Bandeira de Mello **[1985:27]** –, um veículo de sua transmissão e, além disso, uma sede de investigações nos diversos campos do saber e da sensibilidade humanas, donde se constituírem numa porta aberta para a projeção do futuro cultural, científico e artístico".

Conforme prevê o art. 208, o dever do Estado com a educação compreende o ensino fundamental obrigatório e gratuito, extensível aos que "não tiveram acesso na idade própria"; progressiva universalização do ensino médio gratuito; atendimento educacional especializado aos portadores de deficiência, preferentemente na rede regular de ensino; educação infantil em creche e pré-escola às crianças até cinco anos de idade; acesso aos níveis mais elevados do ensino, da pesquisa e da criação artística, ressalvando: "segundo a capacidade de cada um".

Oferta de ensino noturno regular, adequado às condições do educando, e programas suplementares de material didático-escolar, transporte, alimentação e assistência à saúde, de atendimento ao educando, no ensino fundamental.

Em consonância com o princípio da *livre iniciativa*, consagrado no art. 170 da CF juntamente com a valorização do trabalho como fundamentos da ordem econômica, o art. 209 estende o ensino à *iniciativa privada*, mediante condições: cumprimento das normas gerais da educação nacional, autorização e avaliação de qualidade pelo Poder Público.

O sistema federativo de Estado vem assegurado relativamente à educação no art. 211, pelo qual a União, os Estados, o Distrito Federal e os Municípios organizarão os seus sistemas de ensino em regime de colaboração, já adequado ao que dispõe o parágrafo único do art. 24 ("Leis complementares fixarão normas para a cooperação entre a União e os Estados, o Distrito Federal e os Municípios, tendo em vista o equilíbrio do desenvolvimento e do bem-estar em âmbito nacional"), ficando atribuída prioritariamente aos Municípios a atuação no ensino fundamental e na educação infantil; quanto aos Estados e o Distrito Federal, atuarão, também prioritariamente, no ensino fundamental e médio.

Anota-se, a propósito do sistema federativo do Estado Brasileiro, que, de acordo com o art. 22, a competência privativa da União de *legislar* sobre "XXIV – diretrizes e bases da educação nacional" poderá ser estendida aos Estados, mediante autorização por lei complementar (parágrafo único do art. 22).

7.7.3 Fontes de financiamento da educação

Nos termos do art. 212, "a União aplicará, *anualmente, nunca menos* de 18%, e os Estados, o Distrito Federal e os Municípios 25%, *no mínimo*, da receita resultante de impostos, compreendida a proveniente de transferências, *na manutenção e desenvolvimento do ensino*" (grifos nossos).

Ressalva a Constituição no § 4º desse mesmo art. 212 que "os programas suplementares de alimentação e assistência à saúde previstos no art. 208, VII, serão financiados com recursos provenientes de contribuições sociais e outros recursos orçamentários".

Assim, fica certo, por esse dispositivo, que as verbas educacionais deverão ser aplicadas unicamente na *manutenção e desenvolvimento do ensino*, como visto pelo art. 212 – isto é, despesas outras que não atendam a essa finalidade não poderão ser lançadas nessa rubrica, dado que aqueles programas suplementares de atendimento ao educando têm fonte própria de sustentação.

Outrossim, como visto, recursos públicos não serão destinados a escolas comunitárias, confessionais ou filantrópicas, senão nas condições estabelecidas pelo art. 213, ou seja, que tenham finalidade não-lucrativa comprovada e aplicação de seus excedentes financeiros em educação e, no caso de encerramento de atividades, assegurem a destinação de seu patrimônio a outra escola comunitária, filantrópica ou confessional.

Esse mesmo dispositivo, nos seus §§ 1º e 2º, prevê bolsas de estudo para o ensino fundamental e médio, na forma da lei, para os que demonstrarem insuficiência de recursos, quando inocorrerem vagas e cursos regulares na rede pública no local da residência do educando, assim como possibilita apoio financeiro do Poder Público às atividades universitárias de pesquisa e extensão.

Ensino, *pesquisa* e *extensão* correspondem às atividades cuja indissociabilidade está prevista no art. 207 com referência às *universidades*, entidades de ensino superior as quais gozam, por determinação que somente *a Constituição* pode estabelecer, de autonomia didático-científica, administrativa e de gestão financeira e patrimonial.

Coroando o sistema educacional, o art. 214 refere-se ao *plano nacional de educação*, de duração plurianual, "visando à articulação e ao desenvolvimento do ensino em seus diversos níveis e à integração das ações do Poder Público que conduzam à: I – erradicação do analfabetismo; II – universalização do atendimento escolar; III – melhoria da qualidade de ensino; IV – formação para o trabalho; V – promoção humanística, científica e tecnológica do país".

Atende esse dispositivo constitucional àquela necessidade, já prevista no art. 174, relativamente à atividade econômica do Estado, como agente normativo e regulador, com as funções de "fiscalização, incentivo e planejamento, sendo este determinante para o setor público e indicativo para o setor privado".

Betty M. Lafer **[1973:12]** explica que a idéia de *planejamento*, mesmo nos países capitalistas, surgiu diante da necessidade premente de atingir certos objetivos econômicos e sociais, mediante a elaboração de modelos racionais de política econômica que permitissem dominar as forças econômicas em direção à alocação ótima de recursos. Daí a aplicação da idéia em outras áreas sociais a fim de dar atendimento às suas necessidades e objetivos.

7.7.4 O direito à educação

Como direito humano fundamental, o direito à educação desenvolve-se no amplo quadro do sistema educacional constitucional dos arts. 205 e ss.

O art. 26 da Declaração Universal dos Direitos do Homem estatui: "Toda pessoa tem direito à educação" – consubstanciando um longo processo de afirmação desse direito humano, que Paul Monroe **[1987:11]** assinala nos povos primitivos, nos orientais e, a partir da Grécia Antiga, quando os pilares da educação ocidental, se desenvolveram em escolas e idéias até hoje, quando "o sentido da educação provém da tentativa de combinar e equilibrar esses dois elementos de direitos individuais e deveres sociais, de desenvolvimento pessoal e de serviço social; neste processo de relacionar o indivíduo com a sociedade, a fim de assegurar o desenvolvimento da personalidade e o bem-estar social" **[Monroe, 1987:370]**.

O *direito à educação* é, portanto, o direito público subjetivo de acesso ao processo da educação e do ensino, na relação educando e educador.

7.8 Da cultura

Ainda no Capítulo III, Título VIII ("Da Ordem Social"), a CF, art. 215, estabelece que o Estado "garantirá a todos o pleno exercício dos direitos culturais e acesso às fontes da cultura nacional e apoiará e incentivará a valorização e a difusão das manifestações culturais".

Cultura, segundo o *Dicionário Aurélio* **[1995:191]**, é, entre outras acepções, "o complexo dos padrões de comportamento, das crenças, das instituições e doutros valores espirituais e materiais transmitidos coletivamente e característicos de uma sociedade".

Para Nicola Abbagnano **[1998:225]** esse termo tem dois significados básicos: no primeiro e mais antigo, significa a *formação* do homem, sua melhoria e seu refinamento. No segundo significado indica o produto dessa formação, ou seja, o conjunto dos modos de viver e de pensar cultivados, civilizados, polidos, que também costumam ser indicados pelo nome de *civilização*.

No segundo significado essa palavra é hoje especialmente utilizada por sociólogos e antropólogos para indicar o conjunto dos modos de vida criados, adquiridos e transmitidos de uma geração para outra, entre os membros de determinada sociedade. "Nesse significado, *cultura* não é a formação do indivíduo em sua humanidade, nem sua maturidade espiritual, mas é a formação coletiva e anônima de um grupo social nas instituições que o definem."

Herbert Marcuse **[1998:153]** registra a definição de *cultura* dada pelo *Dicionário Webster*: o complexo específico de crenças religiosas, aquisições, tradições etc. que configuram o "pano-de-fundo" de uma sociedade. Para esse autor, contudo, "*cultura* é um processo de humanização caracterizado pelo esforço coletivo para conservar a vida humana, para pacificar a luta pela existência ou mantê-la dentro de limites controláveis, para consolidar uma organização produtiva da sociedade, para desenvolver as capacidades intelectuais dos homens e para diminuir e sublimar a agressão, a violência e a miséria".

Bárbara Freitag **[1987:55]** refere a expressão "indústria cultural", significando que na era das relações de troca de mercadorias, em que todas as relações sociais são reduzidas a relações mediatizadas pela mercadoria (caráter fetichista de mercadoria), também a obra de arte, o produto cultural, perde sua unicidade, sua especificidade de valor de uso, transformando-se em valor de troca. A "nova" arte ou cultura já passa a ser produzida, a "alta costura" reproduzida, com o objetivo de troca, dissolvendo a verdadeira arte ou cultura.

A Constituição procura fazer frente a essas questões dispondo sobre a proteção do Estado às manifestações das culturas populares, indígenas e afro-brasileiras, bem como aquelas referentes a outros grupos participantes da formação da sociedade brasileira: a fixação de datas comemorativas de alta significação para os diferentes segmentos étnicos nacionais, determinando o estabelecimento do Plano Nacional de Cultura (§§ 1º a 3º do art. 215), de duração plurianual, visando ao desenvolvimento cultural do país e à integração das ações do Poder Público que conduzem a: "I – defesa e valorização do patrimônio cultural brasileiro; II – produção, promoção e difusão de bens culturais; III – formação de pessoal qualificado para a gestão da cultura em suas múltiplas dimensões; IV – democratização do acesso aos bens da cultura; V – valorização da diversidade étnica e regional" (art. 215, § 3º, da CF).

A Constituição ocupa-se também de definir o que compreende o *patrimônio cultural brasileiro*: os bens de natureza material e imaterial, tomados individualmente ou em conjunto, portadores de referência à identidade, à ação, à memória dos diferentes grupos formadores da sociedade brasileira, nos quais se incluem (art. 216): "I – as formas de expressão; II – os modos de criar, fazer e viver; III – as criações científicas, artísticas e tecnológicas; IV – as obras, objetos, documentos, edificações e demais espaços destinados às manifestações artístico-culturais; e V – os conjuntos urbanos e sítios de valor histórico, paisagístico, artístico, arqueológico, paleontológico, ecológico e científico".

A *comunidade* é igualmente conclamada, junto ao Poder Público, para a promoção e proteção do patrimônio cultural brasileiro, pelas várias maneiras previstas no § 1º do art. 216, tais como inventários, registros, vigilância, tombamento e desapropriação "e de outras formas de acautelamento e preservação".

"Danos e ameaças ao patrimônio cultural serão punidos, na forma da lei" – prescreve o § 4º do art. 216; e aos Estados e Distrito Federal é "facultado vincular a fundo estadual de fomento à cultura até cinco décimos por cento da sua receita tributária líquida, para o financiamento de programas e projetos culturais", com algumas restrições – por exemplo, a aplicação desses recursos em despesas com pessoal e encargos sociais, entre outras.

José Afonso da Silva **[2009:846]** assinala bem que "modernizam-se e ampliam-se, portanto, os meios de atuação do Poder Público na tutela do patrimônio cultural. Sai-se também do limite estreito da terminologia tradicional, para utilizarem-se técnicas mais adequadas, ao falar-se em patrimônio cultural, em vez de patrimônio histórico, artístico e paisagístico, pois há outros valores culturais que não se subsumem nessa terminologia antiga".

Vistas essas considerações, constata-se que a crítica da cultura envolve, na atualidade, a questão das influências da comunicação, vez que são constantes as intervenções estrangeiras, com preponderância de recursos materiais, no patrimônio cultural brasileiro – ressaltando-se, a propósito, as determinações do art. 221, no capítulo da comunicação social, às emissoras de rádio e televisão, de atendimento aos seguintes princípios: "I – preferência a finalidades educativas, artísticas, culturais e informativas; II – promoção da cultura nacional e regional e estímulo à produção independente que objetive sua divulgação; III – regionalização da produção cultural artística e jornalística, conforme percentuais estabelecidos em lei; IV – respeito aos valores éticos e sociais da pessoa e da família".

Tais princípios, de caráter estrutural para o sistema constitucional, apresentam um importante viés educacional e vinculação aos direitos humanos e à dignidade da pessoa humana.

Merece registro, ademais, a advertência de John K. Galbraith **[1992:13]** sobre a *cultura do contentamento*, ou seja, a referência à "maioria satisfeita" que não admite qualquer ação que venha a reduzir aquilo que é ou poderá ser usufruído "e certas doutrinas sociais e econômicas altamente convenientes para a defesa do contentamento – algumas modernas, outras antigas".

"Para a maioria satisfeita a lógica da inação é inescapável" – afirma. E registra o problema de educação ambiental: os perigos ambientais, a longo prazo, do aquecimento global ou a dissipação da camada de ozônio: "Não se nega o problema (isso seria impossível), mas protela-se qualquer tipo de ação. Em especial, propõem-se mais pesquisas; ou, pior, sugere-se a formação de comissões para discutir o problema e recomendar medidas a serem tomadas – ou, talvez, o seu adiamento".

São pontos ou aspectos em que se vinculam os grandes problemas de uma educação ambiental extensiva a todos os níveis de ensino, como são, por exemplo, os fatores atuantes na chamada sociedade de consumo, tal como se verifica nos dias atuais, sob a influência inafastável e poderosa dos meios de comunicação.

7.9 Do desporto

O art. 217 da CF prescreve que "é dever do Estado fomentar práticas desportivas formais e não-formais como direito de cada um", determinando a observância de certos requisitos: a autonomia das entidades dirigentes e associações, quanto à sua organização e funcionamento, e o tratamento diferenciado para o desporto profissional e o não-profissional.

Prevê também a destinação de recursos públicos para a promoção prioritária do desporto educacional e a proteção e incentivo às manifestações desportivas de criação nacional.

Ademais, conforme registra José Afonso da Silva **[2009:846]**, "a Constituição valorizou a *justiça desportiva*", quando dispõe, no § 1º do art. 217, que: "O Poder Judiciário só admitirá ações relativas à disciplina e às competições desportivas após esgotarem-se as instâncias da justiça desportiva, reguladas em lei", previsto "o prazo de sessenta (60) dias, contados da instauração do processo, para proferir decisão final" (§ 2º).

Deve-se considerar, também, a situação especial do futebol no Brasil: Bóris Fausto **[2007:A3]** destaca o texto de Eric Hobsbawn, *Nações e Nacionalismo no Novo Século*, tratando das relações entre a globalização e o futebol, no sentido de que "o futebol sintetiza muito bem a dialética entre a identidade nacional, globalização e xenofobia, nos dias de hoje." "Isso tem a ver – diz o historiador brasileiro – com o fato de que os grandes clubes da Europa viraram entidades transnacionais, mas o que faz o futebol popular continua sendo a identificação local com determinada equipe ou, no nível mais amplo, a identificação com a seleção nacional".

Franklin Foer **[2005:9]** tem obra interessante sobre futebol e questões mundiais, referindo: "Evidentemente, o futebol não é a mesma coisa que Bach ou o Budismo. Mas freqüentemente provoca um sentimento mais profundo que a religião e, tal como esta, é uma parte do tecido comunitário, um repositório de tradições".

De toda sorte, torna-se necessária, nesta parte, a menção à educação grega, cujo estudo demonstra-se fonte inesgotável de reflexões, e que, conforme refere Paul Monroe **[1987:76]**, em Atenas, onde o indivíduo recebeu maior importância, estabeleceram-se escolas de dois tipos: uma de Música e Literatura, outra de Ginástica: "O contraste mais relevante entre a educação grega e a educação moderna acha-se não na organização, mas no conteúdo, especialmente na importância dada à ginástica; mas os gregos retiravam dessa educação muito mais que simples desenvolvimento físico: o grande apreço se dirigia aos jogos que demandavam rapidez de percepção e evidência de coragem ou valor".

Assim, o desporto, conforme regulado na Constituição, "como direito de cada um", tem na origem grega as possibilidades de representar importante fator educacional no sentido do "pleno desenvolvimento da pessoa", conforme prescreve o art. 205 – motivo pelo qual devem ser estimuladas e promovidas as formas de desenvolvimento físico e mental, no exemplo da civilização grega clássica para a juventude, nos dias atuais.

Bibliografia

ABBAGNANO, Nicola **[1998]**. *Dicionário de Filosofia*. São Paulo, Martins Fontes.

ADORNO, Theodor W. **[2000]**. *Educação e Emancipação*. São Paulo, Paz e Terra.

BANDEIRA DE MELLO, Celso Antônio **[1985]**. "Universidades oficiais. Natureza, regime e estrutura cabíveis". In: *O Direito na Década de 80*. São Paulo, Ed. RT.

BASTOS, Celso **[1999]**. *Curso de Direito Constitucional*. São Paulo, Saraiva.

CENEVIVA, Walter **[2003]**. *Direito Constitucional Brasileiro*. São Paulo, Saraiva.

COMPARATO, Fábio Konder **[1987]**. *Educação, Estado e Poder*. São Paulo, Brasiliense.

Dicionário Básico da Língua Portuguesa Folha/Aurélio **[1995]**. Rio de Janeiro, Nova Fronteira.

FAUSTO, Bóris **[2007]**. "Apenas um detalhe". In: *Folha de S. Paulo* ed. de 3.10.2007 (p. A3).

FERREIRA FILHO, Manoel Gonçalves **[2005]**. *Curso de Direito Constitucional*. São Paulo, Saraiva.

FOER, Franklin **[2005]**. *Como o Futebol Explica o Mundo*. Rio de Janeiro, Jorge Zahar.

FREITAG, Bárbara **[1987]**. *Política Educacional e Indústria Cultural*. São Paulo, Cortez.

GALBRAITH, John Kenneth **[1992]**. *Cultura do Contentamento*. São Paulo, Pioneira.

LAFER, Betty Mindlin **[1973]**. *Planejamento no Brasil*. São Paulo, Perspectiva.

LAFER, Celso **[1988]**. *A Reconstrução dos Direitos Humanos*. São Paulo, Cia. das Letras.

MARCUSE, Herbert **[1998]**. *Cultura e Sociedade*. São Paulo, Paz e Terra.

MELLO FILHO, José Celso de **[1984]**. *Constituição Federal Anotada*. São Paulo, Saraiva.

MONROE, Paul **[1987]**. *História da Educação*. São Paulo, Cia. Editora Nacional.

NERY JR., Nelson, e NERY, Rosa Maria de Andrade **[2006]**. *Constituição Federal Comentada*. São Paulo, Ed. RT,.

SAMPAIO DÓRIA, Antônio **[1960]**. *Direito Constitucional. Comentários à Constituição de 1946*. São Paulo, Max Limonad.

SILVA, José Afonso da **[2009]**. *Curso de Direito Constitucional Positivo*. 32ª ed. São Paulo, Malheiros Editores.

TAVARES, André Ramos **[2007]**. *Constituição do Brasil Integrada*. São Paulo, Saraiva.

PARTE III

CIÊNCIA E TECNOLOGIA – COMUNICAÇÃO SOCIAL – MEIO AMBIENTE – FAMÍLIA – CRIANÇA, ADOLESCENTE E IDOSO – ÍNDIOS (arts. 218 a 232)

TATIANA PENHARRUBIA FAGUNDES

7.10 A classificação dos direitos fundamentais. 7.11 A Ordem Social brasileira e os direitos sociais: fundamentos constitucionais. 7.12 Da ciência e tecnologia. 7.13 Da comunicação social: 7.13.1 Considerações iniciais – 7.13.2 As características da liberdade de comunicação social – 7.13.3 Os aspectos constitutivos das emissoras de rádio e de televisão. 7.14 Do meio ambiente: 7.14.1 A tutela do meio ambiente no cenário internacional – 7.14.2 A proteção do meio ambiente no ordenamento pátrio: 7.14.2.1 O conceito e os elementos do meio ambiente – 7.14.2.2 As modalidades de meio ambiente – 7.14.2.3 Os princípios constitucionais do meio ambiente – 7.14.2.4 As competências ambientais. 7.15 Da família, da criança, do adolescente e do idoso: 7.15.1 A proteção da entidade familiar na Constituição Federal de 1988: tutela de novos núcleos familiares: 7.15.1.1 A união estável – 7.15.1.2 A entidade familiar monoparental – 7.15.2 A igualdade dos cônjuges na condução da entidade familiar – 7.15.3 A filiação – 7.15.4 A dissolução do casamento – 7.15.5 O planejamento familiar – 7.15.6 A tutela da criança e do adolescente – 7.15.7 O amparo aos idosos: preceitos constitucionais e do Estatuto do Idoso. 7.16 Dos índios.

7.10 A classificação dos direitos fundamentais

A teoria dos direitos fundamentais, dos quais os direitos sociais são uma espécie, classifica esses direitos em três dimensões.

Os direitos de *primeira* dimensão, também chamados de *liberdades públicas ou direitos individuais*, datam do século XIX, quando o movimento do constitucionalismo derruba o Estado absolutista e faz nascer o Estado de Direito (subordinado às leis) e a influência do liberalismo transforma o homem na figura mais importante da sociedade.

Surge, assim, o Estado de Direito liberal burguês, que protege o homem tutelando os direitos que ele tem pelo simples fato de ser homem (como a vida, a liberdade) e que são, portanto, oponíveis ao Estado de Direito, isto é, direitos positivados na Constituição e que o homem pode exercer independentemente da interferência do Estado.

A atuação do Estado na consecução de tais direitos é, portanto, negativa, ou seja, ele deve deixar o homem livre para o exercício de seus direitos fundamentais, como a liberdade de ir e vir, por exemplo, sem interferir na fruição dos mesmos (por isso o *status* negativo do Estado). A ação positiva do Estado deve ocorrer somente quando o homem o acionar para dirimir os conflitos surgidos. Nas lições de Cláudio Lembo (2007:16), "quanto ao Estado, este não deve apenas se abster de atos contra a liberdade individual. Tem, também, o dever de proteção quanto ao exercício da liberdade por parte das pessoas".

Os direitos de primeira dimensão consideram o homem em sua singularidade, em sua individualidade. O objetivo é permitir que o homem exerça os seus direitos individualmente, sem que haja, para tanto, a intervenção do Estado na fruição de tais liberdades. Busca-se a tutela da autonomia do homem perante os demais homens e perante o próprio Estado. É o caso do direito à vida, à liberdade de expressão, à liberdade de opinião, ao devido processo legal, à propriedade, entre outros.

Os direitos de *segunda* dimensão, conhecidos como direitos sociais, econômicos e culturais são fruto de uma mudança no cenário mundial, percebida nas Constituições dos Estados modernos, com maior ênfase após a Primeira Guerra Mundial, apresentando como precursoras as Constituições Mexicana (1917) e a alemã, de Weimar (1919).

Essas Constituições impõem severas críticas ao aspecto formal das constituições liberais burguesas, que tutelam liberdades individuais. Como assevera Manoel Gonçalves Ferreira Filho (2008:291) "essas liberdades [individuais] seriam iguais para todos, é certo; para a maioria, porém, seriam sem sentido porque a ela faltariam os meios de exercê-las. De que adianta a liberdade de imprensa para todos aqueles que não têm os meios para fundar, imprimir, e distribuir um jornal? – perguntavam esses críticos. Assim, esses direitos seriam negados pela organização social ao mesmo tempo que, *pro forma*, seriam consagrados nas declarações".

Tais críticas são efetuadas em razão do aparecimento de uma nova classe social – a mão-de-obra operária – para trabalhar nas indústrias em troca de baixos salários e insuficientes condições de vida. A preocupação do Estado deixa de ser puramente com as liberdades individuais – porque estas não são, sozinhas, capazes de propiciar dignas condições de vida a todos os homens igualmente – para se concentrar na tutela de interesses de relevante cunho social que o próprio Estado deve assegurar a todas as pessoas indistintamente, como por exemplo, o direito à educação, salvaguardando-se, a partir dessa ação, a igualdade real para todos.

Para garantir que toda a sociedade possa usufruir dos direitos sociais, econômicos e culturais, necessariamente o Estado precisa agir, isto é, intervir na execução destes direitos (contrapondo-se ao Estado liberal) porque se percebe que nem todas as pessoas, como é o caso da mão-de-obra assalariada, que são os mais carentes da época, são capazes de gerar para si mesmas condições dignas de vida, a que todos têm direito. Ora, se as pessoas não conseguem se manter sozinhas, o Estado deve assumir este papel na concretização dos direitos fundamentais de segunda dimensão e, por isso, o Estado liberal dá lugar ao Estado de Bem-Estar Social.

Conforme bem asseveram Sylvio Motta e Gustavo Barchet (2007:332) "direitos sociais são aqueles que se direcionam à inserção das pessoas na vida social, tendo acesso aos bens que satisfaçam suas necessidades básicas. Visam ao bem-estar da pessoa humana. Têm especial preocupação com as camadas mais carentes da população e aqueles que, por uma ou outra razão, não podem obter esses benefícios de modo independente, como no caso de velhice, desemprego, infância, doença, deficiência física ou mental etc. De certa forma, procuram proteger os mais fracos, atendendo a uma finalidade de igualdade final ou uma vida condigna para todos".

E a forma de garantia desses direitos de segunda dimensão pelo Estado de Bem-Estar Social faz-se, segundo os ensinamentos de Manoel Gonçalves Ferreira Filho (2002:50-51), no caso brasileiro, por meio da prestação de serviços públicos, como a construção de escolas públicas e a gratuidade do ensino público para assegurar o direito à educação e, na impossibilidade de prestar o serviço diretamente, por meio de uma contrapartida em dinheiro, como, por exemplo, o seguro-desemprego.

Como se percebe, a segunda dimensão de direitos objetiva não apenas a igualdade formal, isto é, a igualdade perante a lei, como ocorriam com as Constituições dos Estados liberais. Mais do que simplesmente a igualdade formal, o Estado de Bem-Estar Social tem como desafio garantir a igualdade material, isto é, a igualdade real entre todos os membros da sociedade, seja através do exercício de uma liberdade pública de primeira dimensão (liberdade de expressão, por exemplo), seja por meio do direito universal à saúde ou à previdência social (direitos de segunda dimensão), sempre pautado pela dignidade da pessoa humana que, no cenário brasileiro, constitui-se como um dos fundamentos[36] da República Federativa do Brasil.

36. "Art. 1º. A República Federativa do Brasil, formada pela união indissolúvel dos Estados e Municípios e do Distrito Federal, constitui-se em Estado Democrático

Com este novo foco, o Estado liberal burguês, fundamentado no individualismo e na não-intervenção estatal é substituído pelo Estado de Bem-Estar Social, que ganha força, especialmente, no pós Primeira Guerra Mundial, e que exige a ação positiva do Estado na consecução dos novos direitos fundamentais.

Outros exemplos de direitos sociais, econômicos e culturais, além dos já mencionados, são o direito à habitação, que inclui o desenvolvimento urbano, o direito ao saneamento, à higiene, à assistência social, à proteção à família, ao trabalho, às férias e ao descanso semanal remunerado, ao lazer, à propriedade, que deve cumprir a função social, entre outros.

Por sua vez, os direitos de *terceira* dimensão, também chamados de *direitos metaindividuais, de solidariedade ou de fraternidade*, datam do pós Segunda Guerra Mundial e são característicos das sociedades de massas. Os resultados negativos que o impacto tecnológico e as guerras causam ao meio ambiente são desastrosos à vida humana, não de um povo determinado, mas à vida de todos os seres humanos, de toda a humanidade. Como conseqüência, a busca pela *qualidade de vida* em um meio ambiente sadio e a conseqüente dignidade da pessoa – e de toda a humanidade – passa a ser o objetivo principal desta terceira dimensão de direitos.

A respeito desta nova dimensão de direitos, confrontando-a com as anteriores e, especialmente no que tange à qualidade de vida almejada, profere Manoel Gonçalves Ferreira Filho (2002:57), "na verdade, a consciência de novos desafios, não mais à vida e à liberdade, mas especialmente à *qualidade de vida* e à *solidariedade entre os seres humanos de todas as raças ou nações*, redundou no surgimento de uma nova geração – a terceira –, a dos direitos fundamentais" (grifos nossos).

E os direitos aqui presentes são também chamados de metaindividuais, porque ultrapassam o homem considerado em sua singularidade (como ocorre na primeira dimensão) ou em grupos (como nos direitos sociais), para atingir todos os homens e, portanto, cada pessoa individualmente e todas as demais, sendo todas, ao mesmo tempo, titulares desses direitos, como o meio ambiente e a sadia qualidade de vida, por exemplo. Por isso, a satisfatória qualidade de vida é um direito dos povos, que não se restringe às fronteiras internas dos Estados, mas as ultrapassa. No âmbito global, a qualidade de vida depende da colaboração de todos os Estados contemporâneos, através de ações que melhorem a vida no planeta.

de Direito e tem como fundamentos: I) a soberania; II) a cidadania; III) a dignidade da pessoa humana; IV) os valores sociais do trabalho e da livre iniciativa e V) o pluralismo político".

Ainda sobre os direitos metaindividuais, destaca Monica Herman Salem Caggiano (1982:32) que "em verdade, exsurgem hoje, ao lado dos conflitos interindividuais, os de natureza metaindividuais, conflitos que, abandonando a clássica equação de dois elementos – ou seja o conflito estabelecido entre Tízio e Caio – transpõem a esfera intersubjetiva para, de sua parte, situarem-se num quadro de massa. São conflitos que ocorrem entre, por exemplo, interesses à preservação do ambiente e os interesses da indústria edilícia, ou entre os interesses dos consumidores e das grandes potências econômicas, e, que, nem por isso, prescindem de adequada proteção legal".

Encontramos, assim, como exemplos dos direitos de solidariedade, o direito à autodeterminação dos povos, o direito ao desenvolvimento, o direito à paz, o direito ao patrimônio comum da humanidade, o direito à comunicação e o direito ao meio ambiente e à sadia qualidade de vida, este último inserido, pela primeira vez, no art. 225 da Constituição Federal de 1988.

Como se percebe, os direitos são insertos como fundamentais nas Constituições de acordo com as necessidades humanas, ora da liberdade do homem oponível ao Estado (primeira dimensão), ora da imprescindível atuação positiva do Estado (segunda dimensão), ora da busca pela sadia qualidade de vida (terceira dimensão). E esta inclusão não é estanque, podendo o rol ser ampliado conforme o homem sentir necessidade de ver seus direitos protegidos ou o poder do Estado limitado.

Cuidaremos, no tópico seguinte, de especificar como os direitos sociais, econômicos e culturais – de segunda dimensão – são tratados no ordenamento pátrio brasileiro.

7.11 A Ordem Social brasileira e os direitos sociais: fundamentos constitucionais

A Constituição Federal de 1988 dedicou um de seus capítulos – o Capítulo II, denominado *Dos Direitos Sociais*,[37] do Título I, este referente aos *Direitos e Garantias Fundamentais* –, para cuidar dos direitos sociais.

37. A primeira Constituição brasileira a incluir os direitos sociais em seu texto, sob a designação "Da Ordem Econômica e Social" foi a Constituição de 1934, influenciada pela Constituição alemã de Weimar, de 1919. Este critério é seguido por todas as demais Constituições, até a de 1967. É a partir da Constituição de 1934 que o Estado brasileiro passa, então, a ser um Estado de Bem-Estar Social e que requer, portanto, a intervenção na consecução dos direitos sociais e econômicos ali tutelados. A Constituição Federal de 1988, conhecida como "Constituição Cidadã", por sua vez, separou a ordem econômica da social e assim, temos, hoje, o Título VII dedicado à Ordem Econômica e Financeira (arts. 170 a 192) e o Título VIII referente à Ordem Social (arts. 193 a 232), cada qual com regramentos específicos; ambos, porém, visam a propiciar justiça social a todos os

Em seu art. 6º, a Constituição brasileira[38] disciplina que os direitos sociais, tais como o trabalho, o lazer, a proteção à maternidade e à infância, a moradia, dentre outros do rol meramente exemplificativo,[39] são tutelados *na forma* da Constituição. E, *forma*, aqui, quer dizer que os direitos de segunda dimensão serão assegurados conforme o que vier estabelecido no Título VIII do mesmo diploma constitucional, isto é, no *Título* referente à *Ordem Social*.

O Título VIII traz como disposição geral da Ordem Social o art. 193,[40] segundo o qual a ordem social está embasada no *primado do trabalho*, exatamente porque é por meio do trabalho[41] que o homem produz riqueza apta a permitir-lhe alcançar a dignidade humana. O mesmo artigo ainda dispõe que a ordem social tem como objetivos o *bem-estar* e a *justiça sociais*. Isto quer dizer que não se alcança *bem-estar social* senão por meio do trabalho (por isso é que ele é essencial), mas este bem-estar social só é pleno através da distribuição igualitária da riqueza, que é resultado do trabalho e, quando esta igualdade for atingida, estaremos diante da *justiça social*.

Através do cumprimento de tais disposições, a igualdade material (igualdade real) estará sendo garantida a todos os membros da sociedade, observados, assim, os princípios da igualdade e da universalidade, essenciais aos direitos de segunda dimensão.

Como se verifica, é por meio do trabalho, do bem-estar e da justiça sociais que o Estado Democrático de Direito brasileiro atinge seus objetivos

membros da sociedade o que, nada mais é do que uma das características dos direitos sociais da segunda dimensão de direitos fundamentais.

38. "Art. 6º. São direitos sociais a educação, a saúde, o trabalho, a moradia, o lazer, a segurança, a previdência social, a proteção à maternidade e à infância, a assistência aos desamparados, na forma desta Constituição."

39. Como se percebe, há na Constituição Federal de 1988 outros direitos, como os direitos da família, da criança, do adolescente e dos idosos (arts. 226 a 230) e a proteção aos índios (arts. 231 e 232), por exemplo, que, embora não façam parte do rol do art. 6º, são, também, direitos sociais. Há, ainda, a possibilidade de novos direitos sociais serem incluídos na legislação pátria por meio da adesão brasileira aos tratados internacionais de direitos humanos (art. 5º, § 2º). Neste caso, as normas do tratado ingressarão como normas constitucionais ou infraconstitucionais, consoante atendam ou não aos dispositivos do § 3º do art. 5º do diploma constitucional.

40. "Art. 193. A ordem social tem como base o primado do trabalho, e como objetivo o bem-estar e a justiça sociais."

41. A Constituição Federal de 1988 legitima somente o trabalho desempenhado com dignidade humana e, por este motivo, estão excluídos do primado do trabalho, base da Ordem Social brasileira, o trabalho forçado (como o caso dos campos de concentração) e o trabalho escravo.

fundamentais,[42] dentre os quais, erradicar a pobreza e a marginalização e construir uma sociedade livre, justa e solidária.

Apresentados os dispositivos constitucionais da Ordem Social, constata-se que o legislador constituinte originário dividiu o *Título VIII – Da Ordem Social*, em assuntos variados, todos eles, é claro, imprescindíveis para que a Ordem Social atinja os objetivos do bem-estar e da justiça sociais. Tais assuntos são apresentados em capítulos na Constituição Federal de 1988 e são eles: Disposição Geral (Capítulo I);[43] Seguridade Social (Capítulo II); Educação, Cultura e Desporto[44] (Capítulo III); Ciência e Tecnologia (Capítulo IV); Comunicação Social (Capítulo V); Meio Ambiente (Capítulo VI); Família, Criança, Adolescente e Idoso (Capítulo VII); e Dos Índios (Capítulo VIII).

Cuidaremos, nos tópicos seguintes, do estudo dos assuntos referidos no Capítulo IV e seguintes do Título da Ordem Social da Constituição Federal, consoante acima descrito.

E, sobre eles, é possível perceber que o bem-estar e a justiça sociais dependem do progresso da sociedade nas áreas científica, das pesquisas e da capacitação tecnológicas (assuntos tratados pelo Capítulo IV – Da Ciência e Tecnologia).

Ademais, uma sociedade que não assegure a liberdade de manifestação do pensamento e de informação jornalística, vedada a censura, sob qualquer circunstância, não pode ser chamada de democrática. Por isso, o legislador constituinte originário cuidou deste tema em um capítulo específico (Capítulo V – Da Comunicação Social), como forma de possibilitar o desenvolvimento cultural do povo brasileiro.

Por outro lado, a sadia qualidade de vida, para as gerações presente e futuras, depende de políticas públicas eficazes desempenhadas pelo Poder Público e, também, do comprometimento de cada um individualmente considerado para que todos usufruam de uma vida melhor em um meio ambiente equilibrado[45] (Capítulo VI – Do Meio Ambiente).

42. "Art. 3º. Constituem objetivos fundamentais da República Federativa do Brasil: I – construir uma sociedade livre, justa e solidária; II – garantir o desenvolvimento nacional; III – erradicar a pobreza e a marginalização e reduzir desigualdades sociais e regionais; IV – promover o bem de todos, sem preconceito de origem, raça, sexo, cor, idade e quaisquer outras formas de discriminação."

43. O Capítulo I – Disposição Geral – do Título VIII, que se refere à Ordem Social, contém apenas o art. 193, já estudado no item 9.2. Conferi-lo, para maiores detalhes.

44. Os capítulos II e III, respectivamente referentes à seguridade social e à educação, cultura e desporto não serão objeto de nosso estudo.

45. Percebe-se como o direito ao meio ambiente é típico direito de terceira dimensão, vez que cada um deve, individualmente, defendê-lo para que todos (ultrapassando

A tutela da família, da criança e do adolescente e o respeito ao idoso configuram mecanismos para o bem-estar social (Capítulo VII – Da Família, Da Criança, Do Adolescente e Do Idoso).

Por fim, a proteção das comunidades indígenas, suas culturas, línguas e terras refletem a preocupação do Estado na tutela das minorias étnicas (Capítulo VIII – Dos Índios).

Apresentados os parâmetros que denotam a inclusão da Ordem Social e dos direitos sociais na Constituição brasileira e após breve explanação dos assuntos que compõem a mencionada Ordem Social, compete-nos o estudo mais detalhado de cada um dos seus capítulos, quais sejam: Ciência e Tecnologia; Comunicação Social; Meio Ambiente; Família, Criança, Adolescente e Idoso; e Índios, o que faremos a seguir.

7.12 Da ciência e tecnologia

De acordo com o dispositivo do *caput* do art. 218 da Constituição Federal[46] de 1988, as atividades de pesquisa científica e tecnológica devem ser promovidas e incentivadas pelo Estado brasileiro.

Promover significa que o Estado deve agir no sentido de produzir pesquisa, ou seja, ele mesmo, por meio de suas Universidades e institutos especializados deve realizar estudos voltados à pesquisa científica e tecnológica.

Incentivar, por seu turno, quer dizer que o Estado necessita desenvolver condições e mecanismos que propiciem aos seus agentes e a terceiros, como as Universidades particulares,[47] por exemplo, atingir os objetivos já mencionados.

O que se percebe, pois, é que o país cresce e progride quando desenvolve pesquisas nas mais diversas áreas. O avanço da ciência apresenta relação direta com a melhora da qualidade de vida das pessoas, de todas as pessoas, de maneira igualitária, tal qual é característico dos direitos sociais.

O Estado brasileiro distingue dois tipos de pesquisa: a *pesquisa científica básica* e a *pesquisa tecnológica*.

o homem considerado em sua singularidade) gozem de qualidade de vida adequada em um meio ambiente sadio.

46. "Art. 218. O Estado promoverá e incentivará o desenvolvimento científico, a pesquisa e a capacitação tecnológicas."

47. As universidades particulares que venham a realizar pesquisas, cumprindo os objetivos do art. 218, poderão receber apoio financeiro do Poder Público, consoante disposição do art. 213, § 2º da Constituição Federal de 1988.

A *pesquisa científica básica* deve receber tratamento prioritário do Estado, levando-se em consideração o bem público e o progresso das ciências. Atendidos estes requisitos, o resultado consiste na melhoria das condições de vida dos seres humanos.

A *pesquisa tecnológica*, por sua vez, visa à solução dos problemas brasileiros e ao desenvolvimento do sistema produtivo nacional e regional. Ou seja, os recursos públicos serão destinados àqueles pesquisadores que desenvolverem projetos que visem à solução dos problemas brasileiros e, também, ao desenvolvimento do sistema produtivo nacional e regional.

Citamos, como exemplos de pesquisas, a biotecnologia, que envolve questões polêmicas, como a manipulação genética (e os organismos geneticamente modificados), a clonagem humana (clonagem reprodutiva), a clonagem terapêutica (fabricação de tecidos e órgãos apenas) e as pesquisas com células-tronco embrionárias.[48] Todas estas pesquisas deverão ser pautadas pela ética.

Como o investimento particular nos projetos científicos ainda é pequeno, porém extremamente necessário para o crescimento do país e para a justa distribuição da riqueza, a Constituição Federal prevê que o Estado, por meio de lei, deverá estabelecer incentivos fiscais às empresas que invistam em tecnologia.

Também determina a Lei Maior, no § 5º[49] do art. 218, que os Estados e o Distrito Federal poderão vincular parte de suas receitas orçamentárias a entidades públicas de fomento ao ensino e à pesquisa científica e tecnológica. Constitui-se, essa possibilidade, em uma exceção ao disposto no inc. IV, do art. 167[50] da Constituição Federal. Tal vinculação, entretanto, não poderá ser realizada pela União e pelos Municípios.

48. O art. 5º da Lei de Biossegurança – Lei 11.105, de 24.3.2005 –, que cuida das pesquisas com células-tronco embrionárias, é alvo de uma ação direta de inconstitucionalidade (ADI 3.510) no STF. A ação foi julgada improcedente pelo relator, Min. Carlos Britto. A então Presidente do STF, Min. Ellen Gracie, antecipando o seu voto, também votou pela improcedência da ação. O julgamento não foi encerrado em razão do pedido de vistas por um dos Ministros.

49. Art. 218, § 5º, da CF: "É facultado aos Estados e ao Distrito Federal vincular parcela de sua receita orçamentária a entidades públicas de fomento ao ensino e à pesquisa científica e tecnológica".

50. Art. 167, da CF: "São vedados: IV – a vinculação de receita de impostos a órgão, fundo ou despesa, ressalvadas a repartição do produto da arrecadação dos impostos a que se referem os arts. 158 e 159, a destinação de recursos para as ações e serviços públicos de saúde, para manutenção e desenvolvimento do ensino e para realização de atividades da administração tributária, como determinado, respectivamente, pelos arts. 198, § 2º, 212 e 37, XXII, e a prestação de garantias às operações de crédito por antecipação de receita, previstas nos art. 165, § 8º, bem como o disposto no § 4º deste artigo".

7.13 Da comunicação social

7.13.1 Considerações iniciais

Sendo uma Constituição dogmática[51] e, em repúdio à ditadura militar que vigorou por mais de vinte anos, a Constituição de 1988 cuida, pela primeira vez, em capítulo específico, da comunicação social (no Capítulo V, do Título VIII – Da Ordem Social), com a tutela da liberdade de comunicação, que se reflete na livre manifestação do pensamento, da criação, da expressão e da informação,[52] independentemente de censura, razão pela qual a ênfase é para a proteção das liberdades democráticas, em consonância com o princípio democrático e com o Estado Democrático de Direito brasileiro.

Comunicar quer dizer transmitir e receber uma mensagem, uma informação. A liberdade de comunicação recebe guarida constitucional por meio da tutela ao direito fundamental de primeira dimensão da liberdade de expressão, consoante art. 5º, IX.[53] Quando a comunicação se efetiva nos meios de comunicação de massa, como na televisão, jornais, revistas e rádios, ela tem como destinatárias pessoas indeterminadas. Assim, quando o direito individual tutelado – a liberdade de expressão – é dirigido à coletividade, recebe tratamento constitucional especial por meio do capítulo da Comunicação Social.[54]

Nas palavras de Alexandre de Moraes (2002:1988), "o que se pretende proteger nesse novo capítulo é o meio pelo qual o direito individual constitucionalmente garantido será difundido, por intermédio dos meios de comunicação de massa. Essas normas [liberdade de expressão do art. 5º, IX e liberdade de comunicação social do art. 220], embora não se confundam,

51. Constituição dogmática é a Constituição que incorpora, em seu texto, os ideais vigentes à época de sua elaboração. No tocante à comunicação social, durante o regime militar, a censura perdurava e não havia liberdade de imprensa. A Constituição Federal de 1988 repudia tal tratamento e, por esse motivo, visando à tutela da liberdade de imprensa e de informação, a insere como matéria constitucional. Objetiva, pois, a proteção da democracia.

52. Estes direitos fundamentais de primeira dimensão devem ser interpretados conjuntamente com os incs. IV, V, IX, X, XIII e XIV, todos do art. 5º, da Constituição Federal.

53. Art. 5º, da CF: "IX – é livre a expressão da atividade intelectual, artística, científica e de comunicação, independentemente de censura ou licença".

54. O Anteprojeto da Comissão Afonso Arinos, embora não tenha sido aprovado, trazia, em seu art. 399, a definição de comunicação social, que serve de base para nossos estudos. Consoante este artigo "o sistema de comunicação social compreende a imprensa, o rádio e a televisão e será regulado por lei, atendendo à sua função social e ao respeito à verdade, à livre circulação e à difusão universal da informação, à compreensão mútua entre indivíduos e aos fundamentos éticos da sociedade".

completam-se, pois, a liberdade de comunicação social refere-se aos meios específicos de comunicação".

De se destacar a importância da comunicação social para a democracia, porque é por meio dela que as pessoas tomam conhecimento das notícias e formam suas opiniões, especialmente a respeito das coisas públicas.

Ao tratar da liberdade de informação, uma das formas pelas quais a liberdade de comunicação se expressa, José Afonso da Silva (2005A:825) ensina que ela não é apenas do dono da empresa jornalística ou do jornalista. É muito mais extensiva, na medida em que tutela o direito de todas as pessoas terem acesso à informação jornalística correta e imparcial protegendo-se, pois, o direito a ser informado.

José Afonso da Silva continua (2009A:826): "o dono da empresa e o jornalista têm um direito fundamental de exercer sua atividade, sua missão, mas especialmente têm um dever. A eles se reconhece o direito de informar ao público os acontecimentos e idéias, mas sobre eles incide o dever de informar à coletividade tais acontecimentos e idéias objetivamente, sem alterar-lhes a verdade ou esvaziar-lhes o sentido original; do contrário se terá não informação, mas deformação".

O que se verifica, portanto, é que um capítulo dedicado à Comunicação Social é de extrema importância, pois não se está protegendo apenas o direito daqueles que pretendem obter do Poder Público federal – por meio de concessão, permissão ou autorização – condições para explorar o serviço de radiodifusão sonora e de sons e imagens, mas, antes disso, a Constituição ampara o direito fundamental de toda a sociedade ser informada e bem informada através destes veículos de comunicação, permeados pela ética e, por isso, primando pelo respeito ao direito fundamental à liberdade de expressão.

Após estes apontamentos iniciais, podemos analisar as características da liberdade de comunicação social no tópico seguinte.

7.13.2 As características da liberdade de comunicação social

Dispõe o art. 220 da Constituição Federal: "Art. 220. A manifestação do pensamento, a criação, a expressão e a informação, sob qualquer forma, processo ou veículo não sofrerão qualquer restrição, observado o disposto nesta Constituição".

De acordo com o artigo em comento e, com o intuito de proteger a democracia, a Constituição tutela a *liberdade de comunicação* em todas as suas formas, quais sejam, manifestação livre do pensamento, da criação, da expressão e da informação. E mais. Cuida desta proteção em qualquer veículo, como por exemplo, o rádio, a televisão, a internet, o teatro, o telefone, o fax etc. e, quando o veículo for impresso – como os jornais, as revistas e os livros –, a publicação se faz independentemente de licença da autoridade (art. 220, § 6º).

O amparo, porém, não é irrestrito, tampouco, absoluto. Como sabemos, não existe nenhum direito fundamental absoluto, razão pela qual é a própria Constituição que traça os limites para este direito fundamental. Consoante ensinamentos de Luiz Alberto David Araújo e Vidal Serrano Nunes Júnior (2006:502), "(...) não se está garantindo uma liberdade irresponsável e sem qualquer critério do poder de informar ou mesmo do direito de criar ou de manifestar o pensamento".

Na verdade, os limites constitucionais servem como parâmetro para o bom exercício do direito à livre manifestação do pensamento, da criação, da expressão e da informação.

Destacamos, dentre os limites[55] constitucionais, a proteção dos direitos da criança e do adolescente (arts. 226 a 230), sendo possível ao Poder Público, por exemplo, por meio de lei federal, fixar faixa indicativa de idade para o ingresso em diversões e espetáculos públicos (art. 220, § 3º, I),[56] sem que isso se apresente como censura.

Quanto à necessidade de fixação de faixa indicativa em cinemas, para que um bem maior – a formação da criança e do adolescente – seja amparado, trazemos a lume o posicionamento de Manoel Jorge e Silva Neto (2006:712), com o qual concordamos inteiramente. Ensina o autor citado que "quando o Poder Público promove a classificação de películas cinematográficas, está dando cumprimento ao disposto no art. 220, § 3º, I, devendo ser dito que a referência à expressão '(...) faixas etárias a que não se recomendem (...)' não caracteriza mero exercício de faculdade do Estado,

55. Importante destacar que tais balizas não se confundem com a censura, esta proibida (art. 220, § 2º, da CF).

56. Dispõe o § 3º, do art. 220, da CF: "Compete à lei federal: "I – regular as diversões e espetáculos públicos, cabendo ao Poder Público informar sobre a natureza deles, as faixas etárias a que não se recomendem, locais e horários em que sua apresentação se mostre inadequada". Ensina José Afonso da Silva (2009A:827) que diversões públicas não se confundem com espetáculos públicos, sendo exemplos de diversões públicas os parques de diversões e certas casas de brinquedos eletrônicos. Para estes, vigora o disposto no art. 21, XVI, segundo o qual caberá à lei federal "exercer a classificação, para efeito indicativo, de diversões públicas e de programas de rádio e de televisão". Já quanto ao espetáculo público, ainda consoante José Afonso da Silva (2009A:827), "trata-se de representação teatral, exibição cinematográfica, rádio, televisão ou qualquer outra demonstração pública de pessoa ou conjunto de pessoas".

mas sim, convictamente, indeclinável dever de classificação que se atrela ao interesse público. Logo, se determinado filme é indicado para maiores de 14 ou de 16 anos, o verbo 'recomendar' não sinaliza simples possibilidade de acatamento, pelo exibidor, da classificação adotada pelo Poder Público, pois ali onde residir obrigação constitucional de legislar – sobretudo em defesa da formação da criança e do adolescente (art. 227) –, se impõe, como corolário, a vinculação ao ato classificatório".

Vê-se, pois, que em defesa de um bem maior, que é a proteção da criança e do adolescente, seres humanos ainda em formação, o ato de recomendação do Poder Público é, na verdade, ato vinculado e impõe um mandamento ao próprio Poder Público, que deve ser cumprido.

Outro limite constitucional à liberdade de comunicação encontra-se na proteção do meio ambiente (art. 225), posto que, também nos termos de lei federal, a pessoa isoladamente – ou a família – é dotada de mecanismos para evitar propagandas nocivas à saúde e ao meio ambiente,[57] como as propagandas de cigarros e de bebidas alcoólicas.[58]

No que tange à *liberdade de informação jornalística* há, na Constituição, uma regra específica, exposta no § 1º do art. 220,[59] do qual se extrai que nenhuma lei poderá criar óbices ao pleno exercício de tal direito em veículos de comunicação social, porém, da mesma forma como a liberdade de comunicação, o direito à liberdade de informação jornalística não é absoluto, de modo que as balizas para a fruição de tal liberdade estão traçadas no mesmo dispositivo constitucional e consistem na vedação do anonimato, para a manifestação do pensamento; na inviolabilidade dos direitos da personalidade,[60] assegurada a indenização por danos morais ou materiais

57. Consoante o inc. II, do § 3º, do art. 220, da CF: "Compete à lei federal: (...) II – estabelecer os meios legais que garantam à pessoa e à família a possibilidade de se defenderem de programas ou programações de rádio e televisão que contrariem o disposto no art. 221, bem como da propaganda de produtos, práticas e serviços que possam ser nocivos à saúde e ao meio ambiente".

58. De acordo com o § 4º, do art. 220, da CF: "a propaganda comercial de tabaco, bebidas alcoólicas, agrotóxicos, medicamentos e terapias estará sujeita a restrições legais, nos termos do inc. II do parágrafo anterior, e conterá, sempre que necessário, advertência sobre os malefícios decorrentes de seu uso". Consultar, ainda, a Lei 9.294, de 15.7.1996, regulamentada pelo Decreto 2.018/1996 que dispõe sobre as restrições ao uso e à propaganda de produtos fumígenos, bebidas alcoólicas, medicamentos, terapias e defensivos agrícolas referidos no inciso.

59. "Art. 220. (...) § 1º. Nenhuma lei conterá dispositivo que possa constituir embaraço à plena liberdade de informação jornalística em qualquer veículo de comunicação social, observado o disposto no art. 5º, IV, V, X, XIII e XIV".

60. Inserem-se como direitos da personalidade o direito à imagem, à honra, à intimidade e à privacidade consoante disposto no inc. X, do art. 5º, da CF.

violados; no direito de resposta, proporcional ao agravo, sem prejuízo da indenização por danos morais, materiais ou à imagem sofridos; e no acesso à informação, sendo autorizado o sigilo da fonte para resguardar o exercício da profissão.

O § 2º do art. 220, por seu turno, é de extrema importância e dispõe sobre a *vedação* de qualquer *censura* de natureza política, ideológica e artística. O que o ordenamento pátrio proíbe, pois, é a censura administrativa, ou seja, aquela praticada por órgãos do Poder Executivo, característica dos regimes ditatoriais. Já a limitação imposta judicialmente ao direito de informar, quando este é confrontado com outro direito fundamental, como o direito à personalidade, por exemplo, não pode ser considerada censura, vez que cabe ao Poder Judiciário, observados os dispositivos constitucionais, dirimir os conflitos surgidos entre direitos fundamentais contrapostos.

Depois de tratar da liberdade de comunicação e dos seus limites constitucionais, a Constituição cuida das emissoras de rádio e televisão, o que veremos no tópico a seguir.

7.13.3 Os aspectos constitutivos das emissoras de rádio e de televisão

A produção e a programação de emissoras de rádio e televisão deverão obedecer aos seguintes princípios constitucionais: preferência a finalidades educativas, artísticas, culturais e informativas; promoção da cultura nacional e regional e estímulo à produção independente que objetive sua divulgação; regionalização da produção cultural, artística e jornalística, conforme percentuais estabelecidos em lei; e respeito aos valores éticos e sociais da pessoa e da família (art. 221, incs. I a IV).

Até a edição da Emenda Constitucional 36, de 28.5.2002, somente brasileiros natos ou naturalizados há mais de dez anos no país podiam ser proprietários de empresas jornalísticas e de radiodifusão sonora e de sons e imagens. A Emenda Constitucional citada acresceu, à hipótese, a possibilidade da pessoa jurídica estrangeira, que tenha sido constituída sob as leis brasileiras e tenha sede e administração no País, ser proprietária de tais veículos de comunicação (art. 222).

E mais. A EC 36/2002 trouxe, ainda, alguns critérios para estas pessoas jurídicas funcionarem. Assim, obrigatoriamente 70% do capital total e do capital votante das empresas jornalísticas e de radiodifusão sonora e de sons e imagens devem pertencer direta ou indiretamente aos brasileiros natos ou naturalizados há mais de dez anos, que devem exercer os cargos de direção e determinar o conteúdo da programação (§ 1º do art. 222). Eventuais alterações nos cargos de direção dessas empresas devem ser comunicadas ao Congresso Nacional (§ 5º do art. 222).

Ademais, para proteger as empresas de comunicação social nacionais das estrangeiras, especialmente no que tange à formação da opinião pública nacional, que deve ser influenciada pelas primeiras, determina a Constituição Federal, também por meio da EC 36/2002, que somente brasileiros natos ou naturalizados há mais de dez anos poderão proceder à escolha das atividades de seleção e de direção da programação, bem como, somente eles exercerão atribuição de responsabilidade editorial (§ 2º do art. 222).

Ainda, a execução de produções nacionais deve priorizar a participação de profissionais brasileiros (§ 3º do art. 222).

Por outro lado, as empresas de comunicação social não são as proprietárias do serviço de comunicação, vez que ele é um serviço público e, como tal, é explorado por meio de concessão, permissão ou autorização,[61] conferidas pelo Poder Executivo federal após ratificação do Congresso Nacional (art. 223 e §§ 1º e 3º). O mesmo vale para o ato de renovação destes institutos, sendo que, neste caso, a não-renovação depende do voto nominal de, no mínimo, dois quintos dos membros do Congresso Nacional (§ 2º do art. 223).

Há, ainda, a possibilidade de cancelamento da concessão ou permissão das emissoras de rádio e de televisão antes do prazo ter se exaurido. Imprescindível, neste caso, autorização judicial, exatamente para que não haja pressões políticas e violação ao direito fundamental à liberdade de comunicação, consoante se extrai dos dispositivos do § 4º do art. 223.

A concessão e a permissão para as emissoras de rádio é de dez anos e de quinze anos para as de televisão (§ 5º do art. 223).

Por fim, de acordo com o mandamento constitucional do art. 224, foi criado o Conselho de Comunicação Social, órgão auxiliar para o exercício do controle sobre a comunicação social, através da Lei 8.389, de 30.12.1991.

7.14 Do meio ambiente

7.14.1 A tutela do meio ambiente no cenário internacional

O primeiro documento de âmbito internacional a tutelar o direito ao meio ambiente é a Declaração sobre o Meio Ambiente Humano, resultado

61. De acordo com o art. 21, XII, "a", da CF: "Art. 21. Compete à União: (...) XII – explorar, diretamente ou mediante autorização, concessão ou permissão: a) os serviços de radiodifusão sonora e de sons e imagens".

da Conferência das Nações Unidas sobre o Meio Ambiente, ocorrida em Estocolmo,[62] em 1972.

Até os anos de 1970, o meio ambiente foi severamente degradado pelo homem sem que qualquer medida preventiva ou punitiva fosse tomada no sentido de recuperá-lo. Isso ocorreu porque a preocupação mundial era com o crescimento e desenvolvimento das cidades e, portanto, das vias públicas, das casas, das indústrias etc. Também havia a falsa crença de que a própria natureza era capaz de repor, no ambiente, as árvores derrubadas, o solo queimado, o ar poluído pelos materiais químicos. Ainda a expansão de cidades não planejadas fez com que os espaços urbanos fossem ocupados e habitados de maneira desordenada.

Impulsionado pelo progresso industrial, a conseqüência lógica desse processo são os efeitos desastrosos não apenas no meio ambiente – natural, artificial e cultural[63] – mas, principalmente, na vida do homem, que sofre considerável piora.

Essa situação foi intensamente agravada após a Segunda Guerra Mundial, posto que o resultado das guerras e o avanço tecnológico das indústrias trazem como conseqüência a degradação no ambiente porque provocam, por exemplo, a poluição dos rios e solos (meio ambiente natural), o desmoronamento de casas e praças (meio ambiente artificial) e o ataque a pontos turísticos e históricos, como museus e parques ecológicos (meio ambiente cultural).

Como se percebe, a degradação do meio ambiente atinge diretamente a qualidade de vida humana, que passa a se desenvolver de maneira indigna e imprópria.

Esses foram os motivos que levaram os Estados contemporâneos a se reunirem em Estocolmo, em 1972, culminando com a assinatura da Declaração sobre o Meio Ambiente Humano, com princípios orientadores do bem-estar e da sadia qualidade de vida para a presente e futuras gerações.

Por meio desta Declaração, o meio ambiente e a sadia qualidade de vida passam a ser direitos fundamentais. Como assevera José Afonso da Silva (2009-C:59), o Princípio 1 assim determina "O Homem tem o direito

62. A Conferência das Nações Unidas sobre o Meio Ambiente Humano ocorreu em Estocolmo (Suécia) entre os dias 5 e 16 de junho de 1972 e ofereceu aos povos um guia, com orientações a serem seguidas dentro das fronteiras dos países, em prol da preservação e da busca da qualidade de vida do meio ambiente humano para as presentes e futuras gerações.

63. Para maiores informações sobre as modalidades do meio ambiente consultar o 7.17.2.2.

fundamental à liberdade, à igualdade e ao desfrute de *condições de vida adequada em um meio cuja qualidade lhe permite levar uma vida digna* e gozar de bem-estar e tem a solene obrigação de proteger e melhorar esse meio para as gerações presentes e futuras. (...)" (grifos nossos).

Podemos verificar que o inicial descaso com o meio ambiente transforma-se em motivo de preocupação por parte dos Estados Contemporâneos, pois, como já foi dito, a sua destruição repercute na queda da qualidade de vida humana.

É com base neste documento que o Brasil constitucionaliza, pela primeira vez, em 1988, a proteção do meio ambiente ecologicamente equilibrado, bem de uso comum do povo, essencial à sadia qualidade de vida, fazendo-o no art. 225. Aliás, os princípios ambientais insertos na Constituição de 1988 nascem influenciados pelos constantes da Declaração de Estocolmo.

7.14.2 *A proteção do meio ambiente no ordenamento pátrio*

7.14.2.1 *O conceito e os elementos do meio ambiente*

O primeiro conceito de meio ambiente advém da Lei 6.938, de 31.8.1981, segundo o qual o meio ambiente consiste em um "conjunto de condições, leis, influências e interações de ordem física, química e biológica, que permite, abriga e rege a vida em todas as suas formas".[64] A falha deste conceito reside no fato dele ter tutelado tão-somente o meio ambiente natural, deixando de fora o meio ambiente artificial e o cultural. Em que pese, no entanto, tal definição restritiva de meio ambiente, o certo é que a lei foi recepcionada pela Constituição Federal de 1988, encontrando-se, hoje, naquilo que não contradiz a Lei Maior, em pleno vigor.

A Constituição Federal de 1988, por sua vez, dispõe na regra matriz[65] sobre o meio ambiente: "Art. 225. Todos têm direito ao meio ambiente

64. Art. 3º, I, da Lei 6.931/1981 (Lei da Política Nacional do Meio Ambiente).

65. O meio ambiente não está tutelado apenas no art. 225 da CF. Ele está expressamente previsto nos arts. 170, VI, 5º, LXXIII, 174, § 3º, 186, II, 200, VIII, 216, V, 231, § 1º. Além disso, através de uma análise extensiva do § 2º, do art. 5º, o meio ambiente é inserido como um direito fundamental porque está em consonância com o regime e os princípios adotados pela Lei Maior e porque sua proteção é decorrência dos tratados internacionais de que o Brasil faz parte. Insere-se, ainda, como verdadeira cláusula pétrea (art. 60, § 4º, IV) posto que, consoante nos ensina Caio Tácito (1997:441), "vencida esta interpretação restritiva, procurou-se ver no art. 60, § 4º, a intangibilidade das chamadas cláusulas pétreas, inatingíveis no processo ordinário de Emenda Constitucional. Em verdade, a proibição, que ali se prescreve, interdita propostas de emendas que importem

ecologicamente equilibrado, bem de uso comum do povo e essencial à sadia qualidade de vida, impondo-se ao Poder Público e à coletividade o dever de defendê-lo e de preservá-lo para as presentes e as futuras gerações".

De início, cabe ressaltar que a Lei Maior amplia o conceito de meio ambiente, acrescendo à definição, em consonância com a Declaração sobre o Meio Ambiente de Estocolmo, a característica de *direito fundamental de terceira dimensão* essencial à sadia qualidade de vida humana.

Encontramos, também, no preceito constitucional do art. 225, *caput*, os elementos do meio ambiente. Vejamos cada um deles.

Ao dispor que *todos têm direito ao meio ambiente ecologicamente equilibrado*, o dispositivo em comento quer afirmar que todas as pessoas, indistintamente consideradas, têm direito ao meio ambiente, isso porque ele se apresenta como um direito fundamental de terceira dimensão de natureza difusa.

Enquanto *bem de uso comum do povo*, o seu uso é direcionado à coletividade, ao bem-estar da sociedade e é para isso que ele existe, embora, evidentemente, possa ser utilizado individualmente (mas este não é seu uso primordial).

Quanto a ser *essencial à sadia qualidade de vida*, verificamos a ligação direta desse direito com a vida digna, posto que não há vida saudável se o meio ambiente não proporcionar aos habitantes moradia em um ambiente artificial urbano ou rural dotado de infra-estrutura e saneamento básico, lazer, saúde, trabalho etc.

Quanto a impor *ao Poder Público e à coletividade o dever de defendê-lo e preservá-lo*, significa que a defesa e a preservação do meio ambiente são obrigações tanto do Poder Público quanto da coletividade conjuntamente. Obrigação e não mera faculdade. Nasce, pois, para o Poder Público, uma função ambiental e para a coletividade, uma função ambiental privada.

A tutela do meio ambiente *para as presentes e futuras gerações* está em consonância com o Princípio 1 da Declaração de Estocolmo, de 1972, de onde se extrai o princípio do desenvolvimento sustentado, pelo qual o meio ambiente deve ser preservado para a geração atual e, da mesma maneira, para as futuras.

Ressaltamos assim, a importância da definição constitucional: o entendimento que o Texto Constitucional pretende dar ao conceito de meio ambiente é o de que a vida digna para todos (por isso a inclusão no Título da "Ordem Social") só se alcança em um meio ambiente com condições

abolição dos princípios enumerados, não impedindo possam ser aperfeiçoados em seu conteúdo".

saudáveis, daí porque imprescindível sua tutela. Ou seja, a tutela do meio ambiente é requisito obrigatório para a vida digna humana, que é um dos fundamentos da República Federativa do Brasil.

Nesse sentido, acerca do conceito de meio ambiente, Paulo de Bessa Antunes (2002:57) profere: "A Constituição Federal modificou inteiramente a compreensão que se deve ter do assunto, pois inseriu, de forma bastante incisiva, o *conteúdo humano e social no interior do conceito*. Diante da norma Constitucional, é possível interpretar-se que o constituinte pretendeu assegurar a todos o direito de que as condições que permitem, abrigam e regem a vida não sejam alteradas desfavoravelmente, pois estas são essenciais. A preocupação com este conjunto de relações foi tão grande que se estabeleceu uma obrigação comunitária e administrativa de defender o meio ambiente" (grifos nossos).

Assim, quando os homens interagem satisfatoriamente com o ambiente, a qualidade de vida é, conseqüentemente, alcançada e protegida, proporcionando bem-estar social e vida digna.[66]

E, para que o meio ambiente seja saudável, ensejando a seus titulares o gozo de qualidade de vida e bem-estar social, tornam-se necessárias sua proteção, preservação e recuperação, de modo a alcançar o equilíbrio ambiental.

Ressaltamos: o amparo ao meio ambiente deve acontecer em todas as suas modalidades, pois, como profere José Afonso da Silva (2009-C:20), "*o meio ambiente é, assim, a interação do conjunto de elementos naturais, artificiais e culturais que propiciem o desenvolvimento equilibrado da vida em todas as suas formas*" (grifos do autor). Este é, aliás, o novo conceito que o meio ambiente recebe a partir da Constituição Federal de 1988, o que enseja, a seguir, o estudo de suas modalidades.

7.14.2.2 *As modalidades de meio ambiente*

Três[67] são as modalidades do meio ambiente, às quais o homem deve total respeito, para que tenhamos dignas condições de vida.

66. De outro lado, ensina Kildare Gonçalves Carvalho (2008:268) "a deterioração do meio ambiente acarreta inevitável lesão à saúde, com o comprometimento da vida digna, um dos fundamentos da República Federativa do Brasil mencionado no inc. III do art. 1º da Constituição, e graves conseqüências para as gerações futuras. A propósito, mencione-se as más-formações congênitas humanas e de outros seres vivos decorrentes de contatos com agentes poluidores, degenerações e mutações cromossômicas, alterações embrionárias, que geram seres deformados, incidência da anencefalia que vem aumentando a cada dia".

67. Alguns doutrinadores como Luiz Alberto David Araújo e Vidal Serrano Nunes Júnior (2006:509) entendem serem quatro as modalidades de meio ambiente, incluindo,

Meio ambiente natural é aquele que existe sem a interferência do homem, como por exemplo, os rios, o solo, os lagos, a fauna, a flora etc. A sua proteção encontra-se expressa no art. 225, § 1º, I a VII, da Constituição Federal.

Meio ambiente artificial consiste no meio ambiente natural modificado pelo homem e engloba o espaço urbano construído, com suas edificações e equipamentos públicos, como por exemplo, as ruas, as estradas, o zoneamento, o urbanismo, os prédios etc. Essa modalidade é tutelada pelo art. 182 (função social da propriedade urbana, que é alcançada quando esta cumpre as exigências de ordenação da cidade estabelecidas no plano diretor, objetivando-se, com isso, o desenvolvimento de cidades planejadas a fim de proporcionar bem-estar aos seus habitantes) e pelo art. 186 (função social da propriedade rural, que deve respeitar o meio ambiente).

Meio ambiente cultural diz respeito ao meio ambiente artificial com uma destinação específica, a exemplo do Museu de Arte de São Paulo, o Pelourinho, o Mercado Municipal etc. A Lei Maior trata dessa modalidade de meio ambiente nos arts. 215 e 216, aos quais remetemos o leitor.

Lembramos que, embora sejam três as modalidades de meio ambiente, todas elas convergem para a norma matriz prevista no *caput* do art. 225, pelo qual o direito ao meio ambiente é direito fundamental de terceira dimensão e merece ser respeitado para que todos tenham vida com qualidade.

7.14.2.3 *Os princípios constitucionais do meio ambiente*

Os princípios constitucionais relativos ao tema em estudo são: 1) princípio da obrigatoriedade da intervenção estatal; 2) princípio da prevenção e da precaução; 3) princípio da educação ambiental ou princípio da informação e da notificação ambiental; 4) princípio da participação e coperação; 5) princípio da ubiqüidade; 6) princípio do poluidor-pagador ou da responsabilização; 7) princípio do desenvolvimento sustentado e 8) princípio da função socioambiental da propriedade.

Vejamos cada um deles.

O *princípio da obrigatoriedade da intervenção estatal* (art. 225, *caput* e § 1º)[68] determina ser dever do Poder Público, por meio do seu poder de polícia, proteger e preservar o meio ambiente, a fim de que todos gozem de con-

nela, o meio ambiente do trabalho. Dizem os dois últimos autores, em obra coletiva, que "o meio ambiente do trabalho, por seu turno, garantido especialmente pelo art. 200, VIII, da Constituição, encontra sua base de proteção no art. 7º, XXII e XXIII". Da mesma forma, Celso Antonio Pacheco Fiorillo e Marcelo Abelha Rodrigues (1997:64-67).

68. Art. 225, da CF: "Todos têm direito ao meio ambiente ecologicamente equilibrado, bem de uso comum do povo e essencial à sadia qualidade de vida, impondo-se

dições dignas de vida. A efetividade do direito ambiental só se alcança com a ação do Poder Público. Esse princípio, no entanto, não retira da coletividade, de outro lado, a necessidade de defender e de preservar o meio ambiente para as gerações presente e futuras, consoante prescreve o *caput*, do art. 225.

O *princípio da prevenção e da precaução* (art. 225, *caput* e § 1º, incs. IV e V)[69] deve ser utilizado como técnica preventiva, com o objetivo de se evitar a ocorrência de um evento danoso ou de um desequilíbrio ambiental. Pelo *princípio da prevenção* quer-se evitar o desenvolvimento de uma atividade que se tem *certeza* irá causar um dano ambiental. Para tanto, devem ser adotadas medidas preventivas para que o dano não ocorra. Uma destas medidas recebe guarida constitucional e trata da imposição de realização do Estudo Prévio de Impacto Ambiental (EIA), consoante mandamento do inc. IV, do § 1º, do art. 225, cabendo ao Poder Público, por exemplo, exigir a apresentação do EIA para autorizar, se for o caso, a construção de um parque aquático em área ambiental.

Por outro lado, quando não se tem certeza, mas existem riscos de ocorrência de uma atividade danosa ao meio ambiente, entra em cena o *princípio da precaução*, que tem por objetivo evitar a ocorrência de *riscos* potencialmente causadores de danos ao meio ambiente e, pois, à qualidade de vida, conforme inc. V, § 1º, do art. 225.

Sobre a sutil diferença entre o princípio da prevenção e o da precaução, destacamos os ensinamentos de Paulo Affonso Leme Machado (2009:78), "em caso de certeza do dano ambiental, este deve ser prevenido, como preconiza o princípio da prevenção. Em caso de dúvida ou de incerteza, também se deve agir prevenindo. Essa é a grande inovação do princípio da precaução. A dúvida científica, expressa com argumentos razoáveis, não dispensa a prevenção".

Decorre do *princípio da educação ambiental ou princípio da informação e da notificação ambiental* (art. 225, *caput* e § 1º, inc. VI)[70] o dever

ao Poder Público e à coletividade o dever de defendê-lo e preservá-lo para as gerações presentes e futuras.

"§ 1º. Para assegurar a efetividade desse direito, incumbe ao Poder Público: (...)."

69 Art. 225, § 1º, da CF: "Para assegurar a efetividade desse direito, incumbe ao Poder Público: (...);

"IV – exigir, na forma da lei, para instalação de obra ou atividade potencialmente causadora de significativa degradação do meio ambiente, estudo prévio de impacto ambiental, a que se dará publicidade;

"V – controlar a produção, a comercialização e o emprego de técnicas, métodos e substâncias que comportem risco para a vida, a qualidade de vida e o meio ambiente."

70. Art. 225, § 1º, da CF: "Para assegurar a efetividade desse direito, incumbe ao Poder Público: (...);

do Poder Público de promover a educação ambiental em todos os níveis de ensino, para assegurar a efetividade do direito ambiental. Além disso, é imprescindível a conscientização pública da importância e da necessidade de proteção desse direito, já que sua tutela implica o amparo ao direito à vida e, conseqüentemente, à vida com qualidade, com dignidade.

De acordo com o *princípio da participação e coperação* (art. 225, *caput*) a defesa e a preservação do meio ambiente são deveres do Estado e da coletividade conjuntamente, em prol das gerações presente e das futuras. Por força desse princípio, então, necessária se faz a participação da coletividade, por exemplo, na elaboração e na execução da política ambiental e nas audiências públicas, como as ocorridas para a elaboração da Lei do Plano Diretor Estratégico do Município de São Paulo, devendo atuar conjuntamente com o Poder Público na efetividade do direito ao meio ambiente sadio. O cidadão tem, ainda, o direito de propor ação popular em prol da defesa ambiental (art. 5º, LXXIII, da Constituição Federal).

Quanto ao *princípio da ubiqüidade*, Gianpaolo Poggio Smanio (2007:140) explica que "o meio ambiente deve ser levado em consideração antes e durante a realização de qualquer atividade que venha a ser desenvolvida, de qualquer natureza. Decorre da tutela constitucional da vida e da qualidade de vida". É que a recuperação de uma área ambiental, decorrente de uma atividade que tenha provocado a sua degradação, é de difícil concretização. Assim, é preciso prevenir a ocorrência de dano e, mais do que isso, fiscalizar todo o desenvolvimento da atividade, como forma de preservar a qualidade do meio ambiente e, conseqüentemente, garantir a todos a sadia qualidade de vida.

O *princípio do poluidor-pagador ou da responsabilização* (art. 225, § 3º)[71] impõe a responsabilidade objetiva aos agentes que estiverem poluindo o meio ambiente, exigindo-se deles que, primeiramente, cessem a atividade danosa e, em seguida, corrijam ou recuperem a área atingida. Além disso, o responsável pelo evento danoso deverá indenizar a sociedade, vez que o meio ambiente é bem difuso que pertence a todos. As condutas lesivas ao meio ambiente sujeitarão o poluidor às sanções penais e administrativas cabíveis.

Pelo *princípio do desenvolvimento sustentado* colocam-se em oposição duas situações antagônicas: a necessidade do crescimento socioeconômico

"VI – promover a educação ambiental em todos os níveis de ensino e a conscientização pública para a preservação do meio ambiente."

71. Art. 225, § 3º, da CF: "As condutas e atividades consideradas lesivas ao meio ambiente sujeitarão os infratores, pessoas físicas ou jurídicas, a sanções penais e administrativas, independentemente da obrigação de reparar os danos causados".

do Estado, o que se consegue por meio da destruição do meio ambiente para dar lugar ao progresso, por um lado e, por outro, a necessidade de preservação do meio ambiente com qualidade para as gerações presente e futuras. Nesse sentido, surge a pergunta: como conciliar esses interesses? A resposta só pode ser uma: por meio do desenvolvimento sustentado, ou seja, o uso dos recursos naturais pode ser utilizado para satisfazer as necessidades humanas e gerar progresso, porém, os excessos não são cabíveis. A utilização dessa "fórmula" faz com que o meio ambiente seja preservado para as gerações futuras. Deve-se, pois, achar o equilíbrio entre as situações mencionadas.

O *princípio da função socioambiental da propriedade* está relacionado com o princípio da função social da propriedade.[72] Consoante este último, o direito individual de propriedade está garantido quando a propriedade cumpre a sua função social, ou seja, quando o uso individual é realizado em prol do bem-estar coletivo. Assim, é direito do proprietário utilizar os recursos naturais disponíveis para satisfazer um direito fundamental individual (por exemplo, para construir uma fazenda). Porém, este uso deverá ser realizado tendo em vista a satisfação do bem-estar coletivo (a construção da fazenda não pode contaminar o rio vizinho e nem aumentar a poluição na região, deteriorando a saúde dos habitantes, por exemplo). E, para que haja bem-estar coletivo são imprescindíveis o respeito e a proteção ao meio ambiente ecologicamente equilibrado, cumprindo assim, a propriedade, sua função socioambiental.

7.14.2.4 *As competências ambientais*

A Constituição Federal distingue dois grandes grupos de competências: as materiais (ou administrativas) e as legislativas.

No campo das competências materiais, é *competência comum* da União, dos Estados-membros, dos Municípios e do Distrito Federal, no que se refere ao *meio ambiente cultural*, a proteção dos documentos, obras e outros bens de valor histórico, artístico e cultural, os monumentos, as paisagens naturais notáveis e os sítios arqueológicos (art. 23, III); em relação ao *meio ambiente natural*, a proteção do meio ambiente e o combate à poluição

72. Se a propriedade for urbana ela cumpre a sua função social quando atende as exigências fundamentais de ordenação da cidade expressas no plano diretor (art. 182, § 2º, da CF). Se se tratar de propriedade rural, cumprirá a função social quando atender, simultaneamente, segundo critérios e graus de exigência estabelecidos em lei, alguns requisitos, dentre os quais, a utilização adequada dos recursos naturais disponíveis e a preservação do meio ambiente (art. 186, I a IV, da CF).

em qualquer de suas formas (art. 23, VI); e a preservação das florestas, da fauna e da flora (art. 23, VII).

Quanto às competências legislativas, destaca-se a *competência concorrente* tanto da União, quanto dos Estados-membros e do Distrito Federal para legislarem sobre: o direito urbanístico (art. 24, I), que se relaciona ao meio *ambiente artifcial*; as florestas, caça, pesca, fauna, conservação da natureza, defesa do solo e dos recursos naturais, proteção do meio ambiente, excluídas as competências privativas[73] da União, e controle da poluição (art. 24, VI), que dizem respeito ao *meio ambiente natural*; no que tange ao *meio ambiente cultural*, a proteção ao patrimônio histórico, cultural, artístico, turístico e paisagístico (art. 24, VII); e a responsabilidade por dano ao meio ambiente, ao consumidor, a bens e direitos de valor artístico, estético, histórico, turístico e paisagístico (art. 24, VIII), este último referente ao *meio ambiente natural e cultural*.

7.15 *Da família, da criança, do adolescente e do idoso*

7.15.1 *A proteção da entidade familiar na Constituição Federal de 1988: tutela de novos núcleos familiares*

Nosso ordenamento, mantendo a tradição, prevê que a família é a base da sociedade e merece especial proteção do Estado (art. 226, *caput*). Inova, porém, no que concerne ao conceito de entidade familiar.

As Constituições anteriores previam que a família era formada apenas por ambos os pais, unidos pelo casamento civil ou pelo casamento religioso, com efeitos civis. Diversas situações de casais que viviam juntos, mas que, por não serem casados, ficavam à margem da tutela constitucional e infralegal do Estado, são hoje conhecidas como "união de fato" ou "concubinato".[74]

A Constituição Federal de 1988, aceitando tais mudanças de comportamento da sociedade, inovou o ordenamento constitucional ao incluir como entidade familiar, além daquela formada por ambos os pais por meio do casamento civil ou do casamento religioso com efeitos civis, a decorrente da

73. As competências legislativas privativas da União estão previstas no art. 22 da Constituição Federal e são elas: legislar sobre águas e energia (inc. IV); sobre diretrizes da política nacional de transportes (inc. IX); sobre trânsito e transportes (inc. XI); sobre jazidas, minas, outros recursos minerais e metalurgia (inc. XII) e sobre atividades nucleares de qualquer natureza (inc. XXVI). Os incs. IV, XII e XXVI referem-se ao *meio ambiente natural*, enquanto os incs. IX e XI relacionam-se ao *meio ambiente artificial*.

74. União de fato ou concubinato consiste nas relações havidas entre homem e mulher que estão impedidos de casar (vide art. 1.727 do Código Civil)

união estável estabelecida entre um homem e uma mulher e aquela formada por qualquer dos pais e seus descendentes.

Destacamos, no entanto, que o tratamento conferido ao casamento (civil ou religioso com efeitos civis) e à união estável não é o mesmo no âmbito constitucional. Isso porque a própria Constituição é clara no sentido de preferir a conversão da união estável em casamento (consoante disposto no art. 226, § 3º).

Veremos, a seguir, cada uma dessas novidades trazidas pela Constituição de 1988.

7.15.1.1 *A união estável*

O reconhecimento da união estável é novidade trazida pela Constituição Federal de 1988 e sobre ela dispõe o art. 226, § 3º: "Art. 226: (...) § 3º. Para efeito da proteção do Estado, é reconhecida a união estável entre o homem e a mulher como entidade familiar, devendo a lei facilitar sua conversão em casamento".

A Constituição Federal reconhece como entidade familiar, portanto, a união do homem e da mulher que não se casaram, mas que, desimpedidos,[75] isto é, solteiros, separados judicialmente, divorciados ou viúvos, vivem juntos. E não é só. O amparo constitucional é complementado pelas regras do art. 1.723, do Código Civil,[76] segundo o qual, para se configurar a união estável, imprescindível que a convivência seja pública, contínua e duradoura.

O § 3º do art. 226 da Lei Maior ainda traz outra disposição importante: a preferência pela conversão da união estável em casamento, tanto é que a própria Lei 9.278, de 10.5.1996 (art. 8º), que regulamenta o § 3º do art. 226 da Constituição Federal e o Código Civil (art. 1.726) cuidam da união estável[77] trazendo, ambos, dispositivos expressos exatamente nesses termos.

75. Sobre os impedimentos para casar, vide arts. 1.521 e 1.522, do Código Civil.

76. Art. 1.723, do CC: "É reconhecida como entidade familiar a união estável entre o homem e a mulher, configurada na convivência pública, contínua e duradoura e estabelecida com o objetivo de constituição de família".

77. O estudo da união estável deve ser feito em conjunto pela Constituição Federal, pela Lei 8.971, de 29.12.1994 (Lei dos Companheiros), pela Lei 9.278, de 10.5.1996 (Lei dos Conviventes) e pelos arts. 1.723 a 1.726 do Código Civil de 2002. O leitor deve, entretanto, tomar cuidado na interpretação das normas referentes à união estável, atento para o fato de que, embora o Código Civil/2002 tenha inovado, em alguns pontos, o tratamento da questão, não houve revogação expressa dos dispositivos legais das referidas leis. Como nosso estudo revela-se no plano constitucional, para maiores informações acerca do direito civil remetemos o leitor para os ensinamentos de Ana Cláudia Silva Scalquette (2008:1-6).

Sobre a facilitação da conversão em casamento, ensina Ana Cláudia Silva Scalquette (2008:15), "certo é, também, que o mandamento constitucional prevê a facilitação da conversão, ou seja, diante de uma situação de fato, e, em busca da conversão dessa união em matrimônio, a lei deve abrir os caminhos do formalismo, possibilitando a mudança".

A pergunta que surge em seguida é se a união homoafetiva, isto é, aquela formada entre pessoas do mesmo sexo, pode ser considerada uma entidade familiar. A análise do Texto Constitucional – art. 226, § 3º – já rechaça, de imediato, esta possibilidade, na medida em que prevê como união estável aquela formada entre *o homem e a mulher*. No entanto, é fato que existem muitos casais homossexuais com vida em comum e, em algum momento, nosso ordenamento deverá pronunciar-se acerca de sua legalização e até mesmo de sua constitucionalização.

Um posicionamento que reforça a idéia de aceitação da união homoafetiva é pautado no princípio da dignidade da pessoa humana e é trazido por Manoel Jorge e Silva Neto (2006:720), segundo o qual "com efeito, não fosse o fundamento pertinente à dignidade da pessoa humana absolutamente obstativo de imposição de qualquer óbice com vista à tutela das uniões homoafetivas, o princípio constitucional da não-discriminação (art. 3º, IV), combinado com o direito individual à intimidade (art. 5º, X), em verdade, acenam, todos, para a tutela de tais relações [*homoafetivas*]".

Vê-se, pois, que o não reconhecimento da união homoafetiva fere os princípios da dignidade da pessoa humana e da isonomia, este último previsto no art. 5º, *caput*, da Constituição Federal. Atinge, ainda, a liberdade sexual da pessoa e viola a sua intimidade (art. 5º, X).

Ainda quanto ao princípio da dignidade da pessoa humana, preleciona Alexandre de Moraes (2007:16) "a dignidade é um valor espiritual e moral inerente à pessoa, que se manifesta singularmente na autodeterminação consciente e responsável da própria vida e que traz consigo a pretensão ao respeito por parte das demais pessoas, constituindo-se um mínimo invulnerável que todo estatuto jurídico deve assegurar, de modo que, somente excepcionalmente possam ser feitas limitações ao exercício dos direitos fundamentais, mas sempre sem menosprezar a necessária estima que merecem todas as pessoas enquanto seres humanos".

Ou seja, esse "mínimo invulnerável que todo estatuto jurídico deve assegurar" consiste, sem dúvida, no reconhecimento das uniões homoafetivas também como entidade familiar. Entendemos que tratar as relações heterossexuais diferentemente das homossexuais é ferir a igualdade e a dignidade desses casais.

7.15.1.2 *A entidade familiar monoparental*

A entidade familiar monoparental é novidade trazida pela Constituição Federal de 1988 e está prevista no § 4º, do art. 226, que preceitua: "Art. 226. (...) § 4º. Entende-se, também, como entidade familiar a comunidade formada por qualquer dos pais e seus descendentes".

Ou seja, outra maneira de se formar uma entidade familiar ocorre através de um dos pais e seus descendentes, como por exemplo, a constituída pelo pai solteiro e seu filho, a mãe divorciada e sua filha.

Anteriormente à Constituição de 1988, nossos ordenamentos reconheciam apenas a família biparental, ou seja, aquela formada necessariamente por ambos os pais, unidos pelo casamento.

Sobre a *família monoparental*, ensina José Afonso da Silva (2009A:853) "essa família monoparental abrange a comunidade de pai ou mãe solteiros e seus descendentes naturais (filhos, netos etc.) ou por adoção, a comunidade de pai ou mãe divorciados e seus filhos. A dissolução de uniões estáveis também pode gerar uma (ou até duas) família monoparental. A inseminação artificial já tem gerado entidade familiar monoparental. A chamada 'produção independente', realizada especialmente por mulheres solteiras que desejam filhos (mas que homem também pode realizar), também pode ser causa do surgimento do fenômeno".

Verificamos, pois, o avanço que a Lei Maior trouxe para a questão referente à entidade familiar, ao reconhecer como tal, além daquela proveniente do casamento, também a resultante da união estável e da família monoparental.

7.15.2 *A igualdade dos cônjuges na condução da entidade familiar*

Quanto à responsabilidade que os pais apresentam na condução da entidade familiar (§ 5º, art. 226), graças ao princípio da isonomia, homens e mulheres têm os mesmos direitos e deveres na sociedade conjugal, pouco importando se esta é decorrente do casamento ou da união estável. Dentre os deveres destacam-se o da fidelidade recíproca, o da vida em comum no mesmo domicílio, o da assistência mútua, o do sustento, o de guarda e educação dos filhos etc., consoante arts. 1.566 (casamento) e 1.724 (união estável), ambos do Código Civil. Já os direitos dizem respeito à direção da sociedade conjugal.

7.15.3 *A filiação*

Ainda em consonância com o princípio da igualdade, porém em mais uma inovação do ordenamento constitucional, a Lei Maior não diferencia os filhos havidos dentro ou fora do casamento e os adotados, tratando, estes dois últimos (havidos fora do casamento e o adotado), também como filhos e atribuindo a todos eles os mesmos direitos e qualificações, proibidas quaisquer discriminações relativas à filiação, nos termos do § 6º do art. 227. Daí porque, atualmente, não se admite, na legislação civil, a utilização de expressões como filho legítimo e ilegítimo, filho adulterino, filho incestuoso etc., sendo, todos eles, filhos.

No que concerne à adoção de crianças e adolescentes por casais estrangeiros, a Constituição determina que o Poder Público preste assistência em todas as fases do mencionado processo de adoção e que legislação infraconstitucional fixe os critérios específicos para a efetivação de tal prática segundo as leis brasileiras (art. 227, § 5º).[78]

Para a proteção da entidade familiar é prevista, ainda, a assistência mútua, segundo a qual os filhos maiores devem amparar os pais na velhice, na enfermidade ou na carência e os pais têm o dever de sustentar, criar e educar os filhos menores (art. 229).

7.15.4 A dissolução do casamento

A dissolução do casamento por meio do divórcio foi uma conquista surgida, primeiramente, em nível constitucional, sendo autorizada somente na Constituição de 1967, por meio da Emenda Constitucional 9, de 28.6.1977. Até então, o ordenamento pátrio entendia que o casamento era indissolúvel. Essa emenda tornou viável a edição da Lei 6.515, de 26.12.1977, conhecida como a Lei do Divórcio.

Assim, hoje em dia, o casamento civil e o casamento religioso com efeitos civis podem ser dissolvidos por meio do divórcio,[79] mediante duas formas: após prévia separação judicial por mais de um ano, nos casos expressos que a lei dispuser (é o chamado divórcio indireto) ou após comprovação de separação de fato por mais de dois anos (divórcio direto).

As duas formas de divórcio – direto e indireto – estão previstas no § 6º, do art. 226 da Constituição Federal.

Entende-se por *divórcio direto*[80] aquele efetuado sem a interposição de nenhuma outra medida entre o término do casamento e o pedido de divórcio. Neste caso, o requisito para a obtenção do divórcio é que a parte comprove

78. O § 5º, do art. 226, da Constituição Federal dispõe que "a adoção será assistida pelo Poder Público, na forma da lei, que estabelecerá casos e condições de sua efetivação por parte de estrangeiros".

79. Para maiores detalhes, consultar a Lei 6.515/1977.

80. Consoante § 2º, do art. 1.580 do Código Civil.

já existir a separação de fato há, pelo menos, dois anos. É o caso, por exemplo, da esposa comprovar, por meio de testemunhas, que já não reside mais com o marido há pelo menos dois anos.

O *divórcio indireto*[81] faz-se através da interposição de uma outra medida entre o término do casamento e o pedido do divórcio. Essa medida pode ser uma liminar de separação de corpos ou a separação judicial. Decorrido um ano da concessão da liminar ou do trânsito em julgado da sentença que houver decretado a separação judicial, qualquer das partes poderá requerer a conversão em divórcio. Assim, por exemplo, o casal deixa de habitar o mesmo lar conjugal e requer a separação judicial, que é decretada por meio de sentença. Transcorrido um ano do trânsito em julgado desta sentença, qualquer dos dois pode requerer a conversão da separação judicial em divórcio.

Relembramos, no entanto, a promulgação da Lei 11.441, de 4.1.2007, que acrescentou o art. 1.124-A ao Código de Processo Civil e criou a figura do *divórcio administrativo*, autorizando que os pedidos de separação consensual e divórcio consensual, desde que não haja filhos menores ou incapazes, sejam realizados no Tabelião de Notas, portanto, sem a presença do juiz. A escritura pública, no entanto, fará as vezes de sentença homologatória.

Como se percebe, o divórcio é instrumento para a dissolução apenas do casamento civil, não valendo para a dissolução da união estável. Quanto a esta última, deverá ser dissolvida por acordo entre os conviventes ou pela ocorrência de situação de fato.

7.15.5 O planejamento familiar

É de exclusiva decisão do casal o planejamento familiar, respeitados, nos termos da Constituição, os princípios da dignidade da pessoa humana e da paternidade responsável, não sendo possível ao Estado nele interferir. O que o Estado deve, isto sim, é fornecer recursos educacionais e científicos que propiciem o exercício do planejamento familiar (art. 226, § 7º).

Surge aqui uma importante indagação: o que aconteceria com os filhos nascidos sem que tivesse havido um planejamento familiar pautado nos princípios citados? Poderia, nestes casos, haver a interferência do Estado para opinar sobre o planejamento familiar? É evidente que não, pois isso feriria a liberdade de decisão do casal, que figura como matéria constitucional.

7.15.6 A tutela da criança e do adolescente

Dispõe o art. 227, *caput*, da Constituição Federal: "É dever da família, da sociedade e do Estado assegurar à criança e ao adolescente, com absoluta

81. Consoante art. 1.580 e § 1º do Código Civil.

prioridade, o direito à vida, à alimentação, à educação, ao lazer, à profissionalização, à cultura, à dignidade, ao respeito, à liberdade e à convivência familiar e comunitária, além de colocá-los a salvo de toda forma de negligência, discriminação, exploração, violência, crueldade e opressão".

Pelo que se extrai do dispositivo mencionado, constitui ele verdadeira enumeração de direitos fundamentais da criança e do adolescente,[82] nascendo, como contraponto, para a família, a sociedade e o Estado, o *dever* de respeitar e assegurar a abrangência de tais direitos.

No que tange especificamente às ações do Estado[83] para o amparo da criança e do adolescente, estabelece a Constituição Federal o seu dever de desenvolver programas de assistência integral à saúde da criança e do adolescente, observando os seguintes preceitos: aplicação de percentual dos recursos públicos destinados à saúde na assistência materno-infantil; criação de programas de prevenção e atendimento especializado para os portadores de deficiência física, sensorial ou mental e ainda, a integração social do adolescente portador de deficiência, facilitando seu acesso aos bens e serviços e eliminando os preconceitos e os obstáculos das construções arquitetônicas (art. 227, § 1º, I e II).

Uma outra situação, no entanto, que merece especial guarida do Estado, diz respeito ao *combate à violência familiar* praticada contra crianças e adolescentes, que pode se manifestar como agressão física ou moral, ou, ainda, como violência sexual. Para o combate à violência familiar há tanto normas constitucionais que orientam a atuação do Estado, da família e da sociedade, quanto regramentos destinados e positivados pela legislação infraconstitucional.

O Estado deve, portanto, criar mecanismos de tutela para coibir a prática de violência dentro dos lares, assistindo, caso ela ocorra, a cada um dos integrantes da família (art. 226, § 8º). Isso quer dizer que a assistência prestada pelo Estado não é para a entidade familiar[84] e, sim, para cada um de seus membros individualmente, isto é, para o marido, a esposa ou qualquer dos filhos, segundo as necessidades de cada um, ainda que, para tanto, seja necessário confrontar dois membros, como se revela, por exemplo, a

82. De acordo com o Estatuto da Criança e do Adolescente – Lei 8.069, de 13.7.1990, também conhecida como ECA –, criança é a pessoa até 12 anos incompletos, e adolescente aquela entre 12 e 18 anos (art. 1º).

83. A Constituição somente poderia impor deveres ao Estado, já que ela contém os elementos estruturais do Estado.

84. O § 8º, do art. 226, refere-se à assistência à família. É claro que aqui devemos entender que o Estado deve assistir a entidade familiar e, portanto, a entidade monoparental (um dos pais e os descendentes), a biparental (ambos os pais) e a união estável.

intervenção do Estado para assistir à esposa ou aos filhos contra a violência doméstica praticada pelo marido.

Da mesma forma, de acordo com a parte final do art. 227, *caput*, da *Constituição Federal*, a família, a sociedade e o Estado são conjuntamente responsáveis pela proteção à criança e ao adolescente, bem assim pela sua defesa contra qualquer forma de negligência, discriminação, exploração, violência, crueldade e opressão. Para o cumprimento de tais tarefas, portanto, deve o Estado desenvolver os programas assistenciais citados. Evidentemente que, sob esse ângulo, voltados à superação da violência familiar sofrida.

No que tange aos regramentos *infraconstitucionais*, a Lei Maior delegou para a legislação infraconstitucional a fixação de severas penas para as hipóteses de abuso, de violência e de exploração sexual cometidos contra a criança e o adolescente.[85]

Verificamos, pois, a extrema preocupação do legislador constituinte em coibir a violência familiar praticada contra crianças e adolescentes e, ao mesmo tempo, em estabelecer condições para a superação dos traumas causados por tal prática abusiva.

Ainda para tutelar a criança e o adolescente, a Constituição prefere ser minuciosa ao reconhecer a tais seres humanos em desenvolvimento os direitos previdenciários e trabalhistas, embora já os tenha reconhecido a todos na parte dos direitos sociais. Por outro lado, determina proteção especial[86] também para as crianças e os adolescentes órfãos ou abandonados e, ainda, para aqueles dependentes de drogas e de entorpecentes.

Ainda dentro da seara da proteção especial, prevê a Lei Maior as hipóteses específicas em que o adolescente pode trabalhar, quais sejam, a partir dos quatorze anos, apenas como aprendiz[87] ou, a partir dos dezesseis anos, quando o adolescente estará livre para o exercício de uma profissão, vedado, nesse caso, o trabalho noturno, perigoso ou insalubre aos menores de dezoito anos, tudo em consonância com o inc. XXXIII do art. 7º da Lei Maior.

85. Dentre a legislação infraconstitucional encontramos o Código Penal, que tipifica o crime de corrupção de menores no art. 218. Ainda, o Estatuto da Criança e do Adolescente (ECA), (Lei 8.069/1990), que cuida dos crimes praticados contra crianças nos seus arts. 225 e seguintes.

86. Para maiores detalhes sobre as circunstâncias em que a proteção especial às crianças e adolescentes se apresenta, consultar o art. 227, § 3º e seus incisos, da Constituição Federal de 1988.

87. A atividade de aprendiz não pode colidir com o horário escolar, que prevalece; o aprendiz deve ter horário especial para a realização de suas atividades, garantindo-se os direitos sociais e trabalhistas e deve desempenhar uma atividade compatível com o desenvolvimento do adolescente.

No que tange à imputabilidade penal, isto é, à capacidade que o ser humano tem de entender a licitude ou a ilicitude da conduta praticada, bem como a capacidade de controlar sua vontade para não praticar ilícitos penais, a Constituição Federal reconhece a inimputabilidade presumida da criança e do adolescente (art. 228), o que significa que a Lei Maior considera que os menores de dezoito anos não têm condições de distinguir entre o certo e o errado no campo penal, entre o lícito e o ilícito penais, razão pela qual eles não estão sujeitos ao Código Penal, vez que não praticam crimes. Sujeitar-se-á esse infrator ao Estatuto da Criança e do Adolescente (ECA) (Lei 8.069/1990), pela prática de ato infracional que enseja a aplicação, apenas, de medida sócio-educativa, tais como advertência, prestação de serviços à comunidade, internação em estabelecimento educacional, entre outras previstas no art. 112 do Estatuto.

Questão que se coloca, quanto à inimputabilidade penal, é a de saber se ela constitui cláusula pétrea (art. 60, § 4º, da Constituição Federal), impedindo, com isso, qualquer tentativa de emenda constitucional de reduzir a maioridade penal para menos de dezoito anos.

Embora não faça parte integrante do rol de direitos e garantias individuais, há autores, como José Afonso da Silva (2009A:863-864), que sustentam que a inimputabilidade penal insere-se como um dos direitos individuais da criança e do adolescente.

No mesmo sentido posiciona-se Alexandre de Moraes (2002:2.036), para quem a inimputabilidade penal consiste na garantia das crianças e dos adolescentes de não serem perseguidos em Juízo e, muito menos, de serem responsabilizados por crimes e sofrerem sanções penais. De modo que, ainda de acordo com Alexandre de Moraes (2002:2.036) "a cláusula de irresponsabilidade penal do menor de 18 anos enquanto garantia positiva de liberdade, igualmente transforma-se em garantia negativa em relação ao Estado, impedindo a persecução penal em juízo".

Concordamos com os autores precitados e, dessa forma, concluímos que a inimputabilidade penal, embora não prevista expressamente no rol exemplificativo do art. 5º, da Constituição Federal, configura-se como verdadeiro direito individual personalíssimo, razão pela qual se caracteriza como cláusula pétrea (art. 60, § 4º, IV) e, portanto, impassível de modificação por meio de emenda constitucional.

7.15.7 O amparo aos idosos: preceitos constitucionais e do Estatuto do Idoso

A Constituição Federal, no que tange à proteção dos idosos, preocupou-se com uma questão humanitária, na medida em que o agora idoso é aquele que, na juventude, utilizou sua força de trabalho para ajudar o país a crescer e a se desenvolver, merecendo, portanto, no momento em que chega à terceira idade, ser amparado e tutelado pelo mesmo ordenamento vigente, para que possa gozar de uma qualidade de vida digna e tranqüila.

Assim é que encontramos algumas normas constitucionais direcionadas à proteção das pessoas da terceira idade, tais como a previsão do direito previdenciário (art. 201, I) e do direito assistencial (art. 203, I).[88]

Há, no entanto, alguns outros dispositivos constitucionais nos quais prevalece o expresso uso do termo *idoso*, razão pela qual concernem a específicas normas de proteção a esse grupo de pessoas. É o que ocorre com o art. 230, *caput*, pelo qual "a família, a sociedade e o Estado têm o dever de amparar as *pessoas idosas*, assegurando sua participação na comunidade, defendendo sua dignidade e bem-estar e garantindo-lhes o direito à vida", devendo os programas de amparo ser executados preferencialmente nos lares dos *idosos* (§ 1º, do art. 230).

Destacamos, ainda, a gratuidade no transporte urbano coletivo para os maiores de sessenta e cinco anos, independentemente da condição social (§ 2º, do art. 230), em consonância com o princípio constitucional da isonomia. É claro que, neste caso, o idoso deverá comprovar sua condição de maior de sessenta e cinco anos[89] para ter direito ao benefício, muito embora a norma constitucional seja de eficácia plena.

88. A simples leitura dos artigos citados (arts. 201, I e 203, I) nos faz inferir que tais normas referem-se às pessoas da terceira idade.

89. Não constitui óbice legal ou ao princípio da isonomia a inscrição da expressão "MAIOR DE 65 ANOS" na cédula de identidade, acima do nome do idoso. Essa faculdade, conferida ao Poder Público, é trazida por meio da Lei 7.116, de 29.8.1983 que, em seu art. 4º, § 1º, dispõe: "o Poder Público Executivo Federal poderá aprovar a inclusão de outros dados opcionais na Carteira de Identidade". Em consonância com esta lei, o Poder Executivo Federal tratou de expedir o Decreto 89.250, de 27.12.1983, alterado pelo Decreto 2.170, de 4.3.1997 que estabelece: "A Carteira de Identidade conterá campo destinado ao registro: I – do número de inscrição no Programa de Integração Socia -PIS ou no Programa de Formação do Patrimônio do Servidor Público-PASEP; II – do número do Cadastro de Pessoas Físicas do Ministério da Fazenda-CPF; III – da expressão 'Idoso ou maior de sessenta e cinco anos'; IV – de uma das expressões 'Doador de órgãos e tecidos' ou 'Não-doador de órgãos e tecidos'. § 1º. A inclusão na Carteira de Identidade dos dados referidos neste artigo poderá ser parcial e dependerá exclusivamente de solicitação do interessado e, quando for o caso, da apresentação dos respectivos documentos comprobatórios. § 2º. São documentos comprobatórios, para efeito do disposto neste artigo, os cartões de inscrição no PIS, no PASEP, no CPF e o Registro Civil de Pessoa Física. § 3º. A inclusão de uma das expressões referidas no inciso IV deste artigo: a) dependerá de requerimento escrito do interessado, a ser arquivado no órgão competente para a expedição da Carteira de Identidade; b) deverá constar no espelho correspondente ao anverso da Carteira de Identidade no espaço vazio acima da fotografia do identificado".

Em atendimento à Lei Maior e, por força da importância que o idoso apresenta no cenário brasileiro, em 1º.10.2003, foi promulgado o Estatuto do Idoso (Lei 10.741/2003) que, dentre outras definições, qualifica como idosas as pessoas com idade igual ou superior a sessenta anos.

O Estatuto do Idoso visa a assegurar o cumprimento de todos os direitos fundamentais das pessoas da terceira idade e prevê, no seu art. 3º, em nome do princípio da solidariedade, que tanto a família como a comunidade, a sociedade e o Poder Público devem assegurar aos idosos os mesmos direitos fundamentais expressos no art. 227, *caput*, da Constituição Federal, referentes às crianças e aos adolescentes. Por isso, devemos adotar uma interpretação extensiva do dispositivo, para englobar, também, aqueles pertencentes à terceira idade.

Destacamos, por relevante, o tratamento que o Estatuto do Idoso (Lei 10.741/2003) confere às pessoas a ele sujeitas. Este ordenamento reconhece que o envelhecimento é um direito personalíssimo[90] do idoso e, por estar ligado à pessoa humana, caracteriza-se como verdadeiro direito fundamental, sendo, a sua proteção, um direito social, de segunda dimensão, nos termos do art. 8º do mesmo diploma. Daí porque o Estado tem o dever de desenvolver políticas sociais públicas que permitam ao idoso o gozo do envelhecimento com dignidade.

Respeitados tais regramentos, a sociedade evolui e permite o desenvolvimento da cidadania. Ademais, conforme Alexandre de Moraes (2007:805) "a intensidade e a efetividade do respeito aos idosos demonstram o grau de desenvolvimento educacional de um povo, e somente com educação integral poderemos garantir a perpetuidade e a efetividade do Estado Democrático de Direito, a partir da formação de consciência de cidadania e Justiça em todos os cidadãos".

Atendidas as disposições constitucionais e infraconstitucionais quanto ao amparo à pessoa da terceira idade, o ordenamento vigente reconhece o *direito ao envelhecimento como um direito social*.

7.16 Dos índios

A Constituição Federal de 1988, inovando o ordenamento jurídico, traz, pela primeira vez, em seu texto, um capítulo dedicado à proteção in-

Para maiores detalhes, consultar Alexandre de Moraes (2007:808-809).

90. Dispõe o art. 8º do Estatuto do Idoso (Lei 10.741/2003): "o envelhecimento é um direito personalíssimo e a sua proteção um direito social, nos termos desta Lei e da legislação vigente".

dígena[91] e não mais aos silvícolas. Isso ocorre por dois fatores: o primeiro, para dar tratamento isonômico entre esta população, até então esquecida, e a população brasileira.[92] O outro motivo reside no grande número de indígenas que vivem no Brasil.

De acordo com o último censo demográfico,[93] no ano 2000, viviam no Brasil cerca de 735 mil índios, distribuídos em 225 etnias diferentes.

Por terem sido os primeiros habitantes do país e por uma questão de assegurar a sobrevivência física e cultural dos índios, as terras por eles tradicionalmente habitadas, isto é, aquelas onde eles nascem, se desenvolvem, crescem, se reproduzem, perpetuam a espécie e morrem, bem como as terras de onde retiram os alimentos para o seu sustento são reconhecidas como permanentes pela Constituição Federal de 1988, devendo a União demarcá-las e protegê-las.[94] São, ainda, inalienáveis e indisponíveis, de acordo com o mesmo Diploma Constitucional.

Além disso, os índios possuem a posse permanente[95] das terras tradicionalmente habitadas, com o usufruto exclusivo[96] de tudo aquilo que retirarem

91. A Constituição de 1934, primeira a incluir direitos sociais em seu ordenamento, cuida da tutela dos silvícolas, entendido este como "que ou quem nasce ou vive na selva; selvagem" consoante Dicionário *Houaiss*. A proteção aos silvícolas foi mantida nas Constituições de 1937, 1946 e 1967. A Constituição Federal de 1988 substituiu a palavra "silvícolas" por "índios" e dedicou, pela primeira vez, a estes últimos o Capítulo VIII, do Título da Ordem Social.

92. Não é que a população indígena não seja brasileira, mas sim pelo fato de possuir crenças, costumes, tradições próprias, que a distingue da sociedade como conhecemos e onde vivemos.

93. Para maiores informações, consultar o Censo IBGE de 2000. Disponível em: www.ibge.gov.br/home/presidencia/noticias/noticia_visualiza.php?id_noticia=930&id_pagina=1. Acesso em 7.3.2008.

94. É dever da União demarcar e proteger as terras tradicionalmente ocupadas pelos índios porque elas são bens da União, consoante disposição do art. 20, XI, da Constituição Federal. Quanto a serem bens da União, destaca José Afonso da Silva (2009-B:856) "a outorga constitucional dessas terras ao domínio da União visa precisamente preservá-las e manter o vínculo que se acha embutido na norma, quando fala que são bens da União as terras tradicionalmente ocupadas pelos índios, ou seja: cria-se aí uma *propriedade vinculada* ou *propriedade reservada* com o fim de garantir os direitos dos índios sobre ela. Por isso, são terras *inalienáveis* e *indisponíveis*, e os direitos sobre elas são *imprescritíveis*" (grifos do autor).

95. Ensina José Afonso da Silva (2009-B:860) que "a *posse* das terras ocupadas tradicionalmente pelos índios *não é a simples posse* regulada pelo direito civil; não é a posse como simples poder de fato sobre a coisa, para sua guarda e uso, com ou sem ânimo de tê-la como própria. É, em substância, aquela *possessio ab origine* – que, no início, para os romanos, estava na consciência do antigo povo, e era não a relação material do homem com a coisa, mas um poder, um senhorio" (grifos do autor). Além disso, dispõe

dos solos, rios e lagos, sejam alimentos ou riquezas naturais. Tais direitos são, ademais, imprescritíveis.

Pelo fato das terras tradicionalmente habitadas pelos índios serem inalienáveis e indisponíveis e, ainda, como tudo aquilo que os índios retirarem do meio ambiente natural pertence à respectiva tribo, qualquer tentativa de ocupação, ou de ferimento do domínio e da posse das terras indígenas será considerada nula e os seus atos respectivos tidos como extintos, não produzindo qualquer efeito jurídico.

O mesmo ocorre com a tentativa de exploração das riquezas naturais dos solos, rios e lagos. Tal regra é excepcionada apenas na hipótese de relevante interesse público da União, de acordo com o que dispuser a lei complementar, mas, neste caso, não surgirá o direito à indenização ou direito de ação em face da União pelos atos nulos ou extintos. Quanto às benfeitorias, quando a ocupação em terra indígena tiver sido de boa-fé (e somente neste caso), é cabível ação de indenização apenas em face da União, porque as terras indígenas, sendo bens que lhes pertencem, devem ser protegidas pela União. Não há que se falar em ação em face dos índios, pois estes não são acionáveis.[97]

Juntamente com as terras tradicionalmente habitadas, a Constituição também reconhece aos índios o direito à organização social, aos costumes, línguas, crenças e tradições, cabendo à União o respeito por tais bens, isto é, a Constituição reconhece, como ensina José Afonso da Silva (2009-B:853), a existência das minorias nacionais e, para a sobrevivência delas, estabelece normas para o amparo das línguas, dos costumes e dos usos.

ainda José Afonso da Silva (2009-B:861) que se as terras tradicionalmente ocupadas pelos índios se destinam a sua posse permanente é porque o objetivo é fazer com que tais terras sejam para sempre dos índios, razão pela qual eles não têm apenas a posse de tais terras (*ius possessionis)* e sim também o *ius possidendi*, isto é, o "direito de possuir, porque posse imediata, não a título de propriedade (que cabe à União), mas *posse imediata de usufrutuário* exclusivo das riquezas referidas".

96. Lembramos que o fato de possuírem o usufruto exclusivo não confere aos índios o direito de poluírem ou de causarem um dano ao meio ambiente, por exemplo. É imperioso o respeito e a proteção ao direito fundamental ao meio ambiente pelos índios, em consonância com o usufruto exclusivo das riquezas naturais nele existentes.

97. Esta é a interpretação que se dá ao § 6º, do art. 231, da CF, que dispõe: "São nulos e extintos, não produzindo efeitos jurídicos, os atos que tenham por objeto a ocupação, o domínio e a posse das terras a que se refere este artigo, ou a exploração das riquezas naturais do solo, dos rios e dos lagos nelas existentes, ressalvado relevante interesse público da União, segundo o que dispuser a lei complementar, não gerando a nulidade e a extinção direito a indenização ou ações contra a União, salvo, na forma da lei, quanto às benfeitorias derivadas da ocupação de boa-fé".

Ou seja, o objetivo do ordenamento pátrio é a preservação das comunidades indígenas, dos seus hábitos e costumes e, ainda, do meio ambiente natural e cultural[98] que os cercam e determinam sua essência. Esta é a regra.

Podem ocorrer, no entanto, exceções para as quais a Lei Maior traça normas específicas, cujo cumprimento é obrigatório. De modo que, é permitida a realização de pesquisas em terras indígenas, bem como há possibilidade de aproveitamento dos recursos hídricos, inclusive dos potenciais energéticos e, também, a extração das riquezas minerais localizadas em terras tradicionalmente ocupadas pelos indígenas. Para estas exceções serem viabilizadas, imprescindível a autorização do Congresso Nacional,[99] sendo indispensável, também, ouvir as comunidades indígenas envolvidas,[100] às quais são asseguradas, ainda, a participação nos resultados da extração dos minérios, de acordo com o que dispuser a lei.

Outra exceção consiste na possibilidade da retirada dos índios de seu *habitat* natural somente em duas hipóteses: no caso de catástrofes ou epidemias que coloquem em risco a população indígena, *ad referendum* do Congresso Nacional e, também, para a proteção da soberania nacional do país, mediante deliberação do Congresso Nacional. Em ambos os casos a remoção deve ser temporária e cessará logo após extinto o ato e terminado o risco que a ensejou. A regra é, portanto, a vigência do princípio da irremovibilidade dos índios de suas terras. Pelo mesmo princípio, não se autoriza a atividade garimpeira realizada ou não por cooperativas[101] em terras indígenas. Admite-se, apenas, é claro, a atividade garimpeira realizada pelos próprios índios.

O art. 232 trata da legitimidade processual que os índios, as comunidades e as organizações sociais têm para ingressar em juízo para a defesa de

98. Para maiores detalhes sobre as modalidades do meio ambiente consultar item 7.17.2.2 já estudado.

99. A autorização do Congresso Nacional é indispensável porque é sua competência exclusiva "autorizar, em terras indígenas, a exploração e o aproveitamento de recursos hídricos e a pesquisa e lavra de riquezas minerais" (art. 49, XVI, da CF).

100. Os índios devem ser ouvidos em razão do princípio democrático, porém, a opinião das comunidades indígenas não vinculará o Congresso Nacional.

101. De acordo com o § 7º, do art. 231, da CF: "Não se aplica às terras indígenas o disposto no art. 174, §§ 3º e 4º". E, dispõe o § 3º, do art. 174, da CF: "O Estado favorecerá a organização da atividade garimpeira em cooperativas, levando em conta a proteção do meio ambiente e a promoção econômico-social dos garimpeiros". Reza, ainda, o § 4º, do mesmo artigo: "As cooperativas a que se refere o parágrafo anterior terão prioridade na autorização ou concessão para pesquisa e lavra dos recursos e jazidas de minerais garimpáveis, nas áreas onde estejam atuando, e naquelas fixadas de acordo com o art. 21, XXV, na forma da lei".

seus direitos e interesses – que são coletivos –, devendo, nesta hipótese, haver sempre a intervenção do Ministério Público em todos os atos do processo. Para que os índios figurem no pólo ativo da demanda, necessário serem representados pelo seu cacique ou pelo líder da comunidade. O problema reside na identificação do cacique. Daí porque ensinam Luiz Alberto David Araújo e Vidal Serrano Nunes Júnior (2006:517) que, neste caso, haverá a presunção de representação e, na hipótese dele não ser o real representante, poderá ser desfeita a representação.[102]

Em outra hipótese, cabe ao Ministério Público a legitimidade ativa para ingressar com ação em defesa dos índios, isso porque a ação será referente à defesa de direitos e interesses coletivos e, de acordo com a Constituição, tem o Ministério Público a função institucional de defender judicialmente os direitos e interesses das populações indígenas (art. 129, V, CF).

A ação que versar sobre a cultura indígena ou sobre suas terras deverá ser proposta, em primeira instância, perante a Justiça Federal e, em segunda instância, perante o Tribunal Regional Federal da área, já que é de competência federal dirimir a disputa sobre direitos indígenas que envolvam a cultura indígena, na forma do que prescreve o art. 109, XI, da Constituição Federal. Como a competência é da Justiça Federal,[103] o Ministério Público envolvido também será o Ministério Público Federal nestes casos.

Bibliografia

ANTUNES, Paulo de Bessa (2002). *Direito Ambiental*. 6ª ed. Rio de Janeiro: Lumen Juris.

ARAÚJO, Luiz Alberto David; NUNES JÚNIOR, Vidal Serrano (2006). *Curso de Direito Constitucional*. 10ª ed. São Paulo: Saraiva.

CAGGIANO, Monica Herman Salem (1982). "Proteção jurídica dos interesses difusos", *Estudos de Direito Público*, n. 2. São Paulo: Associação dos Advogados da Prefeitura do Município de São Paulo, Ano I, jul./dez.

CARVALHO, Kildare Gonçalves (2008). *Direito Constitucional Positivo*. 14ª ed. Belo Horizonte: Del Rey.

102. Luiz Alberto David Araújo e Vidal Serrano Nunes Júnior (2006:517) ainda destacam: "Evidente que, em relação à comunidade indígena, os critérios formais de outras sociedades não podem ser aplicados. Há presunção de que o cacique seja o líder da comunidade. Caso haja divergência, esta será solucionada por perícia antropológica determinada pelo juízo".

103. Será, no entanto, de competência da Justiça Estadual o crime onde o indígena apareça como autor ou vítima. Isso em razão da Súmula 140, do STJ, que dispõe: "Compete à Justiça Comum Estadual processar e julgar crime em que o indígena figure como autor ou vítima".

CENSO IBGE de 2000. Disponível em www.ibge.gov.br/home/presidencia/noticias/noticia_visualiza.php?id_noticia=930&id_pagina=1. Acesso em 7.3.2008.

FERREIRA FILHO, Manoel Gonçalves (2008). *Curso de Direito Constitucional*. 34ª ed. São Paulo: Saraiva.

________ (2002). *Direitos Humanos Fundamentais*. 5ª ed. São Paulo: Saraiva.

FIORILLO, Celso Antonio Pacheco; RODRIGUES, Marcelo Abelha (1997). *Manual de Direito Ambiental e Legislação Aplicável*. São Paulo: Max Limonad.

LEMBO, Cláudio (2007). *A Pessoa: seus Direitos*. Barueri/São Paulo: Manole.

MACHADO, Paulo Affonso Leme. *Direito Ambiental Brasileiro*. 17ª ed. São Paulo: Malheiros Editores, 2009.

MORAES, Alexandre de. *Constituição do Brasil Interpretada e Legislação Constitucional*. São Paulo: Atlas, 2002.

________. *Direito Constitucional*. 21ª ed. São Paulo: Atlas, 2007.

MOTTA, Sylvio; BARCHET, Gustavo. *Curso de Direito Constitucional*. Rio de Janeiro: Elsevier, 2007.

SCALQUETTE, Ana Cláudia Silva. *União Estável*. In BONFIM, Edílson Mougenot (Coord.), Coleção Prática do Direito. São Paulo: Saraiva, 2008.

SILVA, José Afonso da (2009A). *Comentário Contextual à Constituição*. 6ª ed. São Paulo: Malheiros Editores.

________ (2009B). *Curso de Direito Constitucional Positivo*. 32ª ed. São Paulo: Malheiros Editores.

________ (2009C). *Direito Ambiental Constitucional*. 7ª ed. São Paulo: Malheiros Editores.

SILVA NETO, Manoel Jorge e. *Curso de Direito Constitucional*. 2ª ed. Rio de Janeiro: Lumen Juris, 2006.

SMANIO, Gianpaolo Poggio. *Interesses Difusos e Coletivos: Conceito de Interesses Difusos, Coletivos e Individuais Homogêneos, Ação Civil Pública, Inquérito Civil, Estatuto da Criança e do Adolescente, Consumidor, Meio Ambiente, Improbidade Administrativa*. 8ª ed. São Paulo: Atlas, 2007.

TÁCITO, Caio. *Temas de Direito Público: (Estudos e Pareceres)*, vol. 1. Rio de Janeiro: Renovar, 1997.

Capítulo 8
OS DIREITOS SOCIAIS DOS TRABALHADORES

Patrícia Tuma Martins Bertolin

8.1 As Constituições e os direitos sociais dos trabalhadores. 8.2 O constitucionalismo social. 8.3 Os direitos sociais na Constituição brasileira de 1988. 8.4 O trabalho como direito social. 8.5 Os direitos individuais dos trabalhadores: 8.5.1 A garantia do emprego (ou a falta dela): 8.5.1.1 A ratificação da Convenção 158/1982 da OIT – 8.5.1.2 O seguro-desemprego – 8.5.1.3 O FGTS – 8.5.2 A matéria salarial – 8.5.3 A participação nos lucros ou resultados – 8.5.4 O descanso do empregado: 8.5.4.1 A limitação da jornada de trabalho – 8.5.4.2 O descanso semanal remunerado – 8.5.4.3 As férias anuais remuneradas – 8.5.5 A redução dos riscos inerentes ao trabalho – 8.5.6 A idade mínima para ingresso no mercado de trabalho – 8.5.7 As medidas antidiscriminatórias – 8.5.8 O trabalho da mulher: 8.5.8.1 As medidas antidiscriminatórias – 8.5.8.2 A proteção à maternidade – 8.5.9 A licença-paternidade – 8.5.10 O aviso prévio – 8.5.11 A proteção em face da automação – 8.5.12 A prescrição – 8.5.13 As prestações previdenciárias constantes do art. 7º – 8.5.14 Os direitos trabalhistas dos empregados domésticos. 8.6 A organização sindical e os direitos coletivos: 8.6.1 A autonomia do sindicato – 8.6.2 A unicidade sindical – 8.6.3 A contribuição compulsória – 8.6.4 A negociação coletiva – 8.6.5 O direito de greve – 8.6.6 A participação dos trabalhadores. 8.7 Conclusões.

8.1 As Constituições e os direitos sociais dos trabalhadores

Especificamente no que concerne ao tratamento dispensado aos direitos dos trabalhadores, podemos distinguir três grandes sistemas constitucionais: o sistema abstencionista, o sistema prescritivo amplo e o sistema constitucional sintético.

Nos países que consagram o sistema abstencionista as Constituições são omissas sobre os direitos dos trabalhadores, pois eles não consideram importante dar um tratamento constitucional a tais questões, muito embora se empenhem em respeitá-las por outras vias – como, por exemplo, a econômica. Enquadram-se nesta família a Inglaterra e os Estados Unidos, de base consuetudinária.

Os países adeptos do sistema prescritivo amplo abriram um espaço muito grande para os direitos trabalhistas em suas Constituições, segundo Amauri Mascaro Nascimento: "(...) como um desdobramento da constitucionalização dos direitos humanos e das garantias fundamentais e segundo dois opostos tipos de influências: as de ordem política do *corporativismo*, que modelou governos autoritários de fundo fascista e do *socialismo*, que consagrou a ditadura do proletariado, e os de ordem social inspiradores do movimento a que se deu o nome de *constitucionalismo social*".[1]

O terceiro sistema é chamado de constitucional sintético, contando com Constituições que, embora não sejam omissas, contêm breves referências sobre o direito do trabalho.

Isso nos instiga a suscitar uma questão: a da conveniência, ou não, da constitucionalização dos direitos trabalhistas. Os críticos do reconhecimento constitucional de tais direitos apegam-se à necessidade de serem as Constituições gerais, a fim de possibilitarem a adoção de regras mais flexíveis, que, segundo o discurso dominante, teriam o condão de implementar a produtividade, além de tais Constituições não se tornarem rapidamente obsoletas. Contudo, não menos vigorosos são os argumentos dos adeptos do tratamento constitucional dos direitos sociais, como Oscar Ermida Uriarte, para quem "a constitucionalização de determinados direitos trabalhistas funciona como um freio a tendências desregulamentadoras",[2] já que são mais difíceis os mecanismos que o ordenamento jurídico oferece para a modificação dos direitos contidos na Constituição.[3]

Outro aspecto suscita controvérsias: a constitucionalização excessiva e detalhista retarda as soluções jurisdicionais, pois os direitos reconhecidos constitucionalmente estão submetidos ao controle das Cortes Constitucionais, podendo ser discutidos até a cúpula do Poder Judiciário.

1. Amauri Mascaro Nascimento, *Teoria Geral do Direito do Trabalho*, São Paulo, LTr, 1998, pp. 98-99.

2. Oscar Ermida Uriarte, "A Constituição e o direito do trabalho", in Américo Plá Rodríguez (coord.), *Estudo sobre as Fontes do Direito do Trabalho*, São Paulo, LTr, 1998, p. 74.

3. A *desregulamentação* é um movimento caracterizado pela retração do Estado em termos de legislação trabalhista, deixando ao "livre jogo das forças do mercado" a regulação das relações de trabalho – o que contraria a essência do direito do trabalho, de caráter protetor.

Amauri Mascaro Nascimento[4] defende posição intermediária, ao observar que nem todos os direitos trabalhistas devem ser incluídos na Constituição, pois alguns não são, na verdade, direitos fundamentais e, uma vez constitucionalizados, generalizam-se, obrigando indistintamente a todos os empregadores.

Embora não se possa deixar de considerar que os sistemas constitucionais, com relação aos direitos sociais, podem ser de diferentes tipos, os países têm preferido aderir ao sistema prescritivo amplo, sobretudo a partir da influência do constitucionalismo social.

8.2 O constitucionalismo social

O constitucionalismo social – ou seja, o tratamento constitucional dos direitos sociais – marcou quase todo o século XX, tendo sido inaugurado com a Constituição mexicana de 1917 e com a Constituição alemã de 1919, francamente comprometidas com um modelo de Estado Social.

A Constituição mexicana de 1917 representou a positivação das reivindicações e dos princípios inspiradores da Revolução Mexicana, iniciada em 1910, tendo mobilizado milhares de camponeses e índios contra a ditadura do Presidente Porfírio Díaz, que perdurou de 1876 a 1911. A revolução objetivava a devolução das terras às comunidades indígenas, a nacionalização das grandes empresas e bancos, a garantia de direitos trabalhistas e a separação entre a Igreja Católica e o Estado. Destacou-se o líder camponês Emiliano Zapata, que comandou um levante de cerca de 20 mil homens, exigindo reforma agrária, o que forçou Porfírio Diaz a renunciar e fugir.

A Constituição mexicana de 1917 previu direitos sociais nos arts. 27 e 123, portanto em dispositivos dispersos no texto – e não sistematizados em um único capítulo. O art. 27, sobre a questão agrária, significou a consagração, no texto constitucional, das idéias da revolução, prevendo a propriedade da Nação sobre as terras e as águas; a possibilidade de desapropriação de terras por utilidade pública, mediante indenização; a proteção da pequena propriedade e a função social da propriedade.

O art. 123 da Constituição mexicana elencou, sem muita preocupação com a técnica, dezenas de direitos dos trabalhadores, entre os quais incluiu: jornada de trabalho de, no máximo, 8 horas; jornada noturna de 6 horas; proibição do trabalho aos menores de 14 anos e jornada máxima de 6 horas para os maiores de 14 e menores de 16 anos; 1 dia de descanso a cada 6 dias de trabalho; licença da gestante; salário mínimo digno; igualdade salarial

4. Amauri Mascaro Nascimento, *Teoria Geral do Direito do Trabalho*, cit., p. 113.

aos que exercessem iguais funções; participação dos trabalhadores nos lucros das empresas; horas extras limitadas a 3 por dia; criação de um Fundo Nacional de Habitação, a ser administrado pelo Governo Federal, trabalhadores e empregadores; responsabilidade do empregador por acidente de trabalho; direito de organização sindical; direito de greve...

Também a Constituição alemã de 1919, mais conhecida por Constituição de Weimar, marco do constitucionalismo social, que, segundo Maria Cláudia Bucchianeri Pinheiro,[5] prepondera sobre a Constituição mexicana, foi fruto de um período marcado por muitos problemas políticos e sociais. A derrota alemã na I Grande Guerra e a escassez de alimentos decorrente de um bloqueio naval inglês encerraram uma fase de prosperidade que tivera início com a vitória da Alemanha, liderada por Bismarck, na Guerra Franco-Prussiana, em 1870, e que dera início a um intenso desenvolvimento urbano e industrial do país.

Maria Cláudia Bucchianeri Pinheiro[6] relata que, em decorrência da crise social que se iniciou, começaram a ocorrer levantes em toda a Alemanha, e em novembro/1918 foi desencadeada uma rebelião naval, que culminou com uma guerra civil. Houve uma reforma constitucional determinando a parlamentarização do país, em 3.11.1918, o que, entretanto, não conseguiu conter o problema social. Poucos dias mais tarde, em 8.11.1918, foi proclamada uma República "Democrática e Socialista" na Baviera. Sentindo-se apoiados pelas lideranças populares, os social-democratas abandonaram o governo e convocaram uma greve geral. O Imperador abdicou, designando o líder social-democrata para exercer a função de chanceler, propondo convocar uma Assembléia Nacional Constituinte, mas um ministro social-democrata anunciou, no mesmo dia, a proclamação da República.

Formou-se um governo provisório composto por integrantes com interesses antagônicos: alguns pretendiam convocar uma Assembléia Constituinte e estabelecer uma democracia parlamentar; outros queriam instituir uma "ditadura do proletariado", socializando a economia. Para dirimir a controvérsia, foi convocado um Congresso com representantes das diferentes Províncias alemãs, que decidiu pela convocação de uma Assembléia Constituinte.

5. Maria Cláudia Bucchianeri Pinheiro, "A Constituição de Weimar e os direitos fundamentais sociais: a preponderância da Constituição da República Alemã de 1919 na inauguração do constitucionalismo social à luz da Constituição mexicana de 1917", disponível em *www.senado.gov.br/web/cegraf/ril/Pdf/pdf_169/R169-08.pdf*, acesso em 24.1.2008.

6. Idem. ibidem.

Assim, foi editada a Constituição alemã de 1919, composta por 165 artigos, também dispondo sobre os direitos sociais, ao estabelecer, em seu art. 151, que a organização da vida econômica deve ter por objetivo garantir a todos uma existência digna. Entre os direitos sociais nela previstos, destacam-se: a assistência à maternidade (arts. 119, § 2º, e 161); o direito à educação dos filhos (art. 120); o direito à pensão, em caso de falecimento, e à aposentadoria do servidor público (art. 129); o ensino obrigatório, público e gratuito (art. 145); a função social da propriedade e a desapropriação de terras, mediante indenização, tendo em vista o bem comum (art. 153, § 1º); o direito a uma habitação sadia (art. 155); o direito ao trabalho (arts. 157 e 162); o direito da classe operária a "um mínimo geral de direitos sociais" (art. 162); o seguro-desemprego (art. 163, § 1º); o direito à participação, por meio de conselhos, na fixação das condições de trabalho e do salário e no desenvolvimento econômico das forças produtivas (art. 165).

A Constituição de Weimar exerceu grande influência sobre o constitucionalismo mundial durante todo o século XX, marcado por textos constitucionais de cunho social-democrático.

Há de se observar que Constituições anteriores à mexicana de 1917 e à alemã de 1919 já consagravam um ou outro direito social, entretanto o faziam de forma isolada. O constitucionalismo social é caracterizado pela inserção, nos textos constitucionais, de diversos artigos sobre o assunto, dispostos sistematicamente, estabelecendo que o Estado deve intervir na vida social e econômica para garantir a igualdade material entre os indivíduos, permitindo-lhes desfrutar dos direitos constitucionalmente assegurados.

Arnaldo Süssekind[7] destaca a importância do Tratado de Versalhes como a grande fonte das Constituições aprovadas entre as duas grandes Guerras, ao estabelecer os princípios fundamentais do direito do trabalho[8] e criar a Organização Internacional do Trabalho/OIT, como a organização permanente voltada à elaboração de normas internacionais de trabalho "destinadas a universalizar a justiça social".

7. Arnaldo Süssekind, *Direito Constitucional do Trabalho*, 2ª ed., Rio de Janeiro, Renovar, 2001, p. 14.

8. O Tratado de Versalhes, que selou a paz na I Grande Guerra, adotou, em seu art. 427, os seguintes princípios: o trabalho não pode ser considerado uma mercadoria; o direito de associação; salário capaz de assegurar um nível de vida conveniente; jornada de 8 horas diárias e 48 semanais; descanso semanal preferencialmente aos domingos; supressão do trabalho das crianças e proteção especial ao trabalho do menor; igualdade salarial entre homem e mulher; isonomia entre o nacional e o estrangeiro no referente às relações de trabalho; serviço de inspeção para garantir que as leis fossem aplicadas e a proteção aos trabalhadores efetivada.

Assim, tanto as liberdades individuais quanto os direitos sociais passaram a aparecer de forma reiterada e com destaque nas Constituições.

O constitucionalismo social contou com a adesão do Brasil em 1934. Antes da Constituição de 1934 isso era impensável entre nós. A Constituição do Império, outorgada por D. Pedro I, em 25.3.1824, adotou a filosofia liberal, em que o Estado se abstém de intervir nas relações contratuais. Nossa primeira Constituição republicana, promulgada em 24.2.1891, sofreu considerável influência da Constituição norte-americana, reconhecendo um Estado federal, republicano, presidencialista e liberal.

Nossa primeira Constituição social, a Constituição brasileira de 1934, estabeleceu que a ordem econômica e social seria organizada de acordo com os princípios de justiça e as necessidades da vida nacional, de modo que possibilitasse a todos uma existência digna. Nesses limites, era garantida a liberdade econômica.

Vigorou por pouco tempo, pois já em 1937 foi editada a "Carta do Estado Novo", instituindo oficialmente entre nós o corporativismo, com o fortalecimento do Estado Nacional e a submissão de todos os demais interesses aos "superiores interesses da produção nacional". Outorgada por Getúlio Vargas em 10.11.1937, estabelecia que o objetivo da intervenção do Estado no domínio econômico visava a "suprir as deficiências da iniciativa individual" e "coordenar os fatores da produção, de maneira a evitar ou resolver os conflitos e introduzir, no jogo das competições individuais, o pensamento dos interesses da Nação, representados pelo Estado".[9]

Em 1944 a Conferência da OIT aprovou a Declaração de Filadélfia, enfatizando, como fins e objetivos da OIT, a dignidade do ser humano, a liberdade de expressão e de associação, a formação profissional e a busca do pleno emprego, as adequadas condições de trabalho e de remuneração, os ajustes coletivos entre empregadores e trabalhadores, a seguridade social, a proteção especial à infância e à maternidade, o direito de todos à educação, alimentação, habitação, recreação e cultura. Na Declaração de Filadélfia, a OIT, de forma visionária e inovadora, situou o desenvolvimento econômico como condição para a realização dos objetivos sociais. Esse importante documento internacional foi incorporado à Constituição da OIT em 1946 e, juntamente com a Declaração Universal dos Direitos do Homem, aprovada pela Assembléia-Geral da Organização das Nações Unidas/ONU em 10.12.1948, constituíram importantes referenciais para as Constituições que se seguiram.

9. Carta do Estado Novo, art. 135.

No Brasil, a Constituição de 18.9.1946 é tida como "o melhor dos estatutos Fundamentais brasileiros",[10] talvez como um reflexo da vitória dos aliados na II Grande Guerra, tendo iniciado um período de destaque aos direitos sociais, com a garantia do salário mínimo para atendimento das necessidades básicas do trabalhador e de sua família e o reconhecimento de direitos como a participação obrigatória e direta dos trabalhadores nos lucros da empresa, o repouso semanal remunerado, a estabilidade e a assistência aos desempregados. Situava os direitos sociais no capítulo destinado à ordem econômica e social, estabelecendo que esta deveria ser "organizada conforme os princípios da justiça social, conciliando a liberdade de iniciativa com a valorização do trabalho humano"[11] – o que acabou sendo reproduzido pela Carta de 1967.

A Constituição de 1967 foi decretada e promulgada pelo Congresso em 24.1.1967, nos termos da convocação feita pelo Presidente Castello Branco. Foi emendada em 17.10.1969, quando a Junta Militar, que assumiu o poder, impôs-lhe ampla revisão, o que, contudo, não alterou o tratamento dos direitos sociais.

8.3 Os direitos sociais na Constituição brasileira de 1988

A Constituição da República Federativa do Brasil, promulgada em 5.10.1988, tratou, em seu art. 7º, sob a rubrica de "Direitos Sociais", dos direitos dos trabalhadores, o que lhe acarretou muitas críticas. Importa, portanto, delimitar tais conceitos, de diferentes amplitudes.

Os "direitos sociais" têm maior amplitude que os "direitos dos trabalhadores". O art. 6º da CF brasileira de 1988 estabelece: "São direitos sociais a educação, a saúde, o trabalho, a moradia, o lazer, a segurança, a previdência social, a proteção à maternidade e à infância, a assistência aos desamparados".[12] Esse dispositivo não pode ser tido como mera norma programática, pois tais direitos são absolutamente essenciais à concretização do princípio maior da dignidade da pessoa humana, elencado entre os fundamentos do nosso Estado Democrático de Direito por força do art. 1º do texto constitucional.

Na lição de Ingo Wolfgang Sarlet, a dignidade da pessoa humana é "a qualidade intrínseca e distintiva reconhecida em cada ser humano que o faz merecedor do mesmo respeito e consideração por parte do Estado e da

10. Arnaldo Süssekind, *Direito Constitucional do Trabalho*, cit., 2ª ed., p. 36.

11. Art. 145 da Constituição brasileira de 1946.

12. Artigo com a redação dada pela Emenda Constitucional 26, de 14.2.2000.

comunidade, implicando, neste sentido, um complexo de direitos e deveres fundamentais que assegurem a pessoa tanto contra todo e qualquer ato de cunho degradante e desumano, como venham a lhe garantir as condições existenciais mínimas para uma vida saudável, além de propiciar e promover sua participação ativa e co-responsável nos destinos da própria existência e da vida em comunhão com os demais seres humanos".[13]

Ressalta Ingo Sarlet[14] que a Constituição de 1988, ao tratar a dignidade da pessoa humana como um princípio fundamental, não traz apenas uma declaração de conteúdo ético e moral, mas uma "norma jurídico-positivada dotada, em sua plenitude, de *status* constitucional formal e material e, como tal, inequivocamente carregado de eficácia (...)", razão pela qual diversos autores erigem a dignidade humana ao patamar de "princípio constitucional de maior hierarquia axiológico-valorativa".

No Brasil os direitos sociais são tratados constitucionalmente como direitos fundamentais, no Capítulo II do Título II da nossa Lei Maior, que dividiu os direitos e garantias fundamentais em cinco capítulos: dos direitos individuais e coletivos, dos direitos sociais, da nacionalidade, dos direitos políticos, e dos partidos políticos.

Os teóricos mais tradicionais tendem a defender que os direitos sociais criam uma obrigação positiva para o Estado, que deverá agir no sentido de implementá-los.[15] Por esse motivo, foram vistos pela doutrina como direitos fundamentais de segunda geração, uma vez que os direitos fundamentais inicialmente reconhecidos (as liberdades) requeriam do Estado apenas uma postura não-intervencionista.[16] E porque os homens passaram a exercer

13. Ingo Wolfgang Sarlet, *Dignidade da Pessoa Humana e Direitos Fundamentais na Constituição Federal de 1988*, 5ª ed., Porto Alegre, Livraria do Advogado, 2007, p. 62.

14. Idem, p. 72.

15. Mais recentemente, contudo, vemos crescer uma nova construção doutrinária no sentido de que os argumentos sobre a progressividade dos direitos sociais têm servido apenas como justificativa para a ineficácia de tais direitos. Assim como nem sempre os direitos civis e políticos dependem de mera abstenção do Estado (o direito de voto, por exemplo, implica a criação e manutenção de todo um aparato eleitoral por parte do Poder Público, mobilizando gastos públicos de vulto), nem todos os direitos econômicos, sociais e culturais exigem uma prestação positiva do Estado, envolvendo gastos públicos substantivos, com que ele eventualmente não poderia arcar em caráter imediato (é o caso do direito de greve) (v. Patrícia Tuma Martins Bertolin, "Os direitos sociais nos principais documentos internacionais de proteção aos direitos humanos e sua eficácia no Brasil", disponível em *http://www4.mackenzie.br/fileadmin/Graduacao/FDir/Artigos/patricia_tuma.pdf*, acesso em 10.3.2008).

16. A própria classificação dos direitos humanos em "gerações" já seria um indicativo do tratamento "desrespeitoso" com relação aos direitos econômicos, sociais e

essa liberdade de forma ilimitada e, portanto, abusiva, a fim de conter tais excessos, criaram-se os direitos fundamentais de segunda geração. Torna-se evidente, então, a importância dos direitos sociais como instrumentos jurídicos de efetiva limitação ao poder econômico.

Nossas Constituições anteriores situavam os direitos sociais no capítulo relativo à ordem econômica e social, como que a reconhecer expressamente a preponderância do econômico sobre o social. A Constituição de 1988 inovou, ao inserir um capítulo destinado aos direitos sociais no título dedicado aos direitos e garantias fundamentais, ao lado dos direitos individuais e coletivos. Isso é muito significativo, pois, na verdade, o homem é um todo, indivisível, em que o individual e o social se complementam. A relevância atribuída pelo constituinte de 1988 aos direitos sociais confere dignidade ao trabalhador e oferece importante diretriz ao intérprete.

Enfim, a Constituição de 1988 representou um avanço digno de nota a esse respeito, ao tratar tais direitos como fundamentais.

8.4 O trabalho como direito social

A Constituição brasileira de 1988 instituiu, já em seu "Preâmbulo", "um Estado Democrático, destinado a assegurar o exercício dos direitos sociais e individuais, a liberdade, a segurança, o bem-estar, o desenvolvimento, a igualdade e a justiça como valores supremos de uma sociedade fraterna, pluralista e sem preconceito, fundada na harmonia social e comprometida, na ordem interna e internacional, com a solução pacífica das controvérsias (...)".

Em seu Título I fixou como princípios fundamentais da República Federativa do Brasil, entre outros, a dignidade da pessoa humana e os valores sociais do trabalho e da livre iniciativa (art. 1º, III e V). Ainda no mesmo título, estabeleceu constituírem objetivos fundamentais da nossa República(art. 3º): "I – construir uma sociedade livre, justa e solidária; II – garantir o desenvolvimento nacional; III – erradicar a pobreza e a marginalização e reduzir as desigualdades sociais e regionais; IV – promover o bem de todos, sem preconceitos de origem, raça, sexo, cor, idade e quaisquer outras formas de discriminação".

culturais (de segunda geração), que só viriam a ser efetivados depois dos direitos civis e políticos (de primeira geração), e assim mesmo na medida da disponibilidade dos Estados. Daí a preferência, hoje, pela utilização da expressão "dimensões de direitos humanos", em substituição a "gerações".

Tratou dos direitos sociais no art. 6º, assim considerando "a educação, a saúde, o trabalho, a moradia, o lazer, a segurança, a previdência social, a proteção à maternidade e à infância, a assistência aos desamparados (...)".

A opção do legislador constituinte brasileiro de 1988 por situar o trabalho como direito social é objeto de pertinente análise por Maurício Godinho Delgado: "(...) esse enquadramento não reduz, normativamente, o patamar de afirmação do trabalho (de princípio, valor e fundamento para direito social); ele claramente deve ser compreendido como um acréscimo normativo e doutrinário feito pela Constituição, de modo a não deixar dúvida de que o trabalho ocupa, singularmente, *todas as esferas de afirmação jurídica existentes no plano constitucional e do próprio universo jurídico contemporâneo*".[17]

Contudo, ao estudar os direitos sociais, mais especificamente os direitos dos trabalhadores, previstos no art. 7º constitucional, facilmente constatamos a tendência de relativizar tais preceitos, que passaram a ser objeto de constante flexibilização, em face da crise do Estado de Bem-Estar Social, mais evidente a partir da década de 1990.

Os arts. 1º a 4º da CF de 1988 estabelecem os chamados *princípios fundamentais*, entre os quais se inserem a dignidade da pessoa humana e o valor social do trabalho. Deles também constam os objetivos fundamentais da República Federativa do Brasil, quais sejam: "construir uma sociedade livre, justa e solidária"; "garantir o desenvolvimento nacional"; "erradicar a pobreza e a marginalização e reduzir as desigualdades sociais e regionais"; e "promover o bem de todos, sem preconceitos de origem, raça, sexo, cor, idade e quaisquer outras formas de discriminação" (art. 3º).

Nesses princípios constitucionais fundamentais o intérprete e aplicador do Direito tem valores aos quais sua atividade deve ficar adstrita, o que não significa que ele esteja preso a uma estrutura fechada, mas que sua autonomia interpretativa encontra seu limite em tais princípios. Assim, "a liberdade é sempre limitada pela Carta Magna, já que, em última análise, é o poder constituinte que delineia, inarredavelmente, os limites de atuação do Estado".[18]

17. Maurício Godinho Delgado, "Direitos fundamentais nas relações de trabalho", *LTr* 70-6/659, São Paulo, LTr, junho/2006.

18. Manoel Messias Peixinho, *A Interpretação da Constituição e os Princípios Fundamentais – Elementos para uma Hermenêutica Constitucional Renovada*, 2ª ed., Rio de Janeiro, Lumen Juris, 2000, p. 119.

Admitir-se a existência de princípios constitucionais fundamentais implica o reconhecimento da prevalência destes sobre as demais normas constitucionais – e, portanto, de uma hierarquia dentro da própria Constituição.

8.5 Os direitos individuais dos trabalhadores

O Congresso Constituinte reunido para elaborar a Constituição brasileira de 1988 trabalhou sem um diagnóstico das crises econômica, social e política, para oferecer sustentação às suas estratégias de negociação. Assim, os constituintes acabaram agindo de acordo com as pressões contraditórias dos *lobbies*, das corporações e dos movimentos sociais.

A análise que José Eduardo Faria fez, à época, merece ser transcrita: "Essa é a razão pela qual os constituintes, apesar de terem fortalecido o Estado, aumentando seus serviços, alargando sua burocracia, multiplicando seus instrumentos e cobrindo amplos domínios da vida social com uma espessa malha regulamentar, não conseguiram evitar nem o risco da fragmentação conceitual e ideológica da nova Carta nem a ilusão de que, a partir dela, a justiça social poderia ser assegurada pela simples produção de novas leis e novos códigos".[19]

Especificamente quanto às questões sociais, o Congresso Constituinte de 1988 não se propôs a delinear uma organização político-administrativa para a elaboração e implementação de programas de desenvolvimento econômico e social. Também não modificou substancialmente o modelo brasileiro de organização sindical, estruturado na década de 1930 e fundado no tripé unicidade sindical/contribuição compulsória/poder normativo da Justiça do Trabalho.

Sendo assim, apesar de a Constituição de 1988 não ter ousado transpor certos limites, é um texto constitucional importante, pelo simples fato de ter tocado em alguns problemas fundamentais – como, por exemplo, ter aprofundado o alcance dos direitos sociais.

O art. 7º constitucional tratou de elencar os direitos individuais dos trabalhadores; e, quando se referiu a "trabalhadores", o fez no sentido de empregados – trabalhadores com vínculo empregatício permanente[20] –, em-

19. José Eduardo Faria, *O Brasil Pós-Constituinte*, Rio de Janeiro, Graal, 1989, p. 18.

20. O art. 3º da CLT dispõe: "Considera-se empregado toda pessoa física que prestar serviços de natureza não-eventual a empregador, sob a dependência deste e mediante salário".

bora tenha estendido tais direitos aos avulsos,[21] por força do inciso XXXIV do mesmo artigo.[22]

Observou que os direitos assegurados pelo artigo em estudo objetivam melhorar a condição social dos trabalhadores, mas não esgotam a matéria: "Art. 7º. São direitos dos trabalhadores urbanos e rurais, *além de outros* que visem à melhoria de sua condição social: (...)" (grifos nossos).

Pela primeira vez em nosso país os empregados rurais foram equiparados aos urbanos quanto aos seus direitos trabalhistas, passando a dispor de direitos que antes não tinham, como o Fundo de Garantia do Tempo de Serviço/FGTS e a aprendizagem, por exemplo.

8.5.1 A garantia do emprego (ou a falta dela)

8.5.1.1 *A ratificação da Convenção 158/1982 da OIT*

Um dos mais polêmicos direitos trabalhistas dispostos constitucionalmente é a "relação de emprego protegida contra despedida arbitrária ou sem justa causa, nos termos de lei complementar, que preverá indenização compensatória, dentre outros direitos", estabelecida no inciso I do art. 7º.

Esse dispositivo constitucional dificultou a ratificação pelo Brasil da Convenção 158/1982 da OIT, sobre término da relação de trabalho por iniciativa do empregador.

São "motivos justificados" para dispensa do empregado, segundo o art. 4º da referida Convenção: "Não se dará término à relação de trabalho de um trabalhador a menos que exista para isso uma causa justificada relacionada com sua capacidade ou seu comportamento ou baseada nas necessidades de funcionamento da empresa, estabelecimento ou serviço".

Tal Convenção foi aprovada pelo Congresso Nacional brasileiro, em 13.9.1992, por meio do Decreto Legislativo 68/1992. O Governo Brasileiro efetuou o depósito da ratificação[23] junto à Repartição Internacional do Trabalho, da OIT, em 5.1.1995, de modo que sua vigência nacional teria início 12 meses depois. Contudo, a produção de efeitos no âmbito interno estaria condicionada à sua publicação no *Diário Oficial da União*, o que não ocorreu dentro do prazo previsto, tendo havido apenas a publicação no

21. *Avulsos* são trabalhadores sem vínculo empregatício, que têm sua prestação de trabalho intermediada por um órgão gestor da mão-de-obra ou por um sindicato.

22. "Igualdade de direitos entre os trabalhadores com vínculo empregatício permanente e o trabalhador avulso."

23. *Depósito* é o mecanismo por meio do qual a ratificação se complementa, no plano internacional.

Diário do Congresso. Este óbice, de natureza formal, foi invocado, em um primeiro momento, para sustentar sua não-aplicabilidade no Brasil.[24] Só em 10.4.1996 foi editado o Decreto 1.855, publicado no *DOU* de 11.4.1996, promulgando a Convenção 158, de 22.6.1982.

Outro aspecto a justificar, segundo a doutrina, a inaplicabilidade da Convenção 158/1982 da OIT no Direito Brasileiro era o de que a matéria só poderia ter sido regulada por lei complementar, a que se refere o art. 7º, I, da CF de 1988: "relação de emprego protegida contra despedida arbitrária ou sem justa causa, *nos termos de lei complementar*, que preverá indenização compensatória, dentre outros direitos" (grifos nossos). Ademais, a doutrina majoritária insistiu na interpretação de que o referido dispositivo constitucional, ao prever a "indenização compensatória", teria excluído a possibilidade de reintegração, vedando a estabilidade absoluta, como regra geral, em flagrante incompatibilidade com o texto da referida convenção internacional.[25]

Em sentido contrário posicionou-se José Alberto Couto Maciel, entendendo que a Convenção 158/1982 da OIT não é uma "convenção de princípios", dependente de lei ou de qualquer outro ato regulamentar para entrar em vigor imediato no Brasil, nem tampouco uma convenção promocional, mas uma convenção auto-aplicável.[26]

Depois de muita discussão acerca da matéria, até mesmo em sede de ação direta de inconstitucionalidade,[27] o Brasil ofereceu denúncia à referida convenção internacional, que deixou de vigorar entre nós por força do Decreto 2.100, de 20.12.1996. Assim, a referida ação direta de inconstitucionalidade veio a ser extinta antes de julgado o mérito, em face da denúncia da Convenção 158 pelo Governo Brasileiro.

8.5.1.2 *O seguro-desemprego*

Em caso de "desemprego involuntário" a Constituição de 1988 assegurou aos trabalhadores urbanos e rurais o seguro-desemprego (art. 7º, II).

24. Entendimento esboçado por Rodolfo M. Pamplona Filho ("Ainda a respeito da Convenção 158 da OIT", *Trabalho e Doutrina* 11/40-45, dezembro/1996).

25. Entendimento esboçado, entre outros, por Estêvão Mallet ("A Convenção 158 da OIT em face do Direito Brasileiro", *Trabalho e Doutrina* 11/13-16, dezembro/1996).

26. José Alberto Couto Maciel, *Comentários à Convenção 158 da OIT*, São Paulo, LTr, 1996. No mesmo sentido: Antônio Álvares da Silva. *Questões Polêmicas de Direito do Trabalho*, vol. VIII, São Paulo, LTr, 1996, p. 118 e ss.; e Arnaldo Süssekind, "A Convenção 158-OIT: constitucionalidade", *LTr* 61/1.168-1.169, São Paulo, LTr, 1997.

27. ADI 1.480-3-DF, proposta pela Confederação Nacional do Transporte/CNT e pela Confederação Nacional da Indústria/CNI perante o STF alegando inconstitucionalidade dos atos normativos que incorporaram a Convenção 158/1982 ao Direito interno.

O seguro-desemprego consiste em um benefício previdenciário que permite a subsistência temporária de determinados trabalhadores (desde que cumpridos alguns requisitos) em certas situações previstas pela Lei 7.998/1990. Beneficia os trabalhadores dispensados sem justa causa, aqueles cujos contratos tenham sido suspensos em virtude de participação em curso ou programa de qualificação oferecido pelo empregador,[28] os pescadores profissionais durante o período em que a pesca é proibida devido à procriação das espécies e os trabalhadores resgatados de trabalho em condição análoga à de escravo.[29]

Pode-se inferir, portanto, tratar-se de uma fonte de recursos assegurada especificamente a alguns tipos de trabalhadores em situação de desemprego involuntário, uma vez cumpridos os requisitos da lei.

8.5.1.3 *O FGTS*

O Fundo de Garantia do Tempo de Serviço/FGTS, que durante algumas décadas convivera com a estabilidade decenal,[30] passou a ser, também de direito, regime único, uma vez que à época da edição do texto constitucional só havia alguns poucos remanescentes do regime anterior.

Por ocasião da sua instituição, pela Lei 5.107/1966, o FGTS seria uma opção do empregado com relação ao regime da estabilidade decenal. De fato, não o era, uma vez que a própria admissão dos empregados passou a ser, o mais das vezes, condicionada à sua "opção". Ele inaugurou, no Brasil, a flexibilização do emprego, ao possibilitar que o empregador dispense seus empregados sem justo motivo, desde que libere o FGTS e pague as verbas rescisórias.

Consiste em depósitos efetuados mensalmente pelo empregador, em conta vinculada aberta por ele, em nome de cada empregado, do valor correspondente a 8% da remuneração paga ao empregado no mês anterior. O empregado poderá sacar o saldo dessa conta vinculada em algumas situações específicas, fixadas em lei, como: dispensa sem justa causa, extinção normal do contrato a prazo, extinção da empresa, fechamento de quaisquer

28. Nesta hipótese terá a forma de bolsa de qualificação profissional a ser custeada pelo Fundo de Amparo ao Trabalhador/FAT, nos termos do art. 2º-A da Lei 7.998/1990.

29. A estes últimos o direito ao seguro-desemprego foi estendido pela Lei 10.608/2002.

30. Anteriormente à criação do FGTS, pela Lei 5.107, de 13.9.1966, os empregados brasileiros tinham a perspectiva de se tornarem estáveis ao completar 10 anos na empresa, a partir de quando só poderiam ser dispensados por justa causa.

de seus estabelecimentos, filiais ou agências...[31] Várias dessas hipóteses dizem respeito à aquisição de casa própria pelo Sistema Financeiro da Habitação/SFH, uma vez que o sistema do FGTS se propunha, quando instituído, a ser um importante programa de habitação popular, saneamento básico e infra-estrutura urbana.

A partir de 5.10.1988 o regime do FGTS passou a ser assegurado aos empregados urbanos e rurais, mas ainda não o era aos domésticos, o que só passou a ser – ainda que como uma "faculdade" ao empregador doméstico – em março/2000.[32] Com sua inclusão no regime do FGTS, o empregado doméstico passou a ser contemplado pelo seguro-desemprego, embora com restrições quanto ao valor e ao número de parcelas.[33]

8.5.2 A matéria salarial

O inciso IV do art. 7º da CF brasileira de 1988 dispôs sobre o salário mínimo, que deveria atender a suas (do trabalhador) "necessidades vitais básicas e às de sua família com moradia, alimentação, educação, saúde, lazer, vestuário, higiene, transporte e previdência social, com reajustes periódicos que lhe preservem o poder aquisitivo (...)".

O salário mínimo no Brasil foi instituído pela Lei 185/1936, regulamentada pelo Decreto-lei 399/1938; contudo, seu valor só foi fixado pelo Decreto-lei 2.162, de 1.5.1940. A lei citada já tratava do salário mínimo como a menor remuneração devida ao trabalhador, sem distinção de sexo, com potencial para satisfazer às suas mínimas necessidades de alimentação, habitação, vestuário, higiene e transporte; definição que veio a ser incorporada pela Consolidação das Leis do Trabalho, em 1943, e que, em essência, foi preservada na Constituição de 1988.

31. As hipóteses de saque dos depósitos do FGTS estão previstas no art. 20 da Lei 8.036/1990 e no art. 35 do Decreto 99.684/1990.

32. A Medida Provisória 1.986/1999 e subseqüentes medidas renovatórias, o Decreto 3.361/2000 e a Lei de Conversão 10.208/2001 alteraram o texto da Lei 5.859/1972, que dispõe sobre a profissão de empregado doméstico, inserindo-lhe artigos, como o seguinte: "Art. 3º-A. É facultada a inclusão do empregado doméstico no Fundo de Garantia do Tempo de Serviço/FGTS, de que trata a Lei n. 8.036, de 11 de maio de 1990, mediante requerimento do empregador, na forma do regulamento". Assim, uma vez efetuado o primeiro recolhimento ao FGTS, os seguintes deixam de ser voluntários.

33. A normativa citada na nota anterior também inseriu na lei relativa ao empregado doméstico (Lei 5.859/1972) um dispositivo a respeito, cujo *caput* dispõe: "Art. 6º-A. O empregado doméstico que for dispensado sem justa causa fará jus ao benefício do seguro-desemprego, de que trata a Lei n. 7.998, de 11 de janeiro de 1990, no valor de 1 (um) salário mínimo, por um período máximo de 3 (três) meses, de forma contínua ou alternada".

A esse respeito pronuncia-se Kátia Magalhães Arruda: "Há quem defenda que a fixação de salários deveria guardar proporção tão-somente com as leis de mercado, não devendo o Estado fixar um mínimo legal. O salário mínimo, se constitucionalmente aplicado, é uma garantia mínima de sobrevivência básica para o trabalhador".[34]

O inciso V do art. 7º da "Constituição-cidadã" trata de "piso salarial proporcional à extensão e à complexidade do trabalho". É muito comum que os pisos salariais das categorias organizadas sejam fixados pelas convenções coletivas, embora haja leis que também o façam – como, por exemplo, no caso dos médicos e cirurgiões-dentistas (Lei 3.999/1961, Lei 6.932/1981 e Lei 7.217/1984), dos engenheiros, químicos, arquitetos, agrônomos e veterinários (Lei 4.950-A/1966) ou dos professores (arts. 317 a 323 da CLT e Lei 7.855/1989).

Em 14.7.2000 foi editada a Lei Complementar 103, autorizando os Estados e o Distrito Federal a instituírem esse piso salarial proporcional à extensão e à complexidade do trabalho para os empregados que não tenham piso salarial definido em lei federal, convenção ou acordo coletivo de trabalho.

No inciso VI do art. 7º o constituinte declarou a "irredutibilidade do salário, salvo o disposto em convenção ou acordo coletivo de trabalho", contrariando orientação anterior da legislação infraconstitucional que autorizava, em caso de força maior, a redução unilateral dos salários pelo empregador.[35] Trata-se de um dos momentos em que o dispositivo constitucional só autoriza que condição essencial de trabalho do empregado seja alterada se tal modificação for levada a efeito por meio de negociação coletiva, importante mecanismo de autocomposição dos conflitos coletivos de trabalho. Agiu igualmente o legislador constituinte ao tratar da jornada normal de trabalho e do trabalho em turnos ininterruptos de revezamento, nos incisos XIII e XIV do mesmo artigo.

Quanto à primeira hipótese, trata-se da redução da jornada com correspondente redução do salário, mediante negociação coletiva, o que o constituinte autorizou, consoante se pode verificar da leitura do dispositivo a seguir transcrito: "Art. 7º. São direitos dos trabalhadores urbanos e rurais, (...): (...) XIII – duração do trabalho normal não superior a 8 (oito) horas diárias e 44 (quarenta e quatro) semanais, *facultada a compensação de horários e a redução da jornada mediante acordo ou convenção coletiva de trabalho*; (...)" (grifos nossos).

34. Kátia Magalhães Arruda, *Direito Constitucional do Trabalho: sua Eficácia e o Impacto do Modelo Neoliberal*, São Paulo, LTr, 1998, p. 70.

35. Art. 503 da CLT.

Garantiu salário nunca inferior ao mínimo aos que recebem remuneração variável (art. 7º, VII), como os comissionistas, por exemplo. Estabeleceu que o trabalho noturno será remunerado com adicional (inciso IX),[36] assim também o trabalho além da jornada normal – o dito *extraordinário* –, que será remunerado com, no mínimo, 50% de acréscimo sobre a hora normal (inciso XVI).

O inciso VIII do art. 7º da CF de 1988 estabeleceu o direito ao "décimo-terceiro salário com base na remuneração integral ou no valor da aposentadoria". A gratificação natalina, ou décimo-terceiro salário, consiste em mais uma remuneração que é devida aos empregados (e aos segurados ou dependentes, pela Previdência Social) anualmente, no valor de uma remuneração mensal. Foi instituída pela Lei 4.090, de 13.7.1962, e posteriormente disciplinada pela Lei 4.749/1965, pelo Decreto 57.155/1965 e pelo Decreto 63.912/1968, tendo sido elencada entre os direitos sociais dos empregados pelo texto constitucional de 1988.

A Constituição brasileira em vigor inovou ao prever "a proteção do salário, na forma da lei, constituindo crime sua retenção dolosa" (inciso X do art. 7º), dispositivo que suscita alguma controvérsia no que tange à sua aplicabilidade, uma vez que não há pena prevista para quem incorre em tal conduta. Há quem defenda que a tipificação legal poderia ser enquadrada no crime de apropriação indébita.[37] Outros doutrinadores acreditam que, agindo assim, se estaria infringindo a norma do art. 5º, XXXIX, da CF, segundo a qual "não há crime sem lei anterior que o defina, nem pena sem prévia cominação legal".[38]

8.5.3 A participação nos lucros ou resultados

O art. 7º, XI, da CF de 1988 garantiu aos trabalhadores "participação nos lucros, ou resultados, desvinculada da remuneração, e, excepcionalmente, participação na gestão da empresa, conforme definido em lei".

36. Em face de o dispositivo não fixar um *quantum*, entende-se que a Constituição de 1988 recepcionou o texto da CLT, cujo art. 73, *caput*, dispõe que a remuneração do trabalho noturno será superior à do diurno em, no mínimo, 20%, além da Lei 5.889/1973, reguladora do trabalho rural, que, no parágrafo único do seu art. 7º, fixa o adicional de trabalho noturno em 25%.

37. O tipo, descrito no art. 168 do CP, consiste em "apropriar-se de coisa alheia móvel, de que tem posse ou a detenção", tendo como pena prevista a reclusão, de um a quatro anos, e multa.

38. Kátia Magalhães Arruda, *Direito Constitucional do Trabalho: sua Eficácia e o Impacto do Modelo Neoliberal*, cit., p. 73.

No que se refere à participação nos lucros o direito já estava previsto nas nossas Constituições anteriores, desde 1946, sem que, no entanto, tivesse aplicação prática, dada a inexistência de lei regulamentadora.

A inovação da Constituição de 1988 está em ter desvinculado a participação nos lucros da remuneração, contrariando entendimento da OIT e súmula anterior do TST.[39] A atitude do constituinte mereceu elogios daqueles que entendiam que a incorporação compulsória desses pagamentos ao salário desestimularia o empregador a conceder a vantagem aos empregados. Outros doutrinadores, como Américo Luís Martins da Silva,[40] criticaram a medida, alegando que a intenção do constituinte foi apenas impedir a incidência de encargos sociais sobre os valores pagos aos empregados a título de participação nos lucros. A argumentação dos críticos prossegue: "Por outro lado, a expressão 'desvinculada da remuneração' também é entendida como reconhecimento de que os trabalhadores são elementos exteriores à empresa, como mera força de trabalho adquirida por salário, sendo de esperar que, com a Constituição de 1988, venha a ser condizente com a *valorização social do trabalho como condição de dignidade da pessoa humana*, a fim de estimular o empregador a conceder o benefício aos empregados".[41]

Quanto à participação nos resultados, a Constituição em vigor é a primeira a prever esse direito no Brasil. Ela pode significar a participação dos empregados nos resultados financeiros das organizações sem fins lucrativos ou dizer respeito ao sistema de pagamentos sobre os resultados (verbas pagas por produtividade).

No que se refere à participação na gestão da empresa – a co-gestão –, parece ter sido tratada simultaneamente à participação nos lucros ou resultados por equívoco, já que são formas distintas de participação. Na lição de Antônio Álvares da Silva,[42] a participação na gestão refere-se à democratização da empresa, exercida por meio de representantes dos trabalhadores, enquanto a participação nos lucros ou resultados tem caráter meramente pecuniário.

A participação nos lucros ou resultados é objeto da Lei 10.101, de 19.12.2000, que estabelece que ela será objeto de negociação entre a empresa e seus empregados, mediante um dos procedimentos previstos no art. 2º, escolhido pelas partes, de comum acordo: "I – comissão escolhida pelas

39. Súmula 251 do TST (cancelada).

40. Américo Luís Martins da Silva, *A Participação dos Empregados nos Lucros, nos Resultados e na Gestão da Empresa*, Rio de Janeiro, Lumen Juris, 1996, pp. 123-124.

41. Idem, ibidem.

42. Antônio Álvares da Silva, *Co-Gestão no Estabelecimento e na Empresa*, São Paulo, LTr, 1991, p. 247.

partes, integrada, também, por um representante indicado pelo sindicato da respectiva categoria; II – convenção ou acordo coletivo".

O art. 3º da Lei 10.101/2000 dispõe que a participação nos lucros ou resultados "não substitui ou complementa a remuneração devida a qualquer empregado, nem constitui base de incidência de qualquer encargo trabalhista (...)".

A participação na gestão da empresa, por sua vez, é um daqueles direitos constitucionais ainda não regulamentados – e, portanto, letra morta no texto constitucional.

8.5.4 *O descanso do empregado*

8.5.4.1 *A limitação da jornada de trabalho*

O dispositivo do art. 7º, XIII, mencionado no item anterior, estabelece duração normal do trabalho de 8 horas diárias e 44 semanais, enquanto o inciso seguinte, também referido anteriormente, prevê jornada de 6 horas para o trabalho realizado em turnos ininterruptos de revezamento.

No que se refere à jornada normal, anteriormente à Constituição de 1988 , esta era de 8 horas diárias e 48 semanais, tendo ocorrido uma redução, motivada não apenas pela preocupação em garantir o descanso ao empregado, mas principalmente por um imperativo de ordem socioeconômica: a necessidade de abertura de novos postos de trabalho.

Quanto à jornada reduzida para os que trabalham em turnos ininterruptos de revezamento, algumas considerações se fazem necessárias. Após longo debate doutrinário e jurisprudencial que se seguiu à edição da Constituição de 1988, prevaleceu o entendimento de que a norma do inciso XIV do art. 7º, que prevê a jornada de seis horas, não alcança todo e qualquer trabalhador que exerça sua atividade sem uma jornada fixa, mas apenas aquele que, na rotina do trabalho, se vê submetido a um programa de revezamento ininterrupto: "A situação enfocada pela Constituição configura-se caso o trabalhador labore ora essencialmente pela manhã, ora essencialmente pela tarde, ora essencialmente pela noite – por ser flagrante a agressão que semelhante sistemática de organização laboral impõe ao organismo do trabalhador".[43]

8.5.4.2 *O descanso semanal remunerado*

O inciso XV do art. 7º constitucional estabeleceu como direito dos trabalhadores urbanos e rurais o "repouso semanal remunerado, preferen-

43. Maurício Godinho Delgado, *Curso de Direito do Trabalho*, 7ª ed., São Paulo, LTr, 2008, p. 885.

cialmente aos domingos", seguindo a diretriz das nossas Constituições anteriores.

A legislação infraconstitucional vigente data de 1949 – a Lei 605/1949 e o Decreto 27.048/1949, que consagram orientações como a de que deve haver pelo menos um dia de descanso semanal, a de que o dia de repouso deve ser remunerado como um dia normal de trabalho[44] e a de que ao dia de domingo efetivamente trabalhado, quando isso é possível, deve corresponder necessária folga semanal do empregado.[45]

Isso tudo tendo em vista a necessidade de que o empregado recupere as energias despendidas na prestação do seu trabalho, no intuito de preservação da sua saúde.

8.5.4.3 *As férias anuais remuneradas*

No que se refere às férias anuais o legislador constituinte de 1988 inovou, ao dispor que seriam "remuneradas com, pelo menos, um terço a mais do que o salário normal" (art. 7º, XVII). Isso também se aplica às chamadas férias proporcionais, sendo assim compreendidas as férias relativas a um período aquisitivo não completo.

Ressalta José Augusto Rodrigues Pinto que a fixação deste acréscimo sobre a remuneração das férias pelo nosso texto constitucional de 1988 encontrou inspiração no hábito que certas empresas de maior porte já mantinham de pagar o referido acréscimo e que, assim como aconteceu com a gratificação de Natal, "a generalização de um hábito o converteu em obrigação do empregador".[46]

A disciplina das férias juntamente com a do repouso semanal e a da limitação da jornada, além da fixação de adicional para o trabalho além da jornada normal, garantem ao empregado o descanso necessário à manutenção da sua saúde.

8.5.5 A redução dos riscos inerentes ao trabalho

O texto constitucional esboçou preocupação com a "redução dos riscos inerentes ao trabalho, por meio de normas de saúde, higiene e segurança" (art. 7º, XXII). Tais normas tomam a forma de Normas Regulamentadoras

44. Art. 7º da Lei 605/1949.

45. Art. 6º, §§ 2º e 3º, do Decreto 27.048/1949.

46. José Augusto Rodrigues Pinto, *Tratado de Direito Material do Trabalho*, São Paulo, LTr, 2007, p. 469.

do Ministério do Trabalho/NRs, sobre os mais variados assuntos: inspeção prévia, Comissões Internas de Prevenção de Acidentes/CIPAs, Edificações, instalações e serviços de eletricidade, insalubridade, periculosidade...

Caso não seja possível a redução do risco a níveis "aceitáveis", o constituinte previu, no inciso XXIII do art. 7º, "adicional de remuneração para as atividades penosas, insalubres e perigosas, na forma da lei".

Entretanto, a disciplina infraconstitucional do trabalho insalubre[47] e do trabalho perigoso,[48] que a doutrina e a jurisprudência entendem ter sido recebida pela Constituição de 1988, parece, em alguns momentos, incompatibilizar-se com a preocupação de redução dos riscos inerentes ao trabalho esboçada na Constituição, uma vez que os adicionais previstos para "compensar" o trabalhador pela exposição ao risco, que muitas vezes lhe custa a saúde e mesmo a vida, são de valores ínfimos: o adicional de insalubridade, por exemplo, será de 10, 20 ou 40% do salário mínimo, consoante se verifique grau mínimo, médio ou máximo de insalubridade.[49]

Especificamente com relação às atividades penosas, para as quais o inciso XXIII do art. 7º constitucional também prevê adicional de remuneração, têm sido entendidas como as atividades que exigem o emprego de intensa força muscular, como aquelas realizadas em subsolo, pedreiras e as que envolvem carga e descarga de mercadorias. No entanto, também a esse respeito nenhuma legislação complementar foi editada.

Observe-se que a previsão constitucional de redução dos riscos inerentes ao trabalho é anterior à de remuneração do trabalho realizado em condições insalubres, perigosas e penosas com adicional, denotando ter o legislador constituinte priorizado a saúde e a segurança do trabalhador. Isso, contudo, não foi capaz de alterar substancialmente a realidade das relações de trabalho no Brasil, ainda marcadas por uma "cultura do adicional", uma vez que é muito mais oneroso para o empregador investir em segurança do trabalho, por exemplo, que arcar com um adicional de valor insignificante.

O inciso XXVIII do art. 7º garante "seguro contra acidentes de trabalho, a cargo do empregador, sem excluir a indenização a que este está obrigado, quando incorrer em dolo ou culpa". Assim, além do seguro, a Constituição

47. *Insalubres*, segundo o art. 189, *caput*, da CLT, são as atividades "que, por sua natureza, condições ou métodos de trabalho, exponham os empregados a agentes nocivos à saúde, acima dos limites de tolerância fixados em razão da natureza e da intensidade do agente e do tempo de exposição aos seus efeitos".

48. *Perigosas* são as atividades "que, por sua natureza ou métodos de trabalho, impliquem o contato permanente com inflamáveis ou explosivos em condições de risco acentuado" (art. 193, *caput*, da CLT).

49. Art. 192 da CLT.

reconheceu a obrigação do empregador de indenizar o empregado quando agir com dolo ou culpa. Embora a hipótese de dolo não seja muito comum na realidade das relações de trabalho, o mesmo não se pode dizer sobre a culpa, que pode ser verificada na ocorrência de negligência, imprudência ou imperícia.

Mais uma vez salta aos olhos a preocupação do constituinte com a integridade física dos empregados.

8.5.6 A idade mínima para ingresso no mercado de trabalho

Ainda com o mesmo propósito, o dispositivo do inciso XXXIII do art. 7º constitucional, com a redação determinada pela Emenda Constitucional 20, de 15.12.1998, veda a realização de trabalho noturno, perigoso ou insalubre por menores de 18 anos, o que encontra eco na CLT, nos arts. 402 e ss.

É consenso na doutrina especializada que há diversos fundamentos que justificam a proteção ao trabalho da criança e do adolescente. Entre outras, há razões biológicas para tanto, uma vez que eles ainda não tiveram seu desenvolvimento fisiológico completado e precisam ter esse direito garantido. Existem também fundamentos de segurança, pois o mecanismo da atenção, ainda insuficientemente desenvolvido no jovem, aumenta os riscos de ele vir a sofrer acidentes de trabalho; e fundamentos de salubridade, consistentes no interesse social em resguardar sua saúde, certamente mais frágil que a de um adulto.

A preocupação com a formação profissional do jovem também se fez presente no dispositivo em análise, que proibiu a realização "de qualquer trabalho a menores de 16 (dezesseis) anos, *salvo na condição de aprendiz*, a partir dos 14 (quatorze) anos" (grifos nossos).

O constituinte brasileiro de 1988 preocupou-se com a inserção do jovem no mercado de trabalho. A elevação da idade mínima para ingresso e a vedação do trabalho sob outra forma de contratação que não seja a aprendizagem para aqueles que tenham entre 14 e 16 anos são sinais visíveis dessa preocupação.

A aprendizagem, segundo o art. 428 da CLT, é um "contrato de trabalho especial" – gerando, portanto, vínculo empregatício –, necessariamente escrito e a prazo, em que uma das partes é alguém maior de 14 e menor de 24 anos,[50] inscrito em programa de aprendizagem. As empresas devem em-

50. Tratando-se de aprendiz com deficiência não há que se falar em idade máxima, segundo o § 5º do art. 428 da CLT.

pregar e matricular nos cursos dos Serviços Nacionais de Aprendizagem um número entre 5 e 15% dos trabalhadores existentes em cada estabelecimento cujas funções demandem formação profissional (art. 429 da CLT).

A elevação da idade mínima para ingresso no mercado de trabalho e a ênfase atribuída pela Constituição brasileira em vigor à aprendizagem refletem, em grande parte, a influência das convenções da OIT sobre a matéria.

8.5.7 *As medidas antidiscriminatórias*

O legislador constituinte brasileiro de 1988 preocupou-se em proibir a discriminação nas relações sociais, antes mesmo de fazê-lo em face da relação de emprego, ao dispor: "Art. 3º. Constituem objetivos fundamentais da República Federativa do Brasil: (...) IV – promover o bem de todos, sem preconceitos de origem, raça, sexo, cor, idade e quaisquer outras formas de discriminação".

A sociedade brasileira é, segundo o "Preâmbulo" da nossa Constituição, "democrática e pluralista", composta por pessoas diferentes em relação a cor da pele, sexo, orientação política, ideológica ou religiosa, mas que, nem por isso, deixam de ter direito à igualdade de oportunidades, marca de um Estado Democrático de Direito.

Rejeitou, assim, o texto constitucional brasileiro de 1988 toda e qualquer forma de exclusão ou de segregação, reconhecendo expressamente o princípio da isonomia, um dos pilares do Estado Social, no seu art. 5º, a seguir parcialmente transcrito: "Todos são iguais perante a lei, sem distinção de qualquer natureza, garantindo-se aos brasileiros e aos estrangeiros residentes no país a inviolabilidade do direito à vida, à liberdade, à igualdade, à segurança e à propriedade, nos termos seguintes: (...) XLI – a lei punirá qualquer discriminação atentatória dos direitos e liberdades fundamentais; (...)".

Garantiu, também, a Constituição brasileira em vigor, dentre os direitos dos trabalhadores urbanos e rurais, a "proibição de diferença de salários, de exercício de funções e de critério de admissão por motivo de sexo, idade, cor ou estado civil", a "proibição de qualquer discriminação no tocante a salário e critérios de admissão do trabalhador portador de deficiência" e, ainda a "proibição de distinção entre trabalho manual, técnico e intelectual ou entre os profissionais respectivos".[51]

Apenas o preceito constitucional não é suficiente para mudar a realidade das relações sociais, que é condicionada por fatores sociais e culturais, entre outros. Mas o reconhecimento constitucional dessa igualdade é de

51. Art. 7º, XXX, XXXI e XXXII, da CF de 1988.

importância inconteste para que possa haver uma movimentação social no sentido da inclusão desses grupos – como afro-descendentes e pessoas com deficiência, por exemplo.

Algumas das medidas possíveis e que têm sido adotadas para incluir minorias podem ser entendidas como *ações afirmativas*, explicadas pelo professor Amauri Mascaro Nascimento: "Por se tratar de ações o seu plano é o sociológico e não o normativo, embora possam neste ser previstas, mas mesmo que não o sejam podem ter existência própria independentemente de uma fonte legal, uma vez que por serem ações configuram-se com realizações".[52]

Observa, ainda, que tais ações afirmativas podem caracterizar-se tanto como ações públicas, se sua iniciativa e consecução couberem ao Poder Público, quanto privadas, se surgirem da iniciativa de um particular – como, por exemplo, uma organização não-governamental/ONG, acrescentando: "Não há necessidade de uma lei que as fundamente. Podem ser previstas por um programa de governo ou, mesmo sem este, por uma ação social".[53]

Para uma perfeita compreensão do tema, assume relevo a lição de Alice Monteiro de Barros, para quem as ações afirmativas são programas que objetivam promover a igualdade de oportunidades, "transformando a função estática do princípio igualitário inserido na lei em uma função ativa".[54]

As ações afirmativas, sem dúvida, vêm ganhando espaço no Brasil (podemos citar como exemplo a garantia de cotas para trabalhadores com deficiência, prevista na Lei 8.213/1991). Mas, para que tais medidas sejam eficazes, devem se fazer acompanhar de outras, como educação, incentivos fiscais, subsídios, além de uma fiscalização eficiente.

8.5.8 *O trabalho da mulher*

8.5.8.1 *As medidas antidiscriminatórias*

O dispositivo do inciso XXX do art. 7º da CF de 1988, transcrito no item anterior, proíbe a diferença de salários e de critério de admissão em razão de gênero, embora não apenas por esse motivo, consoante visto.

O inciso XX do mesmo artigo garante a "proteção do mercado de trabalho da mulher, mediante incentivos específicos, nos termos da lei".

52. Amauri Mascaro Nascimento, "O direito do trabalho analisado sob a perspectiva do princípio da igualdade", *LTr* 68-07/784, São Paulo, LTr, julho/2004.

53. Idem, ibidem.

54. Alice Monteiro de Barros, *A Mulher e o Direito do Trabalho*, São Paulo, LTr, 1995, p. 175.

Este é um dos muitos dispositivos constitucionais que estabelecem direitos e condicionam sua viabilização à edição de lei complementar, daí decorrendo a pouca repercussão concreta de vários direitos trabalhistas. O diagnóstico foi feito por Arion Sayão Romita, pouco tempo depois da edição do referido texto constitucional: "A feição regulamentarista e analítica dos dispositivos constitucionais nem sempre consegue torná-los auto-aplicáveis. As normas constitucionais, neste setor, quando não meramente programáticas, raramente são dotadas de eficácia plena, isto é, aptas a imediata aplicação, independentemente da intermediação do legislador ordinário, o que reduz consideravelmente sua importância prática".[55]

José Eduardo Faria explica que o Congresso Constituinte de 1988 utilizou-se, em larga escala, de normas programáticas, cuja principal finalidade era apenas produzir um "consenso ilusório em torno de princípios bastante gerais", e que, para que tais normas produzam efeitos concretos, "exigem uma determinação de sentido por parte da legislação complementar e/ou ordinária".[56]

Especificamente com relação à discriminação em razão de gênero – embora a norma (art. 7º, XXX) não seja voltada exclusivamente à mulher –, assumiu grande importância prática a edição da Lei 9.029, de 13.4.1995, objetivando proibir a adoção de qualquer prática discriminatória e limitativa de acesso ao emprego, ou sua manutenção, por motivo de gênero, origem, etnia, estado civil, situação familiar ou idade. Essa lei proibiu, em seu art. 2º, "a exigência de teste, exame, perícia, laudo, atestado ou qualquer outro procedimento relativo à esterilização ou a estado de gravidez", vedando também a adoção, por parte do empregador, de quaisquer medidas que configurem "indução ou instigamento à esterilização genética" e "promoção do controle de natalidade" – o que só pode ser feito por instituições públicas ou privadas submetidas às normas do Sistema Único de Saúde/SUS. Previu pena de detenção, de um a dois anos, e multa, para o empregador que incorrer nessas práticas.

A Lei 9.799/1999 fixou regras para o acesso da mulher ao mercado de trabalho, inserindo artigos na CLT, como o art. 373-A, que proíbe que as empresas publiquem ou façam publicar anúncio de emprego em que haja referência ao sexo, à idade, à cor ou situação familiar, salvo quando a natureza da atividade a ser exercida assim o exigir. Impede também que se considere qualquer daqueles fatores como variável determinante para fins de remuneração, formação profissional e oportunidades de ascensão profissional; que

55. Arion Sayão Romita, *Os Direitos Sociais na Constituição e Outros Estudos*, São Paulo, LTr, 1991, pp. 14-15.

56. José Eduardo Faria, *O Brasil Pós-Constituinte*, cit., p. 36.

se exija atestado ou exame para comprovação de esterilidade ou gravidez na admissão ou permanência no emprego; e que o empregador ou preposto realize revistas íntimas nas empregadas. O parágrafo único do referido artigo admite a possibilidade de utilização de ações afirmativas para efetivar a pretendida igualdade material entre os sexos: "O disposto neste artigo não obsta à adoção de medidas temporárias que visem ao estabelecimento das políticas de igualdade entre homens e mulheres, em particular as que se destinam a corrigir as distorções que afetam a formação profissional, o acesso ao emprego e as condições gerais de trabalho da mulher".

Há de se observar, ainda, que em 13.9.2002 foi editado o Decreto 4.377, publicado no *DOU* em 16.9.2002, por meio do qual foi promulgada a Convenção sobre a Eliminação de Todas as Formas de Discriminação Contra a Mulher, da Organização das Nações Unidas/ONU, de 1979.

Sem dúvida, são atos normativos importantes para que haja um avanço no tratamento da discriminação, muito embora sejam insuficientes, em face dos dados dos institutos de pesquisa.[57]

O dispositivo constitucional vedando a discriminação no tocante a salário e critério de admissão por motivo de sexo, entre outros, levou à revogação da maior parte das normas da Consolidação das Leis do Trabalho que, a pretexto de proteger o trabalho da mulher, estabeleciam restrições excessivas, que lhe dificultavam sobremaneira o acesso ao mercado de trabalho. Mantiveram-se poucas daquelas normas, estabelecendo restrições justificadas,[58] além da proteção à maternidade.

57. Há um trabalho do DIEESE, de 2005, elaborado com base na Pesquisa Nacional por Amostra de Domicílios/PNAD, realizada pelo IBGE, que mostra que em 2004 houve um crescimento significativo na taxa de participação feminina no mercado de trabalho, que passou a variar entre 43,2% (Recife) e 58,6% (Distrito Federal). A despeito dessa expansão, as taxas de desemprego feminino apresentaram-se sistematicamente superiores ao masculino (Distrito Federal: 8,6%; Porto Alegre: 2,7%; Salvador: 3,3%; São Paulo: 1,9%). Esse estudo fala de uma maior vulnerabilidade de trabalho feminino no que diz respeito à precarização, o que se pode verificar a partir de um dado: em 1998, entre 49,8% e 59,6% da força de trabalho feminina estava alocada no emprego doméstico; em 2004 estes percentuais passaram a variar entre 50,9 e 62,4%. No que diz respeito à remuneração, mesmo considerando-se o Distrito Federal e São Paulo, que são as regiões que registram os melhores níveis de rendimento médio/hora, em ambas as localidades as mulheres receberam em 2004, em média, 77,9% do que ganharam os homens (DIEESE, "Trabalho e renda da mulher na família. Estudos e pesquisas", Ano I, n. 6, março/2005, disponível em *http://www.dieese.org.br/esp/estpesq06_mulher05.pdf*, acesso em 17.3.2008).

58. É o caso da previsão do art. 390 da CLT, que proíbe empregar a mulher em serviço que exija o emprego de força muscular superior a 20kg para o trabalho contínuo ou 25kg para o trabalho ocasional.

8.5.8.2 *A proteção à maternidade*

A Constituição de 1988 ampliou a duração da licença da gestante no Brasil, que passou a ser de 120 dias (art. 7º, XVIII) – direito que na Consolidação das Leis do Trabalho é também denominado de "licença-maternidade".

Os salários durante o período de afastamento da empregada são pagos pela empresa, que pode deduzir o valor das contribuições que tiver de recolher para a Previdência Social, que arca com esse ônus. A preocupação do legislador, agindo assim, foi impedir a prática de atos obstativos do direito, por parte do empregador.

Uma vez que não é só a mulher o foco dessa proteção, que também objetiva que a criança conte com a mãe a seu lado durante esse período, em 2002 foi editada a Lei 10.421, estabelecendo que a empregada que adotar ou obtiver guarda judicial para fins de adoção de criança também tem direito à licença, acrescentando à CLT o art. 392-A.[59]

Em 9.9.2008 foi aprovada a Lei 11.770, criadora do Programa Empresa-Cidadã, destinado a prorrogar a licença-maternidade para seis meses, mediante a concessão de incentivo fiscal. A prorrogação do prazo da referida licença só será devida às empregadas das empresas que aderirem ao Programa, sendo garantida também, na mesma proporção, às empregadas que adotarem ou obtiverem guarda judicial para fins de adoção.

As empregadas beneficiadas, durante os 60 dias da prorrogação, terão sua remuneração paga pela empresa, que poderá deduzir este valor do imposto devido.[60] Tendo em vista que a prorrogação da licença-maternidade objetiva proporcionar um período mais longo de permanência da mãe junto à criança, a referida lei estabelece que durante essa prorrogação a empregada será proibida de exercer qualquer atividade remunerada, assim como de deixar a criança em creche ou organização similar, sob pena de perda do direito à prorrogação.

59. O dispositivo estabelece uma licença escalonada: 120 dias para adoção ou guarda de criança de até 1 ano de idade; 60 dias para adoção ou guarda de criança de 1 a 4 anos; 30 dias para adoção ou guarda de criança de 4 a 8 anos. Por esse motivo, discute-se sua constitucionalidade (v. Ana Cláudia Pompeu Torezan Andreucci, *Salário-Maternidade à Mãe Adotiva no Direito Previdenciário Brasileiro*, São Paulo, LTr, 2005, pp. 160-165).

60. De acordo com o art. 5º, parágrafo único, da Lei 11.770/2008, isso se aplica às pessoas jurídicas enquadradas no regime do lucro presumido e às optantes pelo Sistema Integrado de Pagamentos de Impostos e Contribuições das Microempresas e Empresas de Pequeno Porte/SIMPLES.

Ainda com relação à empregada gestante, o art. 10, II, "b", do ADCT garantiu que, até que seja promulgada a lei complementar a que se refere o art. 7º, I, da CF, "fica vedada a dispensa arbitrária ou sem justa causa (...) da empregada gestante, desde a confirmação da gravidez até 5 (cinco) meses após o parto".

Muito tempo perdurou o debate sobre o significado da expressão "confirmação da gravidez", no texto acima. Parte da doutrina entendia que a partir do momento em que a empregada tivesse a gestação confirmada se tornaria estável; outra parte sustentava que a confirmação deveria ser feita ao empregador, mediante a comunicação do estado gestacional da empregada. A polêmica foi dissipada com a edição da Orientação Jurisprudencial 88 do TST, que estabeleceu ser desnecessária a comunicação, por se tratar de garantia decorrente de responsabilidade objetiva, isto é, decorrente exclusivamente da existência da gravidez.

8.5.9 A licença-paternidade

O dispositivo do art. 7º, XIX, da CF brasileira de 1988 garantiu aos trabalhadores urbanos e rurais "licença-paternidade, nos termos fixados em lei." Por sua vez, o § 1º do art. 10 do ADCT dispôs que, até que a lei venha a disciplinar a matéria, o prazo da licença-paternidade é de cinco dias. Até o presente momento a matéria – como muitas outras tratadas no texto constitucional – não foi regulamentada, razão por que as "disposições transitórias" permanecem aplicáveis. A ausência do empregado durante esses dias, que não são dias úteis, mas corridos, é considerada falta justificada.

8.5.10 O aviso prévio

A Constituição de 1988 estabeleceu "aviso prévio proporcional ao tempo de serviço, sendo no mínimo de 30 (trinta) dias, *nos termos da lei.*" (art. 7º, XXI – grifos nossos). Mais uma vez a disposição constitucional depende de norma regulamentadora – ainda não editada – para se efetivar. A diferença com relação ao inciso comentado no item anterior é que, a este respeito, as disposições constitucionais transitórias são omissas.

Em um primeiro momento o entendimento do TST era no sentido de que a proporcionalidade com relação ao tempo de serviço estava meramente "no plano das normas programáticas".[61] Mais recentemente, em 1.3.2007, o STF deferiu pedido em mandado de injunção para declarar a mora legisla-

61. TST, 1ª Turma, Acórdão 4.279/1995, rel. Min. Afonso Celso, j. 23.8.1995.

tiva do Congresso Nacional em regulamentar o aviso prévio proporcional, previsto no art. 7º, XXI, da CF de 1988.[62]

8.5.11 *A proteção em face da automação*

Mais um direito constitucional dos trabalhadores pendente de regulamentação ainda não editada é a "proteção em face da automação", na forma da lei (art. 7º, XXVII).

Sem dúvida, a chamada "Revolução Tecnológica", que o mundo vivencia nas últimas décadas, produz graves efeitos sobre o emprego, a que o constituinte de 1988 não fechou os olhos. Contudo, esse foi mais um assunto que ficaria a cargo do que José Eduardo Faria[63] chamou de "batalha regulamentar", que se travaria depois.

O Projeto de Lei 2.902/1992, oriundo do Senado Federal, de autoria de Fernando Henrique Cardoso, propunha-se a regular a matéria, determinando que as empresas que pretendessem adotar programas de automação da produção criassem comissões paritárias, para reduzir os efeitos negativos da automação sobre os empregos. Obrigava os sindicatos a criar centrais de reciclagem e recolocação dos empregados dispensados, determinando, ainda, que fossem criados centros de pesquisa e comissões de estudos para orientar os processos de reciclagem e recolocação de pessoal nas empresas. Determinava que o ensino da Informática seria obrigatório nas escolas de primeiro e segundo graus, dentre outras medidas. Em fevereiro/2007 o Projeto de Lei 2.902/1992 foi arquivado.

A negociação coletiva, por sua vez – que seria o instrumento adequado para compor os interesses dos empresários e dos trabalhadores diante dos problemas decorrentes da modernização tecnológica –, também se tem mostrado insuficiente, por razões que serão tratadas em item posterior.

8.5.12 *A prescrição*[64]

O inciso XXIX do art. 7º constitucional estabelece que os trabalhadores urbanos e rurais têm direito a "ação quanto aos créditos resultantes das relações de trabalho, com prazo prescricional de 5 (cinco) anos para os

62. STF, Pleno, MI 695-4-MA, rel. Min. Sepúlveda Pertence.

63. José Eduardo Faria, *O Brasil Pós-Constituinte*, cit., pp. 51 e ss.

64. A *prescrição* consiste na perda do direito de ação acarretada pela inércia do seu titular durante o prazo em que aquele lhe é assegurada.

trabalhadores urbanos e rurais, até o limite de 2 (dois) anos após a extinção do contrato".[65]

Anteriormente a esta redação a regra atual era aplicada apenas aos trabalhadores urbanos, enquanto para os rurais o prazo prescricional só começava a ser contado a partir da rescisão do contrato de trabalho, fulminando direitos anteriores a dois anos da extinção contratual. O empregador rural, contudo, deveria comprovar perante a Justiça do Trabalho o cumprimento das suas obrigações trabalhistas por períodos não superiores a cinco anos, na presença do empregado e do representante do seu sindicato. Esse procedimento foi revogado pela Emenda Constitucional 28/2000.

A partir da Emenda Constitucional 28/2000, portanto, o prazo prescricional passou a ser o mesmo para os empregados urbanos e rurais, em respeito ao princípio da isonomia consagrado no art. 5º, *caput*, da CF.

8.5.13 As prestações previdenciárias constantes do art. 7º

O constituinte brasileiro de 1988 elencou no art. 7º, sem muita precisão técnica, além da licença da gestante e do seguro-desemprego, já tratados, outras prestações previdenciárias, que serão referidas de modo breve.

A primeira delas foi o salário-família (art. 7º, XII). Após a Emenda Constitucional 20/1998, relativa à Reforma da Previdência, o direito ao benefício do salário-família passou a ser restrito aos dependentes do trabalhador considerado "de baixa renda".

Outro inciso (art. 7º, XXIV) previu a aposentadoria como direito dos trabalhadores urbanos e rurais.[66]

O inciso XXV, com redação determinada pela Emenda Constitucional 53/2006, dispôs sobre a "assistência gratuita aos filhos e dependentes desde o nascimento até 5 (cinco) anos de idade em creches e pré-escolas". Trata-se da mesma garantia prevista no art. 208, IV, da CF: "Art. 208. O dever do Estado com a educação será efetivado mediante a garantia de: (...) IV – educação infantil, em creche e pré-escola, às crianças até 5 (cinco) anos de idade; (...)."

8.5.14 Os direitos trabalhistas dos empregados domésticos

Empregado doméstico, segundo a Lei 5.859/1972, é "aquele que presta serviços de natureza contínua e de finalidade não-lucrativa à pessoa ou à

65. Redação dada pela Emenda Constitucional 28, de 25.5.2000.

66. V. capítulo específico sobre os direitos sociais.

família, no âmbito residencial destas (...)".[67] Merece destaque a "finalidade não-lucrativa" da atividade do empregado e o "âmbito residencial" do empregador, para que o trabalho do empregado seja considerado "doméstico". É exatamente essa finalidade não-lucrativa que justifica não serem todos os direitos dos trabalhadores urbanos e rurais extensivos aos domésticos.

O parágrafo único do art. 7º da CF estabelece quais são os direitos constitucionalmente assegurados aos empregados domésticos: salário mínimo (inciso IV), irredutibilidade de salário (inciso VI), décimo-terceiro salário (inciso VIII), repouso semanal remunerado (inciso XV), férias anuais remuneradas (inciso XVII), licença à gestante (inciso XVIII), licença-paternidade (inciso XIX), aviso prévio (inciso XXI) e aposentadoria (inciso XXIV).

Consoante dito retro,[68] a Medida Provisória 1.986/1999 e subseqüentes medidas renovatórias (Decreto 3.361/2000 e a Lei de Conversão 10.208/2001) alteraram o texto da Lei n. 5.859/1972, que dispõe sobre a profissão de empregado doméstico, criando para o empregador a faculdade de recolher o FGTS dos seus empregados.

8.6 A organização sindical e os direitos coletivos

A Constituição brasileira editada em 5.10.1988 enfrentou um grande desafio: estabelecer um modelo de auto-administração dos conflitos sociais, a ser adaptado ao sistema jurídico trabalhista, institucionalizado na década de 30 e vigente desde então.

Esse sistema, baseado na existência de uma legislação individual protecionista, de uma Justiça do Trabalho e de uma estrutura sindical corporativista, obstando o pleno desenvolvimento da negociação coletiva, serviu de palco para o advento da Constituição de 1988, que pretendia significar o necessário incentivo à solução pacífica das controvérsias, tendo em vista a construção de uma sociedade fraterna, fundada na harmonia social.[69]

Não se pode negar a importância do impulso dado, então, no sentido da autocomposição, por meio do reconhecimento das convenções e acordos coletivos de trabalho (art. 7º, XXVI). Aliás, várias das normas insculpidas no art. 7º constitucional favorecem a normatização autônoma, como as relativas à duração do trabalho normal e ao trabalho em turnos ininterruptos

67. A jurisprudência sedimentou que o trabalho do doméstico não precisa necessariamente ser realizado *dentro* dos estreitos limites do domicílio do empregador, mas *para* o mesmo.

68. V. nota de rodapé 32.

69. "Preâmbulo" da Constituição de 1988.

de revezamento. Conforme já visto em item anterior, até mesmo a redução salarial é autorizada, se em decorrência de acordo ou convenção coletiva (art. 7º, VI).

Outros dispositivos exprimem a valorização dos sindicatos, como a norma de garantia do emprego ao dirigente sindical (art. 8º, VIII) e a que proíbe a dispensa arbitrária ou sem justa causa do empregado eleito para cargo de direção de CIPAs (art. 10, II, "a", do ADCT).

8.6.1 A autonomia do sindicato

Sem dúvida alguma, houve algum avanço no tocante à autonomia do sindicato. Com a edição da Constituição de 1988 desapareceu a carta de reconhecimento ou de investidura sindical.[70] Assim também a Comissão de Enquadramento Sindical, do Ministério do Trabalho,[71] deixou de existir, ante o dispositivo do art. 8º, I, da CF de 1988: "Art. 8º. É livre a associação profissional ou sindical, observado o seguinte: I – a lei não poderá exigir autorização do Estado para a fundação de sindicato, ressalvado o registro no órgão competente, vedadas ao Poder Público a interferência e a intervenção na organização sindical; (...)".

Conforme se depreende do dispositivo acima transcrito, os sindicatos passaram a constituir-se independentemente de prévia autorização do Estado. Contudo, tal dispositivo constitucional contém ressalva relativa ao "registro no órgão competente". Uma vez que o constituinte de 1988 não explicitou qual seria o "órgão competente" para o registro sindical, no momento imediatamente posterior à edição da vigente carta constitucional tal registro era feito no Cartório de Registro de Pessoas Jurídicas, no Cartório de Registro de Títulos e Documentos, no Ministério do Trabalho...

Em face da proibição de o Estado intervir na organização sindical, muitos entenderam ser o Cartório de Registro de Pessoas Jurídicas o local adequado para o registro do sindicato. Outros, contudo, aderiram à tese de que, se o legislador não apontou outro órgão como responsável pelo registro das associações sindicais, deveria o Ministério do Trabalho continuar a fazê-lo. O STF decidiu neste sentido, tendo sido seguido pelo TST, ambos entendendo que o registro do sindicato no Ministério do Trabalho tem ca-

70. A carta de reconhecimento era um documento expedido pelo Ministério do Trabalho que conferia personalidade jurídica (de direito público) ao sindicato, no contexto anterior à Constituição de 1988.

71. A Comissão de Enquadramento Sindical do Ministério do Trabalho era até 1988 o órgão encarregado de determinar que sindicato representava determinada categoria profissional ou mesmo econômica, em face do princípio da unicidade sindical. Assim, o Estado exercia um controle efetivo sobre as organizações sindicais.

ráter "meramente catalogatório" das associações sindicais, não significando interferência do Estado na organização sindical.

O Cadastro Nacional das Entidades Sindicais/CNES é o órgão da Secretaria das Relações de Trabalho do Ministério do Trabalho e Emprego que tem por função promover o registro sindical, exercendo as funções que anteriormente pertenciam ao Arquivo Brasileiro de Entidades Sindicais. Sendo a atuação do Ministério do Trabalho uma função meramente cadastral, limita-se este a verificar o cumprimento de exigências formais, que, atendidas, não permitem que seja o registro indeferido.

Uma vez publicado o pedido de registro no *Diário Oficial da União*, outro sindicato, cuja representatividade coincida com a do requerente, pode apresentar impugnação perante a Secretaria das Relações de Trabalho. Aceita a impugnação administrativa, cria-se uma pendência a ser dirimida perante o Judiciário, em face do princípio da unicidade sindical, consagrado no inciso II do art. 8º da CF de 1988.

8.6.2 A unicidade sindical

Se for possível se falar em *normas constitucionais inconstitucionais*, o inciso em questão é uma delas.[72] O *caput* do art. 8º consagrou o princípio maior da liberdade sindical, reconhecido por grande parte da comunidade internacional e objeto da mais importante convenção internacional do trabalho: a Convenção 87 da OIT, de 1948.

Nos termos do art. 2º da Convenção 87/1948 da OIT, a liberdade sindical apresenta uma dimensão individual e uma dimensão coletiva: "Trabalhadores e empregadores, sem distinção de qualquer espécie, terão o direito de constituir, sem prévia autorização, organizações de sua própria escolha e, sob a única condição de observar seus estatutos, a elas se filiarem".

Na dimensão coletiva da liberdade sindical está compreendido o direito que tem o grupo, profissional ou patronal, de criar as organizações sindicais que julgar convenientes – o que possibilita que se adotem tanto um regime de pluralidade sindical quanto um sistema de unidade sindical.

72. Daniela Matareli Rigon, respaldada na lição de Otto Bachof, defende a hierarquização dos preceitos supralegais, o que possibilitaria a existência de normas constitucionais inconstitucionais e, em regra, a necessidade de critérios para a solução de tais antinomias (Otto Bachof, *Normas Constitucionais Inconstitucionais?*, trad. de José Manuel Cardoso da Costa, Coimbra, Livraria Almedina, 1994, *apud* Daniela Matareli Rigon, *Normas Constitucionais Inconstitucionais*, trabalho de Graduação Interdisciplinar apresentado à Faculdade de Direito da Universidade Presbiteriana Mackenzie, São Paulo, Mackenzie, 2006, p. 19).

Embora não exista unanimidade doutrinária a respeito, a distinção entre unidade e unicidade sindical parece ser de fundamental importância. A *unidade sindical* é a existência de uma única associação sindical, resultante da livre escolha dos representados, que a entenderam representativa e suficiente. A *unicidade sindical*, ao contrário, implica a existência de uma única organização sindical representativa do grupo, por imposição legal ou mesmo constitucional.

O Brasil não ratificou a Convenção 87/1948 da OIT, pois entre nós inexistem ambas as dimensões da liberdade sindical. A liberdade de constituir sindicatos não existe, uma vez que o texto constitucional de 1988 teria mantido a unicidade sindical; e nem tampouco a liberdade de filiação corresponde ao que preceitua a referida convenção internacional do trabalho, já que a contribuição sindical é compulsória, sendo devida por todos os empregados, empregadores, trabalhadores autônomos e profissionais liberais. Se o indivíduo é livre para filiar-se e opta pela não-filiação, ainda assim pagará a contribuição sindical.

Assim, a liberdade sindical prevista na Convenção 87/1948 da OIT pode coexistir com a pluralidade sindical e com a unidade sindical, repelindo, contudo, a unicidade sindical, consagrada de longa data na legislação brasileira.

Isso é, no mínimo, uma das incongruências da Constituição de 1988, que manteve mecanismos autoritários, inviabilizadores de uma experiência democrática, no tocante às relações trabalhistas, como a contribuição sindical obrigatória, de origem legal (art. 8º, IV), e o poder normativo da Justiça do Trabalho (art. 114, § 2º).[73]

8.6.3 A contribuição compulsória

O dispositivo do art. 8º, IV, da CF de 1988 estabeleceu que "a assembléia-geral fixará a contribuição que, em se tratando de categoria profis-

73. A Emenda Constitucional 45/2004 alterou a redação do art. 114, § 2º, da CF de 1988, que passou a ter o seguinte teor: "Recusando-se qualquer das partes à negociação coletiva ou à arbitragem, é facultado às mesmas, *de comum acordo*, ajuizar dissídio coletivo de natureza econômica, podendo a Justiça do Trabalho decidir o conflito, respeitadas as disposições mínimas legais de proteção ao trabalho, bem como as convencionadas anteriormente" (grifos nossos). Diante disso, alguns autores apregoaram ter sido extinto o poder normativo da Justiça do Trabalho, ou seja, a capacidade de que são dotados nossos Tribunais Trabalhistas de criar normas para a solução dos dissídios coletivos de natureza econômica. Contudo, esse entendimento não prevaleceu na jurisprudência dos Tribunais, tendo sido questionada a exigência de mútuo acordo para o ajuizamento do dissídio coletivo de natureza econômica, por meio de diversas ações diretas de inconstitucionalidade, em face de violar frontalmente os arts. 5º, XXV, e 60, § 4º, IV, da CF de 1988, garantidores da inafastabilidade do Poder Judiciário.

sional, será descontada em folha, para custeio do sistema confederativo da representação sindical respectiva, *independentemente da contribuição prevista em lei*" (grifos nossos).

Sendo assim, criou-se uma nova contribuição – a chamada contribuição confederativa –, mas foi perpetuada a contribuição sindical (o imposto sindical da Era Vargas), a partir de 1988 prevista constitucionalmente.

Mantida a contribuição sindical compulsória, o sindicato continua a depender materialmente do Estado, deixando de se comprometer com os interesses dos trabalhadores. Por isso, não costuma se fazer presente nos locais de trabalho, mantendo um baixíssimo índice de sindicalização e estimulando a proliferação de pequenos sindicatos municipais.

8.6.4 A negociação coletiva

Além dos dispositivos já citados em item anterior (item 8.6), voltados a incentivar a "solução pacífica das controvérsias", o art. 8º, VI, da CF de 1988 estabeleceu ser "obrigatória a participação dos sindicatos nas negociações coletivas de trabalho".

Negociação coletiva é o principal procedimento autocompositivo para os conflitos coletivos de trabalho. Se bem sucedida a negociação coletiva, é celebrada uma convenção coletiva ou um acordo coletivo, ambos acordos de caráter normativo sobre condições de trabalho. A convenção coletiva é celebrada entre uma ou mais organizações sindicais representativas de trabalhadores e uma ou mais organizações patronais correspondentes, estabelecendo condições de trabalho para as categorias representadas. O acordo coletivo, por sua vez, é firmado diretamente com a(s) empresa(s), em cujo âmbito as condições pactuadas terão validade.

Tendo em vista que da negociação de condições de trabalho para a celebração de acordos coletivos não participam os sindicatos patronais, mas apenas sindicato(s) profissional(is) e empresa(s) da correspondente categoria econômica, muito se discutiu na doutrina se havia sido comprometida a figura do acordo coletivo, expressamente referida em diversos dispositivos constitucionais (art. 7º, VI, XIII e XXVI).

Por fim, prevaleceu o entendimento de que o constituinte brasileiro de 1988, ao dispor sobre a participação obrigatória "dos sindicatos" nas negociações coletivas de trabalho, pretendia referir-se especificamente aos sindicatos de trabalhadores. Essa interpretação fundamenta-se no próprio *caput* do art. 8º, que estabelece: "É livre a *associação profissional ou sindical*, (...)" (grifos nossos).

8.6.5 O direito de greve

A Constituição de 1988 foi fruto de uma abertura política, depois de duas décadas de regime de exceção, o que se refletiu de forma muito clara no texto do art. 9º, que tratou da greve. A greve passou a ser um direito fundamental, "competindo aos trabalhadores decidir sobre a oportunidade de exercê-lo e sobre os interesses que devam por meio dele defender" (art. 9º, *caput*).

A Constituição dispôs que caberia à lei definir os serviços e atividades essenciais e garantir o atendimento das necessidades inadiáveis da comunidade (art. 9º, § 1º), deixando evidente que naqueles serviços ou atividades essenciais há o direito de greve, mas há também outros interesses, socialmente importantes, que precisam ser respeitados. Dispôs, ainda, que os abusos sujeitariam os responsáveis às penas da lei (art. 9º, § 2º).

Imediatamente mostrou-se inaplicável a Lei de Greve anterior (Lei 4.330/1964), editada poucos meses após a instauração do regime militar e que, extremamente detalhista, criava exigências de difícil cumprimento – por exemplo, *quorum* para deflagração da greve –, tendo em vista criar condições para torná-la ilegal.

Ante a inexistência de norma limitando o direito de greve e as dificuldades do Governo Brasileiro em enfrentar a inflação e seus efeitos sobre os salários, a greve foi um instrumento muito utilizado logo após a edição do texto constitucional de 1988 – na verdade, o foi durante boa parte da década de 1980 –, vindo a ser disciplinada por medida provisória (Medida Provisória 50). Essa Medida Provisória, reapresentada como Medida Provisória 59, veio a ser convertida na Lei 7.783/1989, disciplinadora do direito de greve.

A Lei 7.783/1989 definiu como *greve* "a suspensão coletiva, temporária e pacífica, total ou parcial, de prestação pessoal de serviços a empregador". Garantiu direitos aos grevistas – como empregar meios pacíficos para persuadir os trabalhadores a aderir ao movimento –, proibindo, entretanto, que sejam violadas garantias constitucionais (art. 6º).

Estabeleceu um longo rol de serviços essenciais (art. 10) em que o direito de greve continua sendo garantido, embora sujeito a algumas exigências, como o aviso prévio ao empregador e aos usuários dos serviços com setenta e duas horas de antecedência (art. 13) e a prestação dos serviços indispensáveis ao atendimento das necessidades inadiáveis da comunidade (art. 11).

8.6.6 A participação dos trabalhadores

A CF brasileira de 1988 assegurou, em seu art. 10, "a participação dos trabalhadores e empregadores nos colegiados dos órgãos públicos em que seus interesses profissionais e previdenciários sejam objeto de discussão e deliberação".

É o que acontece, por exemplo, no Conselho Curador do FGTS e no Conselho do Fundo de Amparo ao Trabalhador/FAT, órgãos de deliberação coletiva que contam com trabalhadores na sua composição.

No art. 11 a Constituição estabeleceu, ainda, que nas empresas com mais de 200 empregados é garantida a eleição de 1 representante destes, tendo em vista promover seu "entendimento direto com os empregadores". Foi reconhecido, assim, constitucionalmente, o instituto da representação dos trabalhadores nas empresas, importantíssimo à efetiva democratização das relações de trabalho.

Não obstante, o dispositivo constitucional gera intensa polêmica, pois nada dispõe acerca do assunto nas empresas com menos de 200 empregados, nem tampouco estabelece uma representação com a possibilidade de se tornar coletiva ou mais numerosa proporcionalmente ao número de empregados, entre tantas outras questões.

8.7 Conclusões

Não podemos estudar uma Constituição sem olhar para o Estado. As Constituições, nos dias que correm, tendem a ser enfraquecidas pela crise do Estado de Bem-Estar Social, pois há tarefas, exigidas desse Estado, de difícil cumprimento, o que inevitavelmente afeta a legitimidade do texto constitucional que as estabeleceu.

A Constituição brasileira de 1988 desenhou os contornos de um Estado de Bem-Estar Social, intervencionista, voltado à realização da justiça social.

Elevou os direitos sociais à categoria de direitos fundamentais, tratando-os como cláusulas pétreas – deixando-os, portanto, resguardados das possíveis reformas constitucionais que viriam.

Todavia, a fórmula vaga e ambígua escolhida pelo legislador constituinte para tratar tais direitos e a necessidade de regulamentação de boa parte deles – o que só viria a ser feito nos anos 90, década marcada pelo neoliberalismo – comprometeram seriamente a eficácia do texto constitucional.

Parece-nos oportuno resgatar o princípio do não-retrocesso social, da lavra do professor Canotilho[74] e infelizmente desconhecido por boa parte

74. J. J. Gomes Canotilho, *Direito Constitucional e Teoria da Constituição*, 3ª ed., Coimbra, Livraria Almedina, 1999, p. 326.

da doutrina brasileira, segundo o qual, após sua concretização em nível infraconstitucional, os direitos fundamentais sociais assumem a dupla e simultânea condição de direitos subjetivos a determinadas prestações estatais e de garantias institucionais, de modo que deixam de estar na esfera de disponibilidade do legislador.

Em princípio, esses direitos só podem ser suprimidos do ordenamento se isso não significar uma perda para a pessoa, ou seja, se o direito em questão for substituído por outro direito equivalente.

A proibição do retrocesso social deve, portanto, servir de diretriz ao Poder Legislativo ao elaborar a norma necessária à efetivação dos direitos sociais previstos constitucionalmente. Deve, também, nortear a atividade do Poder Executivo, que deve disponibilizar recursos para implementação de políticas públicas sociais. Ao Poder Judiciário cabe velar pela aplicação da lei, sobretudo da Lei Maior.

Bibliografia

ANDREUCCI, Ana Cláudia Pompeu Torezan. *Salário-Maternidade à Mãe Adotiva no Direito Previdenciário Brasileiro*. São Paulo, LTr, 2005.

ARRUDA, Kátia Magalhães. *Direito Constitucional do Trabalho: sua Eficácia e o Impacto do Modelo Neoliberal*. São Paulo, LTr, 1998.

BARROS, Alice Monteiro de. *A Mulher e o Direito do Trabalho*. São Paulo, LTr, 1995.

BENEVIDES, Maria Victoria. "A questão social no Brasil: os direitos econômicos e sociais como direitos fundamentais". Disponível em: *http://www.hottopos.com/vdletras3/vitoria.htm*, acesso em 21.1.2008.

BERTOLIN, Patrícia Tuma Martins. "A discriminação às pessoas com deficiência nas relações de trabalho". *RD Trabalho* 123/185-201, 2006.

________. "As fontes do direito do trabalho e a questão da hierarquia das normas jurídicas trabalhistas". In: *Estudos Jurídicos em Homenagem ao Professor Silas Rodrigues Gonçalves*. São Paulo, Scortecci, 2006 (pp. 151-168).

________. "Os direitos sociais nos principais documentos internacionais de proteção aos direitos humanos e sua eficácia no Brasil". Disponível em: *http://www4.mackenzie.br/fileadmin/Graduacao/FDir/Artigos/patricia_tuma.pdf*, acesso em 10.3.2008.

BONTEMPO, Alessandra Gotti. *Direitos Sociais: Eficácia e Acionabilidade à Luz da Constituição de 1988*. Curitiba, Juruá, 2005.

CAMPANHOLE, Adriano, e CAMPANHOLE, Hilton Lobo. *Constituições do Brasil*. 10ª ed. São Paulo, Atlas, 1989.

CANOTILHO, J. J. Gomes. *Direito Constitucional e Teoria da Constituição*. 3ª ed. Coimbra, Livraria Almedina, 1999.

CORREIA, Marcus Orione Gonçalves, e MAIOR, Jorge Luiz Souto. "O que é direito social?". In: CORREIA, Marcus Orione Gonçalves (coord.). *Curso de Direito do Trabalho: Teoria Geral do Direito do Trabalho*. Coleção Pedro Vidal Neto. vol. 1. São Paulo, LTr, 2007 (pp. 15-40).

DELGADO, Maurício Godinho. *Curso de Direito do Trabalho*. 7ª ed. São Paulo, LTr, 2008.

________. "Direitos fundamentais nas relações de trabalho". *LTr* 70-06. São Paulo, LTr, junho/2006.

DIEESE. "Trabalho e renda da mulher na família. Estudos e pesquisas". Ano I, n. 6. Março/2005. Disponível em: *http://www.dieese.org.br/esp/estpesq06_mulher05.pdf*, acesso em 17.3.2008.

ERMIDA URIARTE, Oscar. "A Constituição e o direito do trabalho". In: PLÁ RODRÍGUEZ, Américo (coord.). *Estudo sobre as Fontes do Direito do Trabalho*. São Paulo, LTr, 1998.

FARIA, José Eduardo. *O Brasil Pós-Constituinte*. Rio de Janeiro, Graal, 1989.

MACIEL, José Alberto Couto. *Comentários à Convenção 158 da OIT*. São Paulo, LTr, 1996.

MAIOR, Jorge Luiz Souto, e CORREIA, Marcus Orione Gonçalves. "O que é direito social?". In: CORREIA, Marcus Orione Gonçalves (coord.). *Curso de Direito do Trabalho: Teoria Geral do Direito do Trabalho*. Coleção Pedro Vidal Neto. vol. 1. São Paulo, LTr, 2007 (pp. 15-40).

MALLÊT, Estevão. "A Convenção 158 da OIT em face do Direito Brasileiro". *Trabalho e Doutrina* 11/13-16. Dezembro/1996.

NASCIMENTO, Amauri Mascaro. "O direito do trabalho analisado sob a perspectiva do princípio da igualdade". *LTr* 68-07/784. São Paulo, LTr, julho/2004.

________. "Os direitos sociais nas Constituições brasileiras". In: PELLEGRINA, Maria Aparecida, e SILVA, Jane Granzoto Torres da (coords.). *Constitucionalismo Social: Estudos em Homenagem ao Ministro Marco Aurélio Mendes de Faria Mello*. São Paulo, LTr, 2003 (pp. 39-55).

________. *Teoria Geral do Direito do Trabalho*. São Paulo, LTr, 1998.

________, e SILVESTRE, Rita Maria (coords.). *Os Novos Paradigmas do Direito do Trabalho: Homenagem a Valentin Carrion*. São Paulo, Saraiva, 2001.

PAMPLONA FILHO, Rodolfo M. "Ainda a respeito da Convenção 158 da OIT". *Trabalho e Doutrina* 11/40-45. Dezembro/1996.

PEIXINHO, Manoel Messias. *A Interpretação da Constituição e os Princípios Fundamentais – Elementos para uma Hermenêutica Constitucional Renovada*. 2ª ed. Rio de Janeiro, Lumen Juris, 2000.

PELLEGRINA, Maria Aparecida, e SILVA, Jane Granzoto Torres da (coords.). *Constitucionalismo Social: Estudos em Homenagem ao Ministro Marco Aurélio Mendes de Faria Mello*. São Paulo, LTr, 2003.

PERONE, Giancarlo. "Direitos do trabalhador como indivíduo. Os direitos sociais". In: SILVESTRE, Rita Maria, e NASCIMENTO, Amauri Mascaro (coords.). *Os Novos Paradigmas do Direito do Trabalho: Homenagem a Valentin Carrion*. São Paulo, Saraiva, 2001 (pp. 61-71).

PINHEIRO, Maria Cláudia Bucchianeri. "A Constituição de Weimar e os direitos fundamentais sociais: a preponderância da Constituição da República Alemã de 1919 na inauguração do constitucionalismo social à luz da Constituição mexicana de 1917". Disponível em: *www.senado.gov.br/web/cegraf/ril/Pdf/pdf_169/R169-08.pdf*, acesso em 24.1.2008.

PINTO, José Augusto Rodrigues. *Tratado de Direito Material do Trabalho*. São Paulo, LTr, 2007.

PLÁ RODRÍGUEZ, Américo (coord.). *Estudo sobre as Fontes do Direito do Trabalho*. São Paulo, LTr, 1998.

RIGON, Daniela Matareli. *Normas Constitucionais Inconstitucionais*. Trabalho de Graduação Interdisciplinar apresentado à Faculdade de Direito da Universidade Presbiteriana Mackenzie. São Paulo, Mackenzie, 2006.

ROMITA, Arion Sayão. *Os Direitos Sociais na Constituição e Outros Estudos*. São Paulo, LTr, 1991.

SARLET, Ingo Wolfgang. *Dignidade da Pessoa Humana e Direitos Fundamentais na Constituição Federal de 1988*. 5ª ed. Porto Alegre, Livraria do Advogado, 2007.

SILVA, Américo Luís Martins da. *A Participação dos Empregados nos Lucros, nos Resultados e na Gestão da Empresa*. Rio de Janeiro, Lumen Juris, 1996.

SILVA, Antônio Álvares da. *Co-Gestão no Estabelecimento e na Empresa*. São Paulo, LTr, 1991.

________. *Questões Polêmicas de Direito do Trabalho*. vol. VIII. São Paulo, LTr, 1996.

SILVA, Jane Granzoto Torres da, e PELLEGRINA, Maria Aparecida (coords.). *Constitucionalismo Social: Estudos em Homenagem ao Ministro Marco Aurélio Mendes de Faria Mello*. São Paulo, LTr, 2003.

SILVESTRE, Rita Maria, e NASCIMENTO, Amauri Mascaro (coords.). *Os Novos Paradigmas do Direito do Trabalho: Homenagem a Valentin Carrion*. São Paulo, Saraiva, 2001.

SÜSSEKIND, Arnaldo. "A Convenção 158-OIT: constitucionalidade". *LTr* 61/1.168-1.169. São Paulo, LTr, 1997.

________. *Direito Constitucional do Trabalho*. 2ª ed. Rio de Janeiro, Renovar, 2001.

VELLOSO, Carlos Mário da Silva. "Os direitos sociais na Constituição do Brasil". Disponível em: *http://www.anamatra.org.br/hotsite/3congresso/docs/dos_direitos_sociais.pdf*, acesso em 18.2.2008.

Capítulo 9
DIREITO DE NACIONALIDADE

Sônia Yuriko Kanashiro Tanaka

9.1 Noções fundamentais: 9.1.1 Polipátrida e "heimatlos". 9.2 Tipos de nacionalidade: 9.2.1 Nacionalidade primária – 9.2.2 Nacionalidade secundária. 9.3 Previsão constitucional da nacionalidade. 9.4 Brasileiros natos: 9.4.1 Critério territorial – 9.4.2 Critério sangüíneo – 9.4.3 Critério misto. 9.5 Brasileiros naturalizados: 9.5.1 Naturalização ordinária – 9.5.2 Naturalização extraordinária. 9.6 Distinções entre brasileiros natos e naturalizados: 9.6.1 Cargos e funções privativos – 9.6.2 Extradição – 9.6.3 Empresa jornalística, de sons e de sons e imagens. 9.7 Perda da nacionalidade brasileira: 9.7.1 Atividade nociva ao interesse nacional – 9.7.2 Aquisição voluntária de outra nacionalidade.

9.1 Noções fundamentais

Antes de iniciar o estudo acerca do direito de nacionalidade, mister se faz examinar algumas definições, a fim de estabelecer o conteúdo necessário para a exata análise do assunto a ser abordado.

Isso porque a palavra "nacionalidade" comumente é empregada com o mesmo significado de "povo", "cidadão", "população" ou "Nação", sendo todos esses termos, entretanto, distintos, segundo nosso ordenamento jurídico.

Alguns autores entendem que "povo" é o conjunto de habitantes dotados de capacidade eleitoral, ativa e passiva. Entretanto, segundo José Afonso da Silva **[2009:136]**, a quem atribuímos a correta definição, "o corpo eleitoral não constitui o povo, mas simples técnica de designação de agentes governamentais. Povo são os trabalhadores. Os titulares do poder dominante (político, econômico e social) não podem entrar no conceito de povo, pois, numa democracia, teriam que ser simplesmente representantes do povo, isto é, os que exercem o poder em nome do povo. O fato de não ser assim na prática concreta das democracias vigentes demonstra apenas que a democracia ainda não atingiu as culminâncias a que sua historicidade aponta".

Aqueles dotados de capacidade eleitoral ativa e passiva compõem o *cidadão*, ou seja, aquele que pode votar (capacidade eleitoral ativa) e aquele que pode ser votado (capacidade eleitoral passiva).

A *população*, por sua vez, refere-se ao conjunto dos habitantes no território, sejam eles nacionais ou estrangeiros, independentemente de exercerem algum trabalho ou de terem capacidade eleitoral, mas submetidos ao ordenamento do respectivo Estado. Segundo ensinamentos de Celso Bastos, trata-se de um "conceito meramente demográfico, designativo do número de habitantes de um dado território num determinado momento".

Diversamente, *Nação* é o conjunto de pessoas que têm uma mesma base cultural, identificando-se com o idioma, a história, os costumes e as tradições.

Feitas essas considerações, cumpre trazer à colação o conceito de "nacionalidade".

Ainda nos ensinamentos de José Afonso da Silva **[2009:318]**, "sociologicamente é certo que a nacionalidade indica a pertinência da pessoa a uma *Nação*".

Ou seja, se determinada pessoa pertence a uma base cultural, com o mesmo idioma, história, costumes e tradições, ela terá a nacionalidade dessa Nação.

Contudo, não é essa a definição constante em nosso ordenamento jurídico.

Consoante Pontes de Miranda **[1987:352]**, *nacionalidade* é "o *laço jurídico-político de direito público interno, que faz da pessoa um dos elementos componentes da dimensão pessoal do Estado*" (grifos do autor).

Assim, são nacionais os brasileiros natos e os naturalizados, submetidos à jurisdição jurídico-política do Estado, independentemente da identidade cultural que eles tenham.

Por essa razão, é comum afirmar que o Brasil é um país que tem uma população de diversas nações, não obstante o fato de todos, excetuados os estrangeiros, terem a mesma nacionalidade (brasileira) e também, de uma forma ou de outra, pertencerem à Nação Brasileira, mesmo que esta ainda não seja plenamente identificada.

Da mesma forma, costuma-se fazer referência aos judeus como se fossem uma nação sem território, por serem pessoas unidas por laços históricos e culturais, mas sem um país próprio. Por isso, não existe nacionalidade judaica.

Outrossim, a nacionalidade, embora seja pressuposto da cidadania, com esta não se confunde, tendo em vista que um indivíduo pode ser brasileiro nato ou naturalizado mas pode não estar no gozo da capacidade eleitoral ativa e passiva, tendo, portanto, a nacionalidade brasileira mas estando impedido de ser cidadão.

Meirelles Teixeira **[1991:548]** ensina que "o *princípio da nacionalidade* e a *condição de nacional* revestem-se de excepcional importância, tanto no direito público interno como no direito internacional. A nacionalidade determina a pertinência, ao indivíduo, de certos direitos e obrigações próprios do nacional; constitui a condição ou requisito básico para a condição de cidadão, isto é, do exercício de direitos políticos. Pode-se ser nacional sem ser cidadão (o menor, por exemplo), mas não se pode ser cidadão (votar, ser votado) sem ser nacional" (grifos do autor).

Cabe, ainda, estabelecer a definição de "estrangeiro": é aquele que não tem vínculo jurídico com a República Federativa do Brasil, embora, enquanto permaneça no território brasileiro, se submeta ao ordenamento jurídico do Brasil.

Segundo Manoel Gonçalves Ferreira Filho **[2007:112]**, "durante longos séculos o estrangeiro foi considerado como inimigo e não raro se lhe recusava qualquer direito. A identidade da natureza humana acabou por ser reconhecida e, mercê do Estoicismo e do Cristianismo especialmente, aos estrangeiros se foram reconhecendo direitos a ponto de se equipararem eles aos próprios nacionais, salvo quanto à participação no governo".

9.1.1 Polipátrida e "heimatlos"

Consideram-se *polipátridas* os indivíduos que têm mais de uma nacionalidade e, ao revés, *heimatlos* aqueles que não têm nacionalidade alguma.

A existência de *polipátridas*, em princípio, é menos preocupante que a dos *heimatlos*, tendo em vista esses indivíduos estarem vinculados – e, portanto, protegidos – a leis de mais de um Estado. Por exemplo, podemos citar os filhos de franceses nascidos no Brasil: recebem a nacionalidade francesa, em razão de a França, por ser um país emigrante, adotar o critério sangüíneo, e recebem a nacionalidade brasileira, em razão de o Brasil, por ser um país imigrante, adotar o critério territorial.

Entretanto, os deveres para com esses Estados também deverão ser cumpridos, podendo, dessa forma, surgir dificuldades se ambos os Estados exigirem a mesma fidelidade ao indivíduo, simultaneamente.

Mas maior atenção deve ser voltada aos *heimatlos*, que não têm pátria, são apátridas, situação inadmissível e repudiada inclusive pela Declaração Universal dos Direitos Humanos, que assim dispõe, em seu art. XV: "1 – Toda pessoa tem direito a uma nacionalidade" e "2 – Ninguém será arbitrariamente privado de sua nacionalidade, nem do direito de mudar de nacionalidade".

Segundo Meirelles Teixeira **[1991:564]**, "o apátrida é um adstrito (*ressortissant*), um justiciável (*justiciable*), sujeito às leis do país em que se encontra e às convenções internacionais a respeito".

Cabe, nesse contexto, a cada Estado encontrar uma solução adequada para impedir a existência de pessoas apátridas ou polipátridas, ainda que essas situações constituam assuntos a serem solucionados por convenções ou tratados internacionais.

9.2 Tipos de nacionalidade

Existem dois tipos de nacionalidade: *primária* ou *originária*; e *secundária* ou *adquirida*.

9.2.1 Nacionalidade primária

A nacionalidade *primária* é aquela obtida através do nascimento; e, por isso, é involuntária.

Para a outorga da nacionalidade primária, o Estado, por critérios políticos, poderá estabelecer o critério da origem sangüínea (*ius sangüinis*) ou da origem territorial (*ius solis*), "correspondendo o primeiro ao *lugar do nascimento* e o segundo à *nacionalidade dos genitores*" **[Meirelles Teixeira, 1991:549]**.

Pelo critério da origem sangüínea, a nacionalidade será atribuída levando-se em consideração a nacionalidade dos pais, independentemente do território em que se der o nascimento; pelo critério da origem territorial, a nacionalidade será atribuída em face do local em que ocorra o nascimento, sendo irrelevante a nacionalidade dos pais.

9.2.2 Nacionalidade secundária

A nacionalidade *secundária* é a que se adquire por vontade própria, através do processo de naturalização, segundo o ordenamento jurídico do Estado.

Fundamentada na vontade própria do indivíduo, a outorga da nacionalidade secundária independe do local de seu nascimento ou de seu vínculo sangüíneo, diferindo, portanto, da nacionalidade primária.

9.3 Previsão constitucional da nacionalidade

A nacionalidade, por se tratar de um vínculo jurídico-político existente entre o indivíduo e o Estado, deve ter seus fundamentos previstos na Constituição de cada Estado, uma vez que este último detém a liberdade de declarar quem será considerado nacional.[1]

A escolha do critério para a atribuição da nacionalidade é realizada de acordo com a conveniência de cada Estado. Tratando-se de um Estado de emigração, será mais conveniente adotar o critério sangüíneo, a fim de assegurar a nacionalidade aos filhos de seus nacionais que nasçam em outro Estado. Ao contrário, tratando-se de um Estado de imigração, o critério territorial será preferido, a fim de não conferir a nacionalidade a todos os filhos de estrangeiros que venham a nascer em seu país.

Nas lições de Meirelles Teixeira **[1991:548-549]**, "entram aqui, entretanto, também considerações de outra natureza, como, por exemplo, em países novos, como o Brasil, que recebe grandes correntes imigratórias, há conveniência de integrar, o quanto antes, esses estrangeiros na comunidade brasileira, e isso não só sociologicamente, mas também jurídica e politicamente. E o reverso também é verdadeiro: os países que, como uma triste fatalidade, imposta por circunstâncias várias, vêem sair de seu território, em busca de melhor sorte, levas e levas de emigrantes, tudo fazem – e é natural que assim seja – para que estes, e seus descendentes, prossigam, tanto quanto possível, e por tempo o mais dilatado, longe embora da pátria distante, todavia a eles presos, espiritualmente, por laços de amor e de fidelidade".

Por tais considerações, dentre outras, há de se ressaltar que tais critérios não são absolutos, não sendo incomum os Estados adotarem ambos os critérios, ou formularem critérios mistos, em conformidade com sua realidade, como ocorre no Brasil, os quais serão analisados a seguir.

Quanto aos efeitos, as normas referentes à nacionalidade têm, em regra, eficácia imediata. Ressalte-se, no entanto, que eficácia imediata não se confunde com retroatividade.

Pontes de Miranda **[1987:387-388]** pondera que: "Se um Estado adota agora o *ius soli*, que antes desconhecia, faz nacionais todos os que nasceram, antes da lei nova, no seu território, pois, embora se situe no passado o

1. Nesse sentido, José Afonso da Silva **[2009:319]**.

fato, a eficácia da lei, aí, não é retroativa, mas só imediata. Se a regra jurídica está inserta em Constituição, nada obsta a que o legislador conceba como retroativos os efeitos da nacionalidade e, então, a pessoa terá sido nacional, para todos os atos do passado, desde o nascimento. O normal, dir-se-á, é que se repute nacional desde o nascimento, ressalvados os atos que praticou; efeitos imediatos, e não retroativos".

No tocante ao fato de ser possível uma norma infraconstitucional disciplinar sobre nacionalidade, não obstante o fato de o critério de nacionalidade ser matéria constitucional, inexiste obstáculo para que esse assunto também seja disciplinado por outros diplomas legais.

Tanto é assim que a nossa Constituição Federal dedicou o Capítulo III, inserido no "Título II – Dos Direitos E Garantias Fundamentais", para tecer os fundamentos da nacionalidade brasileira, conferindo, outrossim, a competência legislativa privativa à União Federal, a qual poderá disciplinar essa matéria através de outros diplomas legais (art. 22, XIII, da CF).

O referido Capítulo III inicia com o art. 12, preceituando aqueles que são considerados nacionais; arrolando, taxativamente, as hipóteses em que são concedidas as nacionalidades primária e secundária; caracterizando, respectivamente, os brasileiros natos e os naturalizados.

9.4 Brasileiros natos

A CF considera como brasileiros natos aqueles que se enquadrarem nas situações arroladas no art. 12, I, *in verbis*: "Art. 12. São brasileiros: I – natos: a) os nascidos na República Federativa do Brasil, ainda que de pais estrangeiros, desde que estes não estejam a serviço de seu país; b) os nascidos no estrangeiro, de pai brasileiro ou mãe brasileira, desde que qualquer deles esteja a serviço da República Federativa do Brasil; c) os nascidos no estrangeiro de pai brasileiro ou de mãe brasileira, desde que sejam registrados em repartição brasileira competente ou venham a residir na República Federativa do Brasil e optem, em qualquer tempo, depois de atingida a maioridade, pela nacionalidade brasileira; (...)".

9.4.1 Critério territorial

Ante as situações supramencionadas, constata-se que a alínea "a" contempla o critério territorial (*ius solis*), considerando brasileiros natos todos os que nasçam em território brasileiro, salvo os filhos de estrangeiros a serviço de seu país.

Entendem-se por *território brasileiro* "as terras delimitadas pelas fronteiras geográficas, o espaço aéreo e o mar territorial; os navios e aeronaves de guerra brasileiros, onde quer que se encontrem; os navios mercantes brasileiros em alto-mar ou de passagem em mar territorial estrangeiro; e as aeronaves civis brasileiras em vôo sobre o alto-mar ou de passagem sobre águas territoriais ou espaços aéreos estrangeiros" **[Chimenti e outros, 2004:140-141]**.

9.4.2 Critério sangüíneo

Na alínea "b" o critério adotado foi o sangüíneo (*ius sangüinis*), considerando brasileiro nato, ainda que não nascido em território brasileiro, o indivíduo nascido de pai ou mãe brasileira, desde que estejam a serviço da República Federativa do Brasil. Não há a necessidade de ambos serem brasileiros, tampouco de serem brasileiros natos, sendo, outrossim, irrelevante o matrimônio. Na realidade, se a mãe, mesmo solteira, for brasileira e estiver em qualquer país estrangeiro a serviço do Brasil, seu filho será considerado brasileiro nato.

9.4.3 Critério misto

A hipótese prevista na alínea "c" já foi objeto de três alterações redacionais, sendo importante analisá-las, para melhor compreensão desse dispositivo legal.

Inicialmente, com o advento da Constituição Federal, a alínea "c" dispunha o seguinte: "c) os nascidos no estrangeiro, de pai brasileiro ou de mãe brasileira, desde que sejam registrados em repartição brasileira competente, ou venham a residir na República Federativa do Brasil antes da maioridade e, alcançada esta, optem, em qualquer tempo, pela nacionalidade brasileira".

Em 1994, a Emenda Constitucional de Revisão/ECR 3 alterou a redação do referido dispositivo legal, trazendo esta redação: "c) os nascidos no estrangeiro, de pai ou mãe brasileira, desde que venham a residir na República Federativa do Brasil e optem, em qualquer tempo, pela nacionalidade brasileira".

Por questão didática, cabe transcrever novamente o texto em vigor, alterado pela Emenda Constitucional 54/2007: "c) os nascidos no estrangeiro de pai brasileiro ou de mãe brasileira, desde que sejam registrados em repartição brasileira competente ou venham a residir na República Federativa do Brasil e optem, em qualquer tempo, depois de atingida a maioridade, pela nacionalidade brasileira".

Analisando-se tais dispositivos legais, é deduzido que na primeira redação havia a possibilidade de o indivíduo obter a nacionalidade primária somente com o registro em repartição brasileira – situação, essa, que poderia "gerar um brasileiro nato que nada teria com o Brasil, já que a concessão da nacionalidade, no caso, não está na dependência de residência no território brasileiro, e, assim, poderá ocorrer até que um brasileiro nato nunca venha a conhecer seu país e talvez nem se expresse na Língua Portuguesa" **[José Afonso da Silva, 2009:328-329]**.

Com o advento da Emenda Constitucional de Revisão 3 foi suprimida a possibilidade de o indivíduo obter a nacionalidade com o registro na repartição brasileira competente. Contudo, essa supressão, por si só, também ocasionou outro inconveniente, qual seja, a eventual existência de *heimatlos*, até que venham a residir na República Federativa do Brasil.

Nesse sentido ensina-nos José Afonso da Silva **[2009:329]**, afirmando que "a supressão daquela possibilidade de registro consular, (...) trazia embaraço a filhos de brasileiros nascidos em Estados que prestigiam o princípio do *ius sangüinis*, caso em que eles ficariam sem nacionalidade. A providência evita, portanto, que filho de brasileiro ou brasileira se torne *heimatlos*, (...)".

Em 2007 a Emenda Constitucional 54 alterou a redação, incluindo novamente a possibilidade de ser realizado o registro consular, bem como a necessidade da maioridade para a realização da opção pela nacionalidade brasileira.

Oportuna a análise da alínea "c" na redação atual, que prevê duas situações para a caracterização do brasileiro nato: (i) os nascidos no estrangeiro de pai ou mãe brasileira, desde que sejam registrados em repartição brasileira competente; (ii) os nascidos no estrangeiro de pai ou mãe brasileira que venham a residir na República Federativa do Brasil e optem, em qualquer tempo, depois de atingida a maioridade, pela nacionalidade brasileira.

No primeiro caso basta que o indivíduo preencha três requisitos para que seja considerado brasileiro nato: (i) seja filho de pai ou mãe brasileira; (ii) tenha nascido no estrangeiro; (iii) seja registrado na repartição brasileira competente – independentemente, portanto, da manifestação da vontade.

Uma vez registrado na repartição brasileira, que pode ser um Consulado ou uma Embaixada do Brasil no exterior, ao ingressar no território brasileiro terá como uma única obrigação, uma vez com a certidão de nascimento emitida pela repartição, devidamente traduzida por tradutor público juramentado, efetuar a transcrição junto ao 1º Cartório de Registro ou no Cartório do Distrito Federal, consoante dispõe o art. 32, § 1º, da Lei 6.015/1973.[2]

Destaque-se que, não obstante essa situação já tenha sido refutada, posto que facultava a um brasileiro nato nunca vir a residir no Brasil e talvez nem a se expressar em Língua Portuguesa, essa hipótese ainda permaneceu, nesse mesmo sentido, na Constituição Federal.

A segunda hipótese diz respeito à situação em que o indivíduo, nascido no estrangeiro, de pai ou mãe brasileira, não tenha sido registrado em repartição brasileira competente, mas venha a residir na República Federativa do Brasil e, após atingida sua maioridade (com a condição de ser capaz de manifestar sua vontade), faça a opção pela nacionalidade brasileira, mediante requerimento perante o juízo federal.

A maioridade referida nesse dispositivo legal é aquela constante no Código Civil: o indivíduo deve completar 18 anos de idade.[3]

No tocante à referida opção, Alexandre de Moraes **[2006:196]** adverte que: "(...) como, porém, ela exige plena capacidade de manifestação de vontade, se a fixação de residência em território nacional ocorrer antes de o nascido no estrangeiro adquirir a maioridade, passará a ser considerado brasileiro nato, porém, como ressaltado pelo STF, 'sujeita essa nacionalidade a manifestação da vontade do interessado, mediante a opção, depois de atingida a maioridade. Atingida a maioridade, enquanto não manifestada a opção, esta passa a constituir-se em condição suspensiva da nacionalidade brasileira'".[4]

Com base, portanto, nessa manifestação do STF, houve a supressão da situação que justamente era repudiada, ou seja, a que permitia a existência

2. "Art. 32. Os assentos de nascimento, óbito e de casamento de brasileiros em país estrangeiro serão considerados autênticos, nos termos da lei do lugar em que forem feitos, legalizadas as certidões pelos cônsules ou quando por estes tomados, nos termos do regulamento consular.

"§ 1º. Os assentos de que trata este artigo serão, porém, transladados *[sic]* nos cartórios de 1º Ofício do domicílio do registrado ou no 1º Ofício do Distrito Federal, em falta de domicílio conhecido, quando tiverem de produzir efeito no país, ou, antes, por meio de segunda via que os cônsules serão obrigados a remeter por intermédio do Ministério das Relações Exteriores."

3. "Art. 5º. A menoridade cessa aos 18 (dezoito) anos completos, quando a pessoa fica habilitada à prática de todos os atos da vida civil."

4. Embora essa decisão do STF tenha advindo na ocasião em que o referido dispositivo legal continha outra redação, entende-se que a mesma continua a ser aplicável na redação atual do artigo, tendo em vista a ausência de alterações no tocante à parte analisada pela E. Corte. Dessa forma, caso o indivíduo venha a residir na República Federativa do Brasil, passa a ser considerado brasileiro nato, sujeito, entretanto, à manifestação da vontade do interessado, depois de atingida a idade de 18 anos.

de *heimatlos*, visto que o indivíduo será brasileiro nato desde a fixação de sua residência na República Federativa do Brasil, mas em condição suspensiva – isto é, deverá efetuar a opção após atingir a maioridade.

Interessante notar que a Constituição Federal estabeleceu a necessidade de realização da opção na hipótese da concessão da nacionalidade primária, posto que a nacionalidade primária, em princípio, é involuntariamente concedida pelo Estado. A vontade é o requisito necessário para a obtenção da nacionalidade secundária, e não para a primária. Não obstante, assim foi estabelecido para que a nacionalidade primária seja concedida somente aos indivíduos que efetivamente desejam ser brasileiros natos.

Segundo José Afonso da Silva **[2009:330]**:

"(...). Estruturou-se, assim, um modo de aquisição da nacionalidade primária, misto de *ius sanguinis* e vínculo territorial e manifestação da vontade do interessado, o que, por isso também, misturou elementos de aquisição primária com a secundária.

"Manifestada a opção, não se pode recusar o reconhecimento da nacionalidade. Por isso, aqui, antes de nacionalidade por opção, temos *nacionalidade potestativa*, pois o efeito pretendido depende exclusivamente da vontade do interessado."

9.5 Brasileiros naturalizados

Considera-se brasileiro naturalizado aquele indivíduo que obtém essa declaração através de um ato seu, voluntário, expresso por meio de um requerimento, que inicia o respectivo processo.

A naturalização pode ser tácita, quando é outorgada pelo Estado, independentemente de requerimento do interessado; e expressa, dependente de requerimento do interessado.

Em nosso ordenamento jurídico não há mais a previsão da naturalização tácita.[5]

5. As Constituições Federais de 1934, 1937, 1946 e 1969 reconheciam como brasileiros naturalizados os que adquiriram a nacionalidade brasileira nos termos do art. 69, IV e V, da Constituição de 24.2.1891: "Art. 69. São cidadãos brasileiros: (...) IV – os estrangeiros que, achando-se no Brasil aos 15 de novembro de 1889, não declararem, dentro em 6 (seis) meses depois de entrar em vigor a Constituição, o ânimo de conservar a nacionalidade de origem; V – os estrangeiros que possuírem bens imóveis no Brasil e forem casados com brasileiros ou tiverem filhos brasileiros contanto que residam no Brasil, salvo se manifestarem a intenção de não mudar de nacionalidade".

Essas eram as hipóteses de naturalização tácita. Aqueles que não quisessem adquirir a nacionalidade brasileira é que eram obrigados a apresentar declaração nesse sentido.

A naturalização expressa, por sua vez, pode ser ordinária ou extraordinária.

9.5.1 Naturalização ordinária

A naturalização ordinária está prevista no art. 12, II, "a", da CF, que dispõe: "Art. 12. São brasileiros: (...) II – naturalizados: a) os que, na forma da lei, adquiram a nacionalidade brasileira, exigidas aos originários de países de Língua Portuguesa apenas residência por 1 (um) ano ininterrupto e idoneidade moral; (...)".

Referido dispositivo legal prevê duas hipóteses de aquisição da naturalização ordinária.

A primeira diz respeito aos estrangeiros que adquirirem a nacionalidade brasileira nos termos da lei (Estatuto dos Estrangeiros, Lei 6.815, de 19.8.1980, art. 112[6]).

A segunda hipótese aplica-se aos originários de Língua Portuguesa que residirem na República Federativa do Brasil por um ano ininterrupto e que comprovarem idoneidade moral.

Segundo ensinamentos de José Afonso da Silva **[2009:331]**, os países originários de Língua Portuguesa são: "Portugal, Angola, Moçambique, Guiné Bissau, Açores, Cabo Verde, Príncipe, Goa, Gamão, Dio, Macau e Timor".

Tratando-se de portugueses, a CF, em seu art. 12, § 1º, prevê a atribuição dos direitos inerentes ao brasileiro caso eles tenham residência permanente na República Federativa do Brasil e caso haja reciprocidade em favor de brasileiros.

Quanto aos direitos supramencionados, embora muito discutidos pela doutrina, no sentido de serem os direitos dos brasileiros natos ou naturalizados, atualmente não há mais dúvidas de que se referem aos do brasileiro naturalizado, tendo em vista esse dispositivo legal ter sido alterado pela Emenda Constitucional de Revisão 3/1994 justamente para suprimir a palavra "nato", anteriormente prevista.

6. "Art. 112. São condições para a concessão da naturalização: I – capacidade civil, segundo a lei brasileira; II – ser registrado como permanente no Brasil; III – residência contínua no território nacional, pelo prazo mínimo de 4 (quatro) anos, imediatamente anteriores ao pedido de naturalização; IV – ler e escrever a Língua Portuguesa, consideradas as condições do naturalizando; V – exercício de profissão ou posse de bens suficientes à manutenção própria e da família; VI – bom procedimento; VII – inexistência de denúncia, pronúncia ou condenação no Brasil ou no exterior por crime doloso a que seja cominada pena mínima de prisão, abstratamente considerada, superior a 1 (um) ano; e VIII – boa saúde."

9.5.2 Naturalização extraordinária

A naturalização extraordinária está prevista no art. 12, II, "b", que dispõe: "Art. 12. São brasileiros: (...) II – naturalizados: (...) b) os estrangeiros de qualquer nacionalidade, residentes na República Federativa do Brasil há mais de 15 (quinze) anos ininterruptos e sem condenação penal, desde que requeiram a nacionalidade brasileira".

Inicialmente referido dispositivo legal exigia mais de 30 anos ininterruptos de residência, motivo pelo qual era conhecida como a naturalização *trintenária*.

Com a alteração efetuada pela Emenda Constitucional de Revisão 3/1994 essa naturalização passou a se chamar *quinzenária*, posto exigir, atualmente, somente mais de 15 anos ininterruptos de residência na República Federativa do Brasil, mantendo os demais requisitos – ou seja, não-existência de condenação penal e requerimento da nacionalidade brasileira.

Em todas as hipóteses acima analisadas, para a obtenção da nacionalidade secundária basta que o indivíduo preencha os requisitos da Constituição Federal para que ele detenha o direito subjetivo de obtenção da declaração de sua nacionalidade, não existindo, portanto, qualquer margem de discricionariedade na concessão desse direito.

9.6 Distinções entre brasileiros natos e naturalizados

Os brasileiros natos têm benefícios não concedidos aos brasileiros naturalizados, cujas distinções estão previstas na Constituição Federal.

É o que estatui o § 2º do art. 12, *in verbis*: "§ 2º. A lei não poderá estabelecer distinção entre brasileiros natos e naturalizados, salvo nos casos previstos nesta Constituição".

A regra constante de nossa Constituição Federal é a de prever a distinção quando ela faça referência expressa a "brasileiro nato". Assim, nas hipóteses em que for prevista a palavra "brasileiro" se deverá entender que a referência será tanto ao brasileiro nato quanto ao naturalizado.

Analisando-se a Constituição Federal, verifica-se que, embora importantes, são poucas as vantagens conferidas aos brasileiros natos.

9.6.1 Cargos e funções privativos

O § 3º do art. 12 da CF prevê alguns cargos conferidos somente aos brasileiros natos, como segue: "§ 3º. São privativos de *brasileiro nato* os cargos: I – de Presidente e Vice-Presidente da República; II – de Presidente da Câmara dos Deputados; III – de Presidente do Senado Federal; IV – de Ministro do Supremo Tribunal Federal; V – da carreira diplomática; VI – de oficial das Forças Armadas; VII – de Ministro de Estado da Defesa" (grifos nossos).

Segundo Pontes de Miranda **[1987:509]**, "alguns cargos a Constituição considerou privativos de brasileiros natos. A *ratio legis* está em que seria perigoso que interesses estranhos ao Brasil fizessem alguém naturalizar-se brasileiro para que, em verdade, os representasse".

Nas lições de Alexandre de Moraes **[2006:204-205]**:

"(...) o legislador constituinte fixou dois critérios para a definição dos cargos privativos aos brasileiros natos: a chamada *linha sucessória* e a *segurança nacional*.

"Assim, em relação à *linha sucessória*, temos que o art. 79 da CF prevê que substituirá o Presidente, no caso de impedimento, e suceder-lhe-á, na vaga, o Vice-Presidente. Da mesma forma, no art. 80, temos a determinação de que em caso de impedimento do Presidente e do Vice-Presidente, ou na vacância dos respectivos cargos, serão sucessivamente chamados ao exercício da presidência o Presidente da Câmara dos Deputados; o do Senado Federal e o do STF (cuja presidência pode ser ocupada por qualquer dos ministros)."

Continuando o referido autor no sentido de que, "no tocante à *segurança nacional*, devemos ter em mente as funções exercidas pelos diplomatas e oficiais das Forças Armadas, que, em virtude de suas posições estratégicas nos negócios do Estado, mereceram maior atenção por parte do legislador constituinte" **[Moraes, 2006:204-205]**.

Embora não constante nesse dispositivo legal, também é privativa de brasileiro nato a participação, como membro, no Conselho da República, consoante estatui o art. 89, VII, da CF, *in verbis*: "Art. 89. O Conselho da República é órgão superior de consulta do Presidente da República, e dele participam: (...) VII – 6 (seis) cidadãos *brasileiros natos*, com mais de 35 (trinta e cinco) anos de idade, sendo 2 (dois) nomeados pelo Presidente da República, 2 (dois) eleitos pelo Senado Federal e 2 (dois) eleitos pela Câmara dos Deputados, todos com mandato de 3 (três) anos, vedada a recondução" (grifos nossos).

9.6.2 Extradição

Além dessas distinções, também existe aquela prevista no art. 5º, LI, da CF, que dispõe: "Art. 5º. Todos são iguais perante a lei, sem distinção de qualquer natureza, garantindo-se aos brasileiros e aos estrangeiros residentes no país a inviolabilidade do direito à vida, à liberdade, à igualdade, à segurança e à propriedade, nos termos seguintes: (...) LI – nenhum brasileiro será extraditado, salvo o *naturalizado*, em caso de crime comum, praticado antes da naturalização, ou de comprovado envolvimento em tráfico ilícito de entorpecentes e drogas afins, na forma da lei; (...)" (grifos nossos).

Assim, o brasileiro nato nunca será extraditado, e o naturalizado o será na hipótese supramencionada.

Para melhor compreensão desse dispositivo legal, útil estabelecermos a diferenciação entre "extradição", "expulsão", "banimento", "deportação" e "asilo político".

A *extradição* decorre da prática de crime, instituto assim previsto tanto no Estado em que o indivíduo se encontra como no Estado que o reclama, por ter praticado o ato criminoso no território do país reclamante. Nesse contexto, o brasileiro nato que comete crime em outro Estado jamais será extraditado. No caso do brasileiro naturalizado o pedido de extradição será apreciado pelo STF, nos termos do art. 102, I, "g", da CF.[7]

A *expulsão* também decorre de delitos, mas praticados por estrangeiros e relacionados a atos que atentam contra a segurança nacional do Estado em que se encontram.[8] Por seus requisitos, não há que se falar em expulsão de brasileiros.

Em síntese, nas lições de Alexandre de Moraes **[2006:96]**, "a expulsão é uma medida tomada pelo Estado que consiste em retirar forçadamente de seu território um estrangeiro que nele entrou ou permanece irregularmente ou, ainda, que praticou atentados à ordem jurídica do país em que se encontra". Ao revés, ainda nas lições do referido autor, "a extradição é pedido formulado por Estado estrangeiro, em virtude de crime cometido no exterior. Já a expulsão decorre de atentado à segurança nacional, ordem política ou social ou nocividade aos interesses nacionais".

Caso algum brasileiro cometesse algum crime grave, sua saída definitiva do país caracterizaria o *banimento*; porém, este se encontra expressamente vedado, nos termos do art. 5º, XLVII, "d", da CF.[9]

7. "Art. 102. Compete ao Supremo Tribunal Federal, precipuamente, a guarda da Constituição, cabendo-lhe: I – processar e julgar, originariamente: (...) g) a extradição solicitada por Estado estrangeiro; (...)."

8. A esse respeito vale, ainda, trazermos à colação a Súmula 1 do STF, que, mesmo diante de tais delitos, veda a expulsão de estrangeiro casado com brasileira ou que tenha filho brasileiro dependente da economia paterna.

9. Art. 5º: "XLVII – não haverá penas: a) de morte, salvo em caso de guerra declarada, nos termos do art. 84, XIX; b) de caráter perpétuo; c) de trabalhos forçados; d) de banimento; (...)".

A *deportação* é a devolução de estrangeiro que se encontra irregularmente no Brasil, por não obedecer aos requisitos legais para sua entrada ou permanência.

O estrangeiro, mesmo encontrando-se irregularmente no Brasil, não será deportado se solicitar *asilo político*, hipótese em que sua permanência no país poderá ser concedida, a fim de não ser punido em seu Estado por razões de natureza política. O asilo político é um dos princípios constantes nas relações internacionais que regem a diplomacia brasileira, consoante dispõe o art. 4º, X, da CF.[10] Por essa razão, a Carta Magna também prevê, em seu art. 5º, LII, que "não será concedida extradição de estrangeiro por crime político ou de opinião".

9.6.3 Empresa jornalística, de sons e de sons e imagens

Há também a restrição prevista no art. 222 da CF, como segue:

"Art. 222. A propriedade de empresa jornalística e de radiodifusão sonora e de sons e imagens é privativa de *brasileiros natos ou naturalizados há mais de 10 (dez) anos*, ou de pessoas jurídicas constituídas sob as leis brasileiras e que tenham sede no país.

"§ 1º. Em qualquer caso, pelo menos 70% do capital total e do capital votante das empresas jornalísticas e de radiodifusão sonora e de sons e imagens deverá pertencer, direta ou indiretamente, a *brasileiros natos ou naturalizados há mais de 10 (dez) anos*, que exercerão obrigatoriamente a gestão das atividades e estabelecerão o conteúdo da programação.

"§ 2º. A responsabilidade editorial e as atividades de seleção e direção da programação veiculada são privativas de *brasileiros natos ou naturalizados há mais de 10 (dez) anos*, em qualquer meio de comunicação social" (grifos nossos).

Analisando o referido dispositivo legal, verifica-se a restrição que o legislador impôs quanto à propriedade de empresa jornalística e de radiodifusão sonora e/ou imagética, estatuindo ser essa atividade privativa de brasileiros natos ou naturalizados há mais de 10 anos; da mesma forma, estabeleceu restrição na hipótese de pessoa jurídica, exigindo, nesse caso, que o mínimo de 70% do capital total e do capital votante pertençam a brasileiros natos ou a naturalizados há mais de 10 anos.

Cabe, ainda, aos brasileiros natos ou aos naturalizados há mais de 10 anos a responsabilidade sobre a editoração, sobre as atividades de seleção e sobre a direção da programação veiculada.

10. "Art. 4º. A República Federativa do Brasil rege-se nas suas relações internacionais pelos seguintes princípios: (...) X – concessão de asilo político."

A justificativa para essas restrições está fundamentada no perigo existente pela veiculação de informações, capazes de atingir um número infinito de pessoas, com grande possibilidade de trazerem diversos e difusos malefícios ao Estado.

9.7 Perda da nacionalidade brasileira

Nos termos do § 4º do art. 12 da CF, será declarada a perda da nacionalidade do brasileiro nas seguintes hipóteses: "§ 4º. Será declarada a perda da nacionalidade do brasileiro que: I – tiver cancelada sua naturalização, por sentença judicial, em virtude de atividade nociva ao interesse nacional; II – adquirir outra nacionalidade, salvo no casos: a) de reconhecimento de nacionalidade originária pela lei estrangeira; b) de imposição de naturalização, pela norma estrangeira, ao brasileiro residente em Estado estrangeiro, como condição para permanência em seu território ou para o exercício de direitos civis".

9.7.1 Atividade nociva ao interesse nacional

A primeira hipótese trata da supressão da naturalização existente em virtude de atividade nociva ao interesse nacional. Só pode ser efetuada mediante ação judicial, na qual sejam assegurados ampla defesa e contraditório, cuja sentença terá efeitos *ex nunc* (tendo em vista não se tratar de vícios de nulidade presentes na naturalização concedida, mas a partir de cancelamento de naturalização válida).

Por ser uma penalização ao brasileiro que praticou atividade nociva ao interesse nacional, ele não poderá readquirir a nacionalidade brasileira por intermédio de novo procedimento de naturalização, restando-lhe, se for o caso, tão-somente a propositura de ação rescisória.

9.7.2 Aquisição voluntária de outra nacionalidade

A segunda hipótese trata da aquisição de outra nacionalidade por opção do brasileiro, ou seja, daquele que, voluntariamente, quer adquirir outra nacionalidade.

Segundo Pontes de Miranda **[1987:371]**, "*o Estado tem competência para dizer quais são os casos de perda da sua nacionalidade; porém não o de fazer de puro arbítrio seu o consentimento para que o nacional possa adquirir outra nacionalidade, ou, até, para continuar com a que já tem*" (grifos do autor).

Aplica-se, nas lições do referido autor, o "princípio da perda voluntária da Pátria" **[Pontes de Miranda, 1987:371]**.

Assim, se o indivíduo manifesta a vontade de ter outra nacionalidade, implicitamente pode-se entender que ele está repudiando a nacionalidade brasileira. O que importa saber, portanto, é se o nacional quer, livre e manifestamente, outra nacionalidade.

No entanto, nos ensinamentos de Pontes de Miranda **[1987:526-527]**, "se algum Estado atribui a nacionalidade a pessoa que se casa com algum dos seus nacionais, de modo nenhum se pode considerar voluntária tal naturalização. Há apenas efeito de direito público que o Estado estrangeiro atribui ao negócio jurídico bilateral de direito privado, que é o matrimônio. Quis-se o vínculo conjugal e por isso se fizeram as declarações, não se quis a naturalização, algo se conferiu sem que o nubente quisesse".

Nas hipóteses em que sobrevenha a dupla nacionalidade, independentemente da vontade do brasileiro, não haverá a perda de sua nacionalidade. São dois os casos: (i) o reconhecimento de nacionalidade originária pela lei estrangeira (como no exemplo dado anteriormente, qual seja, o de brasileiros, filhos de franceses, que recebem a nacionalidade francesa em razão de a França adotar o critério sangüíneo); e (ii) imposição de naturalização, pela norma estrangeira, ao brasileiro residente em Estado estrangeiro, como condição para permanência nesse território ou para o exercício de direitos civis.

Em tais situações subentende-se que a dupla nacionalidade foi obtida sem a manifesta intenção de o indivíduo repudiar sua nacionalidade brasileira, não tendo sentido, portanto, a imposição de alguma restrição a esse nacional.

Havendo a clara intenção de obter outra nacionalidade, o indivíduo perderá a nacionalidade brasileira, podendo, entretanto, readquiri-la mediante requerimento, com abertura de processo administrativo, culminando com decreto do Presidente da República que poderá conceder a condição que perdera, nos termos do art. 36 da Lei 818, de 18.9.1949.[11]

Essa decisão, no entanto, reveste-se de integral discricionariedade do Presidente da República, não tendo o indivíduo, portanto, qualquer direito subjetivo à reaquisição de sua nacionalidade brasileira.

A reaquisição, tal como prevista na Lei 818/1949, pressupõe que o indivíduo readquira a nacionalidade originária, isto é, aquela que anteriormente já havia possuído.

11. "Art. 36. O brasileiro que, por qualquer das causas do art. 22, ns. I e II, desta Lei, houver perdido a nacionalidade, poderá readquiri-la por decreto, se estiver domiciliado no Brasil."

Segundo José Afonso da Silva, **[2009:334]**, "a reaquisição da nacionalidade opera a partir do decreto que a conceder, não tendo efeito retroativo, mas o readquirente recupera a condição que perdera: se era brasileiro nato, voltará a ser brasileiro nato; se naturalizado, retomará essa qualidade".

Bibliografia

CHIMENTI, Ricardo Cunha, CAPEZ, Fernando, ELIAS ROSA, Márcio Fernando, e SANTOS, Marisa Ferreira **[2004]**. *Curso de Direito Constitucional.* São Paulo, Saraiva.

ELIAS ROSA, Márcio Fernando, CAPEZ, Fernando, CHIMENTI, Ricardo Cunha, e SANTOS, Marisa Ferreira **[2004]**. *Curso de Direito Constitucional.* São Paulo, Saraiva.

FERREIRA FILHO, Manoel Gonçalves **[2007]**. *Curso de Direito Constitucional.* 33ª ed. São Paulo, Saraiva.

MEIRELLES TEIXEIRA, José Horácio **[1991]**. *Curso de Direito Constitucional.* Rio de Janeiro, Forense.

MORAES, Alexandre de **[2006]**. *Direito Constitucional.* 20ª ed. São Paulo, Atlas.

PONTES DE MIRANDA, Francisco Cavalcanti **[1987]**. *Comentários à Constituição de 1967 com a Emenda n. 1 de 1969.* 3ª ed., t. IV. Rio de Janeiro, Forense, 1987.

SANTOS, Marisa Ferreira, CAPEZ, Fernando, CHIMENTI, Ricardo Cunha, e ELIAS ROSA, Márcio Fernando **[2004]**. *Curso de Direito Constitucional.* São Paulo, Saraiva.

SILVA, José Afonso da **[2009]**. *Curso de Direito Constitucional Positivo.* 32ª ed. São Paulo, Malheiros Editores.

Capítulo 10

DOS DIREITOS POLÍTICOS[1]

MONICA HERMAN CAGGIANO
e CLÁUDIO SALVADOR LEMBO

10.1 Evolução histórica. O "homem político". As duas visões da liberdade: 10.1.1 O "homem político". 10.2 Natureza. Conteúdo. A distinção entre direitos civis e políticos e direitos econômicos e sociais. 10.3 Do direito de sufrágio. Da representação política. Da operação eleitoral e o direito de sufrágio. A força do voto. Os princípios: 10.3.1 Da operação eleitoral e o direito de sufrágio. A força do voto. Os princípios. 10.4 O cidadão-eleitor brasileiro. O direito de sufrágio ativo. O corpo eleitoral. Trajetória histórica: 10.4.1 Tratamento constitucional. A Constituição de 1988. 10.5 O candidato. O direito de sufrágio passivo. A candidatura e seus princípios conformadores: 10.5.1 Regime jurídico da candidatura. O estatuto do candidato. Da inelegibilidade. Hipóteses. A irreelegibilidade – 10.5.2 Candidaturas partidárias. Candidaturas independentes. Listas abertas ou bloqueadas. Composição das listas: as quotas. 10.6 Dos partidos políticos. Conceito. Trajetória histórica. Tratamento constitucional. O sistema de partidos e seu poder de influência: 10.6.1 Monopólio das candidaturas. A questão da fidelidade partidária. 10.7 Dos sistemas eleitorais. O sistema eleitoral brasileiro: 10.7.1 Conceito, natureza, importância e função das eleições – 10.7.2 Sistemas eleitorais.

10.1 Evolução histórica. O "homem político". As duas visões da liberdade

Parece lugar-comum, hoje, trazer a debate questões vinculadas ao tema direitos fundamentais, em razão da proliferação da literatura jurídica que vem florescendo e invadindo as prateleiras das bibliotecas e livrarias. Em verdade – e costumo realçar esta conotação toda especial –, não há qualquer

1. Este capítulo é o resultado da atualização de pesquisa e de conferências e aulas ministradas em curso de Pós-Graduação.

período em que se possa deixar de constatar incessante preocupação dos homens com sua liberdade. Como já afirmava Burdeau,[2] constante se identifica a busca de instrumentos ou mecanismos adequados para fazer valer a liberdade do ser humano, principalmente, diante do Poder. Isto porque – registra Del Pozzo, na primeira das páginas de seu livro *Introduzione allo Studio della Libertà Personale nel Processo* – "o ser humano ou é livre ou não é completamente homem".[3]

A História, de fato, revela uma longa trilha evolutiva; um percurso concomitante e tão sinuoso quanto a própria trajetória da Humanidade, onde vários e diversificados os elementos que, colhidos ao longo de 5 mil anos, vêm oferecer sua contribuição para a estrutura básica do que hoje se poderia denominar de sistema de tutela dos direitos humanos ou direitos fundamentais,[4] *a englobar um elenco expandido*, que compreende *três diferentes gerações de direitos*[5] ou uma visualização deste panorama a partir de três distintas dimensões.

Memorável e clássica, nesta perspectiva, a lição de Benjamin Constant, a que vários ilustres e renomados tratadistas fazem alusão – ou seja, o binômio *liberdade dos modernos/liberdade dos antigos*.[6]

2. Georges Burdeau, *Les Libertés Publiques*, 4ª ed., Paris, Librairie Génerale de Droit et de Jurisprudence/LGDJ, 1972.

3. Carlos Umberto Del Pozzo, *Introduzione allo Studio della Libertà Personale nel Processo*, Milão, Giuffrè Editore, 1959, p. 1.

4. Direitos do homem/direitos humanos/direitos fundamentais – ampla é a discussão a respeito da nomenclatura. Alguns autores empregam essas expressões indistintamente. Em verdade, em todos os tempos existiu esta diversidade de rótulos. A ampliação do elenco de direitos e o desenvolvimento cada vez mais célere da doutrina vieram concorrer para a proliferação de denominações. V., sobre o tema, Cláudio Lembo, *A Pessoa. Seus Direitos*, Barueri/SP, Manole, 2006.

5. Compreende a denominada *primeira geração* os direitos individuais, as liberdades proclamadas nas declarações e nas primeiras Constituições; são atinentes à segurança da pessoa, ao direito à vida, à livre locomoção, à propriedade etc., configurando *barreiras à ingerência estatal*. A efetividade destes direitos da *primeira geração* depende, em larga margem, da concretização dos direitos *da segunda geração*, isto é, dos direitos sociais e coletivos. Mais recente, ainda, a conformação da denominada *terceira geração*, abarcando os direitos de solidariedade, voltados à preservação da qualidade de vida. Visam a tutelar novos aspectos da vida do ser humano na comunidade social, extrapolando, em geral, as fronteiras nacionais. Dimanam, consoante entendimento espelhado pela doutrina, do *standard* da "fraternidade", ícone da Revolução Francesa até os anos 60 em estado latente.

6. Em célebre fórmula, Benjamin Constant opunha a *liberdade dos antigos* (a participação ativa no pólo do poder) à *liberdade dos modernos* (o pleno gozo da independência individual), binômio que ensejou o delineamento da teoria da liberdade-participação em oposição à da liberdade-resistência, detectada à base dos Estados Socialistas con-

O desenho de Constant, girando em torno da idéia das *duas visões da liberdade*, constitui relevante ponto de análise para a melhor compreensão da delicada e traiçoeira linha percorrida no desenvolvimento da doutrina e da construção dogmática a envolver os direitos humanos – ou, como modernamente se prefere denominar: direitos fundamentais. De fato, pode a liberdade ser vista como ausência de coação – *uma esfera de autonomia*, de independência em relação ao indivíduo, uma área na qual seria absolutamente vedada qualquer ingerência do poder. Este seria o domínio da *liberdade-autonomia*, correspondendo à noção que norteou o espírito liberal iluminista do século XVIII. Assim concebida, implica a *idéia de liberdade dos modernos*. Mas, em contraposição, há uma outra perspectiva a iluminar a liberdade, conhecida esta como a *liberdade dos antigos*. Esta outra visualização importa a exigência de *participação*. O indivíduo seria considerado como portador da *qualidade de ser livre* desde que *lhe fosse assegurada a participação nas decisões políticas*. Trata-se da *liberdade-participação*, compreendida como *a faculdade de participar da produção das normas necessárias à manutenção da ordem social*. O indivíduo seria considerado livre na medida em que o poder não lhe poderia impor condutas que, direta ou indiretamente, não contassem com seu consentimento.

10.1.1 O "homem político"

Em verdade, forçoso é convir que a vida isolada do homem é, em regra, uma abstração. Seja por instinto ou por necessidade, encontramos o homem sempre incorporado à comunidade social, sujeito ao complexo sistema de inter-relações humanas que esta supõe. Compelido a viver em sociedade, que lhe oferece a vantagem da cooperação de seus semelhantes na consecução de seus objetivos, emerge o "homem político", figura a que alude Robert Dahl,[7] que o define como *um ser que desenvolve sistemas políticos*.

E, em relação a este ser, dotado de *zoon politikon* – no entender de Hanna Arendt,[8] que posicionava a idéia de liberdade como a *raison d'être* da política –, é que *a esta mesma idéia de liberdade, necessariamente, deveria*

temporâneos. Nesse sentido o magistério de Maurice Duverger, *Institutions Politiques et Droit Constitutionnel*, Paris, Presses Universitaires de France/PUF, 1971, p. 84, e Georges Burdeau, *Les Libertés Publiques*, 4ª ed., Paris, LGDJ, 1972, p. 10. V., ainda sobre o tema: Monica Herman S. Caggiano, *Oposição na Política*, São Paulo, Angelotti, 1995, p. 19.

7. Robert Dahl, *Análise Política Moderna*, Brasília, UnB, 1981, p. 12.

8. Hannah Arendt, *Los Origines del Totalitarismo*, Madri, Taurus Ediciones, 1974; *Responsabilidade e Julgamento*, São Paulo, Cia. das Letras, 2004.

se alinhar a de participação política. De reduzido valor, sob esta particular ótica, a mera garantia de inanição do Estado, reservando-se ao ser humano uma esfera de autonomia. *Viabilizar a ingerência na produção das decisões políticas fundamentais daqueles que integram a comunidade social é que viria a consagrar a prevalência da liberdade*. Os *direitos políticos*, conformadores da medula dorsal da *cidadania*, passam a impactar o panorama dos direitos fundamentais.

10.2 Natureza. Conteúdo. A distinção entre direitos civis e políticos e direitos econômicos e sociais

Identifica-se, na realidade, uma insistente confusão terminológica a dominar não somente o campo da nomenclatura utilizada para abordar o tópico "direitos fundamentais", como, de forma muito especial, o território que alberga os *direitos civis e políticos*. O quadro, aliás, é agravado pela diversidade dos tratamentos oferecidos pelas Constituições em vigor. A título ilustrativo, vejam-se os exemplos oferecidos por textos constitucionais editados após a queda dos regimes comunistas no Leste Europeu: a Constituição da Polônia e a da Eslovênia apresentam o tema sob a rubrica "Direitos do Homem e do Cidadão"; a da Bulgária, de 1991, traz o título de "Direitos e Deveres Fundamentais dos Cidadãos"; a da Romênia, de 1991, "Direitos e Liberdades Fundamentais". E em terreno latino-americano a situação não é muito diferente: a Constituição da Argentina fala em "Declarações, Direitos e Garantias" e em "Novos Direitos e Garantias" (Primeira Parte, Capítulos 1º e 2º), a da Colômbia, "Direitos Fundamentais", "Direitos Garantias e Deveres", "Direitos Sociais, Econômicos e Culturais" (Títulos I e II); Costa Rica, "Direitos e Garantias Individuais", "Direitos e Garantias Sociais", "Direitos e Deveres Políticos", "Os Cidadãos"; a do Chile, "Direitos e Deveres Constitucionais"; a do México, "Garantias Individuais" (Título I, Capítulo I); e a Constituição brasileira de 1988, "Dos Direitos e Garantias Fundamentais" (Título II), *para tratar dos direitos políticos no Capítulo IV, arts. 14 a 16*, e completar o elenco com o tratamento da *figura do partido político no seu art. 17*.

Oportuno registrar que a doutrina vem focando sua análise sobre os pontos de discrímen entre a categoria dos *direitos civis e políticos*, de um lado, e, de outro, a dos *direitos econômicos e sociais*. E mais, o exame desta matéria é direcionado de molde a pautar a leitura da idéia democrática pelo tratamento dado ao tema "direitos fundamentais". Nesta esteira, passam os clássicos *direitos civis e políticos* a evidenciar a *faceta política da democracia*, enquanto o exercício e a implementação dos *direitos econômicos e sociais* colocam o analista diante de uma *visão econômica da democracia*, impondo-se aos detentores do poder político e compelindo-os à tomada de medidas dirigidas à sua concretização.

Mais até, os próprios documentos internacionais conduzem à exigência de bem definir os contornos dessas duas esferas de direitos (*direitos civis e políticos* versus *direitos econômicos e sociais*), provenientes de distintos processos genéticos e com *modus operandi* diversificados. Assim é que a *Declaração Universal dos Direitos do Homem*, a *Declaração Americana dos Direitos e Deveres do Homem*, a *Convenção Americana dos Direitos do Homem*, enunciam conjuntamente tanto a primeira como a segunda das categorias. Todavia, no grandioso elenco de instrumentos de tutela internacional dos direitos humanos fundamentais já é identificada uma separação clara entre as duas categorias, a exemplo do que se verifica com a edição do *Pacto Internacional Relativo aos Direitos Civis e Políticos*, 1966, e do *Pacto Internacional Relativo aos Direitos Econômicos, Sociais e Culturais*, de 1966.

Daí por que a reiteração dos distintos caracteres dessas duas classes. É que, como acima assinalado, a idéia de *direitos civis e políticos* coloca o observador, de imediato, diante da categoria dos *direitos de primeira geração*; consubstanciam-se, pois, em estruturas do constitucionalismo clássico, buscando edificar em torno do indivíduo uma esfera de liberdade juridicamente protegida, amparada de forma a vedar a ingerência estatal, o inimigo das liberdades públicas. Encontram seu embrião nas primeiras declarações oitocentistas – as primeiras, aliás, a se revestir de conotação democrática, porquanto dirigidas a todo o povo, e não apenas a uma determinada classe social, elemento a caracterizar a Magna Carta de 1215. Já os *direitos econômicos e sociais* surgem muito mais tarde, sob o abrigo de uma *segunda geração*, que, na sua formulação arquitetônica, atendeu a novas demandas sociais, notadamente à necessidade de "defender os grupos menos aquinhoados mediante o estabelecimento de barreiras verticais a impedir ou atenuar a opressão que as pessoas ou corporações economicamente fortes exerciam sobre as economicamente debilitadas".[9] Forçoso é convir que estes direitos emergentes assumem um caráter assistencial e sua eficácia não se alcança – lembra Rodrigo Borja – mediante "simples inação" do Estado; ao invés, requerem a "presença dinâmica do Estado", demandando a canalização de consideráveis recursos para o implemento da política social.[10]

9. Rodrigo Borja, *Enciclopedia de la Política*, México, Fondo de Cultura Económica, 1997, pp. 255 e ss.

10. Idem, p. 256.

Sutil – e portadora de maiores dificuldades para sua elucidação – constitui-se a tarefa de promover a *distinção entre direitos civis e políticos*, pertencendo ambas as espécies ao nicho da *primeira geração de direitos*. Jorge Miranda, sensibilizado em face do elevado nível de confusão reinante nestes domínios, lembra que para tanto contribuiu também a tradição anglo-saxônica, onde predomina a expressão *civil rights*. Ressalta, todavia, que a *direitos civis* "correspondem aos direitos, liberdades e garantias" individuais e "não abarcam (...) senão uma parte dos direitos que na actualidade se elevam a direitos fundamentais". Constituem – complementa o Mestre português – o elenco de que cuida o Título II da Parte I da Constituição. É verdade que o referido Título II da Parte I da Constituição portuguesa é composto por três diferentes capítulos e cuida, em capítulos apartes, dos direitos civis e dos políticos. Assim, o Capítulo I é dedicado aos "Direitos, Liberdades e Garantias Pessoais" e o Capítulo II aos "Direitos, Liberdades e Garantias de Participação Política".

Na ótica de Rodrigo Borja emerge mais clara a *distinção entre os denominados direitos civis e os políticos*. Conquanto ambas as categorias apresentem a *inicialidade*, em termos temporais, a primeira é atinente à pessoa humana – ao ser humano como ser humano. "São *[direitos]* concedidos a todos os indivíduos – sem distinção de raça, idade, sexo, idioma, religião, opinião política, origem nacional, posição econômica ou qualquer outra condição – pelo só fato de pertencer ao gênero humano." "Os direitos políticos – aduz o enciclopedista – pertencem às pessoas enquanto membros ativos do Estado, isto é enquanto cidadãos".[11]

Na realidade, a esfera relativa aos *direitos civis* reflete um nível de forte influência jusnaturalista, apresentando caracteres próprios na medida em que envolve a idéia de *liberdade do ser humano transcendendo o Estado*, situando-se acima e à margem do direito positivo. No tocante aos *direitos políticos*, no entretanto, a questão, que posicionará sempre o indivíduo em face do Estado, tem a ver com a pessoa enquanto integrante da comunidade estatal. *É a figura do cidadão que exsurge*, à qual são assegurados os direitos políticos de participação – sufrágio igual, igual acesso aos cargos públicos. Aliás, nesta linha, também, a memorável lição de Carl Schmitt ao classificar em categorias diferentes os direitos atinentes: "(a) ao indivíduo isolado; (b) ao indivíduo, no âmbito do Estado, como cidadão".[12] Em suma, esta classificação é que autoriza o analista a reconhecer a possibilidade de ***uma dual consideração do indivíduo*** – *como ser humano, na sua individua-*

11. Idem, p. 255.

12. Carl Schmitt, *apud* Rodrigo Borja, *Enciclopedia de la Política*, cit., pp. 196-197.

lidade, e como integrante de uma comunidade social. Na primeira condição é ele titular dos denominados direitos civis; na segunda, assume o papel de ***cidadão****, e nesta postura é que alcança os direitos políticos.*

Demais disso, é de se evidenciar que os *direitos políticos*, inseridos no nicho dos *direitos fundamentais*, apresentam-se revestidos das qualidades que a estes são próprias. Estes caracteres, aliás, consagram sua posição de *elementos da essência de uma Constituição*,[13] revelando, como anota Robert Alexy: (i) a natureza de *direitos morais*, porquanto contam com a *universalidade* na sua estrutura, assumindo a postura de direitos de todos contra todos; (ii) a qualidade de *direitos preferenciais*, porquanto fundamentam, exatamente, o direito dos homens à sua tutela pelo direito positivo; (iii) a "fundamentalidade do interesse ou carência protegida", que exige e implica a "necessidade de respeito, sua proteção ou o seu fomento pelo Direito".[14]

Pois bem, na condição de direitos fundamentais, ***os direitos políticos assumem e devem*** *atender às* funções *que lhes são destinadas*. Isto porque não há que ignorar o fato de que a luta pelo reconhecimento e positivação desses direitos buscou, exatamente, viabilizar o cumprimento dessas atribuições. Nessa esteira o entendimento de Canotilho, que identifica como a primeira dessas tarefas a *defesa desses mesmos direitos fundamentais*.

Com efeito, reconhece a doutrina – e a idéia vem a merecer o pronunciamento de J. J. Gomes Canotilho – o fato de que os direitos fundamentais revestem-se dessa qualidade de *direitos de defesa dos cidadãos*. Assim, continua o Mestre, constituem: "(1) num plano jurídico-objetivo, normas de competência negativa para os Poderes Públicos, proibindo fundamentalmente as ingerências destes na esfera jurídica individual" – a exemplo do que se depreende do disposto nos incisos IV e VI do art. 5º da CF brasileira, que trazem claras limitações ao Estado, vedando-lhe interferência na liberdade de manifestação do pensamento, liberdade de consciência e de crença; "(2) num plano jurídico-subjectivo, regras que implicam o poder de exercer positivamente direitos fundamentais (liberdade positiva) e de exigir omissões dos Poderes Públicos, de forma a evitar agressões lesivas por parte dos mesmos (liberdade negativa)".[15] A título ilustrativo, nesse escaninho poderia ser trazido à baila o mesmo direito à livre manifestação do pensamento,

13. Já proclamava a Declaração Francesa dos Direitos do Homem e do Cidadão, de 26.8.1789, no seu art. 16: "Toda sociedade em que a garantia dos direitos não estiver assegurada (...) não tem Constituição".

14. Robert Alexy, "Direitos fundamentais no Estado Constitucional Democrático", *Revista da Faculdade de Direito da UFRS* 16/199 (p. 203).

15. J. J. Gomes Canotilho, *Direito Constitucional*, Coimbra, Livraria Almedina, 1989, p. 401.

que emerge com a configuração positiva, porquanto legitima o indivíduo a tanto, assegurando-lhe a possibilidade de exteriorizar seu pensamento, ao candidato a livremente divulgar o seu programa e projetos governamentais, a garantia de liberdade de consciência e a prática do culto a que melhor venha a se afeiçoar. E mais, detecta-se a *proibição de censura*, consagrada por força do inciso IX do art. 5º e § 2º do art. 220 da CF de 1988; aqui, novamente presente a configuração da liberdade negativa, trazendo barreiras à ação do Poder Público.

Vislumbram-se, ainda, os direitos fundamentais como *direitos a prestações*, "direito do particular a obter algo através do Estado (saúde, educação, segurança social)".[16] Este, na realidade, é o domínio dos direitos sociais, que eclodem ao final do século XIX, sendo aditados ao núcleo da primeira das gerações de direitos a partir do primeiro conflito bélico mundial (início do século XX), elenco que, já na sua gênese, vem contemplado com esta específica configuração: a de direitos exigíveis,[17] impondo ao Estado determinadas condutas positivas, concretas, visando à sua satisfação. Nesse domínio – remarca Canotilho – exsurgem os direitos fundamentais com tripla atribuição: "(1) direitos sociais originários, que (autorizam) os particulares a derivar directamente das normas constitucionais pretensões prestacionais (habitação); (2) direitos sociais derivados que se reconduz ao direito de exigir uma actuação legislativa concretizadora das normas constitucionais sociais (como por exemplo, no Brasil, os instrumentos garantidores desses direitos – mandado de injunção e a ação direta de inconstitucionalidade por omissão); (3) (...) (direitos a impor ao Estado) políticas sociais activas concernentes à criação de instituições, serviços e fornecimento de prestações (...)".[18]

A *proteção perante terceiros*[19] configura outra das tarefas dos direitos fundamentais, ingressando-se na esfera da tutela das relações jurídicas e, destarte, no campo da segurança jurídica. É nesse espaço que se alojam direitos como o consagrado pelo inciso XI do art. 5º da CF brasileira de 1988 (*inviolabilidade do domicílio*); a proteção dos dados, apresentado-se o *habeas data* como garantia da possibilidade de correção (*inciso LXXII, "b", do art. 5º da CF de 1988*); o direito de associação, com especial reflexo no campo partidário, certamente, em que é vedado obstruir ou impedir a criação de agremiações políticas; a garantia da preservação do ato jurídico

16. Idem, p. 402.
17. V., neste sentido, Rodrigo Borja, *Enciclopedia de la Política*, cit., p. 255.
18. Canotilho, *Direito Constitucional*, cit., p. 402.
19. Idem, ibidem.

perfeito, do direito adquirido e da coisa julgada (*inciso XXXVI do art. 5º da CF de 1988*).

Por derradeiro, o ilustre professor de Coimbra atribui aos direitos fundamentais a *função de não-discriminação*, figura extraída notadamente do cenário norte-americano. Prosseguindo no seu magistério, oferece por respaldo a esta atribuição "o princípio da igualdade e dos direitos de igualdade específicos consagrados na Constituição", de onde retira a doutrina "esta função primária e básica (consubstanciada) em assegurar que o Estado trate os seus cidadãos como cidadãos fundamentalmente iguais".[20] É certo que a *função de não discriminação* "abrange todos os direitos" e investe contra toda e qualquer distinção, exclusão, restrição, limitação ou preferência que venha a perseguir o comprometimento ou impedir o reconhecimento, o gozo ou, ainda, o exercício dos direitos fundamentais.

Este é o *standard* consagrado no § 3º do art. 1º da Carta das Nações Unidas e em outros instrumentos de tutela dos direitos humanos.[21] E este é princípio a preordenar e a sustentar a técnica de quotas (*quotas no sistema universitário, quotas nas listas de candidaturas partidárias*) e as denominadas ações afirmativas, voltadas a robustecer e privilegiar os menos aquinhoados. E este é o *standard* a *nortear o território de incidência do direito eleitoral*, *o exercício da cidadania* tanto no seu pólo ativo (o cidadão-eleitor) como no pólo passivo (a figura do candidato), autorizando o legislador a impor limitações no ensejo de assegurar o *equilíbrio no campo da competição pelo poder*, no cenário de exercício dos direitos políticos.

Favor ver as siglas no rodapé 21. A primeira corresponde à "Declaração Universal dos Diritos do Homem"...

Impende verificar, a esse passo, que a conotação a preordenar o panorama dos direitos humanos fundamentais, permeando todo seu conteúdo, é *a da dignidade humana*, impondo-se a garantia das prerrogativas, faculdades ou, ainda, franquias a assegurar à pessoa vida digna no âmbito da comunidade social. E, estritamente vinculada à exigência de condições dignas para a vida do ser humano, a tônica do *respeito* – o mútuo respeito, sem o qual impossível a convivência com dignidade no seio de qualquer grupo social.

Destarte, às quatro funções acopladas aos direitos fundamentais, desvendadas pelo Mestre português, poder-se-ia acrescer a tarefa de, concre-

20. Idem, p. 403.

21. V., neste sentido: Declaração Universal dos Direitos do Homem-UDH (art. 2º); Pacto Internacional de Direitos Civis e Políticos-PIDCP (art. 2º, § 1º, e art. 26); Pacto Internacional sobre os Direitos Econômicos, Sociais e Culturais-PIDESC (art. 2º, § 1º); Convenção Americana Relativa aos Direitos do Homem-CAmDH (art. 1º, § 1º).

tamente, *assegurar aos indivíduos vida digna no âmbito da comunidade local, regional e internacional.*

10.3 Do direito de sufrágio. Da representação política. Da operação eleitoral e o direito de sufrágio. A força do voto. Os princípios

O *direito de sufrágio* é erigido, hoje, a um dos mais eminentes direitos, *diretamente relacionado ao homem político*, exatamente por lhe propiciar, quer ativa, quer passivamente, *a participação no pólo epicêntrico das decisões políticas*. Consubstancia-se, ademais, na *fórmula concretizadora da representação política*, que recebe o formato de *teorema político constitucional*, a partir da clássica e célebre obra de Montesquieu, *O Espírito das Leis*,[22] onde resta consignada a idéia da incapacidade do homem comum de "discuter les affaires publiques", reconhecendo-se-lhe, contudo, a aptidão de escolher quem melhor possa, por ele, fixar as decisões políticas fundamentais.

Em verdade, o ***standard*** *representativo*, embora possa ser vislumbrado na paisagem dos Antigos[23] e no universo eclesiástico, tem sua gênese e encontra sua linha evolutiva na Grã-Bretanha, a *mater parliamentarum*, tradicional exportadora de modelos políticos. É certo que a França também contribuiu para a evolução do instituto, o que nos conduz a apontar duas linhas e momentos diferentes e diferenciados na sua formação genética.

Assim, em cenário francês é detectada a presença dos *Estados Gerais*, convocados em 1302 por Philipe, o Belo buscando apoio contra o Papa Bonifácio VIII. Os Estados Gerais, ou seja, o Parlamento Francês, reuniram-se em raras ocasiões: apenas 13 vezes ao longo do século XIV, 8 no século XV, 5 no século XVI e apenas uma nos séculos XVII e XVIII. Isto, em parte, pelo fato de que o soberano pouco dependia do apoio parlamentar. As lutas eram travadas entre a burguesia emergente e os senhores feudais.

Na Inglaterra, contudo, a situação afigurava-se peculiar. O soberano necessitava do apoio da representação parlamentar, porquanto o embate

22. Montesquieu, *Do Espírito das Leis*, Livro Décimo Primeiro, Capítulo VI, São Paulo, Difusão Européia do Livro, 1962, p. 184. Nesse sentido é que registra o ilustre Barão de La Brède que "tomar resoluções ativas que exigem certa execução configura coisa de que o povo é inteiramente incapaz. Ele só deve participar do governo para escolher seus representantes, procedimento para o qual é bastante capaz".

23. Jellinek localiza em Roma e na Grécia clássicas formas embrionárias da representação política. V., a respeito, Monica Herman S. Caggiano, *Sistemas Eleitorais X Representação Política*, Brasília, Senado Federal, 1990.

político estabelecera-se entre a Coroa e os senhores feudais. Daí o desenvolvimento, sem solução de continuidade, da representação política como mecânica intrínseca ao percurso histórico do próprio sistema parlamentar. No entanto, mesmo quando estabelecida a separação entre as duas Câmaras e instituída a Casa de representação popular (*a Câmara Baixa*), em 1377, como visualizado no quadro abaixo, o bom entendimento reinava entre as duas, pois barões e deputados comungavam dos mesmos interesses – lutar contra o arbítrio real.[24] Interessante, no entanto, a trajetória no panorama britânico, em que se identificam etapas bem definidas no desenvolvimento da representação:

INGLATERRA

- **Século XII**

✓ Panorama feudal inglês, desenvolve-se a praxe de o soberano se reunir com seus vassalos, à semelhança da formação da *curia legis* dos primeiros caputinos. Característica: um conselho feudal, de vassalos, com incumbências de cunho meramente consultivo. Surge o *Magnum Concilium* (Conselho Comum do Rei), composto por prelados e pelos principais vassalos (os senhores feudais)

- **Século XIII**

✓ Institucionalização do Conselho (advento da *Magna Carta*, de 1215). Conquista a competência para participar da imposição tributária e para a apresentação de petições ao Rei

✓ 1265 – certidão de nascimento do Parlamento. Simon de Monfort convoca, para participar do *Grande Concilium*, ao lado dos prelados e barões, também *dois cavalheiros de cada condado* (origem da Câmara dos Comuns)

✓ 1295 – o procedimento ingressa numa linha de regularidade com Eduardo I e surge o *parliament model*

- **Século XIV**

✓ 1351 – *configuração bicameral do Parlamento Britânico*, consolidando a separação entre a *Câmara dos Comuns*, a abrigar os deputados, representantes dos condados, e a *dos Lordes*, reservada aos prelados e eclesiásticos

✓ 1377 – a Câmara Baixa, a dos Comuns, já detinha *sede própria* e apresentava a figura do *speaker*

- **Século XV**

✓ 1462 – Os próprios parlamentares passaram a elaborar e redigir *the bills* – projetos. Desde que aprovados pelas duas Casas, o Rei não mais poderia intervir.

24. V., ainda: André Hauriou, Jean Gicquel e Patrice Gélard, *Droit Constitutionnel et Institutions Politiques*, Paris, Montchrestien, 1975, p. 229-234.

Oportuno registrar, aliás, que a Europa conheceu formações similares ou, talvez, meras tentativas de *instalar um lócus de representação política – um Parlamento* – em outros cenários, havendo notícia da presença de instituições parlamentares embrionárias na Espanha, Hungria e Polônia, sendo que este último Estado comemorou, em 1993, cinco séculos de Dieta ou Parlamento.

Com o advento dos *movimentos revolucionários do século XVIII*, forte processo de transfiguração incidiu sobre o modelo originário da representação, *rompendo-se a ligadura entre representantes e representados* e, assim, expurgando-se sua *conformação de mandato imperativo*. Ganhou espaço e esplendor a tese de Sièyès,[25] configurando o mandato como representativo – sem vínculos, plasmando-se pela universalidade. Restou *o representante desvinculado do corpo de eleitores* que concorreram para a sua vitória, restando-lhe reservada a atuação dirigida ao atingimento o interesse geral da Nação, pois a esta fora conferida a soberania.

De se evidenciar que a ruptura do vínculo entre o corpo eleitoral e os representantes, membros do Parlamento – ou seja, o *repúdio ao mandato imperativo* – configurava tópico de preocupação também dos ingleses. Não há que se ignorar, nesta trilha, o célebre discurso de Edmund Burke, em 1777, aos eleitores de Bristol: "Vocês elegem o deputado, (...) mas, uma vez eleito, ele não mais é deputado de Bristol, é membro do Parlamento". E proclamava, mais: "*[o Parlamento]* is not a congress of ambassadors from different hostile interests; which interests each must maintain, as an agent and advocate; but Parliament is a deliberative assembly of one nation, with one interest, that of the whole".[26]

Concretamente, no século XVIII, sob a influência de *uma nova concepção do poder*, comandada pela teoria da separação de Poderes, celebrizada por Montesquieu, e sob o impacto da emergência de *nova fórmula de orga-*

25. Trata-se da doutrina da soberania nacional, elaborada pelo Abade Sieyès no seu célebre *Qu'est-ce que le Tiers-État?*, onde é apresentada e defendida a tese de que *a soberania corresponde a um atributo da pessoa moral* – a *Nação*. V., ainda: André Hauriou, Jean Gicquel e Patrice Gélard, *Droit Constitutionnel et Institutions Politiques*, cit.; Manoel Gonçalves Ferreira Filho, *Curso de Direito Constitucional*, 34ª ed., São Paulo, Saraiva, 2008.

26. Edmund Burke, in *Textos Políticos*, México, Fondo de Cultura Económica, 1984, pp. 312-313. V., sobre a natureza do mandato político, Monica Herman S. Caggiano, *Direito Parlamentar e Direito Eleitoral*, Barueri/SO, Manole, 2004. Tradução nossa: " [*o Parlamento*] não é um congresso de embaixadores de diferentes e hostis interesses; interesses, estes, que devem ser sustentados como um agente ou advogado; mas Parlamento é uma assembléia deliberativa de uma Nação, com um único interesse, o do todo".

nização do poder, girando em torno de um visual revolucionário para a soberania, inicia-se o fenômeno da sistematização do regime representativo.

Sob este traçado, *a representação política passa a corresponder a um verdadeiro sistema*. Um arranjo político-constitucional, cujo quadro alberga o processo de *eleição* dos representantes/governantes pelos integrantes do grupo social – os representados/governados. Estes, nesse contexto, pronunciam-se politicamente por intermédio de consulta eleitoral, selecionando seus representantes e preservando, tão-só, o direito de não reelegê-los na hipótese de não ver suas expectativas atendidas.

É verdade que a técnica da eleição, como instrumento de seleção dos governantes/representantes, não configura o único mecanismo que a trilha evolutiva das idéias políticas traz a lume. A História focaliza momentos em que chegou a ser ignorada, até em razão da nuança aristocrática que poderia emprestar ao processo de seleção dos representantes. No mundo antigo indigitava-se o *sorteio* como merecedor da adjetivação de democrático, acoimando-se o processo eleitoral de antiisonômico, por desigualar os homens, quer por suas qualidades, quer por seus defeitos. E mais, não há como ignorar o sarcástico comentário de Rousseau acerca da *consulta eleitoral*, ao registrar que *o povo inglês pensa ser livre porque periodicamente elege seus senhores*.[27]

Inobstante a aversão do notável genebrino, foi sendo reservado espaço cada vez mais significativo à mecânica eleitoral, firmando-se esta na paisagem política como instrumento único a se acomodar à engrenagem da democracia representativa. É que a teoria da representação vem a atender a um dos mais preocupantes tópicos do panorama democrático: *quem decide*? Ora, já que a democracia direta (o povo – *demos* – tomando decisões políticas) afigura-se inviabilizada, a democracia representativa operacionalizada por via eleitoral (o povo – *demos* – elegendo seus representantes) oferece-se no pedestal de alternativa adequada a atender à expectativa de participação política dos integrantes da comunidade social – do *demos*.

Não há, ainda, que ignorar os riscos inerentes à representação política, de estrutura claramente elitista, fato que colabora para processos de degeneração do instituto ou mesmo para falhas quanto à regular operacionalidade para a concretização da democracia. Esta realidade, a um turno, conduz os analistas a examinar o quadro patológico da representação e, de outra parte, a continuar e aprofundar os estudos sobre a questão representativa, no ensejo de atenuar ou dizimar os efeitos perversos, acomodando o instituto à sua

27. Jean Jacques Rousseau, *Contrato Social e Outros Escritos*, São Paulo, Cultrix, 1975, p. 96.

função essencial, qual seja, assegurar o exercício do *direito de participação política* e, destarte, garantir ao cidadão *o tomar parte nas decisões políticas fundamentais*.

10.3.1 Da operação eleitoral e o direito de sufrágio. A força do voto. Os princípios

Adotado o mecanismo eleitoral como operador da representação política, é de se reconhecer a notoriedade do *direito de sufrágio*, uma função inerente à natureza humana. "Un droit que rien ne peut ôter aux citoyens" – mo afirmava Rousseau.[28] Por isso é que Carré de Malberg erigiu o sufrágio a um *poder jurídico, um direito subjetivo*.[29]

Além disso, o *poder de sufrágio*, exercido por via eleitoral, consagra a garantia mecânica das práticas democráticas. Isto, porém, quando desenvolvido o sistema de molde a se acomodar ao *macroprincípio da autodeterminação* e seus corolários, a exigir:

✓ atribuição igual do direito de voto
✓ sufrágio universal
✓ periodicidade do voto
✓ igualdade do valor do voto
✓ pessoalidade do voto
✓ sigilo do voto
✓ liberdade de postular cargos eletivos
✓ direito dos candidatos de disputarem respaldo popular
✓ direito dos líderes políticos e candidatos de disputarem votos.

Daí por que o requisito de observância do *standard* conhecido como *free and fair elections*, que, para sua adequada configuração, demanda a verificação da *compatibilidade do modelo acolhido aos requisitos acima identificados*, envolvendo fórmulas eleitorais que atendam à imposição de:

(i) designação de representantes que venham a expressar a vontade popular, impondo-se a *representação da heterogeneidade de tendências e*

28. Idem, p. 105.

29. R. Carré de Malberg, *Teoría General del Estado*, 1ª reimpr., trad. de José Lion Depetre, México, Fondo de Cultura Económica, 2000, p. 1.159. Aliás, interessante notar a posição defendida por Carré de Malberg. Nessa linha, registra que detém "o eleitor o poder de concorrer para a constituição do corpo eleitoral e de participar na consulta geral destinada a dar a conhecer a vontade do referido corpo. O eleitor tem um direito subjetivo" (a tradução do Espanhol é nossa).

posições políticas identificadas na comunidade social – vontade, esta, sempre atualizada mediante o *voto direto, secreto e igual*;

(ii) todos os cidadãos virem a ser representados pelo conjunto de representantes, o que expulsa dos sistemas eleitorais democráticos o *mandato imperativo*;

(iii) *candidaturas plurais*, sem óbices ao sucesso eleitoral de tendências políticas, desde que compatíveis com os princípios democráticos;

(iv) vedação da personalização exacerbada do voto, o que implica a recomendação de candidaturas partidárias;

(v) sistemas eleitorais hábeis a traduzir adequadamente os votos, transformando-os em assentos parlamentares, respeitada a vontade eleitoral expressa nas urnas.

Certo é o fato de que a concretização da cláusula *free and fair elections* demandou uma lenta construção ao longo do tempo, assumindo, nesta trilha, relevante papel a jurisprudência norte-americana, com seus históricos pronunciamentos. Assim é que o *cânone igualitário*, impondo igual peso ao voto, vem definido em memoráveis casos, a exemplo de "Baker *x* Carr e South *x* Peters", onde restou assente: "O direito de voto encerra mais que o direito de marcar um pedaço de papel e depositá-lo numa urna (...). Inclui o direito de ter a cédula computada. Ele também implica o direito de ter seu real e pleno valor, sem diluição ou rejeição".[30]

Aliás, no curso evolutivo da exigência de *free and fair elections*, concorrendo para fortalecer sua construção, muitas foram as técnicas engendradas quer para limitar o direito de voto, quer para atribuir um efeito ponderado aos resultados das consultas eletivas. Comparecem neste escaninho, como *fatores de bloqueio* ao exercício do direito de voto, a conhecida *técnica censitária*, que engloba como modalidades a exigência de capacidade eleitoral (*grau de instrução*), o sufrágio dos contribuintes, o voto conferido apenas a quem possuísse propriedade, a exclusão dos contribuintes do imposto de patente[31] (*e, portanto da burguesia*), o sistema norte-americano das *poll taxes*, pautado no conceito *without taxation no representation*, a fortuna pessoal. Enfim, elementos impeditivos do acesso às urnas – o que encontrou na Corte liberal, sob o comando do Juiz Earl Warren,[32] veemente obstrução,

30. V., a respeito, o nosso, *Sistemas Eleitorais X Representação Política*, cit.

31. Situação verificada na França, com a edição das *Ordonnances* de 1830.

32. O Juiz Earl Warren assumiu a presidência da Suprema Corte norte-americana em 1953, revolucionando a jurisprudência e o Direito com decisões avançadas e com perfil de reforço protetor em relação aos direitos fundamentais. Emanam desse período o célebre caso "Miranda" – com a advertência: "você tem direito de permanecer em

como decorre dos casos "Kramer *x* Union Free School District n. 15" e "Cipriano *x* City of Houma", advertindo-se para o fato de que "qualquer discriminação injustificada na delimitação daqueles que podem participar dos negócios públicos ou da seleção dos governantes vem fulminar a legitimidade do governo representativo".

Evidente que no arsenal de mecanismos deformadores do direito de sufrágio, destinados a desvirtuar os resultados, marcam presença outras receitas, a exemplo das conhecidas *técnicas de ponderação do sufrágio* (*no seu pólo ativo*), introduzindo o *voto múltiplo ou plural* (*Inglaterra dos anos 40, autorizando ao eleitor dois votos – o do domicílio residencial e o do domicílio profissional*), o *double vote* (*França 1820 – orientado pelo fator "fortuna"*), o *voto familiar* (*França, conferindo ao* ***pater familiae*** *tantos votos quantos fossem os respectivos membros*) etc.

O direito de sufrágio pode, ainda, vir a sofrer desvios – como de fato já ocorreu – mediante aplicação de fórmulas especiais a atingir seu pólo passivo – o direito de postular cargos públicos, a figura do candidato. É o território das *hipóteses de inelegibilidade*, opondo obstáculos à apresentação da candidatura que, por versarem impedimentos à plenitude do exercício deste direito, impõem uma interpretação restritiva. Ademais, é neste espaço que deve se situar a questão da *territerialização do voto*, que produz o fenômeno da *hipo-representação*, provocando um desequilíbrio na representações das diferentes regiões de determinado Estado e, conseqüentemente, um descompasso quanto ao peso e à importância do voto dos respectivos eleitores. Conhecida esta deficiência do processo eleitoral como *malapportionment*, a situação foi, a seu turno, enfrentada pela Suprema Corte norte-americana, formatando-se, no caso "Reynolds x Sims", o seguinte princípio: "O direito de sufrágio não pode ser negado pela defasagem ou pela diluição do peso do voto do cidadão, ato que produz efeito idêntico à plena vedação do livre exercício das franquias individuais que lhes são asseguradas".

O desequilíbrio na representação das regiões não configura um fenômeno localizado e nem privilégio de determinados países, como os Estados Unidos da América – onde foi estruturado o princípio, já acima referido, consubstanciado no impedimento de *diluição do peso do voto do cidadão* – ou o Brasil, onde o valor do voto de um eleitor do Acre é considerado 14 vezes superior ao de um eleitor de São Paulo. O fenômeno é amplamente reconhecido em diversos ordenamentos jurídicos e em diversos períodos da História. Assim, no âmbito do *Reichtag* alemão, um deputado por Berlim re-

silêncio" – e a explícita exigência do *one man, one vote*. V. mais a respeito em Jeffrey Greenbaum, *Giustizia Costituzionale e Diritti dell'Uomo negli Stati Uniti*, Milão, Giuffrè Editore, 1992.

presentava um quádruplo de eleitores representados por um deputado eleito pela Prússia Oriental. Na Noruega (*período de 1814 a 1925*), dois terços do Parlamento eram formadod pela bancada ruralista, restando apenas um terço de representantes à área urbana – cidades. Na Itália, em 1972, foi utilizado o censo de 1961, e não o de 1971 – isto com o escopo de privilegiar o voto rural, mais conservador. E, nessa linha de busca de modelos de ponderação do voto, as célebres técnicas da *geometria eleitoral*, a utilização do sistema de *escrutínio indireto* e, no campo do escrutínio de *listas*, o *emprego da receita das listas bloqueadas* e a da *vinculação do voto*.[33]

10.4 O cidadão-eleitor brasileiro. O direito de sufrágio ativo. O corpo eleitoral. Trajetória histórica

A construção da cidadania na paisagem doméstica atendeu a um processo lento, timbrado por vicissitudes próprias do clima que marca o início desse percurso e que vai acompanhando sua evolução. Nesse sentido a observação lançada por Cláudio Lembo, advertindo quanto à extremada "centralização administrativa" dominante no ambiente Brasil-Colônia, impregnando todo o processo de formação da sociedade, plasmada, assim, "no interior de forte aparato burocrático e mais rigoroso, ainda, instrumental de dominação religiosa".[34]

A história da evolução do voto no Brasil identifica, na grande maioria dos estudos produzidos, um cenário muito próximo do predominante no Continente Sul-Americano, timbrado por uma longa trilha de obstáculos à sua concretização e ao seu desenvolvimento.

Daí a idéia, que vem se robustecendo, no sentido de atribuir um significado menor às eleições na América Latina, englobando também o Brasil[35] – o que não está de todo equivocado; porém, no que concerne especificamente ao Brasil, outros fatores devem merecer consideração, conduzindo a uma análise mais peculiar. Dentre tais elementos, sem dúvida, deve ser destacada a verdadeira vocação para o voto, hoje quase parte da índole brasileira, que desde os primeiros tempos coloniais era praticado em nível local.

Em verdade, como já celebrizado nas palavras do pensador Alceu Amoroso Lima, no Brasil "tudo ocorre ao contrário". Assim, entre nós,

33. V., sobre o tema, Monica Herman S. Caggiano, *Sistemas Eleitorais X Representação Política*, cit.

34. Cláudio Lembo, *Participação Política e Assistência Simples no Direito Eleitoral*, Rio de Janeiro, Forense Universitária, 1991, p. 27.

35. Dieter Nohlen, *Sistemas Electorales y Partidos Políticos*, 1ª reimpr., México, Fondo de Cultura Económica, 1995.

eleições já havia para as Câmaras ou "Senado" dos Municípios no Brasil-Colônia, instituindo-se o governo local nos termos do sistema instalado pelos portugueses, que transportaram para os trópicos o "Estado patrimonial português".[36] Até mesmo no decurso da ocupação holandesa há registros de escolhas eleitorais em nível municipal e em patamar regional, tendo o príncipe Maurício de Nassau convocado a Assembléia Regional.[37]

Nessa esteira, oportuno inserir na tradição eleitoral brasileira o episódio que envolveu a elevação do Brasil a Estado, dentro do Reino Unido, quando cidadãos foram convocados, pelo sistema de seleção indireta, para participarem de Corte Constituinte em Portugal.

Enfim, o exercício do voto, notadamente em esfera local, era uma prática bastante difundida, própria do modelo de organização e administração municipal instalado pelos colonizadores portugueses[38] – fenômeno que posiciona o *sufrágio quase como um elemento inerente ao espírito brasileiro formatado ao longo dos anos*.

Em verdade, o exame da questão atinente à *cidadania* envolve os dois aspectos do bifacial *statutus civitatis*[39] – *o direito de votar e de ser votado*, isto é, a participação ativa e passiva no processo político decisional. Entre nós, no entanto, o quadro que se descortina é marcado por relevantes *reduções tanto no que concerne ao corpo eleitoral* – os representados – *como, ainda, em relação às candidaturas* – os que poderiam pleitear cargos eletivos, apresentando-se como opções ao eleitor para que esse possa selecionar seus representantes.

Reflexo da própria estruturação da sociedade, pois, em cenário brasileiro, a cidadania permaneceu em estágio latente por longo tempo, inobstante a tradição da prática eleitoral.

36. V., neste sentido, Oliveira Viana, *Populações Meridionais do Brasil*, Rio de Janeiro, José Olympio, 1952; Rodolfo Garcia, *Ensaio sobre a História Política e Administrativa do Brasil (1500-1810)*, Rio de Janeiro, José Olympio, 1956.

37. Cf. César Tripoli, *História do Direito Brasileiro*, vol. 1 ("Ep. Colonial"), São Paulo, Ed. RT, 1936, p. 114.

38. Conforme registros da *História Geral da Civilização Brasileira*, dir. Sérgio Buarque de Holanda, 7ª ed., t. 1, São Paulo, DIFEL, 1985: "Nos Municípios, os juízes, vereadores e outros dignatários eram anualmente eleitos em pleitos cujas irregularidades levavam os monarcas a intervir, no sentido de sanear os males inerentes ao sistema dominante".

39. É Manoel Gonçalves Ferreira Filho que, no clássico *Curso de Direito Constitucional*, cit., 34ª ed. ("Capítulo 13 – Dos Direitos Políticos"), oferece a elucidação do tema, apresentando a cidadania e as suas duas faces, o direito de votar, participando do processo político pela escolha dos representantes, e o de pleitear cargos públicos, *o ius honorum*, o exercício do direito de sufrágio, no seu pólo passivo: a candidatura. E mais, apresenta o Mestre os diferentes graus da cidadania.

De fato, apresentavam-se as consultas eleitorais com perfil censitário, excluindo larga parcela da população; e, mais que isso, o sufrágio adotado era indireto: até 1821 em dois graus, e a partir dessa data até 1824, quando os dois graus foram restabelecidos pela Constituição imperial, passando a ser acolhida a técnica dos quatro graus, originária de um complexo processo eleitoral estabelecido para designação dos deputados às Cortes de Lisboa.

De outra parte, apesar de, formalmente, o quadro normativo de regência excluir tão-só os analfabetos e escravos, a realidade evidenciava o exercício da função eleitoral por um grupo diminuto da sociedade.

Em suma, o sufrágio praticado em inúmeros momentos compreendidos na trajetória histórica brasileira não pode ser considerado como tendo, efetivamente, servido de instrumento eficaz à participação política – uma de suas essenciais funções – ou, ainda, de respaldo à construção de uma sociedade democrática, dirigida por governos legitimados, detentores do poder político por intermédio de *free and fair elections*, que encontra no sufrágio universal uma de suas mais fortes formas de expressão.

Certo é, contudo, que o exercício do voto incorporou-se às tradições brasileiras, independentemente do papel, da função ou da importância que lhe tenha sido conferida pela abundante legislação com que foi contemplado.

Sem a pretensão de exaurir a matéria, este capítulo direciona-se a uma análise *eleitor/cidadão*, idéia-força, hoje perseguida no ensejo de assegurar a integralização do *status* da cidadania.

10.4.1 Tratamento constitucional. A Constituição de 1988

A *cidadania* – ensina o mestre Manoel Gonçalves Ferreira Filho – "designa quem conta com o direito a intervir no processo governamental". E aduz que "é *status* de nacional acrescido dos direitos políticos, isto é, poder participar do processo governamental, sobretudo pelo voto. Destarte, a nacionalidade – no Direito Brasileiro – é condição necessária mas não suficiente da cidadania".[40]

Com efeito, a ordem jurídica brasileira *contemplou com o **status** de cidadão* o nacional em pleno gozo dos direitos políticos, distanciando-se de outras soluções constitucionais que não preconizam a distinção entre a nacionalidade e a cidadania. É o que se depreende do disposto no § 2º do art. 14 da CF de 1988, que veda o alistamento como eleitor – ou seja, alcançar o primeiro e o menor grau de cidadania – ao estrangeiro.

40. Manoel Gonçalves Ferreira Filho, *Curso de Direito Constitucional*, cit., 34ª ed. p. 116.

Cabe registrar, por oportuno, que nosso Texto Fundamental cuida do tema "direitos políticos" no Capítulo IV do seu Título II ("Dos Direitos e Garantias Fundamentais"), arts. 14 a 16. Contudo, não nos parece possa deixar de ser examinada neste tópico (*direitos políticos/direitos de participação*) a figura do partido político, que, afinal, se apresenta como *locus* de participação política e, portanto, cenário do exercício dos direitos políticos. O art. 17 da nossa CF, constituindo-se no Capítulo V do referido Título II, será, a seu turno, objeto de nossa análise.

Pois bem, cumpre anotar a magnitude do corpo eleitoral brasileiro, na configuração desenhada pelo constituinte de 1988. Acolheu *reduzidas restrições à cidadania ativa. Excluiu tão-só* o menor de 16 anos, o estrangeiro, o conscrito (*serviço militar obrigatório*) e os que tiverem os direitos políticos cassados, nos termos da lei e nas hipóteses expressamente fixadas nos cinco incisos do art. 15: (i) cancelamento da naturalização por sentença transitada em julgado; (ii) incapacidade civil absoluta; (iii) condenação criminal transitada em julgado, enquanto durarem seus efeitos; (iv) recusa de cumprir obrigação a todos imposta ou prestação alternativa, nos termos do art. 5º, VIII; (v) improbidade administrativa, nos termos do art. 37, § 4º.[41]

Destarte, ocupam a *posição de cidadão-eleitor* os que são identificados no quadro infratranscrito, que oferece, inclusive, a *graduação da cidadania*, *status* inaugurado quando o indivíduo completa 16 anos de idade:

O CIDADÃO ELEITOR I

Exercício do direito do sufrágio (art. 14, §§ 1º e 3º, VI)

Graus:

16 anos → mínimo (sufrágio facultativo)
18 anos → candidatura + (sufrágio obrigatório) (vereador)
21 anos → candidatura (prefeito; deputado)
30 anos → candidatura (governador e vice-governador)
35 anos → candidatura (presidente, vice-presidente, senador)
70 anos → (sufrágio facultativo)

De outra parte, examinando o quadro do cidadão-eleitor, emerge a indagação acerca das duas diferentes categorias: o eleitor exercendo *facultativamente* o direito de sufrágio e o que cumpre uma obrigação – *o dever do voto*.

41. Sobre a improbidade administrativa, a incidir sobre os agentes públicos, v. a Lei federal 8.429, de 2.6.1992. Neste sentido, v. o Decreto 4.410, de 7.10.2002, que promulga a Convenção Interamericana Contra a Corrupção.

Pois bem, há duas diferentes técnicas de tratamento do direito de sufrágio ativo. O *voto facultativo* coloca o cidadão na postura de exercer um direito. Participa politicamente se assim o desejar; e, na realidade, aproxima o mandato representativo da espécie *imperativa*, já há muito extirpada. Autoriza, no entanto, a adoção de instrumentos que viabilizem sua revogação – o instituto denominado *recall*. O *voto obrigatório*, por outro turno, *impõe ao cidadão um dever cívico*, o de eleger quem irá tomar a decisão política fundamental, os representantes/governantes. Nesta situação, *o indivíduo, ao exercer o direito de voto, passa a cumprir uma função, e daí a figura do eleitorado-função*, que assume parte do corpo eleitoral brasileiro diante da disposição constitucional (art. 14, § 1º, I).

Interessante é o ingresso da *fórmula obrigatória na história do voto*, porquanto sua adoção ocorreu concomitantemente com a *universalização do sufrágio*, no ensejo de não autorizar que os resultados restassem à mercê dos partidos ou forças políticas com maior poder de mobilização de massas. O modelo gira em torno da *idéia da exigência de participação política* como fator qualitativo de governabilidade. E a América Latina a acolheu como padrão adequado, posicionando, pois, o corpo eleitoral numa postura de eleitorado-função. Isto se evidencia em Costa Rica, onde a Constituição atribui ao eleitor “uma função cívica primordial”; em El Salvador, onde o voto comparece com a conotação de “direito e dever”; e na Argentina, onde é entendido como “encargo público” irrenunciável (art. 14, da Constituição). Esta situação foi atenuada, contudo, na Colômbia e Nicarágua, onde reforma constitucional dos anos 90 manteve a obrigatoriedade apenas do alistamento, e não mais do voto.

O quadro seguinte tem, pois, o escopo de facilitar a visualização das duas categorias de eleitores preconizadas no documento constitucional, inserindo, ainda, o universo dos excluídos e também, numa primeira abordagem, os que afastados se encontram da cidadania na sua plenitude, isto é, embora eleitores, não contam com o direito de candidatura (*a face passiva do sufrágio*).

O CIDADÃO ELEITOR II

Corpo eleitoral → quem vota?

Voto facultativo	**Voto obrigatório**
16-18 anos	18 anos
analfabeto	
maior de 70 anos	até os 70 anos

Não votam (não integram o CORPO ELEITORAL)
os menores de 16 anos
os que tiverem os direitos políticos suspensos
os conscritos
Não podem se candidatar a cargos públicos
o menor de 18 anos
os analfabetos
os que tiverem os direitos políticos suspensos
(os condenados criminalmente)

Há três registros que ainda merecem um especial debruçar. O primeiro é pertinente à *inserção do analfabeto no corpo de eleitores*. Sob este aspecto, relevante é notar que a atual Constituição manteve disposição já presente entre nós desde 1985 (*Emenda 25/1985 à Constituição de 1967*), *estendendo ao analfabeto a cidadania*, no seu grau mínimo, ou seja, o direito de voto. Assegurou, desta forma, a inclusão no corpo eleitoral de um contingente significativo de eleitores, principalmente nas Regiões Norte e Nordeste do país. Isto num panorama em que o grau de instrução do corpo eleitoral atinge níveis extremamente baixos, como denota o seguinte levantamento:

ELEITORADO

Grau de instrução

Analfabeto	8.097.513	
1º grau incompleto	44.456.754	(34,07%)
1º grau completo	10.129.580	
Sabem ler e escrever	20.367.757	
2º grau incompleto	23.618.098	(18,10%)
2º grau completo	15.799.474	(12,10%)
Ensino superior concluído	4.558.845	(3,49%)
Ensino superior não concluído	3.277.167	

Eleitores com ensino superior:

Rio de Janeiro	→	5,41%
São Paulo	→	5,03%
Rio Grande do Sul	→	4,14%
Santa Catarina	→	4,01%
Maranhão	→	0,93%
Piauí	→	1,34%

Num segundo passo, mister é apontar o tratamento do constituinte no tocante ao *fator idade*, elemento que, em geral, é utilizado como impeditivo ao ingresso no corpo eleitoral.[42] Nesta perspectiva, cumpre lembrar que na França somente em 1974 foi instaurado o sufrágio universal integrando os *eleitores a partir dos 18 anos*, e isto em razão da imposição de atendimento à promessa eleitoral do Presidente Giscard D'Estaing. E nos Estados Unidos da América do Norte reconheceu-se o direito de voto aos 18 anos de idade em 1970, com o advento *Sec. 302* do *Voting Act Amendments*. Entre nós, a Carta Imperial de 1824 restringia a maioridade eleitoral, fixando-a em 25 anos; a primeira Constituição republicana, de 1891, a estabeleceu aos 21 anos; e em 1934 a Constituição a fixou em 18. Inovando neste tópico, o Texto Fundamental de 1988 ampliou o panorama e o *elemento idade* foi regulado de molde a *abranger o jovem adolescente*, cujo voto, via de regra, é temido, por arrojado, reivindicativo, expressão da expectativa de renovação. Conferiu ao *jovem cidadão o sufrágio ativo*, o *poder de voto*. Isto, porém, na *configuração facultativa*, sem lhe impor o dever, tão-só a faculdade.

ELEITORADO II

Faixa etária

16 a 17 anos	**→**	**2.922.432**		
18 a 24 anos	**→**	**28.075.056**	**→**	**23%**
25 a 34 anos	**→**	**31.620.920**		
35 a 44 anos	**→**	**26.030.548**	**→**	**66%**
45 a 59 anos	**→**			
60 a 69 anos	**→**	**9.364.884**	**→**	**8%**
70 a 79 anos	**→**	**5.398.403**		
mais de 79	**→**	**2.609.959**	**→**	**2%**

(Fonte: TSE)

Na composição do eleitorado, interessante ainda examinar o tema atinente à *capacidade política feminina*, que por largo período restou marginalizada. No Brasil sua consagração constitucional, com o atendimento do cânone da universalidade, verificou-se com o advento da Constituição de 1946. Mas, antes disso, o Decreto 21.076, de 24.2.1932, autorizava o direito

42. V., neste sentido, Monica Herman S. Caggiano, *Sistemas Eleitorais X Representação Política*, cit.

de voto às mulheres que ocupassem cargos públicos, norma erigida a nível constitucional em 1934. Hoje não mais se conceberia alijar a mulher da cidadania ativa. Isto significaria *expulsar do corpo eleitoral mais da metade de sua real composição*, na medida em que o perfil do eleitorado brasileiro atesta a presença de um percentual de 51,7% feminino.[43]

Por derradeiro, necessário apontar o *instrumento a autorizar o acesso à cidadania*. Trata-se do *alistamento*,[44] medida prevista no § 1º do art. 14 da Constituição da República e que fixa o *momento em que o indivíduo abandona o anonimato em matéria de representação política*, passando a participar do processo decisional.[45] A par de *referenciar o ingresso no corpo eleitoral*, demarcando a massa de eleitores, o alistamento encerra uma série de *funções relevantes*, notadamente no tocante à regularidade e à lisura dos pleitos eletivos e respectivos resultados. A uma, o mecanismo, quando acionado, *legitima e atesta a qualidade de eleitor* – o *status civitatis*; a duas, *identifica o domicílio eleitoral*, vinculando o eleitor à circunscrição em que se alistou e na qual exercerá o *sufrágio tanto ativo quanto passivo*. Sua *natureza é constitutiva*, pois define o *status civitatis* em relação à pessoa, a erige à cidadania; e disso também decorre a notoriedade das tarefas atribuídas ao alistamento, o que impõe ao legislador cautelas especiais no tocante ao disciplinamento do instituto, de molde a coibir fraudes que possam desvirtuar o processo eletivo, maculando o resultado da consulta eleitoral.

10.5 O candidato. O direito de sufrágio passivo. A candidatura e seus princípios conformadores

O sufrágio na sua dimensão passiva, albergando o direito de pleitear cargos públicos eletivos (*jus honorum*), conduz o analista ao exame da *figura do candidato* e ao instituto da *candidatura*, que integra o *sistema político*. Este compõe-se de um quadro de interações existentes na sociedade, afigurando-se o produto das decisões obrigatórias que resultam de estímulos, impulsos e solicitações. A determinação dos processos internos e a forma como responde às mutações e demandas do ambiente que o envolve

43. Perfil do eleitorado brasileiro divulgado pelo TSE em 15.7.2008. Neste levantamento se observa: (i) o eleitorado feminino superou o masculino já desde o ano de 2000; (ii) a realidade se inverte *apenas* nos Estados de Mato Grosso, Pará, Rondônia, Roraima e Tocantins; (iii) o Rio de Janeiro tem representatividade feminina de 3,29%, superando a média nacional.

44. Na paisagem brasileira o alistamento estréia com a edição da Lei Saraiva, em 1881.

45. V. Monica Herman S. Caggiano, *Sistemas Eleitorais X Representação Política*, cit., p 58.

é que caracteriza sua natureza. O sistema eleitoral, constituindo-se em um de seus subsistemas, pois, deve se afeiçoar à moldura política para a qual foi idealizado. Isto implica a necessária conformização aos princípios constitucionais conformadores do sistema político.

Considerando o modelo acolhido pela Constituição Federal de 5.10.1988, que logo no art. 1º proclama a fórmula política adotada – *Estado Democrático de Direito* –, impõe-se à candidatura um tratamento que venha a se amoldar à *democracia*, ao padrão "Estado de Direito" e a seus *cânones norteadores*, envolvendo a cidadania nos termos e contornos da arquitetura constitucional do sistema político. Neste diapasão é que emerge imperiosa a principiologia a balizar este específico segmento: (i) a soberania popular (*parágrafo único do art. 1º*), a exigir o sufrágio universal (*art. 14*); (ii) o pluralismo político (*art. 1º, V*); (iii) o voto direto, secreto, universal e periódico (*art. 60, § 4º, II*); (iv) o irrestrito respeito aos direitos e garantias individuais (*art. 60, § 4º, IV*). E mais: estes princípios a demarcar a estrutura do subsistema eleitoral revelam, desde logo, as *condições que necessariamente irão comandar o exercício do poder de sufrágio*:

- A designação dos representantes deve ser expressão da vontade popular que se atualiza, sempre, mediante o voto direto, secreto e igual.
- A escolha de representantes (parlamentares/governantes) em condições de espelhar a vontade política do povo – dos eleitores.
- O sistema deve ser concebido de forma a que os cidadãos e a maior parte dos segmentos que compõem a sociedade possam ser efetivamente representados.
- Mandato representativo, e não imperativo.
- A representação da heterogeneidade de linhas ou posições políticas identificadas na sociedade.;
- *Candidaturas plurais, sem óbices ao sucesso eleitoral de tendências*.
- *Candidaturas partidárias*: impedem a personalização exacerbada do voto.
- Mecanismo adequado para a tradução dos votos em assentos parlamentares proporcionais.

10.5.1 Regime jurídico da candidatura. O estatuto do candidato. Da inelegibilidade. Hipóteses. A irreelegibilidade

Falar em "candidatura" *é diferente de tratar do candidato. Esta designação refere-se à qualidade do cidadão no exercício do direito de sufrágio passivo*. A *candidatura*, porém, corresponde a *uma fórmula, um mecanismo engendrado para a apresentação dos que se dispõem a concorrer a cargos eletivos no cenário da competição pelo poder*, e pode assumir formas distintas. Há a *autocandidatura*, a albergar o indivíduo/candidato, diante de sua própria proposta de concorrer a posto eletivo; e, de outra parte, a *heterocandidatura*, que pressupõe a apresentação da propositura de nomes para disputar cargos por via de lista ou chapa apresentada por um terceiro que não o candidato. É o caso das listas partidárias, a candidatura suportada pela agremiação político-partidária que a oferece por bloco de candidatos.

Quer no que tange à candidatura, quer em relação ao candidato, há um regime jurídico peculiar a lhes orientar a atuação, comandado, no domínio do nosso sistema político, pelos princípios da:

• *Liberdade* – de candidatura; de aceitar ou não a proposta; de desistir da candidatura; de formação e organização de entidades com o objetivo de propor candidaturas; de escolha de candidaturas; de exclusão de candidaturas; e

• *Igualdade* – igualdade de oportunidades e de tratamento nas campanhas eleitorais; equilíbrio das campanhas eleitorais; direitos de antena eqüitativos; impedimento da interferência do poder econômico, máquina estatal, elementos de poluição eleitoral.

Daí, ainda, os próprios limites que são impostos às restrições que venham a ser estabelecidas, incidentes sobre o regular desempenho da candidatura. Configurando o sufrágio um direito fundamental, a *reserva da lei* é a conotação maior a preordenar este específico campo. Impõem-se, ademais, *generalidade* e *abstração* neste segmento regulatório. Até mesmo ao legislador óbices são dirigidos, *vedando-se-lhe a possibilidade de estabelecer restrições à margem dos limites constitucionais*, a par da inafastabilidade da observância dos *standards* da *irretroatividade* e da *proporcionalidade*.

O *estatuto do candidato*, compreendendo o conjunto de direitos e deveres, as garantias que lhe são conferidas – a exemplo da liberdade de locomoção, licença ou afastamento do serviço para fins de campanha (*v. art. 1º, II, "l", da Lei Complementar 64/1990*) – e as faculdades inerentes ao exercício do poder de sufrágio, integra, de sua parte, o regime jurídico a emoldurar a figura do aspirante a posto eletivo no seu percurso à procura do voto.

A abordagem do regime jurídico do candidato implica, ainda, o exame de um dos mais espinhosos temas do direito eleitoral. Trata-se do instituto da inelegibilidade e as vedações ao exercício do sufrágio passivo que introduz. É verdade que *a elegibilidade é a regra* a dominar o espectro das candidaturas (*art. 14, § 3º*). Por isto é que o ingresso do analista no setor das *inelegibilidades* – isto é, das hipóteses preconizadas pelo constituinte e desdobradas pelo legislador complementar (Lei Complementar federal 64/1990) que *importam obstáculos à candidatura* – passa a lhe demandar especial cautela, porquanto cuida-se de um campo todo peculiar, de exceção à regra da elegibilidade, a exigir um tratamento excepcional.

E, de fato, diferentemente das incompatibilidades, que são fatores impeditivos do exercício do mandato eletivo, as *inelegibilidades constituem óbices ao exercício do sufrágio passivo*, comparecem em período pré-eleitoral e têm por *finalidade*: (i) assegurar a lisura dos resultados – são as denominadas *inelegebilidades-proteção*; e (ii) afastar da disputa personalidades de comportamento político-moral duvidoso ou aqueles que de alguma forma possam provocar ingerências poluidoras na realização e resultado da consulta.

Nosso documento constitucional trata em separado das *condições de elegibilidade* e desses excepcionais casos de inelegibilidade. De modo resumido, o seguinte quadro oferece a visão das condições de elegibilidade:

CONDIÇÕES DE ELEGIBILIDADE

(Eleições Municipais de 2008) CF, art. 14, § 3º

Prefeito e Vice-Prefeito	Vereador
Idade: 21 anos (na data da posse – 1.1.2009 – Lei 9.504/1997, art. 11, § 2º)	Idade: 18 anos (na data da posse – 1.1.2009 – Lei n. 9.504/1997, art. 11, § 2º)
Ser brasileiro nato ou naturalizado	Ser brasileiro nato ou naturalizado
Alfabetizado CF, art. 14, § 4º	Alfabetizado CF, art. 14, § 4º
Exercício dos direitos políticos	Exercício dos direitos políticos
Alistamento eleitoral	Alistamento eleitoral
Domicílio eleitoral na circunscrição (1 ano) Lei 9.504/1997, art. 9º	Domicílio eleitoral na circunscrição (1 ano) Lei 9.504/1997, art. 9º
Filiação partidária (1 ano)	Filiação partidária (1 ano)

Os *casos de inelegibilidade*, de outro lado, vêm identificados nos §§ 4º, 5º, 6º, 7º, 8º e 9º do art. 14, havendo previsão de duas categorias: (i) as *inelegibilidades absolutas*, ou seja, obstáculos irremovíveis; e (ii) as *inelegibilidades relativas*, isto é, situações em que o óbice pode vir a ser afastado, mediante procedimento próprio, designado de "desincompatibilização".

Com efeito, o Texto Fundamental vulnera com a *inelegibildade absoluta*, de imediato, os *inalistáveis* e os *analfabetos* (*art. 14, § 4º*) e o *Presidente da República*, os *governadores de Estado* e os *prefeitos* para um terceiro mandato consecutivo (*art. 14, § 5º*). Expandindo o catálogo, a Lei Complementar 64, de 18.5.1990, alterada pela Lei Complementar 81, de 13.4.1994, amplia este elenco, desvendando a seguinte realidade:

INELEGIBILIDADES ABSOLUTAS
CF, art. 14, § 9º, e Lei Complementar 64/1990
(art. 1º, I, "b", "c", "d", "e", "f", "g" e "h")

✓ Os que não atendem às condições de elegibilidade (v. quadro *supra*)

✓ Os parlamentares que tenham perdido o mandato por infração à legislação, pelo prazo remanescente do mandato perdido e por mais *oito anos* subseqüentes ao término da respectiva legislatura

✓ O governador, o vice-governador de Estado, o prefeito e o vice-prefeito que perderam os mandatos eletivos por infringência à legislação, pelo período remanescente do mandato e mais *três anos* subseqüentes ao término do mandato para o qual foram eleitos

✓ Os que tenham contra a sua pessoa representação por abuso do poder econômico julgada procedente pela Justiça Eleitoral, para as eleições que venham a se realizar *nos três anos* seguintes

✓ Os que tenham sido condenados criminalmente – sentença transitada em julgado – pela prática de crime contra a economia popular, a fé pública, o patrimônio público, o mercado financeiro, tráfico de entorpecentes e crimes eleitorais, pelo período de *três anos* após o cumprimento da pena

✓ Os declarados indignos do oficialato – prazo de *quatro anos*

✓ Os que tiverem as *contas rejeitadas por irregularidade insanável e por decisão irrecorrível*, salvo se a questão estiver *sub judice*, pelo prazo de *cinco anos contados da decisão*

✓ Os detentores de cargos públicos condenados por abuso do poder econômico ou político, com decisão transitada em julgado, pelo prazo de *três anos* subseqüentes ao término da permanência no cargo

✓ Os que nos 12 meses anteriores à decretação de liquidação judicial ou extrajudicial tenham exercido cargo de direção, administração ou representação em estabelecimento de crédito, financiamento ou seguro, até que não estejam desonerados de qualquer responsabilidade

✓ Para o cargo de prefeito ou vice-prefeito, o cônjuge e os parentes consangüíneos e afins de prefeito reeleito (Resolução TSE-22.717, art. 15, §§ 2º e 3º)

No que concerne às *inelegibilidades relativas*, há a previsão de: (i) *desincompatibilização* do cargo seis meses antes do pleito para que Presidente da República, governadores de Estado e prefeitos possam concorrer a outros cargos eletivos (*art. 14, § 6º*) ou para que seus respectivos cônjuges e parentes consangüíneos ou afins até o segundo grau ou por adoção possam pleitear a candidatura (*não se aplica a regra se o cônjuge ou o parente for detentor de mandato eletivo e candidato àreeleição*); (ii) af*astamento do militar candidato*, se contar com menos de 10 anos de serviço, e agregação do militar candidato com mais de 10 anos de serviço; (iii) *delegação ao legislador complementar da tarefa de instituir novas hipóteses*, visando à "proteção da probidade administrativa, a moralidade para o exercício do mandato, a normalidade e legitimidade das eleições contra a influência do poder econômico ou o abuso do exercício de função, cargo ou emprego na Administração direta ou indireta" (*art. 14, § 9º*). E a Lei Complementar 64, de 18.5.1990, alterada pela Lei Complementar 81, de 13.4.1994, diante da atribuição com que foi contemplada pelo constituinte, ampliou o *catálogo das inelegibilidades relativas*, impondo o procedimento da *desincompatibilização* (*seis meses antes do pleito, nas eleições gerais; seis meses anteriores para vereança e quatro para prefeito nas eleições municipais*) a autoridades, titulares de cargos públicos, particulares que mantêm contratos com a Administração Pública ou desta captam subvenções, permissionários e concessionários de bens e serviços públicos.

No terreno das inelegibilidades há temas que requerem maior atenção. Nesta esteira, convém lembrar a preocupação com o *continuísmo político* e o *fenômeno domínio familiar*, verificado em especial nos pleitos municipais. Daí a vedação de um *terceiro mandato consecutivo ao cônjuge e filhos de prefeito reeleito* (*Consulta 920, rel. Min. Fernando Neves*). Daí também a *vedação de prefeito reeleito vir a pleitear o cargo de vice-prefeito num terceiro pleito consecutivo*, na formulação do Min. Carlos Veloso: "(...) mesmo tendo se desincompatibilizado, por renúncia, nos seis meses anteriores à eleição, o candidato não pode disputar o cargo de vice, por configurar o exercício de um terceiro mandato sucessivo, o que é expressamente proibido pela Constituição" (Min. Carlos Veloso, fonte: TSE).

E daí, também, a *vedação de candidatura de prefeito em Municípios vizinhos*, que não se enquadrem na figura de desmembramento, incorporação ou fusão, impondo-se-lhe neste caso a desincompatibilização nos seis meses anteriores à consulta e o atendimento do requisito domicílio eleitoral de um ano. Mas, verificando-se o quadro de desmembramento, incorporação ou fusão de Municípios, *a inelegibilidade assume contornos absolutos*, *ex vi* da decisão do TSE, in verbis: "(...) nas hipóteses em que o Município vizinho restou desmembrado há mais de um pleito, deverão ser observados o prazo de desincompatibilização, a filiação partidária e o domicílio eleitoral do candidato na circunscrição em que se pretende concorrer, pelo menos um ano antes do pleito. (...) não é possível que o chefe do Poder Executivo ou mesmo o vice-prefeito, reeleito e em exercício do cargo no Município originário, concorram para prefeito ou vice-prefeito na primeira eleição a ser realizada no Município desmembrado. (...). Tal proibição decorre do fato de que, em princípio, os eleitores inscritos no Município desmembrado são os mesmos que participaram da eleição anterior, podendo, conseqüentemente, essa candidatura comprometer a lisura do processo eleitoral, que poderia ser maculada pela influência do titular do cargo nas eleições (...)" (fonte: TSE).

Merecedora de especial referência, neste cenário das inelegibilidades, a idéia desenvolvida no período da consulta municipal de 2008 atinente à possibilidade de atingir com a inelegibilidade a *candidatura dos detentores da denominada "ficha suja"*, ou seja, candidatos *com processos pendentes, sem decisão definitiva*. Polêmico, o tema ocasionou imensa especulação por parte da imprensa e decisões das mais díspares. Discutido no âmbito do Processo Administrativo 19.919, o TSE acabou acolhendo, por quatro votos a três, o entendimento perfilhado pelo relator, Min. Ari Pargendler, favorável à tese de que *a candidatura só pode ser indeferida caso haja sentença com trânsito em julgado*. Votaram contra os Mins. Carlos Ayres Britto, Presidente do TSE, Félix Fischer e Joaquim Barbosa. Neste mesmo sentido o entendimento perfilhado pela Suprema Corte expresso no julgamento da ADPF 144. Nesta oportunidade, entendeu a egrégia Corte Suprema, por nove votos a dois, que: "A população passa a acreditar que a lista *[com os nomes dos candidatos que respondem a processos]* será a solução de todas as mazelas, mas a missão dessa Corte Constitucional é aplicar a Constituição ainda que essa decisão seja contrária ao pensamento da maioria". Seu Presidente, Min. Gilmar Mendes, acentuou: "Essa fórmula mágica produziria uma hecatombe, injustiças em série". E o Min. Cézar Peluso, lembrando as lições de Beccaria, registrou: "A Humanidade não ganha coisa alguma com a condenação de um inocente". Em verdade, sagrou-se vencedor o voto do relator, Min. Celso de Mello, que decretou: "A proposta é inacolhível.".

Conquanto decifrada a posição da Suprema Corte Eleitoral, que não autorizou qualquer interpretação flexível em relação a este tópico, que, na realidade, toca o delicado e sensível direito público subjetivo fundamental à candidatura[46] – o exercício do sufrágio passivo –, houve casos de impugna-

46. "Um direito fundamental", na lição de André e Francine Demichel, *Droit Électoral*, Paris, LD, 1973, e de Jean-Claude Maclet, *Droit Électoral*, Paris, PUF, 1989. O direito político de candidatura na categoria de direito fundamental vem tratado na primeira parte deste capítulo.

ção, e elevada pressão por parte do Ministério Público, a exemplo do quadro eleitoral paranaense, onde 50% das impugnações de registro de candidatura pautavam-se na questão "ficha suja", embora sem condenação definitiva do candidato.[47]

O regime jurídico do candidato convoca, outrossim, para a análise de outro relevante linde incidente sobre esta particular e delicada figura. A *irreelegibilidade*, que por longos anos dominou o cenário eleitoral sul-americano. A seu turno, de matiz extraordinária, a regra da irreelegibilidade[48] abarcava, tradicionalmente, os cargos do Poder Executivo, como homenagem ao *standard* da alternância e modelada de forma a afastar os riscos do continuísmo e a deterioração do pólo do poder por força da ação corrosiva de sua concentração, por um longo período, nas mãos de um grupo ou de um só homem.

A Emenda Constitucional 16, de 4.6.1997, inovou no tocante ao tratamento desse instituto, suavizando a vedação para permitir que os titulares dos cargos de Presidente da República, governador de Estado e prefeito venham a postular por mais uma vez, em linha subseqüente, o mesmo posto.

A possibilidade de recondução do chefe máximo do Executivo para mais um mandato consecutivo encontra guarida na evolução do sistema presidencial norte-americano, quando, ao ensejo de se recusar *replay* à pretensão do Presidente Roosevelt de concorrer a um terceiro e um quarto mandatos, foi consagrada, em esfera constitucional, com o advento e a retificação da Emenda XXII, a *possibilidade de se pleitear uma e uma só vez a reeleição*.

No panorama sul-americano, contudo, a prática afigurava-se rara. De recente introdução, foi acolhida inicialmente na Argentina e no Peru na década 90 do século XX. Posteriormente passou a inspirar os sistemas eleitorais desenvolvidos entre nós, o Brasil, e logo a seguir expandiu-se para alcançar Venezuela, Equador, Colômbia etc., viabilizando a manutenção no poder dos respectivos Presidentes.

De qualquer forma, o impacto da reeleição deflagrou novas limitações às campanhas e, destarte, à liberdade de divulgar posturas e plataformas políticas, disputando a simpatia, a confiança e o voto dos eleitores. Assim é que a Lei 9. 504, de 30.9.1997 – texto editado, aliás, com proposta de permanência, para regulamentar várias e várias eleições, porquanto é ca-

47. V., sobre a questão, ainda, o levantamento promovido pela AMB, publicado no seu *site*, em data de 22.7.2008 (fonte: *www.uol.com.br*, acesso em 23.7.2008).

48. A regra da irreelegibilidade estréia entre nós com o texto da Constituição republicana de 1891 (art. 43), afigurando-se ausente tão-só na Carta de 1937.

tegórico ao dispor na sua ementa que "estabelece normas para eleições"[49] –, dedica todo um capítulo às "condutas vedadas aos agentes públicos em campanhas eleitorais" (arts. 73 a 78), visando a impedir o uso da máquina estatal, principalmente, por parte dos candidatos à reeleição.

Aliás, é de se registrar o diferenciado tratamento oferecido pelo legislador no tocante à *reeleição* para os cargos do Legislativo. Nesse terreno restou consagrada apenas a vedação quanto à utilização da gráfica para a produção de material publicitário.[50] Nada mais, sob a argumentação de que o parlamentar deve se comunicar com seu eleitorado. Mas aí resta a questão: o chefe do Executivo, que hoje é eleito e cuja legitimidade encontra por superfície exatamente seu respaldo eleitoral, não seria merecedor de tratamento idêntico, mormente ante o *standard* igualitário que preordena os direitos consagrados no Estatuto Fundamental?

De qualquer forma, uma vez admitida a hipótese da reeleição, não há como ignorar o *núcleo central em torno do qual gira o instituto*, ou seja, a possibilidade que se descortina ao eleitor de realizar *uma opção por um programa de governo já em pleno desenvolvimento*. Seu voto passa a expressar *aprovação* ou *desaprovação* de políticas públicas governamentais.

10.5.2 Candidaturas partidárias. Candidaturas independentes. Listas abertas ou bloqueadas. Composição das listas: as quotas

O vocábulo "candidato" apresenta-se como um termo análogo,[51] diante dos diferentes significados que assume. Em verdade, designa todo aquele que aspira a um posto, a um cargo ou a uma determinada posição. E nem

49. Entre nós já era da tradição eleitoral a edição de um texto legal específico para cada pleito. Foi, sem dúvida, louvável a ação do legislador, produzindo um documento *com a expectativa de generalidade e permanência*, buscando, assim, evitar o casuísmo típico da esfera eleitoral. Aguarda-se, porém, com curiosidade, verificar em que medida a Lei 9.504/1997 resistirá ao tempo e às pressões.

50. Nesse sentido é de acentuada flexibilidade o tratamento assegurado, consagrado, inclusive em resposta do egrégio TSE a consulta promovida pelo Presidente da Câmara dos Deputados, *litteris*: "Deputados – Trabalhos gráficos – Possibilidade de que sejam fornecidos pela Câmara, no ano eleitoral, desde que relativos à atividade parlamentar e com obediência às normas estabelecidas em ato da Mesa, vedada sempre qualquer mensagem que tenha conotação de propaganda eleitoral" (Consulta 444-DF, classe 5ª, *DJU* 26.6.1998).

51. Verificando o *Dicionário Houaiss da Língua Portuguesa*, constata-se o entendimento do vocábulo "candidato": "(...). Aquele que aspira a um cargo, honraria, emprego, etc. 2. Aquele que precisa de votos que o elejam para um cargo ou função (...)" (Rio de Janeiro, Objetiva, 2001, p. 595).

sempre a intenção de ocupar um cargo ou uma determinada posição implica adentrar uma arena competitiva. A *figura do candidato no campo jurídico-eleitoral* detém conotações próprias, a par da conotação concorrencial que lhe é peculiar.

Cuida-se, dúvida não resta, de um indivíduo que postula posto eletivo. Envolve mais, contudo, porquanto *importa o exercício do direito de sufrágio passivo* – o *ius honorum*. Um direito político, um direito fundamental, como já assinalado nos itens 10.1 e 10.2 deste capítulo. E mais até, engloba a faculdade de se apresentar ao corpo eleitoral, conquistando sua confiança, seu voto, *no ensejo de se tornar seu representante*. Daí sua posição de *ator principal no jogo da competição pelo poder político*, um cenário que gira em torno do princípio representativo, norteado pelos cânones da soberania popular e do pluralismo político, que correspondem a valores fundamentais da democracia, e em particular da nossa ordem constitucional (*arts. 1º, I e V, e 14*).

A *candidatura* constitui a *formalização* da vontade manifestada pelo candidato de atuar no pólo passivo do *ius sufragii*. A candidatura, pois, corresponderia, numa vizualização consumerista, à *oferta eleitoral passiva*. E exatamente porque o exercício passivo do sufrágio envolve responsabilidade mais qualificada, na medida em que gira em torno dos que se propõem a atuar no papel de *decision makers* – de representantes/governantes, daqueles a quem incumbirá tomar as decisões políticas –, é que os requisitos e os impedimentos à candidatura assumem um tom mais rígido e integram um elenco mais volumoso de hipóteses que o fixado em relação aos eleitores, aqueles que permanecem na face ativa do sufrágio.

A candidatura – ou a oferta eleitoral passiva – pode atender, de conformidade com o critério adotado, a diferentes modelos para sua instituição. Quanto à *competência* para a apresentação, depara-se o analista com a *candidatura independente*, a *partidária* e a de *grupos da sociedade civil organizada*. A *candidatura independente* depende, para sua instituição, única e exclusivamente da manifestação de vontade do próprio aspirante a cargo eletivo, sem prejuízo da observância dos demais requisitos exigidos pela Constituição e legislação específica. A de *cunho partidário* condiciona o atingimento da qualidade de candidato à prévia aprovação de um partido político. E, por derradeiro, a *candidatura poderá ser apresentada por um grupo de eleitores*, hipótese que impõe ao postulante de posto eletivo a prévia conquista de determinado número de votantes para o suporte da sua pretensão.[52]

52. V., ainda: Monica Herman S. Caggiano, *Sistemas Eleitorais X Representação Política*, cit.; Montserrat Barras e Juan Botella, *El Sistema Electoral*, Madri, Tecnos,

Há, ainda, uma outra possibilidade classificatória, quanto à *forma de apresentação da candidatura*: candidaturas *uninominais* e *plurinominais*; candidaturas *isoladas* e candidaturas *por lista*; candidaturas *por lista aberta* e candidaturas *por lista fechada, bloqueada e mandamental*.

As candidaturas partidárias são, via de regra, formuladas *por intermédio de lista de candidatos*. É esta a lista que o partido leva a registro para a instituição da candidatura de seus candidatos, daqueles que concorrerão ao pleito eletivo sob sua legenda. Quando referida lista opera pelo *sistema aberto*, o eleitor poderá conferir seu voto a candidatos de listas diferentes e o voto será uninominal, ou seja, será dado em favor de um determinado candidato. Esta é a técnica celebrizada pelos franceses, que autorizam o *panachage*[53] – o voto mesclando candidaturas de diferentes legendas partidárias. Quando, no entanto, o método de *lista fechada e bloqueada* é adotado, a exemplo do acolhido na Espanha,[54] reduzidas oportunidades de escolha são reservadas ao eleitor. Este deverá necessariamente votar na lista por inteiro, pois esta, uma vez proclamada, não poderá sofrer qualquer remodelação. O duplo voto alemão, a seu turno, afigura-se bastante ilustrativo neste sentido. Ao votante é apresentada uma cédula dupla, contendo dois diferentes votos. Num lado da cédula (*o primeiro voto*) o voto deve ser atribuído a um candidato – voto uninominal. Este primeiro voto será computado para indicar a composição de 50% das cadeiras da *Bundestag* ou Parlamento germânico. Mas a outra metade da cédula contém espaço tão-só para a indicação da legenda partidária da preferência do votante. E, de acordo com os votos de legenda, computados a partir do segundo voto da aludida cédula, é que serão distribuídos os assentos parlamentares restantes para cada um dos partidos que tenham apresentado listas de candidatos. E em cada uma destas listas serão designados vitoriosos tantos candidatos quantas as cadeiras parlamentares atribuídas ao partido proporcionalmente

1996; e Juan Carlos Gonzáles Hernández, *Derecho Electoral Español*, Madri, Tecnos, 1996.

53. Sobre o sistema de lista e, em especial, a idéia de *panachage* francesa, v. Monica Herman S. Caggiano, *Sistemas Eleitorais X Representação Política*, cit., pp. 85-93.

54. Na Espanha, para as eleições gerais, eleições nas regiões autônomas e locais, em Municípios com mais de 250 habitantes, as candidaturas devem se apresentar sob a fórmula de lista fechada e bloqueada, contendo tantos candidatos quantas as vagas a preencher e mais três suplentes, todos na ordem exata de colocação e sem possibilidade de alteração após a instituição da candidatura. Somente nas eleições locais de Municípios que tenham entre 100 e 250 habitantes é que são autorizadas listas abertas (Montserrat Barras e Juan Botella, *El Sistema Electoral*, cit., p. 74).

ao número de votos. Esta designação acompanhará a posição na respectiva lista, independentemente do número de votos que cada um dos candidatos teria obtido de per si. Frise-se, aliás, que nem se vota nome de candidato. O segundo voto é reservado para partidos. Por isto é que *a lista alemã é conhecida como fechada e mandamental*, isto é, os candidatos aparecem na lista na ordem exata em que o partido tem interesse de que esse venha a, efetivamente, se sagrar vencedor e conquistar a cadeira parlamentar.

O modelo doméstico, brasileiro, opera no *sistema de candidatura por lista*, e esta é monopólio dos partidos políticos, como continua confirmando a nossa Constituição ao prever a filiação partidária como condição de elegibilidade (*art. 14, § 3º, V*). Para as eleições destinadas a prover os postos executivos – Presidente, governadores de Estado, prefeitos de Municípios – a lista é fechada e bloqueada. Isto porque o eleitor deve votar na lista partidária como um todo, sufragar a chapa chefe do Executivo e seu vice por inteiro, não podendo escolher, por exemplo, o candidato a prefeito de uma chapa (*lista*) e o candidato a vice-prefeito de outra. As candidaturas para os Parlamentos, de sua parte, vêm oferecidas por via de listas. Porém, as listas são abertas. Tanto assim é que ao eleitor é dada a opção de, no caso das eleições gerais, sufragar candidato a deputado estadual de uma lista, candidato a deputado federal de outra e senador de uma terceira lista. Mais até, note-se que o voto é nominal, o que veda a feitura de listas fechadas e mandamentais no seio dos partidos. Na lista partidária serão sagrados vencedores os que tiverem efetivamente o apoio popular expresso por força do voto do eleitor. A matéria vem tratada na Constituição Federal (*art. 77, **caput** e § 1º, c/c os arts. 28 e 29, II*), no Código Eleitoral (*art. 91*) e na Lei eleitoral 9.504, de 30.9.1997 (*art. 10*).

O *problema das cotas no panorama das candidaturas* emerge da exigência do atendimento da isonomia em cenário eleitoral, em que se desenvolve o exercício do direito de sufrágio. Como já acima evidenciado, o regime jurídico da candidatura é comandado pelos princípios da *liberdade* e da *igualdade*, importando este a igual oportunidade para disputar postos eletivos tanto para mulheres quanto para homens – enfim, o equilíbrio entre os postulantes ao longo das campanhas eleitorais. Ora, na atuação passiva do direito de sufrágio, a mulher por um longo período ficou marginalizada. Em verdade, o sufrágio feminino se apresenta como extremamente tardio. E, mesmo quando já consagrado, precária sua participação nas disputas políticas. A consulta eleitoral, em nível municipal, de 2008 é amplamente ilustrativa desta deficitária presença, o que se apura com facilidade das seguintes tabelas:

Candidaturas masculinas / Candidaturas femininas

Eleições de 2008 – VEREADOR

	Candid. Masc.	**Candid. Fem.**
Reg. Nordeste	64.226	18.654
Reg. Norte	22.014	6.589
Reg. Sudeste	77.276	21.380
Reg. Sul	43.509	11.805

Eleições de 2008 – PREFEITOS

	Candid. Masc.	**Candid. Fem.**
Reg. Nordeste	3.790	574
Reg. Norte	1.122	140
Reg. Sudeste	3.349	302
Reg. Sul	2.613	219

A estréia da solução por intermédio de um *sistema de cotas femininas*, no campo eleitoral, ocorreu com a edição da Lei 9.100, de 29.9.1995, que introduziu, na qualidade de exigência legal, a previsão de reserva de cota especial dedicada à candidatura feminina (*20% das vagas de cada partido ou coligação*), donde sua rotulação de "Lei das Cotas". Interessante notar que, embora amplamente criticada, a postura protecionista do legislador encontrou reforço na jurisprudência emanada do TSE, colhendo-se o seguinte registro quando da resposta à Consulta 157-DF, *in verbis*: "*Ementa:* Candidaturas femininas. Se não se preencherem os 20% das vagas destinadas às candidaturas femininas, a chapa poderá ser registrada, ainda que incompleto aquele percentual de mulheres. O que não se admite, conforme entendimento firmado por esta Corte, é que a diferença seja preenchida por candidatos homens" (*DJU* 10.7.1996).

A legislação atual abandonou o ar de defesa do sexo frágil e desamparado e, nos termos do § 3º do art. 10 da Lei 9.504/1997 (*Lei das Eleições*), estabeleceu apenas uma equação de proporcionalidade de 30/70 na composição das listas partidárias de candidatos. Na realidade, as listas deverão reservar 70% do total a um dos sexos e os restantes 30% das vagas ao outro. Evidente, no entanto, que a predominância nas listas de candidatos permanece masculina – como, aliás, retratam as tabelas acima apresentadas.

O tema candidatura ou a oferta de sufrágio passivo absorve, de certo, questões de extrema relevância, em razão do própria sensibilidade e magnitude do território ao qual se incorpora: o exercício de um direito político, o de participação política. Um campo de difícil regulação, considerando toda uma fenomenologia incidente, cujos reflexos provocam reações e comportamentos diferentes, dependendo da época, das perspectivas da sociedade, do momento histórico. Assim, percebe-se hoje uma retração quanto ao interesse pela política em razão do descrédito das grandes potências partidárias, dos escândalos envolvendo o homem público, da deterioração da figura do político. Basta, para tanto, verificar o decréscimo nas filiações partidárias, que nunca se mostrou em níveis tão elevados. Mas, em 2002, 90,342% da população já não pertenciam a partido algum, em 2007 esta apatia ampliou-se, apontando 90,831% da população distante de agremiações político-partidárias.

10.6 Dos partidos políticos. Conceito. Trajetória histórica. Tratamento constitucional. O sistema de partidos e seu poder de influência

Superada a extrema aversão ao organismo partidário,[55] herança do *ancién régime* e que influenciou a tese clássica que se recusava a ver nos partidos outra coisa além de *meros grupos sociais*,[56] descortina-se no mundo contemporâneo uma nova realidade: a *democracia patrocinada pelos partidos* – idéia consagrada inúmeras vezes, solenemente, pelos ordenamentos jurídicos, a exemplo da realidade doméstica, que lhes assegura até o monopólio das candidaturas.[57]

Em verdade, é pelos partidos que se processam as candidaturas; ao partido é que compete a responsabilidade pela campanha;[58] o *marketing* publicitário é controlado pelos partidos; a esses é atribuída até a repartição do tempo de antena entre os candidatos. Enfim, assume o partido, por determinação constitucional, o *status* de *peça essencial do jogo de disputa de votos rumo ao pólo do poder*.

O quadro de sobrepujança da figura da agremiação político-partidária não é ignorado pela doutrina estrangeira, passando Valdés a apontar a cen-

55. V., sobre partidos e sua origem: Monica Herman S. Caggiano, *Finanças Partidárias*, Brasília, Senado Federal, 1983, e *Sistemas Eleitorais X Representação Política*, cit.; *Finanças Partidárias*, Brasília, Senado Federal, 1982.

56. Marcel Prélot refere-se aos partidos como "des groupements libres, d'iniciative privé" (*Institutions Politiques et Droit Constitutionnel*, 6ª ed., Paris, Dalloz, p. 74).

57. Como já anotado em item anterior, a CF, art. 14, § 3º, V, preconiza a filiação partidária como condição de elegibilidade.

58. Desde as eleições municipais de 1996 (comandadas pela Lei federal 9.100/1995) optou o legislador por atribuir, solidariamente, a candidatos e partidos tal responsabilidade; situação que permaneceu inalterada sob a égide da atual Lei 9.504.

tralidade do seu papel de "construção da comunidade como sujeito politicamente atuante, superando a atomização naturalmente presente no corpo social".[59] Emerge, destarte, o partido como principal veículo de comunicação entre a sociedade política e a sociedade civil, embora não reste dúvida de que esta relação vem sendo timbrada – ao longo de um percurso histórico de cerca de três séculos – por situações de intenso e explícito conflito.

Com efeito, talvez sob o impacto do pensamento liberal que encarava os partidos como demolidores da estrutura idealizada para o Estado, quiçá em razão das crises que atingiram a figura do Parlamento, tendo o partido, não raras vezes, como causa, fato é que, na sua trajetória, o partido foi objeto de ampla e expandida hostilidade, visualizada na identificação das várias fases de *desconhecimento*, *mariginalização* e *antagonismo* de que foi alvo.

Interessante, a este passo, apontar as *conotações que marcam o desenvolvimento dos partidos políticos*, discutidas por Valdés[60] com inspiração no magistério de Heinrich Triepel. Este identifica *quatro diferentes ciclos*, com características próprias, o que, de fato, corresponde à própria evolução da figura do partido, que: (i) num primeiro momento foi objeto de *flagrante oposição*, passando, a seguir, pelas etapas de (ii) *ignorância e desconhecimento*, (iii) *legalização* e (iv) *incorporação* à ordem jurídico-constitucional.

Com efeito, aponta o magistério de Carré de Malberg a idéia de *neutralidade* a dominar o século das luzes, conduzindo a uma *postura refratária em relação aos partidos*, sustentada, inclusive, pelo próprio autor. Nesta esteira, enfatiza o ilustre Mestre o *status* dos parlamentares, que devem (i) representar toda a Nação (não os interesses partidários), (ii) ser independentes dos colégios eleitorais que os elegeram e, (iii) como conseqüência, não mais se aceitam vínculos; (iv) os eleitores/representados são os cidadãos.[61]

A hostilidade em relação à organização partidária, aliás, já invade o século XVII com a figura de Bolingbroke postando-se frontalmente contra os partidos e Hume, numa linha mais amena, aceitando-os como *conseqüência desagradável*, como explicitado no seu ensaio sobre *The Parties in General*,

59. Roberto L. Blanco Valdés, *Los Partidos Políticos*, Madri, Tecnos, 1997, p. 13.

60. Idem, ibidem. Valdés retira o bloco das fases da história dos partidos políticos do livro *Die Staatsverfassung und die politischen parteien*, de Heinrich Triepel (1927). V., ainda, sobre a matéria, Maurice Duverger, *Os Partidos Políticos*, trad. de Cristiano Monteiro Oiticica, Rio de Janeiro, 1970; Manoel Gonçalves Ferreira Filho, *Os Partidos Políticos nas Constituições Democráticas*, São Paulo, Revista Brasileira de Estudos Políticos, 1966.

61. R. Carré de Malberg, *Teoría General del Estado*, cit., 1ª reimpr.

onde registra o fato de que "as facções subvertem o governo, elaboram as leis impotentes e provocam as mais ferozes animosidades entre os homens de uma Nação".

Esta postura domina o século das revoluções, e relevante afigura-se conhecer a contrariedade expressa por ilustres personagens da história francesa, a exemplo de Condorcet, que proclamava uma necessidade de a República não contar com partidos, ou Saint-Just, o mais radical, a rotular todo partido como criminoso, pois toda facção se afigura subversiva quanto à soberania do povo.[62]

Paradoxalmente, foram as idéias emergentes do período revolucionário do século XVIII a demonstrar a relevância do partido no cenário da competição política. Isto porque na nova estrutura arquitetônica idealizada em relação à figura do Estado não há mais um soberano. Este é substituído pelo povo, e povo constitui algo difuso, temporal, composto, variável e com mandato revogável. O próprio desenho do Estado Moderno passa a demandar a presença do partido. Isto em razão das *funções a este inerentes*, que, na sua atuação:

- assegura uma seleção, ainda que ilusória, entre diferentes alternativas;
- oferece uma certa organicidade na administração do Estado;
- realiza sondagens responsáveis do eleitorado;
- reduz a complexidade da escolha entre as diversas opções eleitorais;
- exerce o papel de mediador na política, funcionando como sistema de frenagem das pressões eleitorais sobre o pólo governamental.

Inaugura-se, pois, etapa consolidadora da presença do partido político, erigindo-o a ente inafastável do palco das disputas eleitorais e a um dos principais elementos no esforço de robustecimento das práticas democráticas. Hans Kelsen, no começo do século passado, foi o idealizador da célebre doutrina do *Estado de Partidos*. Na sua obra *Esencia y Valor de la Democracia*, proclama: "A democracia moderna assenta-se sobre os partidos políticos, cuja relevância cresce com o fortalecimento progressivo do princípio democrático. Só por força de processo de ofuscação ou dolo pode vir a se sustentar a democracia sem partidos. A democracia necessária e inevitavelmente requer um *Estado de Partidos*".[63] A este respeito, oportuno é registrar a constatação de Gerhard Leibholz, que, embora severo crítico da figura partidária, reconhece "a substituição paulatina da clássica democracia

62. V., neste sentido, a história relatada por Valdés, *Los Partidos Políticos*, cit.

63. Hans Kelsen, *Esencia y Valor de la Democracia*, Barcelona, 1934, obra referenciada por Valdés, *Los Partidos Políticos*, cit., p. 48.

representativa parlamentar pelo moderno estado de partidos, assentado na democracia de massa".[64]

Nessa linha, a própria teoria constitucional a denotar plena consciência de que o Estado do século XX é um Estado de Partidos, como registram, com a habitual perspicácia, Karl Loewenstein[65] e Duverger, que ressalta: "Os partidos tanto criam a opinião pública quanto a exprimem; formam-na mais que a deformam; não há eco e sim diálogo. Sem partidos haveria apenas tendências vagas, instintivas, variadas, (...) necessário admitir que o eleito recebe um duplo mandato: do partido e dos eleitores (...) e aquele tende a suplantar este último".[66]

De sua parte, a doutrina brasileira descortina observações lançadas por eméritos constitucionalistas quanto à importância do partido político no mundo atual. Nesta esteira o registro de José Alfredo de Oliveira Baracho na sua obra *A Teoria Geral do Direito Eleitoral e seus Reflexos no Direito Eleitoral Brasileiro*: "A constitucionalização dos partidos vem acompanhada da denominação Estado de Partidos, em decorrência da consolidação dos primeiros partidos, acompanhada da progressiva extensão do sufrágio" (p. 67). Do mesmo sentir Manoel Gonçalves Ferreira Filho, na obra *Democracia pelos Partidos*, onde ressalta: "Reconheceu-se implicitamente que a representação nacional gerava uma oligarquia representativa, procuraram (...) encontrar uma fórmula que permitisse ao povo realmente governar através de representantes eleitos. A solução encontrada foi a de erigir o partido político em peça fundamental da democracia, fazendo dele o verdadeiro candidato". E aduz, no seu tradicional e clássico *Curso de Direito Constitucional* (34ª ed.), que "no século XX veio a ser formulada nova colocação das relações entre representantes e representados. É a doutrina do mandato partidário. Esta, como a designação indica, vincula-se ao fenômeno político dos partidos e especialmente ao modelo da democracia dos partidos (...)". E Cláudio Lembo, em entrevista concedida ao jornal *O Globo* e publicada no livro *O Jogo da Coragem* ("Por uma ampla participação política"), conclui neste mesmo sentido.

Forçoso reconhecer que por via das tarefas que a agremiação foi assumindo ao longo de sua história é que o partido alcançou a posição de *verdadeiro canal de comunicação e de participação no processo político*; de *mecanismo de recrutamento e de socialização política*. Daí o fortalecimento

64. Gerhard Leibholz, *La Rappresentazione nella Democracia*, Milão, Giuffrè Editore.

65. Karl Loewenstein, *Teoría de la Constitución*, trad. de Alfredo G. Anabitarte, Barcelona, Ariel, 1976.

66. Maurice Duverger, *Os Partidos Políticos*, cit.

de sua figura, assumindo mesmo a postura de "monopolizador(es) do sistema eleitoral, como acontece no caso brasileiro", na acepção do professor Cláudio Lembo.[67]

Pois bem, diante do impacto produzido pelo partido e seu incessante crescimento, passam a doutrina especializada e o mundo político a perquirir técnicas, a idealizar mecanismos e medidas que possam vir a lhe assegurar condições para o bom desempenho de suas tarefas – o que, em domínios brasileiros, conduziu o professor Manoel Gonçalves Ferreira Filho, em obra publicada em 1977, a propor o modelo do "partido pasteurizado", isto é , "o partido de estrutura democrática, escolhidos pelas bases seus dirigentes, limpo de corrupção, com fontes puras de financiamento, de atuação permanente, contribuindo para a formação política do povo".[68]

De se notar, porém, que a figura do "partido pasteurizado" se afigura, ainda, insuficiente para habilitar essa agremiação política a servir de base às instituições democráticas. A complexidade do cenário a envolver a competição pelo poder, na realidade contemporânea, exige o desenho adequado de um sistema de partidos, aclimatado às nuanças e especificidades de cada comunidade política e à espécie de representação política que se pretende instalar.

A constitucionalização do ente partidário,[69] destarte, atendeu a um processo histórico moroso; e, concretamente, hoje, não são todas as Constituições que lhe oferecem abrigo e *status* de instituição política. A título ilustrativo, interessante notar a incorporação aos textos fundamentais tão-só após o segundo conflito bélico mundial, a exemplo dos seguintes casos:

67. Cláudio Lembo, *Participação Política e Assistência Simples no Direito Eleitoral*, cit., p. 62.

68. Manoel Gonçalves Ferreira Filho, *Sete Vezes Democracia*, São Paulo, Convívio, 1977.

69. Este clima refratário e de hostilidade ao partido provocou também a atitude letárgica do legislador. Assim, na **França,** continuou o estado de condenação partidária mesmo depois de aprovada a **lei das associações em 1901**. Só mais tarde, em 1910, é que por força de um artigo introduzido no Regimento da Assembléia abre-se o caminho para um tratamento jurídico – embora tímido. E a **Espanha** desvenda situação similar, um de oposição. Só a Constituição de 1933 e, um ano depois, com o advento do Regulamento do Parlamento de 1934, é que passam a ser reconhecidas determinadas funções importantes em relação aos partidos. Em verdade, as primeiras leis a contemplar os partidos podem ser identificadas nos Estados Unidos da América: **(1866)** Estados de Califórnia e de Nova York, que aprovam as primeiras leis sobre partidos. Na Califórnia de aplicação facultativa e em Nova York obrigatória e no século XX, o de Wisconsin, pela primeira vez, introduza obrigação dos partidos de procederem **eleições primárias**.

PROCESSO DE CONSTITUCIONALIZAÇÃO

Após a II Guerra

Constituição italiana de 1947 (art. 49) → "associar-se livremente"

Constituição alemã de 1949 (art. 21) (Lei Fundamental)

Constituição francesa 1958 (art. 4º) → *partidos e grupos políticos*

Constituição grega 1975 (art. 29.I) → *partidos*

Constituição portuguesa 1976 (art. 117.I)

Constituição espanhola 1978 (art. 6º)

De outra parte, convém notar que o partido político moderno encontra sua matriz e inspiração nos partidos de massa, que surgiram no final do século XIX e início do século XX, principalmente, na configuração organizacional que fora conferida ao Partido Social-Democrata alemão. A estrutura atual, assim, conduz o analista à visão clara de uma:

máquina organizatória + um programa articulado e dotado de estrutura

com as seguintes *características*:

(i) **matriz**: o Partido Social-Democrata alemão – o primeiro partido de massa com corpo organizado, estrutura própria, disciplina e permanência

(ii) **distinção clara entre membros** (filiados ao partido) e meros eleitores

(iii) **disciplina interna fundamental** ao funcionamento do partido no âmbito interno e externo

(iv) **natureza individual da filiação**. O ato de filiação é expressão de vontade individual, não podendo se considerar filiados quando a adesão se processou por meio de outra organização

(v) **existência de uma estrutura organizacional** (recursos humanos e materiais) estável, formada por funcionários do partido e dotada de meios materiais

O documento constitucional brasileiro de 1988 lhe reservou capítulo aparte e, mais que isso, topograficamente, o instalou no contexto dos direitos e garantias fundamentais (Título II, Capítulo V). E, conquanto um segmento constitucional formado por um só artigo, o art. 17, certo é que o constituinte cuidou do tema "partido político" de forma generosa, fixando-lhe a natureza jurídica – *pessoa jurídica de direito privado* –, sendo *livres* sua *criação*, fusão, incorporação e extinção. E, mantendo coerência, tratou de assegurar a *autonomia* a este ente, indicando os limites do legislador, que somente poderia vir a regular o funcionamento parlamentar, o acesso aos recursos do fundo partidário e o direito de antena, o uso gratuito do rádio e da televisão. Garantiu-lhe, expressamente, a faculdade de "definir sua estrutura interna, organização e funcionamento, inclusive para adotar os critérios de escolha e o regime de suas coligações eleitorais, sem obrigatoriedade de vinculação entre as candidaturas em âmbito nacional, estadual, distrital ou municipal, (...)" (*§ 1º do art. 17 da CF*).

Daí a atual lei partidária (*Lei federal 9.096, de 19.9.1995*) não ser contemplada com o rótulo de "Lei Orgânica dos Partidos Políticos", como a anterior de 1971. O legislador, de qualquer forma, exorbita em alguns pontos, uns já apontados pela própria Corte Superior Eleitoral como contrários ao texto fundamental e até mesmo pelo STF. Assim, foi declarado inconstitucional o art. 13 do referido texto – preceito que estabelecia a cláusula de barreira de 5% –, por força de decisão adotada pelo STF em 7.12.2006 apreciando ação direta de inconstitucionalidade[70] ajuizada pelos denominados "nanicos"; e, acompanhando o voto do Min. Marco Aurélio Mello, *acabou extirpada da ordem jurídica esta espécie de medida restritiva* que, na realidade, busca limitar e minimizar as conseqüências colaterais, perversas, da atomização do quadro partidário.

Oportuno registrar o fato de que nas eleições gerais de 2006 *a regra do art. 13 da Lei 9.096/1995[71] (cláusula de barreira) iria ter sua primeira aplicação concreta*, excluindo cerca de 14 partidos da Câmara dos Deputados, atingindo um total de 118 parlamentares eleitos.[72] *Apenas sete partidos lograram alcançar o célebre e natimorto fator de desempenho do referido art. 13*, quais sejam: PFL *(atual DEM) – 11,34% dos votos*;

70. Duas eram as ações diretas de inconstitucionalidade em tramitação junto ao STF argüindo a inconstitucionalidade do art. 13 da Lei 9.096/95, e ambas datadas de 1995: ADI 1.351 e ADI 1.354, tendo como relator designado o Min. Marco Aurélio Mello.

71. "Art. 13. Tem direito a *funcionamento parlamentar*, em todas as Casas Legislativas para as quais tenha elegido representante, o partido que, em cada eleição para a Câmara dos Deputados, obtenha o apoio de, no mínimo, *5% dos votos apurados, não computados os brancos e os nulos*, distribuídos em, pelo menos, *um terço dos Estados*, com um *mínimo de 2%* do total de cada um deles." (v. art. 57).

72. PC do B – 13 cadeiras; PPS* – 21 cadeiras; PSOL – 03 cadeiras; PL*** – 23 cadeiras; PTB** – 22 cadeiras; PTC – 04 cadeiras; PRONA*** – 02 cadeiras; PT do B – 01 cadeira; PSC – 09 cadeiras; PV – 13 cadeiras; PMN* – 03 cadeiras; PAN** – 01 cadeira; PRB – 01 cadeira; PHS* – 02 cadeiras.

* Partidos que pretenderam se fundir, criando o MD (Mobilização Democrática) para superar a cláusula de barreira. A decisão do STF acabou por não impor esta fusão como solução de sobrevivência.

** Partidos que sofreram incorporação (PTB incorporou o PAN).

*** PRONA e PL fundiram-se, passando a formar o PR (Partido da República).

PSDB – *14.13% dos votos*; PT – *15,58% dos votos*; PMDB – *15,12% dos votos*; PDT – *5,40% dos votos*; PP – *7,42% dos votos*; e PSB – *6,38% dos votos*. Contudo, a providencial *manifestação da Corte Suprema assegurou sobrevida aos "nanicos"* e decretou inoportuna, por ora, qualquer investida quanto à providência de reformular o texto constitucional, inserindo a limitação "esdrúxula, extravagante e incongruente", como a rotulou o Ministro Relator, Marco Aurélio Mello. A reintrodução, quer por lei, quer por emenda constitucional, parece-nos ter sido relegada à História.

Um outro tópico – este, objeto de reexame pelo TSE – passa a obrigar os partidos a adequar seus institutos de pesquisa, doutrinação e educação política ao modelo de fundação, inobstante a lei (*art. 44, IV, da Lei 9.096, de 19.9.1995*) autorize a permanência dos institutos. No entanto, no final do ano de 2005, atendendo à postulação do Ministério Público, nos autos da Pet 1.499, classe 18ª, Distrito Federal, Brasília, o TSE baixou instigante resolução, que "dispõe sobre as regras de adequação de institutos ou fundações de pesquisa e de doutrinação e educação política de partidos políticos às normas estabelecidas no Código Civil de 2002". Certamente que, ao editar referido ato (*Resolução 22.121, de 1.12.2005*), *obrigando os institutos de educação política mantidos pelas agremiações partidárias a se transformar em fundações*, ignorou-se o fato de que a Constituição, ao inserir o partido no território dos direitos fundamentais, buscou lhe assegurar, dentre outros aspectos, sua subsunção à estrita legalidade – o que reduz a margem interpretativa e o campo do regulamento a disciplinar as questões partidárias.

Outro impacto sobre o quadro legal partidário – e desta feita no sentido de *garantir à agremiação autonomia quanto ao lançamento das candidaturas* – se deu com a extinção da *candidatura nata*, como faculdade atribuída ao parlamentar, nos termos previstos no § 1º do art. 8º da Lei Eleitoral (*Lei federal 9.504/1997*). Resultou de decisão liminar proferida pelo *egrégio STF em ação direta de inconstitucionalidade*[73] *ajuizada pelo Procurador-Geral da República atacando aludido dispositivo, que outorgava aos atuais parlamentares a condição de candidatos natos pela respectiva legenda, assegurando-lhes, portanto, a possibilidade de disputar posto eletivo, para fins de reeleição, sem prévia submissão à convenção do respectivo partido*. Por força do pronunciamento do Excelso Pretório, suspendeu-se a aplicação do dispositivo (*que produziu plenos efeitos nas eleições de 1998*) –, por

73. ADI 2.350. A decisão do STF nulificou a regra da "candidatura nata", que assegurava aos parlamentares legenda partidária para a reeleição, não os obrigando a submeter previamente a candidatura à apreciação e deliberação do órgão máximo partidário, a convenção.

entenderem oito dos nove integrantes da Corte, presentes, que a norma se encontrava inquinada de inconstitucionalidade, violando a autonomia partidária, ou seja, a liberdade de, por via estatutária, cada um dos partidos vir a normatizar a questão da *candidatura nata*, com vista a critérios próprios de oportunidade e conveniência.

Mas, em espectro partidário, há de se apontar a exacerbação do fenômeno da *politização da justiça* ou *judicialização da política*, tema que foi objeto de amplo debate por ocasião da realização do Encontro Luso-Brasileiro de Direito Constitucional, junto à Universidade de Lisboa, no período de 28 e 29.1.2008. Nesta oportunidade, por intermédio do trabalho *A Jurisprudência Constitucional sobre Matéria Eleitoral*, foi apresentada a realidade predominante no cenário doméstico a partir de 2002, quando, por resolução da Justiça Eleitoral, com o respaldo da Suprema Corte, foram concretizadas inúmeras intervenções na legislação eleitoral e partidária, transpondo-se os lindes constitucionais que, neste domínio, fixam a reserva legal e interpretações restritivas. Especificamente no tocante aos partidos, situação difícil, até anacrônica, veio se repetindo[74] a partir das eleições de 2002, quando entendeu o TSE ser detentor da competência de, por mera resolução (*um regulamento*),[75] limitar, em relação aos partidos políticos, a liberdade e as possibilidades de oferecimento das candidaturas por coligação, introduzindo a figura que passou a ser conhecida como da "verticalização".[76] *Quatro anos mais tarde*, em 2006, novamente um ano a servir de palco à consulta eleitoral geral (*eleições para presidente, governadores, deputados estaduais, deputados federais e um terço de senadores*), emerge vitoriosa uma proposta de emenda constitucional (PEC 548/2002) a assegurar a *autonomia partidária* na formulação das coligações para a apresentação das candidaturas; e esta, embora não altere na sua substância o texto constitucional (*art. 17, § 1º*), encarregando-se tão só de explicitá-lo, após aprovada e promulgada acabou não incidindo sobre o pleito do já referido ano de 2006.[77]

74. V., neste sentido, nosso *Legislação Eleitoral e Hermenêutica Política X Segurança Jurídica*, Barueri/SP, CEPES/Manole, 2006.

75. V., a respeito, nosso *Coligações Partidárias. Verticalizar ou Não Verticalizar*, onde coloca o problema da introdução de regras incidentes sobre a candidatura por via de mero regulamento, e não lei. Isto diante do princípio da estrita legalidade, que domina todo o campo a envolver matéria eleitoral e partidária.

76. Resolução TSE-20.993, de 26.2.2002. Aliás, reconhecendo o ato como extremamente draconiano, a própria Corte acabou por lhe reduzir os efeitos, por intermédio de outras duas resoluções: as de ns. 21.045 e 21.046, ambas de 26.3.2002.

77. A proposta de emenda constitucional referida acabou sendo publicada, passando a se consubstanciar na Emenda Constitucional 52/2006. O disposto no § 1º do art. 17

De qualquer forma, o exame do texto partidário (*Lei 9.096/1995*) evidencia a preocupação do legislador de, mantendo-se nos contornos dos limites constitucionalmente impostos, disciplinar a matéria de molde a *assegurar o atendimento do princípio democrático* – que deve preordenar até o cotidiano *interna corporis* da agremiação político-partidária –, o pluralismo, a liberdade e a isonomia, diretrizes maiores a comandar o exercício dos direitos políticos de participação, por intermédio do partido. Composta por seis títulos, a abarcar a *organização e funcionamento dos partidos políticos*, as *finanças e a contabilidade*, que são, inclusive, contemplados com subsídio público (o *fundo partidário tratado nos arts. 38-44*), o *acesso gratuito ao rádio e à televisão*, finaliza com as disposições gerais e as finais e transitórias (*Títulos V e VI*).

Por derradeiro, cabe frisar que a notoriedade do partido político advém, também, dos reflexos que o arranjo adotado irradia no sistema político a que se incorpora. De fato, ressalta à evidência o estreito vínculo que o subsistema de partidos mantém com os demais ingredientes que compõem a fórmula política a inspirar o desenho institucional. Nessa linha, se examinarmos o quadro partidário, sob o *critério numérico*, há de se verificar que: o *bipartidarismo* recomenda o sistema eleitoral majoritário puro ou no máximo por dois turnos, enquanto o *multipardidarismo* opera com os sistemas proporcionais. Estes, aliás, têm por efeito incrementar a criação e a multiplicação dos partidos, ensejando a presença dos denominados "nanicos" no panorama político. As técnicas majoritárias, ao invés, aniquilam e hostilizam as pequenas formações partidárias, marginalizando-as. Conduzem, destarte, ao bipartidarismo ou, ao menos, à bipolarização das forças políticas.

Impactos podem ser constatados, outrossim, se o *critério* da análise partir da *formação genética da agremiação*.

Nesse domínio, é de se recordar que os partidos podem ter sua criação partindo de bases parlamentares (*origem parlamentar*) como, ainda, de espaço extraparlamentar. Dependendo de sua origem, a atuação do parlamentar será diferente, como distintas serão, ainda, a relação da agremiação com a comunidade, as relações entre os membros do partido e até mesmo as fontes de financiamento de suas atividades, o que poderá ser visualizado a seguir:

da CF, com a redação dada pela assinalada Emenda 52/2006, não se aplicou às eleições de 2006, por entender o TSE que violaria o prazo de carência de um ano previsto no preceito imediatamente anterior, *o art. 16 do Estatuto Fundamental*. Acabou sendo reaplicada a regra da verticalização no campo das candidaturas.

TIPOS DE PARTIDOS
Critério Origem
Efeitos

Tipo de Partido ***Origem***	***Liderança***	***Estrutura***	***Elites***	***Duração das Atividades***	***Financia-mento***
Parlamentar	Oligárquica. Domínio da bancada parlamentar	Quadros	Parlamen-tares	Ocasionais, principal-mente em períodos eleitorais	Vultosas contribuições de poucos
Extraparla-mentar	Bases partidárias ou das lideranças partidárias	Modelo de organização: preponde-rantemente de *massas*, podendo ter ingredientes advindos do modelo de quadros	Desen-volvidas no âmbito partidário	O ano todo. Maior conti-nuidade	*Pequenas contribuições* de um grande número de filiados e simpatizantes *Vultosas contribuições* de poucos

O sistema de partidos mantém, a seu turno, interface com o próprio sistema de governo idealizado, afigurando-se oportuno o registro de que a *fórmula parlamentar* acomoda-se melhor com o bipartidarismo e, neste quadro, reforça a presença e a liderança política dos líderes da agremiação. O *sistema presidencial*, de outra parte, não discrimina entre sistemas partidários, em termos numéricos. Adapta-se tanto a cenários bipartidários ou de polarização como a espaços de múltiplos e pulverizados partidos.

Enfim, relevante, ainda, o exame dos reflexos do sistema de partidos sobre a conduta em relação à opinião pública, aos candidatos, à sensibilidade diante do corpo eleitoral, ao grau de demagogia do discurso etc., como se infere do quadro abaixo apresentado, tomando-se por base, por mais uma vez, o critério numérico:

SISTEMA DE PARTIDOS

Critério numérico	**Bipartidário**	**Multipartidário**
Influência sobre partidos menores	Dificulta sua criação, chegando a obstar	Favorece sua criação e desenvolvimento

Critério numérico	Bipartidário	Multipartidário
Reflexos sobre alianças ou coligações	Raras as alianças	Estimula as alianças ou coligações
Sensibilidade ante a opinião pública.	Reduzida	Significativa
Distorção da opinião pública	Ingerência sobre a opinião pública, chegando a distorcê-la	Há muita influência da opinião pública sobre a atuação partidária
Demagogia	Grau baixo	Enseja níveis mais elevados
Influência extraparlamentar. Ingerência do partido na seleção dos candidatos a postos eletivos	Reduzido poder de interferência do partido	Nível elevado de interferência, principalmente na composição das listas partidárias, isto é, na concessão de legenda para disputar cargo eletivo
Influência do sistema partidário sobre a opinião pública	Acentua as diferenças locais	Fortalece a uniformidade nacional
Sistemas eleitorais	Recomenda os sistemas majoritários	Funciona com sistemas majoritários, principalmente por dois turnos e preferentemente com sistemas proporcionais

• Análise elaborada a partir de estudo do professor Aaron B. Wildavsky (Centro de Documentação Política e Relações Internacionais).

10.6.1 Monopólio das candidaturas. A questão da fidelidade partidária[78]

Forçoso reconhecer que no Brasil identifica-se uma peculiar tendência à ação denominada *crossing the floor* por parte dos parlamentares. Estes vão caminhando de partido em partido, uma verdadeira peregrinação entre as diversas agremiações, movimento que tem por símbolo João Caldas,ao trocar oito vezes de partido. Este fluxo interpartidário de parlamentares não se apresenta como privilégio do atual ciclo democrático. Ao invés, assume contornos crônicos. É quase que da natureza da política partidária praticada entre nós e que gira, predominantemente, ao redor da figura do candidato, não da agremiação política que lhe sustenta a candidatura.

78. A *fenomenologia dos trânsfugas no cenário político-eleitoral brasileiro* vem tratada em capítulo específico do livro *O Voto nas Américas*, de autoria de Monica Herman S. Caggiano (Barueri/SP, CEPES/Manole, 2008).

Diante da notória evolução da denominada "ança das cadeiras" e à vista da inércia do Legislativo, que, inobstante a inflacionária produção de projetos e substitutivos a enfrentar este delicado fenômeno, não logrou qualquer avanço em termos efetivos, o TSE procurou oferecer solução *in concreto*, decretando a possibilidade de perda do mandato eletivo na hipótese de abandono da legenda que suportou a candidatura.

Inovando quanto à tradicional postura, que, rigidamente, mantinha entendimento preordenado a preservar (i) a autonomia do partido em matéria de disciplina partidária, proclamando que este tema não poderia ser examinado em sede eleitoral, por versar questão *interna corporis* de partido político, um ente de direito privado; (ii) o mandato parlamentar, em razão de sua própria natureza: livre; (iii) a proporcionalidade na composição das Mesas Diretoras dos Legislativos, nas hipóteses de troca de partido, determinando a perda do cargo, nunca, porém do mandato; (iv) a idéia da devolução da cadeira parlamentar ao partido apenas na hipótese de morte ou renúncia de parlamentar infiel,[79] o TSE, *em abril/2007*, apreciando consulta formulada pelo PFL (*atual Democratas*) – *Consulta 1 398*[80] –, concluiu, por seis votos a um, acompanhando o Relator, Min. César Asfor Rocha, que o vínculo partidário constitui a *identidade política do candidato* – e que, portanto, "os partidos políticos e as coligações conservam o direito à vaga obtida pelo sistema eleitoral proporcional, quando houver pedido de cancelamento de filiação ou de transferência do candidato eleito por um partido para outra legenda".

79. Inúmeras as decisões emanadas do TSE e do STF neste sentido, ou seja, o da preservação do mandato parlamentar. De se ver, neste sentido: *TSE* – Resolução 19.762, de 5.12.96, rel. Min Francisco Rezek; Resolução 14.139, de 7.4.1994, rel. Min. Carlos Veloso; Ac. 13.114, de 17.11.92, rel. Min. Torquato Jardim; Ac. 11.075, de 3.4.1990, rel. Min. Célio Borja; Resolução 15.947, de 21.11.89, rel. Min Vilas Boas; Resolução 15.090, de 2.3.1989, rel. Min. Francisco Rezek; Resolução 15.135, de 21.3.1989, rel. Min. Roberto Rosas. Em razão da jurisprudência pacífica, a decisão denegatória de medida liminar proferida pelo Min. Celso de Melo nos autos do MS 26.602, impetrado pelo PSDB junto ao STF.

80. Referida consulta foi formulada com base no art. 23, XII, do Código Eleitoral (Lei 4.737/1965), assinalando: "Considerando o teor do art. 108 da Lei n. 4.737 (Código Eleitoral), que estabelece que a eleição dos candidatos a cargos proporcionais é resultado do quociente eleitoral apurado entre os diversos partidos e coligações envolvidos no certame democrático; Considerando que é condição constitucional de elegibilidade a filiação partidária, posta para indicar ao eleitor o vínculo político e ideológico dos candidatos; Considerando ainda que também o cálculo das médias é decorrente do resultado dos votos válidos atribuídos aos partidos e coligações, Indaga-se: Os partidos e coligações têm o direito de preservar a vaga obtida pelo sistema eleitoral proporcional quando houver pedido de cancelamento de filiação ou de transferência do candidato eleito por um partido para outra legenda?".

Neste memorável julgamento, o Min. Cézar Peluso, em erudito e fundamentado voto, observou, ainda, o fato de que a representação proporcional importa a "primazia radical dos partidos políticos sobre a pessoa dos candidatos" e, destarte, "desta caracterização de proporcionalidade brota, como princípio, a pertinência das vagas obtidas segundo a lógica do sistema, mediante uso de quocientes eleitoral e partidário, ao partido ou coligação, e não à pessoa que sob sua bandeira tenha concorrido e sido eleita".

Evidente que o quadro decorrente desta peculiar decisão da nossa superior Corte Eleitoral (Resolução 22.526) *provocou intensa atividade dos partidos, buscando a devolução dos assentos mantidos pelos infiéis*. Este clima impulsionou a *impetração, por parte do PSDB, DEM e PPS, de mandados de segurança junto ao STF*,[81] rogando pela devolução das cadeiras parlamentares perdidas pela conhecida manobra dos trânsfugas. E conquanto, num primeiro momento, em tempo de mera medida liminar, não tenham aqueles *writs* logrado êxito, *a decisão final ocasionou um verdadeiro choque*, consagrando a idéia de que o parlamentar mantém com o partido, sob cuja legenda foi eleito, um forte *vínculo, que, rompido, contamina diretamente o mandato político, desconstituindo-o*. Criou-se a *figura da desfiliação partidária* como causa da perda do mandato parlamentar conquistado nas urnas. E, mais, decorrência direta deste posicionamento da Suprema Corte, o *TSE baixou a Resolução 26. 610, de 25.10.2007*, disciplinando o processamento da perda de mandato por desfiliação, tanto para os postos proporcionais como, ainda, para os majoritários.[82]

O tratamento constitucional inibitório da infidelidade partidária não configura experiência nova no cenário doméstico. Há 30 anos, o professor Manoel Gonçalves Ferreira Filho advertia: "A atualidade política brasileira apresenta um aceso debate sobre a fidelidade partidária (...). E, segundo é notório, o Governo pretende oferecer ao Congresso projeto que regulamente esses dispositivos, tornando-os eficazes. A importância dessa regulamentação avulta, (...) para a infidelidade partidária e a perda do mandato. Todavia, as conseqüências de tal regulamentação ultrapassam de muito o âmbito das relações entre partidos e parlamentares, porque alteram profundamente o regime institucionalizado". Cuidava-se, à época, de dispositivos da Emenda 1/1969 à Constituição de 1967; e, como complemento, frisava o Mestre: "A discussão não é acadêmica. A Constituição em vigor, Emenda 1, de

81. Trata-se dos MS 26 602, 26.603 e 26.604.

82. As decisões do STF e do TSE fixaram as datas-limites para a tolerância na troca de partidos por detentores de mandatos eletivos: 27.2.2007/eleições proporcionais e 16.10.2007/ eleições majoritárias.

17.10.1969, em duas passagens menciona a exigência de fidelidade partidária: art. 35, V, e art. 152".[83]

Nesse período a sanção incidente sobre condutas de infidelidade ao partido e às suas diretrizes impunha a perda do mandato parlamentar, conforme previsto no inciso V do art. 35 e no parágrafo único do art. 152 do texto constitucional.[84] Em 1971, com a edição da Lei 5.682, de 21 de julho (*Lei Orgânica dos Partidos Políticos*), assegurou-se a aplicabilidade da previsão sancionadora inserida no bojo da Lei Maior, enumerando-se as hipóteses de perda do mandato no art. 74 do texto.

Na ordem fática, todavia, a medida não contou com a receptividade do Poder Judiciário, e, como registrado por nós, "sob a égide deste cânone, aos partidos, por seus órgãos executivos, era autorizada a fixação de diretrizes (...) que o parlamentar deveria observar sob pena de vir a ser penalizado com a perda do mandato. E, de fato, inúmeras foram as representações partidárias ensejando a decretação da perda do mandato do membro infiel, tendo sido, porém, extremamente moderada a apreciação por parte da Justiça Eleitoral",[85] que evitava adentrar o mérito, afastando a aplicação da penalidade pelas formalidades negligenciadas.

Em 1978, com a edição da Emenda Constitucional 11, de 13 de outubro, *a sanção foi suavizada, para excluir de sua incidência os parlamentares que deixam o partido de origem para fundar uma outra agremiação*. E em 1985, em pleno processo de abertura política, *a Emenda Constitucional 25, de 15 de maio, aboliu definitivamente esta hipótese de perda do mandato pelo parlamentar*.

83. Manoel Gonçalves Ferreira Filho, "Democracia representativa e fidelidade partidária", in *Temas Atuais*, Coleção do Centro de Estudos do Desenvolvimento, Convívio – Sociedade Brasileira de Cultura, São Paulo, 1971.

84. Dispunham referidos preceitos constitucionais (Constituição de 1967, com a redação da Emenda Constitucional 1/1969):

"Art. 35. Perderá o mandato o deputado ou senador: (...) V – que praticar atos de infidelidade partidária, segundo o previsto no parágrafo único do art. 152".

Art. 152, parágrafo único: "Perderá o mandato no Senado Federal, na Câmara dos Deputados, nas Assembléias Legislativas e nas Câmaras Municipais quem, por atitudes ou pelo voto, se opuser às diretrizes legitimamente estabelecidas pelos órgãos de direção partidária ou deixar o partido sob cuja legenda foi eleito. *A perda do mandato será decretada pela Justiça Eleitoral, mediante representação do partido, assegurado o direito de ampla defesa*" (grifos nossos).

85. Monica Herman S. Caggiano, *Sistemas Eleitorais X Representação Política*, cit., nota 95, p 34. V., ainda, TER/SP, Acórdão 76.230 (publicado em 17.8.1979) e Acórdão 77.175 (publicado em 28.2.1980).

Cumpre lembrar que, no decurso de sua passagem-relâmpago pelo constitucionalismo brasileiro, a figura da penalização do parlamentar, em face da troca de partido ou do descumprimento de diretrizes, com *a perda do mandato* acabou por se revestir de *um tom autoritário*, absorvendo, pois, o colorido do regime que a introduziu.

No entanto, merecedores de atenção, também, *os efeitos benéficos da medida no tocante ao fortalecimento da instituição político-partidária.* O robustecimento desta entidade, *numa ordem jurídica que vincula a apresentação das candidaturas aos partidos*, a exemplo do que ocorre entre nós, importa, sem dúvida, a consagração do *modelo de Estado de Partidos* desenhado por Hans Kelsen e, neste diapasão, o reconhecimento de uma nova dimensão democrática, porquanto neste contexto a democracia passaria a se operacionalizar por intermédio dos partidos.

Fato é que o rumo da questão envolvendo a fidelidade partidária, o tema atinente à oportunidade ou não de *fortalecimento do partido político e aos mecanismos apropriados para tanto*, fez florescer uma nova e vasta produção legislativa. Há que se considerar neste contexto o *projeto de emenda constitucional apresentado pelo senador Marco Maciel e a medida que visa a alterar a Lei Complementar 64/90, do deputado Luciano Castro* (*PLP 35/2007*). Todas estas proposituras ainda em tramitação.

Embora o tratamento do fenômeno introduzido pelo movimento dos trânsfugas – dos parlamentares que abandonam o partido – ofereça uma relação mais íntima com a figura do mandato parlamentar, não há como deixar de examinar sua interface com o próprio momento eleitoral. Eleição, de fato, consagra o método democrático de designação dos representantes/governantes, daqueles que tomam as decisões políticas. Constitui, na lição de Marcel Prélot,[86] ***ato coletivo*** *no âmbito do qual há* ***a soma de vontades direcionadas*** *num mesmo sentido para a produção de um efeito de direito* – qual seja, a indigitação, nos termos da Constituição e do quadro normativo incidente sobre o tema, dos governantes, detentores do poder político. Espelha, destarte, um dos institutos mais sensíveis e especiais da democracia, um dos momentos de pleno exercício da soberania popular. E, conseqüentemente, *exige um regime jurídico a assegurar resultados eleitorais em consonância com as expectativas da comunidade representada.*

Neste sentido o elenco de princípios a nortear este processo, podendo destacar-se, como *corolários*: *periodicidade*, *sufrágio universal*, *igualdade*

86. In *Droit Parlementaire Français, Les Cours de Droit*, 1958. Ver ainda, *Recueil des cours de l'Academie de droit international*, 1961 e *Introduction au droit parlementaire*. Politique, 1963, n. 21-24.

do valor do voto, pluralidade de colégios eleitorais, liberdade do voto, imediatidade do voto, sigilo do voto, simultaneidade do voto, liberdade de candidatura, liberdade de associação, liberdade de reunião, livre manifestação do pensamento e exteriorização de posicionamentos e de difusão de programas políticos e *publicidade dos resultados*. A relevância desta arquitetura principiológica a sustentar o processo eleitoral democrático é revelada e reforçada até por pronunciamentos de organismos internacionais, a exemplo da *Venice Commission*, ente integrante do Conselho da Europa, que chegou a elaborar um *Código das Boas Práticas em Matéria Eleitoral*, documento que ao elenco supratranscrito acrescenta o *respeito aos direitos fundamentais* e a *estabilidade de lei eleitoral*.[87]

Mais ainda, evidencia-se a imposição de garantias a tornar efetivos e eficazes esses *standards* e alinhando-se a tais exigências o delineamento de um sistema eleitoral e de um sistema de partidos a compor *um modelo democrático que assegure* ***credibilidade*****,** ***prioridade para a prática de políticas públicas bem definidas*** *e* ***estabilidade governamental***.

Decerto que o *fenômeno dos trânsfugas* rompe este padrão democrático, introduzindo um sentimento de *insegurança e incerteza para o eleitor*, titular do direito de sufrágio ativo. Isto, principalmente, no quadro brasileiro, que mantém a candidatura como monopólio do partido político (*art. 14, § 3º, V*). Conquanto uninominal, o voto depositado na urna reverte para a legenda do candidato – e, portanto, a mudança de agremiação importa, diretamente, violação da confiança que o representado/eleitor manifestou.

Resta, contudo, verificar o regime jurídico a que foi subordinado o *mandato representativo*, porquanto o parlamentar que abandona o partido, praticando este "turismo" oportunista, é detentor de poder político pelo povo outorgado por força do processo eleitoral. Esta conotação do mandato parlamentar – ***mandato livre*** – já foi objeto de exame neste trabalho; merece, no entanto, ser retomada, para frisar a conceituação clara conferida pelo constituinte ao fixar, no art. 45, o papel da Câmara dos Deputados, que, nos termos constitucionais, "compõe-se de representantes do povo, eleitos (...)". Ora, na qualidade de representante do povo, o parlamentar só e tão-somente pelo povo pode vir a ser julgado quanto à sua atuação – ou, em outras palavras, a ser apreciada sua conduta no sentido de atender ou não à exigência de *responsiveness*. E isto por ocasião da próxima consulta eleitoral.

Há, também, *todo um arcabouço principiológico, com* ***status*** *constitucional, a tutelar a figura do candidato*, assegurando-lhe um estatuto comandado pela idéia de liberdade, como acima apontado. E, em razão desta

87. *http://www.venice.coe.int/site/main/Elections_Referendums_F.asp.*

rede protetora, de nível constitucional, não nos parece possa o legislador infraconstitucional impor óbices ao exercício do direito de postular cargos eletivos, criando hipóteses de inelegibilidade não sustentadas pela Lei Maior; ou o intérprete promover exercícios de hermenêutica a flexibilizar a natureza do mandato representativo estabelecida pelo constituinte.

É verdade que o século XXI demonstra uma clara opção por um modelo democrático que invista em estabilidade e políticas públicas definidas. Esta exigência, contudo, não minimiza nem reduz os direitos e as garantias peculiares ao processo eleitoral. E se esse for, de fato, o padrão perseguido, caberá ao poder reformador indicar os limites do exercício do mandato parlamentar, com vistas a prestigiar a vontade efetiva e concreta do eleitor. Mantendo o sistema de candidatura partidária, o constituinte deverá estabelecer os limites autorizados para a mudança de partido; e, na hipótese de permanecer livre o mandato, também ao constituinte competirá expurgar a idéia do monopólio do partido em relação à apresentação dos candidatos, viabilizando a candidatura independente.

Não há que se ignorar, de outra parte, a reorientação que vem atingindo o processo de controle de constitucionalidade, introduzindo uma profunda transformação quanto à atuação das Cortes Constitucionais, a exemplo do nosso STF, que exerce esta função fiscalizatória. A idéia de controle de constitucionalidade – a justiça constitucional – passa a se apresentar como meio hábil para a manutenção do equilíbrio nas inter-relações sociais. E, nesta nova missão, a justiça constitucional assume mais que a responsabilidade pela interpretação constitucional. Investe-se da função orientadora. De uma justiça constitucional defensiva, as Cortes assumem diferenciada dimensão, aportando no século XXI na configuração de uma justiça constitucional de orientação.[88]

10.7 Dos sistemas eleitorais. O sistema eleitoral brasileiro

A operação eleitoral, como já frisado em obra anterior, focaliza justamente o momento em que se operam e se concretizam de modo mais eficaz e evidente a participação política, o exercício da cidadania, dos direitos políticos – e isto nos seus dois pólos. Aloja, pois, um complexo procedimental destinado a definir os representantes/governantes, traduzindo as preferências eleitorais expressas pelo voto na indicação dos candidatos vitoriosos.

Embora às eleições tenha sido acoplada a visão de instituição aristocrática, a consulta eletiva compreende dois importantes movimentos a

88. Monica Herman S. Caggiano, "O processo constitucional no Direito estrangeiro", no *site* da Faculdade de Direito da Universidade Presbiteriana Mackenzie.

estimular o desenvolvimento da democracia por intermédio de representantes. Assim, se, a uma, afasta a linha separatista entre sociedade e política, a duas, retira os candidatos – futuros representantes – de sua específica classe social para erigi-los a governantes, responsáveis pelas decisões políticas em prol de toda a comunidade.[89] Reflexo desta atuação, de certo, a evolução da prática eleitoral na designação dos corpos denominados *decision makers* e da própria democracia. Emergem a *receita eleitoral* e a *representação política*, que lhe é intrínseca, como construções políticas de unificação da sociedade.

10.7.1 Conceito, natureza, importância e função das eleições

Eleição, em verdade, importa uma técnica de seleção. No campo político, eleição se apresenta como método democrático de designação dos governantes. Reveste-se da conotação de *ato coletivo* – como, aliás, observa Marcel Prélot, no seu *Droit Parlementaire*, configurado pela ***soma de vontades direcionadas*** num mesmo sentido para a produção de um efeito de direito. Daí a natureza jurídica que lhe é acoplada: sob o *aspecto formal*, um procedimento institucionalizado, tendo por objeto a escolha de titulares para cargos públicos; e, sob o aspecto *material*, uma deliberação acerca da preferência,[90] dentre alternativas, em favor de alguém, elevando-o a posto eletivo. Assume, ainda, a natureza de *ato-condição*, por se consubstanciar em um *ato jurídico a instaurar para o eleito um* ***status*** *previamente definido pelo Direito*.

Oportuno registrar que "eleição", *stricto sensu*, implica um ato coletivo destinado à seleção dos representantes/governantes. Trata-se do exercício do direito de sufrágio, a manifestação da preferência política expressa pelo eleitor (*sufrágio ativo*) no tocante ao candidato (*sufrágio passivo*), por intermédio do voto.[91] *Lato sensu*, no entanto, "eleição" engloba todo o processo que irá culminar com a sagração dos candidatos vitoriosos nas urnas. Envolve, destarte, as etapas preparatórias, a fase da promulgação dos resultados, a di-

89. Cf. Nadia Urbinati, *Representative Democracy, Principles & Genealogy*, Chicago/USA, The University of Chicago, 2006, p. 20.

90. O vocábulo "eleger" deriva de *eligo*, que é indicativo da manifestação de preferências.

91. Josaphat Marinho, em célebre artigo publicado na *Revista de Informação Legislativa* (junho/1966) sob o título "O cidadão e o direito de sufrágio", *distingue, com propriedade, o sufrágio do voto*, enfatizando: "(...) embora as duas expressões sejam empregadas, de regra, como equivalentes, há, em rigor, na teoria e na prática, diferença entre sufrágio e voto. *Sufrágio é o direito; voto, a forma de exercê-lo. Um é garantia, o outro o instrumento que a efetiva*" (grifos nossos).

plomação e posse dos eleitos. Cuida-se de um período relativamente longo, percurso permeado por atos e medidas inerentes a um processo eleitoral que pretenda captar, com *fidelidade*, *lisura* e *clareza*, a vontade eleitoral exteriorizada pelo voto e que se subordina a um regime jurídico eleitoral norteado pelos *standards* da *liberdade*, *isonomia* e *pluralismo*.

Por se apresentar como técnica democrática de indigitação dos governantes, a prática das eleições é lugar-comum. Processos eleitorais são identificados tanto em ambientes totalitários como nos autoritários. Não são, portanto, exclusividade das democracias. Sua função e sua relevância variam em consonância com a cor do ordenamento jurídico a oferecer os contornos para sua instituição e a prática operatória. Atendendo a esta peculiaridade, podem ser desvendas as seguintes tipologia e interfaces:

TIPOS DE ELEIÇÃO

• **Eleições competitivas**: asseguram a oportunidade e a liberdade de exercer o direito de voto assegurado em lei; a possibilidade de opção entre diversas alternativas

• **Eleições não-competitivas**: negadas a oportunidade e a liberdade de, por intermédio do sufrágio, livremente escolher representantes

• **Eleições semicompetitivas**: limitadas as oportunidades e a liberdade de exercer o sufrágio

TIPOS DE ELEIÇÃO. REGIME DE GOVERNO

• **Eleições competitivas**: regimes democráticos

• **Eleições não competitivas**: regimes totalitários

• **Eleições semicompetitivas**: regimes autoritários

TIPOS DE ELEIÇÃO. IMPORTÂNCIA DA CONSULTA ELEITORAL

• **Democracias ocidentais**: fonte de legitimidade; mecanismo de controle do poder político; elemento de participação

• **Sistemas totalitários**: instrumento de exercício do poder. Isto porque sob o controle do partido e dos órgãos governamentais não há oposição e portanto não há opções

• **Sistema autoritário**: a reafirmação das relações do poder

TIPOS DE ELEIÇÃO. FUNÇÕES DA CONSULTA ELEITORAL

• **Eleições competitivas** (democracias ocidentais) – Instrumento para: expressar a confiança nos candidatos eleitos; constituir corpos representativos legítimos; promover o controle governamental; participação política, envolvendo mobilização, conscientização, análise de conflitos políticos mediante procedimentos pacíficos, formação da vontade comum, designação do governo mediante formação de maiorias parlamentares

• **Eleições não-competitivas** (regimes totalitários) – Instrumento de: mobilização das forças sociais; consolidação da unidade política e moral do povo; manifestação da unidade entre comunidade e partido, mediante participação e aprovação de listas únicas.

• **Eleições semicompetitivas** (regimes autoritários) – Instrumento para a: legitimação das relações de poder; melhoria da imagem; – Fórmula de expressão de forças de oposição e ajustes na estrutura do poder, direcionadas a garantir a continuidade do sistema

10.7.2 Sistemas eleitorais

Conquanto a democracia direta tenha sido enunciada como paradigmática no panorama teórico, em razão da possibilidade que encerra de todos os cidadãos participarem do *decision-making process*[92] (*processo político de tomada de decisão*), a democracia, operacionalizada com superfície no princípio da representação política, criticada e de gélida recepção por parte da doutrina clássica, impõe-se – já há mais de 200 anos – como única fórmula a viabilizar a participação democrática e sua concreta implementação. Sua prática, pois, requer o processo eleitoral como mecanismo de seleção dos representantes/governantes. E, como acima assinalado, vocacionadas – representação e eleição – a efetuar a unificação política, exigem-se resultados que assegurem a identificação dos eleitos às expectativas e perspectivas da sociedade, em nome da qual tomarão as decisões políticas fundamentais. Demais disso, associa-se, hoje, a mecânica seletiva, eleitoral, à garantia de uma linha de comunicação entre governantes, produtores de políticas públicas, e governados, a sociedade, à qual essas serão aplicadas. A eleição age diretamente neste canal de comunicação, e sua função consiste exatamente em facilitar o diálogo entre os dois pólos do poder político, amenizando as inter-relações que, neste cenário, se estabelecem. Daí a relevância dos mecanismos empregados para a conformação da representação política às exigências da democracia.[93]

A uma primeira leitura, falar em "sistemas eleitorais" induz a simplista conclusão de que se cuida, aqui, de meras equações aritméticas. Em verda-

92. No tocante à democracia representativa, v. a obra de Nadia **Urbinati**, *Representative Democracy, Principles & Genealogy*, cit.

93. V., neste sentido, Monica Herman S. Caggiano, *Sistemas Eleitorais X Representação Política*, cit., p. 203.

de, *são fórmulas – de elevada complexidade matemática – utilizadas para transformar votos em cadeiras parlamentares ou na indicação do vencedor do pleito eletivo.* Seu arsenal é inesgotável; e, como já demonstrava Duverger nos anos 50 do século passado, notória a tendenciosidade de que alguns destes métodos são portadores.[94] Desse mesmo sentir Karl Loewenstein, que adverte ter se convertido o tema em verdadeira ciência, que exige a interferência tanto do jurista como a do político, a do sociólogo, do técnico em Estatística e do matemático.[95]

Com efeito, adentrando este mágico e polêmico espaço dos sistemas eleitorais, depara-se o analista com uma multifária gama de equações matemáticas, cuja aplicação resultará na efetiva distribuição das vagas parlamentares, na indicação do vencedor do pleito, a ocupar o posto executivo de maior exponência na pirâmide política – enfim, como e em que medida cada um dos segmentos da comunidade, compreendida como pluralista, será representado na área do exercício do poder político.

Costuma a doutrina indicar duas exuberantes categorias para fins de classificação dos sistemas eleitorais. De um lado são apresentados os métodos majoritários[96] e, de outro, os proporcionais.[97] Ao lado destes dois blocos comparecem, hoje, modelagens mistas, contendo elementos extraídos de uma e do outra das técnicas antes referidas. Das mais célebres e instigantes, a técnica alemã do duplo voto. O eleitor, de acordo com o modelo germânico, dispõe de dois votos na cédula. Um é processado pela vertente majoritária. É o voto distrital, pois o distrito é a circunscrição eleitoral, e destina-se

94. Maurice Duverger, *Institutions Politiques et Droit Constitutionnel*, cit.

95. Karl Loewenstein, *Teoría de la Constitución*, cit.

96. Os *sistemas majoritários* encontram sua gênese na história do Parlamento britânico. Emergem na configuração de majoritário por um turno, técnica que é exportada pela Grã-Bretanha às Colônias, podendo ser localizada, hoje, na Inglaterra e Estados Unidos da América, estando presente, ainda, na Suécia, Dinamarca, Portugal, Espanha e Grécia. A Suíça, inclusive, preconiza um sistema majoritário por três turnos. Na modelagem por dois turnos o sistema majoritário está presente nos ordenamentos jurídicos da França, Itália, Áustria, Alemanha, Noruega, Luxemburgo.

97. Os *sistemas proporcionais* percorrem uma trajetória mais longa na formação histórica. Foi na Inglaterra que, em 1820, foi desenhado o primeiro modelo pelo matemático Gergonne e pelo professor Thomas W. Hill. O filho deste último introduziu, posteriormente, a técnica na Austrália, em 1839. Em 1842 o método era proposto na Suíça, por Victor Consederant, e em 1843 era lançado o estudo de Thomas Hare que acabou se celebrizando e influenciando a adoção das técnicas proporcionais. Cronologicamente, identifica-se a primeira aplicação na Bélgica, com o escopo de fortalecer na competição eleitoral o Partido Liberal. Acolheu-se, na oportunidade, um modelo proposto por Victor d'Hondt, em face de solicitação do Ministro da Justiça; modelo que subsidiou lei aprovada em 30.11.1899.

ao provimento de 50% das cadeiras do Parlamento alemão. O outro atende à formula da proporcionalidade e tem por escopo a distribuição dos 50% restantes do *Bundestag*.

Apenas a título ilustrativo, oferece-se, abaixo, o quadro classificatório, contendo os seguintes tipos:[98]

A) SISTEMAS MAJORITÁRIOS

De um turno

De dois turnos

B) SISTEMAS PROPORCIONAIS

Quociente

✓ eleitoral

✓ nacional

✓ número uniforme

D'Hondt – método dos quocientes ou método da média mais alta

Técnicas de distribuição das sobras nos sistemas proporcionais

Maior média

Maiores restos

C) SISTEMAS MISTOS

Parentesco de listas

Hare – voto único transferível

Duplo voto alemão

Convém notar que estas linhas classificatórias importam a apresentação de técnicas de efeitos extremamente distintos.

Cada uma das duas primeiras grandes vertentes ("A" e "B") oferece resultados próprios, apresentando vantagens e desvantagens em relação à representação, ao potencial de governabilidade dos dirigentes eleitos (*decision makers*) e, até mesmo, quanto ao sistema de partidos a que melhor se acomodam.

O terceiro grupo ("C") dimana da combinação de elementos dos dois sistemas básicos anteriores. É resultado, pois, da criatividade do legislador para alcançar receitas híbridas, mesclando fatores recolhidos quer no am-

98. A mecânica e a funcionalidade destes sistemas encontram-se descritos in Monica Herman S. Caggiano, *Sistemas Eleitorais X Representação Política*, cit.

biente majoritário, quer no proporcional. Isto na expectativa de aproveitar os pontos positivos à democracia de cada uma daquelas técnicas e aperfeiçoar o modelo representativo.

Na realidade, não é reduzido o número de vantagens e de desvantagens de que cada uma dessas categorias – majoritário e proporcional – é detentora. Disto resulta a dificuldade na conjugação dos fatores para a composição de um sistema eleitoral.

Forçoso é convir, porém, que a todas as fórmulas afinal esboçadas pode ser atribuída uma finalidade específica, um efeito claramente perseguido.

De forma esquemática, são apresentadas a seguir as vantagens e desvantagens aludidas:

	VANTAGENS	DESVANTAGENS
Sistemas majoritários	• Simplicidade das cédulas	• Sub-representação dos partidos pequenos **Exceção**: robustez eleitoral em nível regional
	• Vota-se em pessoas (normalmente representam também um partido) – voto uninominal	• Um partido pode obter a maioria das cadeiras com uma minoria de votos **Exemplo**: Inglaterra
	• Candidatos representam uma circunscrição, em especial	• Há, portanto, desperdício de grande parte dos votos do corpo eleitoral
	• Favorece as candidaturas independentes	• Dificuldades de formação de novos partidos. Estes não conseguem alcançar cadeiras parlamentares.
	• Assegura maiorias e governos fortes **Exceção**: fortes partidos regionais	• Conduz ao bipartidarismo ou bipolarização, impondo a **política de adversários**
	• Assegura um forte e importante **papel à Oposição** e, portanto, uma alternativa para o Governo, e **beneficia a alternância**	• Quando praticado com um só partido, a linha de oposição se processa no âmbito do próprio partido e não entre partidos
	• Coligações são realizadas antes das eleições	

	VANTAGENS	DESVANTAGENS
Sistemas proporcionais	• Ao eleitorado se oferece um quadro eleitoral claro	
	• Atribuição de número de cadeiras proporcionalmente ao número de votos obtidos	• Multiplicidade dos partidos
	• Reflete com maior fidelidade a realidade social e a diversidade de posturas e opiniões políticas	• Coligações infinitas, que podem conduzir a crises políticas
	• A idéia-força: todos têm voz na eleição de um governo e se tenta alcançar um **consenso social**	• Governos instáveis e frágeis
	• Produz governos de coligação, que buscam evitar a polarização e se apresentam mais flexíveis, abertos e tolerantes	• O poder de um partido sem maioria, impondo acordos para a governabilidade
		• Influência excessiva de um ou mais pequenos partidos
		• Complexidade para o eleitor, quadro que se ameniza com listas fechadas

Interessante notar, também, a influência produzida pelo sistema eleitoral no tocante à representação praticada e à fórmula decisional:

SISTEMA ELEITORAL	FÓRMULA DA REPRESENTAÇÃO	FÓRMULA DECISÓRIA	OBJETIVO DA REPRESENTAÇÃO
Sistema majoritário	Representação por maioria	Ganha a maioria	Formação de maiorias estáveis
Sistemas proporcionais	Representação proporcional	Vários setores sociais decidem	Espelha de melhor forma o eleitorado

Para decifrar o sistema eleitoral acolhido por uma determinada ordem jurídica nem sempre é suficiente o recurso à Constituição. Em geral é na lei que se identifica, com exatidão, o método adotado para a seleção dos governantes. O Brasil conheceu tanto os métodos majoritários como os integrantes da vertente dos proporcionais. Cláudio Lembo, em estudo publicado no livro *O Voto nas Américas*,[99] elabora uma rica cronologia do voto no panorama doméstico, precisando a introdução da técnica proporcional em 1932, com o advento do primeiro Código eleitoral (*Decreto 21.076, de 24.1.1932*).

O sistema atual recorre às duas principais categorias. A eleição para os *postos executivos atende ao método majoritário por dois turnos (Presidente e Vice-Presidente da República e governadores de Estado – CF, arts. 77, §§ 2º e 3º, e 28)* e também a *uma mescla de um e dois turnos, indicada para a seleção dos prefeitos municipais*. Isto porque a regra contida no art. 29 da CF indica os dois turnos tão-só para os Municípios com mais de 200 mil eleitores.[100] Nos demais o escrutínio atende a turno único.

A técnica majoritária de um só turno aplica-se também à *seleção dos senadores*, conforme determina o art. 46 da CF: "O Senado Federal compõe-se de representantes dos Estados e do Distrito Federal, *eleitos segundo o princípio majoritário*" (grifos nossos).

Para uma visualização melhor, poder-se-iam indigitar *as seguintes fórmulas*:

A) MAJORITÁRIO PURO: *the first past the post*, ou proclama-se vencedor quem obtiver o maior número de votos, não importando se a diferença for um (1).

B) MAJORITÁRIO POR DOIS TURNOS (art. 77 da CF):

1º Turno: exige-se maioria absoluta de votos (50 +1) do colégio eleitoral (não são computados votos brancos e nulos)

2º Turno: proclama-se vencedor aquele que contar com a maioria dos votos válidos (concorrem só os dois candidatos mais votados)

A eleição dos *membros das Casas de representação popular* – deputados e vereadores –, contudo, *obedece à técnica proporcional*,[101] que preconiza a repartição das vagas entre os partidos, e isto na proporção dos votos obtidos. Em cada lista partidária, por ordem de votação, são sagrados vencedores tantos candidatos quantos corresponderem ao número de cadeiras atribuídas à legenda. O método é conhecido sob a rubrica de "sistema *proporcional de quociente eleitoral* e *repartição das sobras pela maior média*", disciplinado por força dos arts. 105-113 do Código Eleitoral (*Lei 4.737, de 15.7.1965*), que se processa como a seguir exemplificado:

99. Cláudio Lembo, in *O Voto nas Américas*, pp. 73-106.

100. Nas eleições municipais de 2008 foi aplicada a regra de dois turnos em 79 Municípios.

101. CF, art. 45, que dispõe: "A Câmara dos Deputados compõe-se de representantes do povo, eleitos, *pelo sistema proporcional*, em cada Estado, em cada Território e no Distrito Federal" (grifos nossos).

SISTEMA PROPORCIONAL (Quociente Eleitoral + Maior Média)

(Técnica eleitoral brasileira para a seleção dos deputados e vereadores)

Fórmula

Regra: o número de cadeiras por partido ou coligação deve ser proporcional ao número de votos obtidos

Operações:

(1) Quociente eleitoral (QE)* CE/art. 106:

$$\frac{\text{número de votos válidos (os brancos, não)}}{\text{cadeiras a preencher}}$$

* *Não atingido o QE por partido algum, aplica-se o sistema majoritário puro (CE, art. 111)*

(2) Quociente partidário (QP) CE/arts. 107 e 108:

$$\frac{\text{número de votos válidos dados ao partido ou coligação}}{\text{Quociente Eleitoral}}$$

(3) Divisão das sobras – CE/art. 109:

$$\frac{\text{número de votos válidos dados ao partido ou coligação}}{\text{QP+1}}$$

- Ganha a cadeira das sobras o partido que atingir a *maior média*
- Repete-se a operação até a partilha de todas as cadeiras "sobras" ou "restos"

É contra esta sistemática, composta por três diferentes etapas, que a cada nova consulta eletiva insurgem-se partidos, candidatos e políticos derrotados nas urnas. E, na realidade, produz efeitos colaterais dramáticos, distorcendo, por vezes, os resultados. Nesta esteira, o emblemático caso do PRONA, partido que já não mais existe,[102] e que nas eleições gerais de 2006 logrou conquistar seis cadeiras parlamentares, tudo com base na votação obtida pelo seu líder, Enéas Ferreira Carneiro, com 1.573.642 votos, número suficiente para, pelo QP, fazer jus aos seis assentos, sendo de se considerar que os outros cinco alcançaram votação ínfima. Assim, não só o PRONA alcançou bancada parlamentar razoável, como também outros candidatos, de outros partidos, com votação muito superior aos cinco companheiros do Enéas, deixaram de se eleger, desperdiçando os votos conferidos pelos eleitores.

102. O PRONA fundiu-se com o PL, constituindo o atual PR.

Com efeito, um dos pontos de maior polêmica a envolver o sistema eleitoral, na formulação proporcional, no Brasil, reside na convivência de grandes e poderosas agremiações com outras de reduzida expressão política e duvidosa densidade eleitoral, a exemplo do extinto PRONA. Contam, todavia, com amplo poder de ingerência no processo político eleitoral, por se posicionarem no papel do "fiel-da-balança" e, conseqüentemente, de indispensável presença na formação de maiorias parlamentares ou, ainda, na formação de coligações ou, ainda, *no campo do apoio informal que oferecem no decurso das campanhas políticas*, atuando de forma camuflada a favor ou contra determinado candidato, porém a partir dos bastidores.

A trajetória histórica, de fato, vem revelando uma postura estacionária destas organizações – os "nanicos" –, que, na sua maioria, não conseguem um grau de representatividade desejado. Com poucas exceções, estes partidos permanecem em cena política como legendas de aluguel, instrumentos de campanha para as agremiações mais robustas e, de forma geral, produzindo efeitos poluentes, nocivos ao clima eleitoral.

Referências bibliográficas

ALEXY, Robert. "Direitos fundamentais no Estado Constitucional Democrático". *Revista da Faculdade de Direito da UFRS* 16/199 (p. 203).

ARENDT, Hannah. *A Dignidade da Política*. Rio de Janeiro, Relume Dumará, 1993.

________. *Los Orígenes del Totalitarismo*. Madri, Taurus Ediciones, 1974.

________. *O que é Política?*. Rio de Janeiro, BB, 1998.

________. *Responsabilidade e Julgamento*. São Paulo, Cia. das Letras, 2004.

BARACHO, José Alfredo de Oliveira. *A Teoria Geral do Direito Eleitoral e seus Reflexos no Direito Eleitoral Brasileiro*.

BARRAS, Montserrat, e BOTELLA, Juan. *El Sistema Electoral*. Madri, Tecnos, 1996.

BOBBIO, Norberto, *A Teoria das Formas de Governo*. 2ª ed., trad. de Sérgio Bath. Brasília, UnB, 1980.

________. *Dicionário de Política*. 2ª ed., trad. de Carmen C. Varrialle, Caetano Lo Monaco, J. Ferreira, Luiz G. Pinto Cacais e Renzo Dini. Brasília, UnB, 1986.

BORJA, Rodrigo. *Enciclopedia de la Política*. México, Fondo de Cultura Económica, 1997.

BOTELLA, Juan, e BARRAS, Montserrat. *El Sistema Electoral*. Madri, Tecnos, 1996.

BRANCO, Paulo Gustavo Gonet, COELHO, Inocêncio Mártires, e MENDES, Gilmar Ferreira. *Curso de Direito Constitucional*. São Paulo, Saraiva/IDP – Instituto Brasiliense de Direito Público, 2007.

BURDEAU, George. *Les Libertés Publiques*. 4ª ed. Paris, Librairie Génerale de Droit et de Jurisprudence/LGDJ, 1972.

BURDEAU, George, HANON, Francis, e TROPER, Michel. *Manuel – Droit Constitutionnel*. 22ª ed. Paris, Librairie Générale de Droit et de Jurisprudence/ LGDJ, 1991.

________. *Direito Parlamentar e Direito Eleitoral*. Barueri/SP, Manole, 2004.

________. *Finanças Partidárias*. Brasília, Senado Federal, 1983.

________. *Legislação Eleitoral e Hermenêutica Política X Segurança Jurídica*. Barueri, CEPES/Manole, 2006.

________. *Oposição na Política*. São Paulo, Angelotti, 1995.

________. *Sistemas Eleitorais X Representação Política*. Brasília, Senado Federal, 1990.

CANOTILHO, José Joaquim Gomes. *Direito Constitucional*. Coimbra, Livraria Almedina, 1989.

CARRÉ DE MALBERG, R. *Teoría General del Estado*. 1ª reimpr., trad. de José Lion Depetre. México, Fondo de Cultura Económica, 2000.

COELHO, Inocêncio Mártires, BRANCO, Paulo Gustavo Gonet, e MENDES, Gilmar Ferreira. *Curso de Direito Constitucional*. São Paulo, Saraiva/IDP – Instituto Brasiliense de Direito Público, 2007.

COTTERET e ÉMERI. *Les Systèmes Électoraux*. Paris, Presses Universitaires de France/PUF, 1970.

DAHL, Robert Alan. *Análise Política Moderna*. Brasília, UnB, 1981.

DEL POZZO, Carlos Umberto. *Introduzione allo Studio della Libertà Personale nel Processo*. Milão, Giuffrè Editore, 1959.

DEMICHEL, André, e DEMICHEL, Francie. *Droit Électoral*. Paris, LD, 1973.

DUVERGER, Maurice. *Institutions Politiques et Droit Constitutionnel*. Paris, Presses Universitaires de France/PUF, 1971.

________. *Os Partidos Políticos*. Trad. de Cristiano Monteiro Oiticica. Rio de Janeiro, Zahar, 1970.

ÉMERI e COTTERET. *Les Systèmes Électoraux*. Paris, Presses Universitaires de France/PUF, 1970.

FERREIRA FILHO, Manoel Gonçalves. *A Democracia no Limiar do Século XXI*. São Paulo, Saraiva, 2001.

________. *Constituição e Governabilidade*. São Paulo, Saraiva, 1995.

________. *Curso de Direito Constitucional*. 34ª ed. São Paulo, Saraiva, 2008.

________. "Democracia representativa e fidelidade partidária". In: *Temas Atuais*. Coleção do Centro de Estudos do Desenvolvimento, Convívio – Sociedade Brasileira de Cultura. São Paulo, 1971.

________. *Sete Vezes Democracia*. São Paulo, Convívio, 1977.

FRIEDRICH, Carl J. *Gobierno Constitucional e Democracia*. Madri, Instituto de Estudos Políticos, 1975.

GARCIA, Rodolfo. *Ensaio sobre a História Política e Administrativa do Brasil (1500-1810)*. Rio de Janeiro, José Olympio, 1956.

GÉLARD, Patrick, GICQUEL, Jean, e HAURIOU, Maurice. *Droit Constitutionnel et Intitutions Publiques*. Paris, Montchrestien, 1975.

GICQUEL, Jean, GÉLARD, Patrick, e HAURIOU, Maurice. *Droit Constitutionnel et Intitutions Publiques*. Paris, Montchrestien, 1975.

GREENBAUM, Jeffrey. *Giustizia Costituzionale e Diritti dell'Uomo negli Stati Uniti*. Milão, Giuffrè Editore, 1992.

HANON, Francis, BURDEAU, George, e TROPER, Michel. *Manuel – Droit Constitutionnel*. 22ª ed. Paris, Librairie Générale de Droit et de Jurisprudence/LGDJ, 1991.

HAURIOU, Maurice, GÉLARD, Patrick, e GICQUEL, Jean. *Droit Constitutionnel et Intitutions Publiques*. Paris, Montchrestien, 1975.

HERNÁNDEZ, Juan Carlos Gonzáles. *Derecho Electoral Español*. Madri, Tecnos, 1996.

HOLANDA, Sérgio Buarque de (dir.). *História Geral da Civilização Brasileira*. 7ª ed. São Paulo, Difusão Européia do Livro/DIFEL, 1985.

LEIBHOLZ, Gerhard. *La Representazione nella Democrazia*. Milano, Giuffrè Editore, 1989.

LEMBO, Cláudio. *A Pessoa. Seus Direitos*. Barueri/SP, Manole, 2006.

_________. *Eles Temem a Liberdade*. Barueri/SP, Manole/CEPES, 2006.

_________. In: *O Voto nas Américas*. Barueri/SP, CEPES/Manole, 2008 (pp. 73-106).

_________. *O Futuro da Liberdade*. São Paulo, Loyola, 1999.

_________. *Participação Política e Assistência Simples no Direito Eleitoral*. Rio de Janeiro, Forense Universitária, 1991.

LOEWENSTEIN, Karl. *Teoría de la Constitucion*. Trad. de Alfredo G. Anabitarte. Barcelona, Ariel, 1976.

_________. *Le Forme della Cooperazione*. Milão, Giuffrè Editore, 1990.

MENDES, Gilmar Ferreira, BRANCO, Paulo Gustavo Gonet, e COELHO, Inocêncio Mártires. *Curso de Direito Constitucional*. São Paulo, Saraiva/IDP – Instituto Brasiliense de Direito Público, 2007.

MIRANDA, Jorge. *Manual de Direito Constitucional*. 2ª ed. Coimbra, Coimbra Editora, 1988.

MONTESQUIEU. *Do Espírito das Leis*. São Paulo, Difusão Européia do Livro/DIFEL, 1962.

NOHLEN, Dieter. *Sistemas Electorales y Partidos Políticos*. 1ª reimpr. México, Fondo de Cultura Económica, 1995.

OSTROGORSKI, Moisei. *La Démocratie et les Partis Politiques*. Paris, Fayard, 1993.

_________. *Institutions Politiques et Droit Constitutionnel*. 6ª ed. Paris, Dalloz.

ROUSSEAU, Jean Jacques. *Contrato Social e Outros Escritos*. São Paulo, Cultrix, 1975.

SARTORI, Giovanni. *Comparative Constitutional Engineeniring*. Nova York, University Press, 1994.

_________. *Teoría de la Domocracia*. Madri, Alianza Universidad, 1987.

TRIPOLI, César. *História do Direito Brasileiro*. vol. 1 ("Ep. Colonial"). São Paulo, Ed. RT, 1936.

TROPER, Michel, BURDEAU, George, e HANON, Francis. *Manuel – Droit Constitutionnel*. 22ª ed. Paris, Librairie Générale de Droit et de Jurisprudence/ LGDJ, 1991.

URBINATI, Nadia. *Representative Democracy, Principles & Genealogy*. Chicago/ USA, The University of Chicago, 2006.

VALDÉS, Roberto L. Blanco. *Los Partidos Políticos*. Madri, Tecnos, 1997.

VIANA, Oliveira. *Populações Meridionais do Brasil*. Rio de Janeiro, José Olympio, 1952.

Capítulo 11
A ADMINISTRAÇÃO PÚBLICA

Antônio Cecílio Moreira Pires

11.1 Disposições gerais. 11.2 Conceito de "Administração Pública". 11.3 Administração Pública no Estado Federal Brasileiro: 11.3.1 A Administração Pública direta – 11.3.2 A Administração Pública indireta: 11.3.2.1 Autarquias – 11.3.2.2 Empresas estatais: 11.3.2.2.1 Sociedades de economia mista – 11.3.2.2.2 Empresas públicas – 11.3.2.2.3 Traços comuns entre a sociedade de economia mista e a empresa pública – 11.3.2.3 Fundações – 11.3.2.4 Agências: 11.3.2.4.1 Agências executivas – 11.3.2.4.2 Agências reguladoras – 11.3.2.5 As entidades paraestatais. 11.4 Breves considerações acerca dos princípios gerais de Direito: 11.4.1 Princípios constitucionais da Administração Pública: 11.4.1.1 Princípio da legalidade – 11.4.1.2 Princípio da impessoalidade – 11.4.1.3 Princípio da moralidade – 11.4.1.4 Princípio da publicidade – 11.4.1.5 Princípio da eficiência. 11.5 Os agentes públicos: 11.5.1 Agentes políticos – 11.5.2 Servidores públicos – 11.5.3 Agentes honoríficos – 11.5.4 Agentes delegados – 11.5.5 O regime jurídico dos servidores públicos: 11.5.5.1 Cargo público – 11.5.5.2 Emprego público – 11.5.5.3 Função pública – 11.5.5.4 O regime jurídico único – 11.5.6 O acesso aos cargos, empregos e funções públicas – 11.5.7 O concurso público como condição de ingresso no serviço público – 11.5.8 Estágio probatório, estabilidade e perda do cargo – 11.5.9 Vitaliciedade – 11.5.10 Os direitos decorrentes da estabilidade previstos na Constituição Federal – 11.5.11 Vencimentos – 11.5.12 Acumulação de cargos públicos – 11.5.13 Direito de greve e de livre associação sindical – 11.5.14 Aposentadoria. 11.6 Regiões. 11.7 Militares dos Estados, Distrito Federal e dos Municípios.

11.1 Disposições gerais

O art. 37, *caput*, de nossa Lei Fundamental determina que a Administração Pública direta e indireta de qualquer dos Poderes da União, dos Estados, do Distrito Federal e dos Municípios deverá obedecer aos princípios de legalidade, impessoalidade, moralidade, publicidade e eficiência.

Entretanto – e é bom que se advirta desde logo –, a matéria aqui tratada é muito mais abrangente que simplesmente o conceito de "Administração Pública" e seus princípios norteadores, haja vista que os dispositivos subseqüentes ao art. 37 estão a dispor sobre servidores civis e militares e regiões, alvo de nosso estudo neste capítulo.

De outra parte, também alertamos ao leitor que não será nosso objetivo adentrar em meandros e minúcias dos institutos supramencionados, sob pena de invadirmos matéria de direito administrativo, mas, tão-somente, traçar seus contornos jurídicos constitucionais.

11.2 Conceito de "Administração Pública"

A questão conceitual da Administração Pública pode ser vista pelos mais diversos prismas. Em sentido formal, é concebida como o conjunto de órgãos constituídos para a realização dos objetivos de Governo.[1]

Por sua vez, Maria Sylvia Zanella Di Pietro considera a Administração Pública, em sentido objetivo, como o conjunto de atividades exercidas por pessoas jurídicas, órgãos e agentes com vistas à concretização de necessidades coletivas.[2]

Ainda que seja possível considerar a Administração Pública adotando os mais diversos critérios, parece-nos mais adequado ofertar ao leitor uma panorama mais global. Nesse passo, temos que a Administração Pública pode ser considerada como o aparelhamento estatal, integrado por pessoas jurídicas, órgãos e agentes públicos, visando à consecução das necessidades gerais e coletivas.

Examinado os elementos integrantes do conceito sobredito, verificamos, de plano, a existência de dois elementos fundamentais: a Administração como aparelhamento estatal – pessoas jurídicas, órgãos públicos e agentes públicos – e a Administração enquanto realizadora dos interesses gerais e coletivos.

11.3 Administração Pública no Estado Federal Brasileiro

Nossa Lei Fundamental, em seu art. 1º, *caput*, estabelece que a República Federativa do Brasil é formada pela união indissolúvel dos Estados e

1. Hely Lopes Meirelles, *Direito Administrativo Brasileiro*, 35ª ed., atualizada por Eurico de Andrade Azevedo, Délcio Balestero Aleixo e José Emmanuel Burle Filho, São Paulo, Malheiros Editores, 2009, p. 65.

2. Maria Sylvia Zanella Di Pietro, *Direito Administrativo*, 21ª ed., São Paulo, Atlas, 2008, p. 54.

Municípios e do Distrito Federal. Nesse sentido, temos que o Estado Federal implica a existência de uma ordem central – União – e ordens parciais autônomas – Estados, Distrito Federal e Municípios.

Disso deflui, logicamente, a existência de diversos níveis políticos, denominados de Administração Pública Federal, Estadual, do Distrito Federal e Municipal, com atribuições delimitadas pela Constituição Federal e organização administrativa própria, sem o estabelecimento de vínculo hierárquico.

Cada uma dessas Administrações divide-se em Administração direta e indireta. Essa terminologia decorre do Decreto-lei 200, de 25.2.1967, alterado pela Lei 7.596, de 10.4.1987, que veio a sistematizar a Administração Pública Federal.

11.3.1 A Administração Pública direta

O Decreto-lei 200/1967 dispõe, em seu art. 4º, I, que a Administração Direta "se constitui dos serviços integrados na estrutura administrativa da Presidência da República e dos Ministérios". Portanto, na esfera federal a Administração Pública direta compõe-se dos órgãos públicos integrados na estrutura administrativa presidencial e ministerial.

De tudo o que se disse até agora, e mediante um exame mais atento, conclui-se que a Administração Pública direta encontra-se ligada por um vínculo hierárquico estabelecido entre seus mais diversos órgãos.

Nesse passo, impende considerar, ainda, que caberá ao órgão público, de acordo com sua competência, realizar as diversas tarefas atribuídas à Administração Pública direta.

Em outro giro, importa dizer que os órgãos públicos são desprovidos de personalidade jurídica, que é atributo específico da entidade a que pertencem. São, na realidade, meros instrumentos da ação estatal, que agem conforme sua competência, realizando a vontade da pessoa jurídica à qual estão subordinados. Trata-se, portanto, da denominada *desconcentração*, que se traduz na distribuição de competências dentro de uma mesma pessoa jurídica.

Estados, Distrito Federal e Municípios utilizam-se dessa estrutura básica adotada pela União Federal, em que o chefe do Executivo (Presidente da República, Governadores e Prefeitos) exerce a direção superior da Administração, auxiliado, conforme o caso, pelos ministros, secretários estaduais e municipais.

11.3.2 A Administração Pública indireta

É fato que a CF, em seu art. 37, XIX, simplesmente repete as disposições do art. 4º, II, do Decreto-lei 200/1967, estabelecendo que a Administração Pública indireta compreende entidades dotadas de personalidade jurídica própria, a saber: autarquias, empresas públicas, sociedades de economia mistas e fundações públicas.

Do mesmo modo que a sistemática adotada para a União Federal para a Administração Pública direta, por força do Decreto-lei 200/1967, as entidades mencionadas no art. 4º, II, são encontradas nas Administrações Estaduais, do Distrito Federal e Municipais.

Destarte, a Administração Pública indireta decorre do fenômeno da descentralização, que se constitui na distribuição de competências, mediante a edição de lei, de uma pessoa jurídica para outra pessoa jurídica.

Calha aqui, por pertinente, lembrar que cada uma das entidades mencionadas não se confunde com a personalidade jurídica maior (União, Estados, Distrito Federal e Municípios). Ao contrário, os entes da Administração Pública indireta têm personalidade jurídica própria, ligados ao ente maior em razão do regime da vinculação.

Em outro dizer, trata-se de uma descentralização de serviços, onde estão presentes as características de criação de uma personalidade jurídica, capacidade de auto-administração, patrimônio próprio, especialização de fins e sujeição ao princípio do controle.

Resta-nos, por derradeiro, debruçar sobre cada uma dessas entidades.

11.3.2.1 *Autarquias*

Consoante expressa disposição do art. 37, XIX, de nossa Lei Fundamental, entende-se que a autarquia é ente da Administração Pública indireta, dependendo de lei específica para sua criação.

O art. 5º, I, do Decreto-lei 200/1967 conceitua as autarquias como "serviço autônomo, criado por lei, com personalidade jurídica, patrimônio e receita próprios, para executar atividade típicas da Administração Pública, que requeiram, para seu melhor funcionamento, gestão administrativa e financeira descentralizada".

Ainda que a legislação vigente tenha sido omissa quanto à natureza jurídica da autarquia, certo é asseverar que sua personalidade jurídica é de direito público – e, portanto, submete-se ao regime jurídico de direito público, também denominado de regime jurídico administrativo, tendo as prerrogativas e restrições típicas da Administração Pública direta.

Em linhas gerais, no que diz respeito às prerrogativas da autarquia, temos: (a) o regime de bens é de direito público, com todos os seus atributos: inalienabilidade, imprescritibilidade e impenhorabilidade; (b) seus atos são dotados de presunção de legitimidade e veracidade e seus créditos admitem execução fiscal (art. 578 do CPC); (c) gozam de foro privilegiado (art. 109, I, da CF); (d) têm também prazos em dobro para recorrer e prazos em quádruplo para contestar (art. 188 do CPC); além de foro privilegiado, remessa oficial obrigatória e pagamento de custas só ao final, se vencidas; (e) execução pelo regime especial de precatório (art. 100 da CF); (f) ação regressiva contra seus servidores culpados por danos causados a terceiros (37,§ 6º, última parte, da CF); (g) imunidade tributária (art. 150, § 2º, da CF).

Por sua vez, no que diz respeito às restrições, sujeitam-se as autarquias à instauração de processo licitatório para a realização de suas aquisições, contratação de obras e serviços, nos termos do art. 37, XXI, da CF. De igual modo, a ampliação dos seus quadros de servidores também dependerá de concurso público de provas ou de provas e títulos, na forma do que dispõe o inciso II do dispositivo constitucional mencionado.

Além disso, a autarquia submete-se também ao controle administrativo do ente político que a criou, denominado *controle interno*, que deverá realizar-se nos estritos termos de sua lei criadora. O controle interno configura-se em uma tutela de ordem finalística, cabendo ao ente político verificar se a autarquia se encontra realizando as atividades que lhe foram conferidas por lei; isso sem falar do controle externo exercido pelo Legislativo, com auxílio do Tribunal de Contas, sem prejuízo do controle implementado pelo Poder Judiciário, se provocado.

11.3.2.2 *Empresas estatais*

Em caráter preliminar, importante se faz considerar o alcance e a abrangência da expressão "empresas estatais", tendo em vista a possibilidade de concepções distintas quanto ao seu significado.

Sem adentrarmos em maiores disceptações de ordem doutrinária, é nosso entendimento que "empresas estatais" englobam todas as pessoas jurídicas de direito privado autorizadas por lei e constituídas na forma de sociedades civis ou comerciais para prestação de serviços públicos ou exploração de atividade econômica, com controle acionário do Estado.

Vale registrar, ainda – e antes de nos debruçarmos sobre as espécies de empresas estatais –, que a atividade econômica, embora possível de ser por elas explorada, deve ser entendida como uma excepcionalidade, uma vez que somente será possível quando necessária aos imperativos da segurança nacional ou a relevante interesse público, nos termos do art. 173 de nosso Texto Maior.

Em consonância com o entendimento sobredito, temos como espécies de empresas estatais as *sociedades de economia mista* e as *empresas públicas*.

11.3.2.2.1 Sociedades de economia mista

O art. 37, XIX, da CF estabelece a seguinte disposição: "Somente por lei específica poderá ser criada autarquia e autorizada a instituição de empresa pública, de sociedade de economia mista e de fundação, cabendo à lei complementar, neste último caso, definir as áreas de atuação".

A disposição em comento diz – acertadamente, diga-se de passagem – que as sociedades de economia mista, assim como as empresas públicas, deverão ser autorizadas por lei. Note-se que nossa Lei Fundamental, ao mencionar os entes da Administração Pública indireta, diz que as autarquias devem ser *criadas* por lei e as sociedades de economia mista e as empresas públicas devem ser *autorizadas* por lei. Com efeito, essa diferenciação não pode ser considerada uma simples preferência terminológica do legislador constitucional. Ao contrário, a diferenciação existente reside no fato que, tratando-se de entidades de direito privado, a lei não pode criar a pessoa jurídica mas, tão-somente, autorizar sua criação, que se processará, posteriormente, com o registro de seus atos constitutivos no Registro Público competente.

De qualquer sorte, e ainda que considerada a diferenciação terminológica em apreço, o art. 5º, III, do Decreto-lei 200/1967 conceitua a sociedade de economia mista como "entidade dotada de personalidade jurídica de direito privado, criada por lei para a exploração de atividade econômica, sob a forma de sociedade anônima, cujas ações com direito a voto pertençam em sua maioria à União ou a entidade da Administração indireta".

Para nós, entretanto – e levando-se em consideração nosso entendimento até aqui expressado –, temos que a sociedade de economia mista é pessoa jurídica de direito privado, autorizada por lei e constituída consoante determina a Lei das S/A para a prestação de serviços públicos ou exploração de atividade econômica, com capital misto e majoritariamente público.

Releva, ainda, salientar que a forma de organização da sociedade de economia mista, consistente na obediência à Lei das S/A, prevista no art. 5º do Decreto-lei 200/1967, aplica-se, em um primeiro momento, apenas à União Federal. Porém, a Lei das S/A, mais precisamente em seu art. 235, determina que "as sociedades de economia mista estão sujeitas a esta Lei, sem prejuízo das disposições especiais de lei federal". Disto decorre que todos os demais entes políticos, além da União, estão obrigados a seguir a Lei das S/A quando da criação de suas sociedades de economia mista.

11.3.2.2.2 Empresas públicas

Tal qual a sociedade de economia mista, a previsão constitucional da empresa pública encontra-se gizada no art. 37, XIX, da CF. Assim, a empresa pública deverá ser autorizada e não criada por lei.

De sua vez, o Decreto-lei 200/1967 estabelece que a empresa pública é "entidade dotada de personalidade jurídica de direito privado, com patrimônio próprio e capital exclusivo da União, criada por lei para a exploração de atividade econômica que o Governo seja levado a exercer por força de contingência ou de conveniência administrativa, podendo revestir-se de qualquer das formas admitidas em Direito".

Em outras palavras – e levando-se em conta a imprecisão terminológica já por nos suscitada –, temos que a empresa pública pode ser conceituada como pessoa jurídica de direito privado autorizada por lei e constituída consoante qualquer uma das formas em Direito admitidas, inclusive em forma inédita, com patrimônio próprio e capital exclusivo do Estado, objetivando a prestação de serviços ou exploração de atividade econômica.[3]

Afora a questão organizacional e o capital, a empresa pública e as sociedades de economia mista, no que diz respeito ao seu conceito, em tudo e por tudo se assemelham.

11.3.2.2.3 Traços comuns entre a sociedade de economia mista e a empresa pública

Não é preciso de maiores esforços de interpretação para concluir pela existência de traços comuns entre a sociedade de economia mista e a empresa pública. Claro está, portanto, que, em razão de tudo o que se disse até agora, é perfeitamente possível concluirmos que ambas têm os seguintes elementos de convergência: necessidade de autorização legislativa; personalidade jurídica de direito privado; sujeição ao controle estatal; vinculação à sua finalidade, sem qualquer disposição de vontade, tendo em vista a necessidade de autorização legislativa para sua instituição; desempenho de serviço público ou exploração de atividade econômica; e, por fim, subsunção ao direito privado.

3. Acompanhamos o entendimento expressado por Maria Sylvia Zanella Di Pietro (*Direito Administrativo*, cit., 21ª ed., p. 428) no que diz respeito à possibilidade de a empresa pública se revestir de forma inédita, desde que prevista em sua lei criadora.

Válido de nota, é lembrar que as sociedades de economia mista e as empresas públicas não se submetem na integralidade ao regime de direito privado, vez que existe uma derrogação do direito comum pelo direito público. Em última análise, isto quer dizer que as sociedades de economia mista e as empresas públicas estão obrigadas a um regime híbrido, devendo se submeter sempre ao direito privado, salvo em face de norma expressa de direito público.

A exemplo, temos o art. 173, § 1º, II, da CF, que determina a obrigatoriedade de as empresas públicas e sociedades de economias mistas se submeterem ao regime próprio das empresas privadas, inclusive quanto aos direitos e obrigações civis, comerciais, trabalhistas e tributários.

Conquanto que assim seja, no caso do direito do trabalho, ainda que os funcionários dessas estatais sejam regidos pela Consolidação das Leis do Trabalho, o concurso público, regra de regime publicístico, é medida que se impõe, nos exatos termos do art. 37, II, da CF.

Forçoso é concluir pela convivência dos dois regimes, público e privado. Logo, as eventuais prerrogativas e sujeições das sociedades de economia mista e empresas públicas só existirão quando adotado o regime de direito público, na forma da lei.

Por derradeiro, quanto à responsabilidade civil, está será de caráter objetivo quando prestarem serviço público, nos termos do art. 37, § 6º, da CF, e desde que o dano experimentado pela vítima decorra da prestação de serviço público. Afora isso, segue-se a regra da responsabilidade subjetiva.

11.3.2.3 *Fundações*

Sem dúvida alguma, de todas as entidades da Administração indireta, a que mais tem provocado divergências doutrinárias no que concerne à sua natureza jurídica é a fundação.

De qualquer modo, vamos iniciar o estudo dessa controvertida entidade a partir do art. 37, XIX, da CF, que é cristalino ao dispor que a fundação deverá ser autorizada por lei.

Em razão de entendimento anteriormente expressado, fácil seria concluir que a fundação pública, prevista por nosso ordenamento constitucional, embora instituída pelo Poder Público, somente poderia se constituir mediante regras de direito privado, até porque esse é o conceito preconizado pelo art. 5º, IV, do Decreto-lei 200/1967: "entidade dotada de personalidade jurídica de direito privado, sem fins lucrativos, criada em virtude de autorização legislativa, para o desenvolvimento de atividades que não exijam execução por órgãos ou entidades de direito público, com autonomia administrativa, patrimônio próprio gerido pelos respectivos órgãos de direção, e funcionamento custeado por recursos da União e de outras fontes".

A par disso – e tornando ainda mais controvertida a questão –, o § 3º do art. 5º do Decreto-lei 200/1967 determinou que as entidades de que trata o inciso IV do referido art. 5º – fundações públicas – adquirem personalidade jurídica com a inscrição da escritura pública de sua constituição no Registro Civil de Pessoas Jurídicas, não se lhes aplicando as demais disposições do Código Civil concernentes às fundações.

Em razão disso, não temos dúvidas de que o Poder Público pode instituir fundações públicas com personalidade jurídica de direito privado. Porém, também não podemos descartar o entendimento de Celso Antônio Bandeira de Mello, que é incisivo ao dizer que após a Constituição de 1988 as fundações somente podem ser concebidas com personalidade jurídica de direito público.[4]

Note-se que o legislador, como muito bem anota o Mestre precitado, faz expressa menção às fundações públicas no art. 19 da ADCT, ao conferir estabilidade somente aos servidores da Administração direta, autarquias e fundações públicas, e não aos integrantes das pessoas estatais de direito privado. Afora isso, a Emenda Constitucional 19/1998 concedeu aos servidores das fundações tratamento idêntico ao dos servidores das pessoas jurídicas de direito público no que diz respeito à estabilidade prevista na Constituição de 1988.

As considerações precedentes – e ousando discordar do mestre Celso Antônio Bandeira de Mello – levam-nos a dizer que nosso ordenamento contempla ambas as possibilidades, permitido a instituição de fundação pública consoante normas de direito privado e normas de direito público, sendo que será o exame do ato constitutivo da entidade que levará o intérprete a essa conclusão.

Posto isso, a fundação pode ser conceituada como pessoa jurídica de direito público ou privado instituída por lei para o desempenho de atividades estatais, ligadas à ordem social, com capacidade de auto-administração e sujeita a controle.

No mais – e adotando o entendimento de Lúcia Valle Figueiredo[5] –, despiciendas maiores considerações acerca das entidades jurídicas em

4. Celso Antônio Bandeira de Mello, *Curso de Direito Administrativo*, 26ª ed., São Paulo, Malheiros Editores, 2009, pp. 183-185.

5. Lúcia Valle Figueiredo, *Curso de Direito Administrativo*, 9ª ed, São Paulo, Malheiros Editores, 2008, p. 149.

exame. Se admitirmos fundações instituídas pelo Poder Público regidas pelo direito privado, em tudo e por tudo, seu regime será idêntico ao das empresas estatais. Se admitirmos fundações de direito público, seu regime será idêntico ao das autarquias.

11.3.2.4 *Agências*

A denominada "globalização", sem sombra de dúvidas, trouxe inovações ao Direito pátrio, dentre as quais as chamadas *agências*, importadas do Direito Norte-Americano, conquanto tenham entre nós uma abrangência muito menor que aquela do Direito alienígena.

Deve-se dizer que no Direito Norte-Americano as agências têm competência para, além de editar atos administrativos, editar também normas jurídicas, desde que essas competências sejam outorgadas pelo Legislativo.

De qualquer sorte, é pacífico que o Direito Norte-Americano tem servido de modelo entre nós, de forma a propiciar a proliferação de agências integrantes da Administração indireta.

Passemos, pois, a discorrer acerca das modalidades de agências contempladas pelo nosso ordenamento pátrio: as *agências executivas* e as *agências reguladoras*.

11.3.2.4.1 Agências executivas

A Constituição Federal não faz menção às denominadas *agências executivas*, tendo sido mencionadas pela primeira vez no Decreto federal 2.487/1998, que reza, em seu art. 1º, que "a qualificação de autarquia ou fundação como agência executiva poderá ser conferida mediante a iniciativa do Ministério supervisor, com anuência do Ministério da Administração Federal e Reforma do Estado, que verificará o cumprimento, pela entidade candidata à qualificação, dos seguintes requisitos: a) ter celebrado contrato de gestão com o respectivo Ministério supervisor; b) ter plano estratégico de reestruturação e de desenvolvimento institucional, voltado para a melhoria de qualidade da gestão e para a redução de custos, já concluído ou em andamento".

Em verdade, as agências executivas não passam de mera qualificação das autarquias ou fundações, que, em razão do cumprimento dos requisitos estabelecidos no comando legal sobredito, recebem essa denominação, mediante decreto do Presidente da República, nos termos do art. 51 e 52 da Lei 9.649/1998. Averbe-se, por oportuno, que se esses requisitos não forem observados a agência executiva perde essa qualificação, retornando à sua condição original de mera autarquia ou fundação.

Válido é trazer a pêlo, ainda, que a possibilidade jurídica de essas entidades – autarquias e fundações – celebrarem contrato de gestão, de modo a ampliar sua autonomia gerencial, orçamentária e financeira, encontra-se fulcrada no § 8º do art. 37 de nossa CF, acrescentado mediante a Emenda Constitucional 19/1998. Calha aqui, por pertinente, lembrar as expressas disposições do comando constitucional em apreço: "A autonomia gerencial, orçamentária e financeira dos órgãos e entidades da Administração direta e indireta poderá ser ampliada mediante contrato, a ser firmado entre seus administradores e o Poder Público, que tenha por objeto a fixação de metas de desempenho para o órgão ou entidade, cabendo à lei dispor sobre: I – o prazo de duração do contrato; II – os controles e critérios de avaliação de desempenho, direitos, obrigações e responsabilidade dos dirigentes; III – a remuneração do pessoal".

Verifique-se, por pertinente, que, embora a ampliação da autonomia das fundações e autarquias seja mencionada pelo Decreto 2.487/1998, o efeito prático resume-se a nada, ou quase nada, tendo em vista que o já mencionado § 8º do art. 37 da CF condiciona tudo isso à edição de lei, que até agora não foi promulgada.

Em outras palavras, ampliar a autonomia gerencial tendo por sustentáculo o decreto e o contrato de gestão parece-nos de todo impossível. De qualquer sorte, e à vista das considerações precedentes, as agências executivas podem ser conceituadas como entidades jurídicas preexistentes – autarquia ou fundação – que, após o cumprimento de dois pré-requisitos, recebem essa denominação, mediante decreto presidencial.

11.3.2.4.2 Agências reguladoras

O poder regulamentar da lei é atribuído exclusivamente ao Presidente da República, nos termos do art. 84, IV, da CF, admitida a delegação de poderes quando se tratar das competências dos incisos IV, XII e XXV, que tratam, respectivamente, sobre a organização e funcionamento da Administração Federal, da concessão de indultos e comutação de penas e do provimento e extinção de cargos públicos.

Em razão disso, muito se discutiu e ainda se discute sobre a constitucionalidade das agências reguladoras. Isso porque apenas os art. 21, XI, e 177, § 2º, III, da nossa Lei Fundamental fazem menção à criação de um órgão regulador – tratando-se, respectivamente, da Agência Nacional de Telecomunicações/ANATEL e da Agência Nacional do Petróleo/ANP.

Ainda que assim seja, e considerando a inexistência de uma lei geral das agências reguladoras, é fato que elas estão sendo criadas por leis esparsas. Do exame dessas legislações é possível inferir que as agências reguladoras estão sendo criadas como autarquias em regime especial, objetivando regular e fiscalizar autorizações, permissões e concessões de serviços públicos.

Deveras, meditando sobre a questão, e alterando entendimento anterior, ainda que a Constituição Federal não dê maiores guaridas para as agências reguladoras, exceção feita à ANATEL e à ANP, é certo dizer que a forma de constituição encontra-se albergada no art. 37, XIX, que permite a criação de autarquias. De outra parte, nada impede que o regime especial seja concedido por lei – a lei criadora da agência. Vale dizer, ainda, que sua competência normativa, uma das características do denominado regime especial, somente reunirá condições de prosperar se exercida nos limites da lei criadora.

11.3.2.5 *As entidades paraestatais*

Constituem-se em *entidades paraestatais* aqueles entes que estão dispostos ao lado do Estado, sem integrá-lo, com vistas a prestar serviços de interesse coletivo. Diogo de Figueiredo Moreira Neto ensina que, em razão do desempenho de suas tarefas, as entidades paraestatais podem ser oficializadas e amparadas pelo Estado, podendo arrecadar as contribuições parafiscais, quando não estão sendo subsidiadas por recursos orçamentários de determinado ente público.[6]

São exemplos de entidades paraestatais o SESC, o SESI e o SENAI.

11.4 Breves considerações acerca dos princípios gerais de Direito

Princípios são fundamentos básicos, verdadeiros sustentáculos de uma ciência. Logo, no caso do Direito, princípios são concebidos como normas gerais e abstratas, consideradas independentemente de estarem expressamente positivadas.

De todo modo, antes de volvermos a discorrer sobre os princípios constitucionais aplicáveis à Administração Pública, mais precisamente aqueles mencionados no art. 37, *caput*, de nossa CF, necessário se faz tecer algumas considerações acerca dos chamados *princípios gerais de Direito*.

Os princípios gerais de Direito, no dizer de Lúcia Valle Figueiredo, "são normas gerais, abstratas, não necessariamente positivadas expressamente, porém às quais todo ordenamento jurídico, que se construa, com a

6. Diogo de Figueiredo Moreira Neto, "Natureza jurídica dos serviços sociais autônomos", *RDA* 207/79-94, janeiro-março/1997

finalidade de ser um Estado-Democrático de Direito, em sentido material, deve respeito".[7]

Ora, o Estado Democrático de Direito é, em última análise, a subsunção de todos à vontade da lei e à vontade do povo, que, segundo as lições de José Afonso da Silva, tem por missão "superar as desigualdades sociais e regionais e instaurar um regime democrático que realize a justiça social".[8]

A par disso, se o Estado Democrático de Direito implica a subsunção de todos à vontade da lei, é certo dizer, então, que esta lei deve estar orientada por um caminho predeterminado, que, necessariamente, deve estar informada por proposições básicas e estruturadas. Em outras palavras, tudo isso nada mais é que os denominados *princípios gerais*.

Conquanto o estudo dos princípios gerais de Direito se revele tema dos mais apaixonantes, vamos tolher nosso ímpeto de continuar a tecer nossas considerações acerca da matéria, pelo quê passamos a examinar o princípios norteadores da Administração Pública, insculpidos no art. 37, *caput*, da CF.

11.4.1 Princípios constitucionais da Administração Pública

O art. 37, *caput*, da CF é claro ao estabelecer que "a Administração Pública direta e indireta de qualquer dos Poderes da União, dos Estados, do Distrito Federal e dos Municípios obedecerá aos princípios de legalidade, impessoalidade, moralidade, publicidade e eficiência".

Feliz é a redação do dispositivo constitucional em comento., na medida em que se constitui no substrato fundamental do regime jurídico administrativo. Melhor dizendo, os princípios da legalidade, impessoalidade, moralidade, publicidade e eficiência visam a promover o necessário equilíbrio entre o direito dos administrados e os privilégios da Administração Pública, deles decorrendo uma série de outros princípios norteadores da atividade administrativa.

11.4.1.1 *Princípio da legalidade*

Relevante e basilar é a importância do princípio da legalidade, tendo em vista que se constitui em um dos sustentáculos do Estado Democrático de Direito, constituindo-se em uma das principais garantias de respeito aos direitos individuais.

7. Lúcia Valle Figueiredo, *Curso de Direito Administrativo*, cit., 9ª ed., p. 38.

8. José Afonso da Silva, *Curso de Direito Constitucional Positivo*, 32ª ed., São Paulo, Malheiros Editores, 2009, p. 122.

Não é preciso de maiores ilações para se concluir que a Administração Pública não tem vontade própria, posto que a atividade administrativa encontra-se jungida à lei. Por essa ótica, não é raro encontrar nos livros de direito constitucional e administrativo a afirmação que "a Administração Pública só pode fazer aquilo que a lei permite".[9]

Entretanto, o entendimento acerca do princípio da legalidade não pode ser reduzido à simples necessidade do expresso respaldo em lei para que a Administração possa cumprir suas finalidades. Seria impraticável que a lei pudesse prever todas as hipóteses possíveis de acontecer no âmbito da Administração Pública.

Neste passo, concordamos com Lúcia Valle Figueiredo ao dizer que, "assim como o princípio da legalidade é bem mais amplo que a mera sujeição do administrador à lei, pois aquele, necessariamente, deve estar submetido também ao Direito, ao ordenamento jurídico, às normas e princípios constitucionais, assim também há de se procurar solver a hipótese de a norma ser omissa ou, eventualmente, faltante".[10]

Insta esclarecer que a atividade administrativa não pode ficar condicionada à necessidade de expressa previsão legal para o exercício da função administrativa. Cumpre-nos deixar claro, curialmente claro, que não estamos a dizer que isto libera à Administração Pública a possibilidade de agir a seu livre e exclusivo talante. Ao contrário, estamos a dizer que a atividade administrativa deve se realizar nos limites do Direito, entendendo-se este como um todo – Constituição, lei, doutrina, jurisprudência, princípios, usos e costumes.

Doutra parte, o princípio da legalidade também encontra-se previsto no art. 5º, II, de nossa Magna Carta: "ninguém será obrigado a fazer ou deixar de fazer alguma coisa senão em virtude de lei".

De conseguinte, certo é afirmar que só a lei obriga. Logo, o ato administrativo, para obrigar, deve necessariamente ter arrimo em lei, salvo as excepcionalidades da medida provisória, estado de defesa e estado de sítio, contempladas, respectivamente, nos art. 62, 136 e 139 de nossa CF.

André Ramos Tavares muito bem anota que o princípio da legalidade funda-se no princípio da legitimidade, pelo qual "exige-se que a lei seja formal apenas no sentido de que emane, em sua formação, dos órgãos representativos. Ademais, tomou-se consciência de que não se pode ignorar seu

9. Dentre os doutrinadores pátrios, Maria Sylvia Zanella Di Pietro e Hely Lopes Meirelles sustentam o princípio da legalidade concebido de forma estrita, admitindo que a Administração Pública só pode fazer aquilo que a lei permite.

10. Lúcia Valle Figueiredo, *Curso de Direito Administrativo*, cit., 9ª ed., p. 42.

conteúdo, que também há de corresponder aos valores consubstanciados no ordenamento jurídico".[11]

Assim é que a concepção de caráter meramente formal da lei está abandonada, devendo esta perseguir, obrigatoriamente, valores consagrados por nosso ordenamento, em obediência aos postulados do Estado Democrático de Direito.

11.4.1.2 *Princípio da impessoalidade*

O princípio da impessoalidade, explicitamente contemplado pela Constituição Federal pela primeira vez na história de nossas Constituições, está sendo alvo de diferentes interpretações.

Em princípio, de uma forma até simplista, podemos espalmá-lo de forma a se chegar ao princípio da igualdade. Entretanto, não é esse nosso pensar, posto que uma maior reflexão nos leva a concluir que igualdade e impessoalidade não se confundem.

A igualdade pode ser definida de forma singela: "todos são iguais perante a lei". De conseguinte, a Administração deve tratar a todos de forma igualitária, na medida EM que a lei é igual para todos.

Por seu turno, a impessoalidade vai mais além. De certa forma a impessoalidade vem a concretizar o princípio da igualdade. Ora, se a lei é igual para todos – isonomia –, o "ser impessoal" da Administração deve se consubstanciar não só no tratamento isonômico, mas principalmente na persecução de sua finalidade pública. Significa dizer, portanto, que a impessoalidade indica que a Administração deve perseguir, sempre, os interesses gerais e coletivos.

Logo, se a Administração tem o dever de perseguir a consecução dos interesses gerais e coletivos, impossível se torna prestigiar interesses particulares, pessoais ou mesmo políticos. Dessa afirmação deflui que a Administração não poderá privilegiar ou mesmo prejudicar pessoas determinadas, sob pena de comprometimento do interesse público. Assim é que desviar da finalidade revela-se em inobservância da impessoalidade.

Neste esteira, concluímos que a impessoalidade é o dever imposto à Administração de nortear sua atividades com vistas ao interesse público, sem o estabelecimento de quaisquer privilégios ou prejuízos a terceiros em decorrência do prestígio de interesses pessoais.

11. André Ramos Tavares, *Curso de Direito Constitucional*, 5ª ed., São Paulo, Saraiva, 2007, p. 577.

Vale registrar ainda uma outra faceta atribuída ao princípio da impessoalidade. José Afonso da Silva, com peculiar maestria, assinala: "O *princípio* ou *regra da impessoalidade* da Administração Pública significa que os atos e provimentos administrativos são imputáveis não ao funcionário que os pratica ou entidade administrativa em nome do qual age o funcionário".[12]

O Mestre precitado observa que os atos e provimentos administrativos, embora realizados pelo agente público, devem ser atribuídos à Administração Pública, e não ao funcionário que os praticou, que é mero instrumento de expressão da vontade do órgão. Perante terceiros não importa quem praticou o ato, pois a responsabilidade será sempre da Administração Pública.

Isto tanto é verdade que o art. 37, § 1º, da CF estatui que: "A publicidade dos atos, programas, obras, serviços e campanhas dos órgãos públicos deverá ter caráter educativo, informativo ou de orientação social, dela não podendo constar nomes, símbolos ou imagens que caracterizem promoção pessoal de autoridades ou servidores públicos".

Em outro dizer, a prática de qualquer ato será, perante terceiros, atribuída à Administração Pública, independentemente de quem o praticou. Permitimo-nos, aqui, utilizar uma expressão que muito bem resume nosso pensamento: *a Administração pública não tem rosto*.

Entretanto, vem aqui a talho, como muito bem lembra Jose Afonso da Silva, que "a *personalização*, ou seja, a individualização do funcionário, pode ser recomendável, quando atue não como expressão da vontade do Estado, mas como expressão de veleidade, capricho ou arbitrariedade pessoal".[13]

Claro está, portanto, que a personalização do funcionário será possível em razão de atos ilegais ou arbitrários, implicando, inclusive, ataque pessoal ao ato do servidor.

11.4.1.3 *Princípio da moralidade*

Árdua é a tarefa de discorrer sobre o princípio da moralidade. Em razão disso, vamos nos limitar a um simples escorço sobre a moralidade, de forma a ofertar ao leitor alguns elementos fundamentais para o entendimento desse intrincado princípio.

Partindo da lição de Maurice Hauriou, que vê na moralidade administrativa um conjunto de "regras de conduta tiradas da disciplina interior

12. José Afonso da Silva, *Curso de Direito Constitucional Positivo*, cit., 32ª ed., p. 667.

13. Idem, p. 668.

da Administração",[14] é de se concluir que a moralidade administrativa não pode ser concebida da mesma forma que a moral comum, mas sim como uma moral jurídica.

Hely Lopes Meirelles, desenvolvendo a idéia de Hauriou, assinala que "o agente administrativo, como ser humano dotado da capacidade de atuar, deve, necessariamente, distinguir o Bem do Mal, o honesto do desonesto. E, ao atuar, não poderá desrespeitar o elemento ético de sua conduta. Assim, não terá que decidir somente entre o legal e o ilegal, o justo e o injusto, o conveniente e o inconveniente, o oportuno e o inoportuno, mas também entre o honesto e o desonesto".[15]

De forma a alumbrar a afirmação de Hely Lopes Meirelles, parece-nos ser certo afirmar que o ato, embora legal, pode estar pontilhado por padrões que fogem aos critérios de honestidade. Isto porque a moralidade não pode ser concebida do ponto de vista estritamente formal e subjetivo, vez que seu conteúdo só poderá ser extraído, como afirma Maurice Hauriou, das regras e princípios da Administração.

Este também parece ser o entendimento de Luiz Alberto David Araujo e Vidal Serrano Nunes Jr., que colocam os princípios, a Constituição e as normas infraconstitucionais como parâmetros para a conduta administrativa que deve conduzir à idéia de um administrador ético.[16]

Escudados nas considerações expendidas pelos ilustres juristas citados, não nos é defeso observar que a moralidade administrativa é o enfeixamento de regras e princípios norteadores da Administração, que deve informar toda a atividade administrativa, sempre pautada por critérios de honestidade, de forma a atingir a consecução do interesse público.

11.4.1.4 *Princípio da publicidade*

O princípio da publicidade não oferece maiores problemas de compreensão. Todos os atos praticados pela Administração Pública, salvo as hipóteses de sigilo previstas em lei, devem ser alvo de ampla divulgação.

O atendimento ao princípio da publicidade é requisito de eficácia do ato administrativo. Seu objetivo é propiciar seu conhecimento pelo cidadão e possibilitar o controle de todos os interessados.

14. Maurice Hauriou, *Précis de Droit Administratif et de Droit Public*, 10ª ed., Paris, Sirey, 1921, p. 424.

15. Hely Lopes Meirelles, *Direito Administrativo Brasileiro*, cit., 35ª ed., p. 90.

16. Luiz Alberto David Araujo e Vidal Serrano Nunes Jr., *Curso de Direito Constitucional*, 8ª ed. , São Paulo, Saraiva, 2004, p . 298.

Tal é a importância do princípio da publicidade, que nossa Constituição Federal foi bastante generosa ao prever esta obrigação em casos concretos. A exemplo, temos no art. 5º, no inciso XXXIII, o direito a informações e, no inciso XXXIV, "b", o direito de certidões para a defesa de direitos e esclarecimentos de situações de pessoas, dentre outros.

Desta feita, atos administrativos sigilosos, procedimentos e decisões secretas, editais de licitação ocultos, não passam de uma péssima herança, fruto do autoritarismo de outros tempos. Todos os atos e provimentos da Administração devem, de alguma forma, ser alvo de publicidade para que possam produzir seus jurídicos efeitos.

Por derradeiro, vale registrar que o atendimento ao princípio da publicidade não significa a obrigatoriedade de publicação na Imprensa Oficial. Eventualmente a lei pode estabelecer outras formas de publicidade que não a publicação na Imprensa Oficial.

11.4.1.5 *Princípio da eficiência*

O princípio da eficiência foi inserido em nossa Lei Fundamental pela Emenda Constitucional 19/1998.

No entender de Maria Sylvia Zanella Di Pietro o princípio da eficiência "impõe ao agente público um modo de atuar que produza resultados favoráveis à consecução dos fins que cabe ao Estado alcançar".[17]

Examinando a lição de Maria Sylvia Zanella Di Pietro, concluímos que a autora vê no princípio da eficiência uma obrigação ínsita do administrador público em atuar de forma a produzir resultados favoráveis para a Administração. Entretanto, não vislumbramos, independentemente da expressa menção ao princípio da eficiência em nosso ordenamento constitucional, que o administrador pudesse agir de outra maneira.

Com efeito, parece-nos, portanto, que o alcance do princípio da eficiência deve ser muito maior, muito mais abrangente. Consoante nosso entendimento, o princípio da eficiência obriga a Administração a se organizar com vistas a criar mecanismos céleres e eficazes para a consecução das atividades administrativas, livres de pesos burocráticos, buscando a modernidade e a qualidade.

Aliás, esta parece ser a intelecção propiciada pela Mensagem Presidencial 886/1995, convertida em Proposta de Emenda Constitucional 173/1995, posteriormente aprovada como Emenda Constitucional 19/1998:

17. Maria Sylvia Zanella Di Pietro, *Direito Administrativo*, 11ª ed., São Paulo, Atlas, 1999, p. 73.

"(...) incorporar a dimensão de eficiência na Administração Pública: o aparelho de Estado deverá se revelar apto a gerar mais benefícios, na forma de prestação de serviços à sociedade, com recursos disponíveis, em respeito ao cidadão contribuinte" e "enfatizar a qualidade e desempenho nos serviços públicos: a assimilação, pelo serviço público, da centralidade do cidadão e da importância da contínua superação de metas desempenhadas, conjugada com a retirada de controles e obstruções legais desnecessárias, repercutirá na melhoria dos serviços públicos".

Assim é que volvemos a enfatizar que o princípio da eficiência vem trazer à Administração Pública a obrigatoriedade de desenvolver mecanismos para o exercício de uma atividade administrativa eficaz, célere e de qualidade.

11.5 Os agentes públicos

Devemos entender por "agentes públicos" todos aqueles que, de alguma forma – seja em caráter transitório ou permanente, de forma gratuita ou remunerada –, exerçam alguma função pública, de modo a expressar a vontade estatal.

Por esta singela definição, temos que agente público é gênero, onde estão encartados todos aqueles que exercem, de algum modo, uma função pública. Nesse sentido, e para que possamos nos debruçar sobre as regras aplicáveis ao agente público, constantes do art. 37 da CF é de bom alvitre adotar uma classificação, para melhor compreensão da matéria aqui tratada.

Anote-se que a doutrina oferta várias classificações de agente público.[18] Quanto a nós, preferimos adotar parcialmente a classificação de Hely Lopes Meirelles.

11.5.1 Agentes políticos

Hely Lopes Meirelles conceitua agentes políticos como aqueles que integram os primeiros escalões investidos em cargos, funções, mandatos ou comissões, por nomeação, eleição, designação ou delegação, para o exercício de atribuições constitucionais. Inclui nesta categoria os chefes do Exe-

18. André Ramos Tavares classifica o agente público em três categorias distintas: (a) agente político; (b) servidores públicos; (c) particulares em colaboração com o Poder Público (*Curso de Direito Constitucional*, cit., 5ª ed., p. 1.168). Celso Antônio Bandeira de Mello classifica os agentes públicos como agentes políticos, servidores estatais e particulares em atuação colaboradora com o Poder Público (*Curso de Direito Administrativo*, cit., 26ª ed., p. 246).

cutivo e seus auxiliares imediatos, os membros das corporações legislativas, os membros do Poder Judiciário, os membros dos Tribunais de Contas, os representantes diplomáticos e demais autoridades com independência funcional no desempenho de atribuições governamentais.

Ainda que adotemos parcialmente a classificação proposta pelo Hely Lopes Meirelles, não esposamos o mesmo entendimento do Mestre quanto aos tipos de agentes políticos. Para nós, encontram-se albergados no conceito de "agentes políticos" apenas aqueles que têm um vínculo de caráter político e não profissional.

Assim, a par das considerações sobreditas, entendemos que integram a espécie "agentes públicos" apenas os chefes do Executivo e seus auxiliares (ministros e secretários), os senadores, deputados e vereadores.

11.5.2 Servidores públicos

A expressão "servidores públicos" não integra a classificação proposta por Hely Lopes Meirelles. Sua classificação aponta para os chamados "agentes administrativos", entendidos como todos aqueles que se vinculam ao Estado em razão de relações profissionais, pautados pelo regime da hierarquia. Porém – e com todo o respeito ao mestre Hely Lopes Meirelles –, ousamos discordar do autor em questão, por entender que a classificação proposta e sua conseqüente conceituação são bastante restritas Para nós, "servidores públicos" compreendem todos aqueles que prestam serviços ao Estado e às pessoas jurídicas integrantes da Administração indireta, com vínculo estatutário ou celetista, ou, ainda, aqueles que se submetem a um regime especial, como os temporários, e mediante remuneração.

11.5.3 Agentes honoríficos

No que diz respeito aos agentes honoríficos adotamos na integralidade a conceituação de Hely Lopes Meirelles. Os agentes honoríficos são todos aqueles que, de forma transitória, gratuita ou remunerada, prestam serviços ao Estado, seja em razão de sua condição cívica, seja em razão de sua honorabilidade ou de sua notória capacidade profissional. Integram a classe dos agentes honoríficos os jurados, os mesários e os conscritos.

11.5.4 Agentes delegados

Assim como Hely Lopes Meirelles, consideramos como agentes delegados todos aqueles que recebem do Estado a incumbência de executar um serviço público, em seu próprio nome, por sua conta e risco, mediante normas e controle estatal. Como exemplo temos os tradutores juramentados, leiloeiros oficiais e serventuários de ofícios ou cartórios não-estatizados. Calha aqui lembrar, por oportuno, que Diógenes Gasparini considera o diretor de faculdade privada agente delegado.[19]

11.5.5 O regime jurídico dos servidores públicos

Um rápido perpassar de olhos pelo art. 37 de nossa Lei Fundamental é suficiente para se verificar que em diversas passagens ela se refere tanto a cargos como a empregos e funções públicas. Decorrente disso, certo é dizer que a Constituição Federal admite, em princípio, regimes jurídicos distintos para seus servidores.

Nesse sentido, é impositivo que nos debrucemos sobre essa intrincada matéria, não sem antes passarmos pela conceituação de "cargo", "emprego" e "função pública".

11.5.5.1 *Cargo público*

Celso Antônio Bandeira de Mello ensina que "*cargos* são as mais simples e indivisíveis unidades de competência a serem expressadas por um agente, previstas em número certo, com denominação própria, retribuídas por pessoas jurídicas de direito público e *criadas por lei*, salvo quando concernentes aos serviços auxiliares do Legislativo, caso em que se criam por resolução, da Câmara ou do Senado, conforme se trate de serviços de uma ou de outra destas Casas".[20]

A lição de Celso Antônio Bandeira de Melo leva-nos a afirmar que duas características do cargo público são de relevante importância, a saber: o cargo público somente será encontrado nas pessoas jurídicas de direito público e deve, necessariamente, ser criado mediante edição de lei, salvo em excepcionalíssimas condições, como é o caso dos serviços auxiliares do Legislativo.

Lúcia Vale Figueiredo, por sua vez, conceitua *cargo público* como o "criado por lei (quando concernentes os cargos aos serviços auxiliares do Legislativo, se criam por resolução da Câmara ou do Senado, conforme se trate de serviços de uma ou de outra destas Casas) e expressa o conjunto

19. Diógenes Gasparini, *Direito Administrativo*, 11ª ed., São Paulo, Saraiva, 2006, p. 167.

20. Celso Antônio Bandeira de Mello, *Curso de Direito Administrativo*, cit., 26ª ed., p. 251.

de atribuições (competências e deveres) a serem exercidas pelos agentes públicos, seus titulares".[21]

Nota-se, portanto, que a conceituação de cargo público não oferece maiores dúvidas, notadamente no que diz respeito a necessidade de ser criado mediante lei, salvo a exceção dos cargos auxiliares do Poder Legislativo.

De qualquer modo, para nós, cargo público é a menor célula encontrada na estrutura organizacional da Administração Pública, criado necessariamente por lei, afora os cargos dos serviços auxiliares do Legislativo, que são criados por resolução, a que correspondem direitos, obrigações, vantagens e remuneração próprios.

11.5.5.2 *Emprego público*

André Ramos Tavares afirma que: "A expressão 'emprego público' passou a ser utilizada para denominar um vínculo de ligação com o Estado diverso daquele existente no cargo público, embora se refira, igualmente, a uma unidade de atribuições. Quem ocupa emprega público tem um vínculo contratual, regido pela Consolidação das Leis do Trabalho".[22]

Francisco Ferreira Jorge Neto e Jouberto de Quadros Pessoa Cavalcante observam: "Por sua vez, empregado público, também denominado de servidor público trabalhista ou servidor celetista, é aquele que presta serviço para a Administração Pública e é regido pelo regime trabalhista previsto na legislação federal (Consolidação das Leis do Trabalho e outras normas), ou seja, o mesmo regime de contratação da iniciativa privada, com algumas limitações impostas pelo direito público".[23]

As considerações precedentes leva-nos a afirmar, sem maiores delongas, que emprego público é um conjunto de atribuições regidas pela Consolidação das Leis do Trabalho, com as restrições impostas pelo direito público.

11.5.5.3 *Função pública*

A função pública é mencionada expressamente no art. 37, I e V da CF, sendo que neste último ficou estabelecido que ela poderá ser exercida

21. Lúcia Valle Figueiredo, *Curso de Direito Administrativo*, cit., 9ª ed., p. 598.

22. André Ramos Tavares, *Curso de Direito Constitucional*, cit., 5ª ed., p. 1.169.

23. Francisco Ferreira Jorge Neto e Jouberto de Quadros Pessoa Cavalcante, *Direito do Trabalho*, 4ª ed., t. II, Rio de Janeiro, Lumen Juris, 2008, p. 1.373.

exclusivamente por servidores ocupantes de cargos efetivos, destinados às atribuições de direção, chefia e assessoramento.

Em face da disposição constitucional sobredita, a função pública é aquela criada por lei, a que corresponde um conjunto de atribuições de chefia, direção e assessoramento, exercidas exclusivamente por servidores efetivos.

11.5.5.4 *O regime jurídico único*

Para melhor compreensão da matéria, necessário se faz trazer à baila a redação original do art. 39, *caput*, da CF: "A União Federal, os Estados, o Distrito Federal e os Municípios instituirão, no âmbito de sua competência, regime jurídico único e planos de carreira para os servidores da Administração Pública direta, das autarquias e das fundações públicas".

Com efeito, o citado art. 39, *caput*, da CF era de hialina clareza ao dispor que os entes federados, no âmbito de suas respectivas competências, deveriam adotar o denominado regime jurídico único de servidores, abrangendo a Administração direta, autarquias e fundações públicas.

Assim, a União, mediante a edição da Lei 8.112/1990, instituiu como regime jurídico único para seus servidores o regime estatutário, que se caracteriza pelos cargos públicos já mencionados.

Entretanto, com a Emenda Constitucional 19/1998 alterou-se a redação do art. 39, *caput*, da CF, derrubando a obrigatoriedade do regime jurídico único para a União, tornando possível a convivência dos regimes jurídicos estatutário e celetista na Administração direta e respectivas autarquias e fundações públicas vinculadas à União.

Porém, em razão de deferimento de medida liminar em ação direta de inconstitucionalidade, suspendeu-se a vigência do art. 39, *caput*, da CF. Em outras palavras, reconduziu-se, portanto, a obrigatoriedade de a União adotar o denominado regime jurídico único. Claro está, que para preservar os eventuais celetistas que tenham sido contratados pela União, a decisão liminar tem efeitos *ex nunc* até o julgamento do mérito da ação.[24]

24. "A matéria votada em destaque na Câmara dos Deputados no DVS n. 9 não foi aprovada em primeiro turno, pois obteve apenas 298 votos e não os 308 necessários. Manteve-se, assim, o então vigente *caput* do art. 39, que tratava do regime jurídico único, incompatível com a figura do emprego público. O deslocamento do texto do § 2º do art. 39, nos termos do Substitutivo aprovado, para o caput desse mesmo dispositivo representou, assim, uma tentativa de superar a não-aprovação do DVS n. 9 e evitar a permanência do regime jurídico único previsto na redação original suprimida, circunstância que permitiu a implementação do contrato de emprego público ainda que à revelia da

Destarte, e até o julgamento do mérito da ação em comento, não nos é defeso asseverar que a União Federal deverá adotar o regime jurídico único para seus servidores da Administração direta e de suas respectivas autarquias e fundações públicas, implicando, pois, a nomeação para cargo público, e deverá utilizar-se do regime celetista – emprego público – para suas sociedades de economia mista e empresas públicas, por força do art. 173, § 1º, II, de nosso Texto Magno.

11.5.6 O acesso aos cargos, empregos e funções públicas

Com a Emenda Constitucional 19/1998, que deu nova redação ao art. 37, I, o acesso aos cargos, empregos e funções públicas não mais está restrito aos brasileiros natos e naturalizados, sendo plenamente acessíveis aos estrangeiros, na forma da lei.

Assevere-se, desde logo, que a hipótese de regulamentação por lei da acessibilidade a cargos públicos pelos estrangeiros dependerá de cada entidade federada, vez que a matéria concernente ao servidor público não é de competência privativa da União.

Por oportuno, cumpre-nos esclarecer que para os denominados cargos de carreira – e, portanto, dependentes de concurso público – continuam como privativas de brasileiros natos a carreira diplomática e a de oficial das Forças Armadas.

11.5.7 O concurso público como condição de ingresso no serviço público

De acordo com o art. 37, II, da CF, com a redação dada pela Emenda Constitucional 19/1998, a investidura em cargos ou empregos públicos depende de concurso público de provas ou de provas e títulos, salvo as nomeações para cargos em comissão, assim declarados em lei, de livre provimento.

regra constitucional que exige o quórum de três quintos para aprovação de qualquer mudança constitucional – Pedido de medida cautelar deferido, dessa forma, quanto ao caput do art. 39 da CF, ressalvando-se, em decorrência dos efeitos *ex nunc* da decisão, a subsistência, até o julgamento definitivo da ação, da validade dos atos anteriormente praticados com base em legislações eventualmente editadas durante a vigência do dispositivo ora suspenso. (...) Vícios formais e materiais dos demais dispositivos constitucionais impugnados, todos oriundos da Emenda Constitucional n. 19/1998, aparentemente inexistentes ante a constatação de que as mudanças de redação promovidas no curso do processo legislativo não alteraram substancialmente o sentido das proposições ao final aprovadas e de que não há direito adquirido à manutenção de regime jurídico anterior. (...)" (ADI/MC 2.135, rela. para o acórdão Min. Ellen Gracie, j. 2.8.2007, *DJU* 7.3.2008).

Verifique-se que nosso ordenamento constitucional é bastante claro ao colocar o concurso público como regra para o acesso a cargos e empregos públicos, restando como excepcionalidade o provimento de cargos em comissão, de livre nomeação e exoneração, a contratação de temporários, nos termos do art. 37, IX, e, ainda, a função pública.

Quanto ao prazo de validade do concurso público, o mesmo art. 37, em seu inciso III, estabelece o prazo de até dois anos, prorrogável uma única vez, por igual período. A questão da prorrogação – é bom que se diga, desde logo – encontra-se no âmbito da discricionariedade da Administração, ficando a seu critério prorrogar, ou não, o prazo de validade do concurso público, inexistindo direito subjetivo a essa prorrogação.

Por seu turno o art. 37, VIII, remete à lei a reserva de percentuais de cargos e empregos públicos, bem como a definição dos critérios de admissão para as pessoas portadoras de deficiência, constituindo-se, pois, em norma de regramento discricionário.

É necessário frisar que o atual ordenamento jurídico constitucional colocou o concurso público como regra de acesso aos cargos e empregos públicos, como meio de preservar a isonomia, de sorte a ofertar iguais chances a todos aqueles que desejam ingressar no quadro de servidores da Administração.

É fato, todavia, que observar a isonomia, a breve trecho, significa igualar os iguais e desigualar os desiguais. Em outras palavras, observar a isonomia não significa, sob hipótese alguma, impossibilidade de se admitirem discrímenes no concurso público, desde que necessários em razão das atribuições a serem exercidas, em consonância com o princípio da razoabilidade e proporcionalidade.

11.5.8 Estágio probatório, estabilidade e perda do cargo

Anteriormente a Constituição Federal de 1988 estabelecia o prazo de dois anos como lapso temporal obrigatório para o servidor concursado se tornar estável.

Hoje, após a Emenda Constitucional 19/1998, a estabilidade somente poderá ser adquirida pelos concursados após três anos de efetivo exercício e mediante avaliação especial de desempenho por comissão constituída para essa finalidade, nos termos do art. 41, § 4º, da CF.

Decorrido o prazo inerente ao estágio probatório o servidor se tornará estável, não podendo ser exonerado ou demitido, conforme o caso, senão em razão de falta considerada grave, mediante sentença judicial transitada em julgado, através de processo administrativo disciplinar, observados o contraditório e a ampla defesa, e procedimento de avaliação periódica de desempenho, na forma da lei complementar, assegurada ampla defesa, tudo isso nos termos do art. 41, I a III, da CF. Além disso, o art. 169 de nossa Lei Fundamental permitiu à Administração Pública, na hipótese de comprometimento orçamentário, a exoneração do servidor estável, desde que indenizado à base de um mês de remuneração por ano de serviço e observados os demais condicionantes do dispositivo precitado.

11.5.9 Vitaliciedade

Cargo vitalício é aquele que pressupõe a permanência definitiva do servidor no serviço público, salvo em razão de sentença judicial transitada em julgado.

São cargos vitalícios aqueles expressamente determinados pela Constituição Federal, a saber: os dos membros da Magistratura (art. 95, I), do Ministério Público (art. 128, § 5º, "a") e ministros ou conselheiros do Tribunal de Contas (art. 73, § 3º).

11.5.10 Os direitos decorrentes da estabilidade previstos na Constituição Federal

Nos termos do art. 41, §§ 2º e 3º, da CF, os servidores estáveis têm direito a reintegração, disponibilidade e aproveitamento.

Entenda-se por "reintegração" a hipótese de o funcionário demitido reingressar no serviço público, mediante a anulação judicial de sua demissão.

A disponibilidade, por sua vez, garante ao funcionário estável a inatividade remunerada em casos de extinção de seu cargo ou declaração de sua desnecessidade. Nesses casos a remuneração será proporcional ao tempo de serviço.

Por fim, o aproveitamento, que estatui a hipótese de reingresso do servidor público colocado em disponibilidade quando exista cargo vago compatível em natureza e a remuneração com o anteriormente ocupado.

11.5.11 Vencimentos

Árdua é a tarefa de discorrer acerca dos vencimentos dos servidores públicos. Assim, para melhor compreensão do tema, vamos nos socorrer do magistério de Maria Sylvia Zanella Di Pietro, que, com peculiar argúcia, observa que "os estipêndios dos servidores públicos compõem-se de uma parte fixa, representada pelo padrão fixado em lei, e uma parte que varia de um servidor para outro, em função de condições especiais de prestação de serviço, em razão do tempo de serviço e outras circunstâncias previstas nos estatutos funcionais e que são denominadas, genericamente, de vantagens pecuniárias: elas compreendem, basicamente, adicionais, gratificações e verbas indenizatórias".[25]

Ainda com esteio em Maria Sylvia Zanella Di Pietro, observa-se que a Emenda Constitucional 19/1998 traz os chamados subsídios para algumas categorias de agentes públicos, passando a existir, a partir de então, dois regimes para os vencimentos: aquele composto por uma parte fixa e outra variável, denominado de "tradicional", e outro – o subsídio – composto por uma parcela única. O primeiro sistema é chamado pela Emenda Constitucional 19/1998 de remuneração ou vencimento; e o segundo, de subsídio.[26]

De todo modo, segundo nossa Constituição, serão obrigatoriamente remunerados por subsídios os membros de Poder, entendidos estes como os membros do Poder Legislativo, Executivo e Judiciário da União, Estados e Municípios, os detentores de mandado eletivo – a Constituição foi redundante, posto que já alcançados pela expressão "membros de Poder" –, os ministros de Estado e secretários estaduais e municipais (art. 39, § 4º); os membros do Ministério Público (art. 128, § 5º, I, "c"); os integrantes da Advocacia-Geral da União, os procuradores dos Estados e do Distrito Federal e os defensores públicos (art. 135); os ministros do TCU (art. 73, § 3º) e o servidores públicos policiais (art. 144, § 9º).

Afora isso, as Emendas Constitucionais 19/1998 e 41/2003 deram nova redação ao art. 37, XI, estatuindo que "a remuneração e o subsídio dos ocupantes de cargos, funções e empregos públicos da Administração direta, autárquica e fundacional, dos membros de qualquer dos Poderes da União, dos Estados, do Distrito Federal e dos Municípios, dos detentores de mandato eletivo e dos demais agentes políticos e os proventos, pensões ou outra espécie remuneratória, percebidos cumulativamente ou não, incluídas as vantagens pessoais ou de qualquer outra natureza, não poderão exceder o subsídio mensal, em espécie, dos ministros do Supremo Tribunal Federal, aplicando-se como limite, nos Municípios, o subsídio do prefeito, e nos Estados e no Distrito Federal, o subsídio mensal do governador no âmbito do Poder Executivo, o subsídio dos deputados estaduais e distritais no âmbito do Poder Legislativo e o subsídio dos desembargadores do Tribunal de Justiça, limitado a 90,25% (noventa inteiros e vinte e cinco centésimos por

25. Maria Sylvia Zanella Di Pietro, *Direito Administrativo*, cit., 21ª ed., p. 501.
26. Idem, ibidem.

cento) do subsídio mensal, em espécie, dos ministros do Supremo Tribunal Federal, no âmbito do Poder Judiciário, aplicável este limite aos membros do Ministério Público, aos procuradores e aos defensores públicos".

Com isso, temos um teto das remunerações e subsídios da Administração Pública direta, autárquica e fundacional, como sendo o subsídio percebido pelos ministros do STF. Além disso, aplica-se como limite no âmbito do Município o subsídio do prefeito. Nos Estados e no Distrito Federal, no âmbito do Poder Executivo, o limite é o subsídio do governador. No âmbito do Poder Legislativo o subsídio dos deputados estaduais e distritais será o limite. Por fim, o subsídio dos desembargadores, que não poderá ultrapassar 90,25% do subsídio mensal dos ministros do STF, servirá de limite no âmbito do Poder Judiciário, aplicável tal disposição aos membros do Ministério Público, aos procuradores e defensores públicos.

Ainda no que diz respeito ao teto remuneratório, o § 12 do art. 37 faculta aos Estados e ao Distrito Federal fixar, em seu âmbito, mediante emenda às respectivas Constituições e Lei Orgânica, como limite único o subsídio mensal dos desembargadores do respectivo Tribunal de Justiça, limitado a 90,25% por cento do subsídio mensal dos ministros do STF, não se aplicando o disposto neste parágrafo aos subsídios dos deputados estaduais e distritais e dos vereadores.

A par disso, devemos lembrar, ainda, que o art. 37, XII, estabelece que os vencimentos dos cargos do Poder Legislativo e do Poder Judiciário não poderão ser superiores aos pagos pelo Poder Executivo, cuja compatibilização com o art. 37, XI, encontra-se regulada pela Lei 8.852/1994.

Acresce, ainda, a tudo isso, lembrar que o art. 37, XIII, veda a vinculação ou equiparação de quaisquer espécies remuneratórias para efeito de remuneração de pessoal do serviço público. Com isso, cada uma das carreiras da Administração Pública deve ser remunerada conforme suas próprias necessidades.

Por derradeiro, vale ainda lembrar que os acréscimos pecuniários percebidos pelo servidor público não serão computados nem acumulados para fins de concessão de acréscimos ulteriores, nos termos do art. 37, XIV, de sorte a evitar o "efeito-cascata"; bem como que são irredutíveis os subsídios e vencimentos dos ocupantes de cargos e empregos públicos, no termos do inciso XV, ressalvado o disposto nos incisos XI e XIV do art. 37 e nos arts. 39, § 4º, 150, II, 153, III, e 153, § 2º, I, todos da CF.

11.5.12 Acumulação de cargos públicos

O art. 37, XVI, alterado pela Emenda Constitucional 19/1998, veda a acumulação remunerada de cargos públicos, salvo quando houver compatibilidade de horários, observado, em qualquer caso, o disposto no inclso XI do mesmo artigo, e restrito às seguintes hipóteses: (a) dois cargos de professor; (b) um cargo de professor com outro técnico ou científico; (c) dois cargos ou empregos privativos de profissionais de saúde, com profissões regulamentadas.

A proibição de acumulação de cargos estende-se a empregos e funções e abrange as autarquias, fundações, empresas públicas, sociedades de economia mista, suas subsidiárias e sociedades controladas, direta ou indiretamente, pelo Poder Público.

11.5.13 Direito de greve e de livre associação sindical

Os direitos de greve e de sindicalização, nos termos do art. 37, VI e VII, da CF, foram uma das grandes conquistas dos servidores públicos de modo geral, haja vista que no ordenamento constitucional anterior tais direitos eram de todo vedados, trazendo ao servidor uma maior força às suas reivindicações e um maior poder de diálogo.

Não vislumbramos maiores problemas quanto ao direito de sindicalização. Entretanto, o direito de greve deve ser compreendido no âmbito do serviço público, não podendo desbordar do interesse público, de modo que ponha em perigo o direito à vida, à liberdade e à segurança do administrado, em obediência ao princípio da continuidade do serviço público.

11.5.14 Aposentadoria

Aposentadoria é direito à inatividade remunerada em razão de invalidez, idade ou tempo de exercício no serviço público, observados os requisitos mínimos de idade e contribuição.

O art. 40 da CF dispõe que aos servidores titulares de cargos efetivos da União, dos Estados, do Distrito Federal e dos Municípios, incluídas suas autarquias e fundações, é assegurado regime de previdência de caráter contributivo e solidário. Sendo assegurada a aposentadoria em três hipóteses distintas, a saber: (a) por invalidez permanente, sendo os proventos proporcionais ao tempo de contribuição, exceto se decorrente de acidente em serviço, moléstia profissional ou doença grave, contagiosa ou incurável, na forma da lei; (b) compulsoriamente, aos 70 anos de idade, com proventos proporcionais ao tempo de contribuição; (c) voluntariamente, desde que cumprido tempo mínimo de 10 anos de efetivo exercício no serviço público e 5 anos no cargo efetivo em que se dará a aposentadoria, observadas as seguintes condições: (c.1) 60 anos de idade e 35 de contribuição, se homem, e 55 anos de idade e 30 de contribuição, se mulher; (c.2) 65 anos de idade, se homem, e 60 anos de idade, se mulher, com proventos proporcionais ao tempo de contribuição.

Ademais disso, com a unificação do regime previdenciário, mediante a edição da Emenda Constitucional 41/2004, o servidor público segue o regime de contribuição do setor privado, nos termos do art. 40, § 3º, da CF, exceção feita àqueles que estão na regra de transição, consoante disposições dos arts. 2º e 6º da já citada emenda constitucional.

11.6 Regiões

O art. 43 da CF estabelece que, para efeitos administrativos, a União poderá articular sua ação em um mesmo complexo geoeconômico e social, visando a seu desenvolvimento e à redução das desigualdades regionais.

De conseguinte, a Constituição Federal dá um grande destaque para a questão dos desequilíbrios regionais no Brasil, fazendo a previsão de diversos mecanismos para contrabalançar as diferenças de desenvolvimento econômico e social existentes.

Para tanto, a matéria deverá ser disciplinada mediante a edição de lei complementar, que deverá dispor sobre as condições para integração de regiões em desenvolvimento e a composição dos organismos regionais que executarão, na forma da lei, os planos regionais, integrantes dos planos nacionais de desenvolvimento econômico e social, aprovados juntamente com estes.

De sorte a possibilitar tudo isso, o § 2º do art. 43 dispões que os incentivos regionais compreenderão, dentre outros, na forma da lei, a igualdade de tarifas, fretes, seguros e outros itens de custos e preços de responsabilidade do Poder Público; juros favorecidos para financiamento de atividades prioritárias; isenções, reduções ou diferimento temporário de tributos federais devidos por pessoas físicas ou jurídicas; e, por fim, prioridade para o aproveitamento econômico e social dos rios e das massas de água represadas ou represáveis nas regiões de baixa renda, sujeitas a secas periódicas.

Assevere-se, por oportuno, que tudo isso se encontra em perfeita sintonia com os objetivos fundamentais da República Federativa do Brasil, estabelecidos pelo art. 3º da CF, onde temos a erradicação da pobreza e a marginalização e a redução das desigualdades sociais e regionais como metas previamente estabelecidas e racionalmente dispostas com vistas a transformar a realidade existente e promover o desenvolvimento de um Estado, de um Município, de uma Região.

Destarte, os planos de desenvolvimento são diretrizes para a implementação da política econômica e devem ser concebidos como meios de proporcionar o desenvolvimento, enquanto o planejamento se constitui em um processo técnico que tem por finalidade transformar uma situação existente.

Logo, será de posse desses instrumentais que a União, no exercício das competências determinadas pelo art. 43, deverá articular suas ações, em um mesmo complexo geoeconômico e social, definindo e agrupando Regiões que necessitem de atenção especial e específica para seu desenvolvimento.

Claro está – e conforme já dissemos anteriormente – que tudo isso deve ser disciplinado por meio de lei complementar, que deverá dispor a respeito das condições para a integração das Regiões em desenvolvimento e da composição dos organismos regionais que executarão, na forma da lei, os planos regionais, integrantes dos planos nacionais de desenvolvimento social.

11.7 Militares dos Estados, Distrito Federal e dos Municípios

Com a Emenda Constitucional 18/1998 a Seção III do Capítulo III do Título III de nossa Lei Fundamental, que se intitulava "Dos Servidores Públicos Militares", teve essa denominação alterada para "Dos Militares dos Estados, do Distrito Federal e dos Municípios".

Em razão disso, certo é afirmar que a intenção do legislador foi eliminar a dicotomia servidor público civil/servidor público militar, tirando, destarte, o militar da categoria de servidor público.

Quanto aos direitos e garantias dos militares dos Estados, do Distrito Federal e dos Territórios aplicam-se as disposições dos arts. 14, § 8º, 40, § 9º, e 142, §§ 2º e 3º, todos da CF, sem prejuízo daquilo que vier previsto em lei.

Anote-se que são vedadas aos militares, por força dos arts. 42, § 1º, e 142, § 3º, IV, ambos de nossa Lei Maior, a sindicalização e a greve, haja vista que suas funções dizem respeito à liberdade, integridade física e propriedade dos cidadãos.

Ainda no que concerne aos já citados arts. 42, § 1º, e 142, § 3º, VIII, ambos da CF, dessome do exame dos dispositivos em comento que os direitos sociais previstos no art. 7º, VIII, XII, XVII, XVIII, XIX e XXV, são aplicáveis aos militares dos Estados, Distrito Federal e Territórios, isso sem falar que aos seus pensionistas aplicam-se o que for fixado em lei específica do respectivo ente estatal, e o tempo de contribuição federal, estadual ou municipal será contado para efeito de aposentadoria e o tempo de serviço correspondente para efeito de disponibilidade, conforme a redação dada pelas Emendas Constitucionais 20/1998 e 41/2003.

Bibliografia

ARAUJO, Luiz Alberto David, e NUNES JR., Vidal Serrano. *Curso de Direito Constitucional*. 8ª ed. São Paulo, Saraiva, 2004.

BANDEIRA DE MELLO, Celso Antônio. *Curso de Direito Administrativo*. 26ª ed. São Paulo, Malheiros Editores, 2009.

DI PIETRO, Maria Sylvia Zanella. *Direito Administrativo*. 21ª ed. São Paulo, Atlas, 2008; 11ª ed. São Paulo, Atlas, 1999.

FIGUEIREDO, Lúcia Valle. *Curso de Direito Administrativo*. 9ª ed. São Paulo, Malheiros Editores, 2008.

GASPARINI, Diógenes. *Direito Administrativo*. 11ª ed. São Paulo, Saraiva, 2006.

HAURIOU, Maurice. *Précis de Droit Administratif et de Droit Public*. 10ª ed. Paris, Sirey, 1921.

JORGE NETO, Francisco Ferreira, e PESSOA CAVALCANTE, Jouberto de Quadros. *Direito do Trabalho*. 4ª ed., t. II. Rio de Janeiro, Lumen Juris, 2008.

MEIRELLES, Hely Lopes. *Direito Administrativo Brasileiro*. 35ª ed., atualizada por Eurico de Andrade Azevedo, Délcio Balestero Aleixo e José Emmanuel Burle Filho. São Paulo, Malheiros Editores, 2009.

MOREIRA NETO, Diogo de Figueiredo. "Natureza jurídica dos serviços sociais autônomos". *RDA* 207/79-94, janeiro-março/1997.

NUNES JR., Vidal Serrano, e ARAUJO, Luiz Alberto David. *Curso de Direito Constitucional*. 8ª ed. São Paulo, Saraiva, 2004.

PESSOA CAVALCANTE, Jouberto de Quadros, e JORGE NETO, Francisco Ferreira. *Direito do Trabalho*. 4ª ed., t. II. Rio de Janeiro, Lumen Juris, 2008.

SILVA, José Afonso da. *Curso de Direito Constitucional Positivo*. 32ª ed. São Paulo, Malheiros Editores, 2009, p. 122.

TAVARES. André Ramos. *Curso de Direito Constitucional*. 5ª ed. São Paulo, Saraiva, 2007.

Capítulo 12

PODER LEGISLATIVO

SÔNIA YURIKO KANASHIRO TANAKA

12.1 Organização e legislatura do Congresso Nacional. 12.2 Reuniões do Congresso Nacional. 12.3 Comissões parlamentares. 12.4 Atribuições do Congresso Nacional. 12.5 Atribuições da Câmara dos Deputados. 12.6 Atribuições do Senado Federal. 12.7 Deputados e senadores. 12.8 Processo legislativo: 12.8.1 Emendas à Constituição – 12.8.2 Leis complementares e ordinárias: 12.8.2.1 Tramitação dos projetos de lei – 12.8.3 Leis delegadas – 12.8.4 Medidas provisórias – 12.8.5 Decretos legislativos e resoluções.

12.1 Organização e legislatura do Congresso Nacional

O Poder Legislativo está previsto no "Título IV – Da Organização dos Poderes" da Constituição Federal, que o disciplina em seus arts. 44 e ss., sendo exercido pelo Congresso Nacional, que se compõe da Câmara dos Deputados e do Senado Federal.

Verifica-se, dessa forma, que a organização do Poder Legislativo é realizada pelo sistema bicameral, ou seja, é exercido por duas Câmaras, Casas, ao invés do sistema unicameral, em que é exercido somente por uma Câmara.

Segundo ensinamentos de José Afonso da Silva, desde a promulgação da Constituição dos Estados Unidos da América há a recusa em "aceitar o unicameralismo nas federações, por entender que o Senado é câmara representativa dos Estados federados, sendo, pois, indispensável sua existência ao lado de uma câmara representativa do povo".[1]

1. José Afonso da Silva, *Curso de Direito Constitucional Positivo*, 32ª ed., São Paulo, Malheiros Editores, 2009, p. 509.

Assim, no Brasil há o Senado Federal, que representa os Estados federados, e a Câmara dos Deputados, composta de representantes do povo, favorecendo, dessa forma, a democracia.

Tanto o Senado Federal como a Câmara dos Deputados têm autonomia administrativa e competências próprias, não havendo, portanto, relação de hierarquia ou predominância de uma Câmara perante a outra.[2]

A legislatura tem duração de quatro anos e corresponde ao período do mandato dos deputados federais que compõem a Câmara dos Deputados.

Os deputados federais são eleitos pelo sistema proporcional, ou seja, pela proporcionalidade da população de cada Estado e Distrito Federal,[3] cujo montante é estabelecido por lei complementar, assegurando-se que nenhuma das unidades da Federação tenha menos de 8 ou mais de 70 deputados.[4]

O Senado Federal não tem início e término conjunto dos mandatos dos senadores que o compõem; e, por isso, é uma Câmara contínua. Isso porque cada Estado e Distrito Federal elegem três senadores, renovando-se de quatro em quatro anos, alternadamente, por um e dois terços.[5]

2. Segundo José Afonso da Silva (*Curso de Direito Constitucional Positivo*, cit., 32ª ed., p. 510), no "bicameralismo brasileiro, não há predominância substancial de uma Câmara sobre a outra. Formalmente, contudo, a Câmara dos Deputados goza de certa primazia relativamente à iniciativa legislativa, pois é perante ela que o Presidente da República, o STF, o STJ e os cidadãos promovem a iniciativa do processo de elaboração das leis (arts. 61, § 2º, e 64)".

3. A Constituição Federal também faz previsão para os Territórios elegerem quatro deputados, sendo omitido do texto, tendo em vista os Territórios terem sido extintos pela nossa atual Carta Magna.

4. O sistema proporcional:

"(...) é fonte de graves distorções do sistema de representação proporcional nele mesmo previsto para a eleição de deputados federais, porque, com a fixação de um mínimo de 8 deputados e o máximo de 70, não se encontrará meio de fazer uma proporção que atenda ao *princípio do voto com valor igual para todos*, consubstanciado no art. 14, que é aplicação particular do princípio democrático da igualdade em direitos de todos perante a lei. É fácil ver que um Estado com 400.000 habitantes terá 8 representantes enquanto um de 30.000.000 terá apenas 70, o que significa 1 deputado para cada 50.000 habitantes (1:50.000) para o primeiro e 1 para 428.571 habitantes para o segundo (1:428.571).

"Em qualquer matemática, isso não é proporção, mas brutal desproporção; (...)" (José Afonso da Silva, *Curso de Direito Constitucional Positivo*, cit., 32ª ed., pp. 510-511).

5. Nas lições de José Afonso da Silva (*Curso de Direito Constitucional Positivo*, cit., 32ª ed., p. 511), "o argumento da representação dos Estados pelo Senado se fundamentava na idéia, inicialmente implantada nos Estados Unidos da América, de que se formava de delegados próprios de cada Estado, pelos quais estes participavam das

12.2 Reuniões do Congresso Nacional

"O Congresso Nacional reunir-se-á, anualmente, na Capital Federal, de 2 de fevereiro a 17 de julho e de 1º de agosto a 22 de dezembro."[6] Tratam-se das reuniões diárias dos congressistas, que se realizam nos dias úteis compreendidos nos dois períodos supramencionados.

O recesso parlamentar é o que ocorre no espaço desse segundo período, ou seja, do dia 23 de dezembro a 1º de fevereiro, sendo considerado período de férias o espaço após o primeiro período, que vai de 18 a 31 de julho.

No final do exercício financeiro a sessão legislativa só não será interrompida se o projeto de Lei de Diretrizes Orçamentárias ainda não tiver sido aprovado. Nesta hipótese os congressistas deverão dar continuidade exclusivamente para a aprovação do projeto de lei, pois os mesmos somente após poderão entrar em recesso (art. 57, § 2º).

Além dessas sessões legislativas, o Congresso Nacional poderá ser convocado extraordinariamente, segundo o § 6º do art. 57 da CF: "I – pelo Presidente do Senado Federal, em caso de decretação de estado de defesa ou de intervenção federal, de pedido de autorização para a decretação de estado de sítio e para o compromisso e a posse do Presidente e do Vice-Presidente da República; II – pelo Presidente da República, pelos Presidentes da Câmara dos Deputados e do Senado Federal ou a requerimento da maioria dos membros de ambas as Casas, em caso de urgência ou interesse público relevante, em todas as hipóteses deste inciso com a aprovação da maioria absoluta de cada uma das Casas do Congresso Nacional".

Nessa sessão legislativa extraordinária o Congresso Nacional somente deliberará sobre a matéria para a qual foi convocado, salvo se houver medidas provisórias em vigor na data da convocação, caso em que elas serão automaticamente incluídas na pauta da convocação.

Além das sessões ordinárias e extraordinárias, o Congresso Nacional também deverá se reunir em sessão conjunta para: "I – inaugurar a sessão legislativa; II – elaborar o regimento comum e regular a criação de serviços comuns às duas Casas; III – receber o compromisso do Presidente e do Vice-

decisões federais. Há muito que isso não existe nos Estados Unidos da América e jamais existiu no Brasil, porque os senadores são eleitos diretamente pelo povo, tal como os deputados, por via de partidos políticos. Ora, a representação é partidária. Os senadores integram a representação dos partidos tanto quanto os deputados, e dá-se o caso não raro de os senadores de um Estado, eleitos pelo povo, serem de partido adversário do governador, portanto defenderem, no Senado, programa diverso deste; e como conciliar a tese da representação do Estado com situações como esta?".

6. Art. 57 da CF, com a redação dada pela Emenda Constitucional 50/2006.

Presidente da República; IV – conhecer do veto e sobre ele deliberar" (art. 57, § 3º, da CF).

A Mesa do Congresso Nacional será presidida pelo Presidente do Senado Federal e os demais cargos serão exercidos, alternadamente, pelos ocupantes de cargos equivalentes na Câmara dos Deputados e no Senado Federal.

No primeiro ano da legislatura, em sessões preparatórias, cada uma das Casas reunir-se-á, a partir de 1º de fevereiro, para a posse de seus membros e eleição das respectivas Mesas, para mandato de dois anos, vedada a recondução para o mesmo cargo na eleição imediatamente subseqüente.

Em regra, as deliberações de cada Casa e de suas Comissões serão tomadas por maioria dos votos, presente a maioria absoluta de seus membros, salvo disposição constitucional em contrário.

Trata-se da votação da maioria dos presentes, desde que estejam presentes membros acima da metade dos existentes; diverso do que ocorre quando a Constituição Federal exige maioria absoluta ou dois terços ou três terços dos membros da Casa. A maioria absoluta exige um voto a mais além da metade dos votos dos membros da Casa.

12.3 Comissões parlamentares

O Congresso Nacional e suas Casas terão comissões permanentes e temporárias, constituídas na forma e com as atribuições previstas no respectivo regimento interno ou no ato de que resultar sua criação, sendo assegurada a representação proporcional dos partidos ou dos blocos parlamentares que participam da respectiva Casa.

As comissões temporárias são constituídas para opinar sobre determinada matéria, encerrando suas atividades assim que atingirem esse fim.

Ao revés, as comissões permanentes são designadas para opinar sobre matérias diversas e perenes, sendo constituídas em razão da matéria de sua competência, tais como: "I – discutir e votar projeto de lei que dispensar, na forma do regimento, a competência do Plenário, salvo se houver recurso de um décimo dos membros da Casa; II – realizar audiências públicas com entidades da sociedade civil; III – convocar ministros de Estado para prestar informações sobre assuntos inerentes a suas atribuições; IV – receber petições, reclamações, representações ou queixas de qualquer pessoa contra atos ou omissões das autoridades ou entidades públicas; V – solicitar depoimento de qualquer autoridade ou cidadão; VI – apreciar programas de obras, planos nacionais, regionais e setoriais de desenvolvimento e sobre eles emitir parecer" (art. 58, § 2º, da CF).

As comissões parlamentares de inquérito serão constituídas pela Câmara dos Deputados e pelo Senado Federal, em conjunto ou separadamente, mediante requerimento de um terço de seus membros, para a apuração de fato determinado e por prazo certo, sendo suas conclusões, se for o caso, encaminhadas ao Ministério Público, para que promova a responsabilidade civil ou criminal dos infratores.

A elas serão atribuídos poderes de investigação próprios das autoridades judiciais, além de outros previstos nos regimentos das respectivas Casas.

A Comissão representativa do Congresso Nacional será eleita na última sessão ordinária do período legislativo, para atuar durante o recesso, por suas Casas, as atribuições definidas no regimento comum, cuja composição reproduzirá, quanto possível, a proporcionalidade da representação partidária.

Por fim, a Constituição Federal também prevê a existência de comissão mista permanente de senadores e deputados para: "I – examinar e emitir parecer sobre os projetos referidos neste artigo e sobre as contas apresentadas anualmente pelo Presidente da República; II – examinar e emitir parecer sobre os planos e programas nacionais, regionais e setoriais previstos nesta Constituição e exercer o acompanhamento e a fiscalização orçamentária, sem prejuízo da atuação das demais comissões do Congresso Nacional e de suas Casas, criadas de acordo com o art. 58" (art. 166, § 1º, da CF).

12.4 Atribuições do Congresso Nacional

Ao Congresso Nacional, com a sanção do Presidente da República, são atribuídas as seguintes matérias de competência da União: "I – sistema tributário, arrecadação e distribuição de rendas; II – plano plurianual, diretrizes orçamentárias, orçamento anual, operações de crédito, dívida pública e emissões de curso forçado; III – fixação e modificação do efetivo das Forças Armadas; IV – planos e programas nacionais, regionais e setoriais de desenvolvimento; V – limites do território nacional, espaço aéreo e marítimo e bens do domínio da União; VI – incorporação, subdivisão ou desmembramento de áreas de Territórios ou Estados, ouvidas as respectivas Assembléias Legislativas; VII – transferência temporária da sede do Governo Federal; VIII – concessão de anistia; IX – organização administrativa, judiciária, do Ministério Público e da Defensoria Pública da União e dos Territórios e organização judiciária, do Ministério Público e da Defensoria Pública do Distrito Federal; X – criação, transformação e extinção de cargos, empregos e funções públicas, observado o que estabelece o art. 84, VI, 'b'; XI – criação e extinção de Ministérios e órgãos da Administração Pública; XII – telecomunicações e radiodifusão; XIII – matéria financeira, cambial e monetária, instituições financeiras e suas operações; XIV – moeda, seus limites de emissão, e montante da dívida mobiliária federal; XV – fixação do subsídio dos ministros do Supremo Tribunal Federal, observado o que dispõem os arts. 39, § 4º; 150, II; 153, III; e 153, § 2º, I" (art. 48 da CF).

Compete exclusivamente ao Congresso Nacional: "I – resolver definitivamente sobre tratados, acordos ou atos internacionais que acarretem encargos ou compromissos gravosos ao patrimônio nacional; II – autorizar o Presidente da República a declarar guerra, a celebrar a paz, a permitir que forças estrangeiras transitem pelo território nacional ou nele permaneçam temporariamente, ressalvados os casos previstos em lei complementar; III – autorizar o Presidente e o Vice-Presidente da República a se ausentarem do país, quando a ausência exceder a 15 (quinze) dias; IV – aprovar o estado de defesa e a intervenção federal, autorizar o estado de sítio, ou suspender qualquer uma dessas medidas; V – sustar os atos normativos do Poder Executivo que exorbitem do poder regulamentar ou dos limites de delegação legislativa; VI – mudar temporariamente sua sede; VII – fixar idêntico subsídio para os deputados federais e os senadores, observado o que dispõem os arts. 37, XI, 39, § 4º, 150, II, 153, III, e 153, § 2º, I; VIII – fixar os subsídios do Presidente e do Vice-Presidente da República e dos ministros de Estado, observado o que dispõem os arts. 37, XI, 39, § 4º, 150, II, 153, III, e 153, § 2º, I; IX – julgar anualmente as contas prestadas pelo Presidente da República e apreciar os relatórios sobre a execução dos planos de governo; X – fiscalizar e controlar, diretamente, ou por qualquer de suas Casas, os atos do Poder Executivo, incluídos os da Administração indireta; XI – zelar pela preservação de sua competência legislativa em face da atribuição normativa dos outros Poderes; XII – apreciar os atos de concessão e renovação de concessão de emissoras de rádio e televisão; XIII – escolher dois terços dos membros do Tribunal de Contas da União; XIV – aprovar iniciativas do Poder Executivo referentes a atividades nucleares; XV – autorizar referendo e convocar plebiscito; XVI – autorizar, em terras indígenas, a exploração e o aproveitamento de recursos hídricos e a pesquisa e lavra de riquezas minerais; XVII – aprovar, previamente, a alienação ou concessão de terras públicas com área superior a 2.500 (dois mil e quinhentos) hectares" (art. 49 da CF).

Analisando-se as referidas atribuições, constata-se tratarem, basicamente, de atos administrativos, e não legislativos – razão pela qual não há a necessidade de sanção do Presidente da República, sendo, geralmente, formalizados através de resoluções.

A Câmara dos Deputados e o Senado Federal, ou qualquer de suas Comissões, poderão, ainda, "convocar ministro de Estado ou quaisquer titulares de órgãos diretamente subordinados à Presidência da República para prestarem, pessoalmente, informações sobre assunto previamente determinado, importando crime de responsabilidade a ausência sem justificação adequada" (art. 50 da CF).

12.5 Atribuições da Câmara dos Deputados

À Câmara dos Deputados são atribuídas as seguintes competências privativas: "I – autorizar, por dois terços de seus membros, a instauração de processo contra o Presidente e o Vice-Presidente da República e os ministros de Estado; II – proceder à tomada de contas do Presidente da República, quando não apresentadas ao Congresso Nacional dentro de 60 (sessenta) dias após a abertura da sessão legislativa; III – elaborar seu regimento interno; IV – dispor sobre sua organização, funcionamento, polícia, criação, transformação ou extinção dos cargos, empregos e funções de seus serviços, e a iniciativa de lei para fixação da respectiva remuneração, observados os parâmetros estabelecidos na Lei de Diretrizes Orçamentárias; V – eleger membros do Conselho da República, nos termos do art. 89, VII" (art. 51 da CF).

12.6 Atribuições do Senado Federal

Ao Senado Federal são atribuídas as seguintes competência privativas: "I – processar e julgar o Presidente e o Vice-Presidente da República nos crimes de responsabilidade, bem como os ministros de Estado e os comandantes da Marinha, do Exército e da Aeronáutica nos crimes da mesma natureza conexos com aqueles; II – processar e julgar os ministros do Supremo Tribunal Federal, os membros do Conselho Nacional de Justiça e do Conselho Nacional do Ministério Público, o Procurador-Geral da República e o Advogado-Geral da União nos crimes de responsabilidade; III – aprovar previamente, por voto secreto, após argüição pública, a escolha de: a) magistrados, nos casos estabelecidos nesta Constituição; b) ministros do Tribunal de Contas da União indicados pelo Presidente da República; c) governador de Território; d) Presidente e Diretores do banco central; e) Procurador-Geral da República; f) titulares de outros cargos que a lei determinar; IV – aprovar previamente, por voto secreto, após argüição em sessão secreta, a escolha dos chefes de missão diplomática de caráter permanente; V – autorizar operações externas de natureza financeira, de interesse da União, dos Estados, do Distrito Federal, dos Territórios e dos Municípios; VI – fixar, por proposta do Presidente da República, limites globais para o montante da dívida consolidada da União, dos Estados, do Distrito Federal e dos Municípios; VII – dispor sobre limites globais e condições para as operações de crédito externo e interno da União, dos Estados, do Distrito Federal e dos Municípios, de suas autarquias e demais entidades controladas pelo Poder Público Federal; VIII – dispor sobre limites e condições para a concessão de garantia da União em operações de crédito externo e interno; IX – estabelecer limites globais e condições para o montante da dívida mobiliária dos Estados, do Distrito Federal e dos Municípios; X – suspender a execução, no todo ou em parte, de lei declarada inconstitucional por decisão definitiva do Supremo Tribunal Federal; XI – aprovar, por maioria absoluta e por voto secreto, a exoneração, de ofício, do Procurador-Geral da República antes do término de seu mandato; XII – elaborar seu regimento interno; XIII – dispor sobre sua organização, funcionamento, polícia, criação, transformação ou extinção dos cargos, empregos e funções de seus serviços, e a iniciativa de lei para fixação da respectiva remuneração, observados os parâmetros estabelecidos na Lei de Diretrizes Orçamentárias; XIV – eleger membros do Conselho da República, nos termos do art. 89, VII; XV – avaliar periodicamente a funcionalidade do Sistema Tributário Nacional, em sua estrutura e seus componentes, e o desempenho das Administrações Tributárias da União, dos Estados e do Distrito Federal e dos Municípios" (art. 52 da CF).

12.7 Deputados e senadores

"Os deputados e senadores são invioláveis, civil e penalmente, por quaisquer de suas opiniões, palavras e votos" (art. 53 da CF).

A inviolabilidade exclui a responsabilidade civil ou criminal, excluindo o crime, que, se fosse praticado por outra pessoa, seria tipificado.

Ao revés, a imunidade não exclui o crime, mas impede que o mesmo prossiga, suspendendo a prescrição, enquanto durar o mandato.

Salvo flagrante de crime inafiançável, os membros do Congresso Nacional, desde a expedição do diploma, não poderão ser presos. Tratando-se de flagrante, os autos serão remetidos dentro de 24 horas à Casa respectiva, para que, pelo voto da maioria de seus membros, resolva sobre a prisão.

Os membros do Congresso Nacional têm privilégio de foro, sendo submetidos, desde a expedição do diploma, a julgamento perante o STF.

"Recebida a denúncia contra o senador ou deputado, por crime ocorrido após a diplomação, o Supremo Tribunal Federal dará ciência à Casa respectiva, que, por iniciativa de partido político nela representado e pelo voto da maioria de seus membros, poderá, até a decisão final, sustar o andamento da ação" (art. 53, § 3º, da CF).

"O pedido de sustação será apreciado pela Casa respectiva no prazo improrrogável de 45 (quarenta e cinco) dias do seu recebimento pela Mesa Diretora" (art. 53, § 4º, da CF).

Os deputados e senadores têm, outrossim, outros privilégios, como (i) a não-obrigação de testemunhar sobre informações recebidas ou prestadas em razão do exercício do mandato, nem sobre as pessoas que lhes confiaram ou deles receberam informações; (ii) a dependência de prévia licença da Casa respectiva para a incorporação às Forças Armadas de deputados e senadores, embora militares e ainda que em tempo de guerra.

"As imunidades de deputados ou senadores subsistirão durante o estado de sítio, só podendo ser suspensas mediante o voto de dois terços dos membros da Casa respectiva, nos casos de atos praticados fora do recinto do Congresso Nacional, que sejam incompatíveis com a execução da medida" (art. 53, § 8º, da CF).

A Constituição Federal também estabelece proibições aos deputados e senadores (art. 54), algumas desde a expedição do diploma e outras desde a posse, levando em consideração atos incompatíveis com as atividades parlamentares, razão pela qual a desobediência poderá ensejar a perda do respectivo mandato.

Assim, desde a expedição do diploma os deputados e senadores não poderão: "a) firmar ou manter contrato com pessoa jurídica de direito público, autarquia, empresa pública, sociedade de economia mista ou empresa concessionária de serviço público, salvo quando o contrato obedecer a cláusulas uniformes; b) aceitar ou exercer cargo, função ou emprego remunerado, inclusive os de que sejam demissíveis *ad nutum*, nas entidades constantes da alínea anterior".

E desde a posse os deputados e senadores não poderão: "a) ser proprietários, controladores ou diretores de empresa que goze de favor decorrente de contrato com pessoa jurídica de direito público, ou nela exercer função remunerada; b) ocupar cargo ou função de que sejam demissíveis *ad nutum*, nas entidades referidas no inciso I, 'a'; c) patrocinar causa em que seja interessada qualquer das entidades a que se refere o inciso I, 'a'; d) ser titulares de mais de um cargo ou mandato público eletivo".

Havendo a infração das referidas proibições, o deputado ou senador perderá seu mandato. Da mesma forma ocorrerá nas seguintes hipóteses:

I – quando, em procedimento, for declarado incompatível com o decoro parlamentar, incompatibilidade caracterizada, além dos casos definidos no regimento interno, nas hipóteses em que houver abuso das prerrogativas asseguradas a membro do Congresso Nacional ou a percepção de vantagens indevidas; II – quando "deixar de comparecer, em cada sessão legislativa, à terça parte das sessões ordinárias da Casa a que pertencer, salvo licença ou missão por esta autorizada"; III – quando "perder ou tiver suspensos os direitos políticos"; IV – "quando o decretar a Justiça Eleitoral, nos casos previstos nesta Constituição"; V – quando "sofrer condenação criminal em sentença transitada em julgado" (art. 55 e § 1º da CF).

Nos casos em que houver a violação das proibições ou, ainda, nas hipóteses previstas nos incisos I e V, "a perda do mandato será decidida pela Câmara dos Deputados ou pelo Senado Federal, por voto secreto e maioria absoluta, mediante provocação da respectiva Mesa ou de partido político representado no Congresso Nacional, assegurada ampla defesa" (art. 55, § 2º, da CF).

"Nos casos previstos nos incisos III a V, a perda será declarada pela Mesa da Casa respectiva, de ofício ou mediante provocação de qualquer de seus membros, ou de partido político representado no Congresso Nacional, assegurada ampla defesa" (ar. 55, § 3º, da CF).

Não haverá a perda do mandato nas hipóteses em que o deputado ou senador for: "I – investido no cargo de ministro de Estado, governador de Território, secretário de Estado, do Distrito Federal, de Território, de Prefeitura de Capital ou chefe de missão diplomática temporária; II – licenciado pela respectiva Casa por motivo de doença, ou para tratar, sem remuneração, de interesse particular, desde que, neste caso, o afastamento não ultrapasse 120 (cento e vinte) dias por sessão legislativa" (art. 56 da CF).

12.8 Processo legislativo

O processo legislativo compreende a elaboração de atos desencadeados sucessivamente para a elaboração de: "I – emendas à Constituição; II – leis complementares; III – leis ordinárias; IV – leis delegadas; V – medidas provisórias; VI – decretos legislativos; VII – resoluções" (art. 59 da CF).

12.8.1 Emendas à Constituição

A propositura de emenda à Constituição poderá ser realizada concorrentemente por proposta: I – de um terço, no mínimo, dos membros da Câmara dos Deputados ou do Senado Federal; II – do Presidente da República; III – de mais da metade das Assembléias Legislativas das unidades da Federação, manifestando-se, cada uma delas, pela maioria relativa de seus membros" (art. 60 da CF).

"A proposta será discutida e votada em cada Casa do Congresso Nacional, em 2 (dois) turnos, considerando-se aprovada se obtiver, em ambos, três quintos dos votos dos respectivos membros" (art. 60, § 2º, da CF).

Sendo aprovada, a emenda "será promulgada pelas Mesas da Câmara dos Deputados e do Senado Federal, com o respectivo número de ordem" (art. 60, § 3º, da CF).

A Constituição Federal estabelece algumas vedação para as propostas de emenda, que são: (i) "a Constituição não poderá ser emendada na vigência de intervenção federal, de estado de defesa ou de estado de sítio"; (ii) "não será objeto de deliberação a proposta de emenda tendente a abolir: I – a forma federativa de Estado; II – o voto direto, secreto, universal e periódico; III – a separação dos Poderes; IV – os direitos e garantias individuais" (art. 60, §§ 1º e 4º, da CF).

Outrossim, dispõe a Constituição Federal que "a matéria constante de proposta de emenda rejeitada ou havida por prejudicada não pode ser objeto de nova proposta na mesma sessão legislativa" (art. 60, § 5º, da CF).

12.8.2 Leis complementares e ordinárias

A iniciativa das leis complementares e ordinárias é conferida concorrentemente a qualquer membro ou Comissão da Câmara dos Deputados, do Senado Federal ou do Congresso Nacional, ao Presidente da República, e aos cidadãos, na forma e nos casos previstos na Constituição (art. 61 da CF).

Embora o *caput* do art. 61 inclua também o STF, os Tribunais Superiores e o Procurador-Geral da República como detentores dessa iniciativa concorrente, os mesmos não podem iniciar qualquer lei, mas tão-só as que lhes são indicadas com exclusividade, salvo o Procurador-Geral da República que concorre com o Presidente da República na iniciativa da lei orgânica do Ministério Público (arts. 61, § 1º, II, 'b', e 128, § 5º).[7]

A iniciativa popular independe de regulamentação, tendo em vista o disposto no art. 61, § 2º, que estabelece os requisitos necessários, podendo, assim, "ser exercida pela apresentação à Câmara dos Deputados de projeto de lei subscrito por, no mínimo, um por cento do eleitorado nacional, dis-

7. José Afonso da Silva, *Curso de Direito Constitucional Positivo*, cit., 32ª ed., p. 525.

tribuído pelo menos por 5 (cinco) Estados, com não menos de três décimos por cento dos eleitores de cada um deles".

De iniciativa privativa do Presidente da República são as leis que: "I – fixem ou modifiquem os efetivos das Forças Armadas; II – disponham sobre: a) criação de cargos, funções ou empregos públicos na Administração direta e autárquica ou aumento de sua remuneração; b) organização administrativa e judiciária, matéria tributária e orçamentária, serviços públicos e pessoal da administração dos Territórios; c) servidores públicos da União e Territórios, seu regime jurídico, provimento de cargos, estabilidade e aposentadoria; d) organização do Ministério Público e da Defensoria Pública da União, bem como normas gerais para a organização do Ministério Público e da Defensoria Pública dos Estados, do Distrito Federal e dos Territórios; e) criação e extinção de Ministérios e órgãos da Administração Pública, observado o disposto no art. 84, VI; f) militares das Forças Armadas, seu regime jurídico, provimento de cargos, promoções, estabilidade, remuneração, reforma e transferência para a reserva" (art. 61, § 1º, da CF).

12.8.2.1 *Tramitação dos projetos de lei*

"A discussão e votação dos projetos de lei de iniciativa do Presidente da República, do Supremo Tribunal Federal e dos Tribunais Superiores terão início na Câmara dos Deputados" (art. 64 da CF).

"O projeto de lei aprovado por uma Casa será revisto pela outra, (...)" (art. 65).

Se a Casa revisora o aprovar, será enviado à sanção e promulgação do Presidente da República.

Do contrário a Casa revisora poderá rejeitá-lo, hipótese em que o projeto será arquivado, ou poderá propor emendas, caso em que retornará à Casa iniciadora.

Não se admitem emendas que aumentem despesa prevista nos projetos de iniciativa exclusiva do Presidente da República (salvo na hipótese prevista no art. 166, §§ 3º e 4º[8]), nem nos projetos sobre organização dos

8. "Art. 166 (...).

"(...).

"§ 3º. As emendas ao projeto de Lei do Orçamento Anual ou aos projetos que o modifiquem somente podem ser aprovadas caso: I – sejam compatíveis com o plano plurianual e com a Lei de Diretrizes Orçamentárias; II – indiquem os recursos necessários, admitidos apenas os provenientes de anulação de despesa, excluídas as que incidam sobre: a) dotações para pessoal e seus encargos; b) serviço da dívida; c) transferências tributárias constitucionais para Estados, Municípios e Distrito Federal; ou III – sejam

serviços administrativos da Câmara dos Deputados, do Senado Federal, dos Tribunais Federais e do Ministério Público (art. 63 da CF).

A Câmara dos Deputados deverá apreciar as emendas do Senado Federal no prazo de 10 dias e, aprovando ou rejeitando, deverá encaminhar à sanção do Presidente da República.

Sempre que um projeto for rejeitado por qualquer das Casas, o mesmo será arquivado e somente poderá constituir objeto de novo projeto na mesma sessão legislativa mediante proposta da maioria absoluta dos membros de qualquer das Casas do Congresso Nacional (art. 67 da CF).

A Casa na qual tenha sido concluída a votação enviará o projeto de lei ao Presidente da República, momento em que haverá o encerramento do processo legislativo, não se integrando, portanto, o veto ou sanção e promulgação nesse procedimento.

As leis ordinárias serão aprovadas por maioria simples e as leis complementares por maioria absoluta.

Se o Presidente da República considerar a lei constitucional, ele a sancionará e, em seguida, a promulgará e a publicará.

Ao Presidente da República foi concedido o prazo de 15 dias úteis para se manifestar. Ultrapassado esse período sem manifestação, considerar-se-á sancionada a lei, e se esta não for promulgada pelo Presidente da República dentro de 48 horas caberá ao Presidente do Senado promulgar; e, se este não o fizer em igual prazo, caberá ao Vice-Presidente do Senado fazê-lo.

Caso o Presidente da República considere a lei inconstitucional ou contrária ao interesse público, o mesmo a vetará, total ou parcialmente, e encaminhará a respectiva decisão e os motivos, dentro de 48 horas, ao Presidente do Senado Federal.

O veto parcial somente abrangerá texto integral de artigo, de parágrafo, de inciso ou de alínea.

O veto será apreciado em sessão conjunta, dentro de 30 dias a contar de seu recebimento, só podendo ser rejeitado pelo voto da maioria absoluta dos deputados e senadores, em escrutínio secreto.

Se nesse prazo o veto não for apreciado, será colocado na ordem-do-dia da sessão imediata, sobrestadas as demais proposições, até sua votação final.

relacionadas: a) com a correção de erros ou omissões; ou b) com os dispositivos do texto do projeto de lei.

"§ 4º. As emendas ao projeto de Lei de Diretrizes Orçamentárias não poderão ser aprovadas quando incompatíveis com o plano plurianual."

Na hipótese de o veto não ser mantido a lei será enviada ao Presidente da República para promulgação. Caso o Presidente da República silenciar pelo prazo de 48 horas, a promulgação será realizada pelo Presidente do Senado, e se este não o fizer em igual prazo caberá ao Vice-Presidente do Senado fazê-lo.

Aquele que promulgar a lei deverá providenciar sua publicação.

A promulgação consiste na declaração da existência da lei, mas sua eficácia está condicionada à publicação da lei na Imprensa Oficial, que é, inclusive, a condição para a lei entrar em vigor.

O Presidente da República poderá solicitar urgência para a apreciação de projetos de sua iniciativa, caso em que a Câmara dos Deputados deverá se manifestar sobre a proposição em até 45 dias. Aprovando, o Senado Federal deverá se manifestar em igual prazo, podendo apresentar emendas. Nesta hipótese a Câmara dos Deputados deverá apreciar as emendas em 10 dias.

Recebido o projeto de lei com o pedido de urgência do Presidente da República e a Câmara e o Senado não se manifestarem, cada qual sucessivamente, em até 45 dias, todas as demais deliberações legislativas da respectiva Casa serão sobrestadas, com exceção das que tenham prazo constitucional determinado, até que se ultime a votação.

12.8.3 Leis delegadas

Em princípio não há a possibilidade de ser delegada ao Poder Executivo a elaboração de uma lei, sob pena de ocorrer a quebra da separação dos Poderes.

Assim, consoante disposto no art. 25 do ADCT, foram revogados todos os dispositivos legais que atribuíam ou delegavam a órgão do Poder Executivo competência assinalada pela Constituição ao Congresso Nacional, especialmente no que tange à ação normativa e à alocação ou transferência de recursos de qualquer espécie.

Entretanto, em conformidade com o equilíbrio dos Poderes, para o qual há o sistema de freios e contrapesos, houve a previsão da possibilidade de leis delegadas serem elaboradas pelo Presidente da República, que, para tanto, deverá solicitar a delegação ao Congresso Nacional (art. 68).

Na hipótese de o Congresso Nacional acatar a solicitação do Presidente da República, a delegação terá a forma de resolução, que especificará seu conteúdo e os termos de seu exercício. Não se trata, portanto, de uma livre delegação ao Presidente da República para dispor sobre qualquer matéria de seu interesse; querendo expedir a lei, deverá observar os limites estabelecidos na resolução.

Outrossim, o Congresso Nacional poderá determinar, na resolução, que o projeto seja por ele apreciado, hipótese em que se fará votação única, vedada qualquer emenda.

Ademais, não poderão ser objeto de delegação "os atos de competência exclusiva do Congresso Nacional, os de competência privativa da Câmara dos Deputados ou do Senado Federal, a matéria reservada à lei complementar, nem a legislação sobre: I – organização do Poder Judiciário e do Ministério Público, a carreira e a garantia de seus membros; II – nacionalidade, cidadania, direitos individuais, políticos e eleitorais; III – planos plurianuais, diretrizes orçamentárias e orçamentos" (art. 68, § 1º, da CF).

12.8.4 Medidas provisórias

"Em caso de relevância e urgência, o Presidente da República poderá adotar medidas provisórias, com força de lei, devendo submetê-las de imediato ao Congresso Nacional" (art. 62 da CF).

Os pressupostos de "relevância" e "urgência" é que justificam o Presidente da República "legislar" por intermédio dessas medidas provisórias.

Inicialmente o Congresso Nacional se eximia do exame desses pressupostos, subentendendo sua existência diante da edição da medida provisória pelo Presidente da República.

Com a edição da Emenda Constitucional 32/2001 o exame desses pressupostos pelo Congresso Nacional passou a ser obrigatório, ensejando, dessa forma, a possibilidade de ser apurada eventual responsabilidade administrativa.[9]

Mas, contraditoriamente, foi prevista, no § 2º do art. 62, a possibilidade de ser editada medida provisória que implique instituição ou majoração de impostos, com exceção dos impostos previstos nos arts. 153, I, II, IV e V, e 154, II, produzindo efeitos somente no exercício financeiro seguinte, se houver sido convertida em lei até o último dia daquele em que foi editada.

Nesta hipótese será difícil apurar a existência dos pressupostos de "relevância" e "urgência".

9. Na Constituição anterior havia a previsão dos decretos-leis, que podiam ser editados pelo Presidente da República, tendo "força de lei". Embora, nesse aspecto, se assemelhassem às medidas provisórias, substancialmente eram diferentes. Isso porque se o decreto-lei não fosse apreciado no prazo previsto pelo Congresso nacional o mesmo era considerado aprovado; e, caso fosse rejeitado, todos os atos praticados durante sua vigência eram considerados legais.

A Emenda Constitucional 32/2001 também estabeleceu o procedimento para a análise das medidas provisórias.

Primeiramente estabeleceu que "a deliberação de cada uma das Casas do Congresso Nacional sobre o mérito das medidas provisórias dependerá de juízo prévio sobre o atendimento de seus pressupostos constitucionais" (art. 62, § 5º).

"Caberá à comissão mista de deputados e senadores examinar as medidas provisórias e sobre elas emitir parecer, antes de serem apreciadas, em sessão separada, pelo Plenário de cada uma das Casas do Congresso Nacional" (art. 62, § 9º).

"As medidas provisórias terão sua votação iniciada na Câmara dos Deputados" (art. 62, § 8º).

"Se a medida provisória não for apreciada em até 45 (quarenta e cinco) dias contados de sua publicação, entrará em regime de urgência, subseqüentemente, em cada uma das Casas do Congresso Nacional, ficando sobrestadas, até que se ultime a votação, todas as demais deliberações legislativas da Casa em que estiver tramitando" (art. 62, § 6º).

"Prorrogar-se-á uma única vez por igual período a vigência de medida provisória que, no prazo de 60 (sessenta) dias, contado de sua publicação, não tiver a sua votação encerrada nas duas Casas do Congresso Nacional" (art. 62, § 7º).

Caso as medidas provisórias não forem convertidas em lei no prazo de 120 dias (§§ 3º e 7º do art. 62), contado de sua publicação (§ 4º), as mesmas perderão eficácia, desde a sua edição, "devendo o Congresso Nacional disciplinar, por decreto legislativo, as relações jurídicas delas decorrentes" (art. 62, § 3º).

O prazo de 120 dias ficará suspenso durante os períodos de recesso do Congresso Nacional.

Não editado o referido decreto legislativo "até 60 (sessenta) dias após a rejeição ou perda de eficácia de medida provisória, as relações jurídicas constituídas e decorrentes de atos praticados durante sua vigência conservar-se-ão por ela regidas" (art. 62, § 11).

No caso de o projeto de lei de conversão, devidamente aprovado, alterar o texto original da medida provisória, "esta manter-se-á integralmente em vigor até que seja sancionado ou vetado o projeto" (art. 62, § 12).

"É vedada a reedição, na mesma sessão legislativa, de medida provisória que tenha sido rejeitada ou que tenha perdido sua eficácia por decurso de prazo" (art. 62, § 10).

Há, outrossim, a vedação material para a edição de medidas sobre matérias relativas a: "a) nacionalidade, cidadania, direitos políticos, partidos políticos e direito eleitoral; b) direito penal, processual penal e processual civil; c) organização do Poder Judiciário e do Ministério Público, a carreira e a garantia de seus membros; d) planos plurianuais, diretrizes orçamentárias, orçamento e créditos adicionais e suplementares, ressalvado o previsto no art. 167, § 3º" (art. 62, § 1º, I); ou, ainda, sobre as seguintes matérias: a) "que vise à detenção ou seqüestro de bens, de poupança popular ou qualquer outro ativo financeiro"; b) "reservada à lei complementar"; c) "já disciplinada em projeto de lei aprovado pelo Congresso Nacional e pendente de sanção ou veto do Presidente da República" (art. 62, § 1º, II a IV).

12.8.5 Decretos legislativos e resoluções

Embora a Constituição Federal tenha incluído os decretos legislativos e as resoluções como atos decorrentes de processo legislativo, nada estabeleceu sobre os atos desse procedimento.

Isso porque tais atos são da competência do Congresso Nacional ou de suas Casas, podendo ter efeitos internos ou externos, restando a esses órgãos, portanto, estabelecer o processo de formação nos regimentos internos.

Os decretos legislativos são da competência exclusiva do Congresso Nacional (art. 49) e independem de sanção ou veto presidencial, sendo promulgados pelo Presidente do Senado Federal.

As resoluções são atos da competência do Congresso Nacional, Senado Federal e Câmara dos Deputados, não sujeitos também a sanção ou veto, sendo promulgados pela Mesa da Casa Legislativa ou do Senado Federal.

Capítulo 13

PODER EXECUTIVO

Christina de Almeida Pedreira

13.1 Noções – Chefe de Estado e de governo. 13.2 Presidente da República: 13.2.1 Atribuições – 13.2.2 Substitutos – 13.2.3 Responsabilidade. 13.3 Ministros de Estado. 13.4 Conselho da República. 13.5 Conselho de Defesa Nacional.

13.1 Noções – Chefe de Estado e de governo

Nos termos do art. 76 da CF de 1988, o Poder Executivo é exercido pelo Presidente da República, auxiliado pelos Ministros de Estado. Em âmbito estadual é exercido pelo governador de Estado, auxiliado pelos secretários estaduais; e em âmbito municipal pelo prefeito, auxiliado pelos secretários municipais.

Fundamentalmente, a partir da noção da tripartição de Poderes, compete ao Poder Executivo a função de dar cumprimento à legislação. Todavia, atualmente observa-se significativa ampliação no exercício atípico de elaboração legislativa, por meio das medidas provisórias, com fundamento no art. 62 da CF, e das leis delegadas, conforme previsto no art. 68 da CF.

Para Celso Ribeiro Bastos **[2002:602]** a ampliação da função legislativa pelo Poder Executivo justifica-se, pois "essa atuação do Estado requer tomada de decisões com certa celeridade, e só o Executivo tem condições para atender a tal exigência". Para o autor, "cabe ao Executivo governar; e governar, atualmente, não é só administrar. É enfrentar problemas políticos e sociais. Isto leva o Executivo a ocupar uma posição ímpar diante dos demais Poderes do Estado".

Também como função atípica, o Executivo exerce o controle do Judiciário, nomeando os ministros do STF e dos demais Tribunais superiores;

o controle do Legislativo, participando da elaboração das leis, por meio de sanção ou veto aos projetos; e também da escolha dos ministros do TCU.

A forte atuação do Poder Executivo no exercício dos poderes estatais é característica de regime de governo[1] do tipo presidencialista, como é o caso brasileiro. No presidencialismo as figuras de chefe de Estado e chefe de governo estão concentradas na pessoa única do Presidente da República.

Augusto Zimmermann **[2002:512]** aponta como característica essencial do presidencialismo "a nítida divisão de poderes entre o Presidente e o Congresso, subsistindo o Poder Executivo separado, por direito próprio, como organismo autônomo", afinal, este sistema adota como regra geral a eleição do chefe do Executivo, que exerce suas funções por tempo determinado.

Ao chefe de Estado compete a representação da unidade estatal, zelando pela sua continuidade estável e harmônica interna e externa. Basicamente, o chefe de Estado tem função política de equilíbrio das relações dentro e fora da Nação.

Por sua vez, o chefe de governo assume, efetivamente, a função executiva técnica de gerência da Nação, responsabilizando-se perante os demais Poderes por suas decisões, que deverão ser obedecidas pelo corpo administrativo interno. Cumpre ao chefe de governo, com autonomia, dirigir a Nação, por meio da criação e implementação de diretrizes que conduzirão a sociedade administrada.

13.2 Presidente da República

Como dito, o Presidente da República, no Estado Brasileiro, assume, concomitantemente, as funções do chefe de Estado – buscando o equilíbrio da Nação por meio de suas ações políticas – e de chefe de governo – definindo e imprimindo ações executivas que conduzirão seu povo.

Ao Presidente da República cabe, então, adotar as diretrizes das opções políticas da Nação e, também, como função administrativa, atuar direta ou indiretamente na execução de programas ou prestação de serviço público.

13.2.1 Atribuições

Expressamente, o art. 84 da CF define as funções privativas do Presidente da República, quais sejam: I – nomear e exonerar os ministros

1. Para fins deste texto, entende-se "regime de governo" como sendo a organização do Poder, ou seja, o regime de governo cuida da organização dos Poderes Executivo e Legislativo e das relações entre um e outro Poder, em desdobramento do regime de governo preferido – presidencialista, parlamentarista ou colegiado, conforme análise de Raul Machado Horta **[2003:685-686]**.

de Estado; II – exercer, com o auxílio dos ministros de Estado, a direção superior da Administração Federal; III – iniciar o processo legislativo, na forma e nos casos previstos nesta Constituição; IV – sancionar, promulgar e fazer publicar as leis, bem como expedir decretos e regulamentos para sua fiel execução; V – vetar projetos de lei, total ou parcialmente; VI – dispor, mediante decreto, sobre: a) organização e funcionamento da Administração Federal, quando não implicar aumento de despesa nem criação ou extinção de órgãos públicos; b) extinção de funções ou cargos públicos, quando vagos; VII – manter relações com Estados estrangeiros e acreditar seus representantes diplomáticos; VIII – celebrar tratados, convenções e atos internacionais, sujeitos a referendo do Congresso Nacional; IX – decretar o estado de defesa e o estado de sítio; X – decretar e executar a intervenção federal; XI – remeter mensagem e plano de governo ao Congresso Nacional por ocasião da abertura da sessão legislativa, expondo a situação do país e solicitando as providências que julgar necessárias; XII – conceder indulto e comutar penas, com audiência, se necessário, dos órgãos instituídos em lei; XIII – exercer o comando supremo das Forças Armadas, nomear os comandantes da Marinha, do Exército e da Aeronáutica, promover seus oficiais-generais e nomeá-los para os cargos que lhes são privativos; XIV – nomear, após aprovação pelo Senado Federal, os ministros do Supremo Tribunal Federal e dos Tribunais Superiores, os governadores de Territórios, o Procurador-Geral da República, o Presidente e os Diretores do banco central e outros servidores, quando determinado em lei; XV – nomear, observado o disposto no art. 73, os ministros do Tribunal de Contas da União; XVI – nomear os magistrados, nos casos previstos nesta Constituição, e o Advogado-Geral da União; XVII – nomear membros do Conselho da República, nos termos do art. 89, VII; XVIII – convocar e presidir o Conselho da República e o Conselho de Defesa Nacional; XIX – declarar guerra, no caso de agressão estrangeira, autorizado pelo Congresso Nacional ou referendado por ele, quando ocorrida no intervalo das sessões legislativas, e, nas mesmas condições, decretar, total ou parcialmente, a mobilização nacional; XX – celebrar a paz, autorizado ou com o referendo do Congresso Nacional; XXI – conferir condecorações e distinções honoríficas; XXII – permitir, nos casos previstos em lei complementar, que forças estrangeiras transitem pelo território nacional ou nele permaneçam temporariamente; XXIII – enviar ao Congresso Nacional o plano plurianual, o projeto de Lei de Diretrizes orçamentárias e as propostas de orçamento previstos nesta Constituição; XXIV – prestar, anualmente, ao Congresso Nacional, dentro de 60 (sessenta) dias após a abertura da sessão legislativa, as contas referentes ao exercício anterior; XXV – prover e extinguir os cargos públicos federais, na forma da lei; XXVI – editar medidas provisórias com força de lei, nos termos do art. 62; XXVII – exercer outras atribuições previstas nesta Constituição".

13.2.2 Substitutos

Só há que se falar em substituição no Poder Executivo quando se está diante de hipóteses típicas de impedimento do Presidente da República ou vacância do cargo, que, por sua vez, só é possível se a ocupação do cargo deu-se pela investidura.

Ou seja, a investidura no cargo de Presidente e Vice-Presidente da República faz-se por meio de eleição popular, no ano anterior ao término do mandato presidencial vigente, simultaneamente, no primeiro domingo de outubro, em primeiro turno, e no último domingo de outubro, em segundo turno, se houver.

Note-se que a eleição do Presidente da República importará a do Vice-Presidente com ele registrado, para um mandato de quatro anos, e que terá início em 1º de janeiro do ano seguinte ao da sua eleição.

O texto constitucional dispõe expressamente sobre a apreciação dos votos, na eleição presidencial; procedimento, este, que, diga-se de passagem, deve ser observado também para eleição dos chefes do Executivo Estadual e Municipal.

Será considerado eleito Presidente o candidato que obtiver a maioria absoluta de votos, não computados os em branco e os nulos. Excepcionalmente, se nenhum candidato alcançar maioria absoluta na primeira votação, far-se-á nova eleição em até 20 dias após a proclamação do resultado, concorrendo os dois candidatos mais votados e considerando-se eleito aquele que obtiver a maioria dos votos válidos. Se, por sua vez, antes de realizado o segundo turno, ocorrer morte, desistência ou impedimento legal de candidato, convocar-se-á, dentre os remanescentes, o de maior votação. E, por fim, se remanescer, em segundo lugar, mais de um candidato com a mesma votação, qualificar-se-á o mais idoso.

O Presidente e o Vice-Presidente da República tomarão posse em sessão do Congresso Nacional, prestando o compromisso de manter, defender e cumprir a Constituição, observar as leis, promover o bem geral do povo brasileiro, sustentar a união, a integridade e a independência do Brasil.

Todavia, se, decorridos 10 dias da data fixada para a posse, o Presidente ou o Vice-Presidente, salvo motivo de força maior, não tiverem assumido o cargo, este será declarado vago.

Assim, são duas as hipóteses em que caberá substituição do Presidente da República: vacância e impedimento. Por "vacância" entende-se a situação na qual o ocupante do referido cargo definitivamente o deixa; e "impedimento" quando está-se diante de situações transitórias e temporárias.

Então, por determinação do art. 79 da CF, o Vice-Presidente substituirá o Presidente da República, no caso de impedimento, e o sucederá, no caso de vacância.

De outra parte, na ausência de Presidente e Vice-Presidente da República, seja por impedimento ou vacância, para o exercício da Presidência serão chamados, sucessivamente, o Presidente da Câmara dos Deputados, o do Senado Federal e o do STF.

Adverte-se, contudo, que se a vacância dos cargos de Presidente e Vice-Presidente se der nos últimos 2 anos do período presidencial a eleição para ambos os cargos será feita 30 dias depois da última vaga, pelo Congresso Nacional; mas, se antes dos últimos 2 anos, far-se-á a eleição 90 dias depois da abertura da última vaga.

Em outras palavras, é dizer: nova eleição para ocupar os cargos de Presidente e Vice-Presidente da República somente será realizada após a ocupação sucessiva do cargo pelos legítimos sucessores – o Presidente da Câmara dos Deputados, o do Senado Federal e o do STF –, pelo prazo máximo disposto acima: 90 dias no caso de a vacância se dar em período superior a 2 anos do término do mandato presidencial, ou 30 dias se em período inferior a 2 anos desse término.

Por fim, sendo num ou noutro caso, os novos eleitos deverão completar o período de seus antecessores.

Prevendo a gravidade da situação, o constituinte originário impediu que Presidente e Vice-Presidente da República se ausentem do país por período superior a 15 dias sem licença do Congresso Nacional, sob pena de perda do cargo.

13.2.3 Responsabilidade

A responsabilidade decorrente do cargo de Presidente da República tem conotação política; por isso, sua inobservância acarretará os chamados "crimes de responsabilidade".

"São crimes de responsabilidade os atos do Presidente da República que atentem contra a Constituição Federal e, especialmente, contra: I – a existência da União; II – o livre exercício do Poder Legislativo, do Poder Judiciário, do Ministério Público e dos Poderes constitucionais das unidades da Federação; III – o exercício dos direitos políticos, individuais e sociais; IV – a segurança interna do país; V – a probidade na administração; VI – a lei orçamentária; VII – o cumprimento das leis e das decisões judiciais" (art. 85 da CF).

A lei que trata e estabelece especificamente os crimes de responsabilidade, descritos no art. 85 da CF, é a de n. 1.079, de 10.4.1950. Note-se que a referida lei não descreve crimes, mas, sim, infrações político-administrativas. Mais recentemente, a Lei 10.028, de 19.10.2000, alterou o Código Penal, acrescentando-lhe crimes contra as finanças públicas, os arts. 359-A a 359-H, e, ainda, modificou a Lei 1.079/1950, ampliando o rol das infrações político-administrativas, permitindo a todo cidadão o oferecimento de denúncia.

O cometimento desses crimes pelos ocupantes do cargo de Presidente da República gerará impedimento para permanência nele, até final processamento dos fatos denunciados, que se faz por meio do chamado "processo de *impeachment*".

Segundo Augusto Zimmermann **[2002:522]** "o *impeachment* é um tipo de julgamento político, que por intermédio de medidas eficazes poderão ser os agentes políticos do Poder Executivo afastados de seus cargos".

Conforme previsão do art. 86 da CF, "admitida a acusação contra o Presidente da República, por dois terços da Câmara dos Deputados, será ele submetido a julgamento perante o Supremo Tribunal Federal, nas infrações penais comuns, ou perante o Senado Federal, nos crimes de responsabilidade".

Na ocorrência de crimes comuns pelo Presidente da República, caberá à Câmara dos Deputados, por voto de dois terços de seus membros, a decisão sobre o recebimento ou não da denúncia. Em caso positivo, o processo será encaminhado ao STF para julgamento.

Para que o processamento do *impeachment* se dê com autonomia, imparcialidade e lisura, o Presidente ficará suspenso de suas funções nas infrações penais comuns, se recebida a denúncia ou queixa crime pelo STF; e nos crimes de responsabilidade, após a instauração do processo pelo Senado Federal.

O papel do Senado Federal é a verificação da subsunção desses crimes de responsabilidade às hipóteses legais, ou seja, comprovados os fatos, conforme tipicidade legal, a condenação deverá ocorrer, inevitavelmente. Por isso, afirma Celso Ribeiro Bastos **[2002:610]** que "o crime de responsabilidade guarda de característica própria da jurisdição a circunstância de ser apenas cabível dentro das hipóteses legais".

De outra parte, se, decorrido o prazo de 180 dias, o julgamento não estiver concluído, cessará o afastamento do Presidente, sem prejuízo do regular prosseguimento do processo. Pois, enquanto não sobrevier sentença condenatória, nas infrações comuns, o Presidente da República não estará sujeito a prisão.

13.3 Ministros de Estado

Como dito acima, o ministro de Estado é auxiliar do Presidente da República, competindo-lhe: "I – exercer a orientação, coordenação e supervisão dos órgãos e entidades da Administração Federal na área de sua competência e referendar os atos e decretos assinados pelo Presidente da República; II – expedir instruções para a execução das leis, decretos e regulamentos; III – apresentar ao Presidente da República relatório anual de sua gestão no Ministério; IV – praticar os atos pertinentes às atribuições que lhe forem outorgadas ou delegadas pelo Presidente da República" (art. 87, parágrafo único, da CF).

Os ministros de Estado serão escolhidos dentre brasileiros maiores de 21 anos e no exercício dos direitos políticos.

A organização da Presidência da República e dos Ministérios está definida pela Lei 10.683/2003, observadas suas sucessivas alterações no texto original: Lei 10.678/2003; Lei 10.869/2004; Lei 11.204/2005; Lei 11.497/2007.

Nos termos do art. 1º da Lei 10.683/2003, com a redação dada pela Lei 11.497/2007, a Presidência da República é constituída, essencialmente, pela Casa Civil, pela Secretaria-Geral, pela Secretaria de Relações Institucionais, pela Secretaria de Comunicação Social, pelo Gabinete Pessoal, pelo Gabinete de Segurança Institucional e pelo Núcleo de Assuntos Estratégicos.

Além dos órgãos auxiliares previstos no texto constitucional, o § 1º deste mesmo artigo cria órgãos de assessoramento imediato ao Presidente da República, que integram a Presidência da República. São eles: o Conselho de Governo; o Conselho de Desenvolvimento Econômico e Social; o Conselho Nacional de Segurança Alimentar e Nutricional; o Conselho Nacional de Política Energética; o Conselho Nacional de Integração de Políticas de Transporte; o Advogado-Geral da União; e a Assessoria Especial do Presidente da República. Outros órgãos de assessoramento à Presidência da República são previstos no § 3º: a Controladoria-Geral da União; a Secretaria Especial de Políticas para as Mulheres; a Secretaria Especial de Aqüicultura e Pesca; a Secretaria Especial dos Direitos Humanos; a Secretaria Especial de Políticas de Promoção da Igualdade Racial; a Secretaria Especial de Portos.

Ainda que não sejam considerados Ministérios, por determinação legal, pela redação dada pela Medida Provisória 419/2008, que deu nova redação ao parágrafo único do art. 25, *supra*, são ministros de Estado, além dos titulares dos Ministérios, o chefe da Casa Civil da Presidência da República, o chefe do Gabinete de Segurança Institucional da Presidência da República, o chefe da Secretaria-Geral da Presidência da República, o chefe da Secretaria de Relações Institucionais da Presidência da República, o chefe da Secretaria de Comunicação Social da Presidência da República, o chefe da Secretaria Especial de Políticas de Promoção da Igualdade Racial, o Advogado-Geral da União, o Ministro de Estado do Controle e da Transparência e o Presidente do Banco Central do Brasil.

No atual Governo Federal, pela redação do art. 25 da Lei 10.683/2003, são 23 Ministérios: (i) da Agricultura, Pecuária e Abastecimento; (ii) do Desenvolvimento Social e Combate à Fome; (iii) das Cidades; (iv) da Ciência e Tecnologia; (v) das Comunicações; (vi) da Cultura; (vii) da Defesa; (viii) do Desenvolvimento Agrário; (ix) do Desenvolvimento, Indústria e Comércio Exterior; (x) da Educação; (xi) do Esporte; (xii) da Fazenda; (xiii) da Integração Nacional; (xiv) da Justiça; (xv) do Meio Ambiente; (xvi) de Minas e Energia; (xvii) do Planejamento, Orçamento e Gestão; (xviii) da Previdência Social; (xix) das Relações Exteriores; (xx) da Saúde; (xxi) do Trabalho e Emprego; (xxii) dos Transportes; (xxiii) do Turismo.

13.4 Conselho da República

Nos termos do art. 89 da CF, "o Conselho da República é órgão superior de consulta do Presidente da República, e dele participam: I – o Vice-Presidente da República; II – o Presidente da Câmara dos Deputados; III – o Presidente do Senado Federal; IV – os líderes da maioria e da minoria na Câmara dos Deputados; V – os líderes da maioria e da minoria no Senado Federal; VI – o Ministro da Justiça; VII – 6 (seis) cidadãos brasileiros natos, com mais de 35 (trinta e cinco) anos de idade, sendo 2 (dois) nomeados pelo Presidente da República, 2 (dois) eleitos pelo Senado Federal e 2 (dois) eleitos pela Câmara dos Deputados, todos com mandato de 3 (três) anos, vedada a recondução".

As atribuições do Conselho da República têm relação com temas fundamentais do Estado Democrático de Direito. Por disposição expressa do art. 90 da CF, "compete ao Conselho da República pronunciar-se sobre: I – intervenção federal, estado de defesa e estado de sítio; II – as questões relevantes para a estabilidade das instituições democráticas".

Quando necessário, o Presidente da República poderá convocar ministro de Estado para participar da reunião do Conselho, quando constar da pauta questão relacionada com o respectivo Ministério.

A Lei 8.041/1990 dispõe sobre a organização e o funcionamento do Conselho da República.

13.5 Conselho de Defesa Nacional

Nos termos do art. 91 da CF, "o Conselho de Defesa Nacional é órgão de consulta do Presidente da República nos assuntos relacionados com a soberania nacional e a defesa do Estado Democrático, e dele participam como membros natos: I – o Vice-Presidente da República; II – o Presidente da Câmara dos Deputados; III – o Presidente do Senado Federal; IV – o Ministro da Justiça; V – o Ministro de Estado da Defesa; VI – o Ministro das Relações Exteriores; VII – o Ministro do Planejamento; VIII – os comandantes da Marinha, do Exército e da Aeronáutica".

O Conselho de Defesa Nacional é um órgão nitidamente consultivo e voltado às ações de defesa do Estado Nacional. Assim, compete a esse Conselho: "I – opinar nas hipóteses de declaração de guerra e de celebração da paz, nos termos desta Constituição; II – opinar sobre a decretação do estado de defesa, do estado de sítio e da intervenção federal; III – propor os critérios e condições de utilização de áreas indispensáveis à segurança do território nacional e opinar sobre seu efetivo uso, especialmente na faixa de fronteira e nas relacionadas com a preservação e a exploração dos recursos naturais de qualquer tipo; IV – estudar, propor e acompanhar o desenvolvimento de iniciativas necessárias a garantir a independência nacional e a defesa do Estado Democrático" (art. 91, § 1º).

Note-se que as decisões do Conselho de Defesa Nacional não têm caráter vinculativo. A tomada final de decisão será do Presidente da República, no exercício de suas funções privativas.

A Lei 8.183/1991 e o Regulamento 893/1993 dispõem sobre a organização e o funcionamento do Conselho de Defesa Nacional.

Referências bibliográficas

BASTOS, Celso Ribeiro **[2002]**. *Curso de Direito Constitucional.* São Paulo, Celso Bastos Editora.

HORTA, Raul Machado **[2003]**. *Direito Constitucional.* Belo Horizonte, Del Rey.

ZIMMERMANN, Augusto **[2002]**. *Curso de Direito Constitucional.* Rio de Janeiro, Lumen Juris.

Capítulo 14

PODER JUDICIÁRIO

SÔNIA YURIKO KANASHIRO TANAKA

14.1 Organização do Poder Judiciário. 14.2 Supremo Tribunal Federal: 14.2.1 Súmulas vinculantes. 14.3 Superior Tribunal de Justiça. 14.4 Tribunais Regionais Federais e juízes federais. 14.5 Tribunais e juízes do trabalho. 14.6 Tribunais e juízes eleitorais. 14.7 Tribunais e juízes militares. 14.8 Tribunais e juízes dos Estados. 14.9 Juizados especiais e justiça de paz. 14.10 Autonomia administrativa: 14.10.1 Autonomia financeira. 14.11 Controle do Poder Judiciário. 14.12 Estatuto da Magistratura: 14.12.1 Ingresso, promoção e acesso aos tribunais – 14.12.2 Subsídios – 14.12.3 Aposentadoria, remoção e disponibilidade – 14.12.4 Garantias dos magistrados – 14.12.5 Vedações dos magistrados.

14.1 Organização do Poder Judiciário

O Poder Judiciário está previsto no "Título IV – Da Organização dos Poderes" da CF, que o disciplina em seus arts. 92 e ss., sendo composto pelos seguintes órgãos: STF; Conselho Nacional de Justiça; STJ; TRFs e juízes federais; tribunais e juízes do trabalho; tribunais e juízes eleitorais; tribunais e juízes militares; e tribunais e juízes dos Estados, do Distrito Federal e dos Territórios.

O Conselho Nacional de Justiça foi inserido pela Emenda Constitucional 45/2004 como órgão integrante do Poder Judiciário, cujas composição e atribuições foram inseridas no que foi denominado de art. 103-B.[1]

1. Infelizmente, a Emenda Constitucional 45/2004, através de técnica redacional ruim, inseriu diversos dispositivos através da utilização de letras ao lado do número dos incisos, que passou a ser repetido, ao invés de renumerá-los ou inserir ao final da relação. Dessa forma, temos agora a previsão dos incisos I e I-A do art. 92, inserindo o Conselho Nacional de Justiça.

Não obstante, em princípio referido órgão não deveria ter integrado o Poder Judiciário, em razão de não ter função judicante, como a têm todos os demais órgãos.

Trata-se, na realidade, de um órgão administrativo, que exerce o controle da atuação administrativa e financeira do Poder Judiciário.

Por essa razão, tendo em vista ter sido, de toda forma, inserido como órgão do Poder Judiciário, sua análise será realizada posteriormente, juntamente com os demais controles existentes, iniciando o exame dos órgãos judicantes propriamente ditos.

14.2 Supremo Tribunal Federal

O STF é o órgão de cúpula do Poder Judiciário, tendo como principal atribuição a guarda da Constituição Federal. Essa atribuição, entretanto, não é exclusiva do STF, em função de o Brasil ter adotado o sistema misto, fundado no controle difuso, por via de defesa, e no controle concentrado, através de ação direta de inconstitucionalidade.[2]

O STF tem sede na Capital Federal e jurisdição em todo o território nacional, sendo composto por 11 ministros, escolhidos dentre cidadãos com mais de 35 e menos de 65 anos de idade, de notável saber jurídico e reputação ilibada, sendo nomeados pelo Presidente da República, depois de aprovada a escolha pela maioria absoluta do Senado Federal.

Nos termos do art. 102, compete ao STF: "I – processar e julgar, originariamente: a) a ação direta de inconstitucionalidade de lei ou ato normativo federal ou estadual e a ação declaratória de constitucionalidade de lei ou ato normativo federal; b) nas infrações penais comuns, o Presidente da República, o Vice-Presidente, os membros do Congresso Nacional, seus próprios ministros e o Procurador-Geral da República; c) nas infrações penais comuns e nos crimes de responsabilidade, os ministros de Estado e os comandantes da Marinha, do Exército e da Aeronáutica, ressalvado o disposto no art. 52, I, os membros dos Tribunais Superiores, os do Tribunal de Contas da União e os chefes de missão diplomática de caráter permanente; d) o *habeas corpus*, sendo paciente qualquer das pessoas referidas nas alíneas anteriores; o mandado de segurança e o *habeas data* contra atos do Presidente da República, das Mesas da Câmara dos Deputados e do Senado Federal, do Tribunal de Contas da União, do Procurador-Geral da República e do próprio Supremo Tribunal Federal; e) o litígio entre Estado estrangeiro ou organismo internacional e a União, o

2. Sobre o assunto, v. Capítulos 4 e 5.

Estado, o Distrito Federal ou o Território; f) as causas e os conflitos entre a União e os Estados, a União e o Distrito Federal, ou entre uns e outros, inclusive as respectivas entidades da Administração indireta; g) a extradição solicitada por Estado estrangeiro; h) *[revogada pela Emenda Constitucional 45/2004]*; i) o *habeas corpus*, quando o coator for Tribunal Superior ou quando o coator ou o paciente for autoridade ou funcionário cujos atos estejam sujeitos diretamente à jurisdição do Supremo Tribunal Federal, ou se trate de crime sujeito à mesma jurisdição em uma única instância; j) a revisão criminal e a ação rescisória de seus julgados; l) a reclamação para a preservação de sua competência e garantia da autoridade de suas decisões; m) a execução de sentença nas causas de sua competência originária, facultada a delegação de atribuições para a prática de atos processuais; n) a ação em que todos os membros da Magistratura sejam direta ou indiretamente interessados, e aquela em que mais da metade dos membros do tribunal de origem estejam impedidos ou sejam direta ou indiretamente interessados; o) os conflitos de competência entre o Superior Tribunal de Justiça e quaisquer tribunais, entre Tribunais Superiores, ou entre estes e qualquer outro tribunal; p) o pedido de medida cautelar das ações diretas de inconstitucionalidade; q) o mandado de injunção, quando a elaboração da norma regulamentadora for atribuição do Presidente da República, do Congresso Nacional, da Câmara dos Deputados, do Senado Federal, das Mesas de uma dessas Casas Legislativas, do Tribunal de Contas da União, de um dos Tribunais Superiores, ou do próprio Supremo Tribunal Federal; r) as ações contra o Conselho Nacional de Justiça e contra o Conselho Nacional do Ministério Público".

Em grau de recurso (art. 102, II), compete ao STF julgar: "a) o *habeas corpus*, o mandado de segurança, o *habeas data* e o mandado de injunção decididos em única instância pelos Tribunais Superiores, se denegatória a decisão; b) o crime político"; e, mediante recurso extraordinário (art. 102, III), compete-lhe julgar "as causas decididas em única ou última instância, quando a decisão recorrida: a) contrariar dispositivo desta Constituição; b) declarar a inconstitucionalidade de tratado ou lei federal; c) julgar válida lei ou ato de governo local contestado em face desta Constituição; d) julgar válida lei local contestada em face de lei federal".

A argüição de descumprimento de preceito fundamental também será apreciada pelo STF, tendo por objeto evitar ou reparar lesão a preceito fundamental, resultante de ato do Poder Público ou nos casos em que for relevante o fundamento da controvérsia constitucional sobre lei ou ato normativo federal, estadual ou municipal, nos termos da Lei 9.882, de 3.12.1999.

14.2.1 Súmulas vinculantes

A previsão constitucional das súmulas vinculantes vem auxiliar a redução dos processos existentes no Poder Judiciário, que há muito se encontra sobrecarregado. Isso porque tais súmulas, que vinculam, além dos órgãos do Poder Judiciário, os órgãos da Administração Pública direta e indireta, nas esferas federal, estadual e municipal, decidem sobre controvérsias existentes entre as decisões judiciais ou entre estas e as proferidas pela Administração Pública, que acarretavam insegurança jurídica e diversas interposições de ações judiciais sobre questão idêntica.

Assim, prevê o art. 103-A da CF que o STF poderá, de ofício ou por provocação, mediante decisão de dois terços dos seus membros, após reiteradas decisões sobre matéria constitucional, aprovar súmula que, a partir de sua publicação na Imprensa Oficial, terá efeito vinculante, havendo, ainda, a possibilidade de proceder à sua revisão ou cancelamento, na forma estabelecida na Lei 11.417/2006.

Do ato administrativo ou decisão judicial que contrariar a súmula aplicável ou que indevidamente a aplicar caberá reclamação ao STF, que, julgando-a procedente, anulará o ato administrativo ou cassará a decisão judicial reclamada e determinará que outra seja proferida, com ou sem a aplicação da súmula, conforme o caso.

14.3 Superior Tribunal de Justiça

Nos termos do art. 104 e parágrafo único da CF, "o Superior Tribunal de Justiça compõe-se de, no mínimo, 33 (trinta e três) ministros", "nomeados pelo Presidente da República, dentre brasileiros com mais de 35 (trinta e cinco) e menos de 65 (sessenta e cinco) anos, de notável saber jurídico e reputação ilibada, depois de aprovada a escolha pela maioria absoluta do Senado Federal, sendo: "I – um terço dentre juízes dos Tribunais Regionais Federais e um terço dentre desembargadores dos Tribunais de Justiça, indicados em lista tríplice elaborada pelo próprio Tribunal; II – um terço, em partes iguais, dentre advogados e membros do Ministério Público Federal, Estadual, do Distrito Federal e Territórios, alternadamente, indicados na forma do art. 94".

"Compete ao Superior Tribunal de Justiça: I – processar e julgar, originariamente: a) nos crimes comuns, os governadores dos Estados e do Distrito Federal, e, nestes e nos de responsabilidade, os desembargadores dos Tribunais de Justiça dos Estados e do Distrito Federal, os membros dos Tribunais de Contas dos Estados e do Distrito Federal, os dos Tribunais Regionais Federais, dos Tribunais Regionais Eleitorais e do Trabalho, os membros dos Conselhos ou Tribunais de Contas dos Municípios e os do Ministério Público da União que oficiem perante tribunais; b) os mandados de segurança e os *habeas data* contra ato de ministro de Estado, dos comandantes da Marinha, do Exército e da Aeronáutica ou do próprio Tribunal; c) os *habeas corpus*, quando o coator ou paciente for qualquer das pessoas mencionadas na alínea 'a', ou quando o coator for tribunal sujeito à sua jurisdição, ministro de Estado ou comandante da Marinha, do Exército ou da Aeronáutica, ressalvada a competência da Justiça Eleitoral; d) os conflitos de competência entre quaisquer tribunais, ressalvado o disposto no art. 102, I, 'o', bem como entre tribunal e juízes a ele não vinculados e entre juízes vinculados a tribunais diversos; e) as revisões criminais e as ações rescisórias de seus julgados; f) a reclamação para a preservação de sua competência e garantia da autoridade de suas decisões; g) os conflitos de atribuições entre autoridades administrativas e judiciárias da União, ou entre autoridades judiciárias de um Estado e administrativas de outro ou do Distrito Federal, ou entre as deste e da União; h) o mandado de injunção, quando a elaboração da norma regulamentadora for atribuição de órgão, entidade ou autoridade federal, da Administração direta ou indireta, excetuados os casos de competência do Supremo Tribunal Federal e dos órgãos da Justiça Militar, da Justiça Eleitoral, da Justiça do Trabalho e da Justiça Federal; i) a homologação de sentenças estrangeiras e a concessão de *exequatur* às cartas rogatórias" (art. 105, I, da CF).

Compete-lhe, outrossim, "julgar, em recurso ordinário: a) os *habeas corpus* decididos em única ou última instância pelos Tribunais Regionais Federais ou pelos Tribunais dos Estados, do Distrito Federal e Territórios, quando a decisão for denegatória; b) os mandados de segurança decididos em única instância pelos Tribunais Regionais Federais ou pelos Tribunais dos Estados, do Distrito Federal e Territórios, quando denegatória a decisão; c) as causas em que forem partes Estado estrangeiro ou organismo internacional, de um lado, e, do outro, Município ou pessoa residente ou domiciliada no país" (CF, art. 105, II); e, em recurso especial, julgar "as causas decididas, em única ou última instância, pelos Tribunais Regionais Federais ou pelos Tribunais dos Estados, do Distrito Federal e Territórios, quando a decisão recorrida: a) contrariar tratado ou lei federal, ou negar-lhes vigência; b) julgar válido ato de governo local contestado em face de lei federal; c) der a lei federal interpretação divergente da que lhe haja atribuído outro tribunal" (CF, art. 105, III).

Junto ao STJ funcionará a Escola Nacional de Formação e Aperfeiçoamento de Magistrados, cabendo-lhe, dentre outras funções, regulamentar os cursos oficiais para o ingresso e promoção na carreira.

14.4 Tribunais Regionais Federais e juízes federais

A Justiça Federal é composta pelos juízes federais, em primeira instância, e pelos Tribunais Regionais Federais.

Cada Estado – bem como o Distrito Federal – constituirá uma seção judiciária que terá por sede a respectiva Capital, e Varas localizadas segundo o estabelecido em lei.

As causas em que a União for autora serão aforadas na seção judiciária onde tiver domicílio a outra parte.

As causas intentadas contra a União poderão ser aforadas na seção judiciária em que for domiciliado o autor, naquela onde houver ocorrido o ato ou fato que deu origem à demanda ou onde esteja situada a coisa, ou, ainda, no Distrito Federal.

As violações de direitos humanos, em regra, são apreciadas pela Justiça Estadual. Entretanto, na hipótese de grave violação de direitos humanos, e com a finalidade de assegurar o cumprimento de obrigações decorrentes de tratados internacionais de direitos humanos dos quais o Brasil seja parte, o Procurador-Geral da República poderá suscitar, perante o STJ, em qualquer fase do inquérito ou processo, incidente de deslocamento de competência para a Justiça Federal.

Os juízes são aprovados mediante concurso público de provas e títulos, exigindo-se do bacharel em Direito, no mínimo, três anos de atividade jurídica.

Nos termos do art. 109, compete aos juízes federais "processar e julgar: I – as causas em que a União, entidade autárquica ou empresa pública federal forem interessadas na condição de autoras, rés, assistentes ou oponentes, exceto as de falência, as de acidentes de trabalho e as sujeitas à Justiça Eleitoral e à Justiça do Trabalho; II – as causas entre Estado estrangeiro ou organismo internacional e Município ou pessoa domiciliada ou residente no país; III – as causas fundadas em tratado ou contrato da União com Estado estrangeiro ou organismo internacional; IV – os crimes políticos e as infrações penais praticadas em detrimento de bens, serviços ou interesse da União ou de suas entidades autárquicas ou empresas públicas, excluídas as contravenções e ressalvada a competência da Justiça Militar e da Justiça Eleitoral; V – os crimes previstos em tratado ou convenção internacional, quando, iniciada a execução no país, o resultado tenha ou devesse ter ocorrido no estrangeiro, ou reciprocamente; V-A – as causas relativas a direitos humanos a que se refere o § 5º deste artigo; VI – os crimes contra a organização do trabalho e, nos casos determinados por lei, contra o sistema financeiro e a ordem econômico-financeira; VII – os *habeas corpus*, em matéria criminal de sua competência ou quando o constrangimento provier de autoridade cujos atos não estejam diretamente sujeitos a outra jurisdição; VIII – os mandados de segurança e os *habeas data* contra ato de autoridade federal, excetuados os casos de competência dos Tribunais Federais; IX – os crimes cometidos a bordo de navios ou aeronaves, ressalvada a competência da Justiça Militar; X – os crimes de ingresso ou permanência irregular de estrangeiro, a execução de carta rogatória, após o *exequatur*, e de sentença estrangeira, após a homologação, as causas referentes à nacionalidade, inclusive a respectiva opção, e à naturalização; XI – a disputa sobre direitos indígenas".

Os Tribunais Regionais Federais serão compostos por, "no mínimo, sete juízes, recrutados, quando possível, na respectiva região e nomeados pelo Presidente da República dentre brasileiros com mais de 30 (trinta) e menos de 65 (sessenta e cinco) anos, sendo: I – um quinto dentre advogados com mais de 10 (dez) anos de efetiva atividade profissional e membros do Ministério Público Federal com mais de 10 (dez) anos de carreira; II – os demais, mediante promoção de juízes federais com mais de 5 (cinco) anos de exercício, por antigüidade e merecimento, alternadamente" (CF, art. 107).

Atualmente existem cinco TRFs, com a seguinte composição:

1ª Região: com sede em Brasília e jurisdição nos Estados do Acre, Amapá, Amazonas, Bahia, Distrito Federal, Goiás, Maranhão, Mato Grosso, Minas Gerais, Pará, Piauí, Rondônia, Roraima e Tocantins.

2ª Região: com sede na Capital do Estado do Rio de Janeiro e jurisdição nos Estados do Rio de Janeiro e Espírito Santo.

3ª Região: com sede na Capital do Estado de São Paulo e jurisdição nos Estados de São Paulo e Mato Grosso do Sul.

4ª Região: com sede em Porto Alegre e jurisdição nos Estados do Rio Grande do Sul, Santa Catarina e Paraná.

5ª Região: com sede em Recife e jurisdição nos Estados de Pernambuco, Alagoas, Sergipe, Paraíba, Rio Grande do Sul e Ceará.

"Compete aos Tribunais Regionais Federais: I – processar e julgar, originariamente: a) os juízes federais da área de sua jurisdição, incluídos os da Justiça Militar e da Justiça do Trabalho, nos crimes comuns e de responsabilidade, e os membros do Ministério Público da União, ressalvada a competência da Justiça Eleitoral; b) as revisões criminais e as ações rescisórias de julgados seus ou dos juízes federais da região; c) os mandados de segurança e os *habeas data* contra ato do próprio Tribunal ou de juiz federal; d) os *habeas corpus*, quando a autoridade coatora for juiz federal;

e) os conflitos de competência entre juízes federais vinculados ao Tribunal" (CF, art. 108, I).

Em grau de recurso, compete-lhe julgar "as causas decididas pelos juízes federais e pelos juízes estaduais no exercício da competência federal da área de sua jurisdição" (CF, art. 108, II).

14.5 Tribunais e juízes do trabalho

A Justiça do Trabalho é constituída pelo TST, TRTs e juízes do trabalho.

Os juízes são aprovados mediante concurso público de provas e títulos, exigindo-se do bacharel em Direito, no mínimo, três anos de atividade jurídica.

"A lei disporá sobre a constituição, investidura, jurisdição, competência, garantias e condições de exercício dos órgãos da Justiça do Trabalho" (art. 113 da CF).

"A lei criará Varas da Justiça do Trabalho, podendo, nas comarcas não abrangidas por sua jurisdição, atribuí-la aos juízes de direito, com recurso para o respectivo Tribunal Regional do Trabalho" (CF, art. 112).

Nas Varas do Trabalho a jurisdição será exercida por um juiz singular.

"Compete à Justiça do Trabalho processar e julgar: I – as ações oriundas da relação de trabalho, abrangidos os entes de direito público externo e da Administração Pública direta e indireta da União, dos Estados, do Distrito Federal e dos Municípios; II – as ações que envolvam exercício do direito de greve; III – as ações sobre representação sindical, entre sindicatos, entre sindicatos e trabalhadores, e entre sindicatos e empregadores; IV – os mandados de segurança, *habeas corpus* e *habeas data*, quando o ato questionado envolver matéria sujeita à sua jurisdição; V – os conflitos de competência entre órgãos com jurisdição trabalhista, ressalvado o disposto no art. 102, I, 'o'; VI – as ações de indenização por dano moral ou patrimonial, decorrentes da relação de trabalho; VII – as ações relativas às penalidades administrativas impostas aos empregadores pelos órgãos de fiscalização das relações de trabalho; VIII – a execução, de ofício, das contribuições sociais previstas no art. 195, I, 'a', e II, e seus acréscimos legais, decorrentes das sentenças que proferir; IX – outras controvérsias decorrentes da relação de trabalho, na forma da lei" (CF, art. 114).

Os TRTs serão compostos por, "no mínimo, 7 (sete) juízes, recrutados, quando possível, na respectiva região, e nomeados pelo Presidente da República dentre brasileiros com mais de 30 (trinta) e menos de 65 (sessenta e cinco) anos, sendo: I – um quinto dentre advogados com mais de 10 (dez) anos de efetiva atividade profissional e membros do Ministério Público do Trabalho com mais de 10 (dez) anos de efetivo exercício, observado o disposto no art. 94; II – os demais, mediante promoção de juízes do trabalho por antigüidade e merecimento, alternadamente" (CF, art. 115).

Atuando em segunda instância, os TRTs julgam recursos ordinários contra decisões de Varas do Trabalho, ações originárias (dissídios coletivos de categorias de sua área de jurisdição – sindicatos patronais ou de trabalhadores organizados em nível regional), ações rescisórias de decisões suas ou das Varas e os mandados de segurança contra atos de seus juízes.

Atualmente existem 24 TRTs, cuja composição é a seguinte: *1ª Região* – Rio de Janeiro; *2ª Região* – São Paulo; *3ª Região* – Minas Gerais; *4ª Região* – Rio Grande do Sul; *5ª Região* – Bahia; *6ª Região* – Pernambuco; *7ª Região* – Ceará; *8ª Região* – Pará; *9ª Região* – Paraná; *10ª Região* – Distrito Federal; *11ª Região* – Amazonas; *12ª Região* – Santa Catarina; *13ª Região* – Paraíba; *14ª Região* – Rondônia; *15ª Região* – Campinas/SP; *16ª Região* – Maranhão; *17ª Região* – Espírito Santo; *18ª Região* – Goiás; *19ª Região* – Alagoas; *20ª Região* – Sergipe; *21ª Região* – Rio Grande do Norte; *22ª Região* – Piauí; *23ª Região* – Mato Grosso; *24ª Região* – Mato Grosso do Sul.

O TST, órgão de cúpula da Justiça Trabalhista, será composto por "27 (vinte e sete) ministros, escolhidos dentre brasileiros com mais de 35 (trinta e cinco) e menos de 65 (sessenta e cinco) anos, nomeados pelo Presidente da República após aprovação pela maioria absoluta do Senado Federal, sendo: I – um quinto dentre advogados com mais de 10 (dez) anos de efetiva atividade profissional e membros do Ministério Público do Trabalho com mais de 10 (dez) anos de efetivo exercício, observado o disposto no art. 94; II – os demais dentre juízes dos Tribunais Regionais do Trabalho, oriundos da Magistratura da carreira, indicados pelo próprio Tribunal Superior" (CF, art. 111-A).

Em instância extraordinária, o TST tem como principal objetivo uniformizar a jurisprudência trabalhista, competindo-lhe julgar recursos de revista, recursos ordinários e agravos de instrumento contra decisões dos TRTs e dissídios coletivos de categorias organizadas em nível nacional, além de mandados de segurança, embargos opostos a suas decisões e ações rescisórias.

Junto ao TST há a Escola Nacional de Formação e Aperfeiçoamento de Magistrados do Trabalho, competindo-lhe, dentre outras funções, regulamentar os cursos oficiais para ingresso e promoção na carreira.

14.6 Tribunais e juízes eleitorais

A Justiça Eleitoral é constituída pelo TSE, TREs, juízes eleitorais e Juntas Eleitorais.

O TSE é o órgão de cúpula da Justiça Eleitoral, sendo irrecorríveis suas decisões, "salvo as que contrariarem esta Constituição e as denegatórias de *habeas corpus* ou mandado de segurança" (CF, art. 121, § 3º).

Referido órgão é composto, no mínimo, por sete membros, sendo três juízes escolhidos dentre os ministros do STF e dois juízes dentre os ministros do STJ, mediante eleição, pelo voto secreto, e os outros dois juízes "dentre seis advogados de notável saber jurídico e idoneidade moral, indicados pelo Supremo Tribunal Federal" e nomeados pelo Presidente da República (CF, art. 119, I e II).

"O Tribunal Superior Eleitoral elegerá seu Presidente e o Vice-Presidente dentre os Ministros do Supremo Tribunal Federal, e o Corregedor Eleitoral dentre os Ministros do Superior Tribunal de Justiça" (CF, art. 119, parágrafo único).

Há um TRE na Capital de cada Estado e no Distrito Federal, totalizando 27 tribunais.

Nos termos do § 1º do art. 120 da CF, a composição dos TREs é efetuada: "I – mediante eleição, pelo voto secreto: a) de 2 (dois) juízes dentre os desembargadores do Tribunal de Justiça; b) de 2 (dois) juízes, dentre juízes de direito, escolhidos pelo Tribunal de Justiça; II – de 1 (um) juiz do Tribunal Regional Federal com sede na Capital do Estado ou no Distrito Federal, ou, não havendo, de juiz federal, escolhido, em qualquer caso, pelo Tribunal Regional Federal respectivo; III – por nomeação, pelo Presidente da República, de 2 (dois) juízes dentre 6 (seis) advogados de notável saber jurídico e idoneidade moral, indicados pelo Tribunal de Justiça".

"O Tribunal Regional Eleitoral elegerá seu Presidente e o Vice-Presidente dentre os desembargadores" (CF, art. 120, § 2º).

"Das decisões dos Tribunais Regionais Eleitorais somente caberá recurso quando: I – forem proferidas contra disposição expressa desta Constituição ou de lei; II – ocorrer divergência na interpretação de lei entre dois ou mais tribunais eleitorais; III – versarem sobre inelegibilidade ou expedição de diplomas nas eleições federais ou estaduais; IV – anularem diplomas ou decretarem a perda de mandatos eletivos federais ou estaduais; V – denegarem *habeas corpus*, mandado de segurança, *habeas data* ou mandado de injunção" (CF, art. 121, § 4º).

As Juntas Eleitorais são compostas por um juiz de direito, que é o Presidente, e por dois ou quatro cidadãos de notória idoneidade. Seus membros são indicados pelo juiz eleitoral e nomeados pelo Presidente do TRE, 60 dias antes da eleição, depois de aprovados os nomes pelo órgão colegiado do TRE.

Compete às Juntas Eleitorais: a) apurar, no prazo de dez dias, as eleições realizadas nas zonas eleitorais sob sua jurisdição; b) resolver as impugnações e demais incidentes verificados durante os trabalhos da contagem e da apuração; c) expedir os boletins de apuração, contendo o resultado de cada votação; d) expedir diploma aos eleitos para cargos municipais (art. 40 da Lei 4.737, de 15.7.1965 – Código Eleitoral).

Os juízes dos tribunais eleitorais, salvo motivo justificado, servirão por dois anos, no mínimo, e nunca por mais de dois biênios consecutivos, sendo os substitutos escolhidos na mesma ocasião e pelo mesmo processo, em número igual para cada categoria.

14.7 Tribunais e juízes militares

A Justiça Militar é constituída pelo STM e pelos tribunais e juízes militares.

Nos termos do art. 124 da CF, "à Justiça Militar compete processar e julgar os crimes militares definidos em lei".

"O Superior Tribunal Militar compor-se-á de 15 (quinze) Ministros vitalícios, nomeados pelo Presidente da República, depois de aprovada a indicação pelo Senado Federal, sendo 3 (três) dentre oficiais-generais da Marinha, 4 (quatro) dentre oficiais-generais do Exército, 3 (três) dentre oficiais-generais da Aeronáutica, todos da ativa e do posto mais elevado da carreira, e 5 (cinco) dentre civis" (CF, art. 123). Estes últimos serão escolhidos pelo Presidente da República dentre brasileiros maiores de trinta e cinco anos, sendo: "I – 3 (três) dentre advogados de notório saber jurídico e conduta ilibada, com mais de 10 (dez) anos de efetiva atividade profissional; II – 2 (dois), por escolha paritária, dentre juízes auditores e membros do Ministério Público da Justiça Militar" (CF, art. 123, parágrafo único).

"A lei disporá sobre a organização, o funcionamento e a competência da Justiça Militar" (CF, art. 124, parágrafo único).

14.8 Tribunais e juízes dos Estados

A Justiça Estadual foi prevista juntamente com os órgãos nacionais que integram o Poder Judiciário, com o intuito de estabelecer uma jurisdição única, em nível nacional.

A Justiça Estadual é constituída pelo Tribunal de Justiça, que é o órgão de cúpula, e pelos juízes estaduais, de primeira instância.

O Tribunal de Justiça é constituído de desembargadores, cuja competência será definida na Constituição do respectivo Estado, sendo a lei de organização judiciária de iniciativa do Tribunal.

Além das competências a serem definidas na forma supramencionada, a Constituição Federal, em seu art. 96, III, confere aos Tribunais de Justiça a competência para "julgar os juízes estaduais e do Distrito Federal e Territórios, bem como os membros do Ministério Público, nos crimes comuns e de responsabilidade, ressalvada a competência da Justiça Eleitoral".

Compete, outrossim, aos Tribunais de Justiça propor a criação de Varas Especializadas para dirimir conflitos fundiários, "com competência exclusiva para questões agrárias" (CF, art. 126).

A instituição de representação de inconstitucionalidade de leis ou atos normativos estaduais ou municipais em face da Constituição Estadual também foi conferida aos Estados, sendo, entretanto, vedada a atribuição da legitimação para agir a um único órgão.

A declaração da inconstitucionalidade de lei ou ato normativo poderá ser declarada pelos Tribunais de Justiça somente pelo voto da maioria absoluta de seus membros ou dos membros do respectivo Órgão Especial.

A Constituição Federal faculta, mediante proposta do Tribunal de Justiça, a criação, mediante lei estadual, da Justiça Militar Estadual, "constituída, em primeiro grau, pelos juízes de direito e pelos Conselhos de Justiça e, em segundo grau, pelo próprio Tribunal de Justiça, ou por Tribunal de Justiça Militar nos Estados em que o efetivo militar seja superior a 20.000 (vinte mil) integrantes" (CF, art. 125, § 3º).

À Justiça Militar Estadual foi conferida a competência para "processar e julgar os militares dos Estados, nos crimes militares definidos em lei e as ações judiciais contra atos disciplinares militares, ressalvada a competência do Júri quando a vítima for civil, cabendo ao tribunal competente decidir sobre a perda do posto e da patente dos oficiais e da graduação das praças" (CF, art. 125, § 4º).

Os juízes de direito do juízo militar serão competentes para "processar e julgar, singularmente, os crimes militares cometidos contra civis e as ações judiciais contra atos disciplinares militares, cabendo ao Conselho de Justiça, sob a presidência de juiz de direito, processar e julgar os demais crimes militares" (CF, art. 125, § 5º).

14.9 Juizados especiais e justiça de paz

A CF, em seu art. 98, I, determinou à União, no Distrito Federal e nos Territórios, e aos Estados a criarão de "juizados especiais, providos por juízes togados, ou togados e leigos, competentes para a conciliação, o julgamento e a execução de causas cíveis de menor complexidade e infrações penais de menor potencial ofensivo, mediante os procedimentos oral e sumariíssimo, permitidos, nas hipóteses previstas em lei, a transação e o julgamento de recursos por turmas de juízes de primeiro grau".

Há, outrossim, previsão para que também sejam criados juizados especiais no âmbito da Justiça Federal, nos termos de lei federal. Nesses juizados as custas e emolumentos serão destinados exclusivamente ao custeio dos serviços afetos às atividades específicas da Justiça.

A justiça de paz também será criada pela União, no Distrito Federal e nos Territórios, e pelos Estados, de forma remunerada, "composta de cidadãos eleitos pelo voto direto, universal e secreto, com mandato de 4 (quatro) anos e competência para, na forma da lei, celebrar casamentos, verificar, de ofício ou em face de impugnação apresentada, o processo de habilitação e exercer atribuições conciliatórias, sem caráter jurisdicional, além de outras previstas na legislação" (CF, art. 98, II).

14.10 Autonomia administrativa

Ao Poder Judiciário foi assegurada autonomia administrativa; e esta, para efetivamente se caracterizar, enseja a autonomia financeira, também atribuída pela Constituição Federal.

No tocante à autonomia administrativa, foi atribuída aos tribunais a competência privativa para: a) eleger seus órgãos diretivos e elaborar seus regimentos internos, com observância das normas de processo e das garantias processuais das partes, dispondo sobre a competência e o funcionamento dos respectivos órgãos jurisdicionais e administrativos; b) organizar suas secretarias e serviços auxiliares e os dos juízos que lhes forem vinculados, velando pelo exercício da atividade correicional respectiva; c) prover, na forma prevista nesta Constituição, os cargos de juiz de carreira da respectiva jurisdição; d) propor a criação de novas Varas Judiciárias; e) prover, por concurso público de provas, ou de provas e títulos, obedecido o disposto no art. 169, parágrafo único, os cargos necessários à administração da justiça, exceto os de confiança assim definidos em lei; f) conceder licença, férias e outros afastamentos a seus membros e aos juízes e servidores que lhes forem imediatamente vinculados" (CF, art. 96, I).

Em obediência aos princípios dos atos administrativo, todas as decisões administrativas dos tribunais deverão ser "motivadas e em sessão pública, sendo as disciplinares tomadas pelo voto da maioria absoluta de seus membros" (CF, art. 93, X).

Aos servidores do Judiciário poderá ser delegada "a prática de atos de administração e atos de mero expediente sem caráter decisório" (CF, art. 93, XIV).

Os tribunais com número superior a 25 julgadores também poderão constituir "Órgão Especial, com o mínimo de 11 (onze) e o máximo de 25 (vinte e cinco) membros, para o exercício das atribuições administrativas e jurisdicionais delegadas da competência do Tribunal Pleno, provendo-se metade das vagas por antigüidade e a outra metade por eleição pelo Tribunal Pleno" (CF, art. 93, XI).

No tocante à atividade jurisdicional, a mesma "será ininterrupta, sendo vedado férias coletivas nos juízos e tribunais de segundo grau, funcionando, nos dias em que não houver expediente forense normal, juízes em plantão permanente" (CF, art. 93, XII).

A distribuição de processos deverá ser realizada de forma imediata, em todos os graus de jurisdição (CF, art. 93, XV).

Quanto ao número de juízes na unidade jurisdicional, o mesmo será "proporcional à efetiva demanda judicial e à respectiva população" (art. 93, XIII), devendo todos os julgamentos ser "públicos, e fundamentadas todas as decisões, sob pena de nulidade, podendo a lei limitar a presença, em determinados atos, às próprias partes e a seus advogados, ou somente a estes, em casos nos quais a preservação do direito à intimidade do interessado no sigilo não prejudique o interesse público à informação" (art. 93, IX). Nesse caso observa-se o princípio da publicidade, que deve ser aplicado em todos os atos, administrativos ou judiciais.

A iniciativa de determinadas leis também foi conferida ao STF, aos Tribunais Superiores e aos Tribunais de Justiça, que podem propor ao Poder Legislativo respectivo, "observado o disposto no art. 169: a) a alteração do número de membros dos tribunais inferiores; b) a criação e a extinção de cargos e a remuneração dos seus serviços auxiliares e dos juízos que lhes forem vinculados, bem como a fixação do subsídio de seus membros e dos juízes, inclusive dos tribunais inferiores, onde houver; c) a criação ou extinção dos tribunais inferiores; e d) a alteração da organização e da divisão judiciárias" (CF, art. 96, II).

A descentralização também foi conferida ao Tribunal de Justiça, "que poderá funcionar descentralizadamente, constituindo Câmaras regionais, a fim de assegurar o pleno acesso do jurisdicionado à justiça em todas as fases do processo" (CF, art. 125, § 6º).

"O Tribunal de Justiça instalará a Justiça Itinerante, com a realização de audiências e demais funções da atividade jurisdicional, nos limites territoriais da respectiva jurisdição, servindo-se de equipamentos públicos e comunitários" (CF, art. 125, § 7º).

"Sempre que necessário à eficiente prestação jurisdicional, o juiz far-se-á presente no local do litígio" (CF, art. 126, parágrafo único).

14.10.1 Autonomia financeira

Com o intuito de assegurar a autonomia administrativa do Poder Judiciário, também lhe foi conferida autonomia financeira e orçamentária, podendo, assim os tribunais elaborar suas propostas orçamentárias, desde que situados nos limites estipulados conjuntamente com os demais Poderes na Lei de Diretrizes Orçamentárias (CF, art. 99 e § 1º).

"O encaminhamento da proposta, ouvidos os outros tribunais interessados, compete: I – no âmbito da União, aos Presidentes do Supremo Tribunal Federal e dos Tribunais Superiores, com a aprovação dos respectivos Tribunais; II – no âmbito dos Estados e no do Distrito Federal e Territórios, aos Presidentes dos Tribunais de Justiça, com a aprovação dos respectivos Tribunais" (CF, art. 99, § 2º).

Se os referidos órgãos "não encaminharem as respectivas propostas orçamentárias dentro do prazo estabelecido na Lei de Diretrizes Orçamentárias, o Poder Executivo considerará, para fins de consolidação da proposta orçamentária anual, os valores aprovados na lei orçamentária vigente, ajustados de acordo com os limites estipulados" conjuntamente com os demais Poderes na Lei de Diretrizes Orçamentárias (CF, art. 99, § 3º).

Se as propostas orçamentárias forem encaminhadas em desacordo com os limites estipulados, "o Poder Executivo procederá aos ajustes necessários para fins de consolidação da proposta orçamentária anual" (CF, art. 99, § 4º).

Na elaboração da proposta, será "obrigatória a inclusão, no orçamento das entidades de direito público, de verba necessária ao pagamento de seus débitos oriundos de sentenças transitadas em julgado, constantes de precatórios judiciários, apresentados até 1º de julho, fazendo-se o pagamento até o final do exercício seguinte, quando terão seus valores atualizados monetariamente" (CF, art. 100, § 1º).

Em razão da autonomia financeira e orçamentária, algumas determinações já foram efetuadas pela Constituição Federal, sobretudo no tocante aos pagamentos devidos e à necessidade de ser observada a ordem cronológica dos precatórios. Vejamos.

A realização de despesas ou a assunção de obrigações que extrapolem os limites estabelecidos na Lei de Diretrizes Orçamentárias não poderão ser efetuadas durante a execução orçamentária do exercício, salvo "se previamente autorizadas, mediante a abertura de créditos suplementares ou especiais" (CF, art. 99, § 5º).

Outrossim, para os pagamentos devidos pela Fazenda Federal, Estadual ou Municipal em virtude de sentença judiciária, há que se observar a ordem cronológica de apresentação dos precatórios, bem como a sua realização na conta dos créditos respectivos, "proibida a designação de casos ou de pessoas nas dotações orçamentárias e nos créditos adicionais abertos para este fim" (CF, art. 100).

Há duas exceções à regra da observância da ordem cronológica de apresentação dos precatórios: (i) os créditos de natureza alimentícia[3] e (ii) os pagamentos de obrigações definidas em lei como de pequeno valor que a Fazenda Federal, Estadual, Distrital ou Municipal deva fazer em virtude de sentença judicial transitada em julgado.[4]

A expedição de precatório complementar ou suplementar de valor pago bem como o fracionamento, repartição ou quebra do valor da execução também são vedados, a fim de que seu pagamento não se faça em parte na segunda exceção acima referida (pequeno valor) e em parte mediante expedição de precatório (CF, art. 100, § 4º).

"As dotações orçamentárias e os créditos abertos serão consignados diretamente ao Poder Judiciário, cabendo ao presidente do tribunal que proferir a decisão exeqüenda determinar o pagamento segundo as possibilidades do depósito e autorizar, a requerimento do credor, e exclusivamente para o caso de preterimento de seu direito de precedência, o seqüestro da quantia necessária à satisfação do débito" (art. 100, § 2º).

3. Os débitos de natureza alimentícia compreendem aqueles decorrentes de salários, vencimentos, proventos, pensões e suas complementações, benefícios previdenciários e indenizações por morte ou invalidez, fundadas na responsabilidade civil, em virtude de sentença transitada em julgado, consoante disposto no § 1º-A do art. 100.

4. Nos termos do § 5º do art. 100, "a lei poderá fixar valores distintos para o fim previsto no § 3º deste artigo, segundo as diferentes capacidades das entidades de direito público".

"O presidente do tribunal competente que, por ato comissivo ou omissivo, retardar ou tentar frustrar a liquidação regular de precatório incorrerá em crime de responsabilidade" (§ 6º do art. 100 da CF).

14.11 Controle do Poder Judiciário

Nos termos do art. 99 da CF, o Poder Judiciário tem autonomia administrativa e financeira. Em razão dessa autonomia, houve a necessidade de se criar um controle sobre sua atuação, sobretudo em razão das determinações e vedações administrativas, financeiras e orçamentárias já estabelecidas pela Constituição Federal.

Entretanto, repudiava-se a idéia de criar um órgão externo para exercer esse controle, caso em que se subentenderia eventual relação de subordinação, que não atenderia ao objetivo almejado.

Houve, então, a criação do *Conselho Nacional de Justiça*, pela Emenda Constitucional 45/2004, competindo-lhe exercer o controle da atuação administrativa e financeira do Poder Judiciário e do cumprimento dos deveres funcionais dos juízes.

O Conselho Nacional de Justiça foi instalado em 14.6.2005, tendo sua sede na Capital Federal.

Trata-se de órgão interno do Poder Judiciário, composto por 15 membros com mais de 35 e menos de 66 anos de idade, com mandato de dois anos, admitida uma recondução, sendo: "I – 1 (um) ministro do Supremo Tribunal Federal, indicado pelo respectivo Tribunal; II – 1 (um) ministro do Superior Tribunal de Justiça, indicado pelo respectivo Tribunal; III – 1 (um) Ministro do Tribunal Superior do Trabalho, indicado pelo respectivo Tribunal; IV – 1 (um) desembargador de Tribunal de Justiça, indicado pelo Supremo Tribunal Federal; V – 1 (um) juiz estadual, indicado pelo Supremo Tribunal Federal; VI – 1 (um) juiz de Tribunal Regional Federal, indicado pelo Superior Tribunal de Justiça; VII – 1 (um) juiz federal, indicado pelo Superior Tribunal de Justiça; VIII – 1 (um) juiz de Tribunal Regional do Trabalho, indicado pelo Tribunal Superior do Trabalho; IX – (1) um juiz do trabalho, indicado pelo Tribunal Superior do Trabalho; X – 1 (um) membro do Ministério Público da União, indicado pelo Procurador-Geral da República; XI – 1 (um) membro do Ministério Público Estadual, escolhido pelo Procurador-Geral da República dentre os nomes indicados pelo órgão competente de cada instituição estadual; XII – 2 (dois) advogados, indicados pelo Conselho Federal da Ordem dos Advogados do Brasil; XIII – 2 (dois) cidadãos, de notável saber jurídico e reputação ilibada, indicados um pela Câmara dos Deputados e outro pelo Senado Federal" (CF, art. 103-B).

A diversidade da composição dos membros do Conselho, embora com predomínio de magistrados, traz, em princípio, garantia para a realização de sua função de controle.

"O Conselho será presidido pelo ministro do Supremo Tribunal Federal, que votará em caso de empate, ficando excluído da distribuição de processos naquele Tribunal" (CF, art. 103-B, § 1º).

"Os membros do Conselho serão nomeados pelo Presidente da República, depois de aprovada a escolha pela maioria absoluta do Senado Federal" (CF, § 2º do art. 103-B), e, caso não sejam indicados no prazo legal, a escolha será realizada pelo Supremo Tribunal Federal (§ 3º).

As atribuições conferidas ao Conselho, além de outras atribuições que lhe forem conferidas pelo Estatuto da Magistratura, são: "I – zelar pela autonomia do Poder Judiciário e pelo cumprimento do Estatuto da Magistratura, podendo expedir atos regulamentares, no âmbito de sua competência, ou recomendar providências; II – zelar pela observância do art. 37 e apreciar, de ofício ou mediante provocação, a legalidade dos atos administrativos praticados por membros ou órgãos do Poder Judiciário, podendo desconstituí-los, revê-los ou fixar prazo para que se adotem as providências necessárias ao exato cumprimento da lei, sem prejuízo da competência do Tribunal de Contas da União; III – receber e conhecer das reclamações contra membros ou órgãos do Poder Judiciário, inclusive contra seus serviços auxiliares, serventias e órgãos prestadores de serviços notariais e de registro que atuem por delegação do Poder Público ou oficializados, sem prejuízo da competência disciplinar e correicional dos tribunais, podendo avocar processos disciplinares em curso e determinar a remoção, a disponibilidade ou a aposentadoria com subsídios ou proventos proporcionais ao tempo de serviço e aplicar outras sanções administrativas, assegurada ampla defesa; IV – representar ao Ministério Público, no caso de crime contra a Administração Pública ou de abuso de autoridade; V – rever, de ofício ou mediante provocação, os processos disciplinares de juízes e membros de tribunais julgados há menos de 1 (um) ano; VI – elaborar semestralmente relatório estatístico sobre processos e sentenças prolatadas, por unidade da Federação, nos diferentes órgãos do Poder Judiciário; VII – elaborar relatório anual, propondo as providências que julgar necessárias, sobre a situação do Poder Judiciário no país e as atividades do Conselho, o qual deve integrar mensagem do Presidente do Supremo Tribunal Federal a ser remetida ao Congresso Nacional, por ocasião da abertura da sessão legislativa" (CF, art. 103-B, § 4º).

"O ministro do Superior Tribunal de Justiça exercerá a função de ministro-corregedor e ficará excluído da distribuição de processos no Tribunal, competindo-lhe, além das atribuições que lhe forem conferidas pelo Estatuto da Magistratura, as seguintes: I – receber as reclamações e denúncias, de qualquer interessado, relativas aos magistrados e aos serviços judiciários; II – exercer funções executivas do Conselho, de inspeção e de correição geral; III – requisitar e designar magistrados, delegando-lhes atribuições, e requisitar servidores de juízos ou tribunais, inclusive nos Estados, Distrito Federal e Territórios" (CF, art. 103-B, § 5º).

Além do Conselho, a União "criará Ouvidorias de Justiça, competentes para receber reclamações e denúncias de qualquer interessado contra membros ou órgãos do Poder Judiciário, ou contra seus serviços auxiliares, representando diretamente ao Conselho Nacional de Justiça" (CF, art. 103-B, § 7º).

Entretanto, a única função atribuída às Ouvidorias pela Constituição Federal foi a de receber reclamações e denúncias que serão representadas ao Conselho, não tendo competência para apreciá-las – fato, esse, que retira, em princípio, sua importância, visto que a apreciação dessas petições foi conferida ao ministro-corregedor, que, para tanto, ficará excluído da distribuição de processos.

Pela Constituição Federal, há, outrossim, o controle exercido pelo *Conselho da Justiça Federal*, que funciona junto ao Superior Tribunal de Justiça como órgão central do sistema e com poderes correicionais, cujas decisões terão caráter vinculante, "cabendo-lhe exercer, na forma da lei, a supervisão administrativa e orçamentária da Justiça Federal de primeiro e segundo graus" (CF, art. 105, parágrafo único, II).

Outrossim, junto ao Tribunal Superior do Trabalho, funcionará o *Conselho Superior da Justiça do Trabalho*, como órgão central do sistema, cujas decisões também terão efeito vinculante, "cabendo-lhe exercer, na forma da lei, a supervisão administrativa, orçamentária, financeira e patrimonial da Justiça do Trabalho de primeiro e segundo graus" (CF, art. 111-A, § 2º, II).

Por fim, cabe consignar que todos esses controles não retiram a fiscalização exercida pelo Tribunal de Contas, que continuará a exercer o controle externo de todos os órgãos do Poder Judiciário, além de cada um ter, também, a necessidade de seu próprio controle interno, conforme estatuem os arts. 71 e ss. da CF.

14.12 Estatuto da Magistratura

O Estatuto da Magistratura será disciplinado por lei complementar, de iniciativa do STF, devendo observar os princípios a seguir arrolados.

14.12.1 Ingresso, promoção e acesso aos tribunais

O ingresso na carreira da Magistratura, cujo cargo inicial será o de juiz substituto, deverá ser realizado "mediante concurso público de provas e títulos, com a participação da Ordem dos Advogados do Brasil em todas as fases, exigindo-se do bacharel em Direito, no mínimo, 3 (três) anos de atividade jurídica e obedecendo-se, nas nomeações, à ordem de classificação" (CF, art. 93, I).

A promoção de entrância para entrância, alternadamente, será realizada por antigüidade e merecimento, "atendidas as seguintes normas: a) é obrigatória a promoção do juiz que figure por 3 (três) vezes consecutivas ou 5 (cinco) alternadas em lista de merecimento; b) a promoção por merecimento pressupõe 2 (dois) anos de exercício na respectiva entrância e integrar juiz a primeira quinta parte da lista de antigüidade desta, salvo se não houver com tais requisitos quem aceite o lugar vago; c) aferição do merecimento conforme o desempenho e pelos critérios objetivos de produtividade e presteza no exercício da jurisdição e pela freqüência e aproveitamento em cursos oficiais ou reconhecidos de aperfeiçoamento", que serão disciplinados por lei complementar; "d) na apuração de antigüidade, o tribunal somente poderá recusar o juiz mais antigo pelo voto fundamentado de dois terços de seus membros, conforme procedimento próprio, e assegurada ampla defesa, repetindo-se a votação até fixar-se a indicação; e) não será promovido o juiz que, injustificadamente, retiver autos em seu poder além do prazo legal, não podendo devolvê-los ao cartório sem o devido despacho ou decisão" (CF, art. 93, II).

"O acesso aos tribunais de segundo grau far-se-á por antigüidade e merecimento, alternadamente, apurados na última ou única entrância" (CF, art. 93, III), sendo um quinto dos lugares "composto de membros do Ministério Público, com mais de 10 (dez) anos de carreira, e de advogados de notório saber jurídico e de reputação ilibada, com mais de 10 (dez) anos de efetiva atividade profissional, indicados em lista sêxtupla pelos órgãos de representação das respectivas classes" (CF, art. 94).

"Recebidas as indicações, o tribunal formará lista tríplice, enviando-a ao Poder Executivo, que, nos 20 (vinte) dias subseqüentes, escolherá 1 (um) de seus integrantes para nomeação" (CF, art. 94, parágrafo único).

14.12.2 Subsídios

"O subsídio dos ministros dos Tribunais Superiores corresponderá a 95% do subsídio mensal fixado para os ministros do Supremo Tribunal

Federal e os subsídios dos demais magistrados serão fixados em lei e escalonados, em nível federal e estadual, conforme as respectivas categorias da estrutura judiciária nacional, não podendo a diferença entre uma e outra ser superior a 10% ou inferior a 5%, nem exceder a 95% do subsídio mensal dos ministros dos Tribunais Superiores, obedecido, em qualquer caso, o disposto nos arts. 37, XI, e 39, § 4º" (art. 93, V, da CF).

14.12.3 Aposentadoria, remoção e disponibilidade

A aposentadoria dos magistrados e a pensão de seus dependentes dar-se-ão nas seguintes condições: "I – por invalidez permanente, sendo os proventos proporcionais ao tempo de contribuição, exceto se decorrente de acidente em serviço, moléstia profissional ou doença grave, contagiosa ou incurável, na forma da lei; II – compulsoriamente, aos 70 (setenta) anos de idade, com proventos proporcionais ao tempo de contribuição; III – voluntariamente, desde que cumprido tempo mínimo de 10 (dez) anos de efetivo exercício no serviço público e 5 (cinco) anos no cargo efetivo em que se dará a aposentadoria, observadas as seguintes condições: a) 60 (sessenta) anos de idade e 35 (trinta e cinco) de contribuição, se homem, e 55 (cinqüenta e cinco) anos de idade e 30 (trinta) de contribuição, se mulher; b) 65 (sessenta e cinco) anos de idade, se homem, e 60 (sessenta) anos de idade, se mulher, com proventos proporcionais ao tempo de contribuição" (CF, art. 40, § 1º).

"O ato de remoção, disponibilidade e aposentadoria do magistrado, por interesse público, fundar-se-á em decisão por voto da maioria absoluta do respectivo tribunal ou do Conselho Nacional de Justiça, assegurada ampla defesa" (CF, art. 93, VIII).

"A remoção a pedido ou a permuta de magistrados de comarca de igual entrância atenderá, no que couber, ao disposto nas alíneas 'a', 'b', 'c' e 'e' do inc. II" (CF, art. 93, VIIIA), devendo-se sempre observar a determinação de o juiz titular residir "na respectiva comarca, salvo autorização do tribunal" (CF, art. 93, VII).

14.12.4 Garantias dos magistrados

"Os juízes gozam das seguintes garantias: I – vitaliciedade, que, no primeiro grau, só será adquirida após 2 (dois) anos de exercício, dependendo a perda do cargo, nesse período, de deliberação do tribunal a que o juiz estiver vinculado, e, nos demais casos, de sentença judicial transitada em julgado; II – inamovibilidade, salvo por motivo de interesse público, na forma do art.

93, VIII; III – irredutibilidade de subsídio, ressalvado o disposto nos arts. 37, X e XI, 39, § 4º, 150, II, 153, III, e 153, § 2º, I" (CF, art. 95).

14.12.5 Vedações dos magistrados

"Aos juízes é vedado: I – exercer, ainda que em disponibilidade, outro cargo ou função, salvo uma de magistério; II – receber, a qualquer título ou pretexto, custas ou participação em processo; III – dedicar-se à atividade político-partidária; IV – receber, a qualquer título ou pretexto, auxílios ou contribuições de pessoas físicas, entidades públicas ou privadas, ressalvadas as exceções previstas em lei; V – exercer a Advocacia no juízo ou tribunal do qual se afastou, antes de decorridos 3 (três) anos do afastamento do cargo por aposentadoria ou exoneração" (CF, art. 95, parágrafo único).

Capítulo 15

FUNÇÕES ESSENCIAIS À JUSTIÇA

FÚLVIA HELENA DE GIOIA

15.1 Considerações gerais. 15.2 O Ministério Público: 15.2.1 O Ministério Público nas Constituições brasileiras. Da Constituição Federal de 1824 à Emenda Constitucional 1/1969 – 15.2.2 O Ministério Público na Constituição Federal de 1988: 15.2.2.1 Estrutura, organização e investidura – 15.2.2.2 O Ministério Público junto ao Tribunal de Contas – 15.2.2.3 Princípios institucionais – 15.2.2.4 Garantias e vedações – 15.2.2.5 Competência – 15.2.2.6 Conselho Nacional do Ministério Público. 15.3 Advocacia Pública: 15.3.1 Competência – 15.3.2 Estrutura, organização e investidura – 15.3.3 Garantias. 15.4 Advocacia e Defensoria Pública: 15.4.1 Advocacia – 15.4.2 Defensoria Pública: 15.4.2.1 Defensoria Pública: competência – 15.4.2.2 Defensoria Pública: estrutura e organização – 15.4.2.3 Defensoria Pública: investidura e garantias.

15.1 Considerações gerais

As funções essenciais à Justiça são tratadas na Constituição Federal de 1988 no Capítulo IV do título "Da organização dos Poderes" e subdivididas em quatro: o Ministério Público (arts. 127 a 135), a Advocacia Pública (arts. 131 e 132), a Advocacia (art. 133) e a Defensoria Pública (arts. 134 e 135). Trata-se de atividades profissionais exercidas pelo Estado ou pela iniciativa privada e necessárias à implementação de certos princípios constitucionais, especialmente da segurança jurídica (art. 5º, *caput*), da igualdade (art. 5º, *caput* e inciso I) e da inafastabilidade da jurisdição (art. 5º, XXXV), bem como à consecução dos objetivos fundamentais do Estado Democrático de Direito brasileiro (art. 3º), que tem como fundamentos, além da soberania e do pluralismo político, a cidadania, a dignidade da pessoa humana, os valores sociais do trabalho e da livre iniciativa (art. 1º).[1]

No presente Capítulo abordaremos dos principais traços delineadores de cada uma dessas funções, restringindo-nos ao exame do texto constitucional por ser o escopo deste trabalho, sem deixar, entretanto, de reportar a legislação infraconstitucional como indicativa do caminho que deverá ser seguido para complementar os estudos.

Com a finalidade, ainda, de melhor direcionar o estudante, são transcritas, em notas de rodapé, na íntegra, as normas constitucionais em análise, uma vez que é de suma relevância que o estudo não se restrinja à leitura de doutrina, mas se estenda à letra da lei, bem como ao exame da jurisprudência. Sendo assim, para encaminhá-lo ao aprofundamento necessário da matéria, serão também apontados alguns dos principais pontos polêmicos e, se o caso, a posição jurisprudencial acerca do assunto.

Ressalte-se, desde logo, que os órgãos incumbidos das denominadas *funções essenciais à Justiça*, a serem estudadas, não se integram em qualquer dos Poderes da União (Legislativo, Executivo ou Judiciário) dentro da atual estrutura constitucional e, como se verá, guardam independência funcional e administrativa.

15.2 O Ministério Público

Divergem os autores quanto às origens do Ministério Público, que para alguns teria nascido no Egito, para outros na Grécia ou em Roma.[2]

Não obstante, a grande maioria dos doutrinadores encontra sua efetiva origem na figura dos denominados *procureurs de roi*, criados na França em 1302, época de Felipe, o Belo, tornando-se vitalícios por meio de um decreto de 1690. Inicialmente sua função era representar os interesses dos reis, mas posteriormente tornaram-se representantes dos interesses sociais.[3]

Mais importante do que precisar uma data para o surgimento do Ministério Público, entretanto, é compreender que, desde suas origens, a principal função sempre foi a defesa da lei e dos interesses públicos.[4]

1. Deve-se lembrar sempre ao estudante do Direito a importância da contextualização de todo e qualquer instituto que se pretenda conhecer dentro de todo o conjunto normativo que compõe o sistema constitucional, na busca da unidade, coerência e harmonia que são indispensáveis à sua caracterização como tal.

2. Cf. Hugo Nigro Mazzilli **[1996:2]**.

3. Cf. Alexandre de Moraes **[2006:559-560]**.

4. Nesse sentido: "Como quer que seja, não há dúvida quanto à vinculação essencial e indissociável entre o Ministério Público e o primado da lei. O Ministério Público

15.2.1 O Ministério Público nas Constituições brasileiras. Da Constituição Federal de 1824 à Emenda Constitucional 1/1969

No Brasil, a primeira Constituição Federal que tratou do Ministério Público foi a de 1891. Antes, porém, referiam-se à Instituição: primeiramente, o Código de Processo Criminal de 1832 e o Decreto 120/1843, estatuindo os "promotores da ação penal", nomeados e demitidos pelo Imperador; a seguir, o Decreto 848/1890, que organizou a Justiça Federal no Brasil e determinou a independência do Ministério Público, que a partir do Decreto 1.030/1890 se tornou Instituição necessária.

O diploma de 1891 disciplinou timidamente a Instituição, determinando a escolha e nomeação do Procurador-Geral da República pelo Presidente, dentre os membros do STF, e remetendo à lei o estabelecimento de suas atribuições (art. 58, § 2º[5]).

Com a Constituição Federal de 1934, a instituição do Ministério Público ganha tratamento específico e inovador. Surge a estruturação dos Ministérios Públicos na União, no Distrito Federal, nos Estados e Territórios, exigindo-se concurso público de provas e títulos para preenchimento dos cargos nos juízos comuns. Atribui-se ao Presidente da República a competência para nomear o Procurador-Geral da República dentre cidadãos que, embora devessem preencher os requisitos necessários à ocupação de cargo no STF, dele não precisariam fazer parte. A escolha, porém, era sujeita à aprovação do Senado Federal. Além disso, pela primeira vez foram previstas a estabilidade de seus integrantes bem como a vedação para o exercício de qualquer outra função pública, ressalvada uma de magistério.[6]

é fiscal da lei e da sua execução. Como essa fiscalização se exerce, inclusive, no plano constitucional, dado que compete ao Ministério Público velar pelo respeito à Lei Fundamental, o Ministério Público assume a condição de órgão essencial do Estado, porque as tarefas a seu cargo são daquelas essenciais à própria conceituação do Estado enquanto nação politicamente organizada" (cf. Gilmar Ferreira Mendes, Inocêncio Mártires Coelho e Paulo Gustavo Gonet Branco **[2007:942]**).

5. CF de 1891:

"Art. 58. Os Tribunais Federais elegerão de seu seio os seus Presidentes e organizarão as respectivas Secretarias.

"§ 1º. A nomeação e a demissão dos empregados da Secretaria bem como o provimento dos Ofícios de Justiça nas circunscrições judiciárias competem respectivamente aos Presidentes dos Tribunais.

"§ 2º. O Presidente da República designará, dentre os membros do Supremo Tribunal Federal, o Procurador-Geral da República, cujas atribuições se definirão em lei."

6. CF de 1934:

"Art. 95. O Ministério Público será organizado na União, no Distrito Federal e nos Territórios por lei federal, e, nos Estados, pelas leis locais. § 1º. O chefe do Ministério

De seu turno, a Carta de 1937 incluiu o Ministério Público dentre os "órgãos de cooperação nas atividades governamentais", de livre nomeação e exoneração pelo Presidente da República, e silenciou quanto à estabilidade. Estabeleceu a competência do Ministério Público para a interposição de recurso contra decisões denegatórias de *habeas corpus* e introduziu a denominada cláusula do "quinto constitucional" ao determinar que um quinto dos lugares dos Tribunais Superiores deveria ser integrado por membros do Ministério Público ou da Advocacia.[7]

Público Federal nos juízos comuns é o Procurador-Geral da República, de nomeação do Presidente da República, com aprovação do Senado Federal, dentre cidadãos com os requisitos estabelecidos para os ministros da Corte Suprema. Terá os mesmos vencimentos desses ministros, sendo, porém, demissível *ad nutum*. § 2º. Os chefes do Ministério Público no Distrito Federal e nos Território serão de livre nomeação do Presidente da República dentre juristas de notável saber e reputação ilibada, alistados eleitores e maiores de 30 (trinta) anos, com os vencimentos dos desembargadores. § 3º. Os membros do Ministério Público Federal que sirvam nos juízos comuns serão nomeados mediante concurso e só perderão os cargos, nos termos da lei, por sentença judiciária ou processo administrativo, no qual lhes será assegurada ampla defesa.

"Art. 96. Quando a Corte Suprema declarar inconstitucional qualquer dispositivo de lei ou ato governamental, o Procurador-Geral da República comunicará a decisão ao Senado Federal para os fins do art. 91, n. IV, e bem assim à autoridade legislativa ou executiva de que tenha emanado a lei ou o ato.

"Art. 97. Os chefes do Ministério Público na União e nos Estados não podem exercer qualquer outra função pública, salvo o magistério e os casos previstos na Constituição. A violação deste preceito importa a perda do cargo.

"Art. 98. O Ministério Público, nas Justiças Militar e Eleitoral, será organizado por leis especiais, e só terá na segunda as incompatibilidades que estas prescrevem."

7. CF de 1937:

"Art. 99. O Ministério Público Federal terá por chefe o Procurador-Geral da República, que funcionará junto ao Supremo Tribunal Federal, e será de livre nomeação e demissão do Presidente da República, devendo recair a escolha em pessoa que reúna os requisitos exigidos para ministro do Supremo Tribunal Federal. (...) II – julgar: 1º) as ações rescisórias de seus acórdãos; 2º) em recurso ordinário: a) as causas em que a União for interessada como autora ou ré, assistente ou opoente; b) as decisões de última ou única instância denegatórias de *habeas corpus*; III – julgar, em recurso extraordinário, as causas decididas pelas Justiças locais em única ou última instâncias: a) quando a decisão for contra a letra de tratado ou lei federal, sobre cuja aplicação se haja questionado; b) quando se questionar sobre a vigência ou validade da lei federal em face da Constituição, e a decisão do Tribunal local negar aplicação à lei impugnada; c) quando se contestar a validade de lei ou ato dos governos locais em face da Constituição, ou de lei federal, e a decisão do tribunal local julgar válida a lei ou o ato impugnado; d) quando decisões definitivas dos Tribunais de Apelação de Estados diferentes, inclusive do Distrito Federal ou dos Territórios, ou decisões definitivas de um destes Tribunais e do Supremo Tribunal Federal derem à mesma lei federal inteligência diversa. Parágrafo único. Nos casos do n. II, n. 2º, letra 'b', poderá o recurso também ser interposto pelo presidente de qualquer dos tribunais ou pelo Ministério Público."

Com a Constituição Federal de 1946 a instituição do Ministério Público passa a ser tratada em título especial, que atribui à lei a organização do Ministério Público da União, junto à Justiça Comum, à Militar, à Eleitoral e à do Trabalho, bem como à Justiça dos Estados. Novamente, a escolha do Procurador-Geral da República, dentre cidadãos que preencham requisitos exigidos para os membros do STF, fica sujeita à aprovação do Senado Federal. São estabelecidas a obrigatoriedade da aprovação em concurso público de provas e títulos para ingresso na carreira e as garantias de estabilidade e de inamovibilidade.[8]

Na Constituição Federal de 1967 o Ministério Público volta a ter disciplina em seção do capítulo do Poder Judiciário. Foram mantidas a necessidade de aprovação pelo Senado Federal da escolha do Procurador-Geral da República e sua nomeação pelo Presidente da República, bem como a estrutura do Ministério Público da União, do Distrito Federal, dos Territórios e dos Estados, com exigência de aprovação em concurso público de provas e títulos para ingresso na carreira. Estipularam-se, ainda, as garantias de estabilidade aos dois anos de exercício da atividade e a de inamovibilidade.[9]

"Art. 105. Na composição dos Tribunais Superiores, um quinto dos lugares será preenchido por advogados ou membros do Ministério Público, de notório merecimento e reputação ilibada, organizando o Tribunal de Apelação uma lista tríplice."

8. CF de 1946:

"Art. 125. A lei organizará o Ministério Público da União, junto à Justiça Comum, à Militar, à Eleitoral e à do Trabalho.

"Art. 126. O Ministério Público Federal tem por chefe o Procurador-Geral da República. O Procurador, nomeado pelo Presidente da República, depois de aprovada a escolha pelo Senado Federal, dentre cidadãos com os requisitos indicados no art. 99, é demissível *ad nutum*. Parágrafo único. A União será representada em juízo pelos Procuradores da República, podendo a lei cometer esse encargo, nas comarcas do Interior, ao Ministério Público local.

"Art. 127. Os membros do Ministério Público da União, do Distrito Federal e dos Territórios ingressarão nos cargos iniciais da carreira mediante concurso. Após 2 (dois) anos de exercício, não poderão ser demitidos senão por sentença judiciária ou mediante processo administrativo em que se lhes faculte ampla defesa; nem removidos a não ser mediante representação motivada do chefe do Ministério Público, com fundamento em conveniência do serviço.

"Art. 128. Nos Estados, o Ministério Público será também organizado em carreira, observados preceitos do artigo anterior e mais o princípio de promoção de entrância a entrância."

9. CF de 1967:

"Art. 137. A lei organizará o Ministério Público da União junto aos juízes e Tribunais Federais.

"Art. 138. O Ministério Público Federal tem por chefe o Procurador-Geral da República, o qual será nomeado pelo Presidente da República, depois de aprovada a escolha

A Emenda Constitucional 1/1969 bem como a Emenda Constitucional 7/1977, entretanto, alteram a posição do Ministério Público para o capítulo do Poder Executivo, outorgando competência ao Presidente da República para nomeação do Procurador-Geral da República dentre cidadão maiores de 35 anos, de notável saber jurídico e reputação ilibada. Não há, portanto, exigência de aprovação pelo Senado Federal. A partir da Emenda Constitucional 7/1977 há previsão da necessidade de lei complementar que estabeleça normas gerais para organização dos Ministérios Públicos no âmbito dos Estados.[10-11]

Do breve resumo até aqui elaborado conclui-se que o Ministério Público, desde a primeira Constituição Federal brasileira, sempre como Instituição destinada à preservação e representação dos interesses da República

pelo Senado Federal, dentre cidadãos com os requisitos indicados no art. 113, § 1º. § 1º. Os membros do Ministério Público da União, do Distrito Federal e dos Territórios ingressarão nos cargos iniciais de carreira, mediante concurso público de provas e títulos. Após 2 (dois) anos de exercício, não poderão ser demitidos senão por sentença judiciária, ou em virtude de processo administrativo em que se lhes faculte ampla defesa; nem removidos, a não ser mediante representação do Procurador-Geral, com fundamento em conveniência do serviço. § 2º. A União será representada em juízo pelos procuradores da República, podendo a lei cometer esse encargo, nas comarcas do Interior, ao Ministério Público local.

"Art. 139. O Ministério Público dos Estados será organizado em carreira, por lei estadual, observado o disposto no § 1º do artigo anterior. Parágrafo único. Aplica-se aos membros do Ministério Público o disposto no art. 108, § 1º, e art. 136, § 4º."

10. Emenda Constitucional 1/1969 (Capítulo VII, "Seção VII – Do Ministério Público"):

"Art. 94. A lei organizará o Ministério Público da União junto aos juízes e Tribunais Federais.

"Art. 95. O Ministério Público Federal tem por chefe o Procurador-Geral da República, nomeado pelo Presidente da República, dentre cidadãos maiores de 35 (trinta e cinco) anos, de notável saber jurídico e reputação ilibada. § 1º. Os membros do Ministério Público da União, do Distrito Federal e dos Territórios ingressarão nos cargos iniciais de carreira, mediante concurso público de provas e títulos; após 2 (dois) anos de exercício, não poderão ser demitidos senão por sentença judiciária ou em virtude de processo administrativo em que se lhes faculte ampla defesa, nem removidos a não ser mediante representação do Procurador-Geral, com fundamento em conveniência do serviço. § 2º. Nas comarcas do Interior, a União poderá ser representada pelo Ministério Público estadual.

"Art. 96. O Ministério Público dos Estados será organizado em carreira, por lei estadual. Parágrafo único. Lei complementar, de iniciativa do Presidente da República, estabelecerá normas gerais a serem adotadas na organização do Ministério Público Estadual, observado o disposto no § 1º do artigo anterior. *[Incluído pela Emenda Constitucional 7/1977]*

11. Com base na previsão constitucional foi editada a Lei Complementar 40/1981.

e da lei, foi tratado de forma mais ou menos minudente, por vezes mais próximo ao Poder Judiciário, por outras ao Poder Executivo, e, logicamente, de maneira condizente e em conformidade com as características históricas e políticas do sistema normativo constitucional de cada período.

Portanto, neste contexto devem ser interpretadas e analisadas as atribuições e atividades desempenhadas pelo Ministério Público até a superveniência da atual Constituição Federal de 1988, quando, indubitavelmente, foram ampliadas não somente sua independência e autonomia funcional, como também o âmbito das competências e formas de atuação.

15.2.2 O Ministério Público na Constituição Federal de 1988

15.2.2.1 *Estrutura, organização e investidura*

A atual Constituição Federal ocupou-se do Ministério Público em seção específica (arts. 127 a 130) e dispõe, desde logo, tratar-se de "Instituição permanente e essencial à função jurisdicional do Estado", à qual incumbe "a defesa da ordem jurídica, do regime democrático e dos interesses sociais e individuais indisponíveis".[12]

Observe-se, portanto, que, ao adquirir o qualificativo de "permanente", à luz do texto constitucional de 1988, a instituição do Ministério Público deve ser entendida como cláusula pétrea (implícita), e não pode ser extinta nem por emenda constitucional.[13] Ao que nos parece, aliás, a atribuição da função de defesa do regime democrático seria suficiente para impedir a extinção do Ministério Público, com base na interpretação sistemática das normas supremas. Com efeito, a democracia é princípio constitucional estruturante do Estado Brasileiro,[14] constituindo sua violação ou ameaça, inclusive, fundamento para intervenção.[15]

12. "Art. 127. O Ministério Público é Instituição permanente, essencial à função jurisdicional do Estado, incumbindo-lhe a defesa da ordem jurídica, do regime democrático e dos interesses sociais e individuais indisponíveis."

13. Apenas para lembrar o estudante, o mesmo tratamento foi dado pela atual Constituição às Forças Armadas (art. 142), à Polícia Federal (art. 144, § 1º), à Polícia Rodoviária Federal (art. 144, § 2º) e à Polícia Ferroviária Federal (art. 144, § 3º).

14. CF de 1988:

"Art. 1º. (...). "Parágrafo único. Todo o poder emana do povo, que o exerce por meio de representantes eleitos ou diretamente, nos termos desta Constituição."

15. "Art. 34. A União não intervirá nos Estados nem no Distrito Federal, exceto para: (...) VII – assegurar a observância dos seguintes princípios constitucionais: a) forma republicana, sistema representativo e regime democrático; b) direitos da pessoa humana; c) autonomia municipal; d) prestação de contas da Administração Pública, direta e indireta; e) aplicação do mínimo exigido da receita resultante de impostos estaduais,

A estrutura atual do Ministério Público, conforme dispõe o art. 128, abrange: "I – o Ministério Público da União, que compreende: a) o Ministério Público Federal; b) o Ministério Público do Trabalho; c) o Ministério Público Militar; d) o Ministério Público do Distrito Federal e Territórios; II – os Ministérios Públicos dos Estados".

Segundo a atual disciplina constitucional, que inovou em relação às anteriores já estudadas, o Procurador-Geral da República deve ser escolhido dentre os integrantes da carreira, maiores de 35 anos, e, após aprovação pela maioria absoluta do Senado Federal, será nomeado pelo Presidente da República, para um mandato de dois anos. A recondução é permitida. Ressalte-se, ainda, que a destituição pode se dar por iniciativa do Presidente da República mas está condicionada a prévia autorização da maioria absoluta do Senado Federal.[16]

No âmbito dos Estados, do Distrito Federal e dos Territórios o Procurador-Geral será escolhido também dentre os integrantes da carreira pelo chefe do Poder Executivo com base em lista tríplice e sua destituição dependerá de aprovação por maioria absoluta do Poder Legislativo. O mandato observa a mesma regra aplicável ao Procurador-Geral da República.[17]

O ingresso na carreira, aberta ao bacharel em Direito com no mínimo três anos de atividade jurídica, depende da aprovação em concurso público de provas e títulos, com a participação da OAB, e a nomeação deverá ser efetuada com base na ordem de classificação. A interpretação do que se deveria entender por "atividade jurídica" bem como a partir de que momento seria considerada foi objeto de muita polêmica após sua introdução pela Emenda Constitucional 45/2004. O Conselho Nacional do Ministério Público, entretanto, editou resolução esclarecendo que o conceito de "ati-

compreendida a proveniente de transferências, na manutenção e desenvolvimento do ensino e nas ações e serviços públicos de saúde."

16. "Art. 127. (...). § 1º. O Ministério Público da União tem por chefe o Procurador-Geral da República, nomeado pelo Presidente da República dentre integrantes da carreira, maiores de 35 (trinta e cinco) anos, após a aprovação de seu nome pela maioria absoluta dos membros do Senado Federal, para mandato de dois anos, permitida a recondução. § 2º. A destituição do Procurador-Geral da República, por iniciativa do Presidente da República, deverá ser precedida de autorização da maioria absoluta do Senado Federal."

17. "Art. 127. (...). § 3º. Os Ministérios Públicos dos Estados e o do Distrito Federal e Territórios formarão lista tríplice dentre integrantes da carreira, na forma da lei respectiva, para escolha de seu Procurador-Geral, que será nomeado pelo chefe do Poder Executivo, para mandato de 2 (dois) anos, permitida uma recondução. § 4º. Os Procuradores-Gerais nos Estados e no Distrito Federal e Territórios poderão ser destituídos por deliberação da maioria absoluta do Poder Legislativo, na forma da lei complementar respectiva."

vidade jurídica" inclui o exercício de cargo, função ou emprego em que predominem a interpretação e aplicação de normas jurídicas, após a obtenção do título de bacharel em Direito, bem como a aprovação em cursos de pós-graduação realizados pelo Ministério Público, OAB ou instituições de ensino, públicas ou privadas, desde que reconhecidos pelo Ministério da Educação. A interpretação, a nosso ver, levando-se em consideração apenas a análise jurídico-objetiva, coaduna-se com o texto constitucional, que, ao utilizar o termo "bacharel", não permite o entendimento de que as atividades exercidas antes da obtenção do referido título possam ser consideradas.[18]

A organização e o funcionamento do Ministério Público da União e dos Estados constituem matéria reservada à lei complementar, de iniciativa dos respectivos procuradores-gerais, que obrigatoriamente deverá respeitar as garantias e vedações preestabelecidas constitucionalmente (art. 128, § 5º).

A Lei Complementar 75, de 20.5.1993, dispõe sobre a organização, as atribuições e o estatuto do Ministério Público da União.

No âmbito estadual, a Lei 8.625, de 12.2.1993, dispõe sobre as normas gerais de organização do Ministério Público.

15.2.2.2 *O Ministério Público junto ao Tribunal de Contas*

O TCU, segundo dispõe o art. 73 da CF,[19] é integrado por membros do Ministério Público aos quais são aplicáveis as disposições da seção específica objeto de nossa análise (art. 130[20]).

18. Resolução CNMP-4, de 20.2.2006, e alterações introduzidas pela Resolução CNMP-11 de 7.8.2006.

19. "Art. 73. O Tribunal de Contas da União, integrado por 9 (nove) Ministros, tem sede no Distrito Federal, quadro próprio de pessoal e jurisdição em todo o território nacional, exercendo, no que couber, as atribuições previstas no art. 96. § 1º. Os Ministros do Tribunal de Contas da União serão nomeados dentre brasileiros que satisfaçam os seguintes requisitos: I – mais de 35 (trinta e cinco) e menos de 65 (sessenta e cinco) anos de idade; II – idoneidade moral e reputação ilibada; III – notórios conhecimentos jurídicos, contábeis, econômicos e financeiros ou de administração pública; IV – mais de 10 (dez) anos de exercício de função ou de efetiva atividade profissional que exija os conhecimentos mencionados no inciso anterior. § 2º. Os Ministros do Tribunal de Contas da União serão escolhidos: I – um terço pelo Presidente da República, com aprovação do Senado Federal, sendo 2 (dois) alternadamente dentre auditores e membros do Ministério Público junto ao Tribunal, indicados em lista tríplice pelo Tribunal, segundo os critérios de antigüidade e merecimento; II – 2 (dois) terços pelo Congresso Nacional."

20. "Art. 130. Aos membros do Ministério Público junto aos Tribunais de Contas aplicam-se as disposições desta Seção pertinentes a direitos, vedações e forma de investidura."

Como se vê, o art. 128 não incluiu no rol dos órgãos que integram o Ministério Público da União o Ministério Público organizado junto ao Tribunal de Contas, razão pela qual surgiu o questionamento acerca da existência, ou não, de um órgão independente. O assunto foi examinado pelo STF quando se questionava a possibilidade, ou não, da organização da Instituição por meio de lei ordinária (Lei 8.443/1992) mediante a ADI 789. Na oportunidade, a Suprema Corte decidiu tratar-se de instituição específica e separada do Ministério Público da União. Não obstante, reconhece aos integrantes do Ministério Público do Tribunal de Contas a aplicabilidade das mesmas normas organizacionais, bem como as garantias e vedações a ele reservadas, conforme dispôs o já mencionado art. 130.[21]

21. Pela importância do tema, transcrevemos a ementa:

"Ação direta de inconstitucionalidade – Lei n. 8.433/1992 – Ministério Público junto ao TCU – Instituição que não integra o Ministério Público da União – Taxatividade do rol inscrito no art. 128, I, da Constituição – Vinculação administrativa a Corte de Contas – Competência do TCU para fazer instaurar o processo legislativo concernente à estruturação orgânica do Ministério Público que perante ele atua (CF, art. 73, *caput*, *in fine*) – Matéria sujeita ao domínio normativo da legislação ordinária – Enumeração exaustiva das hipóteses constitucionais de regramento mediante lei complementar – Inteligência da norma inscrita no art. 130 da Constituição – Ação direta improcedente.

"O Ministério Público que atua perante o TCU qualifica-se como órgão de extração constitucional, eis que sua existência jurídica resulta de expressa previsão normativa constante da Carta Política (art. 73, § 2º, I, e art. 130), sendo indiferente, para efeito de sua configuração jurídico-institucional, a circunstância de não constar do rol taxativo inscrito no art. 128, I, da Constituição, que define a estrutura orgânica do Ministério Público da União.

"O Ministério Público junto ao TCU não dispõe de fisionomia institucional própria e, não obstante as expressivas garantias de ordem subjetiva concedidas aos seus procuradores pela própria Constituição (art. 130), encontra-se consolidado na 'intimidade estrutural' dessa Corte de Contas, que se acha investida – até mesmo em função do poder de autogoverno que lhe confere a Carta Política (art. 73, *caput*, *in fine*) – da prerrogativa de fazer instaurar o processo legislativo concernente à sua organização, à sua estruturação interna, à definição do seu quadro de pessoal e à criação dos cargos respectivos.

"Só cabe lei complementar, no sistema de direito positivo brasileiro, quando formalmente reclamada a sua edição por norma constitucional explícita.

"A especificidade do Ministério Público que atua perante o TCU, e cuja existência se projeta num domínio institucional absolutamente diverso daquele em que se insere o Ministério Público da União, faz com que a regulação de sua organização, a discriminação de suas atribuições e a definição de seu estatuto sejam passíveis de veiculação mediante simples lei ordinária, eis que a edição de lei complementar é reclamada, no que concerne ao *Parquet*, tão-somente para a disciplina normativa do Ministério Público comum (CF, art. 128, § 5º).

"A cláusula de garantia inscrita no art. 130 da Constituição não se reveste de conteúdo orgânico-institucional. Acha-se vocacionada, no âmbito de sua destinação tutelar, a proteger os membros do Ministério Público especial no relevante desempenho de suas

15.2.2.3 *Princípios institucionais*

Estabelece, ainda, a Constituição Federal os seguintes princípios direcionadores da instituição: (i) *unidade* – isto é, o Ministério Público é órgão único e seus integrantes encontram-se sob a direção de uma única pessoa (Procurador-Geral), respeitada a estrutura determinada no supra-referido art. 128;[22] (ii) *indivisibilidade* – ou seja, seus membros são substituíveis uns pelos outros nos termos da lei, não havendo vinculação de qualquer de seus integrantes aos processos em que atuam; (iii) *independência funcional* dos seus integrantes – que, no exercício de sua atividade, não estão sujeitos a qualquer espécie de subordinação hierárquica que os obrigue a atuar, profissionalmente, dessa ou daquela forma; isto significa que, nos limites da lei, os membros do Ministério Público podem atuar livremente de acordo com suas convicções profissionais, quer seja na promoção de ações, na defesa dos interesses sociais, coletivos ou difusos, quer seja na emissão de pareceres e outras funções de sua incumbência.

São esses, portanto, os princípios expressamente delineados no texto constitucional. Doutrinariamente, porém, reconhece-se a aplicabilidade ao Ministério Público do princípio do promotor natural, afastando a possibilidade das designações casuísticas na atuação da Instituição (corolário da vedação à existência de juízo ou tribunal de exceção – art. 5º, XXXVII). Jurisprudencialmente, há divergência quanto a esse entendimento. O STF, em decisão não-unânime e com orientações distintas dentre os Ministros que compunham o Plenário à época, em síntese, reconheceu a aplicabilidade do princípio do promotor natural ao Ministério Público. Todavia, para alguns a aplicabilidade decorre diretamente da interpretação da Constituição Federal e é imediata; para outros, dependeria de superveniência de lei.[23] Da análise dos votos proferidos, e tendo em vista a atual composição do STF,

funções perante os Tribunais de Constas. Esse preceito da Lei Fundamental da República submete os integrantes do Ministério Público junto aos Tribunais de Contas ao mesmo estatuto jurídico que rege, no que concerne a direitos, vedações e forma de investidura no cargo, os membros do Ministério Público comum."

22. "Art. 128. O Ministério Público abrange: I – o Ministério Público da União, que compreende: a) o Ministério Público Federal; b) o Ministério Público do Trabalho; c) o Ministério Público Militar; d) o Ministério Público do Distrito Federal e Territórios; II – os Ministérios Públicos dos Estados."

23. Pela importância da decisão, transcrevemos a ementa e recomendamos a leitura da íntegra:

"*Ementa: Habeas corpus* – Ministério Público – Sua destinação constitucional – Princípios institucionais – A questão do promotor natural em face da Constituição de 1988 – Alegado excesso no exercício do poder de denunciar – Inocorrência – Constrangimento injusto não caracterizado – Pedido indeferido.

é possível, ao que parece, falar numa tendência de reconhecimento da aplicabilidade do princípio.

Além disso, nos termos do disposto no art. 127, §§ 2º a 6º, o Ministério Público é órgão ao qual é assegurada autonomia funcional[24] e administrativa e pode elaborar proposta orçamentária, bem como de criação e extinção de cargos e serviços auxiliares, política remuneratória e planos de carreira, obedecidos os limites estabelecidos na Lei de Diretrizes Orçamentárias.[25]

"O postulado do promotor natural, que se revela imanente ao sistema constitucional brasileiro, repele, a partir da vedação de designações casuísticas efetuadas pela chefia da Instituição, a figura do acusador de exceção. Esse princípio consagra uma garantia de ordem jurídica, destinada tanto a proteger o membro do Ministério Público, na medida em que lhe assegura o exercício pleno e independente do seu ofício, quanto a tutelar a própria coletividade, a quem se reconhece o direito de ver atuando, em quaisquer causas, apenas o promotor cuja intervenção se justifique a partir de critérios abstratos e predeterminados, estabelecidos em lei.

"A matriz constitucional desse princípio assenta-se nas cláusulas da independência funcional e na inamovibilidade dos membros da Instituição. O postulado do promotor natural limita, por isso mesmo, o poder do Procurador-Geral, que, embora expressão visível da unidade institucional, não deve exercer a chefia do Ministério Público de modo hegemônico e incontrastável.

"Posição dos Mins. Celso de Mello (relator), Sepúlveda Pertence, Marco Aurélio e Carlos Velloso.

"Divergência, *apenas*, quanto à aplicabilidade imediata do princípio do promotor natural: necessidade da *interpositio legislatoris* para efeito de atuação do princípio (Min. Celso de Mello); incidência do postulado, *independentemente* de intermediação legislativa (Mins. Sepúlveda Pertence, Marco Aurélio e Carlos Velloso).

"Reconhecimento da possibilidade de instituição do princípio do promotor natural *mediante lei* (Min. Sydney Sanches).

"Posição de expressa rejeição à existência desse princípio consignada nos votos dos Mins. Paulo Brossard, Octávio Gallotti, Néri da Silveira e Moreira Alves."

24. Não se confunda o princípio da "independência funcional", direcionador da atuação do membro do Ministério Público, com "autonomia funcional", que é atribuída ao órgão enquanto Instituição e consubstanciada, também, pela autonomia orçamentária (HC 67.759, rel. Min. Celso de Mello, *DJU* 1.7.1993).

25. "Art. 127. (...). § 2º. Ao Ministério Público é assegurada autonomia funcional e administrativa, podendo, observado o disposto no art. 169, propor ao Poder Legislativo a criação e extinção de seus cargos e serviços auxiliares, provendo-os por concurso público de provas ou de provas e títulos, a política remuneratória e os planos de carreira; a lei disporá sobre sua organização e funcionamento. § 3º. O Ministério Público elaborará sua proposta orçamentária dentro dos limites estabelecidos na Lei de Diretrizes Orçamentárias. § 4º. Se o Ministério Público não encaminhar a respectiva proposta orçamentária dentro do prazo estabelecido na Lei de Diretrizes Orçamentárias, o Poder Executivo considerará, para fins de consolidação da proposta orçamentária anual, os valores aprovados na lei orçamentária vigente, ajustados de acordo com os limites estipulados na forma do § 3º. § 5º. Se a proposta orçamentária de que trata este artigo for encaminhada

15.2.2.4 *Garantias e vedações*

São garantias dos membros do Ministério Público: (i) vitaliciedade após dois anos de exercício do cargo; (ii) inamovibilidade, salvo por motivo de interesse público e desde que por voto da maioria absoluta dos membros da Instituição, resguardado o direito à ampla defesa; (iii) irredutibilidade de subsídio.[26]

No que se refere às vedações, em síntese, não podem os membros do Ministério exercer a Advocacia[27] ou outra função pública (salvo uma de magistério), receber participações, honorários, custas processuais ou auxílios e contribuições de pessoas físicas e entidades públicas ou privadas (salvo as exceções legais), bem como participar de sociedades comerciais. Aplica-se, ademais, aos membros do Ministério Público a denominada "quarentena", ou seja, é proibido o exercício da Advocacia, no juízo ou tribunal do qual tenham se afastado, antes do decurso do prazo de três anos a contar da data da aposentadoria ou exoneração.[28]

15.2.2.5 *Competência*

Como já dito, na atual Constituição Federal houve uma ampliação das funções institucionais do Ministério Público, se comparada às ordens anteriores. São elas: "Art. 129. (...): I – promover, privativamente, a ação penal pública, na forma da lei; II – zelar pelo efetivo respeito dos Poderes Públicos e dos serviços de relevância pública aos direitos assegurados nesta Constituição Federal, promovendo as medidas necessárias à sua garantia;

em desacordo com os limites estipulados na forma do § 3º, o Poder Executivo procederá aos ajustes necessários para fins de consolidação da proposta orçamentária anual. § 6º. Durante a execução orçamentária do exercício, não poderá haver a realização de despesas ou a assunção de obrigações que extrapolem os limites estabelecidos na Lei de Diretrizes Orçamentárias, exceto se previamente autorizadas, mediante a abertura de créditos suplementares ou especiais."

26. "Art. 128. (...). § 5º. Leis complementares da União e dos Estados, cuja iniciativa é facultada aos respectivos Procuradores-Gerais, estabelecerão a organização, as atribuições e o estatuto de cada Ministério Público, observadas, relativamente a seus membros: I – as seguintes garantias: a) vitaliciedade, após 2 (dois) anos de exercício, não podendo perder o cargo senão por sentença judicial transitada em julgado; b) inamovibilidade, salvo por motivo de interesse público, mediante decisão do órgão colegiado competente do Ministério Público, pelo voto da maioria absoluta de seus membros, assegurada ampla defesa; c) irredutibilidade de subsídio, fixado na forma do art. 39, § 4º, e ressalvado o disposto nos arts. 37, X e XI, 150, II, 153, III, 153, § 2º, I; (...)".

27. Trata-se de inovação da atual Constituição.

28. "Art. 128. (...).§ 6º. Aplica-se aos membros do Ministério Público o disposto no art. 95, parágrafo único, V."

III – promover o inquérito civil e a ação civil pública, para a proteção do patrimônio público e social, do meio ambiente e de outros interesses difusos e coletivos; IV – promover a ação de inconstitucionalidade ou representação para fins de intervenção da União e dos Estados, nos casos previstos nesta Constituição Federal; V – defender judicialmente os direitos e interesses das populações indígenas; VI – expedir notificações nos procedimentos administrativos de sua competência, requisitando informações e documentos para instruí-los, na forma da lei complementar respectiva; VII – exercer o controle externo da atividade policial, na forma da lei complementar mencionada no artigo anterior; VIII – requisitar diligências investigatórias e a instauração de inquérito policial, indicados os fundamentos jurídicos de suas manifestações processuais; IX – exercer outras funções que lhe forem conferidas, desde que compatíveis com sua finalidade, sendo-lhe vedada a representação judicial e a consultoria jurídica de entidades públicas."

Saliente-se que os limites da atuação do Ministério Público no campo da investigação criminal, bem como da requisição de informações e documentos, tais como possibilidade de quebra de sigilo bancário sem autorização judicial, têm sido objeto de controvérsias doutrinárias e jurisprudenciais cujo aprofundamento foge ao objetivo do presente trabalho.[29]

15.2.2.6 *Conselho Nacional do Ministério Público*

Por último, cumpre-nos tecer algumas observações acerca da criação do Conselho Nacional do Ministério Público/CNMP por meio da Emenda Constitucional 45/2004, que inseriu o art. 130-A no texto constitucional.

O escopo do CNMP, a exemplo do Conselho Nacional de Justiça/CNJ, foi estabelecer o controle externo sobre a Instituição, razão pela qual sua constituição inclui representantes de várias esferas do Poder Judiciário, da OAB e, inclusive, do povo.[30] São 14 membros escolhidos dentre as indica-

29. No que diz respeito aos limites do poder investigatório, remetemos à leitura das seguintes decisões do STF: RE 233.072-4-RJ, *DJU* 3.5.2002; HC 89.837-DF, *DJU* 18.10.2006; e HC 81.326-7-DF, *DJU* 1.8.2003. Quanto à possibilidade de determinar quebra de sigilo bancário, v. a decisão no RE 215.301, *DJU* 28.5.1999.

30. "Art. 130-A. O Conselho Nacional do Ministério Público compõe-se de 14 (quatorze) membros nomeados pelo Presidente da República, depois de aprovada a escolha pela maioria absoluta do Senado Federal, para um mandato de 2 (dois) anos, admitida uma recondução, sendo: I – o Procurador-Geral da República, que o preside; II – 4 (quatro) membros do Ministério Público da União, assegurada a representação de cada uma de suas carreiras; III – 3 (três) membros do Ministério Público dos Estados; IV – 2 (dois) juízes, indicados 1 (um) pelo Supremo Tribunal Federal e outro pelo Superior Tribunal de Justiça; V – 2 (dois) advogados, indicados pelo Conselho Federal da Ordem

ções previstas e nomeados pelo Presidente da República após aprovação da escolha pela maioria absoluta dos membros do Senado Federal. O Presidente do Conselho Federal da OAB oficiará junto ao CNMP e haverá um Corregedor nacional, escolhido pelo Conselho, dentre os membros do Ministério Público que o integram, em votação secreta.[31]

Dentre as atribuições do CNMP cabe destacar a função de controle administrativo e financeiro bem como a de desempenho dos membros que integram o Ministério Público com o objetivo de atingir melhor eficiência no cumprimento dos deveres institucionais.

Da análise de suas competências, merecem destaque: (i) a possibilidade de, no controle de legalidade, rever ou desconstituir atos praticados sem observância do disposto no art. 37 da CF,[32] de ofício ou por provocação; alternativamente, a competência para fixar prazo para adoção de providências necessárias ao cumprimento da lei; (ii) a possibilidade de receber, conhecer e julgar reclamações contra membros ou órgãos do Ministério Público, inclusive para aplicação de sanções; ou seja, competência para o exercício de função judicante na esfera do processo administrativo disciplinar; (iii) a possibilidade da revisão, de ofício ou por provocação, de todos os processos disciplinares do Ministério Público Federal ou Estadual julgados há menos de um ano.

Finalmente, a Emenda Constitucional 45/2004 outorgou ao legislador infraconstitucional a competência para criar Ouvidorias com a finalidade de receber as reclamações e denúncias de qualquer interessado contra atos dos membros ou integrantes do Ministério Público.[33]

dos Advogados do Brasil; VI – 2 (dois) cidadãos de notável saber jurídico e reputação ilibada, indicados 1 (um) pela Câmara dos Deputados e outro pelo Senado Federal. § 1º. Os membros do Conselho oriundos do Ministério Público serão indicados pelos respectivos Ministérios Públicos, na forma da lei."

31. "Art. 130-A. (...). § 3º. O Conselho escolherá, em votação secreta, um Corregedor nacional, dentre os membros do Ministério Público que o integram, vedada a recondução, competindo-lhe, além das atribuições que lhe forem conferidas pela lei, as seguintes: I – receber reclamações e denúncias, de qualquer interessado, relativas aos membros do Ministério Público e dos seus serviços auxiliares; II – exercer funções executivas do Conselho, de inspeção e correição geral; III – requisitar e designar membros do Ministério Público, delegando-lhes atribuições, e requisitar servidores de órgãos do Ministério Público. § 4º. O Presidente do Conselho Federal da Ordem dos Advogados do Brasil oficiará junto ao Conselho."

32. O art. 37 estipula disposições gerais da Administração Pública e delineia os princípios que lhe são direcionadores.

33. "Art. 130-A. (...). § 5º. Leis da União e dos Estados criarão Ouvidorias do Ministério Público, competentes para receber reclamações e denúncias de qualquer inte-

15.3 Advocacia Pública

15.3.1 Competência

A Advocacia Pública,[34] exercida pela Advocacia-Geral da União, tem a função de representar a União, judicial ou extrajudicialmente, e exercer as funções de consultoria e assessoramento jurídico do Poder Executivo.[35]

Antes da Constituição Federal de 1988 a representação judicial da União era exercida pelo Ministério Público da União e as atividades de consultoria e assessoramento estavam a cargo da Consultoria-Geral da União.[36]

Importante salientar que, à luz do atual ordenamento constitucional, a Advocacia-Geral da União é órgão submetido à supervisão do titular do Poder Executivo, diferentemente, portanto, da autonomia e independência que, como vimos, direcionam a atuação do Ministério Público.

Além da competência genericamente outorgada à Instituição pelo art. 131 da CF, especificamente cabe ao Advogado-Geral da União: (i) dentre as competências privativas do Presidente da República, desde que por delegação e nos seus estreitos limites: (a) dispor, mediante decreto, sobre organização e funcionamento da Administração Federal, quando não implicar aumento de despesa nem criação ou extinção de órgãos públicos; e sobre extinção de funções ou cargos públicos, quando vagos; (b) conceder indulto e comutar penas, com audiência, se necessário, dos órgãos instituídos em lei; (c) prover e extinguir os cargos públicos federais, na forma da lei;[37] (ii) a

ressado contra membros ou órgãos do Ministério Público, inclusive contra seus serviços auxiliares, representando diretamente ao Conselho Nacional do Ministério Público."

34. A Seção II do Capítulo IV do Título IV denominava-se "Da Advocacia-Geral da União", e foi alterada pela Emenda Constitucional 19, de 4.6.1998.

35. "Art. 131. A Advocacia-Geral da União é a instituição que, diretamente ou através de órgão vinculado, representa a União, judicial e extrajudicialmente, cabendo-lhe, nos termos da lei complementar que dispuser sobre sua organização e funcionamento, as atividades de consultoria e assessoramento jurídico do Poder Executivo."

36. Lei 5.645/1970 e Decreto 92.889/1986.

37. "Art. 84. Compete privativamente ao Presidente da República: I – nomear e exonerar os ministros de Estado; II – exercer, com o auxílio dos Ministros de Estado, a direção superior da Administração Federal; III – iniciar o processo legislativo, na forma e nos casos previstos nesta Constituição; IV – sancionar, promulgar e fazer publicar as leis, bem como expedir decretos e regulamentos para sua fiel execução; V – vetar projetos de lei, total ou parcialmente; VI – dispor, mediante decreto, sobre: a) organização e funcionamento da Administração Federal, quando não implicar aumento de despesa nem criação ou extinção de órgãos públicos; b) extinção de funções ou cargos públicos, quando vagos; VII – manter relações com Estados estrangeiros e acreditar seus representantes diplomáticos; VIII – celebrar tratados, convenções e atos internacionais, sujeitos a referendo do Congresso Nacional; IX – decretar o estado de defesa e o estado de sítio;

defesa do texto constitucional impugnado nas ações diretas de inconstitucionalidade.[38]

15.3.2 Estrutura, organização e investidura

A organização e o funcionamento da Advocacia-Geral da União constituem matéria reservada à lei complementar e disciplinada pela Lei Complementar 73/1993,[39] compreendendo: (i) órgãos de direção superior: (a) o Advogado-Geral da União; (b) a Procuradoria-Geral da União e a da Fazenda Nacional; (c) Consultoria-Geral da União; (d) o Conselho Superior da Advo-

X – decretar e executar a intervenção federal; XI – remeter mensagem e plano de governo ao Congresso Nacional por ocasião da abertura da sessão legislativa, expondo a situação do país e solicitando as providências que julgar necessárias; XII – conceder indulto e comutar penas, com audiência, se necessário, dos órgãos instituídos em lei; XIII – exercer o comando supremo das Forças Armadas, nomear os comandantes da Marinha, do Exército e da Aeronáutica, promover seus oficiais-generais e nomeá-los para os cargos que lhes são privativos; XIV – nomear, após aprovação pelo Senado Federal, os ministros do Supremo Tribunal Federal e dos Tribunais Superiores, os governadores de Territórios, o Procurador-Geral da República, o presidente e os diretores do banco central e outros servidores, quando determinado em lei; XV – nomear, observado o disposto no art. 73, os ministros do Tribunal de Contas da União; XVI – nomear os magistrados, nos casos previstos nesta Constituição, e o Advogado-Geral da União; XVII – nomear membros do Conselho da República, nos termos do art. 89, VII; XVIII – convocar e presidir o Conselho da República e o Conselho de Defesa Nacional; XIX – declarar guerra, no caso de agressão estrangeira, autorizado pelo Congresso Nacional ou referendado por ele, quando ocorrida no intervalo das sessões legislativas, e, nas mesmas condições, decretar, total ou parcialmente, a mobilização nacional; XX – celebrar a paz, autorizado ou com o referendo do Congresso Nacional; XXI – conferir condecorações e distinções honoríficas; XXII – permitir, nos casos previstos em lei complementar, que forças estrangeiras transitem pelo território nacional ou nele permaneçam temporariamente; XXIII – enviar ao Congresso Nacional o plano plurianual, o projeto de Lei de Diretrizes Orçamentárias e as propostas de orçamento previstos nesta Constituição; XXIV – prestar, anualmente, ao Congresso Nacional, dentro de 60 (sessenta) dias após a abertura da sessão legislativa, as contas referentes ao exercício anterior; XXV – prover e extinguir os cargos públicos federais, na forma da lei; XXVI – editar medidas provisórias com força de lei, nos termos do art. 62; XXVII – exercer outras atribuições previstas nesta Constituição. "Parágrafo único. O Presidente da República poderá delegar as atribuições mencionadas nos incisos VI, XII e XXV, primeira parte, aos ministros de Estado, ao Procurador-Geral da República ou ao Advogado-Geral da União, que observarão os limites traçados nas respectivas delegações."

38. "Art. 103. (...). § 3º. Quando o Supremo Tribunal Federal apreciar a inconstitucionalidade, em tese, de norma legal ou ato normativo, citará, previamente, o Advogado-Geral da União, que defenderá o ato ou texto impugnado."

39. O exame das normas infraconstitucionais – repita-se – foge ao escopo do presente trabalho, mas ressaltamos a importância do seu exame no complemento dos estudos.

cacia-Geral da União; e (e) a Corregedoria-Geral da Advocacia da União; (ii) órgãos de execução: (a) as Procuradorias Regionais da União e as da Fazenda Nacional e as Procuradorias da União e as da Fazenda Nacional nos Estados e no Distrito Federal e as Procuradorias Seccionais destas; (b) a Consultoria da União, as Consultorias Jurídicas dos Ministérios, da Secretaria-Geral e das demais Secretarias da Presidência da República e do Estado-Maior das Forças Armadas; (iii) órgão de assistência direta e imediata ao Advogado-Geral da União: o Gabinete do Advogado-Geral da União.[40]

O Advogado-Geral da União, chefe da Instituição, é livremente nomeado pelo Presidente da República, escolhido dentre cidadãos maiores de 35 anos, de notável saber jurídico e reputação ilibada. O ingresso na carreira deve ser feito mediante aprovação em concurso de provas e títulos.[41]

Quanto à estrutura predeterminada constitucionalmente, a execução da dívida ativa de natureza tributária é de competência da Procuradoria-Geral da Fazenda Nacional,[42] cabendo aos procuradores dos Estados e do Distrito Federal a representação judicial e a consultoria jurídica no âmbito territorial de cada unidade.[43]

15.3.3 Garantias

Os procuradores que ingressam na Instituição fazem jus à estabilidade após três anos de efetivo exercício, mediante avaliação de desempenho e segundo relatório circunstanciado das respectivas Corregedorias,[44] e são remunerados mediante subsídios.[45]

40. Cf. art. 2º da Lei Complementar 73/1993.

41. "Art. 131. (...). § 1º. A Advocacia-Geral da União tem por chefe o Advogado-Geral da União, de livre nomeação pelo Presidente da República dentre cidadãos maiores de 35 (trinta e cinco) anos, de notável saber jurídico e reputação ilibada. § 2º. O ingresso nas classes iniciais das carreiras da Instituição de que trata este artigo far-se-á mediante concurso público de provas e títulos."

42. "Art. 131. (...). § 3º. Na execução da dívida ativa de natureza tributária, a representação da União cabe à Procuradoria-Geral da Fazenda Nacional, observado o disposto em lei."

43. "Art. 132. Os procuradores dos Estados e do Distrito Federal, organizados em carreira, na qual o ingresso dependerá de concurso público de provas e títulos, com a participação da Ordem dos Advogados do Brasil em todas as suas fases, exercerão a representação judicial e a consultoria jurídica das respectivas unidades federadas."

44. "Art. 132. (...). Parágrafo único. Aos procuradores referidos neste artigo é assegurada estabilidade após 3 (três) anos de efetivo exercício, mediante avaliação de desempenho perante os órgãos próprios, após relatório circunstanciado das Corregedorias."

45. "Art. 135. Os servidores integrantes das carreiras disciplinadas nas Seções II e III deste Capítulo serão remunerados na forma do art. 39, § 4º."

Comparativamente às garantias reconhecidas aos integrantes do Ministério Público, a vitaliciedade, por ser incompatível com a natureza da atividade estreitamente vinculada à confiança do Poder Executivo, não se aplica aos integrantes da Instituição.

15.4 Advocacia e Defensoria Pública

15.4.1 Advocacia

A Advocacia, reconhecida como função essencial à Justiça e exercida no âmbito da iniciativa privada, é disciplinada no art. 133 da CF,[46] que expressamente determina: (i) a indispensabilidade da presença do advogado na administração da justiça;[47] (ii) a inviolabilidade do advogado por atos e manifestações externados no exercício da profissão.

46. "Art. 133. O advogado é indispensável à administração da justiça, sendo inviolável por seus atos e manifestações no exercício da profissão, nos limites da lei."

47. Em relação à indispensabilidade do advogado, saliente-se, o STF, ao examinar a Lei 9.099/1999, que disciplinou os Juizados Especiais, já decidiu não se tratar de regra absoluta, e que pode ser relativizada por lei ordinária.

ADI 1.127: "*Ementa:* Ação direta de inconstitucionalidade – Estatuto da Advocacia e da Ordem dos Advogados do Brasil – Lei n. 8.906/9194 – Suspensão da eficácia de dispositivos que especifica – Liminar – Ação direta – Distribuição por prevenção de competência e ilegitimidade ativa da autora – Questões de ordem – Rejeição.

"Medida liminar – Interpretação conforme e suspensão da eficácia até final decisão dos dispositivos impugnados, nos termos seguintes: *Art. 1º, inciso I* – Postulações judiciais privativas de advogado perante os Juizados Especiais – Inaplicabilidade aos Juizados de Pequenas Causas, à Justiça do Trabalho e à Justiça de Paz. *Art. 7º, §§ 2º e 3º* – Suspensão da eficácia da expressão 'ou desacato' e interpretação de conformidade a não abranger a hipótese de crime de desacato à autoridade judiciária. *Art. 7º, § 4º* – Salas especiais para advogados perante os órgãos judiciários, delegacias de polícia e presídios – Suspensão da expressão 'controle' assegurado à OAB. *Art. 7º, inciso II* – Inviolabilidade do escritório ou local de trabalho do advogado – Suspensão da expressão 'e acompanhada de representante da OAB' no que diz respeito à busca e apreensão determinada por magistrado. *Art. 7º, inciso IV* – Suspensão da expressão 'ter a presença de representante da OAB, quando preso em flagrante, por motivo ligado ao exercício da Advocacia, para a lavratura do auto respectivo, sob pena de nulidade'. *Art. 7º, inciso V* – Suspensão da expressão 'assim reconhecida pela OAB', no que diz respeito às instalações e comodidades condignas da sala de Estado Maior, em que deve ser recolhido preso o advogado, antes de sentença transitada em julgado. *Art. 20, inciso II* – Incompatibilidade da Advocacia com membros de órgãos do Poder Judiciário – Interpretação de conformidade a afastar da sua abrangência os membros da Justiça Eleitoral e os juízes suplentes não remunerados. *Art. 50* – Requisição de cópias de peças e documentos pelo Presidente do Conselho da OAB e das Subseções – Suspensão da expressão 'Tribunal, Magistrado, Cartório e'. *Art. 1º, § 2º* – Contratos constitutivos de pessoas jurídicas – Obrigatoriedade de serem visados por advogado – Falta de pertinência temática – Argüição, nessa parte, não conhecida. *Art. 2º, § 3º* – Inviolabilidade do advogado por seus atos e manifestação, no exercício da profissão

A presença do advogado destina-se ao implemento do disposto no art. 5º, LV, da CF, que assegura aos litigantes e acusados, em processo judicial ou administrativo, o "contraditório e ampla defesa, com os meios e recursos a ela inerentes". Com efeito, o instrumento para implementação do princípio é, sem dúvida, o profissional tecnicamente habilitado.

As competências, limites de atuação, direitos e obrigações dos advogados constituem matéria legal, hoje veiculada pela Lei 8.906/1994 – Estatuto da OAB.

15.4.2 Defensoria Pública

15.4.2.1 *Defensoria Pública: competência*

A Defensoria Pública, de seu turno, é instituição destinada a implementação de um dever do Estado, que é a prestação da assistência jurídica integral e gratuita a todos os que comprovem insuficiência de recursos.[48] Tem por função, portanto, promover a orientação e defesa jurídica dos necessitados em todos os graus de jurisdição.[49]

– Liminar indeferida. *Art. 7º, inciso IX* – Sustentação oral, pelo advogado da parte, após o voto do relator – Pedido prejudicado tendo em vista a sua suspensão na ADI n. 1.105 – Razoabilidade na concessão da liminar" (rel. Min. Paulo Brossard, *DJU* 6.10.1994).

ADI 3.168: "*Ementa:* Ação direta de inconstitucionalidade – Juizados Especiais Federais – Lei n. 10.259/2001, art. 10 – Dispensabilidade de advogado nas causas cíveis – Imprescindibilidade da presença de advogado nas causas criminais – Aplicação subsidiária da Lei n. 9.099/1995 – Interpretação conforme a Constituição. É constitucional o art. 10 da Lei n. 10.259/2001, que faculta às partes a designação de representantes para a causa, advogados ou não, no âmbito dos Juizados Especiais Federais. No que se refere aos processos de natureza cível, o STF já firmou o entendimento de que a imprescindibilidade de advogado é relativa, podendo, portanto, ser afastada pela lei em relação aos Juizados Especiais – Precedentes. Perante os Juizados Especiais Federais, em processos de natureza cível, as partes podem comparecer pessoalmente em juízo ou designar representante, advogado ou não, desde que a causa não ultrapasse o valor de 60 salários mínimos (art. 3º da Lei n. 10.259/2001) e sem prejuízo da aplicação subsidiária integral dos §§ do art. 9º da Lei n. 9.099/1995. Já quanto aos processos de natureza criminal, em homenagem ao princípio da ampla defesa, é imperativo que o réu compareça ao processo devidamente acompanhado de profissional habilitado a oferecer-lhe defesa técnica de qualidade, ou seja, de advogado devidamente inscrito nos quadros da OAB ou defensor público – Aplicação subsidiária do art. 68, III, da Lei n. 9.099/1995 – Interpretação conforme, para excluir do âmbito de incidência do art. 10 da Lei n. 10.259/2001 os feitos de competência dos Juizados Especiais Criminais da Justiça Federal" (rel. Min. Joaquim Barbosa, *DJU* 8.6.2006).

48. "Art. 5º. (...): (...) LXXIV – o Estado prestará assistência jurídica integral e gratuita aos que comprovarem insuficiência de recursos; (...)."

49. "Art. 134. A Defensoria Pública é Instituição essencial à função jurisdicional do Estado, incumbindo-lhe a orientação jurídica e a defesa, em todos os graus, dos necessitados, na forma do art. 5º, LXXIV."

15.4.2.2 *Defensoria Pública: estrutura e organização*

Segundo o diploma constitucional, a organização da Defensoria Pública da União, do Distrito Federal e dos Territórios bem como a veiculação das normas gerais de organização da Defensoria Pública nos Estados são reservadas à lei complementar,[50] assegurando-se às últimas (Defensorias Públicas Estaduais) a autonomia funcional e administrativa, inclusive com competência para a apresentação de proposta orçamentária, observados os limites da Lei de Diretrizes Orçamentárias.

Em face do dispositivo constitucional, foi publicada a Lei Complementar 80/1994, que, hoje, organiza a Defensoria Pública da União,[51] do Distrito Federal e dos Territórios[52] e prescreve normas gerais para sua organização e estrutura nos Estados,[53] fixando, em síntese, competências, garantias e vedações a seus integrantes.

50. "Art. 134. (...). § 1º. Lei complementar organizará a Defensoria Pública da União e do Distrito Federal e dos Territórios e prescreverá normas gerais para sua organização nos Estados, em cargos de carreira, providos, na classe inicial, mediante concurso público de provas e títulos, assegurada a seus integrantes a garantia da inamovibilidade e vedado o exercício da Advocacia fora das atribuições institucionais. § 2º. Às Defensorias Públicas Estaduais são asseguradas autonomia funcional e administrativa e a iniciativa de sua proposta orçamentária dentro dos limites estabelecidos na Lei de Diretrizes Orçamentárias e subordinação ao disposto no art. 99, § 2º."

51. Lei Complementar 80/1994: Art. 5º. A Defensoria Pública da União compreende: I – órgãos de administração superior: a) a Defensoria Pública-Geral da União; b) a Subdefensoria Pública-Geral da União; c) o Conselho Superior da Defensoria Pública da União; d) a Corregedoria-Geral da Defensoria Pública da União; II – órgãos de atuação: a) as Defensorias Públicas da União nos Estados, no Distrito Federal e nos Territórios; b) os Núcleos da Defensoria Pública da União; III – órgãos de execução: a) os defensores públicos da União nos Estados, no Distrito Federal e nos Territórios".

52. Lei Complementar 80/1994: "Art. 53. A Defensoria Pública do Distrito Federal e dos Territórios compreende: I – órgãos de administração superior: a) a Defensoria Pública-Geral do Distrito Federal e dos Territórios; b) a Subdefensoria Pública-Geral do Distrito Federal e dos Territórios; c) o Conselho Superior da Defensoria Pública do Distrito Federal e dos Territórios; d) a Corregedoria-Geral da Defensoria Pública do Distrito Federal e dos Territórios; II – órgãos de atuação: a) as Defensorias Públicas do Distrito Federal e dos Territórios; b) os Núcleos da Defensoria Pública do Distrito Federal e dos Territórios; III – órgãos de execução: os defensores públicos do Distrito Federal e dos Territórios".

53. Lei Complementar 80/1994: "Art. 98. A Defensoria Pública dos Estados compreende: I – órgãos de administração superior: a) a Defensoria Pública-Geral do Estado; b) a Subdefensoria Pública-Geral do Estado; c) o Conselho Superior da Defensoria Pública do Estado; d) a Corregedoria-Geral da Defensoria Pública do Estado; II – órgãos de atuação: a) as Defensorias Públicas do Estado; b) os Núcleos da Defensoria Pública do Estado; III – órgãos de execução: a) os defensores públicos do Estado."

Relembre-se que a autonomia funcional assegura o exercício das atividades institucionais sem intervenção de qualquer dos Poderes (Legislativo, Executivo ou Judiciário) ou submissão a eles, enquanto a autonomia administrativa está relacionada à possibilidade de auto-organização e autogestão.

15.4.2.3 *Defensoria Pública: investidura e garantias*

O ingresso na carreira depende da aprovação em concurso público de provas e títulos e seus integrantes, que serão remunerados mediante subsídios, gozam da garantia da inamovibilidade,[54] sendo-lhes vedado o exercício da Advocacia fora da Instituição.

Bibliografia

ARAÚJO, Luiz Alberto David, e NUNES JR., Vidal Serrano **[2005]**. Curso de Direito Constitucional. 9ª ed. São Paulo, Saraiva.

ATALIBA, Geraldo **[2007]**. República e Constituição. 2ª ed., 4ª tir. São Paulo, Malheiros Editores.

BARCHET, Gustavo, e MOTTA, Sylvio **[2007]**. Curso de Direito Constitucional. Rio de Janeiro, Campus Jurídico.

BOBBIO, Norberto **[1996]**. Teoria do Ordenamento Jurídico. 7ª ed. Brasília, UnB.

BONAVIDES, Paulo **[2008]**. Curso de Direito Constitucional. 23ª ed. São Paulo, Malheiros Editores.

BRANCO, Paulo Gustavo Gonet, COELHO, Inocêncio Mártires, e MENDES, Gilmar Ferreira **[2007]**. Curso de Direito Constitucional. São Paulo, Saraiva.

BULOS, Uadi Lammêgo **[2007]**. Curso de Direito Constitucional. São Paulo, Saraiva.

CANOTILHO, J. J. Gomes **[1982]**. Constituição Dirigente e Vinculação do Legislador. Coimbra, Livraria Almedina.

________ **[1993]**. Direito Constitucional. 6ª ed. Coimbra, Livraria Almedina.

CAPEZ, Fernando, CHIMENTI, Ricardo Cunha, ROSA, Márcio F. Elias, e SANTOS, Marisa F. **[2005]**. Curso de Direito Constitucional. 2ª ed. São Paulo, Saraiva.

CHIMENTI, Ricardo Cunha, CAPEZ, Fernando, ROSA, Márcio F. Elias, e SANTOS, Marisa F. **[2005]**. Curso de Direito Constitucional. 2ª ed. São Paulo, Saraiva.

COELHO, Inocêncio Mártires, BRANCO, Paulo Gustavo Gonet, e MENDES, Gilmar Ferreira **[2007]**. Curso de Direito Constitucional. São Paulo, Saraiva.

DINIZ, Maria Helena, FERRAZ JR., Tércio Sampaio, e GEORGAKILAS, Ritinha A. Stevenson **[1989]**. Constituição de 1988 – Legitimidade, Vigência e Eficácia – Supremacia. São Paulo, Atlas.

54. V. art. 135, já transcrito.

ENGISH, Karl **[1988]**. Introdução ao Pensamento Jurídico. 6ª ed. Lisboa, Fundação Calouste Gulbenkian.

FERRAZ JR., Tércio Sampaio **[1976]**. Conceito de Sistema no Direito. São Paulo, Ed. RT.

________, DINIZ, Maria Helena, e GEORGAKILAS, Ritinha A. Stevenson **[1989]**. Constituição de 1988 – Legitimidade, Vigência e Eficácia – Supremacia. São Paulo, Atlas.

FERREIRA FILHO, Manoel Gonçalves **[1995]**. Curso de Direito Constitucional. 22ª ed. São Paulo, Saraiva.

________ **[2008]**. Curso de Direito Constitucional. 34ª ed. São Paulo, Saraiva.

GEORGAKILAS, Ritinha A Stevenson, DINIZ, Maria Helena, e FERRAZ JR., Tércio Sampaio **[1989]**. Constituição de 1988 – Legitimidade, Vigência e Eficácia – Supremacia. São Paulo, Atlas.

LARENZ, Karl **[1993]**. Metodologia da Ciência do Direito. 5ª ed., trad. de José Lamego. Lisboa, Fundação Calouste Gulbenkian.

LENZA, Pedro **[2008]**. Direito Constitucional Esquematizado. 12ª ed. São Paulo, Saraiva.

MAXIMILIANO, Carlos **[1993]**. Hermenêutica e Aplicação do Direito. 13ª ed. Rio de Janeiro, Forense.

MAZZILLI, Hugo Nigro **[1996]**. O Ministério Público na Constituição de 1988. 3ª ed. São Paulo, Saraiva.

________ **[1993]**. Regime Jurídico do Ministério Público. São Paulo, Saraiva.

________ **[2006]**. A Defesa dos Interesses Difusos em Juízo. 19ª ed. São Paulo, Saraiva.

MENDES, Gilmar Ferreira, BRANCO, Paulo Gustavo Gonet, e COELHO, Inocêncio Mártires **[2007]**. Curso de Direito Constitucional. São Paulo, Saraiva.

MIRANDA, Jorge **[1987]**. Manual de Direito Constitucional. 2ª ed. Coimbra, Coimbra Editora.

MORAES, Alexandre de **[2006]**. Direito Constitucional. 20ª ed. São Paulo, Atlas.

MOTTA, Sylvio, e BARCHET, Gustavo **[2007]**. Curso de Direito Constitucional. Rio de Janeiro, Campus Jurídico.

NERY JR., Nelson, NERY, Rosa Maria de Andrade **[2006]**. *Constituição Federal Comentada e Legislação Constitucional*. São Paulo, Ed. RT.

NUNES JR., Vidal Serrano, e ARAÚJO, Luiz Alberto David **[2005]**. *Curso de Direito Constitucional*. 9ª ed. São Paulo, Saraiva.

ROSA, Márcio F. Elias, CAPEZ, Fernando, CHIMENTI, Ricardo Cunha, e SANTOS, Marisa F. **[2005]**. *Curso de Direito Constitucional*. 2ª ed. São Paulo, Saraiva.

SANTOS, Marisa F., CAPEZ, Fernando, CHIMENTI, Ricardo Cunha, e ROSA, Márcio F. Elias **[2005]**. *Curso de Direito Constitucional*.2ª ed. São Paulo, Saraiva.

SILVA, José Afonso da **[2009]**. *Curso de Direito Constitucional Positivo*. 32ª ed. São Paulo, Malheiros Editores.

SIQUEIRA CASTRO, Carlos Roberto de **[1989]**. *O Devido Processo Legal e a Razoabilidade das Leis na Nova Constituição do Brasil*. Rio de Janeiro, Forense.

SLAIB FILHO, Nagib **[2006]**. *Direito Constitucional*. 2ª ed. Rio de Janeiro, Forense.

TAVARES, André Ramos **[2003]**. *Curso de Direito Constitucional*. 2ª ed. São Paulo, Saraiva.

________ **[2007]**. *Constituição do Brasil Integrada*. 2ª ed. São Paulo, Saraiva.

ZIMMERMANN, Augusto **[2002]**. *Curso de Direito constitucional*. 2ª ed. Rio de Janeiro, Lumen Juris.

Capítulo 16

DA DEFESA DO ESTADO E DAS INSTITUIÇÕES DEMOCRÁTICAS

José Francisco Siqueira Neto

16.1 Estado de defesa e estado de sítio: 16.1.1 Noções preliminares – 16.1.2 Estado de defesa: 16.1.2.1 Requisitos e limites constitucionais – 16.1.2.2 Procedimento – 16.1.3 Estado de sítio: 16.1.3.1 Requisitos e limites constitucionais – 16.1.3.2 Procedimento. 16.2 Forças Armadas: 16.2.1 Organização das Forças Armadas – 16.2.2 Membros das Forças Armadas – 16.2.3 Obrigação militar. 16.3 Segurança pública.

16.1 Estado de defesa e estado de sítio

16.1.1 Noções preliminares

O Estado de Direito, por meio do conjunto de suas regras jurídicas, assegura a ordem, a paz, a segurança e a liberdade às pessoas de um dado território.

A Constituição Federal do Brasil prevê duas medidas excepcionais, denominadas "estado de defesa" e "estado de sítio", destinadas a preservar ou a restabelecer a ordem pública ou a paz social, assim como enfrentar comoção grave de repercussão nacional ou guerra ou resposta a agressão armada estrangeira.

Trata-se de medidas extremas que possibilitam, inclusive, a suspensão de garantias constitucionais, visando a superar crises e devolver a paz social.

Aricê Moacyr Amaral Santos faz referência ao sistema constitucional das crises, que consiste no "conjunto ordenado de normas constitucionais que, informadas pelos princípios da necessidade e da temporariedade, tem por objeto as situações de crises e por finalidade a mantença ou o restabelecimento das normalidade constitucional".

Os princípios do sistema constitucional das crises, ainda de acordo com o referido autor, são "o *princípio fundante da necessidade* e o *princípio da temporariedade*, que determinam: (i) a declaração é condicionada à ocorrência de pressuposto fático; (ii) os meios de resposta têm sua executoriedade restrita e vinculada a cada anormalidade em particular e, ainda, ao lugar e tempo; (iii) o poder de fiscalização política dos atos de exceção é de competência do Legislativo; (iv) o controle judicial *a tempore* e *a posteriori* é do Judiciário".

16.1.2 Estado de defesa

O estado de defesa está previsto no art. 136 da CF, nos seguintes termos: "Art. 136. O Presidente da República pode, ouvidos o Conselho da República e o Conselho de Defesa Nacional, decretar estado de defesa para preservar ou prontamente restabelecer, em locais restritos e determinados, a ordem pública ou a paz social ameaçadas por grave e iminente instabilidade institucional ou atingidas por calamidades de grandes proporções na Natureza".

O Presidente da República, portanto, como chefe de Governo, é a única pessoa competente para, mediante decreto, declarar o estado de defesa, que tem como *objetivo* preservar ou prontamente restabelecer a ordem ou a paz social ameaçadas.

16.1.2.1 *Requisitos e limites constitucionais*

A decretação do estado de defesa, como medida excepcional, exige o cumprimento de todos os requisitos constitucionais, sob pena de responsabilidade política, criminal e civil.

Nos termos do § 1º do art. 136 da CF, "o decreto que instituir o estado de defesa determinará o tempo de sua duração, especificará as áreas a serem abrangidas e indicará, nos termos e limites da lei, as medidas coercitivas a vigorarem".

O tempo de duração do estado de defesa, nos termos do § 2º do referido dispositivo legal, "não será superior a 30 (trinta) dias, podendo ser prorrogado uma vez, por igual período, se persistirem as razões que justificaram a sua decretação".

Além dessa limitação temporal, a delimitação da área em que serão aplicadas as medidas restritivas de direitos também deverá ser estabelecida no decreto.

As medidas coercitivas estão adstritas às restrições ao direito de reunião, ainda que exercida no seio das associações (art. 5º, XVI, da CF[1]); ao sigilo de correspondência; ao sigilo de comunicações telegráficas e telefônicas (art. 5º, XII, da CF[2]); e, tratando-se de calamidade pública, à ocupação e uso temporário de bens e serviços públicos, respondendo a União pelos danos e custos decorrentes.

Ainda, poderá ser procedida a prisão por crime contra o Estado (art. 5º, LXI, da CF[3]), determinada pelo executor da medida, que deverá comunicar imediatamente ao juiz competente (art. 5º, LXII, da CF[4]), e este a relaxará se não for legal (art. 5º, LXV, da CF[5]), facultado ao preso requerer exame de corpo de delito à autoridade policial (art. 5º, XLIX, da CF[6]).

No tocante à prisão, a mesma não poderá ser superior a 10 dias, salvo quando autorizada pelo Poder Judiciário, sendo, outrossim, vedada a incomunicabilidade do preso (art. 5º, LXIII, da CF[7]).

Subsome-se, portanto, que todas as medidas coercitivas terão o devido controle jurisdicional, que poderá se dar concomitantemente ou após cessar o estado de defesa.

Além dessas medidas coercitivas, há, ainda, nas lições de André Ramos Tavares **[2002:767]**, uma limitação circunstancial, no sentido de, durante o

1. "Art. 5º. Todos são iguais perante a lei, sem distinção de qualquer natureza, garantindo-se aos brasileiros e aos estrangeiros residentes no país a inviolabilidade do direito à vida, à liberdade, à igualdade, à segurança e à propriedade, nos termos seguintes: (...) XVI – todos podem reunir-se pacificamente, sem armas, em locais abertos ao público, independentemente de autorização, desde que não frustrem outra reunião anteriormente convocada para o mesmo local, sendo apenas exigido prévio aviso à autoridade competente; (...)."

2. "Art. 5º. (...): XII – é inviolável o sigilo da correspondência e das comunicações telegráficas, de dados e das comunicações telefônicas, salvo, no último caso, por ordem judicial, nas hipóteses e na forma que a lei estabelecer para fins de investigação criminal ou instrução processual penal; (...)."

3. "Art. 5º. (...): LXI – ninguém será preso senão em flagrante delito ou por ordem escrita e fundamentada de autoridade judiciária competente, salvo nos casos de transgressão militar ou crime propriamente militar, definidos em lei; (...)."

4. "Art. 5º. (...): LXII – a prisão de qualquer pessoa e o local onde se encontre serão comunicados imediatamente ao juiz competente e à família do preso ou à pessoa por ele indicada; (...)."

5. "Art. 5º. (...): LXV – a prisão ilegal será imediatamente relaxada pela autoridade judiciária; (...)."

6. "Art. 5º. (...): XLIX – é assegurado aos presos o respeito à integridade física e moral; (...)."

7. "Art. 5º. (...): LXIII – o preso será informado de seus direitos, entre os quais o de permanecer calado, sendo-lhe assegurada a assistência da família e de advogado; (...)."

estado de sítio ou de defesa, o Congresso Nacional não poder votar emenda constitucional, consoante dispõe o art. 60, § 1º, da CF.

16.1.2.2 *Procedimento*

Consoante estatui o art. 136 da CF, o Presidente da República, após audiência do Conselho da República[8] e do Conselho de Defesa Nacional,[9] pode decretar estado de defesa.

Tanto o Conselho da República como o Conselho de Defesa Nacional (regulamentados, respectivamente, pelas Leis 8.041, de 5.6.1990, e 8.183, de 11.4.1991) poderão apenas opinar[10] sobre a decretação do estado de defesa, sendo, portanto, órgãos consultivos.

O Presidente da República, portanto, não está vinculado ao parecer dos Conselhos, podendo, assim, discordar desse parecer e declarar o estado de defesa, caso em que ficará sujeito à aprovação do Congresso Nacional, que exercerá o controle político da medida.

Isso porque, uma vez decretados o estado de defesa ou sua prorrogação, o Presidente da República, dentro de 24 horas, deverá submeter o ato, com a respectiva justificação, ao Congresso Nacional, que decidirá por maioria absoluta.

Se o Congresso Nacional estiver em recesso, será convocado, extraordinariamente, no prazo de cinco dias.

8. "Art. 89. O Conselho da República é órgão superior de consulta do Presidente da República, e dele participam: I – o Vice-Presidente da República; II – o Presidente da Câmara dos Deputados; III – o Presidente do Senado Federal; IV – os líderes da maioria e da minoria na Câmara dos Deputados; V – os líderes da maioria e da minoria no Senado Federal; VI – o Ministro da Justiça; VII – 6 (seis) cidadãos brasileiros natos, com mais de 35 (trinta e cinco) anos de idade, sendo 2 (dois) nomeados pelo Presidente da República, 2 (dois) eleitos pelo Senado Federal e 2 (dois) eleitos pela Câmara dos Deputados, todos com mandato de 3 (três) anos, vedada a recondução."

9. "Art. 91. O Conselho de Defesa Nacional é órgão de consulta do Presidente da República nos assuntos relacionados com a soberania nacional e a defesa do Estado Democrático, e dele participam como membros natos: I – o Vice-Presidente da República; II – o Presidente da Câmara dos Deputados; III – o Presidente do Senado Federal; IV – o Ministro da Justiça; V – o Ministro de Estado da Defesa; VI – o Ministro das Relações Exteriores; VII – o Ministro do Planejamento; VIII – os comandantes da Marinha, do Exército e da Aeronáutica."

10. "Art. 91. (...). § 1º. Compete ao Conselho de Defesa Nacional: (...) II – opinar sobre a decretação do estado de defesa, do estado de sítio e da intervenção federal; (...)."

"Art. 90. Compete ao Conselho da República pronunciar-se sobre: I – intervenção federal, estado de defesa e estado de sítio; (...)."

O Congresso Nacional apreciará o decreto dentro de 10 dias, contados de seu recebimento.

Caso a medida seja aprovada, a Mesa do Congresso Nacional, ouvidos os líderes partidários, designará comissão, composta de cinco de seus membros, para acompanhar e fiscalizar a execução das medidas referentes ao estado de defesa. Trata-se do *controle político concomitante* do Congresso Nacional, conforme afirmação de José Afonso da Silva **[2009:766]**.

Caso a medida seja rejeitada pelo Congresso Nacional, cessam imediatamente os efeitos do decreto, sem prejuízo da responsabilidade pelos ilícitos cometidos por seus executores ou agentes, tanto na esfera administrativa como na criminal e civil.

Logo que cesse o estado de defesa, as medidas aplicadas em sua vigência serão relatadas pelo Presidente da República, em mensagem ao Congresso Nacional, com especificação e justificação das providências adotadas, relação nominal dos atingidos e indicação das restrições aplicadas.

De acordo com José Afonso da Silva **[2006:765-766]**, trata-se do controle sucessivo, que é exercido pelo Congresso Nacional num segundo momento, porque atuará após o término do estado de defesa. Caso o Congresso não aceite as justificativas apresentadas "ficará caracterizado algum crime de responsabilidade do Presidente, especialmente o atentado a direitos individuais, pelo quê pode ser ele submetido ao respectivo processo, previsto no art. 86 e regulado na Lei 1.079/1950".

16.1.3 Estado de sítio

O estado de sítio encontra sua previsão constitucional no art. 137, que autoriza o Presidente da República, ouvidos o Conselho da República e o Conselho de Defesa Nacional, a solicitar ao Congresso Nacional autorização para decretar o estado de sítio.

O Presidente da República, portanto, como chefe de Estado e de governo, é o único competente para, mediante decreto, declarar o estado de sítio, que tem como *objetivo* evitar a comoção grave de repercussão nacional ou a ocorrência de fatos que comprovem a ineficácia de medida tomada durante o estado de defesa, ou, ainda, a declaração de estado de guerra ou resposta a agressão armada estrangeira.

José Afonso da Silva **[2009:767]** identifica as seguintes hipóteses: "(a) *estado de sítio em caso de comoção grave de repercussão nacional*, portanto um estado de crise que seja de efetiva rebelião ou de revolução que ponha em perigo as instituições democráticas e a existência do governo fundado no consentimento popular; (b) *estado de sítio em caso de ocorrência de fatos que comprovem a ineficácia de medidas tomadas durante o estado de defesa*, que corresponde, praticamente, à conversão deste em estado de sítio; (c) *estado de sítio em caso de declaração de guerra*; (d) *estado de sítio em caso de agressão armada* que exija pronta resposta, desembaraçada de situação interna que porventura a dificulte. Os dois últimos casos são de situação de guerra. No primeiro, trata-se de estado de guerra, juridicamente estabelecido, ou seja, guerra declarada nos termos dos arts. 49, II, e 84, XIX. No segundo, eventualmente em situação de guerra dependente de referendo do Congresso Nacional na conformidade dos mesmos artigos citados. *Guerra*, aí, pois, é sempre *guerra externa*, ou seja: só o estado de beligerância com Estado estrangeiro é que fundamenta o estado de sítio na hipótese".

Ainda nas palavras do referido autor **[2009:768]**: "O *estado de sítio* consiste, pois, *na instauração de uma legalidade extraordinária, por determinado tempo e em certa área* (que poderá ser território nacional inteiro), *objetivando preservar ou restaurar a normalidade constitucional, perturbada por motivo de comoção grave de repercussão nacional ou por situação de beligerância com Estado estrangeiro*. A aplicação de medidas coercitivas e a suspensão de direitos e garantias constitucionais são apenas meios para a consecução de seus objetivos".

Trata-se, portanto, de outra medida excepcional outorgada ao Presidente da República, que, para garantir a paz e segurança públicas, poderá substituir a "legalidade constitucional comum por uma *legalidade constitucional extraordinária*" **[José Afonso da Silva, 2009:768]**.

16.1.3.1 *Requisitos e limites constitucionais*

Assim como no caso do estado de defesa, a decretação do estado de sítio, como medida excepcional, exige o cumprimento de todos os requisitos constitucionais, sob pena de responsabilidade política, criminal e civil.

O decreto do estado de sítio indicará sua duração, as normas necessárias à sua execução e as garantias constitucionais que ficarão suspensas.

No caso de comoção grave de repercussão nacional ou ocorrência de fatos que comprovem a ineficácia de medida tomada durante o estado de defesa, o estado de sítio não poderá ser decretado por mais de 30 dias, nem prorrogado, de cada vez, por prazo superior.

Tratando-se de declaração de estado de guerra ou resposta a agressão armada estrangeira, o estado de sítio poderá ser decretado por todo o tempo em que perdurarem a guerra ou a agressão armada estrangeira.

Na vigência do estado de sítio decretado com fundamento na comoção grave de repercussão nacional ou na ocorrência de fatos que comprovem a ineficácia de medida tomada durante o estado de defesa só poderão ser tomadas contra as pessoas as medidas arroladas taxativamente no art. 139 da CF, *in verbis*: "I – obrigação de permanência em localidade determinada; II – detenção em edifício não destinado a acusados ou condenados por crimes comuns; III – restrições relativas à inviolabilidade da correspondência, ao sigilo das comunicações, à prestação de informações e à liberdade de imprensa, radiodifusão e televisão, na forma da lei, não se incluindo nessas restrições a difusão de pronunciamentos de parlamentares efetuados em suas Casas Legislativas, desde que liberada pela respectiva Mesa; IV – suspensão da liberdade de reunião; V – busca e apreensão em domicílio; VI – intervenção nas empresas de serviços públicos; VII – requisição de bens".

Para André Ramos Tavares **[2002:767]**, no estado de sítio há, ainda, "a possibilidade de prisão por ordem de autoridade administrativa, que seria no caso o executor nomeado pelo Presidente, o executor das medidas do estado de defesa ou do estado de sítio. E o caso não é de prisão em flagrante nem por ordem judicial (e portanto será exceção ao art. 5º, LXI, da CF)".

Aduz, ainda, o referido autor (ibidem) que cabe salientar a existência também de uma limitação circunstancial, referente à impossibilidade de o Congresso Nacional votar emenda constitucional durante o estado de sítio ou de defesa, consoante dispõe o art. 60, § 1º, da CF.

16.1.3.2 *Procedimento*

Diversamente do que ocorre no estado de defesa, em que o Presidente da República pode decretar a medida sem prévia autorização do Congresso Nacional, no estado de sítio a medida somente poderá ser declarada após prévia autorização desse Colegiado, que deverá decidir por maioria absoluta.

Assim, embora haja, como no estado de defesa, a necessidade da prévia audiência do Conselho da República[11] e do Conselho de Defesa Nacional,[12] cujo parecer não é vinculante, no estado de sítio o Presidente da República deverá relatar os motivos determinantes de seu pedido e solicitar autorização ao Congresso Nacional para decretar essa medida.

11. "Art. 90. Compete ao Conselho da República pronunciar-se sobre: I – intervenção federal, estado de defesa e estado de sítio; (...)."

12. "Art. 91. (...). § 1º. Compete ao Conselho de Defesa Nacional: (...) II – opinar sobre a decretação do estado de defesa, do estado de sítio e da intervenção federal; (...)."

Somente após autorização do Congresso Nacional o Presidente da República poderá expedir o decreto do estado de sítio, indicando sua duração, as normas necessárias à sua execução e as garantias constitucionais que ficarão suspensas.

Solicitada autorização para decretar o estado de sítio durante o recesso parlamentar, o presidente do Senado Federal, de imediato, convocará extraordinariamente o Congresso Nacional para se reunir dentro de cinco dias, a fim de apreciar o ato.

Caso a autorização seja emitida, a Mesa do Congresso Nacional, ouvidos os líderes partidários, designará comissão, composta de cinco de seus membros, para acompanhar e fiscalizar a execução das medidas referentes ao estado de sítio. Trata-se, da mesma forma que ocorre no estado de defesa, do controle político concomitante do Congresso Nacional, que permanecerá em funcionamento até o término das medidas coercitivas.

Após publicação do decreto do estado de sítio, o Presidente da República designará as áreas abrangidas e o executor das medidas específicas, que, em regra, é uma autoridade militar.

Logo que cesse o estado de sítio, as medidas aplicadas em sua vigência serão relatadas pelo Presidente da República, em mensagem ao Congresso Nacional, com especificação e justificação das providências adotadas, relação nominal dos atingidos e indicação das restrições aplicadas.

O controle jurisdicional também deverá se dar nos casos de abuso ou excesso de poder, cuja proteção poderá ser efetuada através de mandado de segurança ou *habeas corpus*. Após o estado de sítio, caberá a responsabilização jurisdicional de seus executores ou agentes por atos ou condutas ilícitos cometidos durante a execução da medida, tanto na esfera administrativa como criminal e civil, para o pleito de eventual indenização.

16.2 Forças Armadas

Nos termos do art. 142 da CF, “as Forças Armadas, constituídas pela Marinha, pelo Exército e pela Aeronáutica, são instituições nacionais permanentes e regulares, organizadas com base na hierarquia e na disciplina, sob a autoridade suprema do Presidente da República, e destinam-se à defesa da Pátria, à garantia dos poderes constitucionais e, por iniciativa de qualquer destes, da lei e da ordem”.

O principal objetivo das Forças Armadas é a defesa da Pátria e a garantia dos poderes constitucionais; secundariamente, e por iniciativa da Marinha, ou Exército ou Aeronáutica, lhe são atribuídas a defesa da lei e da ordem, tendo em vista essa incumbência assistir, primordialmente, à Polícia Federal e às Polícias regionais (Estados e Distrito Federal).

Como atribuição subsidiária geral, cabe, ainda, às Forças Armadas cooperar com o desenvolvimento nacional e a defesa civil, mediante participação em campanhas institucionais de utilidade pública ou de interesse social (art. 16 da Lei Complementar 97/1999, a seguir mencionada).

16.2.1 Organização das Forças Armadas

As normas gerais sobre a organização, o preparo e o emprego das Forças Armadas estão previstas na Lei Complementar 97, de 9.6.1999.

Nos termos do art. 2º do referido diploma legal, o Presidente da República é o comandante supremo das Forças Armadas, sendo assessorado: (i) no que concerne ao emprego de meios militares, pelo Conselho Militar de Defesa (composto pelos comandantes da Marinha, do Exército, da Aeronáutica e pelo chefe do Estado-Maior de Defesa[13]); e (ii) no que concerne aos demais assuntos pertinentes à área militar, pelo Ministro de Estado da Defesa.

O Ministro de Estado da Defesa exerce a direção superior das Forças Armadas, sendo assessorado pelo Conselho Militar de Defesa, órgão permanente de assessoramento, pelo Estado-Maior de Defesa, pelas Secretarias e demais órgãos.

As Forças Armadas, subordinadas ao Ministro de Estado da Defesa, dispõem de estruturas próprias, sendo que tanto a Marinha como o Exército e a Aeronáutica dispõem de um comandante (cargo privativo de oficiais-generais), que exercerá a direção e a gestão da respectiva Força.

Na estrutura de cada Força a organização é realizada com base na hierarquia e na disciplina.

Nas lições de José Afonso da Silva **[2009:773]**:

"*Hierarquia* é o vínculo de subordinação escalonada e graduada de inferior a superior. Ao dizer-se que as Forças Armadas são organizadas com base na hierarquia sob a autoridade suprema do Presidente da República, quer-se afirmar que elas, além da relação hierárquica interna a cada uma das Armas, subordinam-se em conjunto ao chefe do Poder Executivo Federal, que delas é o comandante supremo (art. 84, XIII).

13. Dispõe o art. 10 da Lei Complementar 97/1999: "O Estado-Maior de Defesa, órgão de assessoramento do Ministro de Estado da Defesa, terá como chefe um oficial-general do último posto, da ativa, em sistema de rodízio entre as três Forças, nomeado pelo Presidente da República, ouvido o Ministro de Estado da Defesa".

"*Disciplina* é o poder que têm os superiores hierárquicos de impor condutas e dar ordens aos inferiores. Correlativamente, significa o dever de obediência dos inferiores em relação aos superiores."

Hierarquia e *disciplina*, portanto, embora sejam termos conexos, não se confundem, pois a "a disciplina pressupõe relação hierárquica. Somente se é obrigado a obedecer, juridicamente falando, a quem tem poder hierárquico" **[ibidem]**.

Por essa razão, em relação a punições disciplinares não é cabível a interposição de *habeas corpus*, conforme dispõe o art. 142, § 2º, da CF.[14]

16.2.2 Membros das Forças Armadas

Os membros das Forças Armadas, que não integram a classe dos servidores públicos, são denominados *militares* e têm suas prerrogativas, direitos, deveres e impedimentos, além dos que vierem a ser fixados em lei, previstos no § 3º do art. 142 da CF, que são: "I – as patentes, com prerrogativas, direitos e deveres a elas inerentes, são conferidas pelo Presidente da República e asseguradas em plenitude aos oficiais da ativa, da reserva ou reformados, sendo-lhes privativos os títulos e postos militares e, juntamente com os demais membros, o uso dos uniformes das Forças Armadas; II – o militar em atividade que tomar posse em cargo ou emprego público civil permanente será transferido para a reserva, nos termos da lei; III – o militar da ativa que, de acordo com a lei, tomar posse em cargo, emprego ou função pública civil temporária, não-eletiva, ainda que da Administração indireta, ficará agregado ao respectivo quadro e somente poderá, enquanto permanecer nessa situação, ser promovido por antigüidade, contando-se-lhe o tempo de serviço apenas para aquela promoção e transferência para a reserva, sendo depois de 2 (dois) anos de afastamento, contínuos ou não, transferido para a reserva, nos termos da lei; IV – ao militar são proibidas a sindicalização e a greve; V – o militar, enquanto em serviço ativo, não pode estar filiado a partidos políticos; VI – o oficial só perderá o posto e a patente se for julgado indigno do oficialato ou com ele incompatível, por decisão de tribunal militar de caráter permanente, em tempo de paz, ou de tribunal especial, em tempo de guerra; VII – o oficial condenado na Justiça Comum ou Militar a pena privativa de liberdade superior a 2 (dois) anos, por sentença transitada em julgado, será submetido ao julgamento previsto no inciso anterior; VIII – aplica-se aos militares o disposto no art. 7º, incisos VIII, XII, XVII, XVIII, XIX e XXV, e no art. 37, incisos XI, XIII, XIV e

14. "Art. 142 (...). § 2º. Não caberá *habeas corpus* em relação a punições disciplinares militares."

XV; IX – [*revogado pela Emenda Constitucional 41/2003*]; X – a lei disporá sobre o ingresso nas Forças Armadas, os limites de idade, a estabilidade e outras condições de transferência do militar para a inatividade, os direitos, os deveres, a remuneração, as prerrogativas e outras situações especiais dos militares, consideradas as peculiaridades de suas atividades, inclusive aquelas cumpridas por força de compromissos internacionais e de guerra".

16.2.3 Obrigação militar

Nos termos do art. 143 da CF, o serviço militar é obrigatório, competindo às Forças Armadas "atribuir serviço alternativo aos que, em tempo de paz, após alistados, alegarem imperativo de consciência, entendendo-se como tal o decorrente de crença religiosa e de convicção filosófica ou política, para se eximirem de atividades de caráter essencialmente militar".

A escusa de consciência está garantida pelo art. 5º, VIII, da CF, dispondo que "ninguém será privado de direitos por motivo de crença religiosa ou de convicção filosófica ou política, salvo se as invocar para eximir-se de obrigação legal a todos imposta e recusar-se a cumprir prestação alternativa, fixada em lei".

Dessa forma, se alguém invocar imperativo de consciência e se recusar a cumprir prestação alternativa, ficará privado de direitos, sobretudo dos direitos políticos, nos termos do art. 15, IV, da CF.[15]

Outrossim, se não se apresentar para o serviço militar, será considerado insubmisso; e se, em serviço militar, abandonar o posto, será considerado desertor.

No tocante às mulheres e eclesiásticos, os mesmos ficam isentos do serviço militar obrigatório em tempo de paz, sujeitos, porém, a outros encargos que a lei lhes atribuir.

16.3 Segurança pública

A CF, nos termos do *caput* do art. 144, preceitua que a segurança pública é dever do Estado, sendo também direito e responsabilidade de todos.

Assim, verifica-se que a Constituição Federal não restringiu a incumbência da segurança pública ao Estado, estabelecendo também que é *direito e responsabilidade de todos*, determinando, dessa forma, a obrigação de

15. "Art. 15. É vedada a cassação de direitos políticos, cuja perda ou suspensão só se dará nos casos de: (...) IV – recusa de cumprir obrigação a todos imposta ou prestação alternativa, nos termos do art. 5º, VIII; (...)."

cada cidadão de contribuir nas atividades do Estado, com o intuito de zelar pela ordem e segurança públicas.

Para Walber de Moura Agra **[2003:582]** a responsabilidade pela segurança pública:

"(...) recai substanciosamente no Poder Público, porque este tem os meios necessários para o seu exercício. Se a população tivesse o dever de realizar a segurança pública, retrocederíamos ao tempo das vinditas privadas, em que a vontade do mais forte prevalecia. A obrigação dos cidadãos reside no cumprimento das leis e no respeito aos direitos fundamentais, criando uma consciência de cidadania na sociedade.

"Para a preservação da ordem pública e da incolumidade das pessoas e do patrimônio, o Estado utiliza-se dos seguintes órgãos: I – Polícia Federal; II – Polícia Rodoviária Federal; III – Polícia Ferroviária Federal; IV – Polícias Civis; V – Polícias Militares e Corpos de Bombeiros Militares."

"A Polícia Federal, instituída por lei como órgão permanente, organizado e mantido pela União e estruturado em carreira, destina-se a: I – apurar infrações penais contra a ordem política e social ou em detrimento de bens, serviços e interesses da União ou de suas entidades autárquicas e empresas públicas, assim como outras infrações cuja prática tenha repercussão interestadual ou internacional e exija repressão uniforme, segundo se dispuser em lei; II – prevenir e reprimir o tráfico ilícito de entorpecentes e drogas afins, o contrabando e o descaminho, sem prejuízo da ação fazendária e de outros órgãos públicos nas respectivas áreas de competência; III – exercer as funções de polícia marítima, aeroportuária e de fronteiras; IV – exercer, com exclusividade, as funções de polícia judiciária da União" (CF, art. 144, § 1º).

"A Polícia Rodoviária Federal, órgão permanente, organizado e mantido pela União e estruturado em carreira, destina-se, na forma da lei, ao patrulhamento ostensivo das rodovias federais" (art. 144, § 2º).

"A Polícia Ferroviária Federal, órgão permanente, organizado e mantido pela União e estruturado em carreira, destina-se, na forma da lei, ao patrulhamento ostensivo das ferrovias federais" (art. 144, § 3º).

"Às Polícias Civis, dirigidas por delegados de polícia de carreira, incumbem, ressalvada a competência da União, as funções de polícia judiciária e a apuração de infrações penais, exceto as militares" (art. 144, § 4º).

"Às Polícias Militares cabem a polícia ostensiva e a preservação da ordem pública; aos Corpos de Bombeiros Militares, além das atribuições definidas em lei, incumbe a execução de atividades de defesa civil" (art. 144, § 5º).

Na lição de Alexandre de Moraes **[2006:746]**, "a multiplicidade dos órgãos de defesa da segurança pública, pela nova Constituição, teve dupla finalidade: o atendimento aos reclamos sociais e a redução da possibilidade de intervenção das Forças Armadas na segurança interna".

Cabe salientar, outrossim que, tendo em vista a Constituição Federal dispor que a segurança pública é dever do Estado, verifica-se que a mesma estabeleceu, como regra, a responsabilidade de todas as unidades da Federação sobre o assunto.

Nesse sentido, Manoel Gonçalves Ferreira Filho **[2003:149]** aduz que "nos Estados federais a segurança é partilhada entre o Poder central (União) e os Poderes regionais (Estados-membros), não ficando por conta dos Poderes locais (Municípios) senão aspectos menores e secundários. No federalismo contemporâneo – federalismo cooperativo – essa missão é desempenhada de modo integrado".

Assim, a Carta Magna estatui, em seu art. 144, § 6º, que "as Polícias Militares e Corpos de Bombeiros Militares, forças auxiliares e reserva do Exército, subordinam-se, juntamente com as Polícias Civis, aos governadores dos Estados, do Distrito Federal e dos Territórios".

Nos termos do art. 21, XIV, da CF, a organização e manutenção da Polícia Civil, Militar e do Corpo de Bombeiros Militar do Distrito Federal é da competência da União Federal. Isso, contudo, não exime o Distrito Federal da competência diretiva, administrativa, de tais órgãos que deverão cumprir com suas responsabilidades constitucionais.

Outrossim, no tocante à legislação da organização, garantias, direitos e deveres das Polícias Civis, compete tanto aos Estados como ao Distrito Federal a competência concorrente, obedecidas, portanto, as normas gerais editadas pela União Federal (art. 24, XVI).

Quanto aos Municípios, a Constituição Federal possibilitou-lhes constituir Guardas Municipais destinadas à proteção de seus bens, serviços e instalações.

Por fim, cabe observar que a atividade de polícia realiza-se de forma *administrativa* e de *segurança.*

Conclui José Afonso da Silva **[2009:778-779]**: "A *polícia administrativa* tem 'por objeto as limitações impostas a bens jurídicos individuais' (liberdade e propriedade). A *polícia de segurança*, que, em sentido estrito, é a *polícia ostensiva*, tem por objetivo a preservação da ordem pública e, pois, 'as medidas preventivas que em sua prudência julga necessárias para evitar o dano ou o perigo para as pessoas'. Mas, apesar de toda vigilância, não é possível evitar o crime, sendo pois necessária a existência de um sistema que apure os fatos delituosos e cuide da perseguição aos seus agentes. Esse sistema envolve as atividades de investigação, de apuração das infrações penais, a indicação de sua autoria, assim como o processo judicial pertinente à punição do agente. É aí que entra a *Polícia Judiciária*, que tem por objetivo precisamente aquelas atividades de investigação, de apuração das infrações penais e de indicação de sua autoria, a fim de fornecer os elementos necessários ao Ministério Público em sua função repressiva das condutas criminosas, por via de ação penal pública".

Bibliografia

AGRA, Walber de Moura **[2003]**. *Manual de Direito Constitucional*. São Paulo, Ed. RT.

FERREIRA FILHO, Manoel Gonçalves **[2003]**. *Aspectos do Direito Constitucional Contemporâneo*. São Paulo, Saraiva.

MORAES, Alexandre de **[2006]**. *Direito Constitucional*. São Paulo, Atlas.

SILVA, José Afonso da **[2009]**. *Curso de Direito Constitucional Positivo*. 32ª ed. São Paulo, Malheiros Editores.

TAVARES, André Ramos **[2002]**. *Curso de Direito Constitucional*. São Paulo, Saraiva.

Capítulo 17

SISTEMA TRIBUTÁRIO NACIONAL NA CONSTITUIÇÃO DA REPÚBLICA

EDUARDO MARCIAL FERREIRA JARDIM

17.1 Noção genérica de "sistema": 17.1.1 Espécies de sistemas – 17.1.2 Componentes nucleares do sistema: macroelementos ou princípios: 17.1.2.1 Macroelementos ou princípios nos sistemas normativos – 17.1.2.2 Individualidade dos sistemas. 17.2 Sistema Tributário Nacional: 17.2.1 Definição – 17.2.2 Características: 17.2.2.1 Não-instituição de tributos no patamar constitucional – 17.2.2.2 Poderes tributários privativos, exclusivos e indelegáveis, partilhados entre as pessoas constitucionais: 17.2.2.2.1 Privatividade competencial – 17.2.2.2.2 Exaustividade – 17.2.2.2.3 Rigidez pétrea. 17.3 Princípios constitucionais: 17.3.1 Comentos introdutórios – 17.3.2 Princípios constitucionais gerais – 17.3.3 Princípios constitucionais tributários: 17.3.3.1 Princípios expressos: 17.3.3.1.1 Estrita legalidade – 17.3.3.1.2 Infralegalidade – 17.3.3.1.3 Estrita igualdade – 17.3.3.1.4 Anterioridade – (a) Anterioridade ano-calendário – (b) Anterioridade ano-calendário conjugada com a noventena – (c) Anterioridade nonagesimal do IPI – (d) Anterioridade nonagesimal das contribuições de seguridade – (e) Anterioridade em relação aos tributos objeto de medida provisória – (f) Exceções à anterioridade – 17.3.3.1.5 Capacidade contributiva – 17.3.3.1.6 Uniformidade geográfica – 17.3.3.1.7 Não-discriminação em razão da origem ou destino de bens, serviços ou mercadorias – 17.3.3.1.8 Imunidade – 17.3.3.1.9 Vedação à tributação confiscatória – 17.3.3.1.10 Não-cumulatividade do IPI e do ICMS – 17.3.3.1.11 Progressividade do imposto sobre a renda – 17.3.3.1.12 Seletividade do IPI e do ICMS – 17.3.3.1.13 Seletividade das contribuições de seguridade social – 17.3.3.2 Princípios inexpressos: 17.3.3.2.1 Não-cumulatividade – 17.3.3.2.2 Seletividade – 17.3.3.2.3 Territorialidade da tributação – 17.3.3.2.4 Indelegabilidade da competência tributária – 17.3.3.2.5 Tipicidade e vinculabilidade. 17.4 Limitações do poder de tributar: 17.4.1 Desobediência às limitações. 17.5 Tributo e espécies tributárias ao lume do regime jurídico constitucional: 17.5.1 Tributo – 17.5.2 Espécies tributárias: 17.5.2.1 Impostos – 17.5.2.2 Taxas – 17.5.2.3 Contribuição de melhoria – 17.5.2.4 Contribuição de intervenção no domínio econômico/ CIDE – 17.5.2.5 Contribuições sociais – 17.5.2.6 Contribuições profissio-

nais ou corporativas. 17.6 Tributos federais: 17.6.1 Tributos – 17.6.2 Impostos – 17.6.3 Taxas de polícia – 17.6.4 Taxas de serviço – 17.6.5 Taxa de pedágio – 17.6.6 Contribuição de intervenção no domínio econômico/ CIDE – 17.6.7 Contribuições sociais – 17.6.8 Contribuições profissionais ou corporativas – 17.6.9 Contribuições previdenciárias de servidores. 17.7 Tributos estaduais e distritais: 17.7.1 Tributos – 17.7.2 Impostos – 17.7.3 Taxas de polícia – 17.7.4 Taxas de serviço – 17.7.5 Taxa de pedágio – 17.7.6 Contribuições previdenciárias de servidores. 17.8 Tributos municipais e distritais: 17.8.1 Impostos – 17.8.2 Taxas de polícia – 17.8.3 Taxa de serviço – 17.8.4 Contribuições previdenciárias de servidores. 17.9 Partilha de receitas tributárias.

17.1 Noção genérica de "sistema"

Segundo a óptica do presente estudo, o conceito de "sistema" representa instrumento de fundamental importância na formação do profissional da área jurídica, na medida em que reveste extrema valia no plano da interpretação do Direito, desde que concebido como um sistema de normas.

Preliminarmente, cumpre examinar o significado de "sistema" no campo da Filosofia. E, para tanto, lembremos a lição de Juan Manuel Teran, professor dessa disciplina na Universidade do México, para quem: "Sistema é um conjunto ordenado de elementos, segundo um ponto de vista unitário".[1]

Noutros falares, pode-se dizer que *sistema* é um conjunto de elementos interligados harmonicamente e unidos em torno de macroelementos (princípios) que compõem um todo indivisível.

Advirta-se, por outro lado, que a noção de "sistema" requer sejam os elementos interligados e não apenas somados, de tal sorte que, direta ou indiretamente, todos se relacionam e, ademais, integram um universo indiviso.

17.1.1 Espécies de sistemas

Colocadas em curso as considerações precedentes, força é reconhecer a existência de inúmeros sistemas, a exemplo do sistema viário, sistema planetário, sistema fluvial e sistema de normas, dentre outros. Estes, a bem ver, podem representar normas de etiqueta, ou religiosas, ou desportivas ou aquelas que traduzem o Direito nacional de um dado país.

Convém notar que há um traço comum em quaisquer dos sistemas apontados, qual seja: todos se subsomem à mesma definição, pois são carac-

1. Juan Manuel Teran, *Filosofia del Derecho*, México, Editorial Porrúa, 1952, p. 14.

terizados pelo somatório de elementos, sejam vias, planetas, rios ou normas, os quais se interligam e são unidos por outros elementos (macroelementos ou princípios), compondo um todo incindível.

17.1.2 Componentes nucleares do sistema: macroelementos ou princípios

Os denominados "macroelementos ou princípios" são aqueles de maior importância no sistema, tanto que têm o condão de torná-lo inteligível. *A contrario sensu*, o desconhecimento daqueles componentes impossibilita a compreensão de qualquer sistema.

Ilustremos o asserto mediante um exemplo relativo ao sistema viário do Município de São Paulo, assim como a localização de ruas pouco conhecidas por parte da maioria dos paulistanos, a exemplo das Ruas Carumbé, Montego e Troppmair, as quais, pelo próprio nome, nada revelariam ao consulente que cogitasse alcançá-las.

Realmente, as referidas vias são simples elementos dentro do respectivo sistema viário da cidade; e, por isso, a singela visão isolada ou mesmo literal não ensejaria identificar sua exata localização.

Por outro lado, contudo, qualquer pessoa compreenderá a exata localização da Rua Carumbé caso seja informada sobre tratar-se de travessa da Rua Estados Unidos e próxima da Avenida Rebouças, estes macroelementos ou princípios do aludido sistema viário. Igual raciocínio se aplicaria em relação às Ruas Montego e Troppmair, a primeira enquanto travessa da Avenida Ibirapuera; e a segunda, travessa da Brigadeiro Luiz Antônio e da Manuel da Nóbrega, próxima ao Parque do Ibirapuera.

17.1.2.1 *Macroelementos ou princípios nos sistemas normativos*

Da mesma forma que as perimetrais e as grandes avenidas são indispensáveis para a compreensão do sistema viário, a identificação dos macroelementos ou princípios do sistema normativo representa atributo necessário para que possamos entendê-lo.

Com efeito, no sistema do Direito os macroelementos ou princípios são as normas de hierarquia superior, que, além desse predicado, abrigam também um mandamento cujo campo de abrangência racional lhes dê um grau de plenitude mais amplo que o das demais normas.

Em nosso Direito revestem a condição de macroelementos ou princípios as normas constitucionais que definem a forma federal de Estado ou a forma republicana de governo, bem assim a interdependência entre os Poderes, senão também aqueles que proclamam os direitos e garantias, *ad exemplum* do postulado da legalidade, do direito à vida, à igualdade, ao direito de propriedade e outros.

Vejamos algumas situações em que a conjugação e o contraste da lei com os princípios deram margem a importantes conclusões, a exemplo da legislação que bloqueou ativos financeiros no Governo Collor, a qual foi acoimada de inconstitucional por afrontar o primado assegurador do direito de propriedade. Igual sorte merece a legislação que restringe o direito de alguém bater às portas do Judiciário, pois se estaria ofendendo o postulado da universalidade da jurisdição, caso da execrável ação declaratória de constitucionalidade, instituída pela Emenda Constitucional 3/1993. A estrambótica ação, diga-se de passo, é proposta pelo Governo perante o STF, num processo destituído de sujeito passivo, e o julgamento opera efeitos *erga omnes*, donde impede que os destinatários daquela norma individual possam questionar o objeto do *decisum*! Pelas mesmas razões seria inconstitucional a criação de um imposto único federal, porquanto tal hipótese comprometeria as autonomias estadual, distrital e municipal e, por via de conseqüência, atritaria o pacto federativo.

Essas observações somente são possíveis em virtude do confronto entre a legislação e os macroelementos ou princípios constitucionais retromencionados. Daí por que se quer ressaltar a relevância desse conhecimento como instrumental no labor exegético.

Assim, como vimos, tanto no sistema viário como no sistema normativo, ou em qualquer outro sistema, é forçoso reconhecer que a identificação e a compreensão dos macroelementos ou princípios exercem uma função utilitária de extraordinária valia, pois no primeiro propicia ao interessado alcançar o ponto almejado, já no segundo enseja ao intérprete desvendar a verdadeira significação da norma sob exame, bem assim sua conformidade ou desconformidade com o sistema, instrumentando ambos, enfim, a se moverem nos respectivos sistemas, um no sentido físico, outro no aspecto metafórico.

17.1.2.2 *Individualidade dos sistemas*

A bem ver, cada sistema representa uma realidade única e singular, seja um sistema fluvial, a teor da Bacia do Prata ou do Amazonas; um sistema planetário solar; o sistema viário de um dado Município; ou o sistema normativo de um dado Direito nacional.

Logo, cada qual haverá de ser examinado de acordo com seu aspecto individual, assim como o sistema viário de São Paulo contido no guia da cidade não teria qualquer aplicabilidade em Nova York ou em Cabreúva.

Conquanto óbvio, pois nenhuma pessoa em sã consciência tentaria utilizar o guia de Londres na cidade de São Paulo, cumpre advertir que fatos desse jaez por vezes ocorrem no Direito, por incredível que possa parecer. Exemplifica o asserto uma decisão do Pretório Excelso em que o substrato da decisão buscou um pressuposto no Direito Norte-Americano, no qual inexiste o princípio da estrita legalidade tributária com os matizes do Direito pátrio. Tratou-se do julgamento da contribuição social de seguro acidentário do trabalho, cuja lei instituidora delegou poderes ao Executivo para implementar a quantificação do tributo, na contramão do postulado da estrita legalidade, segundo o qual a referida providência é privativa da função legislativa e absolutamente indelegável a qualquer título seja. Esse inconcebível equívoco, a bem ver, é tão absurdo como compulsar o guia do sistema viário de Londres na cidade de São Paulo ou vice-versa, onde, obviamente, o consulente não encontrará as ruas procuradas.

17.2 Sistema Tributário Nacional

17.2.1 Definição

Preliminarmente, cumpre esclarecer que a expressão "Sistema Tributário Nacional" pode comportar um sentido amplo ou um sentido estrito.

O primeiro, a bem ver, compreende toda positivação desse campo normativo, quer no Texto Excelso, quer no plano legislativo, *ad exemplum* das leis em geral, quer na órbita do Poder Executivo, a teor dos decretos e demais atos administrativos.

Já o segundo, objeto dessas reflexões, diz respeito ao direito tributário positivado na Carta da República, o qual será examinado em sua quintessência e nos seus desdobres.

A expressão "Sistema Tributário Nacional" é infirmada por Geraldo Ataliba, que nela entrevê um descompasso com o pacto federativo, pois, a seu pensar, conflitaria com a autonomia dos Estados e dos Municípios. Por isso, o insigne jurista adotou a locução "Sistema Constitucional Tributário".[2]

Por outro lado, Kiyoshi Harada reporta-se ao saudoso Amílcar de Araújo Falcão, com quem faz coro, e, nesse sentido, adota o título "Sistema

2. Geraldo Ataliba, *Sistema Constitucional Tributário Brasileiro*, 1ª ed., São Paulo, Ed. RT, 1968, p. 223.

Tributário Nacional", o qual é abraçado neste estudo, debalde seja de mister reconhecer o inegável corretismo da outra denominação.[3] Na verdade, o Texto Máximo compreende conteúdo de diploma nacional e, mercê de sua natureza, hospeda necessariamente matérias de competências regionais, não só tributárias, mas em todos os campos do Direito.

De conseguinte, *Sistema Tributário Nacional* é o conjunto de normas tributárias insertas no Diploma Magno, interligadas harmonicamente e unidas em torno de normas e princípios, compondo um universo uno e indivisível.

Como se vê, a presente definição abriga os pressupostos de qualquer sistema, vale dizer, de um lado, o conjunto de elementos inter-relacionados e agrupados ao derredor de macroelementos ou princípios e, de outra parte, o traço individual e singular do sistema que se caracteriza como realidade única.

Inicialmente, cabe firmar que o Sistema Tributário Nacional imerso no Diploma Excelso não criou tributos – traço, aliás, semelhante ao Direito estrangeiro, donde incumbiu o legislador de fazê-lo, consoante estipula o mandamento inserto no art. 150, I, da CF.

Nosso Sistema apresenta algumas características que o distinguem de qualquer outro no plano comparado. Uma delas consiste no aspecto pétreo, pelo qual nem mesmo emenda constitucional poderia modificar sua essência e seus contornos. Outra repousa na intensa positivação de normas tributárias na Carta Magna, aspecto sem paralelo em qualquer outro país; sem contar a existência de uma partilha de poderes tributários efetivada de forma extremamente rígida – diferente, portanto, do que sói acontecer alhures.

17.2.2 Características

17.2.2.1 *Não-instituição de tributos no patamar constitucional*

Por óbvio, a Constituição Federal poderia instituir tributos, caso assim o desejasse o poder constituinte originário. Entrementes, o constituinte entendeu por bem manter a tradição de textos anteriores, na trilha do Direito Comparado; e, nesse sentido, ao revés de criar tributos, delegou esse mister ao legislador infraconstitucional, consoante proclamado no primado da estrita legalidade contido no art. 150, I.

3. Kiyoshi Harada, *Direito Tributário*, São Paulo, MP Editora, 2006, p. 27.

Ao lado dessa disposição básica e norteadora, o Texto Supremo limitou-se a enumerar os tributos a serem criados no plano legislativo, bem como estabeleceu quais os tributos situados no âmbito de poderes de cada pessoa constitucional. Os aludidos poderes simbolizam a denominada "competência tributária", a qual consiste na prerrogativa de legislar sobre o assunto, significando, assim, descrever o fato jurídico suscetível de tributação (*fato gerador*) bem como determinar o aspecto territorial e temporal da incidência, sobre identificar os sujeitos ativo e passivo do vínculo obrigacional e, finalmente, estatuir a quantificação do tributo.

Em abono ao alegado, os arts. 147, 148, 149 e 153 da CF contemplam expressamente os empréstimos compulsórios, as contribuições e os impostos de competência da União, bem como o art. 155 adnumera os impostos estaduais e os distritais, enquanto o art. 156 enuncia os impostos municipais, que também são distritais, por força do art. 32 da Carta Magna.

Deveras, os mencionados dispositivos constitucionais designam o *nomen juris* do tributo e de modo explícito ou implícito qualificam o fato jurídico tributário, as variáveis de espaço e de tempo, os sujeitos ativo e passivo, além de demarcarem o valor máximo passível de tributação. Não obstante, aqueles preceitos não criam os tributos, pois essa missão é imanente ao legislador infraconstitucional. Ao propósito, o imposto sobre grandes fortunas representa interessante exemplo acerca do tema, pois, como sabido e ressabido, referido imposto não existe, porquanto o legislador não o instituiu, conquanto exista o título competencial grafado no inciso VII do art. 153 da CF.

O mesmo ocorre com as contribuições de melhoria, bem assim com as taxas de polícia, de serviço e de pedágio, uma vez que são previstas nos incisos II e III do art. 145 e no inciso V do art. 150, cabendo também ao legislador instituí-las na órbita subconstitucional.

17.2.2.2 *Poderes tributários privativos, exclusivos e indelegáveis, partilhados entre as pessoas constitucionais*

17.2.2.2.1 Privatividade competencial

Consoante pré-falado, ao incumbir o legislador do encargo de instituir tributos, o Código Máximo partilhou o poder tributário entre as pessoas jurídicas de direito público interno – vale dizer: União, Estados, Distrito Federal e Municípios.

Assim, essas são as pessoas dotadas de competência tributária, e somente elas é que têm o condão de legislar sobre a matéria, podendo criar tributos, bem assim modificá-los, transformá-los ou extingui-los, sempre nos estreitos limites cravados no figurino constitucional.

Ademais, ao repartir as competências tributárias a Constituição da República delegou poderes privativos e exclusivos a cada pessoa política, de tal modo que uma não pode dispor sobre tributos situados na esfera de outra – característico, aliás, de um sistema avançado, pois impossibilita a existência de pluritributação ou, mesmo, bitributação no plano interno.

Tanto assim é que somente a União pode legislar sobre os empréstimos compulsórios previstos no art. 148, I e II, cabendo igual sorte no tangente às contribuições sociais, interventivas e profissionais elencadas no art. 149, bem assim aos impostos enumerados nos arts. 147, 153,I *usque* VII, e 154, I e II, da CF.

Por iguais razões, somente os Estados e o Distrito Federal podem legislar sobre os impostos descritos no art. 155, I, II e III, enquanto, por outro lado, somente os Municípios e o Distrito Federal (Distrito Federal, art. 32, § 1º, da CF) podem legislar sobre os impostos catalogados no art. 156, I, II e III, todos da Carta Magna.

Afora os gravames retromencionados, importa ressaltar que as competências privativas e exclusivas alcançam também as taxas de polícia, de serviço e de pedágio, além da contribuição de melhoria. Ao propósito, somente a pessoa constitucional realizadora da atividade estatal que representa pressuposto das referidas taxas ou contribuição de melhoria é que pode instituir o respectivo tributo, sempre em harmonia com a linha-mestra, consoante a qual as competências são privativas e exclusivas. Aliás, ao bordar o assunto com pena de ouro, Geraldo Ataliba assim averbou: "Quem diz *privativa* diz *exclusiva*, quer dizer: excludente de todas as demais pessoas; que priva de seu uso todas as demais pessoas. A exclusividade da competência de uma pessoa jurídica implica proibição peremptória, *erga omnes*, para exploração desse campo".[4]

Como corolário lógico desse arquétipo adotado pelo constituinte, força é depreender que as aludidas competências são também indelegáveis, até porque o apontado rigor na divisão de poderes tributários não poderia comportar qualquer espécie de delegação, que seria uma verdadeira burla ao modelo consubstanciado nas competências privativas e exclusivas. Nesse sentido já se manifestou Roque Carrazza ao dizer que "a competência tributária – como todas as competências constitucionais – é de *ordem pública*. Assim, a pessoa política não pode nem usurpar competência tributária

4. Geraldo Ataliba, *Sistema Tributário Brasileiro*, 1ª ed., Rio de Janeiro, Financeiras, 1965, p. 38.

alheia, nem aquiescer que sua própria competência tributária venha a ser utilizada por outra pessoa política".[5]

17.2.2.2.2 Exaustividade

Traduz um dos traços peculiares do Sistema Tributário Nacional na Constituição da República, distinguindo-o dos demais sistemas no Direito Comparado. Conforme sugere a própria expressão, consiste na forma exaustiva com que a matéria tributária é versada no Texto Excelso. A apontada exaustividade comunica inegável rigidez ao Sistema, conforme grafado pelo magistério fecundo de Geraldo Ataliba em sua obra *Sistema Constitucional Tributário Brasileiro* – entendimento, a bem ver, compartilhado por Paulo de Barros Carvalho.[6]

Não se trata de uma inovação da Constituição de 1988, que, na messe tributária, encampou as linhas-mestras de Carta de 1967/1969. Oportuno registrar a interessante observação de Aliomar Baleeiro ao assinalar que, dentre as aproximadamente 25.000 palavras daquele Texto, pelo menos 5.000 diziam respeito, de algum modo, ao direito tributário.[7]

Realmente, dezenas e dezenas de comandos insertos na Carta da República versam sobre direito tributário, seja direta ou indiretamente.

Com efeito, inúmeros preceitos de conteúdo genérico e abrangente refletem luz na seara tributária, a teor das normas que definem a forma federativa de Estado, bem assim a forma republicana de governo, senão também outras regras sobranceiras que informam e conformam o Estado Brasileiro, a teor da tripartição de Poderes, do princípio da igualdade, da legalidade genérica, do direito de propriedade, da universalidade da jurisdição, da supremacia do interesse público em relação ao particular, da isonomia entre as pessoas constitucionais, do direito ao mandado de segurança, do direito de petição, dentre outros, os quais, apesar de sua generalidade, guardam estreita conexão com o direito tributário.

De outra parte, as normas especificamente tributárias avultam no sistema, a exemplo dos princípios da estrita legalidade, estrita igualdade, anterioridade ano-calendário, anterioridade ano-calendário conjugada com a noventena, anterioridade nonagesimal relativa às contribuições de segurida-

5. Roque Carrazza, *Curso de Direito Constitucional Tributário*, 24ª ed., São Paulo, Malheiros Editores, 2008, p. 508.

6. Paulo de Barros Carvalho, *Curso de Direito Tributário*, 13ª ed., São Paulo, Saraiva, 2000, p. 141.

7. Aliomar Baleeiro, *Direito Tributário Brasileiro*, 1ª ed., Rio de Janeiro, Forense, 1970, p. 1.

de social, a não-cumulatividade do ICMS e do IPI, a seletividade do ICMS e do IPI e a progressividade do imposto sobre a renda, dentre muitos outros.

Como se vê, o constituinte positivou nimiamente a matéria tributária, diferentemente de qualquer outra Constituição no plano comparado, as quais, quando muito, dedicam poucas normas ao direito tributário, e quando o fazem se limitam a estatuir disposições genéricas destituídas de qualquer organicidade.

Por sem dúvida, o Sistema Tributário Nacional gizado no Texto Excelso é o único no mundo a apresentar um grau de positivação tão intensa no firmamento da tributação que a boa doutrina a denominou de "exaustividade", qualificando-a como um dos característicos do referido Sistema.

Assim, dessemelhantemente do Direito Comparado, onde a Lei Fundamental dá guarida a poucos comandos de natureza tributária, o direito tributário brasileiro somente pode ser compreendido a partir de um exame alentado do Texto Excelso, o qual abriga não só as diretrizes, mas todos os contornos e configurações desse importante plano normativo.

Por isso, entre nós afigura-se censurável a tendência daqueles que buscam compreender o direito tributário a partir do Código ou de leis ou de decretos ou até de portarias, porquanto passam ao largo da premissa maior e superlativa de qualquer raciocínio lógico que deve permear o labor exegético.

Importa ressaltar que a mencionada exaustividade simboliza uma limitação ao exercício do poder tributário por parte do Estado, pelo quê, *a contrario sensu*, representa uma proteção aos direitos e garantias do cidadão, tanto na condição de contribuinte tributário como na condição do consumidor que suporta o repasse do ônus do tributo embutido no preço de serviços e mercadorias.

Cabe obtemperar que a exaustividade, ao lado de outras peculiaridades do direito tributário brasileiro na Constituição, torna nosso Sistema o mais aprimorado no contexto universal, porquanto oferece ao Estado os mecanismos necessários para a geração de receitas objetivadas à consecução do bem comum, ao passo que, de outro lado, limita o exercício desse poder, protegendo, dessarte, o empresário, o contribuinte – enfim, a cidadania e o Estado de Direito. O problema, contudo, é que o Estado Brasileiro, qualquer que seja o governo, revela uma reiterada vocação ontológica e patológica no sentido de descumprir a Constituição. Por isso, no patamar legislativo a produção do direito tributário passa ao largo dos princípios constitucionais, fazendo tábula rasa, assim, das virtudes do Sistema Tributário Nacional constitucionalizado, tudo com o desígnio perverso de satisfazer a sanha arrecadatória governamental e gerar superávit primário a todo custo, ainda que na contramão da Constituição.

17.2.2.2.3 Rigidez pétrea

No pensar do autor do presente estudo, a implicitude lógica do Sistema Tributário Nacional abriga um caráter pétreo que o torna substancialmente imodificável, sendo vedada, pois, a edição de emendas constitucionais que prevejam a criação de novos tributos ou que restrinjam as competências cristalizadas no texto original.

Aliás, o asserto trazido à colação é inerente a tudo aquilo que fora qualificado com a cláusula pétrea pela Carta Magna, seja de modo expresso ou inexpresso.

À guisa de ilustrar o ponto de vista pugnado, depara-se oportuno mencionar outras hipóteses pétreas de natureza implícita, as quais decorrem de uma visão lógica da Constituição em sua tessitura harmônica, sem olvidar as lições de Maximiliano, para quem o Direito transcende a literalidade do texto e, por isso, deve ser interpretado de maneira inteligente, abrangente e sistemática.

Nesse sentido, por exemplo, conquanto o art. 60 e seus §§ não contemplem com a cláusula pétrea a previsão do estado de defesa ou do estado de sítio, instrumentos voltados para a defesa do Estado e também das instituições democráticas, por óbvio, tais institutos são igualmente pétreos, em virtude de suscitada compreensão contextual e lógica do Texto Supremo. Realmente, não teria cabimento o poder constituinte derivado revogar aqueles mecanismos sob pretexto de não estarem enumerados literalmente no aludido art. 60, máxime porque sua revogação comprometeria a garantia de valores essenciais ao Estado criado pela própria Carta.

Por outro lado, embora inexista qualquer previsão expressa, ressalta à evidência que é defeso revogar o artigo que cuida expressamente de cláusula pétrea, pois uma suposta revogação seria verdadeira burla à referida disposição, a qual preordena-se a eternizar as colunas-mestras do Estado concebido pela Constituição. Seria, enfim, uma *contradictio in terminis*.

O Sistema sob exame, a seu turno, encontra-se igualmente submetido ao regime pétreo de natureza tácita, o qual, diga-se *à vol d'oiseau*, guarda a mesma dimensão que os valores petrificados de modo expresso, tudo em conformidade com os argumentos a serem expostos nos desdobres deste tópico.

Assim, no tocante à apontada proibição relativa à criação de novas competências destinadas à instituição de novos tributos, cumpre observar que essa execrável prática comumente adotada pelo Executivo em conjunto com o Congresso Nacional faz tábula rasa do comando imerso no art. 154, I, da Carta da República, o qual, combinado com o arcabouço do Sistema, por induvidoso, não permite procedimentos desse jaez.

Com efeito, o referido mandamento versa sobre a chamada "competência residual da União", cujo substrato prevê a criação de novos impostos ou novas contribuições de seguridade, neste caso por remissão do art. 195, § 4º.

Pois bem, ao estabelecer a aludida competência residual, o constituinte firmou que, além dos tributos enumerados expressamente na Carta Magna, a União pode criar outros impostos novos ou, ainda, outras contribuições de seguridade também novas – o que permite depreender que, afora esses gravames, nada mais pode ser criado.

Torna-se de clareza solar, pois, reconhecer que, além dos tributos adnumerados no corpo da Carta promulgada em outubro/1988, a única ampliação autorizada pelo constituinte repousa no exercício da denominada competência residual.

A contrario sensu, admitir o estabelecimento de novas competências significaria tornar letra morta a apontada competência residual, o que atritaria postulados básicos de hermenêutica.

Ademais, os adeptos da visão equivocada segundo a qual o poder constituinte derivado poderia firmar novas competências teriam que aceitar, também, que o referido poder poderia revogar competências existentes, a aponto de modificar a estrutura original do pacto federativo – hipótese, esta, mais perceptível, porquanto declarada com todas as letras no art. 60, § 4º, I, da Carta Maior.

Por esta óptica, a bem ver, resta singelo e lapidar que a providência ora questionada representa manifesta afronta à Constituição da República.

Em apertada síntese, é lídimo reafirmar que o Sistema Tributário Nacional contido no Texto Excelso não comporta qualquer modificação estrutural com o fito de estabelecer novas competências destinadas à criação de tributos não previstos no diploma original.

Por iguais razões, a mencionada condição pétrea do Sistema rejeita também a edição de dispositivos tendentes a reduzir competências fixadas no corpo original da Carta – pelo quê merece incisivas objurgatórias a aberrante e inconstitucional Emenda Constitucional 3, de 17.3.1993, que incluiu o § 6º ao art. 150 da Carta Magna, cujo mandamento, sob o aspecto formal, culmina por restringir o exercício do poder tributário das pessoas jurídicas de direito público interno.

Um simples compulsar do dispositivo citado comprova a impropriedade ora questionada; se não, vejamos: "§ 6º. Qualquer subsídio ou isenção, redução de base de cálculo, concessão de crédito presumido, anistia ou remissão, relativos a impostos, taxas ou contribuições, só poderá ser concedido mediante lei específica, federal, estadual ou municipal, que regule exclusivamente as matérias acima enumeradas ou o correspondente tributo ou contribuição, sem prejuízo do disposto no art. 155, § 2º, XII, 'g'".

Em veras, a norma *in casu* mereceria ser eliminada do Código Máximo, pois afronta os contornos do pacto federativo, bem como instabiliza o primado da segurança jurídica, além de acutilar o padrão ético que deveria permear a produção do Direito, sobretudo no plano constitucional.

17.3 Princípios constitucionais

17.3.1 Comentos introdutórios

Consoante averbado no átrio deste estudo, os princípios constitucionais representam as colunas-mestras do sistema normativo e, mercê desse predicado, espelham de forma compendiada o todo sistemático. Não é demasiado dizer que desconhecer os princípios implica desconhecer o sistema.

Podem ser classificados em gerais e específicos, aqueles dotados de conteúdo abrangente, cujos efeitos se espraiam a todos os quadrantes do Direito, já estes voltados aos segmentos pontuais do plano normativo, a exemplo dos postulados de natureza civil, penal, internacional, comercial e tributária, dentre outros.

Os de natureza geral bipartem-se em mandamentos de cunho substantivo ou adjetivo. Exemplificam os primeiros aqueles relativos aos direitos à vida, à propriedade, à igualdade, ou ainda aqueles que definem a forma de Estado ou a forma de governo. Ilustram os segundos as normas que versam sobre a ampla defesa, a universalidade da jurisdição, a contraditoriedade e o devido processo legal.

17.3.2 Princípios constitucionais gerais

Ao consoar de noção cediça, são aqueles que irradiam seus efeitos a todos os escaninhos do universo jurídico, a teor daqueles voltados a definir a forma de Estado e de governo, bem como daqueles preordenados a garantir uma série de direitos e garantias – caso da vida, propriedade, igualdade, legalidade, privacidade e tantos outros.

O objeto deste item consiste em demonstrar as relações entre os aludidos princípios com o direito tributário, na dimensão em que, ao lado de seu raio de ação genérica e totalizadora, repercutem intensa e diretamente no cosmos da tributação.

Vejamos, inicialmente, o *princípio federativo*, cujo substrato consiste na coexistência de governos autônomos sob a égide de uma Constituição Federal. A autonomia dos governos regionais, diga-se de passagem, depende de uma série de requisitos, dentre os quais a geração de recursos financeiros próprios; estes, a bem ver, provenientes da tributação. Um exemplo de sua repercussão no campo tributário verifica-se com a proposta de um imposto único, o qual, por melhor que seja, comprometeria a independência financeira dos Estados, do Distrito Federal e dos Municípios, que deixariam de ter receitas próprias e passariam a depender de repasses da União. Dito de outro modo, um único imposto poria fim à autonomia regional e, por via travessa, extinguiria a Federação – hipótese expressamente vedada, porquanto clausulada como pétrea no § 4º, I, do art. 60 da Carta da República.

O *direito de propriedade*, por sua vez, consagrado no rol de direitos e garantias, é também um princípio genérico estreitamente relacionado com o direito tributário. Por um lado, representa uma fronteira limitadora ao poder de tributar do Estado e, de outra parte, simboliza um direito inalienável do contribuinte. Conjuga-se com os princípios da capacidade contributiva e da vedação à tributação confiscatória – estes, objeto de análise no tópico subseqüente.

Outrossim, a *legalidade* e a *igualdade* são princípios genéricos reiterados com todas as luzes no capítulo do Sistema Tributário Nacional, ganhando, assim, a qualificação de *estrita legalidade* e *estrita igualdade*.

A *interdependência dos Poderes*, o *primado republicano*, a *irretroatividade das leis*, bem assim a *universalidade da jurisdição*, a *ampla defesa*, a *contraditoriedade* e o *devido processo legal*, representam princípios que alcançam todos os quadrantes do Direito – inclusive, por óbvio, o tributário.

O mesmo acontece com alguns princípios inexpressos, *ad exemplum* da *segurança jurídica*, da *isonomia das pessoas constitucionais*, da *supremacia do interesse público em relação ao particular* e da *indisponibilidade do interesse público*, os quais efundem seus efeitos a todos os recantos do universo jurídico.

17.3.3 Princípios constitucionais tributários

O Sistema Tributário Nacional *sub examine* abriga expressivo rol de princípios constitucionais, no mais das vezes expressos e outros inexpressos. Estes encontram-se nas entrevozes daqueles ou exsurgem como resultado da combinação de princípios expressos. Por exemplo, nenhuma norma constitucional afirma que *a competência tributária é indelegável*, mas a partilha desses poderes na Constituição, de forma privativa, autoriza o intérprete a reconhecer que a implicitude lógica do sistema contempla o referido princípio, ainda que de maneira tácita.

Feitas essas considerações preliminares, passemos ao estudo dos aludidos princípios, inicialmente os expressos e, ao depois, os inexpressos.

17.3.3.1 *Princípios expressos*

17.3.3.1.1 Estrita legalidade

Conforme já falado, o constituinte poderia criar tributos, mas houve por bem adotar a tradição de nosso Direito, comum também no Direito Comparado, e, nesse sentido, abriu mão dessa possibilidade, pelo quê incumbiu outra pessoa de fazê-lo – no caso, o legislador subconstitucional.

A propósito, assim dispôs o Texto Magno, por meio do mandamento inserto no *caput* do art. 150, combinado com o inciso I, cujo comando utiliza um modal negativo e proíbe a criação ou majoração de tributos a não ser por intermédio de lei – donde, *a contrario sensu*, somente a lei é que pode dispor sobre a matéria em apreço.

A estrita legalidade tributária, aliás, não é uma peculiaridade do Direito pátrio, pois habita também o Direito Comparado – caso de Portugal, por exemplo, onde a doutrina a denomina de "princípio da legalidade fiscal". Com efeito, a Constituição da República Portuguesa abraça o referido princípio com cores tintas, tanto que assim averba em seu art. 103º, 3, *in verbis*: "Ninguém pode ser obrigado a pagar impostos que não hajam sido criados nos termos da Constituição, que tenham natureza retroactiva ou cuja liquidação e cobrança se não façam nos termos da lei".

Ao versar o tema, Canotilho e Vital Moreira são incisivos ao dizerem que "a legalidade implica a tipicidade legal, devendo o imposto ser desenhado de forma suficientemente determinada, sem margem para desenvolvimento regulamentar, nem para discricionariedade administrativa quanto aos seus elementos essenciais".[8]

Não é diferente o Direito Francês, uma vez que a atual Constituição de 1958 – assim como a de 1946 –, seguindo a tradição proclamada na Decla-

8. J. J. Gomes Canotilho e Vital Moreira, *Constituição da República Portuguesa Anotada* (vol. 1, Coimbra, Coimbra Editora), 1ª ed. brasileira, São Paulo, Ed. RT, 2007, pp. 1.090-1.091.

ração de Direitos de 1789, submete a matéria fiscal ao domínio legislativo, conforme asseverado por Louis Trotabas, professor honorário das Faculdades de Direito de Nancy e de Marseille, em obra conjunta com Jean-Marie Cotteret, professor da Universidade de Paris.[9]

Dino Jarach caminha pela mesma vereda ao firmar que a lei deve conter todos os elementos e supostos da norma jurídica tributária – quais sejam: conduta tributável, sujeitos ativo e passivo, bem assim a quantificação, sendo vedada a delegação de poderes ao Executivo.[10]

Mesmo em países que não adotam o princípio com matizes estritos, a exemplo dos Estados Unidos, Inglaterra e outros, a legalidade tributária em sentido lato prevalece, até porque representa um dos princípios fundamentais do constitucionalismo contemporâneo e integra o núcleo dos Estados democráticos.

Já entre nós, bem assim nos Estados em que os tributos se subsumem ao crivo da estrita legalidade, a expressão "criar" significa descrever o fato jurídico tributário, ou seja, dizer qual é a conduta sujeita à tributação; bem como quer dizer indicar o lugar e o momento da incidência do tributo, senão também apontar os sujeitos da obrigação e, ainda, quantificar o gravame. Enfim, essa é a carga semântica do verbo "criar" no caso tematizado, pois requer que a lei estabeleça qual é a conduta tributável, onde, quando, quem e quanto pagar a título de tributo.

A doutrina tradicional veementiza que o tributo se submete ao princípio da reserva absoluta de lei formal, a exemplo da postura propugnada por Alberto Xavier, na medida em que o diploma abriga o postulado da autotributação, porquanto editado pelos representantes da sociedade.[11] É dizer, aquilo que antes era apanágio dos reis agora é função indeclinável dos Parlamentos.

Entretanto, diferentemente do entendimento cediço na doutrina, a posição adotada neste estudo reconhece que não só a lei mas outros diplomas do mesmo timbre integram o postulado da estrita legalidade.

A afirmativa justifica-se na proporção em que a Constituição estabelece competências específicas em prol de um dado diploma para dispor sobre determinadas matérias tributárias – caso, por exemplo, do disposto no art.

9. Louis Trotabas e Jean-Marie Cotteret, *Droit Fiscal*, 50ª ed., Paris, Dalloz, 1985, p. 95.

10. Dino Jarach, *Curso Superior de Derecho Tributario*, Buenos Aires, Liceo Profesional Cima, 1969, pp. 109-110.

11. Alberto Xavier, *Manual de Direito Fiscal*, Lisboa, Faculdade de Direito de Lisboa, 1981, pp. 109-110.

155, § 1º, IV, segundo o qual cabe ao Senado fixar as alíquotas máximas do imposto de transmissão *causa mortis* e doação/ITCMD. Igual sorte se verifica em relação ao decreto legislativo, ao qual comete encampar tratado internacional e convertê-lo em diploma de conteúdo legal. O mesmo ocorre com as medidas provisórias, que não são leis, mas desfrutam de poderes para inovar a ordem jurídica tributária inauguralmente, ainda que de forma não definitiva – e, por isso, subordinam-se à ratificação do Congresso Nacional. Apenas a lei delegada não merece ser incluída no presente rol, mercê do seu descompasso com a representatividade que permeia a estrita legalidade dos diplomas normativos que versam sobre tributação. Deveras, trata-se de diploma pelo qual o Parlamento delega poderes para o Executivo legislar – e, por essa razão, guarda total incompatibilidade com o postulado sob exame.

Em resumo, afora a lei delegada, cumpre assinalar que o primado da estrita legalidade compreende a lei complementar, a lei ordinária, a medida provisória, o decreto legislativo e a resolução do Senado.

Merece lembrado que o princípio da estrita legalidade afigura-se indelegável e, por isso, o legislador que recebeu poderes da Constituição para legislar sobre tributação não poderia, jamais, delegar esses poderes ao Executivo.

17.3.3.1.2 Infralegalidade

O aludido princípio, ora cogitado, diz respeito à produção do direito tributário no plano infralegal, vale dizer, na esfera da função administrativa do Estado, a qual tem raia própria e se harmoniza com a ambitude da estrita legalidade, objeto de reflexões no item precedente.

Com efeito, nos termos do disposto no art. 84, IV, combinado com o art. 87, parágrafo único, I e II, o Poder Executivo pode e deve expedir decretos e demais atos administrativos com o fim de regulamentar e explicitar as leis e diplomas de igual natureza, o que se verifica em todos os planos de governo – vale dizer: federal, distrital, estadual e municipal.

Importa ressaltar que, por força do mandamento contido no inciso II do mencionado art. 87, combinado com os arts. 25 e 29, todos da Carta da República, o Ministro da Fazenda bem assim os Secretários de Fazenda ou de Finanças, noutros planos de governo, devem referendar os decretos e demais atos assinados pelo chefe do Executivo.

A bem ver, embora os decretos de índole tributária não possam inovar ou modificar o substrato das leis, sua função é de extraordinária importância, uma vez que viabilizam a compreensão das leis e sua respectiva aplicação. Exemplo do afirmado ocorre na legislação do imposto sobre a renda, a qual compreende dezenas e dezenas de leis, decretos-leis editados na ordem constitucional pretérita, decretos legislativos e medidas provisórias, os quais encontram-se cristalizados no decreto que, por isso mesmo, torna-se indispensável para o intérprete, porquanto organiza aquela vasta legislação, classificando as normas de forma temática, lógica, cronológica, analítica e sistemática.

17.3.3.1.3 Estrita igualdade

O entendimento tradicional supõe que a regra da igualdade se encontraria cifrada no tratamento desigual aos desiguais ou igual aos iguais, tudo na esteira das palavras de Ruy Barbosa, pronunciadas no memorável *Oração aos Moços*, com inspiração em Aristóteles.[12]

Todavia, conforme sutil consideração de Celso Antônio Bandeira de Mello, esses dizeres, candentes embora, não esclarecem quem são os iguais ou quem são os desiguais. Em suma, nada dizem acerca do regime jurídico desigualador, restando inexplicado o primado da igualdade.

Num primeiro momento o festejado jurista observa que as regras jurídicas são discriminatórias por excelência, o que, por si só, não significa atendimento ou desatendimento à igualdade. Ao depois, aduz, com pena de ouro, que a quintessência da igualdade consiste na compatibilidade do discrímen em relação à finalidade.[13]

Assim, por exemplo, num concurso para a Magistratura, um dos discrímenes é a condição de bacharel em Direito – e não poderia ser diferente. Obviamente, a aludida discriminação afigura-se consentânea com a finalidade. O mesmo ocorre na Escola de Jóqueis, no Hipódromo Paulistano, onde, além da habilidade técnica, o candidato deve ter baixa estatura e peso em torno de 50kg. Como se vê, em ambos os casos a discriminação configura-se coerente com o desígnio perseguido pela norma, daí a obediência ao primado da igualdade.

Inscrito no inciso II do art. 150 do Diploma Magno, proíbe tratamento tributário desigual entre contribuintes que se encontrem em situação equivalente, vedado, outrossim, desigualar em virtude de ocupação profissional ou função exercida, independentemente da denominação jurídica dos rendimentos, títulos ou direitos.

12. Ruy Barbosa, *Oração aos Moços*, USP, Edição Comemorativa, p. 14.

13. Celso Antônio Bandeira de Mello, *O Conteúdo Jurídico do Princípio da Igualdade*, 3ª ed., 17ª tir., São Paulo, Malheiros Editores, 2009, pp. 37 e ss.

Merece lembrada, de passagem, uma perspicaz observação de Kiyoshi Harada ao bordar o tema da igualdade tributária, na qual, por hipótese, a Fazenda Pública Municipal cobraria valores díspares em relação a dois imóveis geminados e idênticos. Pois bem, no caso em pauta não haveria qualquer afronta ao postulado da igualdade, mas equívoco na cobrança contida no lançamento, porquanto houve uma, de duas: ou subavaliação de um dos imóveis ou superavaliação do outro.[14]

A igualdade tributária representa uma reiteração específica da igualdade genérica prevista no *caput* do art. 5º do Texto Supremo, razão por que ganha matizes intensos e gradação máxima.

17.3.3.1.4 Anterioridade

Em seu âmago, significa a condição segundo a qual o tributo só pode ser cobrado após a fluência de determinado lapso de tempo anterior à sua instituição ou majoração – daí a expressão "anterioridade". Trata-se de princípio constitucional tributário de conteúdo temporal, desdobrado em inúmeras modalidades, as quais serão examinadas nos itens seguintes.

(a) *Anterioridade ano-calendário* – Prevista no art. 150, III, "b", da CF, aplica-se aos tributos em geral – afora, logicamente, aqueles submetidos a outras formas de anterioridade ou mesmo aqueles excetuados do referido postulado constitucional.

Concebido como uma limitação ao poder tributário do Estado, somente permite sejam cobrados num dado ano-calendário os tributos criados ou majorados no correspondente período de tempo anterior, daí a denominação "anterioridade".

Em seu aspecto teleológico aloja a vocação de resguardar o contribuinte de cobranças intempestivas em face de exigência tributária formulada ao longo do ano-calendário. Por isso simboliza uma vertente do postulado da segurança jurídica e também compreende a denominação de "princípio da não-surpresa". Em suma, de fora a parte as exceções firmadas na Constituição, prevalece a regra segundo a qual no início do ano o contribuinte já sabe de antemão a dimensão de sua carga tributária até o final do período de tempo anual.

Cabe esclarecer, por oportuno, que o ano-calendário compreende o período de 12 meses iniciado em 1º de janeiro, com término no dia 31 de dezembro. Tem por origem o calendário gregoriano promulgado pelo Papa

14. Kiyoshi Harada, *Direito Tributário*, cit., p. 35.

Gregório XIII, em 24.2.1582. Como sabido e consabido, é o calendário adotado na maior parte do mundo, notadamente nos países ocidentais.

Não se confunde com o ano civil, pois este, consoante definido pela Lei 810, de 6.9.1949, designa o período de tempo de 12 meses ou 365 dias consecutivos, contados a partir de qualquer dia do ano.

Por conseguinte, os tributos submetidos ao referido primado constitucional, a exemplo do IR, IPVA e IPTU, só podem ser cobrados se majorados até o último dia do ano-calendário anterior. Obviamente, não se cogita de lapso temporal anterior à instituição, porquanto já existem de há muito.

(b) *Anterioridade ano-calendário conjugada com a noventena* – Como visto no tópico precedente, o postulado da anterioridade ano-calendário, sobre limitar o poder tributário do Estado, predestina-se a proteger o contribuinte de cobranças de tributos criados ou majorados no decorrer do ano, daí abrigar nas suas dobras o denominado "princípio da não surpresa". Todavia, não raro tributos são instituídos ou sua quantificação é elevada no crepúsculo do mês de dezembro, tornando-se exigíveis no início do ano seguinte, algumas semanas ou dias ou mesmo horas depois, infirmando, por completo, sua finalidade original e ontológica.

Esse descompasso foi captado pelo Congresso Nacional, que editou a Emenda Constitucional 42, de 19.12.2003, que acrescentou o prazo de 90 dias ao postulado da anterioridade ano-calendário, exatamente com o objetivo de não surpreender o contribuinte com novas cobranças num estreito lapso temporal.

O aludido prazo, denominado "noventena", encontra-se na alínea "c" do art. 150, III, da CF e se aplica a uma série de tributos de nosso sistema, ganhando a feição de regra básica em termos de anterioridade, tanto que incide sobre a maior parcela dos gravames do Sistema Tributário Nacional. É o caso, por exemplo, das taxas em geral, bem assim dos seguintes impostos, dentre outros: IPTR, ICMS, ITBI e ISS.

(c) *Anterioridade nonagesimal do IPI* – Antes do advento da Emenda Constitucional 42, de 19.12.2003, o IPI, de competência da União Federal, encontrava-se excepcionado de qualquer anterioridade – e, por isso, poderia ser majorado num dia e a cobrança majorada poderia ser efetivada no dia subseqüente.

Todavia, a Emenda *in casu* atribuiu-lhe tratamento sobremodo original, pois permanece a salvo da anterioridade ano-calendário mas se submete à noventena contida na alínea "c" do inciso III do art. 150 da Carta Constitucional.

De conseguinte, se majorado, pode ser cobrado após 90 dias corridos, independentemente do lapso temporal compreendido no ano-calendário.

(d) *Anterioridade nonagesimal das contribuições de seguridade* – As contribuições de seguridade social sujeitam-se também a uma anterioridade consistente em dias corridos, à margem do ano-calendário, tudo por força do comando inserto no § 6º do art. 195 da CF. Lembre-se que essa fórmula de anterioridade compreende as contribuições de seguridade social, vale dizer, aquelas voltadas para as áreas da saúde, previdência e assistência social – temas, diga-se de passo, definidos nos arts. 194, 196, 201 e 203 da Carta da República.

Pertencem à espécie, por exemplo, a extinta CPMF, bem assim a contribuição previdenciária incidente sobre a folha de salários a ser recolhida pelo empregador ou, ainda, as contribuições PIS/COFINS incidentes sobre o faturamento das pessoas jurídicas.

Por outro lado, advirta-se, há contribuições sociais que não integram a modalidade de seguridade, razão por que se assujeitam ao princípio da anterioridade ano-calendário, a exemplo da contribuição para o salário-educação e da contribuição acidentária do trabalho/SAT.

(e) *Anterioridade em relação aos tributos objeto de medida provisória* – A Emenda Constitucional 32, de 11.9.2001, acrescentou o § 2º ao art. 62 da Constituição da República, cujo conteúdo estipula que, em relação aos tributos criados ou majorados por medida provisória , o primado da anterioridade é contado a partir da respectiva lei de conversão, diferentemente da regra pretérita, segundo a qual o prazo era computado a contar da edição da medida provisória.

À guisa de exemplo, antes da Emenda em apreço, caso houvesse aumento do IR por meio de medida provisória publicada no mês de novembro de um dado ano e não convertida até o final do ano, a União poderia cobrá-lo majorado no início do ano seguinte, ao passo que numa situação semelhante, à luz do novo regime, a cobrança somente poderia ser efetivada no ano seguinte ao da lei de conversão.

(f) *Exceções à anterioridade* – O § 1º do art. 150 da CF estabelece as exceções ao postulado da anterioridade, fazendo-o por três variáveis, a saber: (i) a primeira enumerando os tributos excetuados de qualquer anterioridade – caso do empréstimo compulsório previsto no inciso I do art. 148, bem como dos impostos sobre a importação e exportação, IOF e o imposto extraordinário de guerra; (ii) a segunda excluindo da noventena o IR, o IPVA e o IPTU; e (iii) a derradeira, estatuída pela Emenda Constitucional 33, de 11.12.2001, e incorporada ao art. 177, § 4º, da CF, excepcionou a

CIDE/Combustíveis de qualquer anterioridade. Essa estrambótica disposição mereceu a sempre pronta e arguta observação de Roque Carrazza, que entrevê nesse comando uma licença indevida pela qual o constituinte derivado se transforma em originário – o que, segundo suas palavras, não poderia jamais ser aceito.[15]

17.3.3.1.5 Capacidade contributiva

O direito positivo não o define, donde seu significado encontra-se embutido na própria carga semântica da expressão em apreço. É dizer, exprime a condição pela qual o contribuinte ou cidadão pode concorrer para a despesa do Estado por meio da tributação.

Segundo a doutrina, o princípio sob comento não alcançaria as taxas e a contribuição de melhoria, porquanto não teriam por pressupostos uma atividade do contribuinte, mas uma atividade do Estado – com o que o presente estudo se permite dissentir, porquanto entende que a quintessência do fato jurídico tributável consiste numa conduta do contribuinte, e não do Estado.

Deveras, o fato gerador não é a atividade estatal, mas o comportamento pelo qual o contribuinte é destinatário daquela atividade – situação, diga-se de passo, diametralmente distinta do entendimento tradicional.

Suponha-se que numa região de alto poder aquisitivo de uma cidade o custo do serviço público de água e esgoto seja 10 e que o mesmo serviço numa região extremamente pobre seja 50. Obviamente, não poderia o Estado graduar a taxa apenas em função do custo do serviço, porquanto seria uma forma de discriminar os mais pobres ou, mesmo, privá-los de um serviço essencial. Em suma, a mensuração da taxa pode e deve levar em conta o custo do serviço, mas terá como fronteira intransponível a condição econômica e financeira de quem paga a conta – ou seja, o contribuinte.

Logo, por essa óptica, assim como os demais gravames, a quantificação das taxas e das contribuições de melhoria deve levar em conta a capacidade do contribuinte, sob pena de atritar esse importante postulado constitucional de índole tributária.

A locução abriga intensa carga subjetiva, situando-se naquela *fórmula elástica*, como ensina Manuel María Diez,[16] ou *nebulosa de incertidumbre*,

15. Roque Carrazza, *Curso de Direito Constitucional Tributário*, cit., 24ª ed., pp. 201-202.

16. Manuel María Diez, *Derecho Administrativo*, vol. I, 1963, p. 135.

como quer Alf Ross.[17] Não obstante, há estudos dignos de nota que conseguem tanger e aclarar o significado do aludido primado constitucional.

Rubens Gomes de Sousa, por exemplo, nos brindou com memorável lição ao definir a capacidade contributiva como a soma de riqueza disponível depois de satisfeitas as necessidades elementares de existência; riqueza, essa, que pode ser absorvida pelo Estado sem reduzir o padrão de vida contribuinte e sem prejudicar suas atividades econômicas.[18]

Merece lembrado o pensar de Regina Helena Costa, para quem a expressão padece de plasticidade terminológica, mas pode ser claramente compreendida como "a aptidão da pessoa colocada na posição de destinatário legal tributário para suportar a carga tributária, numa obrigação cujo objeto é o pagamento de imposto, sem o perecimento da riqueza lastreadora da tributação".[19]

O trato do tema não pode passar ao largo do magistério de Luciano Amaro, que sutilmente sublinha o aspecto pelo qual o princípio preserva a eficácia da incidência, sob pena de cair no vazio por falta de riqueza que suporte o tributo, bem como preserva também o contribuinte, enquanto evita uma tributação excessiva que comprometa seus meios de subsistência ou o livre exercício de sua profissão ou outros direitos fundamentais.[20]

Noutros falares, significa também que, em condições de normalidade, a tributação não poderia privar ou reduzir os direitos fundamentais e os especificamente sociais daqueles que, direta ou indiretamente, pagam tributos.

Os primeiros jazem elencados nos comando que versam sobre direitos e garantias, já os segundos encontram-se no *caput* do art. 6º, todos do Texto Excelso, e dizem respeito ao direito à educação, à saúde, ao trabalho, à moradia, à segurança, à previdência social, à proteção à maternidade, à infância e à assistência aos desamparados.

Outrossim, merece censurada a visão equivocada do art. 145, § 1º, da CF enquanto muitos estudiosos sustentam que aquele comando comportaria a definição do princípio ora examinado – o que, a bem ver, afigura-se um equívoco.

17. Alf Ross, *On Law and Justice*, 1ª ed., trad. inglesa de M. Dutton, Londres, Stevens, 1958, p. 134.

18. Rubens Gomes de Sousa, *Compêndio de Legislação Tributária*, Edição Póstuma, São Paulo, IBET/Resenha Tributária, 1975, p. 95.

19. Regina Helena Costa, *Princípio da Capacidade Contributiva*, 3ª ed., São Paulo, Malheiros Editores, 2003, p. 107.

20. Luciano Amaro, *Direito Tributário Brasileiro*, 13ª ed., São Paulo, Saraiva, 2007, p. 138.

Na verdade, o referido mandamento prioriza a criação de impostos incidentes sobre a propriedade e sobre a renda, porquanto são os mais adequados para mensurar a capacidade contributiva. Essa, pois, é sua exata dimensão, lógica, sintática e semântica.

Por outro lado, a elevada carga tributária entre nós caminha na contramão do primado da capacidade contributiva, tanto que o Brasil registra uma carga tributária em torno de 38% em relação ao Produto Interno Bruto, ou seja, quase o dobro em relação a países em desenvolvimento – caso, por exemplo, da Argentina, Uruguai, Chile ou mesmo da China, onde o respectivo percentual gravita em faixas de 15 a 20%.

Todavia, esses dados exprimem um dado médio, como se todos pagassem o mesmo valor; enfim, é um instrumento de mensuração de natureza macroeconômica.

Na verdade, é necessário levar em conta que nem todos pagam, pois há os inadimplentes, os isentos, os imunes, os inúmeros incentivos fiscais – razão por que os que pagam efetivamente o fazem acima daquela média de 38%. Por conseguinte, força é reconhecer que, entre nós, a carga tributária total situa-se muito acima do percentual médio, tanto que as pessoas jurídicas são instadas a recolher mais que aquela percentagem somente a título de uma das espécies tributárias – no caso, as contribuições sociais.

Por induvidoso, o patamar de exigibilidade das contribuições sociais afigura-se sobremodo gravoso, caminhando na flagrante contramão dos primados da capacidade contributiva e da razoabilidade, além de guardar manifesto descompasso com os parâmetros adotados no Direito Comparado.

A propósito, vejamos o tratamento tributário que alguns países atribuíram ao aludido tributo, em particular a contribuição social incidente sobre a folha de salários. Na França, por exemplo, o referido gravame importa em 19,8%; no Reino Unido perfaz 18,8%; nos Estados Unidos totaliza 12,4%; no Japão monta em 16,9%; e na Alemanha é mensurado em 17,8%.[21] No Brasil, a seu turno, observadas as inúmeras variáveis, a mesma contribuição oscila entre 34,5% e 39,8% sobre a folha, respeitado o limite de incidência do salário de contribuição no tocante à parcela do empregado. De todo modo, é algo que representa mais que 100% em relação aos países retromencionados, onde o sujeito passivo tributário é dotado de capacidade contributiva que supera de longe a do brasileiro, sem contar a contribuição social sobre o lucro, gravada com a alíquota de 9%, e as contribuições PIS/COFINS sobre o faturamento, cujas alíquotas são graduadas entre 3,65% e 9,25%, conforme a sistemática de incidência.

21. A. Javier Hamann, in *IMF Working Paper* 97/18, 1997.

O ICMS no Estado de São Paulo, por exemplo, hospeda alíquotas entre 7 a 25%, ao passo que o imposto norte-americano correspondente, o *State Sales Tax*, estipula alíquotas entre 0 (zero) e 7,25%.[22]

Ao lado dessas observações, torna-se necessário dizer que os governos de todos os níveis nada oferecem em contrapartida, tanto que a saúde pública é um insulto à cidadania, o transporte público é de péssima qualidade, as escolas públicas representam um menoscabo à educação, a segurança pública inexiste, o trânsito não é gerenciado de forma minimamente competente, pois serve de pretexto apenas para gerar receitas por meio da aplicação de multas, afora os "apagões", tanto aéreos como rodoviários e também portuários.

Em suma, sob o prisma do quanto se paga e da total ausência de prestação de serviços públicos essenciais, força é concluir que a carga tributária no Brasil é, de longe, a mais elevada do mundo, e também a mais perversa.

17.3.3.1.6 Uniformidade geográfica

Princípio previsto no art. 151, I, da Carta Magna, obriga a União a estabelecer tratamento tributário igualitário em todo o território nacional. Quer dizer, por via de regra, o IPI ou o IR, dentre outros, não podem ser mais gravosos em São Paulo que no Piauí. O mesmo ocorre com o IR, o imposto sobre a importação e exportação ou qualquer outro gravame de competência da União.

Entrementes, excepcionando a regra, o referido dispositivo admite a concessão de incentivo fiscal como mecanismo de estimular o desenvolvimento socioeconômico de determinadas regiões do país, a exemplo da Zona Franca de Manaus. Conforme ecoa nas ensinanças de Roque Antonio Carrazza, nesses casos o legislador normatiza sobre assunto de interesse do país e, por esse motivo, a legislação reveste conteúdo nacional, e não federal.[23]

Representa desdobramento lógico do postulado federativo conjugado com a isonomia das pessoas constitucionais, pois numa Federação a legislação federal não pode comportar discriminações em todo o âmbito geográfico da Nação.

17.3.3.1.7 Não-discriminação em razão da origem ou destino de bens, serviços ou mercadorias

Da mesma forma que o princípio da uniformidade geográfica na esfera da União, o princípio em apreço também exprime desdobre do pacto fede-

22. In arquivo da *Federation Tax Administrators*.

23. Roque Carrazza, *Curso de Direito Constitucional Tributário*, cit., 24ª ed., p. 859

rativo combinado com a isonomia, uma vez que veda tratamento tributário diferençado em virtude da origem ou destino de bens, produtos ou mercadorias. Assim, o ICMS interestadual paulista incidente sobre operações de mercadorias destinadas a outros Estados deveria ser exatamente igual, o que, entretanto, não acontece, pois no caso em tela as Regiões Norte, Nordeste e Centro-Oeste são gravadas com alíquota de 7%, enquanto as Regiões Sul e Sudeste com 12%, em flagrante desrespeito ao texto constitucional.

17.3.3.1.8 Imunidade

Sob o prisma semântico a expressão provém do vocábulo latino *immunitas, atis*, que significa a dispensa de encargos ou funções ou, ainda, privilégios. O direito tributário comunica ao termo o sentido de dispensa de encargo na acepção pecuniária, é dizer, a imunidade representa um meio de não-tributação – figura típica, aliás, do Direito Brasileiro.

Em apertada síntese, pode-se afirmar que a imunidade é a não-incidência tributária constitucionalizada, não se confundindo, pois, com a isenção, que, a seu turno, é a não-incidência tributária no plano legal.

Como se vê, conquanto ambos os institutos estampem o mesmo desenho material, uma vez que versam sobre hipóteses de não-incidência tributária, o traço diferencial reside no aspecto formal, pois a imunidade representa instituto privativo da Constituição, ao passo que a isenção, ao contrário, é matéria privativa do legislador ordinário ou complementar, conforme o caso.

Convém assinalar que não raro o legislador subconstitucional disciplina a imunidade denominando-a impropriamente de isenção, cinca – diga-se de passo – igualmente cometida pelo constituinte, conforme será verificado adiante. Ora, ao dispor sobre imunidade o legislador não está versando sobre isenção; e, por isso, melhor seria respeitar a precisão terminológica e não confundir os institutos, cujas fronteiras são bem distintas.

Merece lembrada a clássica lição de Paulo de Barros Carvalho, para quem a imunidade é uma regra que estabelece incompetência tributária: "Imunidade é uma classe finita e imediatamente determinável de normas jurídicas contidas no texto constitucional e que estabelecem, de modo expresso, a incompetência das pessoas políticas de direito constitucional interno para expedir regras instituidoras de tributos que alcancem situações específicas e suficientemente caracterizadas".[24]

24. Paulo de Barros Carvalho, *Curso de Direito Tributário*, 17ª ed., São Paulo, Saraiva, 2005, p. 185.

Regina Helena Costa, a seu turno, apresenta uma definição sobremodo abrangente, pois sublinha que, ao lado da intributabilidade, a norma de imunidade gera direito subjetivo público aos seus destinatários. São suas palavras: "A imunidade tributária, então, pode ser definida como a exoneração, fixada constitucionalmente, fixada constitucionalmente, traduzida em norma expressa impeditiva da atribuição de competência tributária ou extraível, necessariamente, de um ou mais princípios constitucionais, que confere direito público subjetivo a certas pessoas, nos termos por ela delimitados, de não se sujeitarem à tributação".[25]

Mercê de sua natureza, a imunidade opera efeitos desde logo, integrando, assim, a categoria eficacial das normas auto-aplicáveis, quer plenas, quer contidas, segundo a classificação proposta por José Afonso da Silva.

Por vezes, além de auto-aplicável, encontra-se pronta e acabada, sendo, então, insuscetível de normação integrativa no plano infraconstitucional – hipótese, aliás, da imunidade prevista no inciso VI, "a", do art. 150 da CF. O exemplo trazido à colação contempla a chamada "imunidade recíproca", pela qual a União, o Distrito Federal, os Estados e os Municípios não podem cobrar impostos uns dos outros.

De outra parte, contudo, há normas imunitórias que, integralmente eficazes embora, autorizam o legislador subconstitucional a implementá-las, estabelecendo requisitos para sua aplicação. É o caso, dentre outras, da imunidade relativa às instituições de educação sem fins lucrativos, prevista no inciso VI, "c", do art. 150 da Carta Magna.

Neste caso, importa esclarecer que na ausência de legislação o seu desfrute se opera de plano e na plenitude, máxime porque um comando constitucional não pode tornar-se ineficaz em face da omissão ou desídia do legislador. Ademais – advirta-se –, não pode o legislador extrapolar os balizamentos do instituto, mas esmiuçar a ordem submersa no comando a ser complementado. Na hipótese tematizada, por considerar que a regra constitucional criou uma imunidade em prol de entidades educacionais sem fins lucrativos, compete ao legislador dispor sobre os requisitos atinentes àqueles desígnios, assim como não distribuir lucros e reverter os resultados em favor da própria instituição, dentre outros; jamais, contudo, ultrapassar essa fronteira.

Os comentos expostos rendem margem a concluir que toda norma de imunidade produz todos os seus efeitos imediatamente, inclusive as normas de eficácia contida. Logo, inexiste norma imunitória de eficácia limitada, pois se-

25. Regina Helena Costa, *Imunidades Tributárias*, 2ª ed., São Paulo, Malheiros Editores, 2006, p. 52.

ria uma contradição lógica o constituinte excluir um fato jurídico do campo de tributação e se submeter ao crivo ou à concordância do legislador infraconstitucional. Seria também inconcebível supor que, sob pretexto de regulamentar a imunidade, o legislador tivesse poderes de restringi-la – o que significaria verdadeira revogação do preceito constitucional e rematado desatino.

Pondere-se, também, que as imunidades podem apresentar-se com roupagens frásicas distintas, a exemplo de normas que estabeleçam a vedação de instituir impostos em relação a determinadas situações, conforme o disposto nas alíneas "a" a "d" do inciso VI do art. 150 da Carta da República. O mesmo ocorre quando o constituinte diz que determinado imposto não incidirá numa dada situação – caso do art. 155, X, "a" a "d", da CF, ou mesmo quando a exclusão de tributação em relação às contribuições de seguridade aparece com o nome equivocado de *isenção*, a teor do § 7º do art. 195 do Texto Supremo, o qual, em verdade, hospeda uma norma de imunidade.

A imunidade relativa às contribuições de seguridade revela que o instituto não se limita aos impostos, conforme noção tradicional, podendo encampar quaisquer espécies tributárias do sistema normativo.

17.3.3.1.9 Vedação à tributação confiscatória

Afora o produto de atividade criminosa, qualquer forma de confisco não se compagina com o Estado Democrático em seus conspectos genéricos, além de afrontar o direito de propriedade e outros direitos e garantias. Não se pode olvidar, também, que o princípio *in casu* simboliza uma contrapartida do postulado assegurador do direito de propriedade enlaçado ao da capacidade contributiva.

Essas ponderações bastam para vedar a utilização do tributo como meio de confisco, na tessitura lógica e contextual do arcabouço constitucional. Não obstante, o Texto Máximo houve por bem explicitar a aludida regra, e o fez por meio do art. 150, IV, que dispõe nesse sentido.

De mais a mais, consoante o magistério fecundo de Hugo de Brito Machado, o confisco *per se* hospeda natureza de sanção, e já por isso destoa da natureza do tributo, que alberga por pressuposto somente atos lícitos. Outro sutil argumento em prol da vedação repousa no aspecto teleológico da penalidade embutida no confisco, porquanto o tributo tem por finalidade a geração de recursos financeiros necessários para o Estado, enquanto a multa tem por desígnio desestimular comportamentos ilícitos, não sendo da sua índole, por conseguinte, prover os cofres públicos.[26]

26. Hugo de Brito Machado, *Curso de Direito Tributário*, 29ª ed., São Paulo, Malheiros Editores, 2008, pp. 41-42.

No entanto, cabe ressalvar que o aludido princípio comporta a mitigação prevista no art. 182, § 4º, II, da Carta Magna, porquanto este preceito autoriza a tributação sancionatória do IPTU em relação ao imóvel não-edificado que seja subutilizado ou não utilizado em harmonia com a função social da propriedade, nos termos do plano diretor dos Municípios.

Cumpre obtemperar que é tarefa sobremodo difícil determinar o divisor de águas entre a tributação legítima e a de caráter confiscatório. O problema ganha complexidades num Estado federal como o Brasil, porque a avaliação da confiscatoriedade deve levar em conta o exame isolado de cada tributo, bem assim seu conjunto num dado plano de governo, senão também o universo total da tributação.

17.3.3.1.10 Não-cumulatividade do IPI e do ICMS

Na linha de sua exaustividade, o Texto Supremo cuida de pormenores do Sistema, assim como o faz ao versar sobre a não-cumulatividade do IPI , do ICMS e dos impostos e contribuições residuais.

As hipóteses *in casu* encontram-se positivadas nos arts. 153, § 3º, II, 155, § 2º, I, e 154, I, combinado com o 195, § 4º, todos, por certo, da Carta da República.

O princípio sob exame consiste numa forma de compensação pela qual na quantificação do imposto a ser recolhido num determinado período de apuração deve ser descontado o valor pago na operação anterior, evitando-se, assim, a cobrança cumulativa.

Por óbvio, a não-cumulatividade circunscreve-se aos fatos jurídicos relativos à produção, comércio ou serviço sujeitos a mais de uma etapa entre a produção e o varejo, assim como sucede, por exemplo, com as mercadorias que percorrem um longo caminho, iniciado na industrialização e terminado no varejo, perpassando pelo atacado, onde em todas as etapas ocorrem negócios jurídicos sujeitos ao ICMS

A contrario sensu, a maior parcela dos tributos não se assujeita ao aludido princípio, porquanto suas hipóteses de incidência ou fatos jurídicos (fatos geradores) se exaurem num átimo temporal – caso do IR, ou do imposto sobre a importação ou exportação, ou do IPVA e outros tantos de nosso Sistema Tributário.

Por certo, a singela positivação da não-cumulatividade já lhe comunica a feição de comando imperativo, donde, por desfrutar da fisionomia de princípio constitucional, sua cogência assume gradação máxima e deve ser compreendido como uma determinação constitucional a ser obedecida e cumprida não só pelo legislador, mas pela Fazenda Pública e pelos contribuintes.

Ao propósito, afigura-se oportuno reproduzir as palavras candentes de Geraldo Ataliba, pronunciadas em memorável conferência, contidas num excerto trazido à colação por Roque Antonio Carrazza. Ouçamo-lo, pois:

"É a Constituição, meus Srs., que dá a mim, cidadão que pratica operação mercantil no Brasil, o direito de me creditar do ICM relativo a operações anteriores, não é lei nenhuma.

"Não é a lei complementar que dá; não é a lei ordinária do Estado, não é a doutrina: é a Constituição. Este é um direito constitucional, é um direito dado pela Constituição, é um direito público subjetivo constitucional de quem pratica operação mercantil. Portanto, a lei não pode diminuir, reduzir, retardar, anular, ignorar um direito que a Constituição deu".[27]

17.3.3.1.11 Progressividade do imposto sobre a renda

O princípio em apreço consiste no estabelecimento de alíquotas mais elevadas quanto maior for o valor tributável. Com efeito, assim dispõe o art. 153, § 2º, I, do Texto Excelso com relação ao IR, donde caberia ao legislador cumprir fielmente o conteúdo do aludido comando constitucional.

No âmbito do IRPF, em particular no tocante à apuração anual por meio da declaração de rendimentos, a legislação estipula apenas dois percentuais de tributação – no caso, 15% e 27,5% –, o que, a bem pensar, exprime uma forma insatisfatória e pálida de progressividade, pois, a rigor, o aludido primado constitucional haveria de compreender um maior número de patamares tributáveis com alíquotas devidamente graduadas. A exemplo do que ocorre nos Estados Unidos, onde há ao menos cinco patamares de alíquotas, quais sejam: 15%, 28%, 31%, 36% e 39,6%. Na Alemanha, também, há uma progressividade gradativa entre 19% até 53%.

Urge esclarecer que o legislador pode tornar qualquer tributo progressivo, independentemente de previsão constitucional expressa. A afirmação justifica-se, na medida em que a progressividade traduz uma das muitas fórmulas de quantificação do tributo e, por isso mesmo, representa um componente imerso na própria competência tributária.

Embora o legislador não dependa de uma autorização constitucional para tornar um tributo progressivo, impende esclarecer que a regra contida no princípio constitucional sob exame exige seja o IR submetido à progres-

27. Roque Carrazza, *ICMS*, 13ª ed., São Paulo, Malheiros Editores, 2009, p. 340, nota de rodapé 1.

sividade. Como se vê, ao contrário de autorização, o primado em questão é, antes, uma ordem.

Não obstante, prospera ainda o desconhecimento de que a progressividade representa um dos meios de quantificação do tributo e, por via de conseqüência, integra a competência tributária e, obviamente, independe de autorização constitucional específica. Muitas decisões judiciais revelam o equívoco, o mesmo ocorrendo no plano da produção de normas gerais e abstratas, a exemplo da inócua Emenda Constitucional 29, de 13.9.2000, que dispôs sobre a progressividade do IPTU, cuja progressividade não necessitaria da referida previsão.

17.3.3.1.12 Seletividade do IPI e do ICMS

O princípio *sub examine* reveste especial relevância em termos de justiça fiscal. Deveras, consiste numa tributação seletiva em que os produtos e as mercadorias mais necessários para a maioria da população devem ser gravados com alíquotas menores, e aqueles não tão essenciais, a seu turno, assujeitam-se a alíquotas mais elevadas. Encontra-se previsto no art. 153, § 3º, I, com referência ao IPI; e no art. 155, § 2º, III, com relação ao ICMS.

Na área do IPI, por exemplo, os calçados, o vestuário e os alimentos e outros produtos industrializados são submetidos a incidências menores, enquanto os refrigerantes, as cervejas, o uísque, a vodca e os cigarros, por sua vez, subordinam-se a alíquotas mais altas.

O mesmo ocorre no âmbito do ICMS paulista, por exemplo, cuja legislação grava os alimentos com a alíquota mínima de 7%, os veículos automotores com 12%, as mercadorias em geral com 18% e as bebidas alcoólicas e as luvas de boxe, dentre outras, com 25%, na exata conformidade com o princípio ora comentado.

Não se pode olvidar que, da mesma forma que a não-cumulatividade, a regra da seletividade representa um dos mecanismos de quantificação dos tributos que já se encontra no âmbito do poder tributário do legislador. Por conseguinte, longe de significar uma autorização, exprime uma ordem que obriga o legislador do IPI e do ICMS a adotar a seletividade no seu mister de editar as normas gerais e abstratas dos aludidos impostos.

Em que pese à clareza solar do princípio ora comentado, por vezes o legislador labora em inaceitáveis incorreções, a exemplo da alíquota de 25% de ICMS em relação à energia elétrica e à telefonia, como sabido e induvidoso, ambos dotados de essencialidade máxima e absolutamente imprescindíveis, não só para a maioria, mas para a totalidade da população.

Trata-se, pois, de algumas das incontáveis distorções do figurino constitucional que, vezes sem conta, são cometidas no plano ordinário ou complementar.

17.3.3.1.13 Seletividade das contribuições de seguridade social

Outra forma de seletividade foi instituída pela Emenda Constitucional 47, de 5.7.2005, ora inserta no § 9º do art. 195 da Constituição da República. Diversamente do IPI e do ICMS, consiste na graduação de alíquotas em função da atividade econômica ou da utilização de mão-de-obra por parte do contribuinte.

Convém lembrar que a contribuição *in casu* poderia ser seletiva mesmo à míngua da referida disposição, porquanto a seletividade integra a quantificação do tributo, que, por sua vez, é componente da competência tributária. Por essa razão, a norma comentada não traduz uma autorização, mas uma ordem a ser cumprida no plano subconstitucional.

17.3.3.2 *Princípios inexpressos*

17.3.3.2.1 Não-cumulatividade

Como já visto, encontra-se explicitamente contemplado no que concerne ao IPI, ao ICMS e aos tributos residuais previstos no art. 154, I, do Texto Excelso. Por outro lado, quer-se demonstrar que o princípio tematizado não se circunscreve àqueles gravames, mas alcança quaisquer tributos sujeitos à incidência cumulativa, daí seu caráter inexpresso.

Com efeito, segundo uma visão lógica e teleológica do Sistema Tributário Nacional, força é reconhecer que a não-cumulatividade ultrapassa os lindes da literalidade positivada nos arts. 153, § 3º, II, 155, § 2º, I, e 154, I, da Carta da República.

Em abono ao alegado, impende notar que os únicos tributos sujeitos a cobrança cumulativa em nosso Sistema são o IPI e o ICMS – e, por isso, o constituinte vedou fossem cobrados daquela forma e firmou o postulado da não-cumulatividade. Logicamente, não teria sentido qualificar como não-cumulativo um tributo que por sua própria natureza tenha sua exigibilidade exaurida num único momento – caso, por exemplo, do IR ou do imposto sobre a importação ou quaisquer outros.

Ademais, afora o IPI e o ICMS, os impostos residuais e as contribuições de seguridade residuais, caso venham a ser instituídos, não poderão ser cumulativos, o que mostra a total vedação à cumulatividade no direito tributário brasileiro.

Dessarte, por levar em consideração que os tributos de natureza originalmente cumulativa – IPI e ICMS – mereceram tratamento não-cumulativo, bem assim os residuais, que eventualmente poderiam ser cumulativos, também se submetem ao mesmo regime jurídico constitucional, forçoso é concluir que o primado sob exame, em sua implicitude, compreende todos os tributos do Direito Brasileiro.

17.3.3.2.2 Seletividade

Instituir um tributo significa editar uma norma descritora de um fato jurídico suscetível de incidência, o qual deve ser necessariamente quantificado. Deveras, mensurar o *quantum debeatur* integra o processo de criação, donde, *a contrario sensu*, um tributo destituído dessa grandeza seria simplesmente inexistente. Se, por absurdo, a lei de determinado tributo não contivesse base de cálculo e alíquota, por certo a Fazenda Pública não teria como cobrar, nem o contribuinte poderia pagar, ainda que assim o desejasse, para permanecer a salvo de um suposto inadimplemento.

Postas em curso estas ponderações, cumpre reiterar o ponto de vista exposto no tópico da seletividade expressa, segundo o qual a seletividade representa um dos meios de quantificação dos tributos, razão por que integra o processo de criação, ou seja, insere-se na competência tributária da União, do Distrito Federal, dos Estados e dos Municípios.

Logo, é lidimo depreender que o legislador não depende de qualquer autorização constitucional para efeito de tornar um tributo seletivo, podendo adotá-la ao seu alvedrio mercê da existência implícita dessa regra no contexto da *Lex Legum*, a qual convive com a seletividade expressa – esta, sim, dotada de força impositiva e obrigando o legislador a implementá-la no plano subconstitucional.

17.3.3.2.3 Territorialidade da tributação

A territorialidade jaz nas dobras do poder tributário das pessoas jurídicas de direito público interno – vale dizer: União, Estados, Distrito Federal e Municípios. Deveras, o referido princípio inexpresso, muito bem captado por Vittorio Cassone, traduz corolário lógico da partilha de competências privativas e exclusivas estabelecidas na Carta Magna em prol das pessoas constitucionais. A título de ilustrar o assunto, basta lembrar que somente a União, por exemplo, é que pode legislar sobre os impostos enumerados nos arts. 153 e 154, bem como os Estados e o Distrito Federal em relação aos impostos previstos no art. 155, senão também os Municípios e o Distrito Federal quanto àqueles contemplados no art. 156.

Portanto, resta evidente que as pessoas constitucionais não podem legislar sobre tributos situados na órbita competencial de outras, o que pode implicar relevantes reflexos no orbe da tributação.

Vittorio Cassone assinala, com muita propriedade e precisão, que a legislação municipal e distrital relativa ao ISS somente poderia incidir sobre os fatos jurídicos ocorridos no Município em que o serviço foi prestado, e não onde a prestadora esteja domiciliada, conforme quer o regramento básico constante da legislação de regência.[28]

17.3.3.2.4 Indelegabilidade da competência tributária

Consoante noção cediça, a competência tributária significa o poder legislativo concernente à matéria tributária, pelo qual o processo legislativo traduz o meio idôneo para dispor sobre os planos do nascimento, existência e extinção de tributos.

Essa potestade afigura-se indelegável, quer sob o ponto de vista interno, entre os Poderes de um mesmo plano de governo, quer sob o prisma externo, na relação entre as pessoas constitucionais.

No primeiro caso diz respeito à impossibilidade de o Legislativo delegar o poder de legislar ao Executivo, pelo quê o Congresso Nacional, por exemplo,não pode atribuir poderes ao Presidente da República para editar lei delegada sobre temas tributários, não podendo, outrossim, incumbir o Executivo de dispor sobre a quantificação de tributos, porquanto a matéria é privativa de lei ou diploma de igual timbre. O asserto deflui do primado da estrita legalidade, cujas cores escarlates em nosso Direito não se compaginam com essa modalidade de delegação.

Já a segunda hipótese cuida do impedimento pelo qual a União, o Distrito Federal, os Estados e os Municípios não podem transferir o poder tributário entre si, ainda que o desejassem. Por isso, não poderia a União, por exemplo, delegar poderes aos Estados para legislarem acerca do IR. A asserção traduz corolário da rigidez com que o Texto Excelso partilhou a competência tributária entre as pessoas jurídicas de direito público interno.

Em veras, por considerar que a Constituição estabeleceu competências privativas em prol de cada uma das pessoas constitucionais, torna-se forçoso concluir que as entrevozes da *Lex Legum* não admitem qualquer forma de delegação, a qual atritaria a estrutura lógica do arcabouço sistemático – daí emergir com vigor indeclinável o primado inexpresso da indelegabilidade competencial.

28. Vittorio Cassone, *Direito Tributário*, 12ª ed., São Paulo, Atlas, 2000, p. 118.

17.3.3.2.5 Tipicidade e vinculabilidade

A tipicidade significa basicamente a exata justaposição do fato à norma, enquanto a vinculabilidade se entende como a cobrança do tributo por meio de ato administrativo vinculado, ou seja, aquele em que a Administração é obrigada a praticar o ato nos termos, quando, onde e quanto a lei determinou, sem qualquer margem de subjetividade.

Primeiro, convém desmistificar a noção errônea segundo a qual o princípio em epígrafe seria privativo do direito penal. Decididamente não o é, uma vez que a tipicidade habita todos os campos do Direito, tanto público como privado. Compreendida como a adequação do fato à norma, ressalta à evidência que a instalação de um vínculo obrigacional somente se concretiza se um dado fato de subsumir à hipótese juridicizada.

Com efeito, até mesmo uma prestação de índole privada, a exemplo de serviço de estacionamento ou de restaurante, simboliza obrigações decorrentes de um fato típico. Admitir o contrário seria uma absurdez vitanda, pois o sujeito passivo das obrigações apontadas somente poderia ser o destinatário do serviço, bem como o sujeito ativo haveria de ser o prestador, senão também o serviço só poderia ser aquele objeto da avença.

Resta induvidoso, pois, que a tipicidade é inerente a qualquer relação jurídica – fato, diga-se de passo, que infirma noção corrente acerca do assunto.

Ademais, se é verdade que a tipicidade é comum a todos os quadrantes do Direito, não menos verdade é também que o aludido princípio reveste matizes mais intensos na seara penal e na tributária. Naquela traduz conhecimento cediço, nesta já exprime uma regra sutil que jaz submersa nos meandros do primado da estrita legalidade. Deveras, em obséquio ao referido princípio, somente a lei ou diploma de igual patamar é que pode descrever em pormenor a norma jurídica de tributação, vale dizer, a conduta tributável, o lugar e o momento no qual aquele fato enseja a instauração do liame obrigacional, cabendo-lhe, outrossim, identificar os sujeitos da relação e a respectiva quantificação.

Por conseguinte, compete ao plano legislativo exaurir a criação do tributo e os meios de exigibilidade e de eventual questionamento, devendo fazê-lo de forma esmiudada e em pormenor, donde, por sua própria natureza, opõe-se a qualquer cobrança que não seja típica e, por decorrência, também vinculada – pelo quê o Executivo somente pode cobrar ou dispensar a cobrança do tributo quando, como, onde e quanto a legislação determinar, sendo vedada qualquer forma de subjetivismo na sua exigibilidade ou inexigibilidade.

Exsurge nas dobras da estrita legalidade, e nos lindes da tributação a tipicidade e ganha gradação máxima, tanto que Alberto Xavier a qualifica com a denominação de "tipicidade cerrada", porquanto o grau de harmonia entre o fato e a norma deve ser absoluto, sob pena de não haver obrigação tributária. A vinculabilidade, a seu turno, encontra-se codificada na cláusula derradeira do art. 3º, que define o tributo, figura nuclear do direito tributário.

17.4 Limitações do poder de tributar

Ao dispor sobre o Sistema Tributário Nacional, a Carta Magna dedicou a Seção II do respectivo capítulo do Título VI ao tema denominado "Das Limitações do Poder de Tributar". E o fez por meio dos arts. 150 a 152, com seus desdobres contidos em incisos e parágrafos.

Conforme sugere a própria expressão ora analisada, as limitações compreendem inúmeros princípios constitucionais tributários que efetivamente delimitam o poder tributário das pessoas políticas de direito público interno – vale dizer: União, Distrito Federal, Estados e Municípios.

Por outro lado, cumpre ponderar que noutros entrechos da Constituição há inúmeros princípios tributários que também exercem a função de limitar o poder de tributar do Estado. Só para mencionar alguns, merecem lembrados os princípios da não-cumulatividade do ICMS e do IPI, da progressividade do IR, da anterioridade nonagesimal aplicável às contribuições de seguridade, da anterioridade em relação a tributos objeto de medida provisória, e muitos outros.

Em suma, cabe reiterar, alto e bom som, que todos os princípios constitucionais tributários representam limitações ao poder de tributar, sejam aqueles enumerados na seção com esse título, sejam aqueles positivados em outros capítulos do Texto Supremo.

Outrossim, não se pode olvidar que as referidas limitações apresentam dois prismas, é dizer, de um lado representam marcos intransponíveis em relação ao poder de tributar e, de outra parte, exprimem uma proteção eloqüente aos destinatários da tributação – quais sejam: toda a sociedade brasileira, a qual, direta ou indiretamente, sustenta o Estado por meio de tributos.

17.4.1 Desobediência às limitações

Lamentavelmente, o que se vê no patamar subconstitucional é uma voracidade arrecadatória sem qualquer parâmetro, em flagrante desrespeito ao postulado das limitações constitucionais ao poder de tributar e, por consecutivo, na contramão dos valores proclamados no Texto Excelso.

Em abono ao asserto basta recordar que a carga tributária brasileira é das mais elevadas do Planeta, afrontando, assim, os postulados garantidores do direito de propriedade, da vedação à tributação confiscatória, da garantia aos direitos sociais elencados no *caput* do art. 6º da Constituição da República. Deveras, a carga tributária em torno de 38% do PIB afigura-se decididamente confiscatória, sobretudo se levado em conta que o contribuinte não tem contrapartida alguma em termos de serviço público, seja na área da saúde, da segurança, da educação, do transporte e quaisquer outras.

Cabe lembrar comentário anotado no tópico atinente à capacidade contributiva, quando foi observado que o critério de mensuração da carga tributária exprime um percentual médio, o qual não mostra a realidade em relação àqueles que pagam, até porque muitos não pagam. Ilustra o afirmado, dentre outras hipóteses, a percentagem da contribuição social cobrada no Brasil, que é mais que o dobro da cobrada na Inglaterra, que, a seu turno, é a mais elevada dentre as Nações do Primeiro Mundo. *Oh, my God* – diriam os ingleses!

Iguais desditas permeiam o imposto estadual em nosso país, pois enquanto o ICMS brasileiro é graduado entre 7 a 25%, o imposto correspondente nos Estados Unidos compreende alíquotas entre 0 (zero) e 7%. Como se vê, a alíquota mais elevada naquele país é a menor nos Estados brasileiros. Sem contar que no Brasil o ICMS é cobrado sobre o valor da mercadoria e o do próprio imposto – o que, além de indevido, torna a percentagem mais elevada em relação àquela meramente nominal.

Por outro lado, no Direito Comparado a receita dos tributos destina-se à consecução do bem comum e, por isso, não é de mister a criação de tributos pontuais, assim como a extinta CPMF para a saúde ou a CIDE para as estradas, pois as receitas orçamentárias são suficientes para essa finalidade. Entre nós, por outro lado, apesar da elevada arrecadação proveniente da receita tributária, o dinheiro é sempre insuficiente e o Governo cobra para fazer aquilo que deveria ter feito com o que já recebeu – daí a origem da CPMF e da CIDE. Mas mesmo assim o país continua sem saúde e sem estradas. E, o que é pior, sem nada, uma vez que contabilizamos toda sorte ou azar de "apagões", caso da crise aérea, das estradas sem condições de trafegabilidade, da total ausência de segurança e da farra do crime e todas as demais mazelas que o súdito enfrenta em todos os dias do ano.

E o que dizer do ICMS cobrado nas contas de energia elétrica e de telefonia, o qual, por representarem necessidade indispensável para a maioria ou totalidade da população, haveria de se sujeitar às alíquotas mínimas, entre 0 (zero) até 7%, jamais à percentagem máxima, conforme sói acontecer, tanto que a alíquota cobrada importa em 25%, o que significa afronta ao princípio constitucional da seletividade, sendo, assim, mais um exemplo de desobediência aos aludidos limites ao exercício do poder tributário?

Sobrenumeráveis outras disposições funestas passam ao largo das limitações e maculam a positivação do direito tributário no campo subconstitucional, caso da extinta CPMF, vocacionada à vigência transitória de um biênio e que vigorou por um decênio; ou mesmo a incredível Emenda Constitucional 21, de 18.3.1999, que prorrogou sua vigência após sua extinção, operada em janeiro do mesmo ano!

E o que dizer do DRU, censurável por todas as luzes, porquanto desvia receitas cuja autorização constitucional para a respectiva instituição e cobrança repousa exatamente na destinação, a teor das contribuições sociais?

As impropriedades, diga-se de passo, não se exaustam nas observações tecidas nos parágrafos precedentes. Ao contrário, elas se esparzem no campo infraconstitucional de modo intensamente surpreendente, tendo como tônica o objetivo de prover os cofres públicos em detrimento do culto à Constituição da República.

17.5 Tributo e espécies tributárias ao lume do regime jurídico constitucional

17.5.1 Tributo

O Estatuto Supremo não define o tributo de maneira expressa, embora o faça de modo implícito; ao passo que as espécies tributárias mereceram tratamento mais detido em termos de seus contornos, nos quais emergem suas definições.

Deveras, uma leitura contextual do Texto Excelso revela que as receitas oriundas da tributação são as principais fontes de recursos tendentes a sustentar o Estado, despontando, desde logo, sua condição pecuniária – em obséquio, aliás, à sua própria razão de ser, enquanto preordenam-se a dar os meios necessários aos vários planos de governo a fim de buscarem a consecução do bem comum.

Mercê de sua natureza ontológica, não poderia o tributo subordinar-se a um regime de direito privado em que a prestação seria devida em decorrência de um acordo de vontades.

Por óbvio, o tributo reveste caráter compulsório, cabendo esclarecer que a compulsoriedade inerente ao tributo opera no plano do nascimento da obrigação, diferentemente, portanto, daquelas obrigações que são instaladas em virtude de manifestação de vontade das partes e somente ao depois é que ganham matizes compulsórios.

Outrossim, o tributo não representa penalidade – donde, por via de regra, compreende condutas lícitas, conquanto possa incidir sobre condutas ilícitas, *ad exemplum* da tributação progressiva do IPTU, prevista no art. 182, § 4º, II, da CF, suscetível de aplicação aos imóveis urbanos não-edificados que descumpram a função social da propriedade.

Ao lado desses aspectos, o tributo abriga outro traço no patamar constitucional, na medida em que somente pode ser instituído por pessoa jurídica de direito publico interno – no caso, a União, o Distrito Federal, os Estados e os Municípios.

Esses são, com efeito, os característicos tipificadores do tributo na Constituição da República, os quais devem nortear e balizar o labor exegético do operador do Direito em cada passo que vier a dar na seara desse segmento normativo.

Como corolário exsurge a seguinte definição: *tributo é prestação originalmente pecuniária, instalada compulsoriamente e instituída por pessoa jurídica de direito público interno.*

Cumpre obtemperar que a definição trazida à colação infirma a cláusula prevista no art. 3º do CTN, segundo a qual o tributo teria por pressuposto somente fatos lícitos. Ademais, desconsidera outras cláusulas da definição codificada, caso da legalidade e da vinculabilidade, as quais, relevantíssimas embora, não integram o perfil definitório do tributo. Despiciendo, também, o Código ao dizer que o tributo é cobrado em dinheiro ou valor equivalente, pois isso nada diz com a essência da prestação de índole tributária.

17.5.2 Espécies tributárias

O tributo abriga caráter genérico e compreende as seguintes espécies: impostos, taxas, empréstimos compulsórios, contribuições de melhoria, contribuições sociais, contribuições interventivas econômicas e contribuições corporativas ou de categorias profissionais.

As referidas espécies, por sua vez, apresentam desdobramentos, a saber: impostos sobre a propriedade – IPTU, IPTR e IPVA, IR e tantos outros previstos no Texto Supremo; igual sorte ocorre com as taxas, as quais podem ser de polícia, de serviço ou de pedágio; o mesmo sucede com o empréstimo compulsório, que pode ser de calamidade ou de investimento; as contribuições sociais também são multifacetadas, caso daquelas incidentes sobre a folha de salários ou sobre o lucro/CSL ou das que recaem sobre o faturamento, a teor do PIS e COFINS; já as contribuições de intervenção no domínio econômico podem revestir traços específicos, a exemplo da CIDE/ Combustível e da CIDE/Tecnologia; e, por derradeiro, na mesma trilha, temos as diversas modalidades de contribuições corporativas ou de categorias profissionais, as quais dizem respeito a cada classe, caso da contribuição em prol da OAB, do CREA, do CRC, do CRM e afins.

Força é notar que as espécies tributárias *in casu* não foram atualizadas pelo CTN, que, em seu art. 5º, ainda cataloga apenas três modalidades de tributos – no caso, os impostos, as taxas e as contribuições de melhoria.

As aludidas espécies tributárias são tipificadas em função do regime jurídico constitucional, e não em virtude das cores contidas no Código Tributário Nacional – algumas, diga-se de passo, equivocadas, conforme será demonstrado nos itens subsecutivos.

Registre-se, ainda, que, ao ver da doutrina tradicional, a aplicação do produto da arrecadação dos tributos codificados seria irrelevante para identificar sua natureza jurídica, a qual seria determinada pela adequação do fato jurídico tributário (fato gerador) aos arts. 16, 77 e 81 do CTN – donde no primeiro caso seria imposto, no segundo taxa e no terceiro contribuição de melhoria.

Por outro lado, ao contrário daqueles, os tributos não-codificados têm a sua natureza jurídica específica determinada pela destinação do produto da sua arrecadação, e não pelo fato jurídico tributário (fato gerador). É o caso dos empréstimos compulsórios, previstos no art. 148, I e II, da CF, senão também das contribuições sociais, interventivas e de categorias profissionais, enumeradas no art. 149.

Entrementes, no pensar abraçado no presente estudo quer-se sustentar que a afetação das receitas tributárias integra o regime jurídico constitucional de todos os tributos.

17.5.2.1 *Impostos*

Vejamos inicialmente o tributo da espécie imposto, o qual encontra-se configurado pela conjugação de dois predicados, o primeiro consubstanciado num fato jurídico consistente numa conduta essencialmente particular e desvinculada de qualquer atividade do Estado, já o segundo substanciado na destinação basicamente orçamentária em relação ao produto de sua arrecadação. Aquele devidamente codificado no art. 16, enquanto este, embora infirmado pelo art. 5º, II, do CTN, encontra-se constitucionalizado, conforme será demonstrado a seguir.

No tocante ao fato jurídico (fato gerador) o legislador do Código explicitou aquilo que a Constituição da República versou de modo implícito. Tanto assim é que a Carta Magna descreveu em pormenor os fatos jurídicos suscetíveis de incidência de todas as modalidades de tributos, menos a do imposto – pelo quê, *a contrario sensu*, restou inexpressa a cláusula relativa a um fato desatrelado de qualquer atividade do Estado ou de quem lhe fizer as vezes. Assim, o art. 145, I, da CF se limita a aludir que a União, o Distrito Federal, os Estados e os Municípios poderão instituir impostos, nada mais dizendo em relação à essa classe de tributo.

Por outro lado, no tangente ao destino dos valores de sua arrecadação, ao revés do quanto consta do inciso II do art. 4º do CTN, o Texto Magno qualifica a destinação de suas receitas como um dos elementos tipificadores do seu modelo jurídico constitucional.

A bem ver, a doutrina tradicional abraça o mencionado comando do Código e, para tanto, invoca o art. 167, IV, da CF, o qual proíbe o comprometimento das receitas dos impostos com qualquer fundo, órgão ou despesa, salvo aquelas excetuadas pela própria Lei Maior.

Ora, o referido comando, em verdade, ao vedar a prévia afetação dos recursos provenientes dos impostos, está a proclamar que a respectiva receita tem uma determinada destinação, vale dizer, prover o orçamento público, admitidas apenas algumas exceções constitucionalizadas.

Logo, não se escoima de invalidez, por inconstitucional, o inciso II do art. 4º do CTN, na medida em que aquele mandamento destoa do regime jurídico impresso na Carta Magna.

17.5.2.2 *Taxas*

Já as taxas, previstas nos arts. 145, II, e 150, V, podem ser de polícia e de serviço e de pedágio, respectivamente.

A doutrina tradicional bem assim o CTN, em seu art. 77, averbam que as de polícia e de serviço público têm por pressuposto uma atividade estatal, quer de polícia, quer de serviço, convindo lembrar que as taxas de pedágio não se encontram codificadas.

Em oposição àquele entendimento, no presente estudo quer-se sustentar que em quaisquer taxas o fato jurídico tributário (fato gerador) não é a própria atividade estatal, mas a condição de alguém ser destinatário de uma atuação do Estado.

Posto isto, dar-se-á pressa em examinar de modo compendiado as diversas taxas do Sistema Tributário Nacional, todas sob o prisma constitucional.

Com efeito, as taxas de polícia não se confundem com a atuação da Polícia de combate ao crime, mas têm por objeto o conjunto de intervenções da Administração que tendem a impor à livre ação dos particulares a disciplina exigida pela vida em sociedade, segundo a abalizada lição de Jean Rivero.[29]

Deveras, são verdadeiras taxas de fiscalização, as quais podem recair sobre inspeção veicular, higiene em restaurantes e similares, segurança em estabelecimentos que industrializam ou comercializam armas, munições e artigos de pirotecnia e outras atividades que exijam uma atuação disciplinadora do Estado. Advirta-se que a referida taxa não diz respeito à fiscalização tributária, mas à de natureza administrativa. Pondere-se, ademais, que a taxa em apreço assim como todas as demais somente podem ser cobradas se houver a efetiva atividade estatal, jamais atividade potencial.

Ao bordar o tema, Bernardo Ribeiro de Moraes enumera genericamente aquelas relativas a fiscalização, controle ou inspeção de edifícios, tendo por objeto as caldeiras, os elevadores, as máquinas, as instalações elétricas, as instalações de calefação e refrigeração ou a vacinação de animais ou o controle de pesos e medidas, e muitas outras. Numa análise pontual, menciona os estabelecimentos industriais, comerciais e de serviços, cuja localização e funcionamento dependem de controle, fiscalização e autorização do Poder Público, rendendo margem, assim, a que seja instituída a taxa de localização e funcionamento. Alude também à taxa de licença para construções, arruamentos e loteamentos, porquanto as edificações e o ordenamento urbanístico se submetem ao disciplinamento do Poder Público, o que traduz pressuposto de taxa de polícia.[30]

As taxas de serviço público têm como requisito os aspectos da especificidade e da divisibilidade. Significa dizer, não se trata de serviço geral ou indeterminado, mas serviço especificado e determinado – donde é vedado instituir taxa sobre serviços públicos gerais. Sobremais, o serviço haverá de ser divisível, ou seja, individuado por unidade residencial ou comercial, na dimensão em que o produto do serviço seja fruível por destinatário personalizado, com excludência de outros, ainda que estoutros também fruam de serviço semelhante. Todavia, cada qual utilizará sua porção ou sua cota. De conseguinte, por exemplo, é defeso instituir taxa de serviço de iluminação pública, a qual não é divisível, tanto que todos os moradores ou residentes

29. Jean Rivero, *Direito Administrativo*, trad. de Rogério Ehrhardt Soares, Coimbra, Livraria Almedina, 1981, p. 193.

30. Bernardo Ribeiro de Moraes, *Doutrina e Prática das Taxas*, 2ª ed., São Paulo, Quartier Latin, 2007, pp. 169 e ss.

nas cercanias dos locais iluminados ou todos os passantes pelo referido ponto desfrutam indistintamente do referido serviço.

Importa ressaltar que o serviço público *in casu* haverá de ser efetivo e nunca potencial, conforme sublinhado por Bernardo Ribeiro de Moraes em sua clássica monografia, retrocitada.[31] O esclarecimento torna-se necessário em virtude de a linguagem constitucional hospedar o termo "potencial", o qual, a seu turno, diz respeito à utilização do serviço, e não à sua indispensável efetivação.

Segundo Bernardo Ribeiro de Moraes, são taxas de serviço, por exemplo, a taxa de conservação de vias e logradouros públicos, também denominada taxa de viação ou taxa de calçamento, desde que individualizados seus destinatários, bem como a taxa de conservação de estradas ou a taxa de pavimentação ou taxa de colocação de guias e sarjetas, senão também a taxa de águas e esgotos, dentre outras.[32]

Finalmente, temos as taxas de pedágio, as quais têm por fato jurídico tributário a utilização de estradas conservadas pelo Poder Público. Cumpre ponderar que as referidas taxas cobradas nas rodovias federais afiguram-se inconstitucionais, porquanto inexiste lei lastreando sua exigibilidade. Melhor sorte não cabe às taxas cobradas no Estado de São Paulo, uma vez que a lei paulista de antanho criou o pedágio com a finalidade de gerar recursos para a construção de estradas – diferentemente, portanto, dos antessupostos contidos na Carta Magna, que autorizam a aludida taxa como meio de conservar as estradas já existentes; pelo quê a lei em apreço não foi recepcionada pela atual ordem constitucional.

À derradeira, cabe frisar que, assim como os demais tributos, as taxas sob exame são tributos de competência privativa da pessoa política que realiza a atividade de polícia ou de serviço público ou de conservação de estradas.

17.5.2.3 *Contribuição de melhoria*

Na linguagem do inciso III do art. 145 do Diploma Magno, trata-se de tributo que pode ser instituído em decorrência de obra pública. Na verdade, o fato jurídico tributário *in casu* consiste não só na obra pública, mas na sua conjugação com a valorização do imóvel.

Em verdade, não seria de mister a explicitação relativa à valorização imobiliária, máxime porque esse componente habita a natureza da contribui-

31. Idem, pp. 183 e ss.
32. Idem, pp. 188 e ss.

ção de melhoria em seu perfil histórico e universal. Assim, quer entre nós, quer alhures, a espécie tributária ora questionada compreende inexoravelmente o binômio consubstanciado na valorização imobiliária decorrente de obra pública.

Sob o prisma histórico, em precioso estudo sobre o tema, Robson Luiz Rosa Lima preleciona que o instituto remonta aos meados do século XIII, quando a Rainha da Inglaterra determinou fosse represado o Rio Tâmisa, mediante a construção de diques a fim de evitar os constantes transbordamentos, determinando, outrossim, fosse efetivado o saneamento de suas águas, propiciando, assim, sua navegabilidade e o desenvolvimento da vida econômica da população ribeirinha.

Em face dessa obra de grande porte e também dispendiosa, sobreveio uma significativa e extraordinária valorização imobiliária de terras particulares que até então não passavam de pântanos e de alagadiços – fato, aliás, percebido pela Câmara dos Lordes, que entendeu por bem cobrar um tributo dos proprietários daqueles imóveis, com o objetivo de lhes repassar o custo da obra na proporção de sua valorização. Criou-se o *betterment tax*, vale dizer, o tributo ao qual corresponde nossa contribuição de melhoria.[33]

A exemplo dos demais tributos de nosso Sistema, trata-se de gravame de competência privativa da pessoa constitucional que realizar a obra. É reproduzida no art. 81 do CTN e esmiuçada pelo Decreto-lei 195, de 24.2.1967, diploma de conteúdo nacional, o qual, por essa razão, submete a União, o Distrito Federal, os Estados e os Municípios ao seu espectro eficacial.

Ao contrário do disposto no art. 4º e inciso II do CTN, o produto da arrecadação integra o regime jurídico do aludido tributo, tanto que representa não só a causa, mas também a finalidade do seu desenho constitucional.

Por fim, cabe lembrar que sua exigibilidade se exaure numa única vez, ainda que a cobrança seja parcelada.

17.5.2.4 *Contribuição de intervenção no domínio econômico/CIDE*

Espécie tributária ainda não codificada, foi reintegrada ao Direito pátrio no altiplano constitucional por força do disposto no art. 149 da CF promulgada em outubro/1988. Diferentemente dos impostos, taxas e contribuições de melhoria, cuja natureza jurídica específica é determinada pelo fato jurídico tributário conjugado com a base de cálculo, a contribuição sob comento é caracterizada pelo comprometimento de suas receitas numa das possíveis atividades de intervenção econômica da União Federal.

33. *Site Doutrina Jus Navigandi.*

17.5.2.5 *Contribuições sociais*

Modalidades de tributos com a vocação de produzir recursos financeiros tendentes ao custeio dos programas catalogados na ordem social na Carta da República. No geral são de competência da União, conforme prevê o art. 149 da CF, lembrando, contudo, que os Estados, o Distrito Federal e os Municípios podem instituir contribuições sociais previdenciárias dos servidores públicos, autárquicos e fundacionais.

17.5.2.6 *Contribuições profissionais ou corporativas*

São aquelas destinadas ao custeamento de entidades que realizam atividades de interesse público, caso, dentre outras, da OAB ou do CRM, cujos orçamentos são providos com recursos dessas espécies tributárias.

17.6 Tributos federais

17.6.1 Tributos

Os gravames em apreço compreendem as modalidades impostos, taxas, contribuições de melhoria, empréstimos compulsórios, contribuição sociais, contribuições interventivas econômicas e contribuições profissionais. É oportuno observar que desde o advento da ordem constitucional a viger os empréstimos compulsórios contemplados em seu art. 148, I e II, ainda não foram objeto de instituição por parte do legislador complementar.

17.6.2 Impostos

Enumerados no art. 153, I a VII, da CF, são os seguintes: imposto sobre a importação/II; imposto sobre a exportação/IE; imposto sobre a renda e proventos de qualquer natureza/IR; imposto sobre produtos industrializados/IPI; imposto sobre operações de crédito, câmbio e seguro, ou relativas a títulos e valores mobiliários/IOF; imposto sobre a propriedade territorial rural/IPTR ou ITR; e imposto sobre grandes fortunas/IGF – este, aliás, não instituído no plano complementar –, além do imposto residual e do imposto extraordinário, previstos no art. 154, I e II, do Diploma Excelso.

17.6.3 Taxas de polícia

Em que pese à denominação inadequada, a referida modalidade tributária é uma verdadeira taxa de fiscalização administrativa. Obviamente, seu objeto não consiste na fiscalização de tributos, mas no controle de cumprimento de posturas administrativas situadas no campo de competências da pessoa constitucional que instituir o gravame.

Com efeito, por considerar que à União compete legislar sobre consórcios e sorteios, nos termos do art. 22, XX, da CF, compete-lhe, outrossim, exercer a fiscalização da respectiva atividade, podendo, portanto, instituir a taxa correspondente – aliás, como de fato o fizera, por meio da Lei 5.768, de 20.12.1971, revogada pela Lei 8.522, de 11.12.1992.

O mesmo ocorre com relação ao comércio exterior, consoante previsão contida no art. 22, VIII, do Diploma Excelso, o que deu margem à criação da taxa de licença de importação, efetivada por meio da Lei 2.145, de 29.12.1953, modificada pela Lei 7.690, de 15.12.1988, sendo finalmente revogada pela Lei 8.522, de 11.12.1992.

Na mesma trilha, com fulcro no art. 21, VIII, da Carta da República, a União editou a Lei 7.940, de 20.12.1989, pela qual instituiu a taxa de mercados de títulos e valores mobiliários/CVM, com o propósito de fiscalizar aquela atividade em prol dos investidores, de forma imediata, senão também em favor da sociedade, de forma mediata.

Outrossim, há taxas de polícia lastreadas na competência genérica concorrente, embora a taxa seja condicionada à atuação efetiva e específica da pessoa constitucional que a instituíra. Nesse plano, levando-se em conta que a saúde e o ambiente representam valores de competência genérica comum, conforme quer o art. 23, II e VI, da *Lex Legum*, temos, dentre outras, a taxa de vigilância sanitária, com supedâneo na Lei 9.782, de 26.1.1999, bem como a taxa de controle e fiscalização ambiental, instituída pela Lei 6.938, de 31.8.1981, com alterações posteriores.

17.6.4 Taxas de serviço

As custas judiciais ou taxa judiciária na órbita federal são cobradas com a feição de taxa de serviço. Verdade seja, poderiam sê-lo, mas não o são.

Em realidade, o ajuizamento de uma medida judicial rende margem à contraprestação de um serviço público de natureza específica e divisível, na exata conformidade com o disposto no art. 145, II, do Diploma Máximo – daí o cabimento da aludida taxa ante a situação sob comento.

Todavia, a taxa *in casu* é cobrada em função do valor da causa, e não em face do custo do serviço público correspondente; pelo quê, apesar do *nomen juris* de "taxa judiciária", estamos diante de um verdadeiro imposto inominado. Sim, a base de cálculo assim o comprova, pois, ao mensurar a dimensão da causa, está cobrando um tributo em relação ao direito patrimonial inserto na pretensão do contribuinte, infirmando, por essa forma, a suposta fisionomia jurídica sugerida pela sua denominação.

Dessarte, trata-se de imposto com nome de taxa, sem lastro constitucional; e, por óbvio, sua exigibilidade dá-se na contramão dos pressupostos firmados na *Lex Legum*, razão por que o referido descompasso torna incontroversa sua inconstitucionalidade.

17.6.5 Taxa de pedágio

Prevista no inciso V do art. 150 da CF, reveste a natureza de taxa de uso, pois tem por pressuposto o fato jurídico consistente na utilização de estrada conservada pelo Poder Público ou quem lhe faça as vezes.

Assim, configura taxa de pedágio federal o tributo cobrado pela utilização das rodovias federais, a exemplo da BR-101, ou BR-116, ou Rodovia Presidente Dutra, dentre outras, privatizadas ou não, ou ainda terceirizadas.

Cumpre observar que o pedágio é uma prestação instituída por pessoa constitucional, no caso em tela a União, bem como seu nascimento se opera compulsoriamente e não representa penalidade, perfazendo, dessarte, o regime jurídico tipificador dos tributos.

Outrossim, o fato de o titular da competência, a União, incumbir a administração do tributo a interposta pessoa traduz hipótese de parafiscalidade e nada diz com a natureza do tributo. Dito de outro modo, o que determina se uma dada prestação abriga a feição de tributo, ou não, é seu regime jurídico, e não a condição pública ou privada da pessoa que venha a exercer a capacidade tributária ativa.

Entrementes, a taxa de pedágio sob exame afigura-se decididamente inconstitucional, uma vez que não foi instituída por lei, bem como suas freqüentes majorações são efetivadas por ato administrativo, tudo em flagrante afronta ao primado da estrita legalidade insculpido no inciso I do art. 150 da Carta da República.

17.6.6 Contribuição de intervenção no domínio econômico/CIDE

Tributo de competência privativa da União, tem por pressuposto a necessária intervenção do Governo Federal no domínio econômico a fim de obter os recursos financeiros destinados a custear ou subsidiar a gestão estatal.

As contribuições dessa natureza encontram-se genericamente previstas no art. 149 do Texto Supremo e, por isso, podem ser instituídas, desde logo, pelo legislador no plano subconstitucional, a exemplo do FUST, criada pela Lei 9.998, de 17.8.2000, ou do FUNTEL, concebida por meio da Lei 10.052, de 28.11.2000, ou ainda daquela incidente sobre a remessa de *royalties*, instituída pela Lei 10.168, de 29.12.2000.

Em que pese à previsão pré-falada, o Congresso Nacional editou a Emenda Constitucional 33, de 11.12.2001, estabelecendo título competencial específico objetivado à instituição da CIDE incidente sobre a importação e comercialização de petróleo e combustíveis, a qual foi criada pela Lei 10.336, de 19.12.2001.

Primeiramente, é de mister obtemperar que a atividade interventiva não é algo ordinário, mas absolutamente excepcional; e, por isso, somente poderia subsistir enquanto perdurasse a distorção objeto da intervenção.

Em verdade, a intervenção em caráter permanente conflita com os postulados constitucionais que proclamam a liberdade econômica, nas dobras, é bem de ver, do Estado Democrático, que repudia por todas as luzes uma hipótese desse jaez.

Por conseguinte, a CIDE não é um tributo vocacionado a eternizar-se, a exemplo dos demais gravames de nosso sistema, uma vez que um de seus antessupostos repousa num fato decididamente atípico, ao qual lhe cabe corrigir. Logo, se sua exigibilidade não tiver o condão de realizar o desígnio para o qual foi instituída, afigura-se inaceitável sua vigência indeterminada, pois, além de contrariar sua fisionomia constitucional, afronta também o padrão ético do Estado, imerso, aliás, no primado da moralidade administrativa.

Outrossim, ao contrário do disposto no art. 4º, II, do CTN, seu regime jurídico constitucional caracteriza-se pela afetação do produto da arrecadação na atividade interventiva. Como corolário do asserto, resta claro que as receitas provenientes da CIDE devem ser aplicadas na finalidade que lhe é própria, sob pena de manifesta inconstitucionalidade do gravame, que se tornaria um verdadeiro imposto inominado.

Autores de tomo, a exemplo de Luís Eduardo Schoueri, sustentam a necessidade de uma atuação do Estado como pressuposto que legitime a intervenção no domínio econômico e conseqüencial instituição do gravame. Ricardo Mariz de Oliveira, a seu turno, pugna pela vinculação entre o produto da intervenção e o produto da arrecadação da CIDE, enquanto Yonne Dolácio de Oliveira e Daniel Vítor Bellan[34] propugnam pela conjugação da intervenção com um benefício tangível para o contribuinte.

34. Daniel Vítor Bellan, "Contribuições de intervenção no domínio econômico", *Revista Dialética de Direito Tributário* 78/22-30, São Paulo, Dialética.

Sobremais, mercê de sua feição lógica e ontológica, abrange um grupo ou um setor econômico determinado de contribuintes, embora nem todos desse universo devam necessariamente ocupar o pólo passivo da referida obrigação, conforme arguta observação de Marco Aurélio Greco.[35]

Entrementes, casos há em que a União passa ao largo de uma série de postulados constitucionais, a exemplo da cobrança do SEBRAE, que, além de não guardar natureza de CIDE, ainda que fosse, estaria acoimada de inúmeras vicissitudes que maculariam decididamente sua validez, seja pelo traço ordinário e não excepcional da suposta intervenção na atividade econômica, seja pela inexistência de financiamento em proveito das microempresas. Por derradeiro, sua exigibilidade transcende o grupo econômico das microempresas, uma vez que é cobrada de todas as empresas!

Por incredível que possa parecer, essa absurdez desfruta do beneplácito do Poder Judiciário. Nesse sentido, aliás, já se manifestou o Pleno do Pretório Excelso em 26.11.2003, ao julgar o RE 396.266-SC, tendo por relator o Min. Carlos Velloso, o qual, diga-se de passo, proclamou a constitucionalidade da referida contribuição, comunicando-lhe, outrossim, natureza interventiva. Ao propósito, vejamos um excerto contido na ementa da decisão sob comento: "A contribuição do SEBRAE – Lei n. 8.029/1990, art. 8º, § 3º, redação das Leis ns. 8.154/1990 e 10.668/2003 – é contribuição de intervenção no domínio econômico, não obstante a lei a ela se referir como adicional às alíquotas das contribuições sociais gerais relativas às entidades de que trata o art. 1º do Decreto-lei n. 2.318/1986, SESI, SENAI, SESC, SENAC".

17.6.7 Contribuições sociais

São tributos de competência da União, genericamente previstas no art. 149 da Constituição da República, e seu regime jurídico caracteriza-se pelo comprometimento de suas receitas em quaisquer das hipóteses insertas nas regras programáticas concernentes à ordem social.

Assim, têm por pressuposto quaisquer valores dentre aqueles descritos nos arts. 193 *usque* 232 da Carta da República, podendo apresentar natureza específica de seguridade social ou ambiental ou desportiva, dentre outras.

A seguridade social, a bem ver, compreende os âmbitos da saúde, da previdência e da assistência social, os quais, por sua vez, são definidos nos arts. 196, 201 e 203 da Carta Magna.

As contribuições de seguridade apresentam seu perfil constitucional no art. 195 e seus desdobres, merecendo citar, dentre outras, aquelas incidentes

35. Marco Aurélio Greco, *apud Revista Dialética de Direito Tributário* 78/23-24.

sobre a folha de salários, caso da previdenciária do empregador e do empregado, bem como a contribuição incidente sobre os lucros/CSSL ou as que incidem sobre o faturamento, a exemplo do PIS e COFINS, sem olvidar a extinta CPMF.

17.6.8 Contribuições profissionais ou corporativas

Previstas no art. 149 da Carta Magna, são espécies tributárias de competência privativa da União, assim como as sociais e as interventivas econômicas. Predestinam-se a prover o orçamento e a custear determinadas entidades de interesse público, a exemplo da OAB, do Conselho Regional de Medicina, do Conselho Regional de Engenharia, Arquitetura e Agronomia, do Conselho Regional de Contabilidade e outras assemelhadas.

Com efeito, aquelas entidades são mantidas com o produto da arrecadação das aludidas contribuições – hipótese, diga-se de passo, de parafiscalidade, a qual significa o exercício da capacidade tributária ativa por meio de uma interposta pessoa que não o titular da competência.

Por evidente, o exercente da mencionada fiscalidade paralela deve aplicar o produto da arrecadação no desempenho de sua atividade que é de interesse público, a exemplo do que ocorre com a OAB, CRM, CREA, CRC e outras afins.

17.6.9 Contribuições previdenciárias de servidores

Com esteio no art. 149, § 1º, da CF, a União bem assim as demais pessoas constitucionais podem instituir as referidas contribuições de seus servidores, dos autárquicos e dos fundacionais.

Cumpre ponderar que não se trata de um tributo de competência concorrente, a não ser a igual denominação, porquanto cada uma das pessoas jurídicas de direito público interno pode criar a mencionada contribuição em caráter privativo e no seu estrito plano governamental. É dizer, a União não pode legislar sobre as contribuições previdenciárias dos servidores estaduais ou distritais ou municipais, o mesmo ocorrendo nos demais planos de governo.

É exigida dos servidores da União, de suas autarquias e fundações, tanto ativos como inativos e também pensionistas, tendo por finalidade a geração de recursos para o custeio do pagamento de proventos de aposentadoria e outros benefícios de natureza previdenciária, todos elencados nas dobras do art. 40 da CF.

17.7 Tributos estaduais e distritais

17.7.1 Tributos

Os gravames de natureza estadual e distrital desdobram-se em impostos, taxas, contribuições de melhoria e contribuições previdenciárias de seus servidores, tudo com fulcro nos arts. 155 e seus desdobres, 145, II e III, bem assim 149, § 1º, da CF.

17.7.2 Impostos

Ao consoar do Texto Supremo, os impostos estaduais e distritais são os seguintes: transmissão *causa mortis* e doação de quaisquer bens ou direitos/ITCMD, previsto no art. 155, I; operações relativas à circulação de mercadorias e operações de serviços de transporte interestadual e intermunicipal e de comunicação/ICMS, relacionado no art. 155, II; e propriedade de veículos automotores/IPVA, grafado no art. 155, III.

A bem ver, o art. 155, I, cuida de dois impostos, vale dizer, um relativo à transmissão *causa mortis* e outro à doação; ao passo que o ICMS, positivado no art. 155, I, conjugado com o § 1º, segundo a festejada lição de Roque Carrazza, compreende cinco impostos distintos, a saber: (i) o imposto sobre operações mercantis; (ii) o imposto sobre serviços de transporte interestadual e intermunicipal; (iii) o imposto sobre serviços de comunicação; (iv) o imposto sobre produção, importação, circulação, distribuição ou consumo de lubrificantes e combustíveis líquidos e gasosos e de energia elétrica; e (v) o imposto sobre a extração, circulação, distribuição ou consumo de minerais.[36]

Os tributos estaduais e distritais não se encontram codificados, embora o ICMS seja objeto de legislação de eficácia complementar, caso do Decreto-lei 406, de 31.12.1968, e leis complementares supervenientes. Os referidos diplomas de natureza complementar revestem conteúdo de legislação nacional e, por isso, desfrutam do condão de submeter a legislação ordinária ao seu espectro eficacial.

No mais, cada Estado bem assim o Distrito Federal editam a legislação ordinária do ICMS, buscando simetria com a mencionada legislação complementar, bem como legislam sobre os demais impostos situados no seu âmbito competencial.

36. Roque Carrazza, *ICMS*, cit., 13ª ed., pp. 36-37.

17.7.3 Taxas de polícia

Independentemente de sua efetiva instituição, guardaria a natureza de taxa de polícia, por exemplo, aquela de inspeção veicular, cujo antessuposto consiste na fiscalização das condições de trafegabilidade e segurança do veículo automotor, matéria de alçada estadual e distrital.

Reveste a fisionomia de taxa de polícia, por exemplo, a taxa de controle ambiental no âmbito estadual ou distrital, desde que não haja superposição de incidências. É dizer, proteção e preservação do meio ambiente, floresta, fauna e flora é matéria de competência comum entre as pessoas constitucionais, por força do disposto no art. 23, VI, da CF.

Pondere-se, contudo, que a possibilidade de coexistência de taxas ambientais em mais de um plano de governo somente seria legítima se houvesse campos distintos de incidência, a exemplo de uma taxa federal tendo por objeto a proteção da floresta, fauna e flora em bens da União e outra com igual denominação recaindo em bens dos Estados ou do Distrito Federal ou mesmo Municípios. Não haveria bitributação ou pluritributação, figura vedada em nosso Direito interno.

Outrossim, depara-se censurável confundir a natureza da taxa sob exame e tratá-la como taxa policial de combate ao crime, a exemplo da taxa de segurança pública instituída no Estado de Minas Gerais.

17.7.4 Taxas de serviço

Assim como ocorre na esfera federal, o serviço público específico e divisível prestado em prol daqueles que demandam no Judiciário é objeto de custas judiciais, que seriam, em tese, as taxas de serviço.

Todavia, consoante comum sabença, as taxas preordenam-se a remunerar uma determinada atividade do Estado e, por isso, sua quantificação deve ser aferida nesse sentido.

Ora, por considerar que as custas em apreço são mensuradas em função do valor da causa, e não em face do custo do serviço estatal, força é reconhecer que esse critério adotado pelo legislador culmina por dar-lhe roupagem de um verdadeiro imposto. Deveras, é cediço que o valor da causa diz respeito ao patrimônio do contribuinte, e não à atividade estatal – donde configura-se imposto inominado, sem respaldo no Texto Supremo e, por sem dúvida, inconstitucional.

No Estado de São Paulo, por exemplo, o serviço de águas e esgotos, que alguns supõem tratar-se de preço público, hospedam, em verdade, regime jurídico de tributo da espécie taxa de serviço.

Merece lembrada, outrossim, a taxa de licenciamento anual de veículos, a qual se ressente dos pressupostos constitucionais, pois não é de polícia, nem de serviço, e, por isso, jaz na contramão do Texto Excelso.

17.7.5 Taxa de pedágio

O art. 150, V, da Carta Magna permite a instituição de pedágio interestadual ou intermunicipal em virtude da utilização de vias conservadas pelo Poder Público ou por quem lhe fizer as vezes.

Com efeito, o aludido comando exprime um título competencial pelo qual as pessoas constitucionais União, Estados ou Distrito Federal podem criar o mencionado tributo a fim de gerar recursos para o atendimento das despesas com manutenção ou, mesmo, melhoramento das estradas.

O pedágio, mercê de sua índole tributária, somente pode ser instituído e majorado por lei, cabendo ao intérprete examinar a legislação de cada Estado a fim de realizar o contraste de legalidade da referida taxa.

Em São Paulo, por exemplo, o pedágio foi criado originalmente na década de 1950, por meio da Lei 784, de 30.8.1950, modificada pela Lei 2.481, de 31.12.1953, tudo com o desiderato de produzir recursos para a pavimentação da Via Anchieta e da Via Anhanguera, cessada sua cobrança após a conclusão das obras.

Como se vê, os pressupostos daquela taxa não coincidem com os requisitos contidos no art. 150, VI, da Carta de 1988, pois esta autoriza a instituição de pedágio com o fito de conservar a estrada já existente, e não com a finalidade de criar recursos para a respectiva construção – razão por que a antiga taxa não foi recepcionada pela novel ordem constitucional.

Assim, a lei de antanho afigura-se inexistente, e, por não haver lei criando o pedágio ao lume da Carta de 1988, sua cobrança é induvidosamente inconstitucional. Ademais, além de não haver lei lastrando a exigibilidade do pedágio paulista, suas freqüentes majorações não merecem melhor sorte, porquanto são efetivadas por meio de atos administrativos e, nesse ponto também, atentam contra a Constituição da República.

Cabe ao intérprete examinar a situação do pedágio em cada Estado ou mesmo no Distrito Federal, a fim de saber se há obediência ao postulado da estrita legalidade não só na criação da taxa de pedágio, mas também nas suas majorações.

17.7.6 Contribuições previdenciárias de servidores

Os Estados e o Distrito Federal são dotados de competência tributária para instituir contribuições previdenciárias exigíveis de seus servidores, dos autárquicos e dos fundacionais, tanto ativos como inativos e também pensionistas.

O asserto tem por fundamento o preceito contido no § 1º do art. 149, o qual se reporta ao art. 40 e seus desdobramentos, ambos, obviamente, da CF.

Predestinam-se ao custeio das aposentadorias e pensões pagas pelo Estado e Distrito Federal, bem assim suas autarquias e fundações, abrangendo, outrossim, os benefícios enumerados nos diversos incisos e parágrafos do aludido comando constitucional.

17.8 Tributos municipais e distritais

O Texto Supremo atribuiu ao Distrito Federal as competências legislativas atribuídas aos Estados e aos Municípios. E o fez por meio do § 1º do art. 32, pelo quê os tributos municipais integram o universo dos gravames distritais.

Com efeito, os tributos municipais e distritais são os impostos sobre a propriedade predial e territorial urbana/IPTU, sobre a transmissão *inter vivos*/ITBI, sobre serviços de qualquer natureza/ISS, excetuados os de competência dos Estados, taxas de polícia e de serviço, contribuições de melhoria e contribuições de seus servidores. Os impostos encontram-se enumerados no art. 156, I, II e III, respectivamente; as taxas e as contribuições de melhoria, a seu turno, deparam-se positivadas nos arts. 145, II e III; e, finalmente, as contribuições de servidores estão previstas no § 1º do art. 149, todos da Carta Magna.

17.8.1 Impostos

O IPTU abriga dois gravames sob a mesma sigla, quais sejam, um incidente sobre a propriedade edificada e outro sobre o terreno em si – na trilha, aliás, de inúmeros impostos de nosso sistema, os quais sob o mesmo *nomen juris* hospedam dois ou mais impostos.

Conquanto qualquer imposto possa ser progressivo, conforme préfalado neste estudo, o Congresso Nacional editou a Emenda Constitucional 29, de 13.9.2000, incorporada ao art. 156, § 1º, da CF, prevendo alíquotas mais elevadas em função do valor, da localização e do uso do imóvel.

O imposto sobre a transmissão *inter vivos*, a qualquer título, por ato oneroso, de bens imóveis, por natureza ou acessão física, e de direitos reais sobre imóveis, exceto os de garantia, bem como cessão de direitos À sua aquisição, previsto no inciso II do art. 156, é aquele que, dentre outras, incide nas operações de venda e compra de imóveis. Convém lembrar que o aludido imposto foi redimensionado após a Carta de 1988, tanto que, diferentemente de antanho, os Municípios estabeleceram alíquotas consideravelmente elevadas em relação ao ITBI, as quais oscilam entre 2 a 3% de um modo geral, afora as operações de pequeno valor ou aquelas objeto de financiamento pelo Sistema Financeiro da Habitação, cuja alíquota é de 0,5%.

Por fim, o inciso III do art. 156 do Texto Constitucional reservou aos Municípios uma competência ampla em relação ao ISS, pois, excetuados os serviços tributados pelos Estados – vale dizer, serviço de transporte interestadual, serviço de transporte intermunicipal e serviço de comunicação –, quaisquer outros se situam na órbita de poder tributário municipal.

Outrossim, ao firmar a referida competência, o constituinte fez referência aos serviços definidos em lei complementar – o que, ao contrário de clarear o caminho, rendeu ensanchas ao surgimento de alentadas controvérsias e embates doutrinais.

A aludida definição em lei complementar consiste na Lista de Serviços tributáveis pelos Municípios, originalmente prevista no Decreto-lei 406, de 31.12.1968, e ao depois redimensionada em leis complementares supervenientes.

Os adeptos da visão literalista do Direito entendem que somente os serviços constantes daquela Lista é que poderiam ser colhidos pelo ISS, ao passo que ao ver da corrente oposta, perfilada por este estudo, a competência tributária municipal não poderia ser restringida pelo legislador complementar.

Realmente, admitir que os Municípios dependam do legislador complementar significa fazer tábula rasa do pacto federativo e da autonomia municipal – esta, a bem da verdade, caracterizada pela independência financeira proveniente de tributos próprios. Se adotada a premissa dos literalistas, haveria o risco de serem extintos os Municípios caso o legislador complementar revogasse a referida Lista, o que revela a equivocidade daquele ponto de vista.

Os demais impostos municipais e distritais não se encontram codificados, pelo quê todos os seus matizes são desenvolvidos no nível ordinário desses planos de governo.

17.8.2 Taxas de polícia

São tributos de extrema importância no âmbito municipal, não só pelo aspecto arrecadatório, mas como instrumento de política pública, pois propiciam uma atuação disciplinadora em setores essenciais na vida da cidade.

O disciplinamento da publicidade, por exemplo, é objeto da referida taxa, o mesmo ocorrendo com a localização de estabelecimentos industriais, comerciais e de serviços, os quais não podem instalar-se ao seu alvedrio, porquanto assujeitam-se à legislação de zoneamento, cujo cumprimento é efetivado pela fiscalização administrativa ensejadora da respectiva taxa de polícia.

A higidez nos serviços de restaurantes, bares e similares, tão indispensável ao interesse público, é igualmente um dos segmentos sobre os quais incide a taxa de polícia no seu mister de zelar pelas condições de higiene desses estabelecimentos, na consecução do interesse de seus usuários.

Há muitas outras espraiadas nos milhares de Municípios do país, cabendo lembrar que sua instituição requer a efetiva fiscalização, bem como seu pressuposto será necessariamente o exercício do poder de policia municipal, vedada, por óbvio, qualquer forma de bitributação.

17.8.3 Taxa de serviço

O serviço público substanciado na coleta de lixo domiciliar configura-se pressuposto de taxa de serviço, eqüipole dizer, traduz fato jurídico suscetível do gravame em apreço.

Entrementes, é forçoso esclarecer que o serviço objeto de incidência haverá de ser específico e divisível.

A especificidade consiste na identificação e determinação do serviço – donde, *a contrario sensu*, vedado é tributar os serviços genericamente considerados.

Ademais, outro traço indispensável nos tributos desse jaez repousa na divisibilidade, que, por sua vez, significa a possibilidade de fruição individual do serviço, com excludência de outrem – ou seja, cada destinatário desfruta com exclusividade de uma parcela do serviço que lhe é prestada.

Por conseguinte, a cobrança de taxas de serviço a título de limpeza e desentupimento de bueiros e outras de natureza indivisível *per se* não preenche o requisito da divisibilidade exigido pela Carta da República e, por isso, obviamente, depara-se inconstitucional.

17.8.4 Contribuições previdenciárias de servidores

Com fundamento no comando inserto no § 1º do art. 149, conjugado com o art. 40 e seus desdobres, ambos do Diploma Máximo, os Municípios assim como as demais pessoas constitucionais podem instituir contribuições previdenciárias cobradas de seus servidores.

A aludida contribuição predestina-se ao pagamento de proventos de aposentadoria bem assim pensão por morte e outros benefícios de cunho previdenciário, tendo por contribuintes não só os servidores municipais, mas também os autárquicos e os fundacionais. Na estrita conformidade com o disposto no *caput* do art. 40 do Texto Excelso.

17.9 Partilha de receitas tributárias

A doutrina tradicional aborda o assunto sob a rubrica "Discriminação de Rendas Tributárias" – locução, diga-se de passo, decididamente imprópria para versar a matéria que tenha por objeto a partilha de receitas tributárias.

Ora, a carga semântica da palavra "discriminação" significa *diferença*, *distinção* ou *separação* – donde, mesmo com esta acepção derradeira, o termo afigura-se inadequado para identificar a distribuição do produto da arrecadação de tributos sujeitos ao referido tratamento constitucional.

Não constitui demasia insistir e esclarecer que o tema em questão diz respeito às receitas tributárias em que as pessoas titulares da competência são obrigadas a repartir parcialmente com outras pessoas constitucionais, razão por que não se cogita de rendas apartadas, mas partilhadas.

O compartilhamento de determinadas receitas, contudo, não se confunde com a rígida divisão de competências, pois estas são absolutamente intransferíveis, por todas as luzes – em obséquio, aliás, ao primado inexpresso da indelegabilidade da competência tributária.

Por outro lado, as receitas oriundas de determinados tributos podem e devem ser atribuídas entre as pessoas jurídicas de direito público interno, na exata dimensão das disposições contidas nos arts. 157 a 159 da Carta da República, insertos na seção denominada "Da Repartição das Receitas Tributárias".

Outrossim, cumpre obtemperar que num Estado federal a distribuição de receitas provenientes da tributação tem por propósito realizar os princípios da subsidiariedade e da cooperação, tudo em obséquio da redução das desigualdades regionais e busca dos almejados equilíbrio, isonomia e unidade nacional imanentes ao pacto federativo.

Realmente, os aludidos princípios são efetivados por meio de incentivos setoriais ou regionais, bem assim por meio de transferências de recursos, levando-se em conta uma série de aspectos, assim como a densidade populacional, a dimensão territorial, o potencial econômico e as necessidades locais, dentre outros.

Importa ressaltar que a concreção desses princípios deve levar em contar a autonomia financeira das entidades da Federação, evitando a criação de governos locais que sobrevivam de "mesada" do Governo Federal, a exemplo de milhares de Municípios brasileiros, os quais, sem qualquer riqueza própria, geram apenas despesas a serem custeadas com as transferências de recursos por parte da União Federal e também dos Estados. Tal fato revela uma profunda injustiça em relação aos Estados e Municípios que produzem riquezas e geram receitas tributárias, culminando, assim, por ofender a isonomia entre as pessoas constitucionais, senão também o tratamento isonômico entre os cidadãos, sobre destoar do modelo federativo de Estado.

Retomando o exame da partição de receitas tributárias, consoante quer o Texto Excelso, merecem ser citados os repasses relativos às receitas do IPI e do IR em que a União é obrigada a repassar 21,5% aos Estados e ao Distrito Federal e 22,5% aos Municípios, nos termos do art. 159, I, "a" e "b", da CF.

Na divisão de receitas tributárias depara-se oportuno lembrar que o IR incidente na fonte relativo aos rendimentos pagos pelos Estados e pelos Municípios aos seus servidores, bem assim em prol de funcionários autárquicos e fundacionais, representa receitas dessas pessoas, consoante quer o disposto no art. 157, I e II, da CF.

Há inúmeras outras situações elencadas na referida seção do Texto Magno, a teor das receitas municipais em relação aos impostos estaduais, vale dizer, 50% quanto ao IPVA e 25% do ICMS.

Digna de nota e também de objurgatória é a legislação subconstitucional que estabelece uma verdadeira burla ao repasse de 22,5% por parte da União aos Municípios, conforme disposto no art. 159, II, da *Lex Legum*, pois estipulou uma partilha prévia pela qual os Municípios das Regiões Norte, Nordeste e Centro-Oeste recebem 22,5 de 85% das receitas do IR, restando apenas 22,5% de 15% daquelas receitas aos Municípios das Regiões Sul e Sudeste, que são, diga-se de passo, os maiores produtores de receitas tributárias.

Essa esdrúxula disposição encontra-se contida na Lei Complementar 62, de 28.12.1989, e, por todos os títulos, atrita a isonomia entre as pessoas constitucionais e o postulado federativo; mas, por incredível que possa parecer, apesar de sua manifesta inconstitucionalidade, persiste vigente e eficaz.

Na óptica deste estudo, a dimensão sobremodo expressiva dos repasses da União para os Estados e Municípios afronta a autonomia financeira inerente ao Estado federal, tanto que há milhares de Municípios mantidos unicamente com as receitas do Fundo de Participação.

Deveras, a forma federal de Estado compreende a autonomia financeira, dentre outros predicados, a qual poderia ser até relativizada. Mas, no caso brasileiro, a existência de pessoas constitucionais integralmente dependentes de recursos federais, por induvidoso, contraria o substrato do pacto federativo.

Bibliografia

AMARO, Luciano. *Direito Tributário Brasileiro*. 13ª ed. São Paulo, Saraiva, 2007.

ATALIBA, Geraldo. *Sistema Constitucional Tributário Brasileiro*. 1ª ed. São Paulo, Ed. RT, 1968.

________. *Sistema Tributário Brasileiro*. 1ª ed. Rio de Janeiro, Financeiras, 1965.

BALEEIRO, Aliomar. *Direito Tributário Brasileiro*. 1ª ed. Rio de Janeiro, Forense,1970.

BANDEIRA DE MELLO, Celso Antônio. *O Conteúdo Jurídico do Princípio da Igualdade*. 3ª ed., 17ª tir. São Paulo, Malheiros Editores, 2009.

BARBOSA, Ruy. *Oração aos Moços*. USP, Edição Comemorativa, 1949.

BELLAN, Daniel Vítor. "Contribuições de intervenção no domínio econômico". *Revista Dialética de Direito Tributário* 78/22-30. São Paulo, Dialética.

BONFÁ DE JESUS, Fernando. *ICMS. Aspectos Pontuais*. São Paulo, Quartier Latin, 2007.

CANOTILHO, J. J.Gomes, e MOREIRA, Vital. *Constituição da República Portuguesa Anotada*. 1ª ed. brasileira. São Paulo, Ed. RT, 2007.

CARRAZZA, Elizabeth Nazar. *IPTU e Progressividade*. Curitiba, Juruá, 2002

CARRAZZA, Roque Antônio. *Curso de Direito Constitucional Tributário*. 24ª ed. São Paulo, Malheiros Editores, 2008.

________. *ICMS*. 13ª ed. São Paulo, Malheiros Editores, 2009.

CARVALHO, Paulo de Barros. *Curso de Direito Tributário*. 13ª ed. São Paulo, Saraiva, 2000; 17ª ed. São Paulo, Saraiva, 2005.

________. *Fundamentos Jurídicos da Incidência Tributária*. Tese apresentada ao concurso para Professor Titular na área de Direito Tributário na Faculdade de Direito da USP. São Paulo, 1996.

________. *Teoria da Norma Tributária*. São Paulo, Lael, 1974.

CASSONE, Vittorio. *Direito Tributário*. 12ª ed. São Paulo, Atlas, 2000.

COELHO, Sacha Calmon Navarro. *Comentários à Constituição de 1988*. Rio de Janeiro, Forense, 1990.

COSTA, Regina Helena. *Imunidades Tributárias*. 2ª ed. São Paulo, Malheiros Editores, 2006.

________. *Princípio da Capacidade Contributiva*. 3ª ed. São Paulo, Malheiros Editores, 2003.

COTTERET, Jean-Marie, e TROTABAS, Louis. *Droit Fiscal*. 50ª ed. Paris, Dalloz, 1985.

DIEZ, Manuel María. *Derecho Administrativo*. vol. I. 1963.

DINIZ, Maria Helena. *Norma Constitucional e seus Efeitos*. São Paulo, Saraiva, 1989.

ESTADOS UNIDOS DA AMÉRICA DO NORTE. *Federation Tax Administrators*. Arquivos.

FERNANDES, Regina Celi Pedrotti Vespero. *Impostos sobre Transmissão "Causa Mortis" e Doação – ITCMD*. 2ª ed. São Paulo, Ed. RT, 2005.

FURLAN, Valéria. *IPTU*. 2ª ed. São Paulo, Malheiros Editores, 2004.

GUERRA MARTINS, Marcelo. *Impostos e Contribuições Federais*. Rio de Janeiro, Renovar, 2004.

HAMANN, A. Javier. "The reform of the pension system in Italy". *IMF Working Paper* 97/18.1997.

HARADA, Kiyoshi. *Direito Tributário*. São Paulo, MP Editora, 2006.

JARACH, Dino. *Curso Superior de Derecho Tributario*. Buenos Aires, Liceo Profesional Cima, 1969.

JARDIM, Eduardo Marcial Ferreira. *Dicionário Jurídico Tributário*. 6ª ed. São Paulo, Dialética, 2008.

_________. "Estudo sobre pedágio". In: TÔRRES, Heleno Taveira (coord.). *Teoria Geral da Obrigação Tributária*. São Paulo, Malheiros Editores, 2005.

_________. *Manual de Direito Financeiro e Tributário*. 9ª ed. São Paulo, Saraiva, 2008.

KELSEN, Hans. *Teoria Pura do Direito*. 3ª ed., trad. do Dr. João Batista Machado. Coimbra, Arménio Amado-Editor, 1974.

MACHADO, Hugo de Brito. *Curso de Direito Tributário*. 30ª ed. São Paulo, Malheiros Editores, 2009.

MAMEDE, Gladston. *IPVA, Imposto sobre a Propriedade de Veículos Automotores*. São Paulo, Ed. RT, 2002.

MORAES, Bernardo Ribeiro de. *Doutrina e Prática das Taxas*. 2ª ed. São Paulo, Quartier Latin, 2007.

MOREIRA, Vital, e CANOTILHO, J. J. Gomes. *Constituição da República Portuguesa Anotada*. 1ª ed. brasileira. São Paulo, Ed. RT, 2007.

PAULSEN, Leandro. *Direito Tributário*. Porto Alegre, Livraria do Advogado, 2006.

RIVERO, Jean. *Direito Administrativo*. Trad. de Rogério Ehrhardt Soares. Coimbra, Livraria Almedina, 1981.

ROSA LIMA, Robson Luiz. "Estudo sobre contribuição de melhoria". No *site Jus Navegandi*.

ROSS, Alf. *On Law and Justice*. 1ª ed., trad. inglesa de M. Dutton. Londres, Stevens, 1958.

SAVARIS, José Antônio. *Pedágio. Pressupostos Jurídicos*. Curitiba, Juruá, 2004.

SOUSA, Rubens Gomes de. *Compêndio de Legislação Tributária*. Edição Póstuma. São Paulo, IBET/Resenha Tributária, 1975.

TERAN, Juan Manuel. *Filosofía del Derecho*. México, Editorial Porrúa, 1952.

TÔRRES, Heleno Taveira (coord.). *Teoria Geral da Obrigação Tributária*. São Paulo, Malheiros Editores, 2005.

TROTABAS, Louis, e COTTERET, Jean-Marie. *Droit Fiscal*. 50ª ed. Paris, Dalloz, 1985.

VIEIRA, José Roberto. *IPI. A Regra-Matriz de Incidência*. Curitiba, Juruá, 1993.

XAVIER, Alberto. *Manual de Direito Fiscal*. Lisboa, Faculdade de Direito de Lisboa, 1981.

Capítulo 18

FINANÇAS PÚBLICAS E SISTEMA ORÇAMENTÁRIO

JORGE STAMATOPOULOS

18.1 Orçamento. Definição: 18.1.1 Jurídica – 18.1.2 Política – 18.1.3 Econômica – 18.1.4 Técnica. 18.2 Histórico. 18.3 O orçamento no Brasil. 18.4 Natureza jurídica do orçamento. 18.5 Elaboração do orçamento. 18.6 Princípios orçamentários.

18.1 Orçamento. Definição

Nas palavras de Plácido e Silva, a expressão "orçamento" pode ser definida como "estimativa do custo a respeito de coisas, cujo valor de construção, ou de custeio, é necessário saber por antecipação".[1]

Ainda segundo o mencionado autor: "No aspecto financeiro, é o ato de previsão de receita e de fixação de despesas, cuja legalidade se estabelece tomando a forma legal ou jurídica após sua aprovação".[2]

Em outras palavras, *orçamento* pode ser entendido como: "O ato pelo qual o Poder Legislativo prevê e autoriza ao Poder Executivo, por certo período e em pormenor, as despesas destinadas ao funcionamento dos serviços públicos e outros fins adotados pela política econômica ou geral do país, assim como a arrecadação das receitas já criadas em lei".[3]

Como verificaremos, a despeito de sua aparente simplicidade (estimativa de gastos e receitas), o estudo do orçamento se desdobra em vários campos de análise.

1. De Plácido e Silva, *Vocabulário Jurídico Conciso*, 1a ed., Rio de Janeiro, Forense, 2008.

2. Idem.

3. Aliomar Baleeiro, *Uma Introdução à Ciência das Finanças*, Rio de Janeiro, Forense, 2002, p. 411.

O tema "orçamento" pode ser analisado sob as seguintes perspectivas: (i) jurídica; (ii) política; (iii) econômica; e (iv) técnica.

18.1.1 Jurídica

Após sua aprovação, o orçamento reveste-se de forma jurídica, tornando-se obrigatório no que diz respeito ao seu cumprimento.

18.1.2 Política

O orçamento materializa com transparência os grupos sociais ou, mesmo, quais regiões serão prioritariamente atendidas em suas necessidades. Demonstra também quais destes grupos sociais ou mesmo econômicos irão arcar com os custos decorrentes da adoção de certas práticas.

18.1.3 Econômica

A perspectiva econômica sob a qual serão avaliados os efeitos que exercem tanto a política fiscal quanto a própria situação econômica do país na implementação do orçamento.

18.1.4 Técnica

A despeito das implicações já mencionadas, o orçamento, em última análise, não deixa de ser uma representação contábil, uma vez que registra despesas e receitas bem como a forma como estas serão utilizadas.

18.2 Histórico

Estima-se que os primeiros orçamentos, ao menos nos moldes como os conhecemos hoje, tenham surgido na Idade Média.

Conforme nos relata Aliomar Baleeiro em sua obra já mencionada, na Europa Medieval os reis viviam de rendimentos dominiais, sobre suas terras, bem como de tributos que gravavam certas atividades exercidas por seus súditos.

Caso necessitassem de verbas suplementares, para o custeio de guerras, por exemplo, obtinham o consentimento para elevar tributos em assembléias onde participavam seus vassalos mais próximos, inclusive os plebeus, que contribuíam diretamente para os senhores feudais, com quem os monarcas mantinham, normalmente, relações de interesse.

Curioso que nos períodos posteriores à Revolução Britânica de 1688 o orçamento tenha servido como verdadeira proteção aos contribuintes com relação aos seus governantes.

Isto ocorria porque as pessoas podiam visualizar onde ocorriam os principais gastos dos monarcas, normalmente envolvidos em conflitos políticos totalmente distanciados dos reais interesses das populações que representavam.

Nestas circunstâncias, a análise do orçamento permitia às pessoas fiscalizar ou, mesmo, questionar a ocorrência de certos gastos cometidos. Lembrando-se de que esta regra ainda vale para os dias de hoje.

Até a I Guerra Mundial prevalecia entre as Nações mais ricas o conceito de que o orçamento deveria representar o adequado equilíbrio entre receitas e despesas.

Porém, em função dos enormes gastos provocados por mencionado conflito, principalmente nos países europeus, prevaleceu a idéia de que seria plenamente possível conviver com um certo grau de déficit em seus orçamentos.

18.3 O orçamento no Brasil

Já antes de nossa Independência se elaboravam quadros comparativos de receitas *versus* despesas, visando a orientar o Príncipe Regente sobre a disponibilidade de recursos que poderiam ser utilizados dentro de determinado lapso de tempo.

A Constituição de 1824, por sua vez, determinava que o Ministro da Fazenda, a partir dos orçamentos recebidos de outros Ministérios, elaborasse uma estimativa geral retratando as despesas e receitas públicas relativas ao ano seguinte.

Entretanto, o primeiro orçamento nacional somente foi votado para o exercício 1831-1832.

Na atualidade o orçamento retrata não apenas as receitas e despesas efetuadas pelo Estado, mas também o que os particulares irão produzir e gastar dentro de determinado exercício.

O orçamento constitui-se, portanto, num poderoso instrumento de política econômica.

18.4 Natureza jurídica do orçamento

A matéria provoca discussões. Para alguns autores constitui-se em lei; para outros é mero ato administrativo. Existindo ainda uma terceira corrente, que preconiza ser o orçamento apenas e tão-somente uma operação administrativa.

Pessoalmente, adotamos o entendimento de que o orçamento constitui-se em lei. Afinal, o mesmo apenas prevê a existência de receitas, estabelecendo a previsão de gastos, não criando e nem alterando leis financeiras e tributárias.

18.5 Elaboração do orçamento

A Constituição Federal de 1988 atribui ao Poder Executivo a incumbência de elaborar o Orçamento-Geral da União/OGU.

Este é composto pelo orçamento fiscal da seguridade social e pelo orçamento de investimento das empresas estatais federais.

A elaboração do orçamento deve observar certos princípios, que constam na Constituição Federal, na Lei 4.320, de 17.3.1964 (Plano Plurianual) e na Lei de Diretrizes Orçamentárias.

O Plano Plurianual/PPA define quais serão as prioridades do Governo nos próximos quatro anos, e deve ser enviado pelo Presidente da República ao Congresso Nacional até o dia 31 de agosto do primeiro ano de seu mandato.

Já o Projeto de Lei de Diretrizes Orçamentárias/LDO deve ser encaminhado pelo Poder Executivo ao Congresso Nacional até o dia 15 de abril de cada ano.

Na LDO devem ser fixadas as metas e prioridades a serem atendidas no exercício financeiro do ano subseqüente.

Com a aprovação da LDO pelo Legislativo, é elaborada a proposta orçamentária para o ano seguinte. Sendo este trabalho realizado pela Secretaria de Orçamento Federal, em conjunto com os Ministérios e as denominadas "unidades orçamentárias" dos Poderes Judiciário e Legislativo.

O Projeto de Lei do Orçamento deve ser encaminhado ao Congresso Nacional até o dia 31 de agosto de cada ano. Devendo este ser acompanhado por uma mensagem do Presidente da República, onde este faz uma análise da situação econômica nacional, bem como sobre suas perspectivas.

Após discutirem a proposta, deputados e senadores a alteram nos pontos em que entendem necessário, o que ocorre através de emendas. Isto feito, votam o Projeto.

Nenhuma despesa pública pode ser feita sem a competente previsão orçamentária.

Se ao longo do exercício ocorrerem despesas não previstas inicialmente, o Poder Executivo deverá submeter ao Congresso Nacional um novo projeto de lei, solicitando crédito adicional.

Eventuais crises econômicas poderão obrigar o Poder Executivo a editar decretos de contingenciamento, estabelecendo que seus gastos deverão ocorrer até o limite máximo das receitas ou, preferencialmente, abaixo destas, durante determinado período.

Lembrando que a Lei Complementar 101, de 4.5.2000 (Lei de Responsabilidade Fiscal), impõe aos administradores públicos o dever de observar um limite de gastos com pessoal, a proibição de serem criadas despesas de duração continuada sem a competente fonte de receitas, dentre outras disposições. Estabelecendo, ainda, que os três Poderes (Judiciário, Legislativo e Executivo) deverão manter o que se denomina *disciplina fiscal*.

18.6 Princípios orçamentários

Para a elaboração e controle do orçamento, deverão ser observados os seguintes princípios: (i) *princípio da transparência*, que consta do art. 2º da Lei 4.320/1964; (ii) *princípio da unidade*, que determina que cada esfera do governo (União, Estados e Municípios) elabore seus respectivos orçamentos; (iii) *princípio da universalidade*, que determina que o orçamento deve incorporar todas as receitas e despesas; (iv) *princípio da anualidade*, que determina que as estimativas de receitas e despesas devem compreender o ano fiscal.

Capítulo 19

DA ORDEM ECONÔMICA E FINANCEIRA

Fabiano Del Masso

19.1 Noção jurídica de "ordem econômica": 19.1.1 Noção de "atividade econômica" – 19.1.2 Disciplina jurídica da atividade econômica – 19.1.3 Disciplina jurídica da atividade financeira – 19.1.4 Tratamento constitucional. 19.2 Dos princípios gerais da atividade econômica: 19.2.1 Fundamentos da ordem econômica: 19.2.1.1 Valorização do trabalho humano – 19.2.1.2 Livre iniciativa – 19.2.2 Finalidades da ordem econômica: 19.2.2.1 Existência digna – 19.2.2.2 Justiça social – 19.2.3 Princípios da ordem econômica: 19.2.3.1 Soberania nacional – 19.2.3.2 Propriedade privada – 19.2.3.3 Função social da propriedade – 19.2.3.4 Livre concorrência – 19.2.3.5 Defesa do consumidor – 19.2.3.6 Defesa do meio ambiente – 19.2.3.7 Redução das desigualdades regionais e sociais – 19.2.3.8 Busca do pleno emprego – 19.2.3.9 Tratamento favorecido para as empresas de pequeno porte – 19.2.4 Exploração de atividade econômica e autorização – 19.2.5 Investimentos de capital estrangeiro, reinvestimentos e remessa de lucros – 19.2.6 Exploração direta de atividade econômica pelo Estado: 19.2.6.1 Empresa pública – 19.2.6.2 Sociedade de economia mista – 19.2.6.3 O estatuto jurídico da empresa pública e da sociedade de economia mista – 19.2.6.4 Privilégios fiscais – 19.2.6.5 Relações da empresa pública com o Estado e a sociedade – 19.2.6.6 Repressão ao abuso de poder econômico – 19.2.6.7 Responsabilidade da pessoa jurídica – 19.2.7 O Estado como agente fiscalizador e normativo da atividade econômica: 19.2.7.1 Planejamento do desenvolvimento nacional – 19.2.7.2 Cooperativismo e associativismo – 19.2.7.3 A questão dos garimpeiros – 19.2.8 A prestação dos serviços públicos – 19.2.9 Monopólios da União – 19.2.10 Ordenação dos transportes – 19.2.11 Turismo e desenvolvimento econômico – 19.2.12 Requisição de documento ou informação comercial. 19.3 Da política urbana: 19.3.1 Política de desenvolvimento urbano: 19.3.1.1 Plano diretor – 19.3.1.2 Propriedade urbana e função social – 19.3.1.3 Desapropriação de imóveis urbanos – 19.3.1.4 Aproveitamento do solo urbano – 19.3.2 Usucapião. 19.4 Da política agrícola e fundiária e da reforma agrária: 19.4.1 Desapropriação para fins de reforma agrária – 19.4.2 Função social da propriedade rural – 19.4.3 Política agrícola – 19.4.4 Distribuição de imóveis rurais pela reforma agrária – 19.4.5 Usucapião de imóveis rurais. 19.5 Do Sistema Financeiro Nacional: 19.5.1 Os órgãos mais importantes do Sistema Financeiro Nacional – 19.5.2 O texto do art. 192 da CF.

19.1 Noção jurídica de "ordem econômica"

O tratamento constitucional dirigido à atividade econômica utiliza como título a palavra "ordem". Não há dúvidas sobre a significação jurídica contida na expressão "ordem econômica e financeira", uma vez que o Direito tem por função precípua a organização da convivência social. No caso, a preocupação dirige-se ao desenvolvimento da atividade de produção de bens e serviços para a satisfação das necessidades humanas.

Assim, a Constituição Federal demanda uma conveniência de tratamento da Economia como objeto jurídico. A Economia e o Direito são disciplinas distintas, em razão dos seus interesses e objetivos específicos. Mesmo assim, o *Estado de Direito* requer que as políticas econômicas sejam dispostas em um documento jurídico para o esclarecimento dos fundamentos e garantias basilares na produção econômica.

Como explica Eros Roberto Grau **[2008:58]**: "Ainda que se oponha à *ordem jurídica* a *ordem econômica*, a última expressão é usada para referir uma parcela da *ordem jurídica*. Esta, então – tomada como sistema de princípios e regras jurídicas –, compreenderia uma *ordem pública*, uma *ordem privada*, uma *ordem econômica*, uma *ordem social*".

A repercussão prática da tutela conferida à produção econômica envolve os agentes econômicos (unidades produtoras ou consumidoras), o mercado (ambiente no qual se desenvolvem as relações de troca de mercadorias e serviços) e, de uma forma mais específica, os negócios jurídicos praticados pelos agentes econômicos em mercados específicos – como, por exemplo, o mercado de valores mobiliários.

A função da ordem econômica consiste em organizar a atividade econômica e especificar os instrumentos legais que possibilitam alcançar os objetivos traçados na *Constituição Econômica*. De forma direta, a ordem econômica contempla a estrutura, organização, instrumentos e objetivos da atividade econômica.

Como explicitou Modesto Carvalhosa **[1972:49]** ao comentar a ordem econômica na Constituição de 1969: "Os fenômenos econômicos passam a ser encarados pelo Estado não mais como suscetíveis de um processo evolutivo natural, mas sim como uma realidade capaz de ser politicamente plasmada e dirigida, mediante uma ação consciente e construtiva, visando aos objetivos amplíssimos do Estado – responsável histórico pelo bem comum".

Por fim, deve-se ponderar também que as disposições pertinentes ao desenvolvimento da atividade econômica não são apenas as regulados a partir do art. 170 da CF – ou seja, a Constituição Econômica não se resume ao disposto no Título VII, mas sim a todos os títulos e capítulos da Constituição com os quais se relaciona diretamente, complementando-os ou sendo complementada.

19.1.1 Noção de "atividade econômica"

Todo o trabalho dispensado para a satisfação de necessidades humanas é resultado da atividade econômica. A atividade econômica existe devido à necessária convivência humana com recursos limitados para a satisfação de necessidades ilimitadas – aqui está a equação econômica primordial.

Devido à recorrente impossibilidade de satisfação de todas as necessidades, outra preocupação econômica primordial consiste na decisão do que produzir e do que consumir. A organização constitucional da atividade econômica que delineia os caminhos a serem trilhados para a satisfação de necessidades é o que geralmente se denomina de política econômica, ou seja, o que privilegiará o Estado na estruturação da produção econômica. Para tornar mais clara a definição, basta lembrar que uma decisão tomada pelo Governo sobre a taxa de juros repercute consideravelmente na vida econômica dos agentes econômicos – e, portanto, é uma decisão de política econômica.

Por fim, mais uma vez deve-se lembrar que o direito econômico estabelece regras a serem cumpridas no mercado, ambiente no qual acontecem os negócios jurídicos de relevância. Daí a utilização freqüente das expressões: "mercado de trabalho", "mercado de consumo", "mercado financeiro", "mercado de capitais", "mercado de insumos", "mercado internacional", entre outras.

19.1.2 Disciplina jurídica da atividade econômica

O conjunto de regras jurídicas que regula o desenvolvimento da atividade econômica forma a disciplina jurídica da atividade econômica, ou o regime jurídico de direito econômico.

Como conceitua Washington Peluso Albino de Souza **[1994:23]**: "Direito econômico é o ramo do Direito que tem por objeto a regulamentação da política econômica e por sujeito o agente que dela participe. Como tal, é um conjunto de normas de conteúdo econômico que assegura a defesa e harmonia dos interesses individuais e coletivos, de acordo com a ideologia adotada na ordem jurídica. Para tanto, utiliza-se do princípio de economicidade".

O que foi chamado acima de "princípio da economicidade" corresponde à extensão do conteúdo econômico, ou, melhor, a criação de regras jurídicas que regulam a economia não podem desconsiderar as conseqüências econômicas advindas da normatização. Dessa maneira: "A utilização jurídica da economicidade se deve justamente para que os órgãos responsáveis pela criação e aplicação das normas de direito econômico deixem de raciocinar somente juridicamente para alcançar os reais efeitos de uma norma criada ou aplicada para cumprir os preceitos da ordem econômica. As incompatibilidades entre o raciocínio econômico e o jurídico é que fomentam o embate dessas disciplinas na vida prática" **[Del Masso, 2007:23]**.

19.1.3 Disciplina jurídica da atividade financeira

A atividade financeira está incluída na atividade econômica. Portanto, a ordem econômica e financeira não pode ser interpretada como duas ordens distintas – econômica e financeira –, mas, sim, uma ordem econômica que ressalta a importância da atividade financeira para a produção econômica. Entretanto, no texto constitucional tal interesse não se confirma, em razão do simplório tratamento conferido à atividade financeira.

19.1.4 Tratamento constitucional

Tratar constitucionalmente das regras que ordenam o desenvolvimento da atividade econômica é essencial para o cumprimento dos valores sustentados na Constituição Federal. A participação do Estado na condução da economia tem seus limites dispostos na Constituição, o que previne possíveis abusos e garante a segurança daqueles que pretendem se aventurar na exploração de atividade econômica.

Uma das modificações em relação às Constituições anteriores é que a ordem econômica não é mais tratada em conjunto com a ordem social e compreende quatro capítulos: "I – Dos Princípios Gerais da Atividade Econômica"; II – "Da Política Urbana"; III – "Da Política Agrícola e Fundiária e da Reforma Agrária"; IV – "Do Sistema Financeiro Nacional".

Como se percebe, o legislador constitucional não privilegiou todos os aspectos importantes da produção econômica, mas apenas determinou alguns princípios, as políticas urbanas e agrícolas e o Sistema Financeiro.

19.2 Dos princípios gerais da atividade econômica

Como início de tratamento da atividade econômica o legislador constitucional enumerou alguns princípios que norteiam toda a organização econômica nacional. Assim, a proteção ao consumidor, ao ambiente, a propriedade privada, entre outros, servem de parâmetro para o legislador infraconstitucional estabelecer as regras que de fato disciplinarão a produção. Nas palavras de Eros Roberto Grau **[2002:126]**: "Embora não se preste esta circunstância a distinguir os princípios das regras jurídicas, é certo que estas últimas operam a concreção daqueles: as regras são aplicações dos princípios. Daí por que a interpretação e aplicação das regras jurídicas, tanto das regras constitucionais quanto das contempladas na legislação ordinária, não podem ser empreendidas sem que tomem na devida conta os princípios – em especial quando se trate de *princípios positivos do Direito* – sobre os quais se apóiam, isto é, aos quais conferem concreção".

A criação de regras cuja base são os princípios da ordem econômica, na maioria das vezes, é suficiente para a criação de uma disciplina jurídica autônoma, devido às suas inúmeras particularidades. É o que acontece, por exemplo, com o direito do consumidor, o direito ambiental ou o direito da concorrência. A base principiológica contida na Constituição é tão relevante que o conjunto de obrigações criadas pela legislação infraconstitucional cria sistemas próprios de tratamento de aspectos da vida econômica.

19.2.1 Fundamentos da ordem econômica

O legislador constitucional elegeu como fundamentos da ordem econômica e financeira a valorização do trabalho humano e a livre iniciativa, que serão esclarecidos com mais vagar nos próximos tópicos. Entretanto, cumpre esclarecer se o termo "fundamentos" tem significação distinta de "princípios" ou se com ele se confunde. Sobre o tema já tivemos oportunidade de refletir anteriormente e constatar que: "A liberdade de iniciativa, a valorização do trabalho humano, a existência digna e a justiça social são denominados constitucionalmente como fundamentos (os dois primeiros) e finalidades ou objetivos (os restantes) da ordem econômica. O que indica uma possível diferença semântica com os princípios da ordem econômica, que em nossa opinião não ocorre, pois a natureza dos fundamentos e das finalidades é de caráter principiológico" **[Del Masso, 2007:43]**.

A conclusão acima é corroborada por André Ramos Tavares, **[2003:135]** que pondera: "Realmente o que caracteriza uma norma como principiológica é justamente a amplitude de seu conteúdo, a abstratividade de sua hipótese de incidência. Alguns dos princípios são, por definição, voltados ao estabelecimento de finalidades. São os denominados princípios programáticos, que estabelecem metas, programas a serem implementados pelo Poder Público. Dessa maneira, não interfere em sua natureza a verificação de terem sido denominados, constitucionalmente, como finalidades. As normas classificam-se em princípios ou regras, não havendo de cogitar, pois, de outro critério de classificação quanto à estrutura das normas".

Os princípios contemplam fundamentos e objetivos, de forma que com eles se confundem. O que se pode indagar é a abrangência ou incidência do princípio, pois um princípio pode ser mais importante que outro devido à sua maior abrangência na criação ou interpretação de regras jurídicas. O caminho que se deve seguir partindo-se do princípio é o da constituição de regras jurídicas, porquanto os princípios funcionam como mecanismo de dedução das regras jurídicas e partindo-se das regras jurídicas pode-se induzir o princípio que lhes deu fundamento.

Enfim, o legislador, ao tratar alguns princípios como fundamentos ou objetivos da ordem econômica, apenas lhes conferiu certo realce, sem lhes atestar valor maior que o concedido aos outros princípios.

19.2.1.1 *Valorização do trabalho humano*

O trabalho representa uma das formas de realização do homem. Uma das formas de construção da dignidade se faz pelo trabalho. Dessa forma, preliminarmente, valoriza-se o trabalho, pela criação da oportunidade de trabalhar. É pelo trabalho que o homem participa do processo econômico e nele se insere.

Assim, deve-se questionar como é possível valorizar o trabalho humano, o que deve ser respondido inicialmente pela garantia do trabalho seguida das condições dignas de exercício da atividade laboral.

A produção de bens tecnologicamente desenvolvidos exige dos trabalhadores cada vez mais preparo educacional ou formação para assumir os novos postos de trabalho, o que exige do Estado o investimento na formação do trabalhador.

Conclui-se, pois, que a garantia de acesso ao mercado de trabalho é uma das formas de valorização do trabalho e do trabalhador. Entretanto, o acesso deve ser incentivado pelo investimento educacional na formação técnica do trabalhador, o que lhe possibilitará assumir os empregos hoje disponíveis. Dessa maneira, o fundamento da valorização do trabalho humano encontrará mais rápido os objetivos da existência digna e da justiça social.

19.2.1.2 *Livre iniciativa*

A exploração da atividade econômica pode ou não exigir do empreendedor a satisfação de algumas exigências. O princípio da livre iniciativa determina que o acesso aos mercados, em regra, não implica o cumprimento de quaisquer exigências ou autorização do Estado.

Deve-se advertir, entretanto, que: "A livre iniciativa pode induzir o intérprete a uma noção falsa de total liberdade de exploração econômica, o que não é verdade, pois outros princípios a limitarão, como os da justiça social, dos direitos dos consumidores etc. Além do mais, se deve contar com a atividade de regulação do Estado, cuja função é controlar e equilibrar os agentes econômicos na exploração de determinadas atividades econômicas, o que é feito por intermédio da limitação de algumas práticas e da imposição de outras. Dessa forma, o acesso ao mercado é livre, mas a permanência do agente econômico demandará o cumprimento de regras de controle do mercado, o que induz a uma necessária contraposição de valores expressos individualmente em cada um dos princípios constitucionais" **[Del Masso, 2007:44]**.

A livre iniciativa vincula-se ao acesso dos agentes econômicos à produção de bens e serviços, o conteúdo objetivo do princípio induz a verificação de que, em regra, o acesso ao mercado é franqueado a todos que tenham condições econômicas de se aventurar, assim como a escolha livre da atividade a ser desenvolvida.

19.2.2 Finalidades da ordem econômica

O objetivo de toda a atividade econômica no Brasil é proporcionar a existência digna e a justiça social. É claro que a abertura de significação das finalidades eleitas pelo legislador engloba todos os outros direitos contidos na Constituição Federal, como, por exemplo: o acesso à cultura, os direitos do consumidor, direito de criação intelectual etc.

Dessa forma, justificou com propriedade o legislador o próprio fundamento da instituição de uma ordem econômica, pois a intervenção jurídica na regulação econômica somente se justifica em razão de resultados que não seriam alcançados sem a regulação jurídica.

A estipulação de objetivos na Constituição Econômica compatibiliza-se com sua própria feição de Constituição dirigente. Ou, nas palavras de Gilberto Bercovici **[2005:33]**: "A diferença essencial, que surge a partir do 'constitucionalismo social' do século XX, e vai marcar o debate sobre a Constituição Econômica, é o fato de que as Constituições não pretendem mais receber a estrutura econômica existente, mas querem alterá-la. Elas positivam tarefas e políticas a serem realizadas no domínio econômico e social para atingir certos objetivos. A ordem econômica destas Constituições é 'programática' – hoje diríamos 'dirigente'. A Constituição Econômica que conhecemos surge quando a estrutura econômica se revela problemática, quando cai a crença na harmonia preestabelecida do mercado".

19.2.2.1 *Existência digna*

Embora pareça simples a definição de "existência digna", uma vez que tudo que se fala em prol do ser humano parece perfeitamente se encaixar na sua defesa, sua definição pode ser tormentosa quando se visa a dar operacionalidade à sua defesa jurídica, pois é na privação de liberdades que se encontram os limites da dignidade; ou, melhor, é deste princípio que se cria a tutela a outros direitos.

Na caracterização do princípio "é bom lembrar, todavia, que a configuração exata dos limites do digno ao indigno advém dos anseios e das práticas sociais que o Estado positivará sugestionado pela própria experiência da sociedade. Assim, em uma mesma sociedade a proteção à dignidade encontra parâmetros distintos, pois cada julgador legitimado a analisar a ocorrência ou não da limitação da dignidade deverá considerar as situações particulares de afronta ao princípio" **[Del Masso, 2007:46]**.

Dessa maneira, conclui-se que "existência digna", prevista como finalidade da ordem econômica, abarca apenas as possíveis privações decorrentes da participação do indivíduo na distribuição da riqueza. Em nosso entender, o que mais atenta contra a existência digna em sua configuração econômica é a distribuição desequilibrada dos ganhos decorrentes da produção econômica.

19.2.2.2 *Justiça social*

O desenvolvimento econômico deve proporcionar a satisfação das necessidades essenciais do ser humano. Assim, a participação, distribuição e o usufruto do resultado da produção econômica devem ser partilhados entre as pessoas. De forma mais precisa, também podemos considerar que: "O significado do termo 'justiça' compreende o acesso, o equilíbrio e a igualdade de participação nas instituições sociais. O *justiçado socialmente* é o que possui os mesmos direitos e oportunidades de usufruir os bens para a satisfação de suas necessidades básicas. A justiça social é que faz o *homem digno*. O acesso à educação, à saúde, à cultura etc. é que equilibra as desproporções econômicas que muitas vezes são a conseqüência natural do mundo capitalista" **[Del Masso, 2007:46]**.

Aqui também vale a observação de Sampaio Dória **[1960:704]**: "A frase 'justiça social', tão ao gosto geral, é redundante. Justiça é fenômeno social, de modo que justiça social o mesmo é que fenômeno social. Se, na conotação do termo 'justiça', já se inclui a idéia de relação humana, ou social, por que logicamente acrescentar o adjetivo 'social', que nele já se inclui?".

19.2.3 Princípios da ordem econômica

A CF passa a enumerar no art. 170 alguns princípios que informam a atividade econômica, os quais serão tratados adiante. Como aponta João Bosco Leopoldino da Fonseca **[1998:87-88]**: "Para que os fundamentos sejam concretizados e para que os fins sejam alcançados, necessário se faz adotar alguns *princípios* norteadores da ação do Estado. Surgem, ao lado de princípios já consagrados, alguns outros que decorrem das tendências modernas".

19.2.3.1 *Soberania nacional*

A soberania nacional como princípio da ordem econômica tem por fim atestar que o Estado decide economicamente de acordo com sua exclusiva vontade – o que é difícil na atualidade, pois as decisões econômicas quase sempre são inspiradas em outras de outros países soberanos. A economia passou a se relacionar de forma tão intensa que é impossível afirmar que um país, ainda que economicamente forte, não considera fatores alheios para decidir economicamente. De forma mais objetiva, o mundo não comporta mais economias independentes.

Como bem conclui Eros Roberto Grau **[2008:227]**: "Afirmar a *soberania econômica nacional* como instrumento para a realização do fim de assegurar a todos existência digna e como objetivo particular a ser alcançado é definir programa de políticas publicas voltadas – repito – não ao isolamento econômico, mas a viabilizar a participação da sociedade brasileira, em condições de igualdade, no mercado internacional".

19.2.3.2 *Propriedade privada*

O significado econômico do princípio centra-se na propriedade dos bens de produção e na apropriação do resultado da produção econômica. A liberdade exercida sobre os bens de produção constitui o significado específico deste princípio na ordem econômica, pois o direito de propriedade já está previsto no inciso XXII do art. 5º.

Concordamos com a observação de João Bosco Leopoldino da Fonseca **[1998:89]** quando dispõe que: "Parece que nesse ponto o constituinte cometeu um erro lógico, pois que colocou a liberdade de iniciativa como fundamento e o direito de propriedade como princípio. Na verdade, o fundamento do princípio da liberdade de iniciativa se encontra na aceitação do direito de propriedade privada. Este erro não foi cometido pelas Constituições de 1946 e de 1967-1969".

19.2.3.3 *Função social da propriedade*

O direito de propriedade não concede mais ao proprietário a disponibilidade irrestrita sobre a coisa. O interesse social passa a limitar a utilização da propriedade. O que ocorre de fato é uma limitação ao princípio basilar do direito privado da autonomia da vontade. Ou, nas palavras apropriadas de Gustavo Tepedino **[2001:280]**: "A propriedade, portanto, não seria mais aquela atribuição de poder tendencialmente plena, cujos confins são definidos externamente ou, de qualquer modo, em caráter predominantemente negativo, de tal modo que, até uma certa demarcação, o proprietário teria espaço livre para as suas atividades e para a emanação de sua senhoria sobre o bem. A determinação do conteúdo da propriedade, ao contrário, dependerá de centros de interesse extraproprietários, os quais vão ser regulados no âmbito da relação jurídica de propriedade".

19.2.3.4 *Livre concorrência*

A liberdade de iniciativa é suficiente para o estímulo ao empreendedor que voluntariamente passa a explorar determinada atividade e, portanto, passa a pertencer a determinado mercado, que é explorado por outros agentes econômicos. A preocupação jurídica com a livre concorrência concentra-se nos efeitos de eficiência resultantes dos mercados competitivos, quais sejam: aprimoramento dos meios de produção, melhora da qualidade dos produtos e controle dos preços, em razão da preocupação com os custos de produção.

"A ordem econômica prevista na Constituição requer um mercado competitivo. Assim, na disciplina de proteção do mercado, surge um bem jurídico que, praticamente, com ele se confunde, qual seja, a concorrência. Inclusive, muitas vezes, encontra-se a denominação 'direito da concorrência', o que não é errado, mas pouco técnico, pois na legislação de proteção a concorrência não é o único atributo do mercado que se tutela. A concorrência, porém, é o atributo do mercado que ganha maior valor ns legislações antitrustes, a ponto de ser, sob certos condicionamentos, alçado como um bem jurídico individualmente protegido" **[Del Masso, 2007:50]**.

Dois atos atentam contra a livre concorrência, quais sejam: a deslealdade competitiva e o abuso do poder econômico. No primeiro caso trata-se de conduta desleal praticada por qualquer competidor que busca se aproveitar de tal ato em seu benefício exclusivo. É o caso do sujeito que desrespeita os direitos imateriais dos seus concorrentes, como, por exemplo, a utilização sem licença de tecnologia alheia patenteada. No segundo caso o dano não é suportado por um concorrente específico, mas sim por todo o mercado; inclusive, por técnica, é interessante constatar os efeitos da conduta de abuso de poder econômico em toda a estrutura de um determinado mercado.

A tutela da concorrência é realizada ordinariamente pelas Leis 8.884/1994 (contra o abuso do poder econômico) e 9.279/1996 (propriedade industrial).

19.2.3.5 *Defesa do consumidor*

Uma das fases mais importantes do processo econômico ocorre na relação entre fornecedor e consumidor. A criação de direitos inerentes à relação de consumo representou no Brasil um grande avanço no tratamento da disciplina jurídica da atividade econômica. A regulação do contrato de consumo, a especificação de práticas abusivas, além dos aspectos processuais trazidos pela Lei 8.078/1990, continuam gerando ao consumidor brasileiro uma série de benefícios que provocam com intensidade a existência digna e a justiça social.

Como advertem Armando Castelar Pinheiro e Jairo Saddi **[2005:397]**: "Não se pode dissociar a origem das discussões sobre os direitos do consumidor do processo de urbanização e especialização do trabalho, em que a auto-subsistência e esquemas mais simples de especialização e trocas perdem importância. A mesma especialização que transforma os trabalhadores em assalariados, respondendo por estágios às vezes pequenos de processos produtivos mais complexos, reforça o seu lado de consumidores. E mais, as relações de consumo deixam de ser realizadas entre pessoas usualmente conhecidas, residentes em pequenos agregados populacionais, para se tornarem transações entre anônimos, elo final de um longo processo de produção e distribuição".

19.2.3.6 *Defesa do meio ambiente*

A produção econômica ocorre por transformação, o que provoca mudanças irreversíveis no meio ambiente. Dessa maneira, como esclarece Eros Roberto Grau **[2008:252]**: "O princípio da *defesa do meio ambiente* conforma a ordem econômica (mundo do ser), informando substancialmente os princípios da *garantia do desenvolvimento* e do *pleno emprego*. Além de objetivo, em si, é instrumento necessário – e indispensável – à realização do fim dessa ordem, o de *assegurar a todos existência digna*. Nutre também, ademais, os ditames da *justiça social*. Todos têm direito ao meio ambiente ecologicamente equilibrado, bem de uso comum do povo – diz o art. 225, *caput*".

Em conclusão, "a proteção ao meio ambiente configura um dos princípios que bem demonstram a técnica legislativa utilizada na redação da ordem econômica na Constituição, na sua função de equilibrar princípios-liberdade da atividade econômica, como, por exemplo, a livre iniciativa, e princípios-limitação da atividade econômica. Entretanto, essa limitação deve ser entendida de maneira correta, pois a proteção ao meio ambiente representa uma das condições mais importantes de desenvolvimento social. É claro que muitos vêem a proteção ambiental como um grande entrave à atividade econômica, mas tal visão é errônea, o longo prazo deve ser percebido por quem se proponha a realizar qualquer análise econômica" **[Del Masso, 2007:53]**.

19.2.3.7 *Redução das desigualdades regionais e sociais*

O legislador constitucional reconhece o desenvolvimento desproporcional das regiões brasileiras. Dessa forma, o princípio deve ter pelo menos duas significações específicas: a primeira que busca o desenvolvimento das regiões menos desenvolvidas pela criação de políticas específicas, e a segunda que legitima a divisão desequilibrada de recursos entre as regiões.

Como explana André Ramos Tavares **[2003:213]**: "Sobre o conteúdo do princípio, este impõe que o desenvolvimento econômico e as estruturas normativas (liberais) criadas para fundamentar o crescimento econômico devam estar voltados também à redução das desigualdades em todas as regiões do país, bem como ao desenvolvimento social. Para tanto, poder-se-á utilizar, especialmente, da implementação de políticas públicas, como incentivos, buscando reduzir as diferenças entre essas regiões e alcançar melhorias de ordem social".

Na redução das desigualdade regionais e sociais cabe a aplicação do federalismo cooperativo, nas palavras de Gilberto Bercovici **[2005:91]**: "O federalismo cooperativo está em estreita relação com o Estado intervencionista (o chamado Estado Social), que tem por objetivos, entre outros, a igualação das condições sociais de vida e a redução das desigualdades socioeconômicas em todo o território nacional (no nosso caso, inclusive, por determinação expressa do art. 3º da CF, (...). É justamente a exigência de solidariedade do Estado Social que fez com que fosse formulado um princípio de fidelidade federal que vincula a União e os entes federados, condicionando e orientando suas políticas na direção da diminuição das desigualdades sociais. Não é possível, porém, a uniformização das condições sociais de vida entre os vários entes federados se estes não tiverem capacidade suficiente (não apenas econômica, mas, também, política) para satisfazer plenamente todas as suas funções. Assim, a forma cooperativa de federalismo tem por objetivo fundamental a igualação da capacidade dos membros da Federação".

19.2.3.8 *Busca do pleno emprego*

Como já tratado anteriormente, a participação do trabalhador na produção econômica requer o constante aprimoramento técnico para assumir os novos postos de trabalho. A evolução tecnológica constante reclama do Estado a garantia de acesso à formação técnica da mão-de-obra, para que a infra-estrutura de produção opere com toda sua capacidade.

"O pleno emprego, na verdade, é uma das conseqüências da economia em pleno e eficiente funcionamento. O Estado pode operar identificando situações econômicas que afetem determinado setor produtivo com conseqüências para o mercado de trabalho. Assim como o Banco Central vende Dólares americanos de suas reservas para manter a taxa de câmbio, o Estado por intermédio de sua estrutura administrativa deve intervir e criar medidas para proporcionar o maior nível de emprego possível. Em conclusão, o Estado deve estimular os agentes de produção econômica a proporcionar a maior quantidade possível de efeitos sociais, e a geração de empregos é um deles" **[Del Masso, 2007:55]**.

19.2.3.9 *Tratamento favorecido para as empresas de pequeno porte*

A ordem econômica não tem por finalidade privilegiar qualquer forma de exploração da atividade empresarial, nem mesmo as empresas de pequeno porte. Dessa maneira, o significado da expressão "tratamento favorecido" deve ser explicado, pois o que pretende o legislador é apenas considerar uma forma de tratamento diferenciada ao empresário de pequeno porte, que lhe possibilite sucesso compatível com sua estrutura de exploração econômica.

Como ensina André Ramos Tavares **[2003: 222]**: "O tratamento favorecido para esse conjunto de empresas revela, contudo, a necessidade de se proteger os organismos que possuem menores condições de competitividade em relação às grandes empresas e conglomerados, para que dessa forma efetivamente ocorra a liberdade de concorrência (e de iniciativa). É uma medida tendente a assegurar a concorrência em condições justas entre micro e pequenos empresários, de uma parte, e, de outra, grandes empresários".

A exemplificação do que seriam condutas diferenciadas em relação aos empresários de pequeno porte deve acompanhar o que dispõe o art. 179 da CF, que estabelece que tais empresas merecem tratamento legal que vise à simplificação de suas obrigações administrativas, tributárias, previdenciárias e creditícias, ou pela eliminação ou redução destas por meio de lei.

Atualmente, a Lei Complementar 123 instituiu o Estatuto Nacional da Microempresa e da Empresa de Pequeno Porte, justamente para cumprimento dos dispositivos constitucionais comentados. Em resumo, a legislação trata, entre outros temas, sobre: (i) apuração e recolhimento dos impostos e contribuições da União, dos Estados, do Distrito Federal e dos Municípios, mediante regime único de arrecadação, inclusive obrigações acessórias; (ii) cumprimento de obrigações trabalhistas e previdenciárias, inclusive obrigações acessórias; (iii) acesso a crédito e ao mercado, inclusive quanto à preferência nas aquisições de bens e serviços pelos Poderes Públicos, à tecnologia, ao associativismo e às regras de inclusão.

19.2.4 Exploração de atividade econômica e autorização

Em regra, a exploração de atividade econômica independe de autorização de órgãos públicos. Entretanto, algumas atividades necessitam de controle mais intenso da exploração econômica, o que justifica a exigência de autorização para o exercício da atividade. Por exemplo: em razão da importância da atividade e do necessário controle do mercado financeiro, a criação de instituições financeiras deve ser autorizada pelo Estado (art. 10, X, "a", da Lei 4.595/1964).

19.2.5 Investimentos de capital estrangeiro, reinvestimentos e remessa de lucros

A disciplina jurídica do capital estrangeiro, reinvestimentos e remessa de lucros continua sendo extremamente confusa, uma vez que é composta por leis, resoluções e circulares. É o caso da Lei 4.131/1962 (investimentos em moeda estrangeira), da Circular do Banco Central 2.997 e da Lei 11.371/2006 (investimentos em moeda nacional) e da Resolução do Banco Central 3.447/2007 (registro de investimento estrangeiro).

A política destinada aos investimentos estrangeiros deve considerar que a confiança do investidor pauta-se, sobretudo, na estabilidade das regras de mercado. A mudança repentina da legislação ou a falta de regulamentação são ponderadas pelos investidores na hora realizar seus negócios no país.

19.2.6 Exploração direta de atividade econômica pelo Estado

A exploração direta de atividade econômica pelo Estado é atividade excepcional, somente sendo permitida quando necessária aos imperativos da segurança nacional ou a relevante interesse coletivo. As dificuldades de administração de empresas pelo Estado justificam no Brasil a exploração direta como exceção.

19.2.6.1 *Empresa pública*

Na definição de Lúcia Valle Figueiredo **[2008:125]**: "Empresa pública é uma das formas de atuação da União, Estados e dos Municípios, cuja criação e extinção devem ser autorizadas apenas por lei, para prestação de serviços públicos ou para intervenção na ordem econômica, dentro dos limites constitucionais, e submissa, em boa parte, ao regime jurídico administrativo. Os capitais são exclusivamente estatais. Admitem qualquer forma jurídica privada".

19.2.6.2 *Sociedade de economia mista*

A sociedade de economia mista é formada necessariamente por capitais públicos e privados e está sujeita à aplicação dos dispositivos contidos na Lei 6.404/1976, além de estar sob a égide da Comissão de Valores Mobiliários, se aberta.

A constituição de sociedade de economia mista depende de autorização legal, assim como a das empresas públicas, sendo que a lei também estabelecerá o objeto específico de exploração da sociedade. O controlador de sociedades de economia mista deverá cumprir as mesmas regras aplicáveis aos controladores de quaisquer companhias; entretanto, é plausível que possa orientar as atividades de modo a atender ao interesse público motivador da criação da sociedade.

O conselho de administração é obrigatório nas sociedades de economia mista, sendo assegurada aos acionistas minoritários a eleição de um componente. E o funcionamento do conselho fiscal será permanente.

19.2.6.3 *O estatuto jurídico da empresa pública e da sociedade de economia mista*

O legislador constitucional dispõe que a lei disciplinará o estatuto jurídico da empresa pública e da sociedade de economia mista e deverá dispor sobre: "I – sua função social e formas de fiscalização pelo Estado e pela sociedade; II – a sujeição ao regime jurídico próprio das empresas privadas, inclusive quanto aos direitos e obrigações civis, comerciais, trabalhistas e tributários; III – licitação e contratação de obras, serviços, compras e alienações, observados os princípios da administração pública; IV – a constituição e o funcionamento dos conselhos de administração e fiscal, com a participação de acionistas minoritários; V – os mandatos, a avaliação de desempenho e a responsabilidade dos administradores".

19.2.6.4 *Privilégios fiscais*

O tratamento tributário dispensado às empresas públicas e sociedades de economia mista não pode ser distinto do dado ao setor privado. Se assim não fosse criaria o Estado uma condição de competitividade que provavelmente faria com que a iniciativa privada não se aventurasse em atividades exploradas por empresas públicas ou sociedades de economia mista.

Concordamos, entretanto, com a posição sustentada por Lúcia Valle Figueiredo **[2008:133]**: "Impende, todavia, refletir se isenções podem ou não ser dadas a empresas prestadoras de serviço público. Quanto a estas, não vemos obstáculos constitucionais. As isenções serão dadas em função da pessoa (isenções pessoais) e não atritam com o princípio da isonomia, pois são as empresas diferenciadas".

19.2.6.5 *Relações da empresa pública com o Estado e a sociedade*

A relação da empresa pública com o Estado também não pode gerar privilégios não compartilhados pelas empresas privadas. A relação da empresa pública com a sociedade deve pautar-se pela eficiência estatal na prestação direta do serviço pelo Estado, o que deverá ser motivado na própria legislação de criação.

19.2.6.6 *Repressão ao abuso de poder econômico*

A possibilidade de influenciar o mercado é adquirida normalmente pelos agentes econômicos na realização da atividade econômica. Dessa maneira, o poder econômico é fenômeno normal nos mercados; mas o abuso desse poder, não.

O legislador constitucional comandou que a legislação reprimirá o abuso de poder econômico, sendo que este se caracteriza quando o agente econômico utiliza o poder econômico para: "I – dominar mercados; II – eliminar a concorrência; III – aumentar arbitrariamente os lucros".

A lei que deu cumprimento a tal disposição constitucional é a Lei 8.884/1994.

19.2.6.7 *Responsabilidade da pessoa jurídica*

O legislador constitucional abriu caminho para a punição das pessoas jurídicas, desde que compatível com sua natureza, nos atos praticados contra a ordem econômica e financeira e contra a economia popular. A doutrina nacional é repleta de estudos sobre as possibilidades práticas de aplicação de punições, inclusive de natureza criminal, às pessoas jurídicas.

19.2.7 O Estado como agente fiscalizador e normativo da atividade econômica

A participação do Estado na produção econômica pode ocorrer de forma direta, quando ele mesmo se dispõe a desenvolver a atividade produtiva, ou de forma indireta, quando se restringe apenas a fiscalizar e normatizar a atividade econômica. Não há dúvidas de que a feição do Estado Nacional é de atuar de forma indireta na regulação dos mercados, o que não o impede, nos termos estabelecidos na Constituição Federal, de atuar diretamente.

Como explica Calixto Salomão Filho **[2008:19-20]**: "Na verdade, no sistema de direito administrativo atual, duas são as formas de regulação: a concessão do serviço público e o exercício do poder de polícia. Ambas têm origem histórica absolutamente diversa. O poder de polícia nasce com o Estado Moderno liberal do século XIX. Resulta da crença de que o Estado pode regular simplesmente através de uma atuação passiva, de limitação da liberdade dos particulares. O exercício dos serviços públicos – e, em especial, a concessão de serviços públicos – ganha destaque em um momento histórico completamente diverso, isto é, no início do século XX, com o Estado Social. Constatada a impossibilidade de o Estado realizar diretamente todos os serviços, desenvolveu-se a idéia de concessão de serviço público, (...)".

19.2.7.1 *Planejamento do desenvolvimento nacional*

A atividade fiscalizadora e reguladora do Estado deve respeitar determinadas diretrizes estabelecidas por ele próprio, as quais deverão ser ordenadas de forma coerente para proporcionar o desenvolvimento econômico nacional. O conjunto das políticas, diretrizes, objetivos, deve compor um plano de ação para a consecução dos seus interesses.

Como se sabe, "a atividade econômica devidamente organizada gera o desenvolvimento, pois cumpre a sua finalidade de satisfação de necessidades. Em outras palavras, a atividade econômica eficiente tem por finalidade desencadear o desenvolvimento. Dessa maneira, o desenvolvimento representa o sucesso na organização da produção e na satisfação das necessidades. A noção de desenvolvimento indica a mudança do estado estrutural de algo que se torna mais útil, justo e equilibrado. O desenvolvimento econômico provoca uma melhora do nível e da qualidade de vida das pessoas, o que significa que a satisfação de necessidades tornou-se maior" **[Del Masso, 2007:103]**.

Da mesma maneira dispõe Modesto Carvalhosa **[1972:71]**: "Em conseqüência, utiliza o Estado de todos os meios normativos, administrativos e operacionais para obter o pleno aproveitamento de todos os fatores econômicos e não-econômicos (recursos naturais, humanos e capitais), através de uma política de desenvolvimento regional e setorial que propicie o aumento do nível geral da produção e sua racional partição, no espaço, por toda a área política do Estado".

O direito econômico contempla em sua definição a função de planejamento, pois compatível com a própria ciência econômica, que é uma ciência do planejar.

Dessa maneira, perfeita a conclusão de Geraldo de Camargo Vidigal **[1977:38]**: "Muito diversa é a situação hoje, quando as ideologias do desenvolvimento e do bem-estar governam o Estado. Para a consecução dos complexos fins previstos em Constituições voltadas para o desenvolvimento e o bem-estar, impõem-se a permanente definição e redefinição de fins menores, de fins de prazo curto, de fins instrumentais, subordinados aos fins essenciais adotados na Constituição. Mais ainda: impõem-se prévia definição, em tese, dos meios de que o direito administrativo precisará em concreto. Essa dupla função, a definição jurídica dos fins subordinados e dos meios em tese, cabe, no Estado do Desenvolvimento e do Bem-Estar, ao direito do planejamento".

19.2.7.2 *Cooperativismo e associativismo*

A forma cooperativa de desenvolvimento da atividade econômica auxilia o próprio sistema econômico produtivo. Ainda linhas atrás falamos sobre a própria configuração da Federação Cooperativa, justamente para tentar sanar as diferenças de desenvolvimento das regiões nacionais. O associativismo também passou a representar um dos dogmas da produção econômica, principalmente em razão da internacionalização dos mercados. É bom lembrar que a forma atual de produção industrial, por exemplo, somente é possível em razão de formas associativas no desenvolvimento de atividade econômica.

19.2.7.3 *A questão dos garimpeiros*

Uma das diretrizes constitucionais é estimular a organização da atividade garimpeira em cooperativas. Ou seja, reconhece-se a importância da atividade garimpeira como uma das principais devoradoras do meio ambiente, sem esquecer da situação econômico-social dos garimpeiros. Aqui vale lembrar o objetivo de existência digna da ordem econômica nacional.

19.2.8 A prestação dos serviços públicos

A realização de alguns serviços é da incumbência do Poder Público, o que os torna serviços públicos. Como define Lúcia Valle Figueiredo **[2008:81]**: "Serviço público é toda atividade material fornecida pelo Estado, ou por quem esteja a agir no exercício da função administrativa, se houver permissão constitucional e legal para isso, com o fim de implementação de deveres consagrados constitucionalmente relacionados à utilidade pública, que deve ser concretizada, sob regime prevalecente do direito público".

19.2.9 Monopólios da União

O art. 177 da CF dispõe que "constituem monopólio da União: I – a pesquisa e a lavra das jazidas de petróleo e gás natural e outros hidrocarbonetos fluidos; II – a refinação de petróleo nacional ou estrangeiro; III – a importação e exportação dos produtos e derivados básicos resultantes das atividades previstas nos incisos anteriores; IV – o transporte marítimo do petróleo bruto de origem nacional ou de derivados básicos de petróleo produzidos no país, bem assim o transporte, por meio de conduto, de petróleo bruto, seus derivados e gás natural de qualquer origem; V – a pesquisa, a lavra, o enriquecimento, o reprocessamento, a industrialização e o comércio de minérios e minerais nucleares e seus derivados, com exceção dos radioisótopos cuja produção, comercialização e utilização poderão ser autorizadas sob o regime de permissão, conforme as alíneas ‘b’ e ‘c’ do inciso XXIII do *caput* do art. 21 desta Constituição Federal”.

19.2.10 Ordenação dos transportes

Transporte eficiente é condição primordial para o desenvolvimento econômico. A questão da ineficiência dos meios de transporte influencia diretamente o custo de produção. De forma que o custo advindo das más condições de estradas, aeroportos, portos e linhas férreas contabiliza valores consideráveis nos custos de produção, o que reflete na competitividade das empresas nacionais no mercado internacional.

A Lei 10.233/2001 instituiu a Agência Nacional de Transportes Aquaviários/ANTAQ e a Agência Nacional dos Transportes Terrestres/ANTT justamente para preservar o interesse nacional e promover o desenvolvimento econômico e social.

19.2.11 Turismo e desenvolvimento econômico

A potencialidade turística do Brasil é comentada rotineiramente nas discussões sobre desenvolvimento interno. Todavia, como se sabe, a exploração turística do Brasil não depende apenas das riquezas naturais, mas sim de uma infra-estrutura de segurança, transportes e informações.

“O legislador constitucional elegeu o turismo como um dos fatores de desenvolvimento social e econômico, de forma que a União, os Estados, o Distrito Federal e os Municípios deverão promover e incentivá-lo (art. 180). Entretanto, sabe-se que o desenvolvimento do turismo é conseqüência do próprio desenvolvimento cultural, que funciona como mecanismo de atração e respeito de pessoas de outras regiões e de outros países. Da mesma maneira, a divulgação de fatos que atestam a desorganização do turismo nacional, e o seu conseqüente efeito na hospitalidade nacional, contribui para o afastamento dos turistas, que preferem outros lugares onde de fato o Estado investe no bem-estar dos turistas. O desenvolvimento do turismo depende de incentivo estatal à indústria brasileira de turismo, o que se faz com carga tributária competitiva, segurança e infra-estrutura” **[Del Masso, 2007:61]**.

19.2.12 Requisição de documento ou informação comercial

Estipula o art. 181 da CF que “o atendimento de requisição de documento ou informação de natureza comercial, feita por autoridade administrativa ou judiciária estrangeira, a pessoa física ou jurídica residente ou domiciliada no país dependerá de autorização do Poder competente”.

19.3 Da política urbana

Cuida o legislador nesse capítulo dos atos de competência dos Municípios para o desenvolvimento urbano. Assim, a política urbana compreende o conjunto de atos e objetivos cuja finalidade é proporcionar o desenvolvimento do Município.

19.3.1 Política de desenvolvimento urbano

A política de desenvolvimento urbano compreende o plano diretor, o cumprimento da função social da propriedade urbana e as hipóteses de desapropriação de imóveis urbanos. O que exige o legislador constitucional é que o Poder Público Municipal crie estratégias ordenadas de desenvolvimento econômico e social para o Município.

19.3.1.1 *Plano diretor*

O plano diretor é obrigatório para cidades com mais de 20 mil habitantes e conceitualmente constitui o instrumento que expressa formalmente as políticas de desenvolvimento e expansão urbana.

O crescimento de algumas cidades sucumbiu à desordem estrutural em razão da falta de um planejamento prévio que informasse as condições de expansão do Município. A mudança de administradores municipais era suficiente para justificar políticas de estruturação e desenvolvimento diferentes, o que prejudicou em muito a continuidade e a seriedade na expansão urbana. A finalidade do plano diretor também é de garantir a continuidade de cumprimento de políticas de desenvolvimento e expansão da urbe.

19.3.1.2 *Propriedade urbana e função social*

O plano diretor deve estabelecer também as exigências fundamentais de constatação de que a propriedade urbana está cumprindo sua função social. Em outras palavras, o legislador constitucional atribuiu ao Município estabelecer as regras que ordenem a exploração da propriedade urbana, o que deve estar expresso no plano diretor. Dessa maneira, um dos capítulos obrigatórios do plano diretor é o que estabelecerá os requisitos de cumprimento da função social do imóvel urbano.

19.3.1.3 *Desapropriação de imóveis urbanos*

A perda da propriedade de imóveis urbanos é outra faculdade garantida aos Municípios para coordenar o desenvolvimento urbano. No caso, os proprietários deverão ser indenizados de forma cabal, com prévia e justa indenização em dinheiro.

19.3.1.4 *Aproveitamento do solo urbano*

O Poder Público Municipal poderá exigir do proprietário de solo urbano não-edificado, subutilizado ou não utilizado, que promova o seu adequado aproveitamento, desde que a área esteja incluída no plano diretor e exista lei específica para a área.

A Constituição estabelece como penas pelo inadequado aproveitamento, sucessivamente: "I – parcelamento ou edificação compulsórios; II – imposto sobre a propriedade predial e territorial urbana progressivo no tempo; III – desapropriação com pagamento mediante títulos da dívida pública de emissão previamente aprovada pelo Senado Federal, com prazo de resgate de até 10 (dez) anos, em parcelas anuais, iguais e sucessivas, assegurados o valor real da indenização e os juros legais" (CF, art. 182, § 4º).

Como demonstrado pela quase-repetição do texto constitucional, o legislador identificou que o não-aproveitamento do solo urbano é prejudicial ao desenvolvimento do Município. Dessa maneira, o plano diretor deve estabelecer as diretrizes a serem cumpridas pelos proprietários, inclusive identificando as formas que atentam contra o cumprimento da função social da propriedade urbana.

19.3.2 Usucapião

Os requisitos para o usucapião constitucional de área urbana são: I – posse de área urbana; II – área de até 250m²; III – prazo de posse de pelos menos cinco anos ininterruptos e sem oposição; IV – utilização como moradia sua ou da família; V – não ser proprietário de outro imóvel urbano ou rural; VI – reconhecimento do direito ao mesmo possuidor uma única vez; VII – não se tratar de imóvel público.

Ainda dispõe o legislador que o título de domínio e a concessão de uso serão conferidos ao homem ou à mulher, ou a ambos, independentemente do estado civil.

19.4 Da política agrícola e fundiária e da reforma agrária

A exploração da atividade agrícola no Brasil representa importante fator de produção de riqueza. A organização da produção agrícola, entretanto, não respeitou as mesmas tradições da produção industrial, que vem evoluindo constantemente e recebe do Estado atenção especial.

O que se verifica no texto constitucional é que o legislador também não esclareceu qualquer plano para a reforma agrária do país. E deve-se também esclarecer que reforma agrária não compreende apenas a divisão e distribuição de terras, mas sim seu aproveitamento coerente – o que se faz com a modernização do ambiente rural. A propriedade rural no Brasil acabou sendo caracterizada como um espaço de atraso no desenvolvimento social. A impressão que se tem é que ficaram nas propriedades rurais apenas aqueles que não adquiriram condições suficientes para viver na cidade.

19.4.1 Desapropriação para fins de reforma agrária

Estabelece o legislador constitucional que a União poderá desapropriar por interesse social, para fins de reforma agrária, o imóvel rural que não esteja cumprindo sua função social, mediante justa e prévia indenização em títulos da dívida agrária. Assim, inicia-se o Capítulo III da ordem econômica prevendo como único instrumento para a reforma agrária a desapropriação pelo não-cumprimento da função social, dispondo, ainda, que: (i) "as benfeitorias úteis e necessárias serão indenizadas em dinheiro"; (ii) "o decreto que declarar o imóvel como de interesse social, para fins de reforma agrária, autoriza a União a propor ação de desapropriação"; (iii) "cabe à lei complementar estabelecer procedimento contraditório especial, de rito sumário, para o processo judicial de desapropriação"; (iv) "o orçamento fixará anualmente o volume total de títulos da dívida agrária, assim como o montante de recursos para atender ao programa de reforma agrária no exercício"; (v) "são isentas de impostos federais, estaduais e municipais as operações de transferência de imóveis desapropriados para fins de reforma agrária" (CF, art. 184, §§ 1º-5º).

Por fim, dispõe o legislador que a reforma agrária não legitima a desapropriação (i) da pequena e media propriedade rural, desde que o seu proprietário não possua outra; (ii) da propriedade produtiva (art.185).

19.4.2 Função social da propriedade rural

O parágrafo único do art. 185 da CF incumbe à lei garantir tratamento especial à propriedade produtiva e fixar normas para o cumprimento dos requisitos relativos à sua função social.

Entretanto, no art. 186 o legislador estipula que a lei apenas poderá dosar os graus de exigência dos requisitos, que são assim definidos: "I – aproveitamento racional e adequado; II – utilização adequada dos recursos naturais disponíveis e preservação do meio ambiente; III – observância das disposições que regulam as relações de trabalho; IV – exploração que favoreça o bem-estar dos proprietários e dos trabalhadores".

19.4.3 Política agrícola

A política agrícola deve definir de forma bem-sucedida qual seu objeto de regulação, que não deve resumir-se apenas à produção agrícola, mas ao próprio desenvolvimento da zona rural. Quando se fala em planejamento agrícola compreendem-se as atividades agroindustriais, agropecuárias, pesqueiras e florestais.

O planejamento da política agrícola será disposto em lei que será constituída com a participação dos setores de produção (produtores e trabalhadores rurais), comercialização, armazenamento e transportes, que levarão em conta, especialmente: "I – os instrumento creditícios e fiscais; II – os preços compatíveis com os custos de produção e a garantia de comercialização; III – o incentivo à pesquisa e à tecnologia; IV – a assistência técnica e extensão rural; V – o seguro agrícola; VI – o cooperativismo; VII – a eletrificação rural e irrigação; VIII – a habitação para o trabalhador rural" (art. 187 da CF).

Como se percebe, o legislador exige que a política agrícola envolva vários fatores importantes de desenvolvimento, sendo que tais ações deverão ainda ser compatibilizadas com possíveis ações de reforma agrária, o que deve ocorrer, sobretudo, em relação às terras públicas e devolutas.

19.4.4 Distribuição de imóveis rurais pela reforma agrária

Estipula o art. 189 da CF que "os beneficiários da distribuição de imóveis rurais pela reforma agrária receberão títulos de domínio ou de concessão de uso, inegociáveis pelo prazo de 10 (dez) anos".

19.4.5 Usucapião de imóveis rurais

Os requisitos para o usucapião constitucional de área rural são: (i) posse de área de terra em zona rural; (ii) área não superior a 50ha; (iii) prazo de posse de pelos menos cinco anos ininterruptos e sem oposição; (iv) torná-la produtiva por seu trabalho ou de sua família; (v) não ser proprietário de outro imóvel urbano ou rural; (vi) morar nas terras; (vii) não se tratar de imóvel público.

19.5 Do Sistema Financeiro Nacional

A atividade financeira tem muita importância no desenvolvimento da atividade econômica. Aliás, não há motivos para tratar o Sistema Financeiro de forma autônoma, e sim considerá-lo como um subsistema da atividade econômica. A atividade financeira cuida do mercado financeiro, no qual a lógica econômica aplica-se com todas as suas particularidades.

Dessa maneira, o mercado financeiro é composto de ofertantes e tomadores de recursos financeiros, ou seja: "A troca de recursos financeiros entre agentes econômicos poderá ser realizada diretamente entre as partes da relação financeira, como quando um investidor compra debêntures no mercado de capitais, pois está entregando recursos diretamente nas mãos do tomador de recursos, que é a própria empresa emitente dos valores mobiliários. Entretanto, o que é mais comum é que existam intermediários na relação financeira, ou seja, aquele que deseja captar ou fornecer recursos geralmente o faz por intermédio de uma instituição financeira bancária" **[Del Masso, 2007:65]**

O Sistema Financeiro é composto por órgãos incumbidos de desempenhar o controle da atividade financeira. A complexidade da regulação deve-se às novas alternativas que se formaram com o desenvolvimento da formas de captação de recursos hoje disponíveis.

A preocupação do legislador constitucional limita-se ao *caput* do art. 192, de forma que a legislação complementar e a legislação ordinária já existente é que regulam a atividade financeira privada no Brasil.

A Emenda Constitucional 40, de 19.5.2003, revogou os incisos I, II, III ("a" e "b"), IV, V, VI, VII e VIII e os §§ 1º, 2º e 3º do referido art. 192.

19.5.1 Os órgãos mais importantes do Sistema Financeiro Nacional

O Sistema Financeiro Nacional não foi estruturado na Constituição Federal, mas pela Lei 4.595, de 31.12.1964. Assim, constituem o Sistema Financeiro Nacional: (i) o Conselho Monetário Nacional; (ii) o Banco Central do Brasil; (iii) o Banco do Brasil S/A; (iv) o Banco Nacional de Desenvolvimento Econômico e Social; Iv) as demais instituições financeiras públicas e privadas.

A função do Conselho Monetário Nacional consiste na formulação da política monetária e creditícia, o que deve ser buscado pelo cumprimento dos seus objetivos específicos, como, por exemplo, regulando o valor interno e externo da moeda ou zelando pela liquidez e solvência das instituições financeiras.

O Banco Central do Brasil desenvolve atividade de cunho executivo, como. por exemplo, a emissão de papel-moeda, recebimento de recolhimentos compulsórios, controle de capitais estrangeiros, entre outros.

Ao Banco do Brasil compete receber, a crédito do Tesouro Nacional, as importâncias provenientes da arrecadação de tributos ou rendas federais, ser agente pagador e receber fora do país, executar os serviços de compensação de cheques e outros papéis, entre outros.

19.5.2 O texto do art. 192 da CF

O Sistema Financeiro Nacional deve promover o desenvolvimento equilibrado do país e servir aos interesses da coletividade. Será regulado por leis complementares. Aqui está a síntese do disposto na Constituição Federal sobre o Sistema Financeiro Nacional – ou seja, está nas mãos dos interesses privados a regulação de toda a atividade financeira privada do país, o que pode resultar nos abusos e dificuldades enfrentadas, sobretudo, nas relações bancárias.

Bibliografia

BERCOVICI, Gilberto **[2005]**. *Constituição Econômica e Desenvolvimento: uma Leitura a Partir da Constituição de 1988*. São Paulo, Malheiros Editores.

CARVALHOSA, Modesto **[1972]**. *A Ordem Econômica na Constituição de 1969*. São Paulo, Ed. RT.

DEL MASSO, Fabiano **[2007]**. *Direito Econômico*. Rio de Janeiro, Elsevier/Campus.

FIGUEIREDO, Lúcia Valle **[2008]**. *Curso de Direito Administrativo*. 9ª ed. São Paulo, Malheiros Editores.

FONSECA, João Bosco Leopoldino da **[1998]**. *Direito Econômico*. 2ª ed. Rio de Janeiro, Forense.

GRAU, Eros Roberto **[2002 e 2008]**. *A Ordem Econômica na Constituição de 1988 (Interpretação e Crítica)*. 7ª e 13ª eds. São Paulo, Malheiros Editores.

PEREIRA, Affonso Insuela **[1980]**. *O Direito Econômico na Ordem Jurídica*. 2ª ed. São Paulo, José Bushatsky Editor.

PINHEIRO, Armando Castelar, e SADDI, Jairo **[2005]**. *Direito, Economia e Mercados*. Rio de Janeiro, Elsevier/Campus.

SADDI, Jairo, e PINHEIRO, Armando Castelar **[2005]**. *Direito, Economia e Mercados*. Rio de Janeiro, Elsevier/Campus.

SALOMÃO FILHO, Calixto **[2008]**. *Regulação da Atividade Econômica (Princípios e Fundamentos Jurídicos)*. São Paulo, Malheiros Editores.

SAMPAIO DÓRIA, Antonio **[1960]**. *Direito Constitucional*. São Paulo, Max Limonad.

SOUZA, Washington Peluso Albino de **[1994]**. *Primeiras Linhas de Direito Econômico*. 3ª ed. São Paulo, LTr.

TAVARES, André Ramos **[2003]**. *Direito Constitucional Econômico*. São Paulo, Método.

TEPEDINO, Gustavo **[2001]**. "Contornos constitucionais da propriedade privada". *In Temas de Direito Civil*. v. 2. Rio de Janeiro, Renovar.

VIDIGAL, Geraldo de Camargo **[1977]**. *Teoria Geral do Direito Econômico*. São Paulo, Ed. RT.

GRÁFICA PAYM
Tel. (011) 4392-3344
paym@terra.com.br